图书在版编目（CIP）数据

杨廷宝故事 / 黎志涛著. -- 北京：中国建筑工业出版社，2022.6
ISBN 978-7-112-27538-0

Ⅰ.①杨… Ⅱ.①黎… Ⅲ.①杨廷宝－生平事迹 Ⅳ.① K826.16

中国版本图书馆 CIP 数据核字(2022)第 105250 号

责任编辑：李 鸽　毋婷娴
书籍设计：付金红
责任校对：王 烨

杨廷宝故事
黎志涛　著
*
中国建筑工业出版社出版、发行（北京海淀三里河路9号）
各地新华书店、建筑书店经销
北京方舟正佳图文设计有限公司制版
北京中科印刷有限公司印刷
*
开本：880毫米×1230毫米 1/16 印张：45 字数：797千字
2022年11月第一版　2022年11月第一次印刷
定价：165.00元
ISBN 978-7-112-27538-0
(38962)

版权所有　翻印必究
如有印装质量问题，可寄本社图书出版中心退换
（邮政编码100037）

校园故事

黎志涛 著

中国建筑工业出版社

前 言

在《杨廷宝全集》（7卷）中，以杨廷宝先生大量珍贵的手迹、作品、文言、影像，再现了他一生中童年多难不幸，少年自强不息，青年才学超群，壮年成就斐然，中年敬业奉献，晚年老骥伏枥。并全景式描绘出杨廷宝先生历经家塾、小学、清华、宾大、基泰、中央大学、兴业、南京工学院、建筑研究所，人生八十一年成长、成才、成就、成功的精彩画卷；同时也展示出杨廷宝先生自学成归国后，在业务、教务、政务、学术以及国际建坛事务中忙碌的身影和他在各领域所取得的杰出成就。可以说，杨廷宝先生不愧为中国第一代建筑大师群体中的出类拔萃者，是中国建筑教育的一代宗师。

为了帮助读者深度阅览《杨廷宝全集》，进一步了解各卷史料背后不为人知的杨廷宝先生的生动故事，著者通过查阅大量文献档案、研读有关专著报刊、访谈知情家人师友、请教在研专家学者等途径，挖掘、收集、整理了杨廷宝先生部分可歌可泣的故事。在此基础上，著者以故事真实背景为素材，以相关史料为佐证，以文学写作为笔法撰写了《杨廷宝故事》一书，作为《杨廷宝全集》的延伸读物。尽管书中这些故事仅是杨廷宝先生一生故事的冰山一角，但足以从不同视角展示出杨廷宝先生对待职业一丝不苟、敬业实干；对待教学为人师表、立德树人；对待成就从不张扬、低调行事；对待人生淡泊明志、只知奉献；对待他人平和谦恭、礼贤下士；对待职位廉正无私、克己奉公；对待生活艰苦朴素、自奉甚俭等等令人崇敬与仰慕的素养。杨廷宝先生身上闪耀的人性光辉，激励着我们要以宗师为榜样，努力在大变革新时代的当下，不忘初心，要像以杨廷宝先生为代表的第一代建筑大师们那样，做一个心中有祖国的人，一个有高尚人格的人，一个献身人民事业的人，一个不被名利诱惑的人，一个以自己的专业特长为中华民族复兴而奋斗的人。

著者之所以把自2012年开始编纂《杨廷宝全集》的工作称为寻"宝"的过程，是因为在杨廷宝先生幼年读家塾时，因体弱记性差，时常背不下书而面壁罚站或被打手心板，直至被家塾老先生盖棺定论"这廷宝断然成不了什么宝！"而拒之门外。然而，历史证明，杨廷宝先生成才后不但在各领域的许多成果皆为珍"宝"，而且本人成为国之巨匠。

只是由于杨廷宝先生做人行事一向低调，致使著者收集杨廷宝先生的资料也如同寻"宝"一样，路漫漫达八年之久，不得不辛劳但快乐地坚持前行着。这过程有过遗憾、有过挫折、有过失望、有过空手而归。但更有众多热心的院士教授、杨家亲人、单位朋友、师长学生都有求必应、鼎力相助，并纷纷为《杨廷宝全集》探"宝"献"宝"，这促使著者对寻"宝"这件事更为着迷与沉浸。就这样，集腋成裘、聚沙成塔的八年寻"宝"历程，使杨廷宝先生生前许多深藏的"宝"被一一发现，并挖掘出来，时至今日可谓洋洋大观。特别是挖掘出被岁月湮没久远而不被人知的珍贵史料、事件、故事时，那种意外的惊喜如同农民久旱盼来甘霖一样。而这些寻"宝"故事本身，更彰显出杨廷宝先生从不张扬自己作为、成就的高尚品格。为此，著者在《杨廷宝故事》正文之后，将寻觅这些珍"宝"的经历，撰文于附录1"寻宝的故事"与读者分享。

此外，在寻"宝"的过程中，著者对过往所见、所闻、所阅有关杨廷宝先生某些史料、实物的真伪有过疑惑和不解。也有知己、友人对一些各类出版物存在的某些图片、图释不实，甚至以讹传讹的错误告知著者，以提醒、质疑或希望求证。所有这些都让著者心存不安。为了尽量不使一些瑕疵，甚至错误残留在全集中，著者在编纂和清样校审中，力求打破砂锅问到底，或追根究底让原真水落石出。其考证过程也颇具戏剧性，更有如同文物专家拂去千年灰尘，让珍宝重见天日一样的喜悦。为此，著者也将若干珍"宝"的甄别过程编入附录2"鉴宝的故事"中，以证此项工作的不易与乐趣。

再说，著者编纂《杨廷宝全集》，在众人的鼎力支持与帮助下，终于在去年杨廷宝先生诞辰120周年之际公开出版了。说实话，全集还真有点名不符实。这不，此后著者又通过各种途径收集到若干杨廷宝先生生前的诸如作品、文言、画作、手迹、图片等相关史料。为了不让这些到手的珍"宝"再被埋没，幸好能趁该书即将出版际遇及时问世，遂将它们纳入附录3"《杨廷宝全集》补遗"中，让读者先睹为快。

尽管著者已竭尽全力，认真细致之极地做好编纂《杨廷宝全集》的各环节工作，但百密也会有一疏。特别是编纂七卷《杨廷宝全集》是一件浩瀚繁复的工作，也是旷日持久的过程。由于各卷编纂工作量不同，进展快慢不一，且送稿时间有先后，故在出版社将编辑稿和清样陆续发至主编手中校审时，虽每卷经过多次来回调整、勘误，终因孤立校审各卷而顾此失彼。加之各卷开印不同步，未能来得及对各卷进行整体兼顾统筹校审。且对所引用文献尚有若干以讹传讹之史料难辨，导致全集正式出版后，有读者向主编反馈书中仍有失实之处。于是，主编刻不容缓地又从头至尾将七卷整体重新过目一遍。现将若干漏网错误澄清在附录4"《杨廷宝全集》勘误"中。

感谢著者在寻"宝"的过程中，所有为本书提供杨廷宝先生各类史料和口述杨廷宝先生故事的杨家亲人、师长、友人；感谢撰写回忆杨廷宝先生文章、专著的作者，他们为本书提供了丰富感人的杨廷宝故事内容和图片；感谢著者在鉴"宝"和补遗、勘误《杨廷宝全集》的过程中，所有为此提供热情咨询、丰富资料、认真指正等帮助的真诚朋友；感谢中国建筑工业出版社的王莉慧、李鸽大力支持本书的立项和撰述。感谢朋友陈秋红、周立凯、张群霞、黎珊分别对本书手稿进行了全文打印。感谢责编毋婷娴、责校王烨等出版社朋友对本书严谨认真的内容审阅、文笔润色与谬误指正。

东南大学建筑学院　黎志涛

2021年2月

目录

001　一、悲欢人生

1. 忌讳生日因念母　　002
2. 不甘落后争口气　　008
3. 成长之路遇贵人　　023
4. 培育之恩涌相报　　030
5. 处处留心皆学问　　040
6. 俭朴低调显美德　　054
7. 家国情怀驻心中　　063
8. 书画牵线结姻缘　　069
9. 国破家难熬岁月　　077
10. 成贤小筑多欢乐　　085

093　二、献身专业

11. 黄金十年逞才华　　094
12. 中原公司变形记　　102
13. 开山之作探新路　　110
14. 初生牛犊敢拼赢　　115
15. 不耻下问求真知　　121
16. 出国考察走三国　　130
17. 塔里埃森访赖特　　138
18. 传世经典载史册　　146
19. 据理力争破戒律　　155
20. 科学分析保淮塔　　161
21. 闻讯赴京观新奇　　167
22. 心系扬州鉴真堂　　181
23. 古建考察行千里　　186
24. 探索新路费思量　　194
25. 点评方案识真才　　202
26. 老骥伏枥走上海　　209
27. 肺腑之言为民想　　216
28. 情系武夷吐衷肠　　221
29. 清凉胜境留墨宝　　237
30. 东岳索道引争议　　244

31. 封笔之作献少年	251
32. 评审方案如授课	261
33. 故地重游赞鹃园	268
34. 重返故里献良策	277
35. 生命不息狂工作	284
36. 逆境科研结硕果	298
37. 跨界画家享美誉	305

323　三、潜心教育

38. 教书育人立师德	324
39. 言传身教授真经	342
40. 莘莘学子忆恩师	345
41. 同仁片语赞杨师	354
42. 深入浅出道学问	367
43. 严师谆谆出高徒	372
44. 语重心长育英才	378
45. 良师益友助成长	385

403　四、驰誉建协

46. 一席话语解矛盾	404
47. 走出国门开先锋	407
48. 众望所归赢人心	412
49. 巧化干戈为玉帛	416
50. 执委会上话片断	420
51. 国际建坛拾花絮	423
52. 古巴大会起风云	426

431　五、情同手足

53. 建坛四杰皆畏友	432
杨廷宝与梁思成	434
杨廷宝与刘敦桢	449
杨廷宝与童寯	466

54. 杨童争执为哪般 … 479
55. 亦师亦友共育才 … 482
56. 得意爱徒展身手 … 489
57. 智救老友脱苦海 … 502
58. 访日之旅结至交 … 507

517　附录1：寻宝的故事

1. 众人相助聚珍宝 … 518
2. 两度赴沪寻墨宝 … 549
3. 南阳郑州满获宝 … 555
4. 基泰图纸复原创 … 562
5. 专赴津门访大师 … 567
6. 顺藤摸瓜获新宝 … 569
7. 祈年殿顶藏手迹 … 574
8. 跟随央视探真宝 … 580
9. 罕见家书觅史料 … 588
10. 杨门三代献珍宝 … 592

609　附录2：鉴宝的故事

1. 汴修女楼考证记 … 610
2. 险遭骗局识假宝 … 615
3. 求教院士解疑惑 … 619
4. 打破砂锅问到底 … 626
5. 追根究底查来源 … 632
6. 还原历史纠讹传 … 636
7. 画作标识还原真 … 647
8. 一篇追记引勘误 … 659

661　附录3：《杨廷宝全集》补遗

705　附录4：《杨廷宝全集》勘误

一、悲欢人生

1. 忌讳生日因念母

谁都忘不了自己的生日，总要在每年这一天开开心心地与家人团聚庆贺一番。特别是遇上逢"十"的生日更会盛邀亲朋好友，大摆宴席热闹一阵。然而，杨廷宝一生却从没有这个念头，因为这一天他快乐不起来，他从不愿过本应属于自己的生日。这是怎么回事呢？说来话长。

杨廷宝的出生地是河南省南阳市东南郊的赵营村。杨家是城里"高、杨、米、谢"四大家族之一，聚族而居。杨廷宝一家就是杨姓家族的一支。杨姓家族从一世祖杨训开始，以经营作坊起家，经商致富后，后代继而转向经营土地置买田产。因此，杨家不但在乡间拥有大片土地，而且在南阳城里又开着连片的商号。

到了杨廷宝的祖父杨老先生这一辈时，也开有中药店、杂货店、粮行，并有一座四进院的宅第和一处阔绰的住房。此外，还有不少土地出租，家境算是相当富庶。原指望膝下两个儿子能继承祖业、发财致富，可是他们没有一人不让老爷子"劳神伤心"的。老二万汀是个不肖之子，不但吃、喝、嫖、赌样样来，而且还偷偷变卖家产、田产，败光祖业，甚至连自己的小命也搭了进去。而大儿子鹤汀①即杨廷宝的父亲（图1），一无功名利禄之心，二不钻营发财之道，却推崇康梁，志在强国富民。他创办新学，热衷公益，参加同盟，投身革命，是全城有名的开明士绅，这些都与老爷子的初心相左。好在老爷子倒是为鹤汀成全了一件好事。当时的婚配习俗讲究门当户对，于是，老爷子为大儿子鹤汀相中了另一大姓米家的媳妇。此米家不仅乡有良田、城有店铺，更是世代书画传家，其远祖米芾便是宋代四大书法家之一。许是遗传基因和家风熏陶吧，这位米氏媳妇不仅颜值绝佳、性情温柔，而且识文解字、能书善画，可谓貌美才女是也。

---

① 杨鹤汀（1877—1961）河南南阳人。1906年毕业于北平法政学堂，倾向孙中山领导的民主革命，加入同盟会，1908年3月创办南阳公学，1912年辛亥革命成功后被任命为"南阳知府"，不久袁世凯窃国，力辞政府弃官而去，从事"实业救国"，1926年创办南阳女中。1945年抗战胜利至1947年初，任南阳县（今南阳市）参议长，在中共影响下做了不少好事。1947年初赴南京杨廷宝处安度晚年，直至1961年9月病故，享年84岁。

米氏嫁给鹤汀一年许就有了身孕。但鹤汀因在外忙活诸多事务，难以分身回家照顾，便由婆母杨张氏悉心照料。只是平时调养不周，米氏一直身子羸弱，面色苍白。谁也没有想到，其中竟潜伏着一种不祥之兆。

这年中秋后的第五天（1901年10月2日），米氏要临产了。只见她躺在床上疼痛难忍地辗转呻吟，豆大的汗珠渗满额头，脸色蜡黄。此时，丈夫鹤汀急得满屋乱转不知所措。而五大三粗的接生婆全然不顾产妇撕心裂肺的号叫，三下五除二将婴儿接生出来了。然而，已经奄奄一息的

图1　杨廷宝父亲杨鹤汀（杨士英提供）

米氏却因大出血而濒于昏迷。冥冥之中她多想看一眼、亲吻一下刚刚出生的亲骨肉啊！可是，此刻她已经毫无气力，动弹不得。只见米氏樱唇微颤，似乎要说什么，婆母悲喜交加地会意道"是男孩"。米氏骤然双目一亮，又倏然间失去光泽，慢慢地闭合起来。就这样，年仅二十一岁才貌双全的贤妻还没来得及成为良母就撇下了她的娇子驾鹤西去了。而刚来到这世上的婴儿，就是日后成为中国建筑界一代宗师的杨廷宝，此时初生的他还不谙世事，哪能意识到眼前发生了什么，只是一个劲儿哇哇啼哭，手舞脚蹬，本能地似乎要扑向妈妈的怀里。可是妈妈已撒手人寰，与他阴阳两隔了。

偏是祸不单行。当鹤汀的父亲杨老爷子听说这称心如意的儿媳因生下小孙子而归天，当即如雷轰顶，加之这几天旧病复发，怎能承受这突然而至的重重一击呢？当晚，在贫病与痛切之中也随儿媳妇去了。呜呼，一人降生，却连失两条亲人性命。乡亲们无不为杨家接踵而至的祸殃而哀叹。

杨家从此像天塌下来一样，尤其是可怜的小廷宝没有奶水吃，整天饿得没命地号哭。可是，此时杨家已门庭败落，经济拮据，入不敷出，一时请不到奶娘。老祖母急得抓瞎，只好抱着小廷宝走东家串西家，四处央求施舍一口奶水救救这没娘的婴儿。众乡亲不忍这一老一小如此这般苦命，凡是正在奶孩子的阿姨、婶婶见状大多乐于开怀喂孩子几口。更有慈爱心善刚为人母的邻里，还找上门来喂孩子一阵。就这样，小廷宝算是命大活了下来。

毕竟，小廷宝活得很艰难。终因奶水吃得少，营养又跟不上而发育不良，什么都比别人家小孩迟一步，学步迟、长牙迟、懂事也迟。瘦瘦小小、一天到晚病病怏怏不说，还三天两头大病小病轮着来。这让家人万分担忧，心急如焚。不得已，老祖母又抱着小廷宝进城里烧香祷告，求神拜佛，央求菩萨保佑。甚至索性把小廷宝托付给庙里，并起小名"和尚"，以感化西天如来、南海观音。谁知，这些"神仙"不灵，小廷宝的体质仍每况愈下。五岁那年，有一次高烧不退，连牙床都烧烂了，腐肉一块一块地往下掉。后来，相信西医的父亲，请城里唯一一家西医诊所的医生诊治，经过打针、吃药几个疗程才转危为安。又在同样贤淑善良的继母的疼爱与精心呵护下，小廷宝终于面有起色，慢慢地缓过气来了。

但是，小廷宝的心病却来了。这又是怎么啦？

当小廷宝六岁那年上家塾后，稍懂事的他发现别的孩童都有母亲，我的妈妈呢？怎么一直没看见，也没听说。妈妈你在哪里呀！一连串的疑问让他心事重重。再加上因体质差、记忆力不好，读书实在吃力，又经常挨戒尺打手心，面壁罚站，使得小廷宝心情格外地沉重起来。祖母看见小孙子如此愁眉不展，闷闷不乐的样子，一问才知缘由，便将上述往事悉数道来。听着听着，小廷宝的心灵受到极大的冲击，天哪！难怪我从未见过妈妈一面，她长什么样，我全无印象，甚至我连喊一声"妈妈"的机会都没有，天下哪有我这苦命的没娘的孩子啊。要知道，一个人什么都可以没有，就是不能没有妈妈呀！我小廷宝可以不来这个世上，但妈妈不能走啊！

自从小廷宝知道自己的身世，直至年迈走到生命的尽头，他这一生难以愈合的心病，铸成了他少言寡语的内向性格。也许在小廷宝知晓这件事的那一刻起就暗下规矩：10月2日这一天是我的生日，但又是妈妈和爷爷的忌日，这生日怎么过？这一天是我永远的痛，不过生日了！尽管杨廷宝没有对任何人，包括家人说过自己内心的痛楚，他向来把所有苦衷都深藏在自己的心底而不让别人分忧，但这并不意味着他要忘掉这个日子，忘掉没有见过的妈妈。何以见得呢？有一张照片为证。

在杨廷宝故居成贤小筑二楼一间卧室的小案桌上，至今仍放着一个已经很旧的小镜框，里面镶嵌着一张黑白小照片。照片下用一张已褪色，且有水迹的灰色带浅黄斑点的装饰纸衬托着。照片中，近景是一片小土丘的剪影，中景是几株高矮不等的树木，在明亮的飘浮着白云的天空逆光背景衬托下呈现出一片树的剪影，那姿态、轮廓十分优美，构图也颇具艺术魅力。就摄影效果而言，此照片应出自有艺术修养者之手。在照片镜框一旁的案桌上，还放着一个方形黑色陶瓷小花盆儿，花盆里几粒白色小鹅卵

图2 小廷宝出生当天就与妈妈阴阳两隔,只能将生母坟茔照片供在书桌上陪伴妈妈一生(黎志涛摄)

石点缀其中,3支小塑料白菊花傲然挺立。伫立久思眼前这一不起眼的照片和盆景,著者突然明白:这哪是什么风景照片!你看那近景中间微突的小土丘,那镜框旁边摆放的一小盆白菊花,这分明暗示那微凸起的小土丘,不就是一座土坟茔吗?看来这一定是杨廷宝妈妈安息的地方了(图2)。

我们可以想象,没有亲眼见过自己妈妈的杨廷宝,就是以这种方式天天独守在妈妈身旁,看着她,想着她,似乎欲唤醒沉睡的妈妈,听听儿子呼唤一声久憋心中的"妈——妈——"。这种一生都在追思自己亲生妈妈的情景有谁能感悟到呢?著者写到这儿,眼眶不禁湿润而模糊起来。

这张老照片显然也有些年头了,它与旧镜框一定是原配,虽然我们不知道它的详细、准确经历,但是,这张照片肯定是杨廷宝本人在南阳时所摄。何以见得呢?事后我们只能根据杨廷宝的人生足迹进行推测了。

杨廷宝 12 岁就离家到省城开封留学欧美预备学校①读书，不满 15 岁又远赴清华学校续读。他那时年幼，想不到，也没有条件拍摄这张照片，此后杨廷宝回过老家三次：一次是 1921 年 7 月他在清华毕业，准备赴美留洋之前，回老家以告别父老乡亲和养育自己的一方热土。第二次是 1937 年 7 月卢沟桥事变后，抗日战争爆发，杨廷宝全家辗转两月有余才返回老家避难。第三次则是 1982 年 4 月底，杨廷宝偕夫人陈法青重返故里。看来照片最有可能是第一次从清华毕业回老家为出国留洋做行前准备的那年夏天拍摄的。因为，这一次杨廷宝要漂洋过海出远门，而且留洋时间又长，即使寒暑假也不能像在国内读清华时那样方便回家了。既然这次回老家要与众乡亲、儿时同窗话别，他也绝不会忘记还有妈妈留在这里。他一定到妈妈那儿去探望过，并长时间在心中与妈妈独白过。常言道：儿行千里母担忧，比儿时更懂事的青年杨廷宝，为了不让妈妈一人孤单地守望儿子远行，也为了自己能每天与妈妈形影不离，他拍了这张照片，他要带妈妈一路相随，陪读至归。而且杨廷宝在清华读书时绘画功底练得扎实，学过摄影，艺术修养高，拍下的这张照片从构图、用光看得出来是有考究的。就这样，这张照片陪伴了杨廷宝一生。无论是在战火纷飞的岁月，还是在动乱连年的"文革"；无论是在颠沛流离的旧社会，还是在安居乐业的新中国，不管天下发生了什么，杨廷宝一直守护着妈妈的这张照片，也许杨廷宝淡忘了自己的生日，这张照片却代表着对妈妈的永久怀念。

在杨廷宝往后的一生中，他的生日这一天看似平静如水，但心里一定独自在默念着母亲，也许入夜在床，辗转难眠。而夫人、儿女在这一天总想给丈夫、父亲一点快乐，却不敢破了杨廷宝这一天不过生日这个不成文的规矩。直到 1982 年 9 月 16 日，杨廷宝起夜，不慎跌倒在地，并急送医院。转眼又到了 10 月 2 日，夫人陈法青不知是为了让杨廷宝在病中能得到稍许精神慰藉，还是意识到杨廷宝身体真的不行了，就不忍心破例地为杨廷宝过了生平第一次非常简单的生日。不想，这竟然也成了杨廷宝过的最后一个生日。因为杨廷宝此次住院，病情一直不见好转，而且越来越严重。两个多月之后，1982 年 12 月 23 日，我国建筑界、建筑教育界一颗闪耀光芒的巨星陨落了！杨廷宝在九泉之下终于和妈妈"见面"了。

---

① 创建于 1912 年，是当时全国创办此类三所学校（清华学校、上海南洋公学）之一。

事隔二十多年后，著者在撰写杨永生主编的《中国建筑名师丛书·杨廷宝》采访杨廷宝的长女杨士英教授时，她曾对著者说："那时我在美国作访问学者，要是我在家是不会违背爸爸一生的规矩过这个生日的，你知道，老人是很有忌讳过生日的。"

参考文献：
1. 刘向东，吴友松. 广厦魂[M]. 南京：江苏科学技术出版社，1986.
2. 杨廷宝. 八十忆往，未出版.
3. 杨廷宝. 南阳文史资料第六辑——记南阳杨氏家族. 南阳：市政府文史资料研究委员会，1990：23.
4. 黎志涛. 中国建筑名师丛书：杨廷宝[M]. 北京：中国建筑工业出版社，2012.

2. 不甘落后争口气

一般人,特别是业界人士说起杨廷宝,都认为他聪慧过人,才华超群。但杨廷宝儿时却是一名"智弱"者。这是怎么回事呢?他又是怎样从"智弱"成为真正的学霸呢?这要从头说起。

六岁时,小廷宝该上学读书了。一听要上学,不免心中害怕,虽身体羸弱、发育迟滞但父命难违,小廷宝只好怯生生地跟随父亲走进家塾。

家塾设在杨宅宽大的堂屋里,屋内六七张八仙桌,围坐着二十多个孩童,全是小廷宝的堂兄和表兄,大的十多岁,小廷宝年龄最小。而老夫子既清高又严厉,这些孩童没有不怕他的。每天,老先生按初、中、高几个班级串讲。无非《三字经》《百家姓》《千家诗》或者《诗经》《论语》《孟子》等,说文解字、之乎者也,甚是乏味。老先生讲够了,便让孩子们温习后轮流站起来背书。小廷宝最恨死记硬背这一套,再加上自己体弱记性不好,每次都背不下书来,于是挨手心板、面壁罚站便成为家常便饭。天长日久,小廷宝伤心至极,学不下去了。老夫子也认为小廷宝愚笨不开窍,便对小廷宝的父亲说:"这廷宝断然成不了什么宝,你领回去吧!"

这突如其来的变故,使小廷宝心中遭受沉重一击。但倔强的小廷宝在父亲的开导鼓励下,心中油然升起要替父母争气,替自己争气,要干出点成绩给瞧不起自己的人看看的强烈愿望。从此,他在家一面自学,练字习画;一面就跟父亲的好友王可亭[①]先生习文练武,听他谈古论今、吟诗填词。渐渐地,小廷宝学识日增,身子骨也硬朗起来。父亲见儿子大有进步,就鼓励小廷宝去投考河南留学欧美预备学校。

1912年6月,快满11岁的小廷宝怀着忐忑不安的心情,第一次独自出远门赴省城开封应考。在发榜那天,小廷宝急切地在榜上寻找自己的名字,直看到正式录取名单最后一人,仍不见自己大名的踪影,心中不免一紧,脑子一片空白,心想这下完了。虽然下面还有20名备取生名单,小廷宝也不指望什么了,便无心地瞥了一眼。突然,

---

① 王可亭(1858—1937年),号圜白,南阳县黄台岗王庄村人。为清末民初南阳著名学者。先后创办了敬业学堂、劝忠堂、国学专修馆等南阳近代中等学校,奠定了南阳现代教育的基础。

图1 1912年9月,不满12岁的小廷宝以备取生进入开封河南留学欧美预备学校,开始了人生奋起(杨士英提供)

图2 河南留学欧美预备学校校门门头(来源:网络)

倒数第二名"杨廷宝"三个字映入眼帘,但这并没有让小廷宝高兴起来。幸运的是,在备取生中有一个孩子的父亲是省城有权有势的人物,手下一帮人到学校大闹一场,说:"什么正取备取,通通给我录取!"校长只好把备取生全部收入进校,单独编入最差的"丙"班,小廷宝总算沾光进了这所学校(图1、图2)。

从此,小廷宝开始了全新的学习生活,"学霸"苗头开始显现,但小廷宝从"智弱"向学霸蜕变不是没有来由的。其外因一是著名老教育家林伯襄①校长为人师表的言传身教,潜移默化地使小廷宝的人格得到健全发展,特别是林校长寓教于学的爱国心和教书育人的培养方法,滋润着小廷宝的道德与修养。二是大他五六岁的学长王正学,不仅为了养家,更为了报国而刻苦学习的精神极大激发了小廷宝的进取心。

说到小廷宝开始显现"学霸"苗头的内因,则是他十分珍惜这来之不易的求学机遇,他每天黎明起床便朗读英语,深更半夜仍伏案演题。即使在节假日里,别的同学逛街

---

① 林伯襄(1878—1956),生于河南信阳商城县。1912年创办开封留学欧美预备学校,并任校长。1916年,不满袁世凯自立为"洪宪皇帝",称病辞职返乡不出。1922年和1930年两度应邀出山,重归省教育厅复任科长、教育款产处处长等职,因不愿与国民党同流合污愤而辞职。中华人民共和国成立后,出任省教育厅副厅长,当选第一届省人民委员会委员。

游玩，他却独自在宿舍苦读。

有道是：宝剑锋从磨砺出，梅花香自苦寒来。小廷宝的学习成绩在勤奋中芝麻开花节节上升。第一学年结束，他就以丙班第三名的优异成绩跳入甲班。第二学年结束，小廷宝又以令人刮目相看的突出进步，在高才生云集的甲班冒尖，跃为前五名之列。真验证了"勤能补拙"的古训。

然而，在小廷宝入学两年半之后，命运又在捉弄他了。原来，正当他学习进步如日中天，人生转折处在关键之时，学校由于经费拮据，要缩小办学规模，便动员学生去报考北京清华学校①另谋出路。这可不是像说话那样轻松，谁都知道，"清华"名气大，门槛高，录取严。学习成绩平平的学生只能望而却步，成绩佼佼者也难免心中无底。可是初生之犊小廷宝却踌躇满志，底气十足地报名了。

小廷宝报名十天后被学校推荐，一月之后，小廷宝在全省初试中名列第一。两月之后，北京复试又传来佳音，在河南省被录取的七名考生中，小廷宝又夺魁首。就这样，小廷宝连闯推荐、初试、复试三关。至此，小廷宝结束了自己的童年时代，即将攀登人生征程的另一高地。

1915年，14岁的少年杨廷宝步入了清华学校（图3）。因杨廷宝入学成绩优异，学校按因材施教的校规曾要他直接插入中等科四年级②。但杨廷宝担心跟不上，就到三年级就读，这样，杨廷宝就与大他3岁的闻多③同班了，而且，又成为全班年龄最小的学生。

清华学校的教学方针是以能适应进美国大学为准则的。因此，杨廷宝在初入中等科的两年学习中，除了作文以外，主要是英语训练。不但世界地理、数学、化学、卫生和音乐等基础课程的教材是英文，授课全是英语，而且连学校的布告、年刊也无一

---

① 1908年美国退还超索的庚子赔款，将其用于资助留美学生之后，清末政府将清室清华园"赐园"办学。1909年设立"游美学务处"，1911年4月30日正式开学称"清华学堂"，这一天便是清华校庆日。1912年3月30日，宣统皇帝退位，中华民国成立，"清华学堂"改名为"清华学校"。1928年，"清华学校"更名为"国立清华大学"。

② 清华学校分为中等科和高等科两科，学制各为四年。

③ 闻一多（1899—1946）初名闻亦多，字益善，号友三。入清华学校后，改名闻多，五四运动后又改为闻一多。湖北蕲水（今浠水）县人，著名学者，新月派代表诗人，中国现代伟大的爱国民主战士。1912年考入清华学校，1922年7月赴美留学，先后在芝加哥美术学院、珂泉（Colorado Springs，现名科罗拉多斯普林斯）科罗拉多大学和纽约艺术学院学习。1925年5月回国，任北京艺术专科学校教务长，后历任国立第四中山大学（1928年更名中央大学）、武汉大学、青岛大学、清华大学、西南联大等校教授，1946年7月在昆明被国民党特务暗杀。

图3 1915年9月，杨廷宝考入清华学校（来源：《清华十周年1911—1921》，杨士英提供）

例外都用英文。尽管杨廷宝的英语基础好，但他也不敢怠慢，除了在课程学习中训练听力和写作外，还经常参加班级自发组织的英语辩论会。有时作为正方代表，有时作为反方代表。有几次杨廷宝与闻一多还互为正反方进行唇枪舌剑的英语激辩。

到了高等科的四年学习阶段，课程的分量和难度都加重了，要学自然科学、社会科学、人文科学，还要学政治、经济、美国史、英文文学、第二外国语。由于选修课比较多，各课程授课时间会有冲突，不过，杨廷宝自幼兴趣广泛，好奇心颇强，所以学起来十分投入。

杨廷宝虽然如此用功读书，也并不是书呆子，他在清华园里尽情施展自己初露的才华。

杨廷宝的天赋是绘画，只是在后四年升入高等科学习期间，因没有美术课了，便在美术老师斯达①女士的授意下，与闻一多、吴泽霖②等同学发起组织"美术社"。其活动内容，一方面是阅读中外美术书籍，所阅的书由斯达女士指定，多系中外织物图案、

---

① 斯达，毕业于美国俄亥俄州立威斯林大学，历任该州洛第高等学校教授，暨迪科他威斯林大学绘画教授。辛亥春到清华任绘画教务。
② 吴泽霖（1898—1990），江苏常熟人。中国社会学家、民族学家、教育家。1913年考入清华学校，1927年毕业后留学美国，先后在威斯康星大学、密苏里大学、俄亥俄州大学获学士、硕士、博士学位。1927年赴欧洲考察英、法、德、意的社会情况，1928年回国。先后任上海大厦大学、西南联大、清华大学等校教授、系主任、文学院院长、教务长。1946年任清华大学人类学系主任兼教务长。中华人民共和国成立后，先后任西南民族学院、中央民族学院、南开大学等校教授并担任中国社会学、中国民族学、中国人类学等学会的顾问。

图 4 1921年,杨廷宝与清华美术社社员野外写生合影,唯一女性为美术老师斯达女士,其左手立者为杨廷宝(来源:《清华十周年 1911—1921》,杨士英提供)

瓷器图案、雕塑、绘画、美术史及名家传略,由社员各择一题,研究其源流、变迁及现状,于每月常会时做报告一次。另一方面是练习各种画,包括铅笔、水彩、钢笔、碳油等类。此外兼习静物写生、花草写生、野外写生及想象插画等(图4)。美术社有一个画室,以备平时社员随时习画。所有书籍、用具等均置于书柜内,由管理员杨廷宝负责出纳。在这些课外美术兴趣活动的促进下,杨廷宝和社员们的绘画功底和美学修养得到不断提升。曾有几位国内名家看过他们的作品后,赞赏道:"不独是国内各普通学校所望尘莫及,便是有的美术专门学校也很难同他们比肩。"杨廷宝在毕业赴美留学前夕,还以钢笔速写组画"清华八景"献给培育他的清华学校,作为感恩的深情怀念。这"清华八景"后来被刊登在《清华十年 1911—1921》年鉴上。

杨廷宝另一课余爱好就是习武。童年时,他因身体羸弱曾拜师父亲的好友王可亭,练过一阵子武术以强身。现在进了清华学校,学生课余生活如此丰富多彩,杨廷宝便如鱼得水加入了他喜爱的拳术队。于是,晨曦挥拳踢脚,日暮舞剑腾翻,平日课堂中腼腆内向的文雅书生,到了演武场上陡然间成为英俊潇洒的刚毅武生,真可谓文武双全。

由此，杨廷宝不仅曾荣获全校剑术比赛冠军，还被选为校拳术队队长，而且作为学生代表主持过学校体育协会"技击部"的工作（图5）。

图5　杨廷宝（左）在校拳术队活动（来源：《清华周刊》1917年6月15日，赖德霖翻拍提供）

游泳也是杨廷宝的体育长项。早在童年时代，他就经常与一帮小伙伴到村北离家一里许的白河里嬉水、游泳。现在，在清华这一方小池子里游泳，对于杨廷宝来说有点不过瘾。但对于旱鸭子学生来说，却是一道难以逾越的鸿沟。因为学校规定体育课不及格就不能毕业，也不得出国留洋①，真有几位后来成为大学者、大科学家的人物是通过体育课补考后，勉强及格才出国留洋的。就比如说，我国当代著名文学家梁实秋②，他1915年考入清华学校，曾在《清华八年之体育回顾》一文中描述了他参加游泳考试的趣事：

"清华毕业时，照例要考体育，我平时不加练习，临考大为紧张。清华那样好的游泳池，按说有好几年的准备应该没问题，可惜是这几年的准备都是在陆地上，并未下过水里，临考只能舍命一试。

我约了两位同学，各持竹竿站在两边，我脚踏池边猛然向池心一扑，这一下就浮出一丈开外。冲力停止后，情形就不对了。原来水里也有地心引力，全身直线下沉，喝了一大口水后，人又浮到水面，尚未来得及喊救命，已经再度下沉。这时两根竹竿把我挑了起来，成绩不及格，一个月后补考。

补考的时候也许太紧张，老毛病又犯了，身体又往下沉。据同学告诉我，我当时在水里扑腾的好厉害，水珠四溅，翻江倒海般……知道快游完全程了，于是从从容容来了几下子蛙式游泳，安安全全的跃蹬彼岸。

马约翰③先生笑得弯了腰，挥手叫我走，说'好啦，算你及格了'。这是我毕业时极不光彩的一个插曲，我现在非常悔恨，年轻时太不知道重视体育了。"④

此外，闻一多与梁实秋一样，也是为了游泳达标，曾在体育馆游泳池里刻苦训练，

---

① 当学生毕业前，必须通过最低标准之五项运动（游泳、百码、跳高、跳远、掷铁球），如有任何一项不及格，扣发毕业文凭，取消出洋资格。
② 梁实秋（1903—1987），浙江杭县（今杭州）人，出生于北京。1923年8月赴美留学，获哈佛大学文学硕士学位。1926年回国后，先后任教于国立东南大学、国立青岛大学，并任外文系主任。1949年到台湾，任台湾师范学院英语系教授。
③ 马约翰（1882—1966），福建厦门人。1911年毕业于圣约翰大学，1919—1920年与1925—1926年两次赴美国春田学院进修体育。1914—1966年在清华大学任教授、体育部主任，从事体育教学52年。1936年担任中国代表团田径队总教练，参加了在柏林举行的第十一届奥林匹克运动会。
④ 清小华. 一个所有清华人的体育馆. "清华体育"微信公众号，2019-12-27.

图6 1921年6月,清华学校辛酉级高等科毕业生合影,二排右5为杨廷宝(来源:《清华十周年1911—1921》,杨士英提供)

补考及格后才允许出国留洋的。而国学大师吴宓①因跳远不及格,便发奋练了半年,达标后才得以赴美。

怎么样?这说明考上清华难,能从清华毕业也不容易呐!而对于杨廷宝来说,体育考试过关已不是一道难以逾越的坎,却是强身健体的一生爱好。杨廷宝参加课外活动,除了绘画和体育是他的最爱外,像参加校外植树、校兵操军乐队,担任《清华年报》绘画编辑、《清华学报》英文编辑,与梁思成②等发起研究文学、音乐及各种具形艺术的团体,起名"美司斯"(The Muses)等这些课外活动并任职,不但活跃了杨廷宝的校园生活,更重要的是诠释了一位真正学霸应具有的素养、气质和才华。

一晃,杨廷宝在清华学校度过了六年的校园时光,并以优异的成绩提前两年毕业(图6)。这六年,无论是在学业上的勤学苦读,还是在才能上的充分展现,抑或是

---

① 吴宓(1894—1978),陕西泾阳县人,著名西洋文学家、国学大师。早年负笈清华,留学美国哈佛大学。1921年回国受聘国立东南大学文学院任教授,后曾任东北大学、清华大学、西南联大、成都燕京大学、武汉大学、西南师范学院等校教授。
② 梁思成(1901—1972),出生于日本东京,11岁回到北平。1915年考入清华学校,1924年赴美入宾大学习建筑。1927年获硕士学位。1928年回国,应东北大学邀请去沈阳创办了建筑系,任教授、系主任。1931年"九一八"事变后,返回北平并加入中国营造学社,任法式部主任,专门从事中国古建筑的研究。1937年,抗日战争开始,梁思成又举家先后来到昆明,四川南溪县的李庄,继续进行艰苦的古建筑调查研究工作。1946年抗战胜利后,回到清华大学创办了营建系。1946年受邀赴美考察、访问、讲学,并被中国政府委派任联合国大厦设计顾问团的中国顾问。1948年被选为中央研究院院士。中华人民共和国成立后直到逝世,一直任清华大学建筑系教授、系主任。1955年当选为中国科学院科学技术部学部委员。是中国建筑学会第一至四届副理事长。

图 7　宾大艺术学院建筑系教学楼（来源：宾大艺术学院档案馆，杨本玉索取并提供）

在修身上的自我提炼，都为杨廷宝继续攀登人生征途的又一高地奠定了成功的基础。

1921 年，杨廷宝进入美国费城宾夕法尼亚大学（简称宾大）艺术学院建筑系深造（图 7）。走出国门的杨廷宝，初始在洋学生面前显得有点"土"，常遭趾高气扬的欧美学生"白眼"。但有涵养的杨廷宝对此却毫不在意，只全身心倾注在发奋学习上，心想，日后咱们走着瞧！

入学前一两年，杨廷宝学的是一些基础课，如绘画、历史、数学、英文等，还学了一年德文，几乎全部科目成绩皆为优秀。到二年级时，除在清华学习的中文、生物等学分得到宾大的认可外，他还提前修完了宾大规定的学分，在全班同学面前初显霸气！

更令洋学生们惊异的是，杨廷宝在建筑设计主课的学习中突然迸发的出众才能和成绩。这表现为他对设计课由衷的喜爱，每次设计课教师们是下午来课堂（上午在事务所）辅导学生，而班上的美国学生多半比较顽皮，总是迟迟才来上课。当各组老师都按时来到教室准备分组辅导自己的学生时，一看只有杨廷宝一人已经提前在教室坐等老师了。于是，闲着没事就与杨廷宝的指导教师一起参与集体辅导了。这样，"老师对我画的图改得比较仔细，我学得也就比较扎实"，杨廷宝回忆说。

等到设计课快交图时，那些美国学生因前松后紧，此时就开始忙活起来了。不但

图8　杨廷宝（右1）与美国同学在设计教室（陈法青生前提供）

常被老师训斥，而且接连几天开夜车，怕是也来不及按时交图了。不得已，这些美国学生只好放下身架，低声下气地请杨廷宝出手帮忙（图8）。因为杨廷宝做设计一向计划性强，时间把控好，而且往往能提前几天完成设计作业。此时，杨廷宝也乐意帮他们画图，甚至代为完善设计方案。这样，"我等于做了两三个题目，甚至有的从方案做起，老师改了他们的图，等于也在替我改图，我就比别人多学了些。"甚至在同一绘图教室，比杨廷宝高一二级的赵深①、朱彬②到了来不及交图需赶图时，也临时抱佛脚，不得不请杨廷宝出手帮一把。

就这样，杨廷宝不但按时完成自己的课程设计作业，而且还通过"帮"别的同学

---

① 赵深（1898—1978），江苏无锡人。1911—1919年就读于清华学校。因病推迟到1920年入宾大建筑系，1922年获学士学位，1923年获硕士学位，1926年秋至1927年春与杨廷宝结伴到欧洲考察建筑后于1927年回上海。在上海青年会建筑处任建筑师。1930年自设赵深建筑师事务所。1931年2月，与陈植合伙创办赵深陈植建筑师事务所，1931年童寯加入，于1932年改称华盖建筑师事务所，至1952年停止业务。中华人民共和国成立后，他先后在北京工业建筑设计院和上海华东建筑设计院任总工程师、副院长，兼总建筑师。是中国建筑学会第二至第四届副理事长。

② 朱彬（1896—1971），广东南海人。1914—1918年就读于清华学校，毕业后赴美留学，成为入宾大建筑系第一位中国留学生。1922年获宾大建筑学学士学位，1923年获硕士学位，先后在费城罗弗工程司事务所、纽约麦谭建筑公司实习。回国后先后任天津警察厅工程顾问、天津特别一区工程师、天津特别二区工程科主任，1924年加入基泰工程司，成为第二合伙人，主管财务。1949年后，先去香港，后去了美国。

图9　1923—1924年间杨廷宝所获全美建筑系学生设计竞赛部分奖牌（陈法青生前提供）

额外做一些设计工作，更从中了解、学习不同同学的设计思路，从而提高了自己的设计思维和处理设计问题的能力。这样看来，杨廷宝进行课程设计，已经不是为了仅仅完成一项设计作业，而是有意识地在不断提高自己的设计水平了。难怪，在多次全美建筑系学生设计方案竞赛中，杨廷宝都能夺魁，其中包括1923年赫克尔奖二等奖（Samuel Huckel Jr Prize）、1924年市政艺术奖二等奖（the Municipal Art Prize），1924年艾默生奖一等奖（the Emerson Prize）；另外，杨廷宝还获得了1924—1925年沃伦奖一等奖（Warren Prize）、1925年，亨利·亚当奖二等奖。"至于我个人具体得了多少奖牌，已记不清了。"可见，杨廷宝几乎成了设计方案竞赛的得奖专业户了（图9）。

杨廷宝深知，要进一步提高自己的设计能力和打下扎实的设计基本功，还得不断拓宽自己的求知面和渠道。于是，他在设计课学习中不断尝试多样的"用古典建筑形式，西班牙殖民地形式，甚至高矗式式样探求建筑造型上的方案设计"，并且对那个时期新结构、新材料、新技术的运用也非常关注。

此外，杨廷宝对待建筑设计主课的学习还另有高见。他并不认为做课程设计仅仅是学习设计方法，提高设计技能，更重要的是"教师的启蒙，热忱的指导，教学的环境，以及社会上的建筑实践与建筑思潮，对培养一位建筑师人才都至关紧要"。这与宾大建筑系的办学宗旨"所培养的建筑师应该是'有修养的人'，教学重点放在建筑设计、学生的认识与想象力、创造力的发展，以及对美的欣赏和建筑杰作的熟悉上"是完全契合的。因此，杨廷宝深受不同教师教学方法和人格魅力的熏陶，在设计修养上更好地提升了自己。

他的启蒙老师是哈伯森（Harbeson）[①]，他写过一本《建筑构图》，对杨廷宝设计入门有很大的引领影响。

之后，杨廷宝就跟随关系最密切的设计老师保尔·克瑞（Paul Cret）[②]学习主课程建筑设计。"这位老师人品很好，为人淳厚、纯朴，参加过第一次欧战，耳有点聋，说是被大炮震坏了。英语讲得并不怎么好，可业务却是出类拔萃的。他的建筑设计、建筑绘画深深影响了我，是一位值得尊敬的老师"。受其影响，杨廷宝在设计手法上既尊重古典美学，但又不受其束缚，而是结合功能、技术创作出更新更合理的建筑形式。而且他在设计风格上继承了克瑞高超娴熟的绘图技巧、精致入微的细部推敲、把握准确的构图比例等优秀设计品格，以至于影响了自己后来一生的建筑创作。

……

杨廷宝在宾大如此善于学习，勤奋努力，在两年半内就修满了90个专业学分和25个非专业学分。而且，成绩单上大多数科目成绩为"优"（D-distinction），从而在1924年2月16日提前获得了学士学位，并因此登上《费城晚报》，该报以"中国学生获得宾大殊荣——杨廷宝不到三年就完成了建筑课程"为题进行了报道，在建筑系学生中引起轰动。（图10、图11）此后，杨廷宝又继续研究生学习，并于1925年2月14日获硕士学位，从而圆满结束了在宾大建筑系的深造（图12）。

宾大建筑系学习优秀的学霸并非杨廷宝一人。他的学兄朱彬、赵深和学弟梁思

[①] 哈伯森，美国公认的宾州地区的建筑历史学家中心人物，是美国建筑教育从鲍扎向包豪斯思想过渡的见证人。哈伯森1911年在宾大获硕士学位，在本科毕业后他曾短暂为John-T. Windrim工作了一段时间，很快他就加入了由P.克瑞和Albert Kelsey组成的事务所（Kelsey & Cret）。泛美联合大厦（Pan-American Union Building）设计完成后，该事务所解体，哈伯森仍与P.克瑞于1923年一起成为合伙人。该年P.克瑞去世后，该事务所遵照P.克瑞生前的主张，改名为Harbeson, Hough, Livingston & Larson，1976年改名为H2L2。

[②] 保尔·克瑞（1876—1945），出生于法国。1893年进入里昂学院，1897年赢得巴黎大奖后进入巴黎美术学院。1903年，被美国宾大建筑系聘为教授。一战期间（1911—1914）回法国参军。战后重返美国，带领宾大建筑系学生连续四次获巴黎大奖，并夺取鲍扎建筑师学会所颁发的四分之一各种奖牌，且创办自己的P.克瑞事务所，设计了许多佳作。1938年，获美国建筑师协会（AIA）金奖。保尔·克瑞不仅通过建筑教学，而且通过设计作品对美国建筑产生深远影响。

图10 1924年2月，导师P·克瑞（一排中）与杨廷宝（三排右3）、路易·康（三排右5）及同班同学坐在艺术学院入口台阶上的毕业合影（来源：宾大艺术学院档案馆，杨本玉索取并提供）

图11 费城报纸对中国学生杨廷宝获奖的报道（来源：宾大艺术学院档案馆，杨本玉索取并提供）

成、童寯①、陈植②等一批中国留学生都是出类拔萃的学霸，都在全美建筑系学生设计竞赛中荣获过不同奖项。难怪美国学生赞誉：这些中国人真棒。他们是中国小分队（图13）。

然而，这些"中国小分队"的学霸们并不像当今中国的学霸，迫于某种社会、家庭的压力，为了升学、出国只追求分数的拔尖超群，而是在理想境界、修身养性、能力提升、丰富生活、融入社会的下意识言行中，更注重人格的健全发展、气质的修炼浸润。就杨廷宝而言，他的学习成绩当属一流，但他并不唯分数论，在校园的各角落都活跃着他的身影。"每学期的假期有2～3个月，我曾到费城美术馆夏令学校（Academy

---

① 童寯（1900—1983），字伯潜，满族。1925年毕业于清华学校，并入宾大建筑系。1928年获硕士学位，毕业后在美国费城和纽约两家建筑事务所工作各一年。1930年春至1930年秋赴欧洲考察西方建筑，经东欧回国。1930年在东北大学建筑系任教授，并在梁思成离校后接任系主任。1931年冬加入赵深、陈植建筑事务所（1932年改称华盖建筑师事务所）主持图房工作，直至1952年结束华盖业务。1944年起兼任中央大学建筑工程系教授。1949年后至逝世一直任南京工学院教授、建筑研究所副所长。
② 陈植（1902—2002），1923年留学美国宾大建筑系，1928年获硕士学位。1929年始任教东北大学建筑系。1931年与赵深合办建筑事务所，为华盖三巨头之一。中华人民共和国成立后任上海市建筑规划局副局长、上海市民用建筑设计院院长。是中国建筑学会第一至四届常务理事，第五届副理事长。

图12 杨廷宝获硕士学位照
（陈法青生前提供）

图13 中国小分队，左起：杨廷宝、梁思成、林徽因、陈意（陈植姐姐）、孙熙明、赵深好友在一起出游（陈植摄，陈法青生前提供）

of fine Arts summer school）学过雕刻，这对提高我的艺术鉴赏有好处"。他经常乘坐赵深的小汽车去远郊野外写生（图14），与梁思成、林徽因[①]、陈植、赵深等好友结伴远游，或参加晚会演出（图15）、费城中国同学会活动，与其他同学去划船、钓鱼等。他更投身于融入美国的社会生活，广泛与各阶层人士交友，从而深入了解美国人的习俗、风土人情。如他因写生画画，结识了热爱东方文化的霍夫曼（Hoffman）夫妇和费城斯瓦斯摩学院一位职员并成为挚友，如同家人一般常来常往（图16）。由于杨廷宝性情温和、品格高尚、风度儒雅，不少美国友人、宾大教授、同学、小孩儿都乐于与他亲近。就连美国学者费慰梅因写作《梁思成与林徽因》一书，于1979年写信给宾大进行调研时，当时仍然健在的宾大教师约翰·哈伯森（John F. Harbesen）以及同学罗伊·拉尔森（Roy F. Larson）、斯宾塞·劳奇（Spencer F. Roach）都非常清晰地记得杨廷宝，认为他是当

---

① 林徽因（1904—1955），女，福建闽侯（今福州）人，出生于浙江杭州。1920年曾就读于英国伦敦圣玛利女校，1921年入北平培华女子中学。1924年入美国宾大美术学院，选修建筑学课程。1927年毕业后转入耶鲁大学学习舞台美术。1928年与梁思成在加拿大渥太华结婚。同年夏与梁思成共同创办东北大学建筑系。1930年加入中国营造学社。1931—1937年多次参加该社古建调查测绘工作。与此同时，发表许多文学作品，成为北方文学界有影响的作家。1946年又协助梁思成创办清华大学营建系并任教授。

图 14　杨廷宝（左）与赵深经常结伴野外写生（陈法青生前提供）

图 15　杨廷宝（左）与同学舞台剧照（杨士英提供）

图 16　杨廷宝（右1）与费城斯瓦斯摩学院美国好友全家游玩（陈法青生前提供）

时在宾大的中国留学生中最优秀的一个。甚至，才貌双全的杨廷宝还引起不少女孩子的爱慕。

如此看来，一位真正的学霸在德、智、体、美的发展上应是全面的，不仅学风正派，成绩优异，更重要的是人格也应是出众的。而这种学霸气质的修成，靠自己努力向上仅是一方面，更重要的是社会环境、教育、家庭等综合因素的潜移默化的结果。正如杨廷宝的幺子杨士萱[①]在发给著者的一封邮件中说道："杨廷宝留美就学的6年，是不平凡的6年，除了才艺超群，刻苦向学，更因为遇上良师——保尔·克瑞（Paul Cret），他的言传身教，深刻影响了我父亲的建筑风格和工作作风。""我父亲能融入美国社会，对他融合东西方文化、展开事业很有帮助。""可以说，杨廷宝在宾大6年，积蓄了丰富的智慧和过人的才华，即将为他的祖国报效一生。"

以杨廷宝为代表的中国第一代建筑大师们才是值得后学效仿的真正学霸。

参考文献：

1. 齐康. 杨廷宝谈建筑：童年的回忆 [M]. 北京：中国建筑工业出版社，1991.
2. 刘向东，吴友松. 广厦魂 [M]. 南京：江苏科学技术出版社，1986.

---

① 杨士萱（1933—），生于天津。1960年毕业于清华大学建筑系。曾在北京市建筑设计院任职。后在美国贝聿铭建筑师事务所从事建筑设计。

3. 成长之路遇贵人

杨廷宝出生时是不幸的，但在人生初始却遇到一位贵人，又是有幸的。这位贵人就是他父亲杨鹤汀的好友王可亭。

王可亭何许人也？乃是清末一秀才，祖居南阳城南三十里屯。虽然与小廷宝身材比例一样，看似瘦高，但人很精干，身骨硬朗。特别是两眼炯炯有神，说句玩笑话，活像孙猴子一般。他性格豪爽、幽默风趣、结朋交友。尤其是他文武双全，一度成为南阳家喻户晓的人物。他文则上知天文，下知地理，通晓四书五经，擅长音律、书画，又满腹南阳古今人物、风土人情故事和历史掌故。武则是南阳十三县知名武林高手，十八般武艺不说样样精通，也能把刀、枪、棍、棒、剑、钩耍个像模像样。

这样一位传奇式的人物对于小廷宝来说，该有多大的吸引力呀！要是小廷宝能够跟随王老伯左右习文练武该多好。

命运之神真的为小廷宝牵上线，与王可亭结下了伯侄之交。就这样，王可亭成了小廷宝家的常客。

当王可亭来访时，多与杨鹤汀在客厅饮茶唠嗑。因两人志趣相投，才识相当，时而谈古论今，时而吟诗对仗。而小廷宝每当此时就爱待在客厅的角落里，神情专注地倾听。久而久之，小廷宝也听出了许多名堂。

一天，杨鹤汀对王可亭说："我就把小廷宝交给你调教了。这孩子体弱多病，智力迟缓，你得费心啊。"

王可亭转头望了一眼坐在角落的小廷宝，对杨鹤汀回应道："哪里，哪里。这孩子腼腆文静，一脸书生相，长大定会才学出众。只是身子骨现在单薄一点，这没关系，只要跟我练练功夫会好起来的。"

从此，王可亭来杨家更勤了。只见他脱去灰布长衫，露出武生宽松服，开始带着小廷宝在院子里练起了武术。这师徒二人，一老一小，师傅教的一招一式，徒弟学得有板有眼。先学各式拳术，后练各样刀枪。小廷宝开始学得吃力，练得费劲，但他咬牙坚持，师傅没说休息，他就不肯停下，往往几个时辰下来，浑身冒汗，筋骨酸痛。师父一面教他武艺，一面练他毅力。就这样，不消几个月工夫的苦练，小廷宝就学会了少林拳、太极拳、猴拳，对刀、枪、棍、剑常用兵器也能耍上几套。更令师傅高兴的是，小廷宝的身子骨也日渐硬朗起来，肌肉也结实多了，尤其面黄肌瘦的小脸蛋也红润丰满起来。

"小廷宝，把胳膊举起，握拳弯过来。"小廷宝照师父的吩咐这么一举一握一弯，哇！上臂立刻凸出一个似小鸡蛋样的硬疙瘩。小廷宝另一只手抚摸着这个小肉疙瘩，想起练前像芦柴棒一样的细胳膊，自己也不觉满意地开心起来。当祖母看到孙子与之前相比判若两人，自然喜出望外。连杨鹤汀也打心眼里高兴得连连向王可亭道谢。而王可亭还礼说："不必客气，不必客气，只要宝侄终生坚持习武练身，就不负我一番苦心了。"

果真，小廷宝就是有这个毅力：在清华积极参加拳术队，在家中每日晨练太极剑，在南工建筑系全系晚会时上台演倒立，在验收人民大会堂竣工兴奋时当众"拿大顶"，日常闲暇时更是来上一段八段锦，当然，这些都是后话了。总之，习武已经成了杨廷宝生活的一部分，难怪人们见到他中青年时高大魁梧的身段，怎么也想象不到他年幼时孱弱的样子（图1）。

话分两头，再说小廷宝尽管年幼时读家塾因身体差，老背不下书被退学，年少时

图1　杨廷宝舞剑英姿（陈法青生前提供）

上小学因战乱又中途辍学在家，但他求知的欲望并没有泯没。自他经常与王老伯相处后，方知这位贵人不仅武功好，而且学问高深，知识渊博，又善讲故事，于是小廷宝就更缠上王老伯这位智者了。

一天，杨鹤汀进城未归，王可亭白天继续教小廷宝练武，晚上就留下来陪小廷宝过夜。晚饭后，两人无事，小廷宝开始缠上了。

"王老伯，我想听你讲故事。"小廷宝一双明亮的眸子望着王老伯期待着。

"哦，想听故事？想听什么呀？"

"随便你讲什么都行。"

"好吧，不过，我讲前先考考你。东汉时期，咱们南阳有哪几位名人呀？"

小廷宝歪着头，瞪大眼睛却并不是要看什么，而是小脑袋瓜里在翻滚。稍停，又立即转过头看着王老伯说："我听过你给我爸说过汉武帝刘秀和他的二十八宿……还有，有个叫什么百里奚的，对吧？"

"哈哈，你这小鬼记性还真不错哎！不过，百里奚是春秋战国时期秦国的大夫，他可不是东汉人哦。"

"那东汉的名人还有谁呢？"

"那可就多啦！你听说过张衡①吗？"

"听说过，听说过。他的家就住在城北五十里的西鄂石桥镇，和我外祖母家只隔十里路。"

"对，他可是中外闻名的大天文学家，还在数学、地理、文学好多方面表现出非凡的才能和广博的学识呐！"

"真厉害！"

"厉害？还有更厉害的呐。他还是大发明家，他创造了世界上第一架能比较准确地表演天象的漏水转浑天仪，第一架测试地震的仪器，叫作候风地动仪，还创造出指南车，能自动计程的记里鼓车，能飞行好几里的木鸟，还有好多好多呐！"

"他怎么那么神！王老伯，你就先讲讲张衡他在天文上闻名的故事吧。"小廷宝望了一眼窗外的繁星。

---

① 张衡（78—139），字平子，南阳郡西鄂县（今石桥镇）人。中国东汉时期杰出的天文学家、数学家、发明家、地理学家、文学家。历任郎中、太史令、侍中、河间相等职。发明了浑天仪、地动仪、指南车、记里鼓车等。

"好吧。张衡写过一本书叫《灵宪》，他在书中说呀，宇宙是无限的，天体的运行是有规律的。他指出，月亮本身并不发光，月亮其实是反射太阳光才亮的。"

"那月亮为什么有时一半亮一半黑，有时亮得像镰刀，有时一点亮都没有，像黑饼一样，为什么月亮的形状会变来变去呢？"小廷宝打破砂锅问到底。

"张衡说呀，太阳是不动的，而地球是围绕着太阳转圈的。月亮呢，它是围绕地球转圈的，它们两个按各自规律转的过程中，就出现了你问的几种情况。"王老伯见小廷宝呆着，一时脑筋还没有转过弯来，接着说："这么着吧，我们来演示一下。"说着，王老伯拿起桌上一张纸片，使劲儿搓成一个小圆纸球。指了一下桌上的油灯说："这是太阳。"然后左手握拳："这是地球。"右手捏着小纸球："这是月亮。"随后左拳绕油灯慢慢转圈，右手捏小纸球慢慢绕左拳转。

"看见了吗，小纸球受光部分有变化没有？"

"哇！这下我看明白了，原来是这样！"

"你真聪明！一看就明白。要知道，古时候人们认识到这个道理要经过千百年呢！比如波兰著名天文学家哥白尼在张衡之后一千四百多年才创立了天体运行论，道理与张衡的说法一样。"

"真了不起！"小廷宝心中油然升起对张衡成就的敬仰，并为与张衡同是南阳人而自豪。

"南阳了不起的人物还多着呢！"王老伯谈兴正浓。

"那你再讲一个南阳有名气的人物的故事吧。"

"好吧。话说张衡仙逝十一年后，也就是离现在差不多将近一千八百年前。中华医圣张仲景①出世了，他31岁时，赫赫有名的诸葛亮也诞生了。刘备三顾茅庐请诸葛亮出山时，诸葛亮正值盛年，二十有七，也就比你大十来岁。那时张仲景名扬天下，时年已五十有八。这三位大人物可都是咱们南阳老乡啊。又适逢同一个时代，你说咱们伯侄俩是不是也沾了光？"

"沾光不敢，我以后也要成为像他们一样的人，再为咱们南阳增光！"

"好样的，有志气！"

---

① 张仲景（约150～154—约215～219），名机，字仲景，东汉南阳涅阳县（今河南省邓州市穰东镇张寨村）人。东汉末年著名医学家，他的医学著作《伤寒杂病论》对推动后世医学发展起了巨大的作用，被后人尊为医圣。

"王老伯，三顾茅庐的故事，我爸跟我讲过，但你说的那位张什么？"小廷宝小脑袋瓜一下子卡了壳，停顿了一下之后，忽又想起："对，叫张医圣，还是第一次听说呢。"小廷宝不等王老伯开口自问自答起来。

"什么？你第一次听说？你在城里读书时没去城东的医圣祠玩过？"一连串的问题让王老伯不解。

"去过，那里面遍地茅草，可深呢，到处都是瓦砾乱石块，没有什么好玩的。"

"这么吧，我先告诉你他是什么人。张仲景是东汉末年著名的医学家，做过长沙太守，他年轻时四处查访名医，广收民间医方。后来写出了传世巨著《伤寒杂病论》。"

"什么？《伤寒杂病论》！我爸还写过伤寒歌呢，他说他研究过这本书的心得。"小廷宝急忙打断王老伯的话头。

"不错，你爸不仅关心政事，对医道也颇有见地，你爸还给人治过病哩。不过，你爸比起张医圣那就……哈哈哈。"王老伯轻轻地摇了摇头，笑着调侃道。

"那张医圣到底有多大本事？"

"那我就讲几个有关张医圣的故事给你听吧。"王老伯一晚上讲了这么多话，有点口干舌燥，准备呷几口茶润润嗓子。小廷宝见状，赶紧起身，端起早已泡好的一壶茶，手一摸还有点温，便倒了一杯双手恭敬地递给王老伯："茶水不烫了，行吗？""行！"王老伯说到兴头上也不讲究了，喝一大口，便接着侃侃而谈。

"你知道北方人一定要在冬至那天吃饺子吗？"

小廷宝有点儿懵了，不语。心想张医圣和吃饺子有什么关系？正在疑惑中，只听王老伯接着开口了。

"张仲景在长沙做官，到告老还乡的时候，正赶上那年冬天寒风刺骨、雪花纷飞。那天在白河边，张仲景看到很多无家可归的人，面黄肌瘦，衣不遮体。因为寒冷，很多人耳朵都冻烂了，还淌着血。张仲景看了心里十分难受。回到家后，很多人慕名上门求医，张仲景有求必应。虽然'退休'了，他仍然一天到晚忙忙碌碌，心里老是惦记着那些冻烂耳朵的人。于是，张医圣忙里偷闲加紧研制出一种可以御寒的食疗方子。然后他叫徒弟在南阳东关的一个空地上搭了个棚子，支上一口大锅，为穷人舍药治病。开张的那天正好是冬至，舍的药就是他研制出来的食疗方子，叫作'祛寒娇耳汤'。"

"祛寒娇耳汤用什么做的？它有什么作用呢？"小廷宝对这词儿很陌生，问道。

"祛寒娇耳汤当初其实就是把羊肉、辣椒和一些驱寒的中草药放在锅里煮，熟了以后捞出来切碎做成馅，再用面皮包成耳朵的样子，张医圣称它为'娇耳'。然后，将娇耳下到盛有原汤的锅里煮熟。煮好后，张医圣就让徒弟给每个穷人一碗汤、两个'娇耳'吃下去。人们吃了后，一会儿就浑身发热，这种东西穷人多吃几次，耳朵再不会冻伤了。北方人有冬至吃饺子的习俗，就是为了纪念张仲景这位医圣，如同南方人端午节吃粽子是为了纪念战国时期楚国伟大诗人屈原一样。"

"张医圣医德真高尚！王老伯再讲一个张医圣的故事吧。"小廷宝听得来劲儿了。

王老伯望着听得如饥似渴的小廷宝，不忍心就此中断气氛。在杯中续了点热水，喝了两口后，又接着侃下去。

"张仲景毕竟也是凡人一个，也有生老病死。大约在210多年，张仲景年老，也生病了，他知道自己快到生命的尽头了。很多被他治好病的老百姓都来看他。因他在长沙当过小官，长沙也来了不少人看望他，甚至有人考虑到张仲景的后事，说长沙有一块风水宝地，希望张仲景百年之后在那里安身。这可把南阳人惹急了，这像什么话！张医圣是我们南阳人，你们别想把张医圣骗走！双方就此争吵不休。张仲景躺在病床上弱弱地说：'吃过长沙水，不忘长沙父老情；生在南阳地，不忘家乡养育恩。这样吧，我死后，你们就抬着我的棺材从南阳往长沙走，灵绳在什么地方断了，就把我埋葬在那里好了。'"小廷宝听到这里，心里有点儿为此时的张医圣难过。

"那一年冬天，张仲景真的归天了，寿终的那天正好又是一个冬至。当送葬的队伍走到南阳东关口，也就是当年张仲景为百姓舍驱寒娇耳汤的地方，棺绳忽然断了。大概这是天意吧，张仲景要常眠在这里。于是，众人遵照张仲景的遗嘱，就地打墓、下棺、填坟。南阳、长沙两地的百姓，你一挑，我一担，川流不息，把张仲景的坟墓垒得大大的。后来，还在坟前为他修了一座庙，就是现在的医圣祠。"

"啊！张医圣死得太可惜了。"小廷宝听到最后，更是伤感起来。

"哎！只是那些年兵荒马乱，都是军阀混战做的孽。把好好的医圣祠搞得破烂不堪，年久失修，就像你去看过的那种惨景。"

讲啊，讲啊，不知不觉已夜深人静。

"好了，今天太晚了，就讲到这里，你还想听什么改天继续讲吧。"

小廷宝若有所思地回到自己的房间，躺在床上辗转不眠。满脑子都在回味王老伯刚才讲的故事。他幼小的心灵被一个个伟大的人物鼓舞着。他要像他们一样，为国家、为人民做一些有益的事。自己要想实现这个愿望，只有努力学习！像张衡、张仲景那样，学到更多、更多的知识和本领，也要不负王老伯的一番苦心，把身体练好。想着想着，小廷宝进入了梦乡。

参考文献：

1. 刘向东，吴友松. 广厦魂 [M]. 南京：江苏科学技术出版社，1986.
2. 李儒科. 医圣张仲景 [M]. 武汉：湖北人民出版社，1998.

4. 培育之恩涌相报

小廷宝从呱呱坠地到成为中国建筑界的一代宗师，除去他个人勤奋努力外，还因有更多人的呵护与栽培。其中，杨廷宝最值得感恩的人是生母、父亲、斯达女士和克瑞导师，而且，杨廷宝对这四位恩人感谢方式还不一样。

杨廷宝要感恩的第一人是她的生母。因为生母给予他宝贵的生命，而生母这种给予却是以付出自己的生命为代价换取小廷宝来到这个世上。尽管小廷宝当时浑然不知，但他本能的啼哭声，挥手蹬腿地狂舞，不正是在呼唤着妈妈的亲吻和拥抱吗？可是妈妈却撒手人寰。可怜的小廷宝就此在失去母爱的襁褓中艰难度日。虽然活了下来，但他的幼年，"正处在一个大变动的时期。幼小的心灵虽然充满着希望、期待和渴望，向往着未来，但之后每向前一步都带着疑惑和彷徨，在现实面前踯躅不前"。[1]是的，在小廷宝人生起步的阶段，就一路崎岖坎坷，不幸连连。在与孩童玩耍中，因体弱多病、瘦小迟钝而备受取笑；在家塾里，经常因背不下书或面壁罚站，或遭戒尺打手心。特别是家塾先生最后判定"这廷宝断然成不了什么宝！"而把他踢出读书门外，这在小廷宝的心灵上是重重的一击。

但是，小廷宝没有倒下，他想起六岁读家塾懂事时，从祖母口中得知自己没有了妈妈的身世后，一种替母亲争气、替自己争气的决心油然而生。遵照父亲"先养好身体，在家多临临帖、练练字"的嘱咐，小廷宝一下子从郁闷忧愁中走出来。当他翻出母亲遗留下来的山水画卷，大小字帖，顿觉一股暖流沁入心田。他见字画如同见到母亲一样，暗暗立志要自强不息，奋斗不止。起初，小廷宝对着母亲的遗作，一笔一笔地慢慢临摹起来。渐渐地好像憋着一股劲儿，整天不出门，甚至废寝忘食地临帖练画。就这样，小廷宝一天到晚写啊、画啊。终于功夫不负有心人，小廷宝书画的长进令家人、乡亲，甚至那位家塾老先生皆刮目相看。小廷宝心里清楚，母亲不但给了他生命，也给了他自强的勇气。他愈加思念起母亲。

当杨廷宝从清华毕业回老家做出国留学前准备，并告别家人、父老乡亲时，他也

---

[1] 齐康. 杨廷宝谈建筑[M]. 北京：中国建筑工业出版社，1991：92.

图1 1982年5月,杨廷宝偕夫人陈法青到湖北襄阳米公祠祭祀生母祖先(杨士英提供)

图2 小廷宝8岁时与父亲杨鹤汀合影(杨士英提供)

一定去过母亲安息的地方。而且一定是与母亲在心里对白过,并告慰母亲:儿行千里母别忧,待儿凯旋报春晖。著者在开篇第一个故事里提到的那张坟茔照片,就这样伴随了杨廷宝一生,直至杨廷宝也驾鹤西去。而这张照片连同其旁的小花盆中屹立的几株塑料小白菊,至今仍静静地摆放在故居的书桌上。

就在杨廷宝即将离世的1982年,他偕夫人陈法青趁重返故里之际,专程来到襄阳母亲米氏先族的米公祠,与母亲作最后的告别。感恩母亲给了他生命,也成就了他的一生(图1)。

杨廷宝要感恩的第二人是他的父亲,因为父亲是他人生的引路人。想当初,小廷宝被家塾老先生"开除"后,父亲对小廷宝一没有呵斥,二没有打骂,而是和颜悦色地开导、鼓励地说:"和尚,来日方长,不要灰心。先养好身体。空下来多临临帖,练练字,一有机会,就带你进城读小学。"这对小廷宝是一种莫大的安慰,真是父爱如山啊!(图2)当小廷宝九岁时,父亲实现了自己的诺言,把小廷宝送进南阳城里一所小学校就读。就是从这时候开始,小廷宝从闭塞的乡间一下子进入了广阔的天地。这座中原重镇,通衢孔道、人才荟萃、古迹众多,小廷宝一下打开了眼界,感受到中原传统文化的熏陶。这对于他往后立志要读书救国,且一生满怀爱乡爱国的赤子之心,甚至成才成名，有着深远的影响。

只是，小廷宝只读了两年便因战乱逃难而辍学。等战乱平定，杨家逐渐恢复元气后，小廷宝的父亲就拜托好友王可亭调教一下自己的宝贝儿子。练武强身，补习课文，以备报考开封留学欧美预备学校。

转眼到了1912年的6月，遵从父亲的指引，小廷宝终于有幸进入开封留学欧美预备学校，从而开启了走向成才、成功的人生转折起点，并以两年半突飞猛进的学业进步，一举跨进清华学校。从此，杨廷宝在人生的道路上，攀登上又一座高峰。看来，杨廷宝时来运转，从婴幼时期屋漏偏逢连夜雨的磨难，到少年时代起如同芝麻开花节节高的上升，固然是小廷宝励志勤奋的结果，也与父亲高瞻远瞩把小廷宝引上正路不无关系。

父亲不仅为小廷宝上学操心、铺路，还又当爹又当娘，为儿子的婚姻大事费尽心思。直到杨廷宝从清华毕业，即将远赴美国留洋前，终于在姨侄女的牵线下让儿子与未来的媳妇陈法青订下婚约才圆了杨鹤汀许久的心愿。

看来杨廷宝成人、成才两件大事，让父亲一生费心不少。为了感恩父亲，1931年5月，即便正处在南京多项工程在手，忙得不亦乐乎之际，杨廷宝也设法挤出丁点时间在8日赶回南阳为父亲55岁生日祝寿（图3）。而且，在1947年初，干脆将父亲接到南京刚建成不久的"成贤小筑"颐养天年（图4）。让他安心在家整理、撰写《伤寒论

图3　1931年5月8日，杨廷宝与父亲55岁生日合影（杨士英提供）

图4　1947年初，杨廷宝接父亲来南京闲居养老，直至1961年辞世（杨士英提供）

浅歌》《金匮浅歌》等诗篇，并把医圣张仲景的两部巨著用白话歌诀翻译出来。甚至，在抗美援朝期间，年近古稀的父亲，壮志不已，曾申请加入抗美援朝医疗队。然而，1961年9月21日，父亲因患食管癌在南京寿终。杨廷宝尽到长子的最后孝心，将父亲安葬在南京中华门外花神庙公墓。而杨廷宝生母和继母的棺木虽葬于家乡赵营，终因地方建设用地之需，曾几次迁移。杨家子女就有了欲将父亲骨灰迁回南阳与二母合葬之意，这应该也是杨廷宝晚年的夙愿吧。因为他望着这张妈妈坟茔的照片时，一定早就不想让心爱的妈妈永远孤独地安眠在没有亲人在身旁的荒野里，他要父亲去陪伴她，让他们九泉之下再不分居两地。

因杨廷宝父亲当年加入过同盟会，是南阳地区辛亥革命负责人之一，曾被各界代表推选为南阳首任知府，并热心办公学、创实业、惩恶济贫，做了不少有益家乡的好事。于是，当地政府和父老乡亲出于对杨鹤汀老先生的敬仰和爱戴，决定择卧龙宝地将杨老先生迁葬回家乡。在民政局和小弟廷寘、大弟廷宾及热心朋友的策划与张罗下，1994年10月6日，杨鹤汀先生骨灰迁回南阳，并与原配米氏、继配李氏合葬于卧龙墓园。"此地枕伏牛而蹬江河，绵三山而带群湖，未来建设必为风景胜地，先生眠此，实为幸事。"时任南阳市政协副主席李玉玺在迁葬仪式上说。闻此，已于1982年底安葬在南京祖堂山陵园的杨廷宝，在九泉之下也会宽慰了（图5）。

杨廷宝要感恩的第三人是他在清华读书时的美术老师斯达女士。因为斯达女士是他成为跨界画家的启蒙者。杨廷宝在考入清华之前，虽然有点绘画的天分，也十分喜爱艺术，但终究没有入道。当他一走进清华园里，立刻被校园浓厚的学习氛围和多彩的学生校园生活所感染。在课堂上，心地善良、性情温柔的斯达女士手把手教杨廷宝如何调色，如何掌握水分，如何观察物体颜色的变化，如何下笔先后着色，如何用色

图5　1994年10月6日，杨廷宝父母合葬于南阳卧龙墓园（杨廷寘提供）

表达冷暖，如何留白表现光感……斯达女士教得是那么细致耐心，杨廷宝听得更是那样入神领悟。就这样，一位教学认真，一位勤奋好学，师生关系十分融洽。以至于有一次杨廷宝画得入迷，竟忘了下课去食堂吃饭。结果被斯达女士看见，就从家里送来午餐，这让杨廷宝深为感动。

不仅如此，在斯达女士的授意下，杨廷宝与闻一多发起组织了"美术社"课余活动小组，斯达女士不仅亲临美术社讲授美术理论、放映美术作品幻灯片，还跟随学生到校内外辅导学生野外写生。

1921年6月，杨廷宝就要从清华毕业了。斯达女士问杨廷宝出国留学志愿选定了没有。杨廷宝后来回忆当时的情景说："我胆怯地没敢回答，闻一多答应下来。我的心愿是想学美术，但家境日趋衰败，每年只能供给我几双鞋袜，上学的路费还是向同族和亲戚告贷而来；学习的书籍是接受别人用过的。河南省每年只津贴每个学生大洋十五元。估算我的经济情况及往后的生计，总感到学美术这一行，日后难得温饱。我对斯达的一再劝说，没有听进去。现在我还记得清楚，她当时那种沮丧的神情，眼泪都几乎要落下来。她虽是一位外国老师，但对学生的关切，却是那样的淳朴和深厚。每每忆及，我都深受感动。"①正因为杨廷宝为自己的老师斯达女士所打动，他一直没有忘记她的恩情。

等到五年后，杨廷宝从宾大毕业，又结束了在导师克瑞事务所近两年时间的实习准备回国前，他与已经离开清华教书回到美国家中的斯达女士通了信。杨廷宝要去看望他的恩师。斯达女士和她的哥哥一起住在俄亥俄州的乡村，离费城宾大不算远。一天，杨廷宝兴致勃勃地来到斯达女士乡间一幢一、二层结合的木屋。只见鱼鳞状木板墙上镶嵌着几樘窗户，窗户有两扇，是正方形垂直上下开启的，不是我们见惯了的平开启窗。一层是住户入口，进门大概就是客厅了。那天杨廷宝来时，户门没关。他踏上两步台阶在门口稍停，正要向屋内的老师打招呼，只见斯达女士正跪着擦地板，看样子老师既清苦又有点衰老了。杨廷宝见状，不由感到一阵心酸。想当初在清华时，"她一人就住一套房子，家里有个大师傅给她做饭，生活是优裕的，他们的待遇大大超过中国教师。"②现在老师的境遇怎么成了这样呢？正想着，斯达女士应声站起，一见进来的竟是她最喜欢的学生，不觉忘了疲劳，双眸一亮："啊！廷宝·杨，是你，是你，

---

① 齐康. 杨廷宝谈建筑 [M]. 北京：中国建筑工业出版社，1991：102.
② 齐康. 杨廷宝谈建筑 [M]. 北京：中国建筑工业出版社，1991：94.

好多年不见了，长得越来越帅了。我知道你会来看我的！见到你太高兴了。"一边说一边走上前紧紧握着杨廷宝的一双手，还摇晃着。仿佛又回到了清华那些值得永久留恋的日子。杨廷宝被老师的真情再次打动，激动得不知道说什么好，迎上去连声回应道："老师，您好，您好，我一直惦记着您呢！您可好？"

这次久别重逢，他俩促膝谈心，谈了很久很久。老师询问了这几年杨廷宝在宾大的学习情况和生活情况，问他还在画画吗……杨廷宝也一五一十地向老师汇报了她想知道的一切，还谈了自己获得了多少设计竞赛大奖，他想让老师分享自己的学习成果，这些成果也有老师的一份心血啊！这样，他们一直谈到深夜，真有说不完的话。第二天，斯达女士带杨廷宝到附近乡间田野上走了走，欣赏一下田园风光，又边走边聊（图6），直到中午斯达女士的哥哥已经准备好午餐为杨廷宝饯行。

临别时，杨廷宝拿出他在宾大画的一张水彩画，双手呈在老师面前："老师，请留下做个纪念吧！"斯达女士双手接过来端详着，欣赏着，不住地赞叹："廷宝·杨，你的水彩画水平比清华时大有长进啊！快要赶上老师了。用你们中国人的话来说，这叫青出于蓝而胜于蓝，是吗？"

图6　杨廷宝学成回国前看望在清华读书时的美术老师斯达女士（陈法青生前提供）

"哪里哪里，我永远是老师您的学生，我会终生热爱绘画的。"杨廷宝急切地回答。

"廷宝·杨，这幅画在构图、技法、用色上都很好，水分把握得也不错，我很喜欢它。"斯达女士的手指在画面上游走着说。之后，又抬起头来用饱含期待的目光凝望着杨廷宝，说："只是，我觉得你更需要它，你回国去办个画展吧，把它展现给中国人看，比留在我这儿我会更高兴的，你说呢？"

此时，杨廷宝感动至极，眼前的斯达女士仍然像当年在清华教自己画画时那样，一直在鼓励自己。想当初自己未能如她所愿选择学美术，她那沮丧的神情和泪花在目的伤感仿佛就在昨日，这次不能再让恩师失望了。他领悟到老师的良苦用心，接过画满怀深情地回答道："亲爱的老师，我懂了，我一定记住您的话，回到中国我一定会举办个人画展的！"说着，杨廷宝紧紧地再次握着斯达女士的手，一股恩师爱子的暖流传遍杨廷宝全身。他不舍离开敬爱的恩师，这一走，又不知何日再相见啊！

当杨廷宝真的要离开小木屋踏上乡间小路往回走时，他是那样的依依不舍，不禁又回头望了一眼，只见斯达女士仍伫立在门前，微笑着，凝望远去的杨廷宝背影。杨廷宝定住了，他瞬间取出相机，按下快门，他要永久珍藏这难忘的一刻（图7）。

图7　斯达女士依依不舍地望着渐行渐远的杨廷宝（陈法青生前提供）

杨廷宝要感恩的第四人是他在宾大深造时的导师保尔·克瑞，因为克瑞是他入门建筑设计并最终成为中国建筑界一代宗师的传道授业者（图8）。

杨廷宝在清华毕业时选对了他喜爱的建筑学专业，来到美国即落脚在美国《独立宣言》的诞生地——合众国助产婆的费城，又选择了美国八所常青藤盟校之一的宾夕法尼亚大学。还有幸拜在该校闻名全美建筑系的导师克瑞门下，这真是天赐良机。因为对于学习建筑设计的学生来说，城市的人文、历史环境，学校的名气与教学氛围，建筑系的品牌与办学实力，师资队伍的素质与水平等，都是不可或缺的条件。正因为占尽了这些优质学习资源，杨廷宝才能在学习期间全面深入地学习从古希腊、罗马直至文艺复兴时期的西方古典建筑精华，并将之作为"古代千百年来工匠逐渐改善的、成熟的艺术和技术创作"，应用于课程设计乃至实践中去。他反复思考，多方推敲，其细腻精致的设计手法，浸润西方文化的修养，以及严谨务实的品格备受克瑞欣赏。特别是杨廷宝在学习中有周密的计划性，每个课题设计都能拿出多个方案与老师交流探讨，又能主动观摩各位老师的教学方法。不但以两年半的时间修完四年的学分，还在全美建筑系大学生设计方案竞赛中多次获大奖。而且杨廷宝的两个设计作品作为案例收入了教科书，此乃中国留学生唯一一人。如此品学兼优的学生怎能不让克瑞心动？于是，杨廷宝获学士学位毕业后，立即被克瑞收入门下，作为研究生培养。当杨廷宝又以优异的成绩提前修满学分，在硕士学位授予典礼的那天，克瑞当场对杨廷宝说："来吧，到我事务所来工作。"这是克瑞事务所收的中国学生第一人（图9）。

图8 导师P.克瑞（来源：*The Civic Architecture of Paul Cret* 封面）

图9 1925—1926年杨廷宝在P.克瑞建筑师事务所实习（陈法青生前提供）

图 10　杨廷宝画的由其参与设计并正在施工的特拉华河大桥水彩画

　　在克瑞事务所里，杨廷宝先是参与设计一些装饰工程练练手，后来直接参加了底特律艺术学院美术馆的详图设计工作。一次，克瑞在悉心指导杨廷宝设计时说："建筑材料用在什么地方，你就要熟悉那材料的性能，放在最合理而又合适的地方。"这使杨廷宝深刻认识到，设计图上的每一根线条都是要做出来的，因此，就要知道选什么材料，怎样制作，怎样施工，各种材料在节点处怎样交代，等等，一系列技术问题都必须了如指掌，否则设计只能是纸上谈兵。难怪杨廷宝在克瑞事务所实习期间，施工图纸画得非常详尽，就连他设计的费城特拉华河大桥 Delaware Bridge Aproach（图10）引桥前广场上的灯座、栏杆，这些城市小品，其施工图都画得十分完美。所有细节、尺寸都交代得清清楚楚，工人只要按图加工就能搞定。后来杨廷宝也曾参加了 1925 年建造的纪念美国建国 150 周年展览馆的一些施工图设计工作。杨廷宝参加这些实际工程的施工图设计工作与他在读期间做课程设计既有密切关系，又有很大区别。施工图是对方案的深化再设计，建筑师要考虑更复杂的多样性技术与可操作性问题。杨廷宝在克瑞事务所近两年的设计实践训练，为他回国后从事一生的事业打下了扎实的基础，可说是如虎添翼。此时，他就等待回国后去大显身手了。

　　一晃，杨廷宝在宾大深造和实习的日子就要结束了，怎样感谢恩师的栽培呢？他

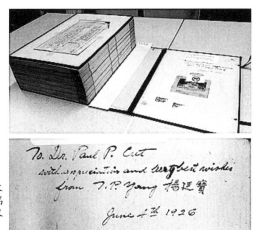

图11 1925年，杨廷宝在宾大硕士毕业时，赠送导师P.克瑞的谢师之礼（来源：宾大美术图书馆，顾凯索取并提供）

想起自己正有一套千年前刊行，中国现存最早的官方编定的建筑技术专著——陶本《营造法式》，何不将这珍贵之物作为谢师之礼呢？于是杨廷宝取出这部被函套打包在一起的八册线装书，并在函套内侧用极优美的英文流利地写道（图11）：

To.Dr.Paul P.Cret（赠保尔·克瑞博士：）

With appreciation and very best wishers（感恩您的培养，祝您万事如意！）

Form T. P .Yang（杨廷宝）

June 4th 1926（1926年6月4日）

后来。这份珍贵的礼物又被克瑞捐赠给了学校图书馆，让更多研究中国建筑的学生阅读，现收藏于宾大美术图书馆珍藏库内。

参考文献：

齐康. 杨廷宝谈建筑[M]. 北京：中国建筑工业出版社，1991.

5. 处处留心皆学问

杨廷宝一生有三件宝不离身：笔、卷尺、小本子，这是他记录所见所闻，丈量大千世界，积累专业知识随时随地测绘的用具。

杨廷宝为什么钟爱这三样东西呢？在一次对南京工学院建筑系毕业班的临别讲话中，他说："我看到好的设计，好的实例就画下来、记下来，这是很有用的，比你单用文字记下来有用。适用的建筑，其中的空间布局，优美精致的细部，材料的特性一一描绘下来，使你印象深刻。照片固然很重要，但亲自测绘、记录个人体会，就不易忘掉。"[1]（图1）

这是杨廷宝的经验之谈，也是对莘莘学子的忠告。因为，无论是入门建筑设计的学生，还是成熟的执业建筑师，他们必须懂得建筑设计的知识不仅来源于书本，何况书本的知识随着社会的发展和科技的进步在不断地淘汰、增新。应该说知识主要来源于生活，而建筑设计的本质就是在设计一种新的生活。不仅要考虑人在空间中行为的

图1 杨廷宝的画日记（来源：东南大学档案馆）

---

[1] 齐康. 杨廷宝谈建筑 [M]. 北京：中国建筑工业出版社，1991：8.

正常发展及其相互关系的和谐，而且要综合运用技术的、艺术的手段，创造出更符合现代生活要求的空间与环境。

所以，在这次讲话中，杨廷宝接着说："因为建筑设计是为人民生产、生活服务的，绝不是我们画几张图就能解决问题的。"那建筑设计怎么能做到是为人民生产、生活服务呢？杨廷宝接着说："这就要求我们深入体验生活了，了解使用对象如何使用你所设计的建筑，他们在建筑物中怎样工作？怎样生活？怎样活动？……比如设计住宅，你就得了解哪些人住，住户的户室比怎样，人们怎样居住在你所设计的房间。如你设计图书馆，你就得了解藏书、借书、阅书三者的关系。还要了解这座图书馆是为工科还是为理科读者服务的，这些建筑的结构、材料如何，又采用什么方式施工，一大堆问题摆在你面前，你就得调查，就得到处留心。"[1]

杨廷宝这次讲话的一个核心问题就是，设计者要热爱生活、关注生活，注意从生活中汲取设计知识。要观察人的行为，积累生活经验，把"处处留心皆学问"作为职业的一种行为习惯，这种习惯就是要多观察、多思考、多动手。

那么，杨廷宝是怎样体会到知识来源于生活，又是怎样养成"处处留心皆学问"的行为习惯的呢？下面就讲几个小花絮吧。

（1）好奇心是学习的敲门砖

杨廷宝在清华读书时，对数理科目都很感兴趣。而物理课是校长梅贻琦[2]亲自授课。他不要求学生背公式，但对公式的由来讲得很清楚，杨廷宝虽然记不住物理课上那么多公式，但他能听懂梅老师的公式推导。甚至考试时忘了公式也能临时推导出来，考试也就轻易过关。

杨廷宝还举了一个做物理实验的例子，他说："记得一次上物理实验课，领来了

---

[1] 齐康. 杨廷宝谈建筑[M]. 北京：中国建筑工业出版社，1991：7-8.
[2] 梅贻琦（1889—1962），号月涵，天津人。1914年毕业于美国伍斯特理工学院，获电机工程硕士学位，翌年入清华学校任教。先后任物理系主任、教务长。1931年出任国立清华大学校长。1938年任西南联大校务委员会主席。1945年日本投降后，继任清华大学校长。1955年在台湾新竹创建清华大学并任校长。

物理实验仪器，老老实实地做，但结论与书本上相反，我自信操作没有错。等到发实验本时，梅老师惊奇地问我答数为什么不对。我回答说：'我是按步骤做的。'第二天，梅老师亲自拿来仪器进行校对，结果他笑着对我说：'你答数错啦！实验是对的。'"[1] 说明杨廷宝动手能力强，做实验方法对头，也许是记录数据时出了差错吧。

那么，杨廷宝为什么学物理课这么轻松呢？他解释说："我在小学时，对许多问题都想了解。记得我家靠近作坊店铺的后院，我看师傅们做蛋糕，用的是大平板锅，启盖要用杠杆，要抬高平移挪动。"[2]这段话说明杨廷宝从小就有好奇心，有许多问题想了解，并关注生活现象，而不是熟视无睹。在亲眼观察中，懂得了利用杠杆竟然能够把那么重的大平板锅盖轻易抬高平移挪动。原本是寻常的生活现象，他却通过留心观察而获得了知识，虽然这种知识对当时来说好像没什么"用处"，但是，杨廷宝接着又说："以后我学习物理课中的力矩，很快就懂了。"可见杨廷宝说"处处留心皆学问"，是不带任何功利性的，不是急用方学，而是作为知识积累的有效手段。一个人一旦将知识积累到相当程度，也就能举一反三，融会贯通了。

（2）两次设计铁门

杨廷宝在宾大学习建筑设计课程时，有一次设计了一个教堂圣坛围栏作业（图2），而且这个设计作业在1924年还获得了艾默生奖一等奖，当然这是画在图纸上的。当时作为学生的杨廷宝并不知道这个金属围栏怎样能做出来。巧的是，杨廷宝毕业后到他的导师克瑞事务所实习，在参加底特律博物馆（Detroit Museum）细部设计时，杨廷宝正好负责设计铁花格门。这次可不是纸上谈兵了，而是要建造起来的。于是，杨廷宝亲自来到加工厂，和工匠们三番五次地讨论，并一边看着师傅们加工操作，一边勾画出工艺过程的小草图，以便回去好好研究。这使他懂得，有关施工详图的工作必须和有实践经验的工人共同研究付诸实现，他在十年后主持北平古建修缮工程时有了更深的体会。

---

[1] 齐康. 杨廷宝谈建筑[M]. 北京：中国建筑工业出版社，1991：95.
[2] 齐康. 杨廷宝谈建筑[M]. 北京：中国建筑工业出版社，1991：10.

图 2 获奖设计作品——教堂圣坛围栏（该设计获 1924 年艾默生奖）

（3）礼贤下士拜工匠为师

杨廷宝修缮北平古建时，应该说毫无经验。他在宾大学的是西方古典主义建筑那一套，回国后设计的工程项目，在此之前也少有中国传统式样的建筑，最多也只是在装饰上添加一些简化的斗拱、彩绘、垂花门等之类的中国传统建筑符号。就连杨廷宝自己也说："我在国外学的是外国的一套。中国古建筑我是一无所知。"[1]那他后来对中国古建筑怎么又会那么精通呢？杨廷宝接着说："当时'基泰工程司'要做两套清式模型——紫禁城角楼（图3）和天坛的祈年殿，完全按清式做法（包括彩画），我在绘图房里画图，休息时就看着师傅们做，并且边谈边记，这就是我学习中国古建筑的开始。可以说做模型的工匠是我的启蒙老师。"[2]

图3　杨廷宝在基泰工程司观看木工师傅制作的故宫角楼模型（现藏于东南大学建筑学院）时，从中学习中国古建筑建造知识（黎志涛摄）

---

[1] 齐康. 杨廷宝谈建筑[M]. 北京：中国建筑工业出版社，1991：65.
[2] 同上。

一位喝过洋墨水，拿过多次设计大奖的知名建筑师杨廷宝，居然礼贤下士拜工匠为师，除了他的人品高尚外，也可看出杨廷宝真的是老老实实向实践学习，"向匠人师傅们学习"。这在杨廷宝修缮北平古建的过程中，更是表现得令人赞叹！他成天与工匠们滚在工地上：爬木梁枋，攀脚手架，登大殿顶，钻屋檐下，为的是亲眼察看古建破损情况，或检查施工质量。更多的时候是现场听取工匠修缮高见，就地记录师傅们的经验之谈，共同研究实施方案。杨廷宝如此亲临现场，处处留心，不仅及时解决了问题，自己也从中增长了见识，积累了经验（图4、图5）。

　　杨廷宝深知，中国古建筑的建造技术鲜有专著阐述，而多为口口相传。因此，杨廷宝在修缮中特别留心随时记录工匠们的言谈。正如他说的："我经常请教几位老师傅，在工地上，在木工房里，今天请这个师傅看看，明天又请另一个谈谈，记录他们的口诀。有时上'东来顺'打上斤把白干，请老师傅坐下来，你一言，我一语，就解决了施工中的疑难。这些工匠们有口诀、顺口溜，代代相传，我都记了笔记，可惜现在全散失了。"①虽然杨廷宝记录工匠们经验的手抄本遗失了，但"处处留心皆学问"的学习习惯一生都没有丢。

图4　杨廷宝（正面者）在圜丘坛开工现场（来源：中国文化遗产研究院）

图5　杨廷宝（左2）与工匠在祈年殿屋顶修缮（来源：中国文化遗产研究院）

---

① 齐康. 杨廷宝谈建筑[M]. 北京：中国建筑工业出版社，1991：67.

（4）体验餐厅座位舒适度

中华人民共和国成立初期，杨廷宝在北京出差期间，有一次与梁思成、吴良镛[①]等人相约在东安市场某饭店用餐，上菜前大家交谈甚欢。忽然，杨廷宝从座位上站起来，低头前看看后看看，左瞧瞧右瞧瞧。然后坐下来，身子又左转转右晃晃，前倾倾后仰仰。坐了一会儿又站起来，众人见了不解，杨廷宝在琢磨什么呢？莫不是椅子有问题？只见杨廷宝从口袋中掏出卷尺量起桌椅各部位的尺寸以及座位前后左右空档的尺寸，边量边在小本子上勾画桌椅草图，并一一注明各部分尺寸。完毕，他才说："这套桌椅只占了很小的空间，可是坐起来很舒服，才引起我的注意。刚才记下来不会忘记，以后设计参考有用。"[②]众人恍然大悟，纷纷佩服杨廷宝对生活细节的关注。

（5）对缝与交圈

还有一次。杨廷宝与吴良镛在某大楼大厅内等人，闲来无事就边聊天边欣赏大厅的上上下下。突然，杨廷宝手指大厅墙壁的装饰对吴良镛说："你看墙上这样的分缝太马虎，好多地方不对缝。上部的线角也没有交圈，交代不到位。现在有些人搞设计很不注意这些细节，其实设计的每个环节都要仔细推敲。细部也来不得马虎，如果忽略了，功夫做不到家，就不经看。"[③]吴良镛听罢不住点头，表示他有同感。他想起杨廷宝设计的清华大学图书馆扩建工程，不仅总体很好，新老建筑两部分接合得天衣无缝，浑然一体，而且细部设计无论外墙砖花饰，还是室内每个节点细部都设计得极为严谨细致。此时听了杨廷宝对眼前大厅的一番点评，如醍醐灌顶。

[①] 吴良镛（1922— ），江苏南京人。1944 年毕业于中央大学建筑工程系，1946 年协助梁思成创办清华大学营建系。1948 年赴美国匡溪艺术学院建筑与城市设计系学习，1949 年获硕士学位。1951 年回国后，任清华大学建筑系教授、系主任等职。中国科学院院士、中国工程院院士。
[②] 吴良镛.一代宗师 [M]// 刘先觉.杨廷宝先生诞辰一百周年纪念文集.北京：中国建筑工业出版社，2001：2.
[③] 同上。

（6）尺度

1955年7月，杨廷宝率中国建筑师代表团一行8人出席了在荷兰海牙召开的国际建协第4次代表会议后，回国途中顺访了苏联。一天他们去参观莫斯科农业展览馆（现为"全俄"展览中心），当杨廷宝一行来到展览馆入口广场，站定下来抬头仰望大门时，只见六柱五开间，正中带拱形门洞巨大无比的凯旋门式入口建筑矗立在眼前，凯旋门正中顶部一组男工人和女集体农庄社员双手托举麦捆的巨形金属雕像在湛蓝天空的衬托下，形象十分醒目动人，不愧是那个时代的雕塑艺术典范，并成为苏联时代电影的片头（图6）。

当他们欣赏了一阵子后，杨廷宝问吴良镛："你注意到这门的尺度没有？如果没有靠近大门的人的对照，你未必能发现它的巨大。这么高大的建筑物，却并没有发挥出它应有的庄严效果。"[①]吴良镛听了杨廷宝这番话，又仔细观察并回味了片刻，果然

图6 前苏联莫斯科农业展览馆入口大门（来源：网络）

---

① 吴良镛．一代宗师[M]//刘先觉．杨廷宝先生诞辰一百周年纪念文集．北京：中国建筑工业出版社，2001：2.

有所顿悟。这座高近百米的巨大入口建筑物看起来为什么没感到伟大呢？原因就在于它周围缺少正常尺度的陪衬，也就显现不出它的伟大了。再说门柱上的细部处理也较为粗糙。可以说这个大门建筑物是将小尺度的图样简单地等比例机械放大的结果，是忽略了这么大的环境场所要准确把握好尺度关系所致。吴良镛深感，若不是杨廷宝指点，自己对这个问题也就轻易放过了。

（7）眼见为实

1956年11月。杨廷宝率中国工程技术学会联合代表团，出席在萨拉热窝召开的南斯拉夫工程技术联合会第六届大会期间，参观访问了贝尔格莱德、萨拉热窝、萨格勒布三座城市。这次参观访问不是走马观花，更不是游览名胜。杨廷宝是抱着学习、增长见识的目的，全程边看、边问、边听、边记，收获满满。下面我们就跟着杨廷宝的足迹看看他是如何"处处留心皆学问"的。

11月10日下午1点半，杨廷宝率领的中国工程技术学会联合代表团到达贝尔格尔德机场，在赴市区途中，杨廷宝看到萨瓦河上正在建造一座大钢桥，杨廷宝问坐在身边负责接待的南斯拉夫工程技术联合会国际联络处秘书拉多依高维奇（Milan Radojkovic）："请问这座在建大桥为什么这样建造？"秘书说："这是我们利用被战争炸毁吊桥桥面在原桥墩基础上重建的一座全钢结构桥。采用各种不同厚薄的钢板电焊而成，一概不用铆钉，比原吊桥减轻了近一半的重量。不但造型更加简洁、优美，而且采用预制钢构件从两岸同时并进建设，大大缩短了工期。现在剩下中间这一小段这月底就可以合拢了。"杨廷宝听了很感兴趣，边听边做记录，还画了一个草图。正好这位秘书是一位土木工程师，杨廷宝又进一步询问了桥的跨度、宽度，以及各主要结构部分的尺寸，并及时一一标注在随手画的草图上（图7）。

因贝尔格莱德城里旅馆不多，当晚代表团就住在距贝尔格莱德以北约60公里，位于多瑙河南岸的一座名叫都那夫旅馆（Hotel Dunav）。

第二天，杨廷宝一行来到贝尔格莱德城市规划局，听取一位建筑师的介绍，杨廷宝即刻掏出小本子开始边听边做记录。介绍人从建城历史、地理环境、人口发展、交通状况、住宅标准、建设预算，以及城市规划机构组织与人员构成等，都做了较详细

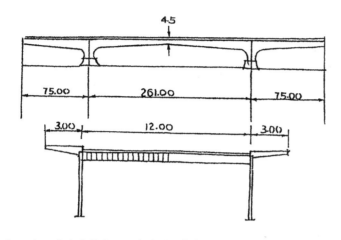 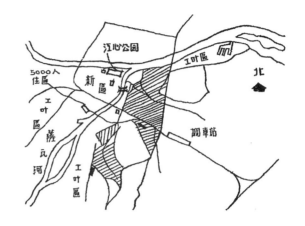

图7　杨廷宝乘车赴市区途中看到正在建造的萨瓦河钢桥时，经与陪同人员详细了解情况后画的草图（来源：杨廷宝．南斯拉夫参观随笔．中国建筑学会会讯第一期）

图8　杨廷宝参观贝尔格莱德规划局时勾画的草图（来源：杨廷宝．南斯拉夫参观随笔．中国建筑学会会讯第一期）

的讲解。杨廷宝还对照墙上挂出的贝尔格莱德城市规划图现场勾画了示意图，并把讲解人介绍的相关内容都标注在手绘城市规划示意图上（图8）。

随后杨廷宝在主人的带领下参观了市内若干建筑物，包括住宅区、贝尔格莱德大体育场、麦吉司体克旅馆。在参观该旅馆时，杨廷宝问得很详细，连房费2300"的那"另加税50"的那"（折合人民币20元）都问到了。并对该旅馆62号房间进行了测量，房间尺寸为5.10米×4.30米，高为2.86米。内套3.00米×2.00米的卫生间，标准还是蛮高的。后来又参观了贝尔格莱德南郊的抗战圣地，瞻仰了无名英雄墓。杨廷宝勾画了该墓的透视图，评价其"雕刻手法甚高，可惜建筑方面的比例未能把握好"。

当晚，杨廷宝一行搭夜车离开贝尔格莱德，次日清晨到达山城萨拉热窝。此城便是当年奥匈帝国皇储夫妇被萨拉热窝志士枪杀，并引发第一次世界大战的地方。也是《瓦尔特保卫萨拉热窝》电影在中国热映时，被中国人盛赞的南斯拉夫人民抗击德国法西斯的英雄城市。

在萨拉热窝，杨廷宝一行除了出席13—17日的会议外，还参观了新火车站，杨廷宝对该火车站的布局和建造技术很感兴趣。他向带领他们参观这座火车站的设计师斯多依柯夫（Bogdan Stojkov）询问后了解了许多问题。诸如该火车站分为三部分，中间为候车大厅，屋顶前高后低呈弧形，以利于正面光线充足，而后部高度压低，以减少室内空间体量、节省采暖能源。而且钢筋混凝土屋面在梁之间做成厚度只有5厘米的波浪形，不但排水顺畅，而且减轻自重。但杨廷宝也细心地发现，"候车大厅因吸声

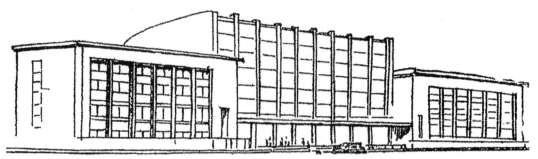

图9 杨廷宝参观萨拉热窝新火车站时的速写（来源：杨廷宝.南斯拉夫参观随笔.中国建筑学会会讯第1期）

材料不够，回声很显著"。火车站的右翼是旅馆，左翼是办公。当然，杨廷宝了解这许多知识后，照例在小本子上画了几幅小草图（图9）。

随后，杨廷宝一行又参观了省博物馆、炼钢厂、火力发电厂、木材加工厂、水力发电站、钢铁厂等。

18日会议结束后，杨廷宝一行到了萨格勒布市，先后参观了电机制造厂、中古时期遗址、原子物理研究所、大礼拜堂。对这几处的参观，杨廷宝除都各自做了较详细的文字记录外，也画了若干示意图。

20日晨，杨廷宝一行回到了贝尔格莱德，在参观了又一处原子物理实验所后，与贝尔格莱德城市规划局一位建筑师米尼奇（Oliver Minic）交流了许久，从中了解到南斯拉夫全国的建筑师、工程技术人才以及建筑教育的现状与发展。

在当日结束此次南斯拉夫参观访问后，杨廷宝谈到自己的印象时说："南斯拉夫国虽不大，而建筑师的人数不算少。一般的建筑设计及施工质量相当高，雕刻装饰亦有相当人才。建筑材料都可以自给自足，木材尤为丰富，石料亦不缺乏；唯钢筋只有圆钢而无螺纹钢。许多工地都看到预制构件的应用。对预加应力的钢筋混凝土的研究造诣颇深。在建筑形式方面，受到土耳其及德奥帝国影响甚大，无显著的民族风格。建筑教育相当发达；城市规划工作在第二次世界大战后开始，各城逐渐成立机构。"杨廷宝之所以能如此全面而准确地评价他所看到的，了解到的当时南斯拉夫工程技术的进步和国家战后恢复建设的成就，与他在整个参观访问过程中，认真学习的心态与处处留心的勤问勤动手是分不开的。这并不是个例，杨廷宝每次出国访问考察皆如此。

杨廷宝回国后，将他此次率团参观访问南斯拉夫的见闻以"南斯拉夫参观随笔"一文刊登在《中国建筑学会会讯》1956年第一期上，一方面作为工作汇报，另一方面供会员们了解南斯拉夫的概况。

（8）日记本成了文物

杨廷宝一生记录了数十本小日记本，而在现今仅存下的三本小日记本中，我们不难窥见他与常人记日记的方式不同。

一是图文并茂。有文字记录，更有勾画草图。特别是后者，以画作为记录的方式是建筑设计人员共同的图示语言。不需多费笔墨，寥寥几笔就可以把描述对象快速而简明地用图刻画得一清二楚，观者一眼就能心领神会。人们戏称杨廷宝这是在画日记。

二是内容广泛。杨廷宝的日记不是记录生活琐事，更不是记流水账，而是涉及他从事工作的方方面面。包括行政办公日记、工程讨论日记、建筑考察日记、教学工作日记、重要会议日记等。而各类日记记载的内容多与专业有关。有的是文字记叙，更有细致到记录某建筑面积大小、长宽尺寸。若杨廷宝没有留心观察，在日记中是不会有这些数据出现的。

三是严谨工整。翻开日记本每一页，我们都会看到字里行间文字记录是那样的工整，看不见连笔字、"鬼画符"或涂涂改改的现象。就连徒手插图的线条也是既潇洒又一丝不苟。

说到底，这不是一般的日记，而是杨廷宝"处处留心皆学问"的求知写照。在今天看来，这些历史的记录已经成为难得的史料。下面就说一个例子吧。

早几年国家图书馆为筹备一期馆舍建成30周年纪念活动，在全国范围内征集建馆过程中的史料。因为杨廷宝曾数次参与当时称为"北京图书馆"新馆方案的集体讨论，且该馆最后实施的方案是以杨廷宝的方案构想为雏形的，于是在2015年7月16日，国家图书馆胡建平来南京约见著者，希望详细了解当时的情况。著者想起在撰写《杨廷宝》专著调研时，看过杨廷宝那仅存的三本日记。记得其中有一本杨廷宝详细记录了参与讨论北图新馆工作的全程。小胡听此大喜过望，希望亲自拜读。在联系杨廷宝大女儿杨士英教授并征得其同意后，著者带着小胡来到杨廷宝故居"成贤小筑"，在杨士英教授陪同下，走进杨廷宝陈列室[①]。在陈列台玻璃罩下一眼就看见这三个小日记

---

① 成贤小筑现今已无人居住，已列入省文物保护单位名录，作为宣传窗口，曾对外开放展览。2013年著者利用故居一层门厅、客厅、餐厅流通空间布置了12块展板，连同书房一并对市民开放。

图 10-1 日记本封面

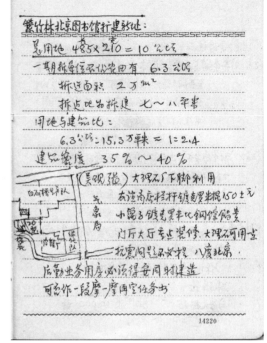

图 10-2 杨廷宝关于参加国家图书馆方案设计集体讨论会日记之一（杨士英提供）

本，待取出其中他想看的那本日记后，小胡一页一页翻看着，越看越喜不自禁，真像发现无价之宝一样，他先拍了照（图 10），说带回去给领导看看。并以期待的眼神望了著者一下，但欲言又止。等他回到北京以后，不多日，来电告知，让著者做点杨士英教授的工作，希望她捐出这个小日记本，以便珍藏在国家图书馆里。他还说，他们过去征集过一些像老舍等名作家的手稿，很珍贵。原来，他那次看到这个小日记本，当时就想提出这个要求，又怕太冒失了，把话咽了下去。这次转了个弯儿，让著者先做杨士英教授的工作，著者说只能试试吧。

后来，因为著者正在编纂《杨廷宝全集》，经常与杨士英教授到故居见面，交流一些编纂事宜，或者咨询若干问题，但就是不敢开口提小胡的事。有一次著者趁想再看看小日记本，又取出来翻阅了一会儿，顺便很自然地向杨士英教授说出了国家图书馆的想法。她当时并没有说话，也许是对这个要求没有思想准备。著者见此也就将话题岔开。这个要求她需要回去考虑一番。因为杨廷宝原来有几十个这样的小日记本，经过几十年逃难、搬家，大部分都已丢失。又因故居一层潮湿，柜子里的藏书、日记本又被虫蛀了不少，现在只剩下这三本了。

当著者把这些情况通过微信向小胡做了说明后，他想出一个办法。若杨士英捐赠这个小日记本，国家图书馆可以再仿真复制一个，做到逼真效果。以此亦可作为展品放在杨廷宝故居陈列室向观众展示，且在其旁边放置标牌，注明原件珍藏在国家图书馆，以便在更高层面上扩大杨廷宝在公众中的影响。

著者向杨士英教授传达了国家图书馆这个想法，杨士英教授最终同意了。当著者见到复制品时，几乎不敢相信这是仿真品。从日记本的纸张到笔迹的色泽几乎与原物一模一样。据小胡说，做这个仿真品是花了大代价的。

这个故事讲这么细，说明杨廷宝这些"处处留心皆学问"积累的资料、素材，在某种条件下，今天却成了文物，这大概是杨廷宝先生自己也没想到的吧。

参考文献：

1. 齐康. 杨廷宝谈建筑 [M]. 北京：建筑工业出版社，1991.
2. 潘谷西. 东南大学建筑系成立七十周年纪念专集 [M]. 北京：中国建筑工业出版社，1997.
3. 刘先觉. 杨廷宝先生诞辰一百周年纪念文集. 北京：中国建筑工业出版社，2001.
4. 杨廷宝. 南斯拉夫参观随笔 [J]. 中国建筑学会会讯，1956.

6. 俭朴低调显美德

人的一生怎样过日子？钱多有钱多的过法，钱少也有钱少的活法。但一个人不能因为钱多而任性，大肆挥霍，奢侈无度；也不能因为钱少而一天到晚愁眉苦脸，不思进取。那么，杨廷宝是怎样对待生活的呢？

我们从陈法青回忆她与杨廷宝结婚后的一段话可知一二。"他经常对我说：'国家还穷，我们的生活不应超过国内的一般水平。'他坚持家庭布置要简朴，不要过多置备物件，并把计划开支的办法教给我。几十年来，我都照他的办法，勤俭持家，计划用度。每笔三、两分的支出，都详细入账。廷宝自奉节俭，既无嗜好，又不喜欢交际。他每月的工资，全部交给我，用来维持家庭开支。我每个月给他一点零用钱，他常常到月末还节余许多。"现在的人们对此可能会说，这不是过苦行僧的日子吗？我们工作、奋斗的目的不就是为了能过上好日子吗？是的。但是我们每个人对待生活的态度是否端正呢？杨廷宝无论是在旧社会苦难的岁月，还是在新中国幸福的日子里，对生活的态度都是克己奉公、勤俭乐观，从未因生活困难怨天尤人，也绝不因生活富裕而招摇显摆。那么，杨廷宝自奉节俭、克己奉公的生活态度又是如何修养而成的呢？

这是因为小廷宝自出生丧母，又年幼受欺，这样的生活经历使他从小就懂得过日子的不易。特别是烽火战乱，颠沛流离，更使小廷宝洞察到生活的艰辛。因此，社会的现实、家庭的环境使杨廷宝从小养成了艰苦朴素过日子的作风。

简朴的日子就这样一直伴随着杨廷宝的成长。直到他考入清华，家境更是日趋衰败，以至于杨廷宝仅靠河南省每年津贴每个学生大洋拾伍元度日。而家中只能供给他几双鞋袜，上学的路费是向同族和亲戚告贷的，学习用的书籍是接受别人用过的。即使如此，贫困也没有磨灭杨廷宝勤奋读书的毅力，却使他乐观面对生活，积极向上地展示出众的才学。

等到杨廷宝于清华毕业，在回乡做出国留学前准备的一个多月里，他难舍家乡的一草一木，难割乡亲们的深情厚谊，也难离养育自己的一方热土。他的后母李氏用紫花土布做好薄被，手缝几件土布中式裤子，整齐叠好打成一个行李卷儿。就这样，杨廷宝在一一登门拜谢众父老乡亲，一一握别一起长大的年轻朋友后，就踏上了远去的路。

但是那年河南发大水，京汉铁路不通了，杨廷宝发愁，赶不到上海报到怎么办？

后来有人出主意让杨廷宝坐船由白河顺流而下。于是，乡亲们每人几块钱凑了点盘缠，他这才坐小船先到湖北襄樊，又改乘小火轮到汉口，再乘坐大船，好不容易才到了上海。

杨廷宝一下船就打听他要去的地方。当他身着对襟白布短衫，青色圆口布鞋，手提行李卷儿，准备走进办理留学手续的大楼门口时，被门警挡住。以为这位土里土气的年轻人走错了门，恶狠狠地呵斥："喂喂！乡巴佬，走开！"杨廷宝一面解释，一面出示证件。门警用疑惑的眼光看了一眼证件上的照片，再对照杨廷宝本人的相貌后只好放行。杨廷宝走进大厅来到登记处，又被柜台里一位对他不屑一顾的官员欲打发走。杨廷宝却不卑不亢地向前一步，递上所有出国留学材料，并用流利的英语说："I am a graduate of Tsinghua University. I would be grateful if you could help me go through all the necessary formalities needed to study in the US."（我是清华毕业生，到此办理留美手续，有劳先生大驾）瞬间，这位狗眼看人低的官员被镇住了，他双手撑着台面身向前倾，两眼盯着杨廷宝，愣了好一会儿。心想，这小子还真不可貌相，一口流利英语还真是个白面书生。杨廷宝也泰然自若地与他对视，心想，怎么，你瞧不起咱？你看着办吧。果然，对方换了一副笑脸，点头哈腰地连声说："请稍等，就办、就办。"等一切手续办妥，他领着杨廷宝到一旁的接待室，仔细交代了上船前的注意事项并递上西装、领带、皮鞋等出国行头和随身带的行包。这一切交代完了后，他又喊来听差领着杨廷宝去安排住宿了。到了住房，听差放下杨廷宝随身带来的和刚发的所有行装物品离去后，杨廷宝收拾停当，开始淋浴，洗去一路的疲劳，精神顿觉一振。然后换上笔挺的西装革履，对镜一照，真帅！与进门前的杨廷宝简直判若两人，几乎认不出自己了。心想，生活怎么一下子变化就这么大呢？转身回头又望见行李卷，打开后，里边露出后母一针一线缝制的土布衣服、紫花薄被和五色国旗，①以及乡亲们临别时送的一些东西，心里咯噔一下，杨廷宝沉思了一会儿，看来自己要去花花世界了，但千万不能忘了，出去留学是为了救国，不是去享福的！现在虽然换了一身"洋打扮"，但自己一定要记住，胸腔里有一颗中国心！

杨廷宝初到美国费城宾大时住在学校附近一位老太太家，只管住，伙食自理。杨廷宝为了节省费用，也为了节省时间，常常吃点涂牛油的面包，为了增加营养，才偶

---

① 1911—1927年中华民国初期的国旗，由红、黄、蓝、白、黑，五色横列组成，表示汉、满、蒙、回、藏五族共和。1928年被青天白日旗取代。

尔到附近的小店喝点牛奶，吃个中国简餐。他并不是一味地对自己抠门儿，而是要把有限的钱用在刀刃上。例如，他喜欢画画，那就少不了要破费买些绘画用品。他不像其他同学只买一般的水彩纸、颜料，甚至更便宜的。杨廷宝一定要买一种英国出产的号称永不褪色的"温塞·牛顿牌"颜料，当然价格不菲。他认为好的水彩颜料是学习的必需品，不能为了省钱而影响自己提高绘画的水平。他甚至还不惜工本经常买这种颜料寄回国，给未婚妻上课画图案用。难怪他的中国同学常说他："吃最便宜的饭，买最好的颜料。"这样讲问题就来了，杨廷宝就是一位生活拮据的留学生，"吃最便宜的饭"可以理解，那"买最好的颜料"钱从哪来？一是从他的牙缝里抠出来，二是从他多次获设计奖的奖金中来。在《清华周刊》1925年3月13日第339期第39页上，留美学生动态栏目中有一则消息："此地[①]同学中老杨[②]是数一数二的富翁，他虽是个建筑系学生，不是经济专家，但他的图样一出，总是'洛阳纸贵'夺来不少奖金。"他是通过自己的才智和勤奋挣来外快的。

虽然杨廷宝通过自己的真才实学得了几笔奖金，但他从不挥霍，自己的衣食仍然简朴如初，只把其中一部分钱用来购买学习必需品，如照相机、画具等。有时中国留学生向他借钱，他毫不吝惜地慷慨救人之急。有时同学忘了还钱，他也不追索，甚至还主动无私地接济比较穷苦的中国留学生。在金钱观上，杨廷宝认为"天生我才必有用，万金散尽还复来"，从没把钱看得那么重。谈到这里，忽然想起另一件与此同类的小故事，必须提前讲一下。那是四十年后的1963年，杨廷宝在出席哈瓦那第7届世界建筑师大会期间，又参加了古巴"吉隆滩胜利纪念碑"国际设计竞赛的评选工作，并将评审酬金1000美金当场交给我驻古巴大使，请他代为捐赠给吉隆滩受难的古巴人民。钱虽不多，但体现了他人品的高尚。在杨廷宝看来，把金钱看淡点，才能把精力集中注意到学习和工作中去。

1926年夏，杨廷宝学成准备回国了，他把用了几年快破了的紫花薄被洗得干干净净装进行囊又带回了老家。自从重新踏上祖国的大地，在日常生活中他褪去了洋服，和普通人一样换上长袍马褂，只在重要礼仪场合为尊重他人才西装革履。

在抗战的烽火岁月里，杨廷宝与中国劳苦大众一样，是怎样的艰难度日，就不言

---

① 指宾夕法尼亚大学。
② 指杨廷宝。

图 1　抗战时期，衣着简朴的杨廷宝教授在重庆
（童明提供）

而喻了。何况他在重庆时要靠兼两份教职挣薪水养活一家七口人，自己更是节俭到极致（图 1）。1946 届中大毕业生林建业曾说："杨先生虽然才气横溢，却无任何不良嗜好……而他清心寡欲，从不在金钱上动脑筋，有一次中午我们在沙坪坝渡口吃面，看见杨老师挑了两个烤山薯，拿在手上掂了一掂，却把较重的一个放下了。"[①]可见杨廷宝为了养家克己到何种地步。

1946 年，抗日战争胜利后，杨廷宝一家也先后从重庆回到南京，在中央大学东侧购置了一块废墟，在上面建了一座朴实小屋。照说，大名鼎鼎的建筑师杨廷宝，可以大显身手设计一幢漂亮别致的别墅样式的小洋楼，何况他刚从美国等地考察回来不久。在美时他与擅长设计别墅而闻名于世的建筑大师赖特交流过，参观了赖特设计并列入教科书的一些著名建筑，同时也吸收了西方先进的建筑设计理念，他完全可以在自己的这块居住地上大显身手。但是，杨廷宝之所以没有这么想，也没有这么做，固然一是因为时间紧迫，一家人返宁后急需有个住处；二是确因手头没那么多资金；但最根

---

① 林建业.沧海月明珠有泪[M]//潘谷西.东南大学建筑系成立七十周年纪念专集.北京：中国建筑工业出版社，1997：69.

图 2　"成贤小筑"如同他做人一样低调（来源：韩冬青，张彤. 杨廷宝建筑设计作品选 [M]. 北京：中国建筑工业出版社，2001：111.）

本的原因是杨廷宝对待生活的态度依然是俭朴低调。我们只要看看杨廷宝给这幢私宅起名为"成贤小筑"就太恰当不过了。"小筑"正是杨廷宝一生做人的写照。即使在今天，当人们走进这座"小筑"，它的外表依然如同民居一般（图2），而内部却充满了生活气息，是那么的温馨、恬适、宜居，这正是"家"应有的本色。（图3）

中华人民共和国成立后，他又一身中山装打扮，冬天戴上护耳的解放式棉帽（图4），完全是普普通通老百姓一个。手上戴着30元的南京钟山牌手表，直到临终，他说能计个时间就可以了。他烟酒不沾不消说，连饮食也从不挑剔，有面条吃就行。1982年，杨廷宝重返故里顺路到郑州做学术报告时，到他的小弟弟杨廷寶[①]家看望，小弟弟要烧条鱼招待他，杨廷宝说："这太麻烦了，给我煮一碗面条就可以了。"你看，杨廷宝对吃从不讲究，而对工作却特别较真。

---

① 杨廷寶（1924—　），河南南阳人。1947年考入上海大夏大学文学院中国文化系，并加入中国共产党。中华人民共和国成立后任河南省水利厅办公室主任，从事治淮水利工程近30年。1979年调河南省高级法院档案科任科长。1990年离休。

图3 温馨舒适的客厅一角（来源：南京工学院建筑研究所.杨廷宝建筑设计作品集[M].北京：中国建筑工业出版社，1983：142.）

图4 1952年9月，任南京工学院建筑系系主任的杨廷宝教授在校图书馆前（杨士英提供）

当杨廷宝被选为全国人大代表，官至副省长，按说可以享受高干待遇了，可以配车、配司机、配工作人员等，但他一概不要。正如杨廷宝大女儿杨士英教授所说："父亲当选副省长后，第一时间把家人召集到了一起，他告诉大家，自己已经跟省里表态了，学校的工资够用了，其他任何待遇都不要，包括警卫员和勤务员等。"生活中简朴的杨廷宝在官场上毫无父母官的架子，也没有夸夸其谈的官腔，更没有颐指气使的傲慢，他始终保持着人民公仆的本色。

有一次，杨廷宝和齐康①出差上海，住在上海锦江饭店。接待方安排杨廷宝住套间，他执意不要，要与齐康合住双人间。他说："这样房价可以低一点。"还有一次，杨廷宝应邀到附近一小地方办事，回来时，对方派车送他回到南京家门口。下车后来人送了一盒绿豆糕土特产给他，当时杨廷宝很为难，不收吧，有点不近人情，让对方尴尬，似乎瞧不起人；收吧，又违背自己意愿。哪知来人把东西塞给杨廷宝打声招呼后，立即转身开车返回了。事后，杨廷宝问齐康："这盒绿豆糕要不要上交？"

江苏省社会科学院历史研究所的季士家研究员回忆道："1980年4月，我参加南

---

① 齐康（1931— ），浙江省杭州人，出生于南京。1952年毕业于南京大学建筑工程系（现东南大学建筑学院）。曾任南京工学院（现东南大学）副院长、教授、博士生导师。1993年当选为中国科学院院士。现为东南大学建筑研究所所长。

京市委大院与武庙闸段城墙内挖防空巷道的任务。

一天，挖出了一座横在城墙内长20米、宽4米，高3米5左右的拱券式构筑物。市文化局决定在当天下午二时请专家'会诊'。"杨先生一口答应出席。杨先生是江苏省副省长，我根据领导的指示，向市委办公厅汇报，请求来一领导同志陪同。结果，因故既无接送，也未有领导陪同。可是杨老却准时赶到又进洞考察，在座谈会上提出了此物系用于防止珍珠河通玄武湖的地下涵洞受压所构筑的保护设施的正确看法。事后，市文化局的领导同志向杨老表示歉意，杨老却乐呵呵地说：'我家住南工，路很近，走走路对身体有好处'。"①

季士家研究员还讲了另一则小故事："1980年夏天的一个下午，约四时许，杨老夫妇俩坐车前往朝天宫参观南京市出土文物展览，车到建邺路刚要转弯即被交警拦住。当杨老听说建邺路已改为单行道，车辆不准向东开时，就吩咐司机按交警指定地点停车，二老立即下车，步行前去。这时，我正好有事外出，目睹此景，便上去向交警解释：'这是副省长，请你放行。'可杨老却认真地说：'按规则办，按规矩办！'老两口一边说着，一边愉快地前行了。"②

杨廷宝的生活态度是如此俭朴，身居高位依然低调行事。在他的专业工作中，我们也不难看到杨廷宝忠实贯彻党在各个历史时期"勤俭建国""勤俭办一切事业""实用、经济，在可能条件下注意美观"等一系列方针政策。

举个典型例子说吧。

新中国刚成立时，百废待兴。又逢我国正要举办第一次大型国际会议——亚洲及太平洋区域和平会议，当时政务院指定杨廷宝设计建造的北京联合饭店（落成时定名为北京和平宾馆）为会议接待宾馆。二十六年后齐康问他："您的设计思想究竟出源于何处？"杨廷宝平淡地说："当时周总理交给我这任务，是要快，要节约，要在短短的时间里，解决当时亚太和平会议的需要。遵循对速度和经济的要求，我没这个思想，那个主义。"③如同杨廷宝俭朴的生活一样，朴素的言语也道出了他深知家底一穷二白的现实，和开国时期国家政治生活的需要。他对联合饭店的设计精打细算，为提

---

① 季士家.杨廷宝先生关心文物工作二三事.《南工学报》，东南大学档案馆提供.
② 同上.
③ 齐康.杨廷宝的建筑学术思想 [M]// 刘先觉.杨廷宝先生诞辰一百周年纪念文集.北京：中国建筑工业出版社，2001：14.

图5　北京和平宾馆鸟瞰渲染图（来源：韩冬青，张彤.杨廷宝建筑设计作品选[M].北京：中国建筑工业出版社，2001：137.）

高每一平方米的使用效能，为节省每一个铜板而绞尽脑汁：地皮那么紧张，但规划却井井有条，还想尽办法保留了几株古树；门厅那么小，但功能布局却异常紧凑合理，流线通畅而互不干扰；餐厅面积受限，却巧妙利用灵活分隔多功能使用，不但提高了使用效率，而且给室内空间带来新颖感；楼层虽不高敞，尺度却亲切适宜，给宾客以家一般温馨、恬静的感受；外观更是朴实无华，毫不矫揉造作。恰逢大屋顶在当时盛行，又是他设计时喜爱采用的民族形式，但这一次他却逆向采用简便易行的平屋顶。这一切看似是设计手法的不同，实则是杨廷宝对待生活的理念在设计中的体现（图5）。他没有借项目来为个人树立纪念碑，而是充分考虑在保证功能使用合理和按期交付的前提下，不但强调设计、建造的经济性，还为永久性的节能和节约维护成本着想。对比今天充斥在城市里那些华而不实却奇奇怪怪的建筑，不能不说建筑作品是反映建筑师人品的一面镜子。

　　杨廷宝后来设计的诸多对功能性要求突出的建筑，就像人们做衣服需要量体裁衣，要考虑布料的价格、质地、体感，考虑合理用料，要用心裁剪、精致制作、周全推敲。只要看看杨廷宝亲自绘制的工程施工图，谁都会对此佩服得五体投地。方案设计切实

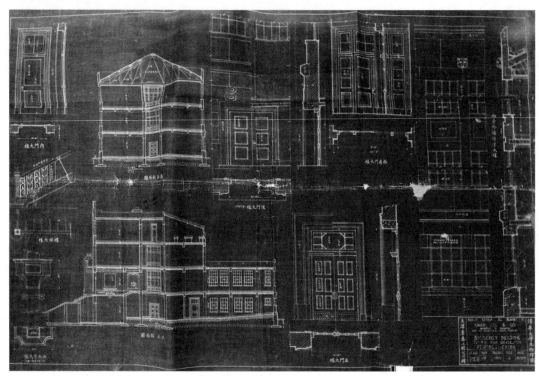

图 6　清华大学生物馆施工图（清华大学档案馆提供）

是"为人而设计"，在他的图纸中，功能设计如此合理，以致无可挑剔。而杨廷宝施工图设计的深度更是令人惊叹（图6），几乎每一处细部、每一个节点，都以大样详细画出，尺寸标注无一遗漏，交代得十分清楚。可以说，按图施工即可，而绝少出现现场问题。这既减少了施工现场的矛盾，也避免了因返工造成的人力、物力浪费。在杨廷宝看来，经济性不仅表现在节省成本上，更表现在提高设计质量和设计深度上。在杨廷宝身上，这已成为设计的一种行为习惯，如同他在生活中无论贫富一生勤俭，都是人品格的自然流露。

参考文献：

1. 杨廷寊. 记南阳杨氏家族. 河南文史资料第33辑. 郑州：中国人民政治协商会议河南省委员会文史资料委员会，1990.
2. 刘向东，吴友松. 广厦魂[M]. 南京：江苏科学技术出版社，1986.

7. 家国情怀驻心中

杨廷宝出生时，中国的社会环境正值动荡不安之中。由于甲午、庚子战争的失败，西方列强凭借洋枪钢炮打开了闭关自守的文明古国大门，导致国土和财富被侵略者大肆掠夺，腐败的清政府不但血腥屠杀革命党人，而且让生灵涂炭。但是辛亥革命风起云涌，小廷宝的父亲也参加同盟会投身革命，并成为南阳地区同盟会的负责人之一。由此而遭到清兵通缉追杀，小廷宝也被迫外逃避难，以免遭灭门之灾。

小廷宝正是在这种社会大背景下，目睹了国破家亡，亲历了变革阵痛，也感受到父亲的开明。只因年幼不谙世事，使杨廷宝"幼小的心灵虽然充满着希望、期望和渴望，向往着未来，但之后每向前一步都带着疑惑和彷徨，在现实面前踯躅不前"。[①]

小廷宝有幸进入开封留学欧美预备学校后，在河南省著名的老教育家林伯襄校长的爱国主义教育和言传身教的感召下，立下了为振兴中华而发奋学习的远大志向。林校长再三强调，国家要想立足于世界民族之林，必须要自己强大起来，而强国必先广启人民知识。而要广启人民知识，就必须办教育。林伯襄在其以强国为目的的思想指导下，不但创办起河南留学欧美预备学校，而且把对学生进行爱国主义教育作为办学宗旨。林校长自己在历史课讲授中，就从越王勾践卧薪尝胆，雪会稽之耻，重建越国，雄踞中原；讲到唐朝少年将军霍去病折冲千里，抗击匈奴，而不受府第，发出"匈奴未灭，何以为家也"的铿锵之声。从宋朝出生河南相州汤阴的岳飞，精忠报国，屡建奇功，惨遭秦桧杀害；讲到明朝戚继光抗击倭寇、清初郑成功收复台湾，等等。这些生动的历史典故让课堂上的学子们铆足劲儿，要像历代为国分忧的英雄一样，学好本领，让国家强盛起来，再也不准外来侵略者欺侮我中华民族。正是从老校长的爱国教育中获得为报国学习的动力和奋发向上的力量，小廷宝当年从一名险些进不了河南留学欧美预备学校的差生，成功跨越人生转折的一个关键时期，并以报考清华学校考试全省第一名的优异成绩，再上人生新的高地。

清华学校虽然"教学方针是以能适应进美国大学为准绳，而日常礼仪、行政管理

---

① 齐康. 杨廷宝谈建筑 [M]. 北京：中国建筑工业出版社，1991：92.

又不折不扣的是封建主义的一套"。①因此，中国传统文化的根深蒂固以及莘莘学子的强烈爱国之心和民族气节，使得他们在留洋学成后，纷纷回国效力。并多数成为中国著名的学者，现代科学各个学科的开创者，中国科技发展各领域强国、强军的功臣。正如杨廷宝所言："至于说学习的目的性，不能不说受到辛亥革命、'五四'运动的影响，要把国家搞好，多少受点儿读书救国、实业救国的思想影响。"②这也是当时在清华学校大多数读书少年的远大志向。他们认为清华是一所美国利用退还超索庚款办的国耻学校，他们在此读书是全国老百姓用血汗钱供养的，他们有责任学成归来洗雪国耻。因此，清华学生的爱国情结终使美国的文化侵略企图遭到失败。

1921年，杨廷宝留洋到了大洋彼岸，随身带着当时北洋政府的五色旗，表明身处异国他乡，仍心系国家不忘。1924年2月，当杨廷宝刚在宾大毕业获学士学位不久，发生了一件惊动国内的大事。

事情是这样的：1884年和1903年英兵两次侵藏，虽与西藏地方政府签订了不平等的《拉萨条约》，攫取了种种在藏特权，为英国后来在西藏从事分裂活动提供了条件。同时，还给中国造成了严重的边疆危机，为以后中印边界纠纷埋下了祸根，但西藏民众一直殊死抗击英军。1924年2月16日，杨廷宝在宾大毕业刚获学士学位不久，一天他在校内古物陈列所听演讲时，当听到一位演讲者谈到西藏风俗人情时，公然称西藏为独立国家。杨廷宝敏锐的政治嗅觉感到事态严重，于3月31日给国内的准岳丈——北洋政府参议院议员陈铭鉴③写信反映情况提醒国人注意。由此引发陈对政府的质问，并引用杨廷宝家书中如下一段话："校中古物陈列所有人演说西藏之风俗人情，直谓该区为独立国家，介乎中国与英属印度之间。闻之异常诧异。西藏向为我国藩属，又为组织民国五族之一，外人何以遽出此言？岂英人虎视狼食，宁造言惑世，以冀遂其兼并之野心耶？吾国人似不可不于西藏问题，特加注意。"④（图1）

陈铭鉴5月4日收到准女婿杨廷宝的来函后，向政府提出多项质问。包括英兵侵藏以后，迫令藏人改用英语之事，政府有无闻知，如何应付？西藏为我国完全领土，

---

① 齐康. 杨廷宝谈建筑 [M]. 北京：中国建筑工业出版社，1991: 93-94.
② 同上. 95.
③ 陈铭鉴（1877—1945），字子衡，河南西平县权寨镇人。1903年中举，1913年公举为参议院议员，为民国宪法起草委员会委员。1914年8月受聘为总统府政事堂政治咨议。不久帝制后，退出政界。专攻《西平县志》编纂，1941年起从事律师工作。
④ 陈铭鉴，等. 英兵侵藏之质问 [N]. 益世报，1924-05-22.

图1 刊登在一份久远报纸上杨廷宝给准岳丈的一封家书摘录（来源：陈铭鉴.英兵侵藏之质问[N].北京：益世报，1924年5月22日）

中央理应慎选适宜之人，派为西藏办事长官，实行驻藏，力谋中藏感情之融合，祛隔阂而固疆圉，但迄今十年有余，政府何以不与西藏达赖喇嘛速谋妥协？另外闻西藏噩耗频传，正须举国一致对外之时，国内却干戈扰攘、迄无宁日，只知内讧，对外患置若罔闻，究竟政府对于英人谋藏之举有何方针？等等。这些大义凛然的质问，道出了中国人应有的骨气！

当陈铭鉴等20余人撰写的《英兵侵藏之质问》一文刊载在《益世报》（北京）1924年5月22日第三版上时，被各报纷纷转载，引起各方极大关注。而文中引用的杨廷宝给陈铭鉴家书的那段话，彰显了热血青年杨廷宝这一不为人知的爱国之举，时值被封尘近百年的今日，更闪耀出夺目的家国情怀思想光辉。

杨廷宝在宾大学成后，没有留恋美国舒适的生活和高薪聘用的诱惑，而是像那个时代所有为救国梦想而出国深造的青年一样，毅然回到苦难深重的祖国怀抱，他们要用自己学到的一技之长回报养育他们的祖国和人民。

杨廷宝在他回国后的执业生涯中，为各阶层人士和平民精心设计过各类建筑，更把他所热爱的中国文化以严谨的现实主义精神融入探索创造具有中国建筑传统文化的建筑设计创作中，以至于在他身后为祖国留下了数十项珍贵的建筑遗产。

在黑暗的旧中国，杨廷宝一心埋头搞业务，忙于工程设计，似乎不过问政治。但是，政治却找上门来。在1949年初春，中国命运之决战前夕，作为中央大学建筑工程系兼职教授的杨廷宝，目睹了国民党溃败前的最后疯狂，社会动荡中的政府乱象和水深火热中的民众悲惨，更听闻人民解放军百万雄师陈兵长江北岸，天就要亮了！让杨廷宝心灵最为触动的是，黎明前的黑夜中，南京十所大专院校的师生员工六千余人，在4月1日这一天，汇集在中央大学操场上，他们要去总统府游行、请愿，反对国民党当局假和平、真内战的种种劣行。然而，在学生们返校的途中，遭遇了事先埋伏的大批军警宪特手持警棍凶器血腥毒打镇压。闻讯赶来的各校后援学生再度赶赴总统府抗议请愿，同样被殴打，血溅西花园，酿成了震惊中外的"四·一"大血案。

一向深沉内向的杨廷宝，望着返校学生的惨状，再也抑制不住对国民党反动派暴行的怒火，与许多正直的教授们纷纷拍案而起，发表谈话，支持学生革命，要求迅即惩办凶犯，释放被捕学生。血的教训让杨廷宝进一步看清国民党的反动本质，这个党快走到尽头了，只有共产党才能救中国。他多么期待解放军早日打过长江来，结束这罪恶的旧社会啊！

不想，一天黄昏，一阵急促的敲院墙大门声传来，陈法青去开门，只见基泰大老板关颂声气喘吁吁地劈头就问："老杨到底走不走？"

"你问他去。"其实陈法青心里早就明白，杨廷宝根本不愿再跟着关颂声跑到台湾去了，她只是懒得理关颂声。陈法青早看透了关颂声这几十年欺负廷宝老实拼命干活，把赚来的钱全投到美国去做生意，从来不给股东杨廷宝、杨宽麟①分红，只干拿那点死工资，害得全家日子过得紧巴巴的。再说这几个月所见所闻，根本就别指望国民党了，那是秋后的蚂蚱。

"像他这样有才的人到台湾去，难道还愁吃愁喝呀？人家抢他都来不及呢。"关颂声不死心，还想做杨廷宝跟他一块儿去台湾的打算。

其实，早几天前基泰几位同仁们曾议论过去留的问题。杨廷宝这位在少年时代就立志报国的爱国知识分子，怎么可能再背井离乡跑到前途难卜的台湾去？何况他看好共产党能给国家和人民带来希望。杨廷宝早暗下决心留下来等待解放，只是限于当时的社会环境不便明说，便托词一家老小八口人，迁居多有不便。而几位急于去台湾的同仁直嚷道："杨总，你不要对共产党抱有幻想，他们来了，不会有好果子给你吃！"杨廷宝对这类话只当耳旁风。虽然他对共产党的认识说不上很清楚，但是知道自己的

---

① 杨宽麟（1891—1971），上海市人。1919年于圣约翰大学毕业，后获美国密歇根大学土木工程学学士、硕士学位。回国后主要从事房屋建筑的结构设计及工程教育事业。任圣约翰大学工学院院长、北京市建筑设计院结构总工程师、中国土木工程学会副理事长。

大弟杨廷宾①就是共产党员,大学毕业就去了延安,成为革命圣地出色的木刻版画家。他的小弟弟杨廷寊在上海大厦大学读书时就加入了共产党,搞学生运动很积极。再看看那些为中国革命,为人民解放事业而牺牲的共产党员,个个都是顶天立地的好汉,相反,那些国民党的政客们都是祸国殃民的败类。而"四·一"大血案血淋淋的事实,不正是腐败的国民党末日的写照吗?当然,这些都是杨廷宝心里想的。想到这里,杨廷宝对劝告他的同仁只是淡淡一笑说:"好果坏果,自己吃了就知道。我是个穷教授,我只要老老实实做人,踏踏实实做事。共产党也是中国人,他们就是为人民谋幸福的,我想共产党不会为难我吧。"

议论结束后,关颂声还是抓住杨廷宝这棵摇钱树不放,说:"你跟我去台湾,我保管你有好工作,好房子,好生活。"杨廷宝也不想撕破脸皮,只是笑了笑含糊回应道:"再说,再说。"

今天,关颂声又亲自登门,无疑是来做最后的拉拢。果然,关颂声在客厅坐定便迫不及待地说:"老杨,想好了吧,咱们一道走吧。"

"我走了,你看,这一家老小怎么办?还有我父亲已七十古来稀,谁来照顾?"杨廷宝不明说拒绝大老板的"盛情",却拿出家眷难题做挡箭牌,与关颂声打起了太极。杨廷宝这一招真把关颂声难住了。因为,国民党溃败台湾时,运兵、运金银财宝都来不及,若不是国民党的达官显贵想要带家眷子女一道走,买机票、船票,那是难上加难。毕竟关颂声只是个资本家,虽说有个宋子文做后台,但在这兵荒马乱、竞相逃命之际,他也难以顾上杨廷宝一家八口人去台湾的难题。

"老关,要么你先走,我再想想办法,怎样?"杨廷宝对关颂声搪塞地说。

关颂声碰了一鼻子灰无奈地被打发走了。杨廷宝浑身感到轻松,他望着窗外已夜幕降临的世界,若有所思地自语:"黑夜终要过去,天会亮起来的,我要准备为共产党干事,为新中国效力了。"

果然,中华人民共和国成立后,杨廷宝精神焕发,干劲冲天。从南京刚解放不久就受时任南京市委书记兼市长刘伯承的邀请参与雨花台烈士陵园建设的筹划,到突击设计建造周总理亲自关照的北京和平宾馆;从参与北京国庆十大建筑,以及国家图书

---

① 杨廷宾(1910—2001),河南南阳人。版画家。1926年加入共产党,1930年考入北平大学艺术学院西画系,师从院长徐悲鸿,1934年毕业。1936年在国立中央研究院任技术员,1937年奔赴延安从事木刻创作。1964年3月,任中国美术馆副馆长。"文革"期间,为保护馆藏珍品完好无损功不可没。1983年离休。

馆新馆集体创作和主持数十项各类工程项目设计，到足迹遍布大江南北指导各地城市规划、风景区建设、古建保护；从呕心沥血倾心建筑教育，到尽职尽责担当政务重任；从活跃学术领域，到跻身国际建坛……杨廷宝以满腔的爱国热情不倦地拼命工作，实践着他的初心——为救国而读书，为建国而工作。

但是，老人在生命终结之前，还有一个心愿没有实现而遗憾不能瞑目。什么心愿呢？

临终前的11月中旬，杨廷宝躺在医院病床上，他的孙子杨本坚上街买了三本书回来，其中两本是唐宋诗词的选本，杨本坚知道爷爷平时喜欢读点古诗，想读给爷爷听。

"读哪一篇呢？"孙子问。

"就读陆放翁①的《示儿》吧。"杨廷宝气息微弱地说。

杨本坚翻到了陆放翁这首诗，慢慢地一字一句地读着：

死去元知万事空，但悲不见九州同。

王师北定中原日，家祭无忘告乃翁。

杨本坚连读了两遍，但见杨廷宝听着听着不觉眼眶已湿润了。这是怎么了？杨廷宝在伤心什么呢？此时，杨廷宝深情地看着孙子，又看看夫人，听诗触情地细声慢语说："什么时候祖国能统一啊！我怕是看不到那一天了。"呜呼！杨廷宝在弥留之际仍在思念着台湾同胞回归祖国，这博大胸怀怎能不令人心碎肠断呢？

参考文献：

1. 齐康．杨廷宝谈建筑[M]．北京：中国建筑工业出版社，1991．
2. 陈铭鉴．英兵侵藏之质问[N]．益世报，1924-05-22．
3. 刘向东，吴友松．广厦魂[M]．南京：江苏科学技术出版社，1986．

---

① 陆游（1925—1210），字务观，号放翁，越州山阴（今浙江绍兴）人。南宋文学家、史学家、爱国诗人。

8. 书画牵线结姻缘

故事说到这一段，相信读者对杨廷宝各方面都稍有所了解，而杨廷宝的另一半是谁？大概也只知道她叫陈法青这个名。那么，陈法青背景如何？他俩又是怎样结百年之好的呢？说来这里面有一种缘分，也有一段巧遇。

陈法青出生在南阳西平县权寨镇，距杨廷宝家南阳赵营村三百里地，算是河南老乡吧。他俩虽是同龄人，但那时并不认识。陈法青的父亲陈铭鉴，字子衡，在前清中过举人，后来在北洋政府做过参议员，是河南知名人士，还与杨廷宝父亲杨鹤汀在开封有过不少交往。而且陈铭鉴精于诗词，颇有才气。在这样的家庭中成长的陈法青想必也算是大家闺秀了。

1915年秋，杨廷宝考入清华学校时，陈法青也同时考进北京女子师范学校。两人虽然仍不相干，但地理距离却拉近了。

更奇的是，陈法青竟然与杨廷宝的两位姐姐后来成为同窗好友。一位是杨廷宝的表姐郝超薰，她与陈法青同班。另一位是杨廷宝的堂姐杨廷隽，她读的是保姆专修科，这个班设在北京女师，和陈法青在一个自修室学习。看来，陈法青与杨廷宝就在这间接的巧合中隐隐约约地孕育着缘分。

一天，陈法青与杨廷隽在自修室温习功课，看到杨廷隽自修桌前的书架背隔板上贴着一幅漂亮的水彩画。这张水彩画景物清新，色彩丰润，很是令她赏心悦目，以至于她在学习时情不自禁地对水彩画多瞥上几眼。

"这幅画画得真好，是谁画的？谁给你的？"陈法青指着那张水彩画，很有兴致地问杨廷隽。

"噢！你问这幅画？这是我弟弟画了送我的。"杨廷隽秀目盯着画含笑着说。并引以为豪地补充道："他叫杨廷宝，现正在清华学校读书呢。"

"啊！是你弟弟画的！画得真好！"陈法青嘴里直赞叹着，心里却为这幅画竟然出自一位十多岁的少年之手而感到惊讶。虽不知这位少年长什么样，但他一定有才华，今后一定会很有前途。从此，杨廷宝这个名字和他的这幅水彩画，便在陈法青的脑海中留下挥之不去的印记。

在往后各自学习的日子里，杨廷宝在星期天有时要抽空进城，到女师去看望堂姐和表姐。而陈法青每个星期日都要回宣武门外的家,陪陪父母。因此两人从未碰过面,但陈法青返校后总能时常听到郝超薰谈起她表弟来探望的事。渐渐地,陈法青对杨廷宝的情况了解多了,印象就越来越深。知道他比自己还小几个月,出生就失去了母亲,但他勤奋好学,人品正派。不由地想到自己是个独养女,要是能有这么一个弟弟该多好!想多了,少女的心田似乎有点萌动。

后来,陈法青真正第一次见到杨廷宝是一次偶遇。是在陈法青见了那幅水彩画两年多以后的1919年,正当清华园紫荆花盛开的春天,北京女师组织了一次到清华校园参观的活动,按现在的说法叫"春游"。当老师领着这群叽叽喳喳的女学生边走边欣赏清华校园宜人的景色,不觉来到"清华学堂"校园一景时,恰逢在这座高等科教学楼上课的杨廷宝下课向门外走来(图1)。只见他身着灰布长衫,胳膊夹着几本洋文教科书,显得那么潇洒、英俊。当他见一群女孩子有说有笑地向他的方向走来,不觉面带羞色地退到路旁。忽然,杨廷宝欣喜发现队伍中的表姐,便腼腆地向她微微点了点头,算是打了招呼。郝超薰也含笑点头算是还礼,并轻轻碰了一下旁边的陈法青,悄声地说:"瞧!那就是我廷宝表弟。"正在仰头欣赏"清华学堂"这座精美建筑的陈法青,猛一回神,转过头朝着郝超薰手指方向看去。这位性格有几分泼辣的少女,一点也不拘谨地盯着杨廷宝打量起来,"哇,真帅!"两年多前只见画,不见其人,今天天赐良机让我陈法青见到真人啦!不免心中惊喜。而杨廷宝因不认识表姐身旁的这位小女生,视如与其他女生一个样,没看一眼就默默地走开了。

在参观清华校园的归途中,郝超薰对陈法青夸道:"我这个表弟呀,品学兼优,人又端正老实,就是不爱讲话,性格内向。"稍停,忽又想起了什么,又接着打探地问:"你看他这个人怎么样?"这一问,反倒让陈法青的红晕浮现,心跳加速,只是含笑不语。

郝超薰这个时候为什么向陈法青提这个问题?

原来,杨廷宝在清华读书已经四年了,渐渐长大成为阳光青年,况且,再有两年就要毕业了。他的父亲杨鹤汀此时就开始操心起他儿子的婚事。读者会问,屈指算来,杨廷宝此时还不到20岁,杨老先生操心这个事未免早了点吧。殊不知,杨老先生有两个担心呀。

一是,儿子出国前不定下这事儿,一表人才的儿子到了美国,万一被哪个外国姑娘看上,不回来了咋办?即使两人回来,也不符中国古老传统啊。让老乡见了杨廷宝带一位蓝眼睛金发翘鼻梁的洋媳妇回来成何体统?那时,中国人的婚嫁习俗还十分保守,杨老先生的这种担心可以理解。

图 1 陈法青在"清华学堂"门前第一次有缘偶遇杨廷宝(黎志涛摄)

二是,杨鹤汀的这种担心是有前车之鉴的。早在杨廷宝儿时,在开封留学欧美学校读书时,人品好,功课好,尤其是英语学得好,这让他的英籍外语老师特别钟爱。他是有心计的,便把他的夫人和十岁多的女儿带到开封,住着一幢小楼房。每逢节假日,反正小廷宝也没处去,便邀请小廷宝到家里来做客。小廷宝天真,视这为练习口语的好机会,可以经常与他们一家人用英语对话。小廷宝也爱与老师的小女儿两小无猜地玩在一起。小女孩教小廷宝英语,小廷宝教小女孩中文。天长日久,老师夫妇二人越发喜欢小廷宝了。后来,这位老师竟托人去找杨鹤汀老先生,按照外国人的习俗直言表示想与他做亲家,将来把女儿嫁给廷宝。杨鹤汀本来见儿子与外籍教师一家人来往,并不觉得有什么不好,他还是比较开明的。但是,一听两家要做亲家这一档事儿,他是万万不能接受的。他一面请来人回话,婉言谢绝老师美意,一面提醒儿子,今后不要再去那幢小楼了！小廷宝本来对那种事儿就没开窍，不知怎么回事儿。父亲不让自己去老师家了，父命难违，不去就不去吧。

基于上述两个担心，杨鹤汀对儿子出国前定亲一事的操心日甚一日。

而杨鹤汀深知自己儿子的禀性，脸皮薄，不会大胆去追女孩子的。于是，杨鹤汀早些时候就不动声色地委托也在北京读书的郝超薰帮着为杨廷宝物色一位对象。这才有前述郝超薰在参观清华校园返归途中，探问陈法青"你看他这个人怎么样？"的问题。

郝超薰问陈法青的这句话，为什么这个时候冒出来？本来郝超薰和陈法青随女师大队人马去清华，也只是春游玩玩而已，没想到陈法青偶遇杨廷宝就露出倾慕之意。郝超薰看在眼里，心中不觉勃然一动，忽然想起受姨父杨鹤汀之托的事。心想，眼前这位大家闺秀与表弟不是很般配吗？她性格外向，干事麻利，说话直率，正好与表弟互补。更为看中的是她人好心也好。想到这里，郝超薰忽觉天赐良缘，直呼这趟清华春游没白去，值得！

其实，在此之前，郝超薰受姨夫杨鹤汀之托，为表弟杨廷宝物色对象人选也是煞费了苦心。在同班同学中，曾暗中物色过三位人选，观察来考察去，结果都不满意。这次看准了陈法青就急不可耐地赶紧跑到正在北京办事的杨鹤汀处，将陈法青的情况如此这般地详细禀报一番。杨老先生听罢，笑吟吟地连声说："好，好，一切烦你帮忙了！"

而陈法青自从那次参观清华学校，有幸偶遇看见杨廷宝后，便一见钟情。用陈法青自己对当年第一次在自修室，看见杨廷宝那张水彩画后内心的回忆："杨廷宝的名字开始占据了我这个少女的心房！"而后相隔两年多，真的在清华见到了杨廷宝本人，虽然没跟他说上一句话，但看到他一表人才，如同当今的少女粉丝看见明星那种狂热，又怎么能不动心呢？而且，当从清华学校参观回来，大约过了一周，陈法青收到郝超薰给她父亲的一封信，竟然"我的心咚咚地跳了起来，拿信的手似乎在发抖"。何以如此呢？原来陈法青打开信一看，"廷宝品学兼优，如老伯同意，我可做媒。"原来郝超薰把陈法青内心的秘密挑明了，要征求她父亲的同意呢！"郝姐她猜中了我的心事，真坏！"陈法青心里羞答答地有点扭捏。

陈法青巴不得把这封信交给父亲过目。陈铭鉴看完信问道："你喜欢他呀？"在封建社会的那时，情窦初开的陈法青怎么好意思正面回答父亲呢？只能打岔说："郝姐叫我把信交给你的。"

这件美事又过去了一年。期间，陈法青的母亲因病住院，遗憾的是父亲误信庸医，结果手术失败，不久便永辞人世。母亲死后，陈法青的父亲又续弦，不再关心女儿的生活，也不主张陈法青升学了。为此，陈法青在生活和精神上受到沉重一击，但个性倔强的她，绝不向命运低头，她要奋斗人生！

1920年的初夏，郝超薰又一次向陈法青提起她的婚事。直到这时，她还没有与杨廷宝正式会面呢！心想，等那位内向的白面书生主动向自己开口表白，除非太阳从西边出来，怕是指望不上了。郝超薰刚才又提及此事，就大胆地请她转送自己的一张靓照，并不安地说："我现在家境变了，自己去美国留学的希望不大，不知你表弟对我现在的境遇有什么想法？"

经郝超薰这位红娘牵线，双方父亲和陈法青都取得一致同意后，最后才向廷宝"摊牌"。杨廷宝虽然一直蒙在鼓里，但他一直信任他表姐对他的好。当他从表姐手中接过陈法青的玉照端详了一番，并倾听了表姐讲述陈法青的为人、个性和她这一年来的不幸和苦闷后，杨廷宝既看了照片觉得满意，又听了表姐一席话而感到同情，便对表姐说："法青丧母，与我同病相怜。她出国与否，我并不在意。"陈法青从郝姐的反馈信息中，着实被杨廷宝的这种善良心地、高尚人品感动，为自己相中可靠的心上人而暗自庆幸。

1921年6月，杨廷宝从清华学校毕业了。不久将要离开祖国、家乡、亲人远赴大洋彼岸去留学了。他想早日定下婚事，以便更好地安心读书，就与陈家商议择期订了婚。

由于封建礼仪旧习俗的束缚，陈法青与杨廷宝虽然订了婚，但两人仍然还未正式见面。此时，陈法青着急了，眼看杨廷宝即将回南阳老家去准备出远门的事，再不相见还等何时？于是，陈法青通过王老伯说服了父亲，正式邀请杨廷宝来家小坐。那天，郝超薰陪着杨廷宝来到陈家，落座在客厅。当陈法青随后刚推门踏进客厅的那一刻，杨廷宝眼睛一亮，这就是未婚妻了？！马上客气地站了起来，拘谨地向她笑了一笑，打量起来。等大家都坐下后，杨廷宝好像不会说话似的总不开口，气氛有点尴尬。陈法青也感到不自然。既然盼了好几年，现在心上人第一次就坐在自己眼前，机会难得啊，自己就先开口吧。两人就像口试一样，你问一句，他答一句，不问就没话说了。只是腼腆地相视微笑。

离开陈家回来的路上，郝超薰迫不及待地问表弟："对陈法青的印象如何？"杨廷宝高兴地说："她比我能干，人又大方，我决定和她结为伴侣了。"郝超薰一听此话，也为自己成功做了一回红娘而喜形于色。

杨廷宝就要离开北平返乡了，陈法青有点不舍。又让父亲请杨廷宝来家吃顿饭，算是饯行。席间,家人不断地给他夹菜,亲切叙谈。只是杨廷宝斯斯文文,虽然是第二次来,仍然有点拘谨不会说话,搞得陈法青在饭桌上也不好意思与他搭讪。不过,在她内心里,却觉得彼此比上次熟悉多了。

终于,杨廷宝离开北平返回南阳的那一天来临,陈法青当然不会错过刚相会又即将离别的这一刻,便到火车站去送行。杨廷宝见未婚妻前来送行,内心十分激动。心想,6年前来北京读书形单影只,还是个孩子,现在长大了,还有了另一半相牵挂,真好。但瞬间又有点不舍的伤感,这一走又是五六年不能相处呐,虽不能用现在的词儿"热恋"来形容二人此刻的心理胶着状态,但毕竟心心相印了。车轮就要启动了,此刻也未见两人有什么亲热举动。一位内向深沉,不善言表,另一位不像现代的女子般开放,旁若无人敢在大众面前表白情感,只是彼此双目深情,凝眸良久。既没有说声"再见",也没有握手告别,就这样,两人万般柔情尽在不言之中。随着火车的启动、远离,暂时而又是长久地将这对彼此终身相许的情侣,又拉开更大的地理距离。

自杨廷宝漂洋过海去了美国宾大读书以后,陈法青也于第二年从女师毕业。本想报考北京工业大学化工系,后经杨廷宝来信劝说,希望两人专业相近一些,以便今后有一些共同语言,遂决心改报考北京国立艺术专科学校图案系。陈法青虽没有绘画基础,但她下定决心,恶补所有考试科目的功课,常常每天学习十二小时。经过十个月的努力,终于功夫不负有心人,在1923年暑假,以优良成绩考取图案系。杨廷宝得知消息后,高兴至极,马上给陈法青寄来水彩颜料和美术图案的书籍。从此,两人因专业相近而有了更多的共同谈资。杨廷宝还将他在美国学习所得的各类设计奖章、获硕士学位的戴硕士帽照片,以及当地报道他学习成就的剪报寄给陈法青共享。就这样,两人彼此鸿雁传书,相互勉励,共同两地相守了六年。

当然,杨廷宝在大洋彼岸也在奋发读书,他的才学、人品、相貌、气质都深受许多中外师生的赞赏,也招来不少好事者为他介绍女友,或漂亮的中外女孩直接向杨廷宝示好表白。但杨廷宝全然不动心,一概婉言谢绝,或声明国内已有未婚妻,要信守成约。这令陈法青非常感动,庆幸自己慧眼识珠,找到这样一位品德纯洁,对自己一诺重千金的好未婚夫。

1927年春节后,杨廷宝终于学成归来,陈法青也终于盼星星盼月亮把未婚夫盼回来啦。

那天,郝超薰陪着陈法青特地赶到天津码头接杨廷宝下船。久别重逢,两人该是多么开心啊！这六年，两人虽然被大洋相隔，地理距离是最远的一次，但是，两颗心比任何时候都贴得更近。况且，这六年两人的见识拓展得更宽，尤其杨廷宝完全融入西方文化圈。照说，不会再像六年前在北平上火车与陈法青离别时那样木讷了吧。这次，杨廷宝应该主动向未婚妻陈法青表示一下爱意，哪怕拥抱一下。但是，陈法青在《忆廷宝》一文中没有提，著者只好免了对这一细节的描述。

陈法青和郝超薰在天津接到杨廷宝之后，当天就返回了北平（图2），并与陈法青父亲商定了正式结婚的日期。

在这两周期间，两位新人趁着即将到来的新婚之喜，一同去逛了趟琉璃厂，凑热闹观赏了六年未见的中国风土人情、传统习俗。又到中山公园溜达了一圈，再到陈法青的学校艺专看看她画的图案设计图。晚上又参加了艺专举办的游艺晚会。这是杨廷宝与陈法青两人婚前在一起游逛的唯一一整天（图3）。

4月12日，正是春暖花开、垂柳飘荡的日子，杨廷宝与陈法青正式结百年之好。

图2 1927年春节后，杨廷宝（右）回到北平家中与未婚妻陈法青合影（陈法青生前提供）

图3 杨廷宝学成归来，婚前与未婚妻游逛市容（陈法青生前提供）

图4　杨廷宝临赴天津入伙基泰工程司前夜
为新婚妻陈法青画水彩速写（杨士英提供）

最后，顺便插一句，新郎与新娘的蜜月还没度过一半，十二天后，杨廷宝就应他的学长关颂声①和朱彬之邀，到天津基泰工程司上任去了。用陈法青的话来说："婚前的等待刚刚结束，新婚后的别离却又开始了！"

不过，新郎官杨廷宝也舍不得离开新婚爱妻呀！于是，杨廷宝特地在临行前一天为爱妻陈法青画了一幅水彩画速写，算是留在身边聊慰思念吧（图4）。

欲知两人后来如何？且听下篇故事续说。

参考文献：

陈法青.忆廷宝 [M]// 刘向东，吴友松.广厦魂.南京：江苏省科学技术出版社，1986.

---

① 关颂声（1892—1960），字校声，广东番禺人。曾就读于上海圣约翰大学，后转入清华学校。1917年毕业于美国麻省理工学院，获学士学位。后又在哈佛大学攻读市政管理专业一年。曾与宋子文、宋美龄同学，交往甚密。1919年回国任天津警察厅工程顾问，1920年创办天津基泰工程司。1949年去中国台湾续办基泰，并任台湾建筑师公会理事长，曾主持过台湾"奥委会"工作。

9. 国破家难熬岁月

新人婚后成家的生活总是甜蜜而又如胶似漆的,只是各人幸福的方式不一样而已。杨廷宝和陈法青婚后仅半个月,因杨廷宝去了天津基泰工程司上任,陈法青也不得不夫唱妇随,三个星期后就在天津租了房子,也搬到天津过起了小日子。于是,白天杨廷宝到基泰工程司上班,有时陈法青也跟去帮忙画些图。晚上则在家相对而坐,在灯下读书,或天南海北地聊天,小两口的生活过得倒也温馨安谧。

但是,杨廷宝的职业特点就决定了他不可能周而复始地在一个地方设计盖房子,他要经常到各地搞工程。尤其是自杨廷宝学成回国十年期间,正是他精力旺盛,事业如日中天的黄金时期,忙得常常是几个月才能回家看望一次,陈法青只好独自守空房。

好在他们五个儿女在天津相继出世,给这个小安乐窝带来无限生机与欢乐,陈法青的生活也一下子充实起来(图1)。但家务的劳累却日益加重,而杨廷宝在外根本分

图1 1934年春,杨廷宝的5个孩子在天津相继出生,在给家庭带来快乐的同时,也带来生活的困难和经济的压力,况且杨廷宝频繁出差在外而顾不了家。图为1934年杨廷宝偕夫人陈法青与孩子们在一起(杨廷寘提供)

担不了爱妻的家务事。她多么希望丈夫能在身边帮个手料理一下啊，可是杨廷宝却在千里之外忙工作。陈法青深知杨廷宝的秉性，当私事与事业发生矛盾时，定是把事业放在第一位。陈法青认为杨廷宝这样做是对的，只能支持而不能苛求他。为了不让杨廷宝工作分心，陈法青就独自揽下所有料理家务和养育子女的琐事。这倒应验了"一个成功的男人身后，必定有一位知冷知热的女人帮扶着"的真理。

杨廷宝在天津的家住了近八年后，于1935年去了北平主持修缮古建筑。由于此时陈法青单独一人在天津持家实在不容易，生活又不习惯，儿女也到了入学的年龄，而杨廷宝回天津的机会很少。于是两人一商量，陈法青就携儿女，带家什将家搬回了北平，而搬家的事也没让杨廷宝插手（图2）。

第二年底，杨廷宝主持修缮北平古建筑行将结束后，又随基泰工程司迁移到南京工作了。陈法青一想，杨廷宝这一去大概又要长期待在南方不会回北方了，不如趁早也跟着去吧。正如老话说的"嫁鸡随鸡，嫁狗随狗"，嫁给杨廷宝只好跟着走。

图2　1935年，杨廷宝全家从天津迁回北平（杨士英提供）

图3 1937年9月,卢沟桥事变后,杨廷宝全家从北平逃回老家南阳。图为在武侯祠拍全家照(杨廷宝摄)

不想,这一打算还未落实,1937年7月7日卢沟桥事变发生,日本鬼子占领了北平。此时,想走也难于上青天。而此时杨廷宝正在南方,又未收到陈法青催他返回北平的好几封信,急得陈法青团团转。幸好在刘敦桢①的帮助下,陈法青携儿女随刘敦桢、梁思成三家人一同逃出北平。一路逃难,最后才在河南许昌下车与前来接应的杨廷宝会合,并与刘、梁两家人分别后回到了南阳老家。结果,杨廷宝因音信不通,未能随行护佑家人而焦虑万分,加上一路奔波试图追赶家人,致使劳累过度而患肝炎,大病一场,几个月后才痊愈。

杨廷宝一家人回到南阳老家后,起初过着热闹而安逸的生活,甚至还老小妇幼一家人出游逛逛当地名胜古迹(图3)。但是,后来就不安宁了。日机常来南阳骚扰,搞

---

① 刘敦桢(1897—1968),字士能,湖南新宁人。1913年东渡日本求学,1921年毕业于东京高等工业学校建筑科。1922年在上海与柳士英等人创办华海公司建筑师事务所。1923年与柳士英同创中国第一所中等建筑技术专业——苏州工业专门学校建筑科,1926年任教授。后在中央大学任教到1932年。1932—1943年在中国营造学社任文献部主任。1943年复任中央大学教授,1944—1949年任建筑工程系主任,1945—1947任工学院院长。中华人民共和国成立后,一直在南京工学院任教授,1960年复任系主任。1955年当选中国科学院技术科学部学部委员。1964年当选第三届全国人大代表。是中国古建筑研究和建筑教育的奠基人之一。

图 4 1938 年春节后,为躲避日机对南阳的轰炸,全家搬迁到内乡秦家寨山沟居住(杨廷宝摄)

得人心惶惶。不得已,小住半年多后,杨廷宝和陈法青决定先到内乡秦家寨山沟里暂避一下。于是,在 1938 年春节后,两人先行前往,安排住所。不想,期间日机对南阳进行了轰炸,五个子女吓得躲在方桌下才逃过一劫。事后,杨廷宝当机立断,赶紧搬家,收拾停当后,便带着父母子女一同来到秦家寨居住(图 4)。

在秦家寨生活的日子里,虽然身居山沟看似平安无事,但杨廷宝实在闲得慌,不甘寂寞的他便应母校——原河南留学欧美预备学校,后改称河南大学的邀请担任外文教师。半年后,忽接迁至重庆的基泰工程司大老板关颂声来电,催他去成都,承担美国旧金山市拟建一座类似承德外八庙金亭的建筑设计任务。杨廷宝只好辞去河南大学教职,留下妻儿老小仍住守在秦家寨,自己于 1939 年春末只身到渝。由于这项工程已先一步被留美的过元熙①捷足先登，杨廷宝出国之行便作罢，就留下来指导张镈②设计成都刘湘墓园了。

再说，陈法青一家留在的秦家寨是山沟里的一个小村寨，约有百户人家，非常封闭，且经济、文化、交通相当落后。生活也十分不便，买个东西也要过道河，跑到很远的小镇上去。附近虽有一所小学，但依然按私塾教学，且学生寥寥无几，大多数儿童都是文盲。陈法青闲着，事也不多，早年还读过师范，于是便在家里收纳一些儿童混在一起，按复式教学法给孩子们上课。不但充实了自己，而且这些小孩也没因战乱而失学。因此，陈法青与村民、邻居们关系非常融洽。

但是，陈法青有件事也在操心。这样住下去，自己的孩子渐渐长大，他们读书怎么办？尤其是大女儿该上初中了。于是，陈法青去信与已在重庆基泰的杨廷宝商量，杨廷宝一想，是呀，重庆虽然也频繁遭到日机狂轰滥炸，但终究不能耽误子女的教育。便抽空返回秦家寨，于1940年春带领全家经老河口、宜昌来到重庆（图5）。幸亏杨廷宝一家动身早，赶上了搭乘由宜昌开往重庆的最后一班正常客轮，否则后果不堪设想。因为他们刚到重庆后数月，日军的铁蹄就踏进了秦家寨，而杨廷宝的父母因提前逃进深山，才庆幸躲过了这场灾难。杨廷宝为此也不知在战火纷飞的年代，这是第几次死里逃生。

在重庆，杨廷宝一家住在歌乐山上，为了躲避日机轰炸，他还与邻居合资凿了一个小防空洞，以备急需。可见，杨廷宝一家虽然又团聚了，但时常还得提防日机空袭来临。

在歌乐山上，最初是两家合住一幢小屋，各居一半。这一半的面积也只有十多平方米，按现在的住宅标准，也只有一间卧室那么大，一家七口人挤在这么个鸽子笼里，吃喝拉撒睡全在里边，可想而知，抗战时期的重庆民众生活有多艰难。

这一住就是六年。好在后来邻居搬走了，住房才稍微宽松些。而且，杨廷宝平时租住在距基泰工作地点不远的一间只有九平方米的小屋。吃饭只能在附近的小饭馆吃

---

① 过元熙（1905—？），江苏无锡人。1930年毕业于清华土木工程系，1929年获宾大建筑系学士学位。1930年获麻省理工学院建筑系硕士学位。1933年在美监造中国参加芝加哥博览会之仿承德外八庙金亭。回国后任北洋工学院教授。1935年加入中国建筑师学会。1936年任广州市执业建筑师。1958年回港。
② 张镈（1911—1999），字叔农，山东无棣人。1930年入东北大学建筑系，1934年毕业于中央大学建筑工程系。同年加入基泰工程司从事建筑设计工作达17年。其间，1940—1944年兼任天津工商学院建筑系教授。1941—1944年主持测绘故宫。1948—1951年主持基泰港九事务所。1951年回京任北京市建筑设计院总建筑师至病逝。

图5 1940年,陈法青再次携儿女从南阳迁居重庆歌乐山。图为杨廷宝同他的孩子们在一起(江苏省档案馆提供)

便餐,有时在街上烤红薯摊上买两个红薯,还拣小的挑,凑合着对付一顿中饭。全家七口人就靠他一人微薄的工资,他只能自己省着点。后来到中央大学兼职教书后,就两头跑。每周星期一到星期五在城里基泰工作,星期六上午去沙坪坝中央大学讲课,有时当天下午回到歌乐山家中。如果下午有水彩画辅导课,只能在学校住一夜,第二天星期日上午回家,待上大半天。因为,那时重庆交通状况很差,公共汽车又很少,山路多、速度慢,回家一趟真不容易。星期六下午要想回家,就得一大清早先去车站排队领号,下午才能买票上车。这种车简直就像罐头装沙丁鱼一样,人挤人,前胸贴后背,一路颠簸,慢慢腾腾地在山路上爬。山城重庆是那时长江三大火炉之一(另两个是武汉和南京),早已闻名于世。碰上夏日高温,挤在这样的公共汽车里,简直要把人热晕过去。而且车到站后,杨廷宝还得步行爬十多里的山路,才能到达住在山顶的家里,到了家已累得说不出话。就这样,抗战时期的艰辛生活,加重了杨廷宝健康的透支和精神上的劳累,他渐渐显得苍老多了。

好在儿女们先后长大考入了中学,都住校学习去了。家中只有陈法青一人料理家务。因交通不便，又不能轻易进城，就利用山上闲置土地较多的条件，没事找事地在房前屋后辟地种菜，再养几只母鸡，随它们遍地觅野食，傍晚自觉回窝或下蛋。周边的邻居也都是各地逃难来此暂避，大家命运相同，坎坷皆此，因此都还能说到一块儿，算是患难之交吧。这里虽然没什么文化生活，陈法青平日一人倒也不算寂寞。只有周末才是她开心的日子，丈夫杨廷宝劳累了一周，子女们也都要每周回家一趟。于是，陈法青从早晨就开始准备，菜是地里现成的，有时前一天下山买点肉，有时当天杀只鸡，把周六的丰富晚餐搞得满满一小桌。在那个艰苦的年代，算是丰盛的宴会了。一家子围坐在一起，吃的人开心，做的人也高兴，每个人一周的苦日子得到了一次补偿。饭后无事，孩子们唱歌游戏，夫妻二人坐在一旁欣赏助兴，倒也是阖家团聚，其乐融融。

抗战胜利后，住在歌乐山顶的各家各户都自找门路陆续离去。有的直接打点行李返回不远的家乡。而多数远道逃难来的人家，则先迁入重庆城里，再设法抢购车船票出川东下。在这混乱的复员过程中，大家都急于回到久别的故地，因此，飞机、轮船往往人满为患。飞机失事、轮船沉江的不幸事故也时有发生。

杨廷宝也设法在沙坪坝借到了南开经济研究所的房子，于1946年春，将家从山顶搬了下来。不过，连人带全部家什迁下来并非易事，由于山路崎岖，所有物品、家具只能靠挑夫一担担挑下山来。杨廷宝要照看子女和安排住处，陈法青则在新居和旧房之间往返奔波照应。家虽然好不容易搬完了，人也疲惫不堪。

等到新居刚暂时搞定，杨廷宝就接到先期复员回到南京的基泰工程司急电，要求他速回南京，设计公教新村，以解决南京出现的房荒问题和修缮被日军破坏的建筑。不得已，杨廷宝只身乘飞机赶往南京，全然顾不上家里的事，又一次全丢给了陈法青一人担当了。

陈法青这一头，因南开经济研究所复员前要退房归还原主，便催促陈法青早点腾房。而南京那一头，杨廷宝每次来信总说房子奇缺，无法解决一家子的住所，让陈法青暂安心留住重庆。搞得陈法青心急如焚，只好将行李陆续从沙坪坝又运到城里暂时寄存，而家具等大件带不走，则送给了南开学校。

此后，陈法青也不管南京那边有没有房子住，人先回去要紧。便多方托人好不容易买到船票，但时间已到了距杨廷宝离开重庆半年后的9月。不管怎样，陈法青带着儿女和一些细软顺流东下，行程11天，终于到了南京。但是上了岸真的没有家住啊。只好全家分三处，杨廷宝住事务所，两个儿子借住在工地的工程人员集体宿舍，陈法青和另外三个子女住在中央大学文昌桥一间只有十多平方米的宿舍里。

图 6　1946年底，抗战胜利后全家从重庆回到南京，在刚建成的成贤街自宅定居，从此结束了颠沛流离的生活。
前排左起：士华、法青、廷寓。后排左起：士莪、廷寅、士英、士萱、廷宝、杨津（士芹）（杨廷宝提供）

好在不久，在中央大学东面成贤街一块被日军炸成废墟的宅基地上，买了一块地皮，杨廷宝自行设计，花了两个月建起了自宅，全家这才从此有了自己的住处，并结束了前半辈子到处颠沛流离的生活，永久地团圆在一起了（图6）。

参考文献：

陈法青. 忆廷宝[M]// 刘向东，吴友松. 广厦魂. 南京：江苏科学技术出版社，1986.

10. 成贤小筑多欢乐

杨廷宝亲手设计建造的自宅低调取名为"成贤小筑",到底是怎样一处温馨的家园呢?小筑建成之初,因朴实无华,与周边民居平房又混杂在一起,确也不甚起眼。当今,小筑周围已楼房林立,隔着围墙,关上院门更是隐身埋没于闹市中了(图1)。

图1　大门(黎志涛摄)

现在,当你从喧哗热闹的街市来到小筑跟前,在推开院门的一瞬间,只见眼前景色别有洞天,宋代大词人李清照的"小院深深深几许"便言犹在耳。虽然小筑的院落不算幽深迷人,但与院外市井一对比,却显雅致恬静了。你看!几株树龄有数十年的高大洋槐绿荫如盖,院内花木扶疏,竹影摇曳,藤架似隧,菜畦绿油,水井石栏,真可谓闹中取静,一派城中田园景致。难怪杨廷宝父亲听闻小筑如此美景,即刻从南阳老家来成贤小筑颐养天年了。触景生情,便诗兴大发,写下七律一首:

南京新居

七律

岁暮离乡到京华,入门且喜自成家。

三间虚室藏书画,半亩闲庭养草花。

井畔梧荫遮白日，池中莲叶卧青蛙。

栽兰插菊无余事，想教诗清饮素茶。

丁亥三十六年

再说那小二楼，它就坐落在庭院的东北角。暗红平机瓦、浅黄拉毛墙、酱色木门窗、水泥粉墙裙，在幽静庭院的环抱中，显得如此亭亭玉立（图2）。

小筑入口拾级三步便是门廊。推门而入见一小门厅。在此环顾四周，西侧是大客厅，正前透过一小门洞可见餐厅，此三者布局一改传统私宅的封闭模式，空间相互流通，无论视线、行为都可互通互达（图3）。这便是杨廷宝刚考察欧美建筑近两年，吸收国外现代设计理念与方法，创造性地在成贤小筑设计中的实践与运用。餐厅东侧便是备餐间和厨房，而厨房有自己单独的出入口。这种设计看似简单，但生活路线与服务路线处理如此清晰也不是轻而易举的。而杨廷宝自用的书房就毗邻在入口门厅的东侧，从朝向、景向而言，该是最好的布局了。书房内只见书架上中外专业书籍、建筑图书琳琅满目，宽大书桌正对南向庭院。真是窗外春光洒满院，斋内书香飘斗室（图4）。

从正对小门厅的木楼梯上到二层，一条短内廊连通两间向阳的大卧室，以及北向的小卧室、卫生间和储藏室，其平面布局紧凑实用、轩敞舒适。

另外，从对几个设计细节的推敲，可见杨廷宝设计中对生活问题考虑细致周全至极。

一个细节是，二层居东的主卧室，朝南已有一个大窗户和一个通向门廊之上露台的门连窗，按说采光通风足够了。为什么在东墙上还要再多开一个窗呢？2017年10月17日，杨廷宝的小儿子杨士萱从美国来南京看望他大姐杨士英时，著者与姐弟俩在成贤小筑聊天，杨士萱说："当时1946年建房时，是没有电话的，父母在楼上要找楼下住的保姆怎么办？父亲就想到在主卧室东墙上再开一个小窗户，以便有事叫保姆时，不必下楼，打开东窗，伸出头向下喊一声，保姆就听到，这就方便多了。"看来，杨廷宝设计哪怕一个小建筑时，对生活的小细节都考虑如此周到（图5）。

另一个细节是二层卫生间里，几件放洗漱用具和毛巾架之类的物品，据杨士英说："这是爸爸当时自己设计的，一直用到现在。"还有，一个家庭免不了会有不少一时不用的杂物，需要有一个地方堆放，以保证其他主要生活用房能够整洁清爽，这个生活细节，杨廷宝也考虑到了。为了不占用有效使用面积，他将一部分坡屋顶做成阁楼，用一个直爬梯上下，有效地开发了阁楼的储存空间，可说是将设计点子用到极致。由此看出，杨廷宝做任何一项工程设计，哪怕是不起眼的小建筑，都是细致入微地在为

图2 小筑外景（黎志涛摄）

图3 起居室、餐厅内景（来源：韩冬青，张彤. 杨廷宝建筑作品选 [M]. 北京：中国建筑工业出版社，2001.）

图4 书房（赖自力摄）

图5 主卧室（赖自力摄）

人而设计。难怪杨廷宝画的施工图，其思考设计问题的深入程度无人能及。

自从杨廷宝安身立命成贤小筑之后，夫妇安居乐业，子女满院嬉戏，一派温馨祥和、幸福美满的家庭生活从此开始了。

当初，杨廷宝尽管肩负业务、教务、政务，以及国际事务、学会会务于一身，从年头到年尾忙得团团转，但只要他在家里的时候，除去在书房埋头做学问、画方案图外，总是和孩子们在一起。虽然他对家长里短寡言少语，但与子女们谈起与专业有关或相近的话题，便会津津有味，娓娓道来。或讲故事，教画画，或带孩子到朝天宫逛地摊，但只看不买。兴头上还会指着一两件瓷器古玩告诉孩子，这是明朝的，那是清代的。儿女们都觉得父亲在家时很热闹，很开心。盼着父亲能天天在家多待些时候。因为，在儿女们眼里，父亲是一位"老好人"，总是那么和蔼可亲。大女儿杨士英回忆说："我爸爸脾气很好，就算偶尔生气的时候也从不发火，从来也没和妈妈吵过。"内向的杨廷宝虽然不会信口开河讲大道理，但他做人行事的作风，潜移默化地影响着子女们的身心，让他们健康成长。

果然，孩子们长大后，两个儿子和一个女儿先后考上大学去北京读书了，还有一个儿子高中中途参加了空军，最后家中只剩下大女儿陪伴父母在身边。说起大女儿杨士英，原本也是想学建筑的，毕竟从小在家耳濡目染，成天看着父亲画画写写，渐渐地也喜欢上了建筑学专业。遗憾的是，高考差了几分没能如愿，却阴差阳错到南京大学学化学去了。而杨廷宝也没有凭借自己的身份、地位去找关系走后门。他一不为儿女设计前程；二不给领导出难题，免得让领导犯错误，觉得"大女儿学化学也不错"。后来，大女儿毕业留校从教，最终晋升为教授。而另外三位在外上大学的子女，大儿子杨士莪成为院士，小儿子杨士萱后来在世界建筑大师贝聿铭①建筑事务所从事设计工作，次女杨士华成为中央某研究所研究员，还有二儿子从空军转业后，也在中科院工作。可谓一家两院士，满门教科才（图6）。

杨廷宝夫妇辛劳一生培育出五位出色儿女，可算是人生又一大成功，更是为国家造就了优秀人才。只是，当子女们长大成人，并陆续离家独闯天下后，成贤小筑只剩下大女儿杨士英陪伴父母在身边（图7）。有段时间，大女儿白天要到学校去上课，家里就剩下杨廷宝老两口，顿时，成贤小筑没了往日的热闹，一下子清静起来。于是，杨廷宝就同夫人在院子里有时修修花草以活动筋骨，有时坐在屋前台地上以猫咪为伴晒晒太阳（图8、图9）。

好在20世纪60年代初，外孙女出世了。大儿子杨士莪因当时在哈尔滨军事工程学院从事创建水声学学科的教学与研究工作，业务、家务忙不过来，加之东北的生活条件比南方要差，便将二儿子送来南京读书、生活。这样，两个第三代的到来，又给成贤小筑带来些生气，杨廷宝有了孙子、外孙女绕膝，又乐在其中了。

但杨廷宝并不溺爱第三代，家规还是较传统的。因杨廷宝本人从小既受过中国传统文化的教育和熏陶，又在美国留学时深受西方生活方式的影响，这种东西方文化集于一身的交融，在他的家庭生活中，也无形地烙下印记。

一次，能烧一手好菜的杨夫人陈法青炖了一锅美味鸡汤。一家人吃饭时，杨夫人

---

① 贝聿铭（1917—2019），生于广州，祖籍苏州。1935年赴美留学，在宾大建筑系学习两周后转到麻省理工学院，1939年毕业。工作五年后，于1944年进入哈佛大学攻读硕士研究生，1945年获硕士学位，并留校任哈佛大学设计研究所助理教授。1948年任纽约市伯纳普建筑公司建筑研究部主任。1955年将建筑公司改组为贝聿铭建筑师事务所开始独立执业。曾获美国建筑学会金奖，法国建筑学会金奖，普利兹克奖。

图6　杨廷宝夫妇5个可爱的孩子们长大成人后，个个出类拔萃（杨廷寘提供）
右起：长女杨士英、次女杨士华、长子杨士莪、次子杨津（士芹）、幺子杨士萱

图7　大女儿杨士英夫妇及外孙女，一生陪伴着杨廷宝夫妇在成贤小筑生活（杨士英提供）

首先盛了一碗鸡汤并添加鸡腿和一个卧鸡蛋，由小外孙女端上桌，放在外公杨廷宝面前独享。然后，小孙子和小孙女各人是鸡汤加鸡翅，大女儿和女婿是鸡汤加鸡脖，而陈法青自己是鸡汤加鸡脚。这种分食各人有份，但不能拣好的挑食。至于鸡胸脯是另烧，切碎用蛋清搅拌，洒葱花姜末，蛋黄居中煎成饼状，起锅后切块装盘，色香味俱全，这个菜大家可共享，但要用公筷夹到自己碗里。另外，开饭时大人入座后，小孩才能上桌，吃饭时要抿嘴咀嚼，不可有吧唧声，更不能大声喧哗。平时，若柜桌上放着果盘，小孩欲想吃得先请示大人，应允后方可动手拿取。就这样，小孙子、小外孙女在优良的家风影响下，从小就养成懂礼貌、守规矩的文明礼节和良好习惯，纯真善良的心灵也得滋养。也许第二代儿女们在家时，也是在如此的家风教养潜移默化的影响下，继承了父母的优良品格，一旦走上社会都成为各行各业的国家栋梁之材。

图8 难得在小筑院中与猫咪晒太阳的杨廷宝（陈法青生前提供）

图9 杨廷宝与夫人于成贤小筑庭院内（杨士英提供）

杨廷宝生活在成贤小筑自家中，由于夫人照顾体贴有方，他的起居饮食颇有规律。早晨起来，杨廷宝见天好，总要在小筑西头宽敞的平台上打打太极拳，或者舞舞剑。高兴起来，两手撑地来个倒立。这都是自小因体弱而向家父好友学武术，以强身养成的习惯。天不好下雨时，杨廷宝也要在屋里推磨走上几圈以舒展筋骨。

晚上，因南京夏天酷热，那时还没有空调，上半夜家里像蒸笼一样，根本进不了屋，怎么办？一个全城奇观出现了：傍晚时，无论大街小巷，顿时更热闹起来。只见家家自净门前地，户户泼洒降温水。再把自家竹床躺椅搬出户外，抢占地盘，鳞次栉比一望无边。晚饭后，妇幼清凉穿戴，男子赤膊登场，开始了上半夜的边摇芭蕉扇、边摆龙门阵，直至下半夜屋内可以进入了，才各自散场回家睡觉。

杨廷宝一家人也不例外，好在独门独院隔绝了外界的嘈杂和乱象，也就心定自然凉了。加上每到此时，杨廷宝就从水井中捞出事先"冰镇"的西瓜摆上桌，自家人边啃西瓜边唠嗑，也颇有闲情逸致。

那时，地球和大气还没有遭到今天这样的污染，夜晚的城市也没有现在这样的灯火通明和光污染。因此，杨廷宝与孙子、外孙女躺在竹床上仰望星空时，在深不可测的苍穹中，可以清晰地数着密密麻麻、亮度不等的繁星。于是，杨廷宝开始向孙子、外孙女讲天文科普知识了：这是北斗星，那条又宽又长的星带就是银河。银河这边那颗是牛郎星，银河对面那颗是织女星……这些知识都是杨廷宝自己孩提时，从家父好友王可亭给自己讲的故事中听来的，现在转述给身边第三代时仍滔滔不绝。1970年4

月 24 日，中国第一颗人造地球卫星上天。有一天，爷孙三人又在纳凉看星星，外孙女突然发现有一颗"星"在慢慢移动，便好奇地问外公："那是什么星？怎么会动呢？"杨廷宝微笑地说："这颗'星'是中国刚发射成功的人造地球卫星。因为它比天上所有星星离我们最近，所以能看出它在动，而其他星星因为离我们太远太远，虽然也在动，但我们眼睛感觉不到。"后来，接连几天晚上，小外孙女又看见它在天上慢慢移动，便脱口而出："外公，你看，你看，人造卫星又来了！"

小外孙女自从来到成贤小筑这个家，给已平静多年的小院增添了许多欢乐，也给已经花甲之年的杨廷宝带来莫大愉悦。

一天，杨廷宝下班回家，走进院门，看见一条长猴皮筋横拴在院中紫藤架两根砖砌立柱上，小外孙女正在藤架下，独自跳猴皮筋玩呢。杨廷宝见状，便走上前也试着摆手、抬脚、扭身慢动作踩了几下，不过，比小外孙女跳得就差多了，一点也不灵活。尽管如此，小外孙女依然开心拍手捧场，直喊："再跳一个。"杨廷宝工作一天身心的疲惫，似乎在与小外孙女同乐的一刻消散了。

还有一天晚上，杨廷宝在书房看书，因夫人做公益帮街道收各户水电费许久未回，小外孙女只好一人在客厅，边玩边等外婆回来。然而，左等不来，右等不来，玩着玩着就在沙发上睡着了。杨廷宝在书房忽然觉得客厅毫无声息，便起身来到客厅。见状便轻手猫腰抱起小外孙女，踮脚慢步地一步一个台阶走上楼来，把小孙女妥妥地安放在卧室床上。但小外孙女还是被弄醒了，却不敢吱声。等杨廷宝悄无声音下楼，小外孙女害怕独自在空无一人的楼上，就睁眼不敢睡，直到外婆忙完回来，才渐入梦乡。

就这样，成贤小筑成了杨廷宝一家温馨的港湾、和睦的乐窝。不过偶尔也会被外界涌进的人群打破宁静。记得 1954 年 5 月底的一天傍晚，一群活力四射的建筑系青年师生突然而至，50 多人把小院挤得满满的，叽叽喳喳像开了锅似地狂热欢乐。这是怎么啦？原来，杨廷宝即将赴京准备率中国建筑师代表团出席在波兰华沙召开的"国际建筑师及市政界人士集会"，这些建筑系的师生为欢送自己老师、系主任，开了这次非正式的欢送会。一位三年级班长代表全系同学，祝杨老师身体健康、一路平安。还有一位同学代表全系师生向杨老师献了花。学生们都为自己敬爱的老师能代表祖国人民，首次出席国际会议而感到自豪和光荣。杨廷宝也即席讲了话，他勉励学生们在暑假实习中，要虚心向工人同志学习，遵守纪律，并听从老师指导。随后，杨廷宝与同学们合唱了《歌唱祖国》，杨廷宝还为学生们表演了拳术。直到晚自习时间到了，这场简短热闹的欢送会行将结束，大家才依依不舍地与杨老师握别。一位同学在成贤小筑大门口,懂事地与杨老师说:"请杨老师代表我们建筑系全体同学向波兰人民问好致敬。"这温馨的一幕让杨廷宝铭记一生,也让成贤小筑四周目睹这一场景的邻居感动不已。

然而,杨廷宝在成贤小筑后来的日子里,也有过遭罪的时候。那是"文革"时期,杨廷宝成了"资产阶级反动学术权威",成贤小筑被几次抄过家。其实,家里根本没有什么金银财宝、封资修的东西。只是在书柜里、书架上有众多外文图书、建筑画册,这些书籍都未能幸免,甚至杨廷宝几十年积累的珍贵建筑资料,手绘本也被抄得一地狼藉。杨廷宝无力抗拒,只能忍气吞声,内心的沉闷让他一直不语。

后来,动荡的"文革"总算过去了,但没几年,心病又使杨廷宝情绪低落。特别是从1982年4月起,他受邀重返故里南阳,又去湖北、下襄阳、上武当、至武昌,行程四千里,奔波了一个月,回宁后又去了上海。这年,杨廷宝实在是太累了,深感体力不支。心情不好时,不免在书房翻出正在美国做访问学者学习交流未归的大女儿的数封往日来信,他为何要重阅?当时在想什么?无人可知。他一定在想,只有大女儿一辈子与父母形影不离,陪伴到老。现在自己身体如此糟糕,预感有不祥之兆,真想再见见大女儿啊!但是,杨廷宝又不是自私的人,大女儿公务在身,出国访问机会难得,不能因为自己而耽误了女儿的前程。可能就是这种矛盾的心理在压抑着杨廷宝,使他的心情郁闷不乐。

果然,1982年12月23日,杨廷宝的生命之火熄灭了,终未能最后见到大女儿一面,也从此与成贤小筑永别了。

参考文献:

1. 著者访谈杨廷宝外孙女林慈口述。
2. 刘怡,黎志涛. 中国建筑名师丛书:杨廷宝[M]北京:中国建筑工业出版社,2012.
3. 黄伟康. 杨廷宝教授赴波兰出席国际建筑师会议[J]南京工学院院讯,1954(5):28.

二、献身专业

11. 黄金十年逞才华

1927年春节后，杨廷宝学成归来，新婚后十二天就应关颂声和朱彬之邀，到天津基泰工程司（以下简称基泰）上任。关、朱二人为什么看中了杨廷宝？又为什么在杨廷宝度蜜月中途急着让他快来上任？而杨廷宝又为什么愿意到天津去执业？这要从基泰为什么会在天津成为中国第一个本土建筑师事务所说起。

从1840年鸦片战争爆发以来到1949年中华人民共和国成立的109年，是中国半殖民地、半封建社会由逐渐形成到瓦解的过程，也是一段列强不断殖民中国与国民奋起抗争交加的历史。在这个历史进程中，中国人民开始觉醒，中国的资产阶级破土萌芽，开埠城市的近代化转型在加速启动。

天津作为这一时期最重要的通商口岸之一，列强争相侵入，肆意开辟租界。这帮强盗在强占中国主权的同时，随着倾销商品、贩卖鸦片、输入文化、宣传信仰、大兴土木、筑路建屋，各类为殖民者服务的建筑大量涌现，并逐渐改变了通商口岸的城市结构和面貌。

可以说，跌宕起伏的中国近代史，是中国近代建筑出现、发展和演变的社会背景。而通商口岸城市建设的迅速发展，又促使各列强的西洋建筑师事务所纷沓而至，由此建筑设计市场逐渐开放，这也为有留学背景的本土建筑师带来了机遇。尽管在权力、势力、财力强大的殖民者面前阻力重重，但初出茅庐的本土建筑师们仍然不遗余力地在冲破对手的樊篱。特别是天津，作为开埠城市，其城市的现代化进程比相邻的都城北平要快，而且也是外国租界最多的通商口岸城市。加之晚清失意官僚、富商地主、军阀买办纷纷在天津置地建宅，使各类房屋需求量日增。这也为本土建筑师创办建筑事务所并各显神通创造了条件。

其中，关颂声于1920年在天津创办的基泰，是最为典型的一例。起初，把持中国特权的外国人拒绝发给中国建筑师营业执照。其借口"一是无证书，二是无给排水设计能力，三是无结构设计能力"。[①]一句话：不让中国建筑师介入设计市场。但关颂声

---

① 张镈. 我的建筑创作道路 [M]. 天津：天津大学出版社. 2011：30.

手持文凭，与英、法工部局据理力争，好不容易才获得营业许可。终于，他在天津法租界 26 号马家口主要干道的祖传基地上创建了基泰，并建起一幢两层办公大楼。大楼正中顶部矗起"基泰"标志牌，其下方女儿墙壁上镶嵌"工程公司"4 个浮雕字样。从此，第一个由中国人自己创办的建筑师事务所登场亮相了（图1）。

1924 年，朱彬从宾大留学回来，与关颂声结为郎舅，成为二老板，共同操办基泰业务。

基泰创业初期，虽然项目不多，但都比较有影响力。而且关、朱二人在设计上颇为上心，使得基泰在建筑设计市场上很快站稳脚跟。比如，关颂声设计的天津永利公司大楼，朱彬设计的北京西交民巷东口的大陆银行，都是当时中国建筑师设计的很有

图 1 1920 年，初创时期的基泰工程司办公楼（陈法青生前提供）

名望的建筑。

1926年，关颂声利用他擅长经营的手腕，拿到天津中原公司大楼的设计项目，由朱彬负责设计。但两人实在太忙，关颂声为了进一步扩大经营范围，将主要精力放在了跑项目上；而朱彬不但要忙于设计，还要负责公司的内务和财务，精力也越来越不能全身心投入到设计上了。关、朱二人深感急需再物色一名主管设计的人选，且能为公司创出品牌，不但能完善公司体制架构，而且三驾马车可运转自如。

正在此时，二人听说清华校友、学弟杨廷宝就要从宾大学成回国，感觉真是喜从天降。二人为何如此高兴呢？这点朱彬最清楚。因为朱彬比杨廷宝早三年入宾大，是第一位到宾大学建筑的中国留学生，两人相互认识，都是宾大的学霸，都多次获得过全美建筑系学生设计竞赛奖项。而且朱彬深知杨廷宝的为人做事，那是有口皆碑，主持基泰图房工作再没有比杨廷宝更为合适的人选了。何况，朱彬手上的天津中原公司项目，施工图纸虽然画完了，但是施工中现场许多问题，诸如图纸答疑、修改设计、施工管理、现场处理、工种协调等都要有专人盯着，朱彬实在没有分身法。正在手忙脚乱的时候，听说学弟杨廷宝就要回来了，怎能不抓住这个机会把杨廷宝邀请过来呢？朱彬与关颂声一商量就此拍板，由善于公关的关颂声出面（谁让他姓关呢）敬请杨廷宝到基泰入伙。

而杨廷宝那一头，两件大事在等着他。一是恋爱长跑到了终点，该结婚了，这事已圆满完成。二是回来后在哪家建筑师事务所工作呢？他在美国不但了解了建筑师事务所的运转机制，而且还在导师自己的事务所干过近两年，因此，建筑师事务所这种单位，是他最理想的工作岗位。但是，在仍然封建、闭塞、保守的京城，看来不会有立足之地了。正在为此操心的时候，关颂声邀请自己入伙基泰的信息来了。杨廷宝一听基泰的情况，学兄朱彬已在那儿，天津又是开埠城市，想必设计项目也多，再说离北平又不远，一拍即合。于是，与爱妻一商量就这么定了。

杨廷宝来到天津，成为基泰第三号人物（图2），独掌图房一摊子事，当即接手朱彬监造中原公司施工中涉及图纸变更的工作，并处理施工现场应急的一些技术问题（图3）。

三个星期后，陈法青考虑到婚后希望有个安定的家，

图2　1927年，杨廷宝成为天津基泰工程司第三号人物，并开始主持图房工作（杨士英提供）

图 3　中原公司大楼（来源：网络）

既然杨廷宝去了天津，只好夫唱妇随，便设法在天津租到房，并搬来新婚时用的家具，过起了两人的小日子。平时杨廷宝去公司上班，陈法青在家没事，有时也去帮着画些图，晚上则在家看书聊天，安谧恬适地度过每一天的时光（图4）。

这样的清静日子大概也就持续了一个多月吧，杨廷宝马上就开始主持设计他回国以后的第一个工程项目了，即沈阳京奉铁路辽宁总站。从此，杨廷宝就真正开始忙碌起来了，不得不经常在天津和沈阳两地来回跑。还没等这个设计项目了结，基泰为了

图 4　1929 年春，有身孕的陈法青在天津（陈法青生前提供）

扩大公司规模，要在今滨江道中段一块地皮上盖一幢基泰大楼，这个项目的设计一上手，杨廷宝更是忙上加忙。不过，以杨廷宝的设计功力和工作能力而言，这些活儿并不在话下，他巴不得设计项目多多益善。况且，在基泰大楼这个设计项目中，杨廷宝根据地段条件，巧妙地紧贴在大楼背后，设计了有三层每层计两户的公寓楼。据说基泰大楼建成后，杨廷宝家曾经在公寓里住过。

基泰大楼刚开始设计建造，中原公司那边已竣工开业。业主因对使用效果十分满意，由此对基泰产生信任感，随即又委托基泰设计中原公司附属的职工宿舍及其配套用房。这样，杨廷宝手上又是两个项目同时在进行设计，难怪这两幢楼虽然规模、功能有天壤之别，但外观相貌怎么那么像呢。

杨廷宝来天津基泰这一年，基本上是两个项目在手同时设计，由于基泰初创时期人员不多，更缺少徒弟、助手帮忙，杨廷宝只好从方案设计到施工图设计，连同画图一竿子插到底。甚至为了避免施工走样，或及时发现施工中与图纸的矛盾并在现场解决，杨廷宝总是往工地上跑。但这还不是他最忙的时候，因为，后面的项目接踵而来。首先，天津中国银行找上门来，请基泰设计一幢货栈大楼，杨廷宝根据地形条件和功能要求，设计了一个空心菱形平面，有了内院不但有利于货栈大楼通风以保护贮藏的货物，还有利于装卸货在内院进行而不妨碍外部城市道路的交通。特别是为适应菱形地段，大楼首次在国内采用圆弧转角和通长扁窗的现代设计手法，这对于中国现代建筑的设计有一定启示和影响。

往后的设计项目就蜂拥而至了。关颂声凭着他的公关手腕和与少帅张学良①的关系，一下子拿下沈阳女子中学教学楼、东北大学校园规划及其多幢教学楼和学生宿舍等校园新建筑的设计，以及中标的少帅府群楼设计。这可把杨廷宝高兴坏了，心想，刚回国不久就碰上这么好的机遇，可以大干一场了。这还不算，更令杨廷宝兴奋的是，1930年时任国立清华大学校长的罗家伦②，聘请他制定清华第二个校园规划，并主持设计建造生物馆、气象台、明斋和图书馆扩建，能为母校贡献才智以示感恩，怎能不荣幸、不高兴呢？回想十多年前，自己在清华学校读书时，亲眼看到美国建筑师墨菲③制定了清华第一个校园规划，并设计了大礼堂、图书馆、科学馆、体育馆四大建筑，由此，自己深受启发也走上了这条道路。而今，自己竟然要与当年墨菲做同样的设计工作，简直太巧合了。

---

① 张学良（1901—2001），字汉卿。辽宁台安人，为东北军阀张作霖长子。1928年，其父被日本人炸死后继承父位，成为东北地方的统治者，后"易帜"于蒋介石国民党政权，因执行蒋介石"不抵抗政策"使东三省陷于日本之手。在日军侵华情势危难关头，人民要求停止内战，立即抗日和共产党抗日民族统一战线政策的争取下，同杨虎城发动了西安事变，促成了全面对日抗战的局面。西安事变后，在蒋介石的指示下，张学良被判有期徒刑十年，并遭到长达54年的软禁。1990年恢复人身自由，1995年侨居美国夏威夷。2001年10月14日病逝于檀香山，享年101岁。
② 罗家伦（1897—1969），字志希，浙江绍兴人。生于江西进贤。"五四运动"的学生领袖，中国近代著名教育家、思想家和社会活动家。早年求学于复旦公学和北京大学。1920年赴欧美，于伦敦大学、柏林大学、巴黎大学、普林斯顿大学、哥伦比亚大学留学，1926年回国任教东南大学，并参加北伐。1928年8月，出任国立清华大学第一任校长。后任国立中央大学校长。1949年赴台湾，先后任"考试院"副院长、"国史馆"馆长等职。1969年12月25日在台湾病故，终年72岁。
③ 墨菲（1877—1954）是对中国近代建筑有极大影响的美国建筑师。1899年毕业于耶鲁大学建筑系，获学士学位。1908年在麦迪逊大街开办了自己的建筑师事务所。1914年5月下旬，墨菲来到中国，设计了第一个作品——清华大学校园规划和四大建筑，首次将具有明确功能分区的大学校园规划方法和美国大学校园建筑模式引入中国。随后在中国南北各省规划、设计了多所教会大学的校园。1928年，墨菲受聘任国民政府的建筑顾问，主持编制了1929年首都南京的建设规划《首都计划》，并设计建造了一批建筑作品。

更让杨廷宝应接不暇的是，跟随国民政府定都南京后迁去的基泰工程司总所，依靠关颂声走国民政府上层路线而揽下大量官署项目，从而为他在南方搭建了新的创作舞台。他先后接手了中央体育场、中央医院、中央研究院地质研究所和历史语言研究所、国民党中央党史史料陈列馆、国民党中央监察委员会办公楼、中央大学图书馆扩建等带"中央"头衔，以及国立紫金山天文台台本部、国立西北农林专科学校教学楼、国立中央博物院（方案）、国立四川大学校园规划等带"国立"头衔的国家级工程项目。再有就是一批带有官署性质的工程项目，如国民政府外交部办公大楼（方案）、谭延闿墓、中山陵园音乐台、首都电厂办公楼，以及大型民用建筑，如北平交通银行、河南新乡河朔图书馆、重庆美丰银行、上海大新公司、南京大华戏院、北平先农坛体育场、南京金陵大学图书馆等。不仅从项目名称上看都是"高、大、上"的工程，而且数量也颇多，这十年杨廷宝完成的设计项目多达55项，占了他一生主持、参与的设计项目总和近一半。不仅如此，这55项工程中，现今被列入全国、省、市各级文物保护单位名录的建筑就占了百分之七十。而列入国家级文物保护单位名录的建筑又占其中的百分之八十（图5～图7）。

图5 杨廷宝黄金十年设计的国宝级建筑之一（自上至下：沈阳京奉铁路辽宁总站、东北大学汉卿体育场、东北大学图书馆、沈阳少帅府）

图6 杨廷宝黄金十年设计的国宝级建筑之二（自上至下：清华大学生物馆、清华大学图书馆扩建、中央体育场、国立紫金山天文台）

图7 杨廷宝黄金十年设计的国宝级建筑之三（自上至下：南京谭延闿墓、河南新乡河朔图书馆、中央大学校门、国民党中央党史史料陈列馆）

可见，虽然万事起头难，然而，对于杨廷宝来说，自 1927 年执业开始起步，到 1937 年卢沟桥事变，这十年，在执业生涯的第一个历史阶段，他不但发力强劲高效，而且设计才华初显、创作精力旺盛、优秀作品频现，成为中国第一代建筑师业绩出类拔萃者之一。

参考文献：

1. 武玉华. 天津基泰工程司与华北基泰工程司研究 [D]. 天津：天津大学，2010.
2. 陈法青. 忆廷宝 [M]// 刘向东，吴友松. 广厦魂 [M]. 南京：江苏科学技术出版社，1986.

12. 中原公司变形记

20世纪20年代，我国民族资本商业在各帝国主义商业涌入南方开埠城市，并大肆倾销洋货的压力下，为寻求出路，上海先施公司高级职员林寿田、黄文谦与旅日经商多年的林紫垣为开辟华北市场，在开埠城市较晚的天津筹建了中原公司。1927年年底，建筑面积9164平方米、高64米的中原公司大楼拔地而起。它在城市中鹤立鸡群，霸气十足地傲视海河，鸟瞰全市而雄踞天津高楼之冠。不但成为天津的地标性建筑，而且是当时华北地区最大的百货零售商场和天津的新型娱乐中心。

那么，这座名不虚传的中原公司大楼是谁设计的呢？坊间流传有说是关颂声、朱彬、杨宽麟设计的，也有说是张镈设计的。这要看中原公司大楼就历史发展的哪个节点而言。因为，中原公司大楼从建成之后，曾动过几次大小"手术"，而每一次"手术"参与人是不同的，下面就让我们来揭开中原公司大楼在不同年代的面纱吧。

1925年，当黄文谦等一行从香港飞抵天津设立了中原公司筹备办事处后，即刻开始招募股金、选址购地。而基泰工程司大老板关颂声他为人做事十分精明，擅长从事社会活动，有一套承揽项目的手腕。此次就想以将设计费换算成股金入股的方式拿到该项目。此举对于当时资金短缺的中原公司筹备处而言，如同久旱逢及时雨。双方一个投其所需，一个求之不得，便一拍即合。于是，中原公司筹备办事处便顺水推舟，聘请了当时著名的基泰工程司进行设计，复兴工程公司中标承包施工。

基泰工程司内部章程规定，设计图纸上一律不署名设计者，只盖基泰工程司图签。而1924年，朱彬加入基泰工程司任建筑工程师，并主管基泰的财务后，基泰工程司此时只有关颂声和朱彬二人掌有股权，因此，图签只标注二人的英文名字姓首，写作KWAN, CHU & CO.ARCHITECTS & ENGINEERS，设计日期为"1926年10月"。说明中原公司大楼从1926年10月就设计完成了。而基泰工程司此时正处于初创时期，一时还没有打开局面，大老板关颂声忙于跑项目，无暇顾及设计。而朱彬是科班出身，毕业于美国费城宾大建筑系，是一个擅长设计西方古典建筑样式的高手。此中原公司大楼的建筑设计当然由朱彬操刀，而结构由长期形成搭档关系的华启工程司掌门人杨宽麟工程师配合设计（图1）。

在杨廷宝1927年4月24日加入基泰工程司，以技术入股成为第三合伙人后，基泰工程司的三驾马车至此定型：关颂声承担涉外交际和包揽项目的工作，朱彬掌管财务，二人不再亲手设计，而由杨廷宝主持图房和技术管理工作。此时，基泰工程司的图签就改为"KWAN，CHU & YANG ARCHITECTS & ENGINEERS"（图2）。

杨廷宝加入基泰工程司之时，正是中原公司大楼施工高峰期，尽管朱彬设计的建筑施工图相当精细和有深度，但由于建设中多少会出现一些图纸与施工相矛盾之处，或业主有些变更要求，都需要应急加以处理，此时常常由杨廷宝进行图纸局部修改，或出面解决现场问题（图3）。

有一次，当塔楼施工快封顶时，一天夜里突然狂风大作，乌云翻滚，结构工程师杨宽麟心中开始不安起来。为什么呢？搞结构设计的他心里明白，5层的中原公司大楼

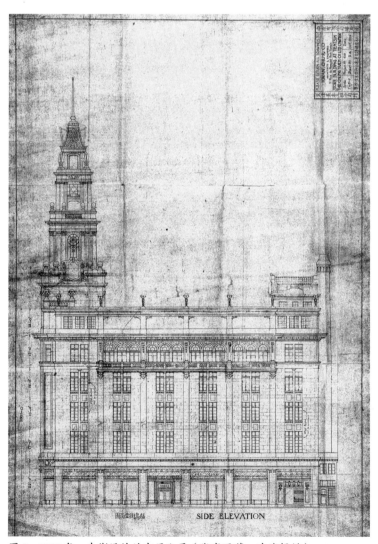

图1　1926年，朱彬设计的中原公司（张家臣藏，凌海提供）

图2　基泰工程司图签的变化（张家臣藏，凌海提供）

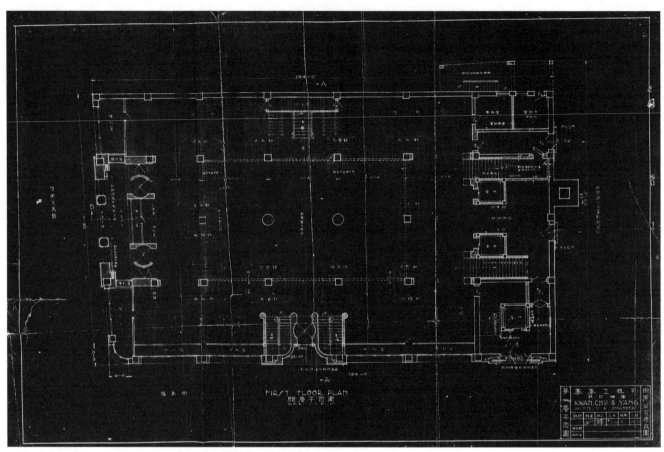

图3　杨廷宝参与中原公司修改的一层平面图纸（张家臣藏，凌海提供）

有近 27 米高，而主入口上方的塔楼却有近 38 米高。他担心的是，为了不使塔楼若干柱子落到各层平面里而影响功能使用和室内美观，他没有把塔楼的结构柱像大树那样生根到地下，而是坐落在半中腰的型钢井字梁上。尽管杨宽麟按结构设计是合理、安全的，但是，在这恶劣天气下，会不会因施工有哪怕一丁点质量问题而发生意外？想着想着他不敢再睡了，腾地一下子起身，唤醒杨廷宝，拿着仪器顶着狂风奔向现场。等他架稳仪器后，对准塔尖，测了又测，虽然塔楼在狂风中有点微晃，但其晃动幅度在允许范围之内。杨宽麟这才有惊无险地放下心来长呼一口气，杨廷宝也同样如释重负。杨廷宝虽年幼杨宽麟 10 岁，但二杨为人做事一个样，认真！

尽管中原公司大楼在 1927 年底建成，1928 年 1 月 1 日隆重开业，无论营业效益，还是建筑外观都曾轰动一时（图4），但中原公司往后的路却并不一帆风顺，就说这座大楼吧，几度大难临头。

图 4 1927 年初建时的中原公司
（来源：http://www.360doc.com/content/18/0813/19/32366243_778008287.shtml）

1939 年，天津水灾使位于地势低洼地段的中原公司大楼"水漫金山"，被水浸泡停业两个月（图 5），虽然经济损失 10 余万元，但幸好大楼安然无恙，逃过一劫。

而 1940 年底，一场大火却使中原公司大楼受到重创。原因是在靠近开敞式电梯栅栏铁门处的儿童玩具部起火，火舌通过像烟囱一样的电梯井筒迅速波及全楼各层，直至窜进塔楼内。在大火焚烧后，塔尖已荡然无存。

此后，中原公司大楼经实测，认为因火势迅猛而短促，燃烧时间不长，且未经冷水激浇，混凝土体经高温后又自凉，故未伤及梁柱内的主筋，经过加固，可以在旧骨

图5　1939年遭受水灾的中原公司
（来源：http://www.360doc.com/content/18/0813/19/32366243_778008287.shtml）

架基础上开始重建工作。

鉴于当时由基泰工程司朱彬设计，杨廷宝参与后期建造技术管理和部分设计修改的中原公司大楼建成后，令中原公司董事会十分满意，且双方关系亲密，于是，中原公司大楼的重建项目自然就交给了基泰工程司。但中原公司的董事会成员提出，按他们广东人的习俗，重建时应该加层，并提高装修标准，否则不利。也就是说，重建的中原公司大楼要与原来的不一样。

当时，主持华北基泰工作的是1934年加入基泰的张镈，他承担了中原公司大楼的重建设计任务。而杨廷宝此时已在由南京内迁重庆的基泰总所工作，并兼任内迁重庆的中央大学建筑工程系教授了。

图 6　1940 年底因火灾由张镈主持改建设计后的中原公司（来源：https://www.163.com/dy/article/ET9VIUJT0541A6IY.html）

张镈设计重建中原公司大楼时，除去为满足业主要求，在首层 6.7 米的层高中，增建了一个夹层跑马廊，使一层营业面积增加了约 150%，还将五层屋顶上原临建的轻型木构房屋改为钢筋混凝土的正式永久用房，从而又增建了一层，达到业主增容的要求。

而被大火烧毁的尖塔，在拆除其西方古典建筑外装饰后，钢筋混凝土结构骨架完全裸露出来。再在层层往上收进的原结构骨架外围，做出攒尖式的方形高塔，并增加一层以设置避雷针，以此使大楼总高度达到 61.6 米。重建后的中原公司大楼外观以现代建筑风格亮相（图 6），且保持了 34 年 7 个月之久，因而天津市民在脑海中留下了深刻的印象，而渐渐淡忘了具有西方新古典主义风格的中原公司大楼原始形象。

为什么说重建的中原公司大楼外观形象只保持了 34 年 7 个月之久呢？难道后来又

图 7 1976 年唐山大地震后改建的中原公司
（来源：http://www.360doc.com/content/18/0813/19/32366243_778008287.shtml）

"换装变形"了吗？是的，1976 年 7 月 28 日，唐山发生 7.8 级大地震，波及天津，中原公司大楼再次遭受重创。好在还有救，只在塔身底部与大楼顶部的交接处稍有裂纹，只要适当加固不妨大碍，只不过需减轻塔楼重量而已。但改建中却只注意到将高塔尖砍掉 6 米，意为减轻重量，但塔身却设计成比例粗笨矮胖的四面钟样式，不但加大了荷载，而且与此前的塔楼形象大相径庭（图 7）。直到 2000 年，中原公司大楼重新整修改造，才基本恢复了 1940 年火灾后重建的建筑形象，也就是今天我们所见的中原公司面貌，但与初创时期中原公司大楼经典的外貌相比毕竟不能同日而语了（图 8）。

天津中原公司的前世今生，就这样经历了四个时期：第一时期自 1927 年至 1940 年底，历经 13 年，为开创期，由朱彬设计，杨廷宝监造并参与修改设计；第二时期自 1941 年至 1976 年，历经 34 年半，因火灾而为重建期，由张镈重建设计；第三时期自 1976 年至 2000 年，历经 24 年，因唐山地震为改建期；第四时期自 2000 年至今，历经

图 8 2000 年重新整修改造的中原公司
（黎志涛摄）

20 年，为复建期。在这四个时期中，第二、第四时期的中原公司大楼形象因基本相同，且内存在人们印象中至今达半个多世纪之久，因而扎根在大众认知中。但中原公司大楼开创时期的经典形象，因时隔久远，且存世短暂，早已被人们遗忘，包括它的设计者朱彬和杨廷宝，几乎无人知晓了。

参考文献：

1. 张镈 . 我的建筑创作道路 [M]. 天津：天津大学出版社，2011.
2. 宋昆，武玉华 . 天津基泰工程司与华北基泰工程司研究 [J]. 建筑师，2017（1）：57-72.
3. 刘向东，吴友松 . 广厦魂 [M]. 南京：江苏科学技术出版社，1986.

13. 开山之作探新路

  1927年初夏，杨廷宝到天津基泰工程司上任工作才两个月，便接到大老板关颂声通过张学良的关系，承揽沈阳京奉铁路辽宁总站的设计任务。这可不是一般的小项目，而是一个在当时来说规模巨大、功能复杂、造型独特又事关中国人脸面的特殊建筑。何以见得呢？这要从张作霖①欲与日本人争夺东北经济命脉说起。

  1904—1905年间，两个强盗国家日本帝国和俄罗斯帝国，为了争夺朝鲜半岛与中国辽东半岛的控制权，竟然在中国东北的土地上进行了一场帝国主义列强之间的战争。结果，俄国人以失败告终，日本人就此从俄国人手中夺取了从长春到大连一段铁路的控制权，随即在铁路沿线修建了一系列火车站，并强行建设了"满铁附属地"，从而控制了中国东北地区的经济命脉。

  但是，奉系军阀不甘心自己的主权在强盗手里争来夺去，政治诉求与民族经济开始觉醒。1924年，东北政府成立了"东三省交通委员会"，开始了自建自营东北铁路网的筹备工作。张作霖则引入英、美贷款，着力促建东北两大干线——由葫芦岛至瑷珲的西干线和将京奉铁路延长至佳木斯的东干线，使中、日铁路形成平行布局，从而打破了日本人对东北交通运输的垄断，部分夺回了日本在中国东北的既得利益。可日本人也心有不甘，暗中加速发动侵华战争的步伐，并阴谋将不愿承诺日本帝国主义无理要求（包括开矿、设厂、移民和在葫芦岛筑港等）的乱世枭雄张作霖，于1928年6月4日在皇姑屯附近炸成重伤，当日殒命，当然这是另话。

  沈阳京奉铁路辽宁总站就是在这一历史背景之下，于1927年6月开始设计，1930年建成的。它连接关内外京奉铁路在沈阳的一端，另一端则是北平的前门火车站。

  杨廷宝在接手这项工程的设计任务后，本想按他在宾大学习的西方建筑样式，以及借鉴在学成归国途中，游学英、法、比、德、意、瑞士等国，考察、学习了众多西方古典和现代建筑（包括火车站）的设计手法进行创作。但是，当时的东三省交通委员会

---

① 张作霖（1875—1928），字雨亭，辽宁海城县人。后成为北洋军阀奉系首领，是"北洋政府"最后一个掌权者，号称"东北王"。1928年6月4日，张作霖乘坐的专列在皇姑屯附近被日本关东军预先埋好的炸弹炸成重伤，当日即死去。

图 1　北平前门火车站（来源：http://blog.sina.com.cn/s/blog_50f297180100xw1z.html）

负责人，以及基泰工程司事务所的同仁们，对火车站外形的认知，限于眼界狭窄，只认可北平前门火车站的样式（图1）。杨廷宝又不能力排众议，只好改变自己的设计意图。

其实，杨廷宝心里明白，前门火车站虽采用仿欧样式，但设计手法并不地道。如在平平的立面上，中央大拱顶与左侧矮小的筒形拱和右侧高耸的钟塔穹顶在构图上失去平衡；多个窗户宽窄不一，造成尺度凌乱；墙面装饰纹样、窗楣弧线异样，色彩搭配混杂堆砌，造成立面形式东拼西凑，缺少统一感。尤其是一层入口通长外廊，其厚实的单坡顶拦腰将立面横切一刀，破坏了火车站的完整形象。尽管如此，因为前门火车站在中国是第一个建成使用的交通建筑，又与中国传统建筑风格不同，颇有"新鲜感"，因而已在国人心目中留下了深刻的印象。

但是，对于建筑设计训练有素，又对西方建筑见多识广的杨廷宝来说，要想使自己主持设计的第一个作品被广大业内外人士接受，只能参照前门火车站的样式并将其与自己的创作思想设法结合起来。

杨廷宝根据火车站的功能要求，和比前门火车站大2倍面积（7000平方米）的规模，认为需要设计一个高大宽敞明亮的候车大厅，而且还要使旅客进站流线短捷。从这一构思出发，杨廷宝把候车大厅设计成一个长30米，宽20米，非常简洁的长方形平面。并使其前接进站广场，后通站台，旅客可直穿候车大厅进站上车，十分便捷。而候车

图 2 候车室大厅（来源：南京工学院建筑研究所．杨廷宝建筑设计作品集 [M]. 北京：中国建筑工业出版社，1983：11.）

大厅的高度设计为 25 米，这样庞大的空间体量，如何使其成为辽宁总站内外形象的象征，杨廷宝借鉴前门火车站中央大厅筒形拱的做法，并结合西欧国家火车站建筑的外观特征，将候车大厅设计成半圆拱顶，不但利用南北两面的大面积通透玻璃采光窗使候车大厅异常明亮（图 2），而且在外部造型上，半圆拱顶比前门火车站的弧形拱顶显得更为高大气派（图 3）。

有了候车大厅这样一个特殊的平面与空间构成，如何在内部与火车站其他相关用房融合成关系紧密的功能系统，并且在外部造型上既突出半圆拱的形象，又与其他体量成为和谐的有机整体，杨廷宝也动了一番脑筋。首先，对于辽宁总站的建筑造型，他采用比前门火车站更为地道的西方古典主义对称格局，而不是前门火车站那种非对称立面样式。其次，为了避免前门火车站立面因缺乏形体变化而产生的平淡感，他运

图 3 沈阳京奉铁路辽宁总站外观旧影（来源：南京工学院建筑研究所．杨廷宝建筑设计作品集 [M]．北京：中国建筑工业出版社，1983：11．）

用西方古典建筑立面构图手法将 90 米长的立面分为五段，且将中间三段的体量向前后凸出，以求在造型上强调半圆拱的突出地位，并丰富立面的形象。而辽宁总站的两翼在平面设计上，东为旅客候车室，西为站务用房，平面布局简洁明了。在造型上没有采用前门火车站那种缺乏整体感的琐碎设计手法，而是采取平屋面、女儿墙，整齐划一，将富有韵律感的窗排列，并通过不同材质表现为竖向三段式西方古典建筑构图手法。就连入口门廊也仅从满足使用功能考虑，设计得不仅简洁适用，而且丝毫没有影响总站造型的整体感，远胜于前门火车站那种夸张的入口门廊（图 4）。

总之，杨廷宝在京奉铁路辽宁总站的设计中，以他一贯"为人而设计"的宗旨，充分考虑旅客出行的使用要求和甲方对火车站造型的意见，但又不唯命是从。而是在吸取前门火车站拱形设计要素，而摒弃若干设计手法败笔之处的基础上，创造性地将

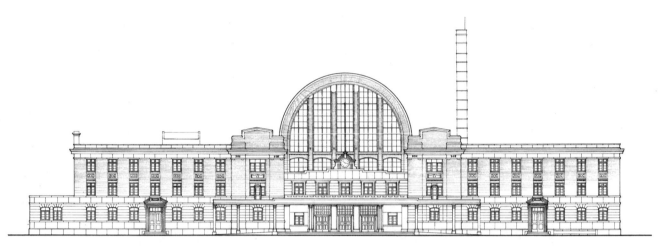

图 4　南立面图（黎志涛手绘）

辽宁总站的平面功能、空间形态、建筑造型、细部装饰完美地结合起来。成功地向探索具有中国特色的现代建筑风格迈出了第一步，也为他一生创作出无数传世杰作奠定了坚实的基础。

参考文献：

刘怡，黎志涛. 中国当代杰出的建筑师建筑教育家杨廷宝[M]. 北京：中国建筑工业出版社，2006.

14. 初生牛犊敢拼赢

20世纪初，外国建筑师仗着他们势力强大、财力雄厚，在中国的建筑设计市场上一度打遍天下无国人能还手。尤其在京、津、沪、宁等大城市和沿海开埠城市，满眼都是洋人建筑师设计的建筑。如上海的亚细亚大楼、海关大楼、华懋饭店、汇丰银行、沙逊大厦、怡和洋行、百老汇大厦、永安公司、先施公司、新新公司等；天津的工部局大楼、法国公议局大楼、劝业场、汇理银行、德国俱乐部、东莱银行等。听着这些洋味十足的名字，就知道这些大型公共建筑都是出自洋人建筑师之手。就连纯粹是中国建筑风格的北平大前门改建、中南海勤政殿扩建也要法国建筑师来设计。北平的燕京大学、南京的金陵大学这些正宗中国味的建筑，也被只知道中国传统建筑文化一点点皮毛，而不懂其精髓的美国建筑师设计。甚至堂堂的国民政府为实施南京建设纲领《首都计划》，还要聘请美国建筑师作为建筑顾问。

这有什么办法呢？当时中国建筑师还处在襁褓之中，人数寥寥无几。无论权力、势力、财力，根本不是洋人建筑师的竞争对手。好在20世纪20年代之后，一批赴西方、东洋学习建筑设计的中国留洋学生，怀着一腔爱国激情，誓要让贫穷落后的中国不再受洋人欺侮，陆续回国创业，并逐渐成长壮大，成为洋人建筑师独霸中国建筑设计市场的终结者。初出茅庐的杨廷宝便是冲在前面与洋人建筑师较量的急先锋之一。

1930年，杨廷宝学成归国已三年了。此前，杨廷宝已在天津、沈阳、北平设计了一批令人赞叹的建筑。这年秋天，基泰工程司大老板关颂声正在东北为承揽工程项目而奔走。忽听说张学良将军在沈阳为营造公寓招标已多日，且不少中外建筑师纷纷摩拳擦掌正参与投标，大有决战之势。关颂声因知此消息太晚，急得如热锅中的蚂蚁团团转。他既不愿意丧失承包这个项目的机会，又想到现在赶回天津基泰工程司与同伙人商量此事怕是也来不及了。怎么办？幸亏生意人脑子转得快，一拍脑袋，只能让杨廷宝直接赶来这一上策了。

关颂声心里是有底的，一是杨廷宝在宾大建筑系是闻名遐迩的学霸，二是杨廷宝得美国著名建筑师克瑞的真传，三是杨廷宝这三年的设计业绩已名扬东北。只要杨廷宝能赶到，希望就会有的。于是，关颂声迅速买好了从北平到沈阳的机票，并电告杨廷宝立即从天津搭火车前往北平，转乘飞机火速赶来沈阳。

图 1　大帅府（王鹤航拍）

　　杨廷宝在天津得此投标消息，立马启程辗转，于中午飞抵沈阳，与关颂声寒暄几句，午饭后，便马不停蹄地直奔现场。

　　拟建张学良公寓（以下简称少帅府）的基地就毗邻在其父张作霖大帅府的西侧。那么，要想设计好少帅府，就必定要先了解包括大帅府在内的周边环境条件，这是每位建筑师开展建筑设计工作之前必经的程序。于是，杨廷宝走进了大帅府（图1）。

　　大帅府是一所三进的四合院，坐北朝南呈"目"字形，共11栋57间。四合院正门南侧为一座大照壁，大门两侧立有石雕抱鼓石，其前有一对栩栩如生的石狮，加上朱漆雕花大门，尽显封建王公贵族的富贵、显赫气派和威严。第一进院是张作霖会晤宾客的地方，通过一道垂花门便可进入第二进院，垂花门外驻有张作霖的卫队；二进院面阔七间，四方形的院子周边以回廊相连，此院是张作霖办公和会晤要客的地方；第三进院即内院，是张作霖的住所。

杨廷宝向东走出四合院，便看到一处后花园。其北是仿西式五层大青楼，其南是小青楼，其东则是赵四小姐楼了。这几处建筑外观都是西式的，而内部却又雕梁画栋呈中式。加上屋内古色古香的家具陈设，简直与京城王室府邸别无二致，这与张作霖自称东北王倒也相称。

杨廷宝就这样，在大帅府看了一圈，边走边看，边在脑中开始构思少帅府如何设计。这是杨廷宝一贯的设计行为习惯。此刻，杨廷宝一定想到，少帅府不同于之前他在沈阳设计的同泽女中、东北大学校舍，这几幢张学良捐资建造的是教育建筑，而少帅府则是私人寓所。既然如此，设计少帅府一定要满足用户张学良个人的使用要求和对建筑式样的喜好。要使这一设计目标实现，对于杨廷宝来说并不难。一是为人而设计，这是杨廷宝一贯的设计思想。他会周到地为张学良寓所量身定做；二是以他的设计功力，在他的设计作品中，从整体到细节，可以将满足使用功能要求做到尽善尽美，甚至让用户无可挑剔；三是杨廷宝在此次与洋人建筑师投标角逐中最大的优势是，他多少了解一点张学良，张学良也多少耳闻一点杨廷宝。当然，这绝不是凭个人私交关系，也许他俩根本还没见过面呢。那么，杨廷宝设计少帅府的优势何在呢？

就在杨廷宝回国的第二年（1928年），关颂声，通过与张学良的关系拿到了张学良创办同泽女子中学的工程项目，次年又拿到了同样是张学良力主将东北大学原南、北两校合一为新校址的北校规划和新建筑的设计任务，并建成了图书馆、汉卿南楼（文学院教学楼）、汉卿北楼（法学院教学楼）、化学馆、学生宿舍和汉卿体育场，还设计了体育馆（后因"九·一八"事变未建）。在此设计过程中，杨廷宝不但熟悉教学楼的功能要求，也了解了与他同龄的少壮派张学良不同于其父封建保守而倾向现代生活的一面，而且也知晓张学良为了支持东北民族产业，买下了120余万块本地"肇新窑业公司"生产的滞销红砖，用于东北大学校舍的建设[①]。因此，杨廷宝当然要以红砖作为他设计校舍的主要建材，以投张学良支持民族产业生存和发展的良苦用心。再在此清水红砖墙的"表皮"上，运用他娴熟的细致创作手法，以也是本地产的水泥，在入口门洞周边、外墙转角、窗口和檐口等各收边处抹面粉饰，在窗下墙点缀精美的水泥纹样，并以他娴熟的设计手法打造出西方哥特式风格，达到了形式美、材料美、建造美的和谐统一。这几幢建筑的建成，令张学良和学校师生以及市民耳目一新，大加

---

① 吕海平，王鹤. 双重权利体系制约下的沈阳近代建筑制度研究[M]. 北京：中国建筑工业出版社，2016：220.

赞赏。

经过上述几幢建筑的设计实践，在调查大帅府之后，杨廷宝对如何设计好少帅府心中已有底。

回到住处，杨廷宝立即将在参观大帅府过程中产生的灵感构思进行梳理、深化，思路渐渐明晰起来——就是依据标书的要求，将少帅府的卫队、办公、居住三大功能区，依次布局在南北长、东西窄的狭长地块。毕竟，在布局上与大帅府要有所呼应，但又要有所区别。杨廷宝便构思出进入少帅府，第一进仍然是院落式布局，但不是封闭四合院，而是开放式的现代院落：1号楼居中轴线，坐北朝南，面向院落入口大门。其左右为东、西两厢房，三幢建筑对称式布局，并聚焦在中心西式喷水池，可谓中西合璧。1号楼之后依次是2号楼、3号楼和4号楼。由于后三幢建筑受地块限制，其间距不大，故不能形成开敞的院落，只在西端以辅房连成整体，围合成前后向东开口的两个狭长室外空间。而西端被封死的连接体在一层因架空形成过街楼，不但便于人通行，而且使两个狭长室外空间围而不死。在建筑形式上，杨廷宝为迎合张学良的欣赏品位，一反大帅府的中国传统建筑式样，而采取西方新古典式样。如同杨廷宝设计的东北大学建筑风格一样，甚至连红砖外墙、水泥装饰细部都一脉相承。

杨廷宝在对设计的构思深思熟虑并对方案勾画出全部草图之后，便动手开始画起正图来了。这又是他的拿手好戏。要知道，杨廷宝从幼年起就对绘画极其爱好。更不要说经清华、宾大的系统绘画训练，特别是在宾大参加过多次全美建筑系大学生设计竞赛，其绘图水平已达到了炉火纯青的地步，以至于画眼下这套投标设计图根本就不在话下。但是，设计图工作量是明摆着的，再怎么也得一条线一条线地画方案图，也得一笔一笔地表现效果图，而第二天就是投标截止日期。不得已，杨廷宝打破从来不熬夜的惯例，破天荒地开了一次夜车，通宵达旦地赶起图来。只见他妙笔生花，下笔有神，直到天明仍在不知疲倦地画呀画呀，又废寝忘食画了一上午，就这样画完了全套方案图纸。其速度之快，令人咋舌。特别是公寓水彩渲染图，让人看了简直叫绝：只见小洋楼在阳光下，红墙生辉、坡顶锃亮、窗棂笔挺、烟囱耸立、墙饰精美、色彩暖心。再看画面背景：蓝天似洗、绿地如茵、树丛青翠、人影斑斓。好一派蓬勃兴旺的景象。这难道是少帅年轻气盛，欲大展宏图心理状态的写照？下午，赶在投标截止前，"拼命三郎"杨廷宝按时递交了标书，这才如释重负，松了一口气。

数天后，参与投标的各中外建筑师事务所的密封方案设计图纸拆封后，一一展示在寓所主人张学良面前，少帅夫人于凤至站在他身旁，两人开始巡视浏览起来。时而驻足仔细观赏，时而漫步评头论足。看了一圈后，两人对各投标图纸有了初步印象之后，又回头复审一遍。此刻，不觉就停步在一套精美透视图的方案图前，又欣赏起来。于凤至越看越喜欢，张学良本觉得这套图的方案设计的确不错，心中也有倾向，一见夫人如此喜形于色，便立即拍板，就选这份图纸！等张学良揭标一看，原来是天津基泰工程司中标了。这是杨廷宝第一个快速设计的成功作品，如同苏联著名建筑师舒舍夫一夜之间设计并建成列宁墓一样，成为传世佳作。

这个结果让参加竞标的所有建筑师，尤其是洋建筑师们意想不到，也吃惊不小。意想不到的是在建筑设计竞争中，中国人胜出少有先例，这次怎么会是如此结果？吃惊的是霸占中国建筑设计市场的资深洋建筑师们，这次却惨败在一位不满30岁的中国"毛头"小伙子手上，实在无地自容，难堪之极。尤其是日军已侵入东三省的日本建筑师，更是恨得咬牙切齿，心有不甘。这又有什么办法呢？各家投标凭实力说话嘛。看看杨廷宝构思独到的设计方案，再看看杨廷宝绘图的手头了得功夫，西洋、东洋建筑师们也自叹不如。何况张学良夫妇在只看图面方案水平，并不知各家事务所底细的前提下，一致选择了事后方知的中国基泰工程司方案，这完全是公平竞争的结果。不服？下次投标中再比试比试！

少帅府的设计方案确定后，又通过国际招标确定正在葫芦岛施工的美国建筑公司承接少帅府群楼的施工。

第二年（1931年）春，美国建筑公司正式开始施工。半年后，各楼的基础和地下室基本完工，正要开始地面以上的施工时，日本侵略者突然发动"九·一八"事变。沈阳沦陷，张氏帅府被日军占领，张学良仓促率军进关了。此时，美国建筑公司不顾张学良下令立即停止施工，反而加紧施工，谎称已全部竣工，以此要求张学良赔偿全部损失。但这一要求被张学良断然回绝，于是美国建筑公司为此诉诸国际法庭。张学良便派专员前往据理力争，并严正指出："我本人全部财产包括施建工程已被日本当局强行霸占，因而也就不该由我继续履行合同义务。"最后，法庭判处日本当局履行建筑合同义务。

虽然日本当局极不情愿，但迫于舆论的巨大压力，也只好被迫履行建筑合同，向美国建筑公司支付尚未缴纳的施工余款。美国建筑公司便又继续施工，直至1932年秋才全部竣工。只是日方把杨廷宝设计的七栋红楼改成了六栋，而且对后三幢楼的平面与造型做了一些变动（图2）。

图 2　杨廷宝设计建成的少帅府（王鹤航拍）

红楼建成后，被日伪占用，1945 年日本战败投降后，又被国民党奉天市党部及接收大员占据。而红楼的主人张学良、于凤至夫妇不要说一天没有住过，连看都没看一眼建成是何模样。

参考文献：

1. 刘向东. 吴友松. 广厦魂 [M]. 南京：江苏科学技术出版社，1986.
2. 丁艳丽. 张氏帅府红楼群历史渊源考证 [D]. 沈阳：沈阳建筑大学，2011.

15. 不耻下问求真知

20世纪二三十年代，是中国社会进入相对快速发展的时期，西方现代文化的输入和中国传统文化的复兴，促成"整理国故"之风日炽。相应促使中国现代考古学及博物馆、文物保护事业发轫。在此背景下，民国政府中的一些务实官员，开始关注文物古迹的保护与整理工作，从事文物保护管理与研究的专门机构也相继创建，并逐步发展起来，同时开始付诸一系列的文物古迹整理、保护与调查、研究工作。

1930年3月，以专门从事中国古建筑调查与研究为宗旨的中国营造学社在北平成立。1935年1月，专门从事古代建筑修缮保护工程及调查研究的政府机构——旧都文物整理委员会（简称"文整会"）及其执行机构北平文物整理实施事务处，也随即在北平成立。上述民间与官方两家专业机构成为中国现代文物保护事业滥觞时期的重要力量。

1935年初，北平市政府决定自是年5月至1936年10月期间，实施名为"北平游览区古迹名胜之第一期修葺计划"的文物整理修缮工程。为此，特向国内进行工程招标。经评标，最后确定由基泰工程司承担其中包括天坛等八处十座古建筑的修缮工程。

基泰为什么会在此次竞标中胜出呢？当时国内专门从事建筑设计的建筑师事务所有几十家，其中最负盛名的当属北方的基泰工程司和南方的华盖建筑师事务所。但基泰工程司的专业技术力量更胜一筹，不仅工种配套较为齐全，有自己的施工队伍，且工匠技艺高超。基泰的设计水平、工程业绩已名扬天下。

为此，基泰工程司派出杨廷宝担当主持修缮北平古建筑之大任，于1935年3月成立基泰工程司北平分所，把设计主持重点工作从天津转移至北平。

杨廷宝首先要做的工作就是勘查这几处古建筑的现状，摸清其损坏程度。为此，他会同修缮工程的技术顾问、中国营造学社的朱启钤[①]、梁思成、刘敦桢（图1）等，

[①] 朱启钤（1872—1964），字桂辛，晚年号蠖公，生于河南信阳，贵州开阳人。自幼聪慧，能力过人，善结贤俊；既效力北洋，又从事实业。先后任蒙务局督办、京师巡警厅厅丞、交通部总长、内务部总长、中兴煤矿总经理，并热心城市建设和文化保护工作。1930年创办中国营造学社。

图1 北平文物整理工程技术顾问（自右至左）朱启钤、梁思成、刘敦桢和侯良臣等在圜丘内壝东门视察（中国文化遗产研究院提供）

以及文物整理实施事务处技术专家谭炳训①、林是镇②等到各修缮项目现场视察了一番（图2），共同研究了修缮方案，随后组织人员拍摄了大量照片，查阅了文献资料，并绘制了测绘图纸。

之后，杨廷宝主持了编制工程查勘情形图说，拟具修缮计划书及预算册，确定修缮工程做法说明书，再经文整会详细审核后，走工程承包商招标等一系列工程修缮程序。其手续、合同、往来文件、工料报价等完全中规中矩，滴水不漏，体现了杨廷宝工作

---

① 谭炳训，生卒年不详。1937年之前，曾任职于旧都文物整理实施事务处，参与北平文物整理工程。抗战时期去职，在江西从事国防公路工程。抗战胜利后返京，任北京工务局局长，兼任"行政院"北平文物整理委员会工程处处长等职。

② 林是镇（1893—1962），福建长乐人。1910年赴日留学，1917年毕业于东京高等工业学校建筑科。回国后历任京都市政公所技术员、设计科主任、技师等职。1928年历任北平特别市政府公务局技正、科长。1933年参加中国营造学社，1935年调任北平文物整理实施事务处技正。抗战期间任伪公务总署都市计划局局长。中华人民共和国成立后任北京市都市计划委员会委员。

图2　杨廷宝修缮北平古建前在现场勘察（杨士英提供）

的极端认真负责、一丝不苟和极高的专业水准与对项目流程的熟知。

但是，真正遇上施工中的细节问题，杨廷宝也不能完全心中有底。毕竟修缮古建筑与设计创作还有所不同，而且杨廷宝留学期间学的是西方建筑那一套，对中国传统建筑的研究还未精通，何况面对的是这样破烂不堪的国宝。袁世凯称帝时，为了祭天做样子，曾动用人力、物力、财力对天坛进行过一次修缮。但因管理不善，水平有限，修缮潦草，导致修缮后的天坛又问题百出、残损频现、杂草丛生，重现颓败荒芜景象。对于杨廷宝来说，这次修缮决不能重蹈覆辙！既不能修旧如新，又要重现昔日风采。这既是一场挑战，又是一次在实践中学习中国传统建筑的机遇。

杨廷宝是如何经受这场挑战，又是怎样抓住机遇在实践中学习中国传统建筑优秀的建造方法的呢？

一是下工地，亲临现场向实践学习。

建筑师下工地，在那个年代是习以为常的事，但杨廷宝做得更好。因为他知道，

图 3　杨廷宝在圜丘坛外壝南面棂星门抱鼓缝内树根前勘察现状（中国文化遗产研究院提供）

图 4　1935 年 5 月 9 日杨廷宝（正面者）在圜丘坛开工现场（中国文化遗产研究院提供）

　　修缮古建筑中许多问题不完全是在图纸上先设计好了，再按图施工的，而是在现场发现问题，现场研究解决。这不仅是建筑师的工作方法问题，也是一种态度问题。因此，在整个修缮天坛的过程中，经常可以在工地上看到杨廷宝的身影。

　　例如，1935 年 5 月 9 日天坛圜丘坛修缮开工。此次修缮就三层圆坛和两圈外方里圆的矮围墙而言，需要铲除地坪、围墙缝隙中的杂草树根，翻开全部原有的石块重做三合土基础，并换去残破石块，找出排水坡度，使整个三层圆坛的 3402 块扇形面石块外加圆中心一块圆石平整密缝。工程看似简单易做，但是这祭天大典的圜丘坛艾叶青台面，是以象征"天"数九为倍数，各层圆坛为九圈计 27 圈，依次向外延展。导致每层、每圈 27 个规格的扇面石块大小不一，弧度有别。当然，杨廷宝可以轻而易举在纸上画出平面图，计算出三层圆坛各圈半径，并划分出每一块石料的图形和大小。但是，工匠如何精致地打磨出这数千块石料，保证拼接时严丝合缝，而且找准地坪排水坡度等，虽然这些工匠手艺高超，做到杨廷宝的设计要求也并不难，但都需要杨廷宝盯在现场指挥（图 3、图 4）。

　　再如，修缮祈年殿时，杨廷宝多次与工匠一道爬上屋顶，观察施工的每一个细节（图 5、图 6）。对于他来说，这也是一次向实践学习的好机会。谈到修缮祈年殿，杨廷宝 44 年后仍绘声绘色地回忆道："祈年殿的宝顶，整个是铜皮焊接成形，磨光镏金，套在雷公柱上。其尺度甚大，修时搭了三层架，里面可以站两个人。宝顶外部落在须

图5 杨廷宝（左2）与工匠们正在祈年殿屋顶上修缮（中国文化遗产研究院提供）

图6 杨廷宝在修缮天坛祈年殿的工地上（杨士英提供）

弥座式的琉璃瓦上，座也是分块拼成。"①修缮中，为了扶正稍有倾斜的宝顶，就需将其先抬起，与须弥座之间留出一道缝隙，让两位工匠钻进去，设法将中间歪斜的大木柱（雷公柱）校正，定位固牢后，再将外面临时抬起的宝顶落下复位，方算大功告成。就在雷公柱修缮完，而宝顶尚未落下复位前，杨廷宝也钻进宝顶，在雷公柱上用粉笔写下修缮记录，以备后人考证（图7）。

除此之外，祈年殿修缮时，还有一个难点，就是圆锥形屋面的每一垄蓝色琉璃瓦，不像天安门、太和殿那种歇山式或庑殿式屋顶的琉璃瓦垄都是一样宽窄、头尾搭叠成直行，而是每垄琉璃瓦头尾不一般大，呈扇面形排列，越到顶端瓦垄越收窄，最后全部琉璃瓦垄聚集到宝顶须弥座下直径很小的一圈。这就带来一个问题，顶端的琉璃瓦太细窄，烧制麻烦而困难。杨廷宝有妙招，他回忆当时施工情况时继续说："有一点大家可能想象不到，即靠近顶部的琉璃瓦，是分成几块板拼接而成的。"②也就是说，顶部的琉璃瓦不是一个一个单独烧制的，而是好几垄琉璃瓦连同底瓦合成块状整体烧制，然后上屋

---

① 齐康. 杨廷宝谈建筑[M]. 北京：中国建筑工业出版社，1991：66.
② 同上。

图7　杨廷宝在祈年殿金顶完工前，在雷公柱上留下修缮笔迹（中国文化遗产研究院提供）

顶就位时，再与下部单垄琉璃瓦对接。为什么这样制作顶部琉璃瓦垄板呢？看起来不是没有绝大部分单垄琉璃瓦垄那么精致了吗？杨廷宝解释说："越是高处，做工越是可以粗一点……考虑了视觉远近的效果，粗和细的问题，就可以依据建筑的部位来提出不同的施工方法。"①原来，人们观察近的东西，因为看得见、看得清，所以做工要精细；而远处、高处的东西，因为人的肉眼看得就模糊，辨别不了细部，因此做工可以粗放些。即使有些瑕疵，人们也是看不出来的。看来，建筑师不但要擅长手上的设计功夫，还要懂得心理学、施工方法。难怪杨廷宝曾说过，不下工地的建筑师，不是一位好建筑师。

二是到工匠中去，向老匠师"执弟子礼"。

杨廷宝在这次修缮北平古建筑的实干中，与工匠们打成一片，不耻下问，不仅学到了真才实学，更是他的高尚人品在执业中的自然流露。

当时，杨廷宝的家住在东单北面的西石槽2号，而许多工匠住在王府井大纱帽胡同的一所平房里，两地相距不远。一个休息日，杨廷宝来到工匠们的住所处，走进小四合院，只见堂屋内老木工侯良臣与老彩画工郭松泉正在对弈，杀得不可开交，观战者们也都指手画脚、七嘴八舌地为双方棋手出谋划策，好不热闹。正在此时，杨廷宝走进堂屋，众人一见受宠若惊，心想，您在工地上不顾寒冬酷暑，不辞辛劳与我们粗人干在一起，

---

① 齐康. 杨廷宝谈建筑[M]. 北京：中国建筑工业出版社，1991：66.

那是工作。现在却来工匠们的陋室，有劳您大驾光临了。于是，酣战暂停，纷纷站起转身迎接杨廷宝。在工地上的这些日子，工匠们对杨廷宝为人做事的一举一动、一言一语都看在眼里、记在心里，这样的读书人值得信赖，值得来往！于是，有的忙着沏茶，有的搬椅请坐，搞得杨廷宝反而不好意思，忙说："继续下，继续下，我也来观战。"工匠们此时哪有心情再战，便草草和局收场。工匠们心里明白，杨廷宝来访，必有要事。

"杨工，光临寒舍，有何赐教？"随杨廷宝从天津基泰转战北平基泰的侯良臣，一面给杨廷宝续水，一面恭敬地问。

"今天在家休息没事，来找师傅们聊聊，讨教一点工程上的事儿。咱们还是一起到'东来顺'吃涮羊肉，打上斤把好白干，边吃边聊，我请客，如何？"杨廷宝诚恳地发出邀请。

"好！咱们今天看看杨工有多大酒量，走！"最爱喝酒的木工张云庭把手一挥，带着师傅们离屋鱼贯而出。

走在去王府井"东来顺"羊肉馆的路上，大伙儿那个开心劲儿像过节似的，一边说笑，一边打趣。正碰上杨廷宝从天津基泰带来北平转战的绘图员王钟仁，他一打听，得知杨工请客到"东来顺"，也跟进人群去凑热闹。

来到"东来顺"羊肉馆，大伙儿进屋入席，便忙活起来，倒茶斟酒。店小二备好羊肉片和其他食材上桌，并点燃火锅，一会儿工夫便热气腾腾。

开席前，一位师傅从后面走到杨廷宝一侧躬身屈膝，双手持小酒壶，恭敬地要给杨廷宝斟酒。要知道杨廷宝平素是滴酒不沾的，现在要他喝上一盅白干，简直比做设计方案还要难。但是，推辞有点不敬，为给大伙助兴，就破例让来者少许斟了小半盅酒。

稍停，待大伙儿坐定，杨廷宝站起身，手举酒盅，先向满座师傅这么慢慢横划一圈，然后说道："天坛修缮开工至今许久，各位师傅劳苦功高，今日趁休息放松一下。我甘拜下风，杯中酒只能意思一下，各位师傅一口闷，干杯！"大伙儿手中酒杯齐指向杨廷宝，碰杯声响成一片。

席间，气氛热烈，酒香飘逸，羊肉馋人。吃喝开心时，谈兴正起。

"杨工，有什么事只管直说，我们弟兄几位没什么大本事，不过干这个修缮古建筑的活，心里多少有点谱。"侯良臣开门见山问。

杨廷宝心里明白，工匠中最主要的就是木工，在旧社会被称为大师兄，是掌握实施工程全局的人物。二师兄是瓦工，三师兄是石工，今天全齐了。杨廷宝见师傅们这样爽快、忠厚，也就无拘无束地打开了话匣子。

杨廷宝问："祈年殿的宝顶为啥会有点歪斜？"

老木工侯良臣当即答道："那是宝顶里面的雷公柱歪了，才把外面的宝顶顶歪了呀！"

"雷公柱又为什么歪了呢？"杨廷宝继续问。

"那是雷公柱与支撑它的大梁榫头不合缝，时间久了，榫头稍有一丁点缝隙就会使雷公柱上头发生偏差，就是俗话说的'差之毫厘，失之千里'！"杨廷宝听后微微点点头。

侯师傅接着说："想当初，一个祈年殿有八家营造商承包修缮。大家各顾各，没有统一要求、统一图样，相互配合不好，出了毛病一时也看不出来。"

彩画工郭师傅忍不住插话说："杨工，您放一百二十个心。如今，是'基泰'一家承包，修缮工程由您大建筑师一人主持，我们大伙儿听您的，大家齐心协力，不会再有问题。"

就这样，你一言我一语，越谈兴致越浓。杨廷宝也深感师傅们实践经验太丰富了，有自己学不完的宝贵经验。在听了一席交谈恍然大悟后，抱拳客气而实话实说："我这个留美学西方建筑的书生，对于中国传统古建筑可说是个门外汉，在各位师傅面前我可是个小徒弟，还望各位师傅们一如既往，多多指教。"

在一旁的绘图员王钟仁听自己的师傅杨廷宝这么一说，立刻插话："老师傅们的本事您杨工都学了一大半了。如今，您设计了那么多重大工程项目，可算是大名鼎鼎的大建筑师了，您还说什么您是小学徒，那我这个您手把手教的徒弟排行又算什么呢？"大伙一听，又哈哈大笑起来。

"那你就算是我们的徒子徒孙！"不知哪位师傅脱口而出，引起更大的一片笑声。

看来，杨廷宝还真没什么大知识分子的架子，与工匠们打成一片，一点隔阂也没有。

还有一例，足以说明杨廷宝为什么在工匠们心目中那么受尊敬和信任。据张良皋[①]回忆，杨廷宝曾当面给他眉飞色舞地讲了一个自己的故事。说的是，"为了钻研庑殿'推山'的奥秘，杨先生不惜亲自陪一位老匠师躺烟馆，亲手为那位老匠师烧'烟炮'，让匠师感动而高兴，尽情传授了'推山'的秘诀。杨先生平生连纸烟也不抽一口，这次真亏他让鸦片烟熏得够'呛'。"[②]

[①] 张良皋（1923—2015），湖北汉阳人。1947年毕业于中央大学建筑工程系。华中科技大学建筑系创始人之一。
[②] 张良皋，中国建筑呼唤文艺复兴宗匠 [M]// 刘先觉．杨廷宝先生诞辰一百周年纪念文集．北京：中国建筑工业出版社，2001：52．

因此，杨廷宝无论在工地上，在饭局中，或在休息间隙里，一点一滴地向工匠师傅们学习中国传统建筑的精髓宝典和营造法则，并学以致用。比如，他曾说："要修缮还得学会估算。老师傅曾教我如何估算石料。他说，1平方尺（当时是鲁班尺）平面粗估算1个工，打个线脚算两个工，带有装饰的得用3个工。圜丘坛的石工，我就采用这种方法推算的。"[1]

杨廷宝还举例修缮西山碧云寺罗汉堂时，"这类严重残破的建筑，我们等于重建。不过也没什么，因为我有一本《工部营造则例》可以参考。还有工匠们的口诀，什么'柱高一尺，出檐三尺'，'方五斜七'等。有了柱础的位置，就可以推算。"[2]杨廷宝拜这些老工匠为师，还真拜对了。像侯良臣这几位老木匠，曾修缮过故宫这样的皇城经典建筑。按今天的说法，那是"大国工匠"，这样国宝级的工匠不仅经验丰富，而且手艺精湛。杨廷宝在这次修缮北平古建中，向工匠师傅们所学到的东西，真可谓胜读十年书，也为他一生探索、创新中国传统建筑，打下了扎实的知识和功力的基础。

参考文献：

刘向东，吴友松.广厦魂[M].南京：江苏科学技术出版社，1986.

---

[1] 齐康.杨廷宝谈建筑[M].北京：中国建筑工业出版社.1991：67.
[2] 同上。

16. 出国考察走三国

1944年初，抗日战争胜利的曙光已经露出地平线，国民政府在重庆开始为战后工业建设谋划初步的蓝图，并着手组团拟派国民政府资源委员会（简称"国资委"）的相关专家赴美国、加拿大、英国进行工业建设考察。名为是一次学习交流，实则是深度研究战后未来工业设备的采购对象，研讨重建的技术，包括成套的技术图纸、生产线与成品的引进，以及洽谈外方工厂技术合作事宜，从而帮助国内重启战后工业化建设。因此，组团成员多为国资委下属钢铁工业、机械制造、矿物生产、地质调查、经济统计等的单位负责人，且成员多有留洋背景。

但是，引进西方的工业技术、生产流水线、大型设备等最终是要在国内落地生根的，这对于工业建筑的发展方向与建设至为重要。于是，国资委开始物色土建专家人选考察团。当时，基泰工程司的实力已在国内建筑设计行业中独占鳌头，而主持基泰设计工作的杨廷宝更是闻名遐迩。且基泰大老板关颂声与国民政府机关的关系最为密切，不但在抗战后方大量承揽建筑项目，而且为包括国资委在内的政府机关提供技术咨询服务。特别是在1938年因抗战为挽救中国沿海工业命脉内迁入川期间，基泰陆续完成了国资委委托的厂矿以及配套项目的迁建选址和厂房设计工作，双方之间的这种业务联系直到战后也未中断。位于南京的国资委办公楼和国资委主任委员翁文灏[①]公馆都是杨廷宝亲自设计的。当然，这是后话。

鉴于国资委与基泰在业务上的这层关系，国资委早已对基泰的实力倍加信赖，且对杨廷宝的设计水平十分认可。于是，3月初的一天，国资委副主任钱昌照[②]亲自来到重庆基泰工程司与杨廷宝会面，并征询意见说："国民政府准备派遣工业建设考察团

---

① 翁文灏（1889—1971），浙江鄞县（今宁波）人。1912年在比利时鲁汶大学专攻地质学，获理学博士学位，1913年回国。是民国时期著名学者，中国早期最著名的地质学家，为中央研究院第一届院士。又是20世纪30年代"学者从政派"中官位最高的（直至国民政府行政院长高位）。1951年，经香港回到大陆，以政协委员终老。

② 钱昌照（1899—1988），江苏张家港鹿苑（原属常熟）人。1919年赴英国伦敦政治经济学院留学，1922年进牛津大学深造。回国后，1928年任资源委员会副主任委员、委员长。中华人民共和国成立后任中国人民政治协商会议第七届全国委员会副主席、中国国民党革命委员会中央副主席。著名爱国民主人士。

去美国、加拿大、英国考察西方工业建设，以便战后重启国内工业化建设。您是否愿意承担工业建筑方面的考察任务？如果您愿意的话，我可以推荐。"杨廷宝一听，自从宾大回国至今已17个年头了，在这国运贫穷落后，外敌入侵的情境下，自己虽然完成了大量本土化的建筑实践，但这些年毕竟对西方国家的城市发展、技术进步、设计理念、学术动向知之甚少，何不趁现在业务清淡时出去开拓一下眼界？在承担工业建筑考察重任的同时，也是一次重新对国外建筑方面的新发展、新成就再认知和学习的机遇。于是，当即向钱昌照表示愿意接受此项重任。就这样，杨廷宝以自己执业十多年有目共睹的实力，幸运地被国资委委以重任，成为考察团一员（图1），并与毕业于麻省理工学院土木工程系，国资委专门委员、同为中国建筑师学会的薛次莘①组成建筑行业专家组，成为该考察团的重要人物。因为，此次的所有考察成果都将离不开土建

图1　1944年3月至1945年12月，杨廷宝（右1）参加国民政府资源委员工业建设考察团，访问美、加、英三国。图为考察团人员合影（陈法青生前提供）

---

① 薛次莘（1895—），江苏武进（今常州）人。1919年毕业于美国麻省理工学院土木工程系（道路工程）学士，1922年回国。曾任上海市工务科长、工务局技正。1931年入中国建筑师学会。后曾任资源委员会专门委员、南京市政府秘书长等职。

图2　1944年3月，杨廷宝（左后1）应邀参加国民政府资源委员工业建设考察团出访美、加、英途中顺访印度（来源：江苏省档案馆）

图3　1944年3月，杨廷宝（左2）参加国民政府资源委员会工业建设考察团出访美、加、英三国时，途经印度作短暂参观（来源：东南大学档案馆）

任务的最终落实。

　　经过几天的出行准备后，杨廷宝与考察团的40余人（部分成员已在纽约贸易事务所）于1944年3月18日从重庆乘机飞赴北美。途中，在英属印度的阿格拉、新德里、卡拉奇三城市逗留了12天，进行短暂参观访问（图2、图3）后，于3月31日抵达美国考察的第一站迈阿密。一周后离开迈阿密乘火车抵达纽约，开始了对美国东海岸城市以华盛顿、费城、波士顿为主的环纽约都市圈的考察调研。直至11月5日乘夜班火车离开纽约前往加拿大的蒙特利尔、渥太华、多伦多、汉密尔顿等城市进行了为期半个多月的考察后，从尼亚加拉乘坐夜班火车返回纽约。随即开始了以底特律、克利夫兰、匹兹堡为代表的五大湖工业重镇的重点考察。接着，经芝加哥中转于1945年4月至6月对美国西海岸的洛杉矶、拉斯维加斯、旧金山等地考察了2个月。于6月1日乘坐美国联合太平洋铁路公司的火车离开拉斯维加斯横穿美国三天三夜抵达芝加哥，又进行了近半个月的考察访问。于6月15日回到中转站纽约，继续在东海岸各城市之间穿梭考察。直到1945年11月12日，杨廷宝一行结束了在美国长达近1年半的考察。可以说，此次对美国如此长时间的考察，几乎覆盖了其东、西海岸大多数发达的城镇，全面获取了二战末期美国真正的经济实力与工业发展经验。

　　11月12日，考察团从纽约乘"玛丽皇后"号游轮经5天横渡大西洋，于18日中午抵达英国南安普敦，即刻又乘火车前往伦敦。开始了对英国一个多月的访问考察。

之后，于12月16日返回重庆。完成了此次为时21个月的美、加、英三国工业建设考察任务。

考察团此次考察的方式是集体出行与个人安排相结合的灵活方式，要求每位考察团成员对每个考察项目必须撰写考察报告，包括考察城市地区、机构名称、会面的重要人物、个人观点以及其他活动五大类。这些考察报告为日后国内进行工业化建设提供了宝贵的第一手行业讯息，对于引发如何结合国情学习西方的工业化先进理念、规范进程、科学管理、人才培养等的思考都具有极其重要的指导意义和经济价值。

在此次出国考察中，仅就杨廷宝对美国150个项目考察对象而言，可归纳为五大类：即92家工矿企业，包括高端制造业、钢铁冶炼业、水力发电厂等；17个政府与协会机构，例如美国建筑师协会（AIA）、洛杉矶、旧金山与辛辛那提城市规划委员会、底特律城市设计小组等；15所知名建筑院校，例如哈佛大学设计研究生院、建筑联盟学院、雪城大学、耶鲁大学等；12家专业性建筑规划设计公司，例如有"现代工厂设计之父"之称的阿尔伯特·卡恩公司（图4）、纽约的约克与索耶建筑事务所、波士顿的斯通与韦伯斯特设计公司等；14处住宅项目。

在上述工矿企业考察对象中，杨廷宝尤其对田纳西河流域管理局（TVA）特别关注。因为，它是罗斯福开展公共基础设施建设的"新政"举措之一（图5）。通过改良耕种方法与兴建水利来整体保护与开发自然资源，同时也保障了战时的电力供应。杨廷宝

图4　工作中的卡恩（来源：吴杨杰，朱晓明. 从机构到个人[J].《建筑学报》学术论文专刊，2020（22）：224.）

图5　田纳西河流域管理局管辖的大坝施工（来源：同图4）

图6　田纳西河流域管理局绘图室（来源：同图4）

之所以关注这个项目的原因，正如他在考察报告中所说："无论是从建设规模或成本角度来考量，TVA的建设都是一项宏大的事业……在多数大型工程项目中，工程师和建筑师之间通常存在竞争。但是在TVA，二者似乎配合默契。这一切的成功可以归因于这样一个事实，即一开始，建筑团体、场地设计团体以及工程师们已经建立起了一个相互协作和相互了解彼此想法的工作模式。[①]（图6）"

此外，杨廷宝在考察美国不少专业性的工业建筑设计公司中，深感无论在公司规模、员工人数、业务范围、技术配套、工作条件等各方面，基泰工程司与之相比真有天壤之别的差距。而杨廷宝对美国数所高等院校建筑院系的探访中，也深入了解到美国建筑教育的硬件设施、课程体系、教学方法、学生活动，这些都给刚兼职重庆中央大学建筑工程系，起步建筑教育不久的杨廷宝在后半生致力于南京工学院建筑系的建筑教育以极大启示。

更值得一提的是，杨廷宝作为个人安排，穿梭在美国各大城市考察期间，还专程会见了费城他的导师保罗·克瑞（Paul Philippe Cret）、他的宾大同窗路易斯·康[②]（Louis

---

① 建筑工程报告[A]. 中国台湾"国史馆"（档案号：003-020600-0534）：2-31.
② 路易斯·康（1901—1974），生于大西洋上的爱莎尼亚岛。1905年随全家迁往美国宾夕法尼亚州。1924年毕业于费城宾夕法尼亚大学建筑系。1947年个人开业。1950年起，执教于宾夕法尼亚大学和耶鲁大学的建筑硕士研究班。他的著名设计作品有费城宾大医学研究实验中心、加州拉霍亚的萨克生物研究所、德州沃斯堡金贝尔美术馆、孟加拉国达卡政府建筑群等。

Kahn），以及剑桥市的马歇·布劳耶（Marcel Breuer）①、格罗皮乌斯（Walter Gropius）②、布鲁姆菲尔德的埃利尔·沙里宁（Eliel Saarinen）③、芝加哥的密斯·凡·德·罗（Mies van de Rohe）④和威斯康星州春绿村的赖特⑤（Frank Lloyd Wright）等知名建筑大师。从而更广泛地了解了西方各建筑流派的设计思想和他们的作品。

此外，杨廷宝在美考察期间，虽然马不停蹄地到处奔波，但他仍然忙里偷闲画上几笔。仅1945年1月27日这一天他就画了"炼钢炉前""美国城市一瞥"等5幅水彩速写，让同行们赞叹不已（图7、图8）。

图7　炼钢炉前（杨士英提供）

图8　美国城市一瞥（杨士英提供）

---

① 马歇·布劳耶（1902—1981）生于匈牙利佩奇市。1920—1924年在包豪斯学习，毕业后任教至1928年。随即在柏林开设事务所。1937—1946年在美国哈佛大学设计研究生院任教，以后开业。设计作品有巴黎联合国教科文组织总部大厦，在家具设计领域也独树一帜。

② 格罗皮乌斯（1883—1969），生于德国柏林。1903—1907年就读于慕尼黑工学院和柏林夏洛腾堡工学院。1907—1910年在柏林建筑师彼得·贝伦斯建筑事务所工作。1910—1914年自己开业。1919年创办包豪斯学校。1928年与勒·柯布西耶等组织国际现代建筑协会（CIAM），1929—1959年任副会长。1934年离德赴美开业。1937年定居美国，任哈佛大学建筑系教授、主任。

③ 埃利尔·沙里宁（1873—1950），芬兰著名建筑师。1897年毕业于赫尔辛基理工大学建筑系。1923年移居美国，1934年创办匡溪艺术学院并任院长，成为美国现代设计大师的摇篮，培养出众多划时代的大师，堪称美国现代设计之父。

④ 密斯·凡·德·罗（1886—1969），生于德国亚琛。1908—1911年在著名建筑大师彼得·贝伦斯建筑事务所工作。1929年设计了巴塞罗那博览会德国馆。1930—1933年任包豪斯学校校长。1937年移居美国。1938—1958年任芝加哥阿莫尔学院（后改伊利诺工学院）建筑系主任。

⑤ 赖特（1867—1959），美国最伟大的建筑师之一。出生于美国威斯康星州，曾在威斯康星州大学学习土木工程，未毕业即离校去芝加哥进入建筑界。1893年创立建筑师事务所。后成为第一代世界建筑大师。设计作品绝大部分是住宅，著名的有罗比住宅、流水别墅等。公共建筑有拉金公司办公楼、纽约古根海姆博物馆等。他还提出有机建筑理论和广亩城市观点。他曾于1918年访华，并推崇老子。

杨廷宝在加拿大两周的集体考察（图9），都是工业建设项目，诸如11月6—7日在蒙特利尔考察了电力公司和能源公司；8—9日在沙威尼根考察了电力公司和化工有限公司、纸业公司。当晚返回蒙特利尔又考察了汽车制造有限公司、铁路维护工务、铸钢厂；12日游览了渥太华。当晚，前往多伦多考察了通用公司、梅西哈里斯公司（农具）、约翰英格利斯公司（机械和枪支）、光学玻璃公司；15日赴汉密尔顿考察了钢铁公司、棉花有限公司、化工公司。此外，杨廷宝随考察团顺路游览了沙威尼根大瀑布、尼亚加拉大瀑布，于19日夜乘火车离开加拿大返回纽约。

而在英国一个多月的考察中，杨廷宝随全体考察团成员首日拜访了中国政府采购委员会、中国银行和中国大使馆。以取得在英期间，考察计划、内容等的相互沟通与落实。随后，杨廷宝除了参加集体考察一些厂矿企业、材料中心、实验中心等项目外，作为个人安排主要访问了英国皇家建筑师学会、城乡规划部，并参观了建筑中心、博物馆、牛津大学校园等。特别是于12月3日杨廷宝在伦敦访问了著名的艺术史、建筑史、设计史家、《建筑评论》杂志编辑尼古拉斯·佩夫斯纳（Nikolaus Pevsner）[①]，领略到佩

图9　杨廷宝（一排右二）一行在加拿大考察期间合影（来源：同图4）

[①] 佩夫斯纳（1902—1983），生于德国莱比锡。1921年进入慕尼黑大学学习艺术史，1924年获博士学位，1928年在哥根大学获资助前往研究英格兰的艺术与设计。1934年定居英国，1941年成为《建筑评论》杂志编辑。1949—1955年任剑桥大学斯莱德讲座教授，1959—1969任伦敦大学伯克贝克学院教授。1969年，被英国皇家授予爵士封号。

夫斯纳与他在美国会见的诸多建筑大师不一样的个人成就。

1945年12月16日，杨廷宝随国资委工业建设考察团，在结束了21个月对美、加、英三国的考察访问后，回到了重庆，并与薛次莘撰写了对三国工业建筑考察的专题报告提交给国资委。报告中提出了对今后国内工厂建设的意见，包括工业城市计划、建筑设计、建筑设备、培训人才和国资委对今后工程管理5个主题。

作为杨廷宝个人而言，由于在国外期间生活条件要比国内战时好得多，他的健康状况得到提升。更重要的是杨廷宝不仅更广泛地熟悉了国外建筑领域的许多新技术、新材料，丰富并提高了学识素养；而且，几位建筑大师的现代设计手法和环境设计理念对杨廷宝此后一生的建筑创作开启了新的思路。正如他考察回国第二年，在为自宅和1948年为孙科公馆的设计中，就力图尝试和全新地运用现代设计手法，创作出令人耳目一新的作品。

参考文献：

1. 吴杨杰，朱晓明. 从机构到个人——抗战后期杨廷宝受资源委员会派遣出国考察述评[J].《建筑学报》学术论文专刊，2020（22）：224.
2. 建筑工程报告[A]. 中国台湾"国史馆"（档案号：003-020600-0534）：2-31.
3. 国资委驻美技术员杨廷宝来往函件及电报[Z]. 台北：中国台湾"国史馆"（档案号：003-020600-1558）：57.
4. 陈法青. 忆廷宝[M]//. 刘向东，吴友松. 广厦魂. 南京：江苏科学技术出版社，1986.

17. 塔里埃森访赖特

杨廷宝从前并不认识赖特,但他曾回忆说过:"我在美国求学时,听说过他,那也是很肤浅的。""他的建筑实践我也仅仅略知一二。""当时只知道他的古根海姆美术馆不受欢迎。"[1]直到杨廷宝学成回国近20年的执业期间,才逐渐了解到名声显赫的赖特。因此,在1944—1945年杨廷宝随国民政府资源委员会工业建设考察团赴美考察期间,决意要拜访他,并事先去信约见了赖特。待双方根据各自日程安排商定具体会面日期后,杨廷宝于6月9日从芝加哥前往麦迪逊。但麦迪逊距他所要去的东塔里埃森所在地斯普林格林(SPRING GREEN),又称"春绿"的小镇还有几十里路。于是,赖特在约定的时间亲自驾车提前来到麦迪逊车站等候。两人初次见面,年龄虽相差34岁,但因早已互有耳闻,一见如故地一路聊到了目的地。

此时,夜幕已降临,杨廷宝被安排在一间布置得很别致考究的大客房歇脚(图1)。杨廷宝环顾客房四周,只见米黄色的天棚以及按美学构图穿插交织的米黄色与粉红色粉刷墙,和用厚薄不等、长短不一的片石砌筑墙,很有一点自然的野趣。而棕色的木地板,局部铺上白色地毯衬托着粉红色床具、本色胶合板桌椅,以及点缀蓝色软包单人沙发、白色灯罩落地灯等,尽显温馨恬适的气息。再看屋内各式陈设好像都是特意设计定制的,并不是从商店直接购置而来。杨廷宝第一天来到赖特住处,第一印象就感觉与东方居住方式截然不同的西方居住文化。杨廷宝美美地在此睡了一觉。

第二天醒来用过早餐后,赖特就引领杨廷宝走出塔里埃森到屋外幽美的自然环境中漫步。

这里是赖特的出生地,由母亲购置下来的600亩私产,不仅有森林、河流、湿地、池塘、高岗、草原,还有赖特的童年。可说是一处典型的美国中西部郊外田园风光。正是在这里赖特开启了他建筑风格的转换,并实践他"有机建筑"理论第二个建筑创作黄金时期的起飞点,也开始了他作为建筑教育家的历程。

---

[1] 齐康. 杨廷宝谈建筑[M]. 北京:中国建筑工业出版社,1991:83.

图1 大客房（来源：网络）

图2 建在坡上的塔里埃森（来源：网络）

塔里埃森自1911年赖特开始规划建造起，经历了十多年的兴建、改造、加建，甚至两次被大火焚毁，才于第三次在废墟中重建成杨廷宝眼前这般模样。

"赖特先生，塔里埃森这个词有什么含义吗？"杨廷宝随赖特向坡下漫步中问道。

"我的家族是威尔士人，母亲的家族是威尔士移民，我祖父是威尔士帽匠和牧师。在我们艾奥瓦乡村他们是有教养的人。他们那里每一处都有一个威尔士的名字。我姐姐的家称为泰尼特利（Tanyderi），即'橡树下'。因此，我也取了个我的威尔士名字，就是塔里埃森（Taliesin），这原是16世纪一位威尔士吟游诗人的名字，意思是'闪光的前额'。"赖特此时回忆起祖辈来此拓荒深情地说。

"那么，这么大一片用地，你为什么选址在此处建造塔里埃森呢？"杨廷宝停步在绵延乡野的绿茵草坡回头仰望坡上被茂密树丛掩映的塔里埃森问（图2）。

"任何建筑都不该建在山顶上，建在顶上你就失去了山，建在顶下一点而又有开阔视野的地方，相当于眉额的山坡上，那么你才属于山也得到了山。你看，塔里埃森在那里，是不是像一道眉毛建在坡上？"赖特道出了祖辈威尔士人古老的对自然的眷恋和崇拜。

"赖特先生，你当初设计这座塔里埃森布局时，是怎么想的？"杨廷宝手指塔里埃森那低矮舒展、随地形起伏而高低错落的坡顶和平台问道。

"我对塔里埃森不同功能的平面布局是结合地形的起伏作了精心安排的。你看，东端高岗处是家庭居住部分，包括一层拥有最好视野的精致客厅、餐厅，二层有我和夫人的房间和我的私人工作间，同样可以居高临下看到威斯康星河的美丽景色。再过去就是访问学者和学员的房间。中间部分是事务所和学校建筑群，包括我的建筑事务所、展厅、员工餐厅、戏剧厅等。西端是仓库、车库、牲畜房间。这几组建筑群是分几次陆续建成的。"赖特简要地向杨廷宝介绍说道。

"从外部造型看,这些建筑材料应该是就地取材的吧?"杨廷宝指着塔里埃森外立面那些用片石砌筑的墙、柱、烟囱,以及精致的橡木门窗问道。

"对,我希望给自己建造一座自然的住宅和工作室,它所具有的并非洞穴或者木屋那种直白的自然,而是它与生长的土壤息息相关。所以,我选择了这些天然的材料来建造我的住所。"赖特手臂环指四周景色说道。

"也就是说,你希望塔里埃森建筑要像树木从地上生长出来,像裸露岩石是从地下冒出来一样是从泥土里长出来的房子,是吗?"杨廷宝形象比喻地说。

"正是这样。"赖特被杨廷宝点明设计意图赞同道。

"赖特先生,塔里埃森那些变化的屋顶虽然也是像你设计的类似草原住宅大出檐而显得十分轻巧,但屋顶坡度似乎比草原住宅更要平缓些,为什么?"

"这是为了使屋顶的坡度与周围草地的坡度相一致,这样可以使复杂的屋顶轮廓线与塔里埃森四周的地形缓坡取得和谐。如果说,平缓舒展的坡屋顶,连同似乎不经意地砌筑片石墙、大烟囱、橡木门窗这些自然材料参与了风景环境的自然生成,那么自然环境要素也就进入到建筑中了,不是吗?"

"这就是你说的有机建筑理论其中一个含义?"杨廷宝接着赖特的话题问道。

"是的。"赖特表示赞同地回应。

杨廷宝与赖特如此边欣赏塔里埃森的美景,边漫步交谈十分投机,不觉又走回到塔里埃森入口处。

"杨先生,我们进屋去看看吧。"在赖特的邀请下,杨廷宝走进前院,右拐进入了门厅。从走廊到客厅、餐厅、工作室、书房……各房间走了一圈后,只见到处是裸露的石砌墙、柱以及本色木装修、现代感十足的家具陈设和处处点缀的中国文物、工艺品。特别是各房间之间的空间通透流动感十足,让杨廷宝大开眼界,并体验到与中国传统居住方式不一样的居住文化氛围。

"赖特先生,你的室内设计我感觉有一种东方的格调,是吗?"杨廷宝感兴趣地问道。

"一个人的工作、学习和经历很自然地会带到他的设计创作中,不可能凭空创造出来。"赖特不假思索地答道。并讲述了他曾到过中国的经历:"在1914年,我为日本东京设计帝国饭店时,为签订地毯合同到过中国。清宫官员、留学英国牛津大学的辜鸿铭①博士陪同我游览了故宫和长城。我还购置了许多东方的瓷器、青铜器、屏风、雕塑和绘画等艺术品带回塔里埃森。只可惜后来在两次大火中烧毁所剩无几。但那次去日本和中国也增进了我对东方文化的了解。可以说，我的有机建筑理论受到了中国文化的一定影响。我的著作多次引用过《老子》的经典名句：'三十辐，当其无，有车之用。埏埴以为器，当其无，有器之用。凿户牖以为室，当其无，有室之用。故有之以为利，无之以为用。'以诠释我的有机建筑。"

"这样说来，你的有机建筑与我们中国几千年来提倡的'天人合一'的建筑与环境理念是契合的。"杨廷宝赞同地说道。突然，杨廷宝又想起一件事对赖特说："你刚才提到的辜鸿铭博士，这个人看过很多书，他的中文根底很深，又熟悉洋学问，是位有学问的人。他翻译过老子的《道德经》。我在清华念书时，老师曾带我见过他。他身穿黄马褂，头悬长辫，一副学究味，那样子我至今记忆犹新。"

"辜是我的好友，你回国后如见到辜亲自翻译的老子译文，请给我寄一本。"赖特说。

"好的。"杨廷宝承诺道。

……

就这样，杨廷宝与赖特坐在客厅沙发上聊了一阵子，不觉到了午餐时分。

"杨先生，我们去用餐吧。"赖特起身，邀请杨廷宝一同前往。

杨廷宝随着赖特走进了餐厅，只见赖特的学生们正在例行布置座位。

"同学们，今天我带来一位从中国来的贵客，他叫Ting pao Yang，20年前他毕业于宾夕法尼亚大学建筑系，现在是中国杰出的建筑师，大家欢迎！"赖特一进门就向在场忙碌布置座位的学生们介绍说。学生们停下手上的活儿鼓起掌来，杨廷宝热情地挥手表示谢意。一位中国学生赶忙在赖特的主座位旁又添加了一张座位。

"请！"赖特招呼着杨廷宝入席，等学生们按惯例陆续围坐在大餐桌一圈后，只见赖特开始边吃边向学生讲述起建筑设计的理论和见解。这是赖特的教学方式，杨廷宝心想，这有点像中国从前的私塾，这场景将杨廷宝带回到他童年读家塾时回忆，只不过中国的私塾那一套方式太古板，且枯燥无味，不像眼前赖特利用吃饭时间来灌输

---

① 辜鸿铭(1857—1928)，祖籍福建省惠安县，生于南洋英属马来西亚槟榔屿。毕业于爱丁堡大学、莱比锡大学，精通英、法、德、拉丁、希腊、马来等9种语言，获13个博士学位，是清代精通西洋科学、语言及东方华学的中国第一人。他将中国四书中的三部——《论语》《中庸》和《大学》翻译为英文，并著有《中国的牛津运动》和《中国人的精神》等英文书，热衷向西方人宣传东方文化和精神。

建筑常识这样轻松活泼。这大概也是受到孔夫子教学的影响吧。

午餐后，杨廷宝来到赖特的书房小坐。此时，赖特乘兴从书柜中取出前一天他78岁生日时学生们送的生日礼物——画。赖特将画一幅一幅地摆在杨廷宝面前请他分享。杨廷宝饶有兴趣地一幅一幅地欣赏着，竟没有一幅是俗套的，都别出心裁。

"赖特先生，为什么这些画都那样奇特？"杨廷宝颇为好奇地问。

"我主张学生的图样和图案应有创造性，而不应平庸和抄袭。"赖特笑着答道。

后来，赖特还拿出他设想的一亩方圆的城市规划模型照片给杨廷宝看。杨廷宝看后，嘴上没说，心里在想，赖特总是想兜售他这套理论，有点孤芳自赏。不过在他们那个社会，永远也只是一个幻想而已。尽管如此，杨廷宝仍然认为赖特读书颇多，是位有学问的建筑师。难怪在他书架、书柜里搁置着老子《道德经》和亚里士多德等哲学家的著作。对于一位成熟的建筑师而言，拥有广博的知识、对古代的哲学研究和修养那是必不可少的。

下午，赖特领着杨廷宝参观绘图室。当杨廷宝走进绘图室一刹那，就被眼前室内空间的奇异景象震撼了（图3）。只见8组深色的橡木桁架支撑起整个绘图室空间。每桁架两旁各由V形橡木柱通过下端铸铁锚固在与绘图桌等高的石墩上，其间和各桁架间都由纵横桁条连成整体。每组桁架上方都有隐藏的天窗，使光线从不可见处神秘倾洒而下，仿佛创造出一种"漂浮桁架"的错觉。而绘图室各处配置的绿植又将室内房间装点得生机盎然。

图3　绘图室（来源：网络）

"赖特先生，这间绘图室你为什么设计成与一般常见工作场合不一样的效果？"杨廷宝不解地问。

"我把这间绘图室称为'抽象的森林'，既然如此，结构上我就要改变常见的规规矩矩的梁柱框架体系，我采用这种结构形式，就是想造成树林的气氛。而且我要充分暴露材料的本性，显露出材质的原真味儿。大自然已将各种材料塑造得很美，我们为什么还要对它加以伪装，而不去暴露它的本质，还其自然的面貌呢？这样做，是不是更能将室内外的自然要素相互交融呢？"赖特将他的绘图室设计构思向杨廷宝和盘托出。

"您这构思奇妙极了！"杨廷宝听后不住地点头称赞。

接下来，杨廷宝看到满屋的学生，包括来自其他国家的学生，他们与老师愉快地交谈讨论着。杨廷宝开始不时地与学生聊起他们的学习生活，从中了解到赖特特别强调在实践活动中学习建筑设计的方法，使学生从中获取知识、增长才干、领悟建筑设计的本质。例如，一位学生说，他们新生入学时必须在没有水、电的户外"宿舍"住上几个月，以迫使他们站在建筑师的立场，用设计的眼光去分析住宅建筑所需要的基本要素。有学生又说，每天清晨他们要参加一至两小时的户外劳动，或参加筑路、盖房以及木工、金工等技术活，然后回到图房在老师指导下学习设计绘图。还有学生说，他们还要参加大量的社会活动，以体验各种社会生活，从中了解各类建筑的功能要求，并真正理解设计的真谛就是为人而设计，是在为不同功能的需要而设计一种生活。

就这样，杨廷宝与师生聊了许久，才在赖特的陪同下结束了一整天在塔里埃森的参观访问。

"赖特先生，感谢您在百忙中陪我一整天参观了塔里埃森，我从中获益匪浅。更要感谢您对我的热情款待，感谢这里的朋友们对我真诚友好的欢迎和交流。明天我就要去参观您设计的约翰逊制腊公司办公楼，我希望从中能学习到您更多的东西。再见。"

"杨先生，祝您考察一路顺风，希望今后能看到您更多的成功作品，再见。"

11日，杨廷宝来到威斯康星州东南的拉辛市，专程来参观赖特于1936年设计，1939年竣工的约翰逊制腊公司办公楼。这幢建筑最令人注目的是45米×65米四周为实墙而内部呈开敞的办公大厅，可供200办公人员使用，每人都有专门设计的工作桌椅。办公大厅四周的一圈夹层是各部门负责人的办公空间。在正门入口两侧对称布置了2个圆形旋梯作为上下层交通联系。这个偌大的办公空间结构，本来完全可以用钢桁架覆盖，但赖特别出心裁地采用了60根高6.5米白色颀长的蘑菇树柱。此柱上粗下细，

图4　约翰逊公司总部室内（来源：罗小未. 外国近现代建筑史 [M]. 北京：中国建筑工业出版社，2004：89.）

且中空。顶着近 5.5 米直径的圆盘，每柱顶圆盘彼此连成整体，其间空隙用组成图案状的玻璃管填充，让阳光柔和地漫射到室内（图 4）。

  杨廷宝在这个开敞办公大厅参观许久，深为其空间新颖别致的美学效果和静谧宜人的室内氛围而赞叹。不过，杨廷宝也曾耳闻过大厅常常漏雨，却不知怎么回事儿。正好他结束参观走出大门碰见一位修理工，便上前询问。不想，那位修理工人却风趣地说："这种样式，广告效果大，虽然不断修理，花了点钱，但与收效相比却是微乎其微的。"杨廷宝心想，资本家就是会算计，他们很看重广告宣传，甚至豪掷千金。难怪约翰逊制腊公司建成后，引起轰动，前来参观的人络绎不绝，无形中每个人都在为这个公司做了广告。

  修理工人还告诉杨廷宝另一件事。那是在这办公楼后部有个雨篷在施工中刚拆模就塌了。工人们去找赖特，他却说："自古以来，结构计算的方法是人创造的。上古时，人们搭个草棚，垮了再建，加粗点骨架，从中摸索出经验。此后，许多结构计算还是要通过结构试验来研究得出计算公式的。"并轻松地说："雨篷垮了，多加些，加粗些钢筋不就行了吗？"杨廷宝听修理工这么一说心想，赖特是有点怪脾气，自负与高傲，甚至私人隐秘也被人诟骂过。但是，赖特他的作品毕竟极富想象力，有独特的构思，建筑艺术颇具匠心。他一生约有 70 年从事建筑活动，高度的文化修养和大量的设计实践造就了这位非凡的建筑大师，不愧为四位现代建筑大师之一。

  至此，杨廷宝结束了他与赖特的会面和对他两个设计作品的参观后，又回到芝加哥，并以纽约为中转站，继续在芝加哥、华盛顿、费城等东部沿海城市来回穿梭进行集体考察和个人自由访问。

一晃5个月又很快过去了。当杨廷宝准备随考察团离美赴英考察前夕，于10月16日给赖特去了一封信，再次表达他对赖特热情接待的感激之情。

1945.10.16
建筑师弗兰克·劳埃德·赖特先生，
塔里埃森，
斯普林格林，威斯康星州

亲爱的赖特先生：

我寄给你一份关于《老子的道和无为》译文，它是由比丘外道（Bhikehu Wai-Tao）和德怀特·戈达德（Dwight Goddard）所作的译文。这份译文是由与戈达德有私交的叶渚沛那里获得的。你是否喜欢这份译文呢？

叶渚沛博士，是中国杰出的冶金学者，也是一位孔子学说的忠实拥趸，非常渴望在近期拜访您。

我计划月末前往英格兰，我会在返回中国以前在那里待上数周。我将会留心为你寻找辜博士关于老子的书。

总之，我想要感谢您的善意与好客，让我在塔里埃森度过愉快而有启发的短暂时光。请代我问候我在塔里埃森遇见的朋友们。最后，祝福您和太太。

您的好友
杨廷宝

杨廷宝，AA

参考文献：

1. 吴杨杰，朱晓明. 从机构到个人——抗战后期杨廷宝受资源委员会派遣出国考察述评[J].《建筑学报》学术论文专刊，2020（22）：224.
2. 齐康. 杨廷宝谈建筑[M]. 北京：中国建筑工业出版社，1991.
3. 项秉仁. 赖特[M]. 北京：中国建筑工业出版社，1990.

18. 传世经典载史册

1949年10月1日，中华人民共和国成立并定都北京，满目疮痍的北京城开始大兴土木改造旧城市。而外地人也随之大量涌入，一下子流动人口爆棚，住宿成了难题之一。那时，刚解放了的北京像样点儿的旅馆也只有老北京饭店和六国饭店，即使是普通的社会旅馆也少之又少。此时，京城最早成立的，也是唯一的公私合营投资公司——北京兴业投资公司抓住商机，于1951年投资拟建第一个建筑工程"联合饭店"。并特聘中华人民共和国成立前就闻名全国的基泰工程司著名建筑师杨廷宝和结构工程师杨宽麟二位黄金搭档为高级顾问。

二杨欣然应聘，再次联袂而往。而且，杨廷宝还从南京带来他的得意门生——南京工学院建筑系教师巫敬桓[①]以及其夫人张琦云[②]和郭锦文、王钟仁。杨宽麟则从上海带来结构工程师孙有明、程懋堃、乔柏人、田春茂、孙天德等，以及刚从美国留学归来的儿子——设备工程师杨伟成。加上北京的结构工程师马增新、兴业董事长乐松生[③]和文书、会计、司机等职员计十多人，成立了兴业公司建筑工程设计部，乐松生兼任设计部经理。

兴业公司的建筑工程设计部班子搭建后，杨廷宝作为设计主持人，立即着手联合饭店方案设计[④]的准备工作。首先是到现场考察地形环境条件，用杨廷宝的话来说就是："当我接到任务，首先观察建筑所处的环境、地面的大小、地貌的现有物和树木，吃

[①] 巫敬桓（1919—1977），重庆人。1940年考入重庆国立中央大学机械系，后转入建筑工程系，1945年毕业留校任教。1951年随杨廷宝到北京，加盟北京兴业公司建筑设计部，1954年随兴业建筑设计部并入北京市建筑设计院，直至1977年9月因突发脑溢血去世，终年58岁。

[②] 张琦云（1923—1982），四川成都人。1941年考入国立中央大学建筑工程系，1945年因病休学一年，于1946年毕业，次年在中央大学掌管建筑工程系图书室，1950年任建筑系助教。1951年与丈夫巫敬桓到北京，先后在兴业公司设计部、北京市设计院从事设计工作。1982年因肺心病去世，终年59岁。

[③] 乐松生（1908—1968），浙江海慈水镇（今属慈溪市）人，生于北京。同仁堂乐氏第十三代传人。1954年，同仁堂率先实行了公私合营，与上海的荣毅仁齐名。曾受毛泽东、刘少奇、周恩来接见。出任北京市副市长，全国一、二、三届人大代表，全国工商联副主席。在"文革"中被迫害致死。

[④] 施工图设计由巫敬桓在杨廷宝指导下完成。

透了环境，随即比划我的构思。"[1]

那么，拟建的联合饭店用地在哪儿呢？就在王府井大街之东，夹在南面金鱼胡同与北面西堂子胡同之间，长567米狭窄地段的东部有一占地25亩多的清末重臣那桐[2]的府第。它是一处横向并联七跨大院落的庞大宅第群。鼎盛时期有300多间房廊，还有一处花园"怡园"，几乎占了半条胡同，人称"那家花园"（图1）。

此那家花园非同一般，在辛亥革命后的1912年8月，南北议和时欢迎孙中山[3]第一次到北京举行大会的地方就在此，后来又被宴请来过两次。此园那时也是上层名流政客聚会之地，一度成为政治交际场所，盛极一时。后来，那家花园逐渐衰败，宅院次第租卖。

图1　那家花园宅第群（巫敬桓水彩画）

1951年，兴业公司购置了那家花园西端一处西大院和东侧毗邻的一组宅院，约7亩用地用于兴建联合饭店。杨廷宝在那桐宅院转了一圈，十分欣赏这京城一景——堪称北京私家花园中极为珍贵的遗存，特别是对地段内6株古槐、古榆树情有独钟。

杨廷宝经过一番仔细的现场考察，脑海中已有大致的构思轮廓，回到公司后就开

---

[1] 齐康. 杨廷宝的建筑学术思想 [M]// 刘先觉. 杨廷宝先生诞辰一百周年纪念文集. 北京：中国建筑工业出版社，2001：11.
[2] 叶赫那拉·那桐（1856—1925），字琴轩，满洲镶黄旗人。在清末光绪、宣统年间先后充任户部尚书、外务部尚书、总理衙门大臣、军机大臣、内阁协理大臣等，并兼任过京师步军统领和管理工巡局事务。1900年，八国联军侵犯北京，慈禧西逃，那桐充任留京办事大臣，随奕劻、李鸿章与联军议和，参与签订《辛丑条约》的谈判。清帝退位后，迁居天津。
[3] 孙中山（1866—1925），名文，又号逸仙，广东香山县（今中山市）翠亨村人。早年学医，后弃医，先后创立兴中会、中国同盟会，建立共和体制，建立中国国民党。开创中华民国，创建黄埔军校、中山大学，领导二次革命和护法运动。他是首举彻底反帝反封建大旗，开共和而终结两千年封建帝制，进行中国民主革命的伟大先驱。

始动手画起草图了。当时杨廷宝是怎样想的呢？我们从他在1978年9月8日重返解放初期设计的"和平宾馆"回忆的一席谈话中，可以重温他当时创作的情景。

那天，杨廷宝从金鱼胡同一走进和平宾馆的院墙大门，就看到右侧一组当时建造联合饭店时，他在设计方案中刻意保留下来的两宅院的西院①。杨廷宝就问宾馆的陪同人员："这儿保留的几组四合院怎么样？还住旅客吗？"陪同人员回答说："地震②后不住人了，但不少外宾还特别喜欢住四合院。有一次斯诺夫人③来，就想住四合院，因为地震不能住。"（图2）

杨廷宝接着说："是啊！其实住四合院很好。有的外宾很喜欢，他们住惯了高层建筑，住一下四合院别有风味。目前，国外旅游旅馆不少就是两层的。我们有时是一股风，一讲高层，各地不论城市大小，地段状况，一律想建高层。为什么不可以结合实际情况修缮一批民居、四合院作为旅游旅馆呢？"

拐到那家花园这组经典宅院，杨廷宝又说开了："你看那阳光，透过四合院的花架、树丛，显得多么宁静，住家的气氛多浓，还是个作画的好题材呢。"杨廷宝很久没有体验这种悠然自得的静谧生活了，似乎有一种要止步乘兴画上两笔的念头。

从那家花园宅院转到宾馆前的广场，杨廷宝环顾四周：眼前两棵犹如巨伞般的古槐树和古榆树，左边餐厅墙根下一口小巧玲珑的石栏水井，正前方客房楼一层中间的架空通道，身背后紧邻金鱼胡同的倒座④，这一切景物让杨廷宝的思绪又回到了26年前。他说："为了保留这几棵大树、一口水井和部分平房，我在设计构思时着重研究了环境。基地前后是两条平行的胡同，都是单行的。我决定采用主体建筑一字形，用过道穿透底层的办法，解决了停车和交通问题。把厨房和餐厅放在西边，这就尽量地避开这几棵大树，并把它们组织到室外空间来（图3），使之能够继续为人们'造福'。"说到这儿，杨廷宝手指厨房方向（当时曾有一棵古榆树）无不心疼地说："记得当时（施工时）

---

① 此宅院是那家宅地的正院，为那家祖孙三代及亲眷的住处。和平宾馆建成使用后，为高级客房，专供接待外宾。
② 指1976年7月28日唐山大地震。
③ 海伦·福斯特·斯诺（1907—1997），曾是美国新闻记者，中国人民的忠诚朋友，埃德加·斯诺的前妻。1931年8月来到中国，先后结识了宋庆龄和鲁迅。1937年访问延安，采访了毛泽东、朱德、周恩来、张闻天等中共领导人，和陕甘宁边区的各阶层民众，写出了《续西行漫记》一书，向全世界介绍了中国共产党和解放区。曾两次获诺贝尔和平奖提名。
④ 倒座是北京标准四合院平面最南端沿胡同的一排两坡顶平房，主要用作门房、客房、客厅。其东端为四合院大门，宅之巽位（东南隅）。中华人民共和国成立后，因城市发展需要，拓宽金鱼胡同时，连同那家花园宅地第一并被拆除。

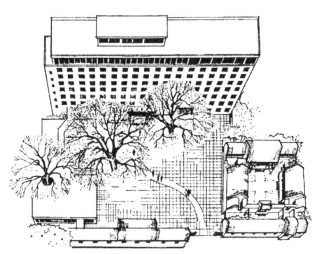

图2 和平宾馆鸟瞰图,右下角即为杨廷宝在设计之初刻意保留的那家花园四合院,1985年建新宾馆时被拆除。(来源:齐康.杨廷宝谈建筑[M].北京:中国建筑工业出版社,1981:2.)

图3 初建成的和平宾馆外景(来源:建筑工程部建筑科学研究院.建筑十年 中华人民共和国建国十周年纪念 1949—1959.图号86)

把固定起重架的钢索拴在那棵树上,真叫我担心了一阵子。"他仿佛自己的孩子被人捆绑一样伤心。要知道,杨廷宝宁可在厨房平面中挖出一个小天井,即使损失一点面积,也要留下这棵古榆树。然而,后来这棵树还是因为忽视养护,终究死去被砍伐。天井也改作贮藏室了。

说到这儿,杨廷宝心有不满地说:"现在,基建工作中还是有人为图一时方便,不爱惜树木。例如,南京五台山体育馆西面一片松树林本应保留,但施工时全砍掉了,真可惜!"在杨廷宝看来,这种破坏环境的行为简直不可思议,更不能容忍!然而,在今天的城市快速更新中,这种乱象已经司空见惯了,人们也麻木了。后人难道不应该对杨廷宝的忠告进行反思和警醒吗?

说到南面沿金鱼胡同的倒座,杨廷宝当初设计联合饭店时保留它的原因。一是杨廷宝特别喜欢它的历史价值和传统建筑的文化品位。二是这座细长的一层卷棚小屋,与同样保留的那家花园宅第两相呼应,由此保留了金鱼胡同的历史印记,给百姓一种亲切感。而且小屋尺度宜人,避免了人在狭长幽深的小胡同里猛然撞见庞然大物的客房楼[①]有望而生畏之感。三是在闹市中,倒座可以将宾馆前的广场围合成不受外来干扰

---

① 和平宾馆建成时,是北京当时第一高楼。

而幽静的现代大四合院，不仅满足众多旅客住宿需要舒适生活环境的要求，而且与东面那家花园小四合院相映成趣，也形成两个时代的新旧对比。杨廷宝还在倒座与客房楼两者现代与传统、高大与矮小、朴素与华美如此巨大的反差中寻求对话，以求达到和谐相处的目的。于是，杨廷宝在倒座正对着客房楼入口的中轴线上加建了一个抱厦与之呼应，这在业内人士看来，实在是一个高超而巧妙的设计手法。由此，把联合饭店的大门入口向东推至入口广场的东南隅。

说到联合饭店的大门口，据吴良镛回忆，杨廷宝曾对他说过："旅馆的大门口本来设计了一个北方的单间牌楼，可惜领导不喜欢，认为像个'断头台'而被砍掉，当时混凝土基础已打好，不得不加上两个灯，成了现在的门墩。"①（图4）如果当初那位外行领导对此不横加干涉的话，杨廷宝的这一设计构思能够建造，不但与那家花园的宅第连成一体，使金鱼胡同街景和谐一致，而且与多数宾馆总平面设计时常将大门与宾馆主入口正对的做法相反。呈斜角相望，让旅客走一条"S"形步道，在面积受限的入口广场上，却能获得曲径通幽、步移景异之趣，空间变幻、身心舒坦之感，从而来到客房楼主入口门前。而不是像多数公

图4　和平宾馆大门（来源：《建筑学报》2021年第10期第16页）

---

① 吴良镛.一代宗师——怀念杨廷宝老师[M]//刘先觉.杨廷宝先生诞辰一百周年纪念文集.北京：中国建筑工业出版社，2001：03.

共建筑前的广场那样两点一直线走捷径，急急匆匆赶路似地一路枯燥无味。再则，从"S"形步道两侧地面材质有别，更看出杨廷宝的设计匠心所在：右侧为水泥硬铺装地，供停车用；左侧靠近餐厅为绿茵草地、点步石小径供旅客闲庭信步，广场地面整体图案似有阴阳传统文化符号之意，可谓在螺蛳壳里做道场。可见，杨廷宝在不大的入口广场上，竟然花费如此心思，使自然要素与人工造物完美结合在一起。

当杨廷宝一行走进门厅时，看惯现代摩天大楼宾馆大堂的人，似乎觉得眼前的门厅太"小儿科"了。可是，在当时受各种条件所限，只能设计如此小而紧凑的门厅的情况下，细细品味起来，却有许多设计精妙之处，也可以说只有设计高手才能创作出这个经典的室内空间。何以见得呢？还是听听杨廷宝自己是怎么说的吧。

杨廷宝说："门厅是旅馆出入口交通的核心，旅客一到要办（入住）手续，看到服务台、楼梯、电梯、小卖部等一目了然。我将它安排成一个'港'。旅客休息处占门厅的一个角，不受来往交通的干扰。大片玻璃窗面对院内景色，使室内外空间互相呼应，浑然一体，到了这里就好似到了'家'。我认为，一般旅馆的门厅没有必要设计得那么堂皇。"[①]（图5）

是的，一个旅馆门厅的设计不在于面积宏大、空间高敞、装修奢华、场面气派，而宜合用舒适、得体近人、亲切温馨。和平宾馆的门厅可谓每个细节设计都周到至极：左前角部位是客房楼的垂直交通中心，楼、电梯迎向进门旅客而设，特别是楼梯向门厅内伸出五级踏步，且迎向来客方向的踏步右拐角，原本生硬的直角改为弧形转角，不但方向感明显，而且显得柔和自然。加上

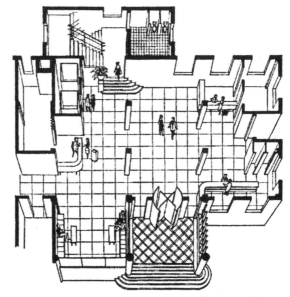

图5 门厅是杨廷宝设计和平宾馆的精华之处（来源：齐康.杨廷宝谈建筑[M].北京：中国建筑工业出版社，1981：3.）

---

① 齐康.杨廷宝谈建筑[M].北京：中国建筑工业出版社，1991.

图 6　门厅内景（来源：王建国. 杨廷宝建筑论述与作品选集 [M]. 北京：中国建筑工业出版社，1997：96.）

来自楼梯间窗户的漫射光，将原本较暗的楼、电梯口映亮而引人注目（图 6）。其旁的衣帽间服务台位置，恰到好处地位于旅客上、下楼的流线必经之地，行程既短捷，存取又方便。而总台就在门厅入口正前方，一眼就能看见，且与垂直交通中心邻近，便于旅客办理入住或退房手续。小卖部作为门厅内次要功能内容，退居不显眼的入口右侧一角，使旅客购物与门厅主要人流互不干扰。

更令人称赞的是，入口左侧一处口袋形空间的休息区，是闹中取静之处。在此处待客、休闲、等候的旅客不会受到门厅中来往的各种人群的行为的影响或干扰，犹如一席世外桃源，客人悠闲自得地促膝交谈或观望窗外美景。就连在门厅公共场所必须设置的卫生间，也被杨廷宝布局到既隐蔽不显眼，又不远宜找的地方。这些设计手法看似简单，细究起来还真是有不少门道，这不仅是杨廷宝设计的妙笔，更是他一贯为人而设计的理念的具体体现。

杨廷宝接着从门厅左侧穿过一个通道来到餐厅区，这又是杨廷宝得意的设计经典之处，可谓柳暗花明又一村。难道杨廷宝在设计中又有什么绝招吗？那当然！只听杨廷宝对随行人说："这后台可以接待客人，又可以作为小型演出时的候场。活动隔板拆掉，可以从两边台阶通向宴会大厅，扩大空间，上下呵成一气，举行较大的报告会。"随行人员对这一路参观的大、小餐厅和夹在其间小舞台的平面形式、流通空间和高低地坪的变化，不断啧啧称赞。杨廷宝接着手向上一指说："你从小楼梯到回廊看看，如听报告、看演出，不又增加了座位吗？空间虽不高，用了槽灯，并不感到压抑。"不大的场所，空间变化却如此丰富，使用功能又如此随需而变，在那个中华人民共和国成立前的封建时代，甚至中华人民共和国成立初期，人们真是闻所未闻，见所未见呢。就连周恩来总理在大楼竣工视察时，也特别喜欢宴会厅的设计。

从大餐厅出来，走到那口水井处，杨廷宝又说："当年我想办法搬来了石望柱栏板做井栏。井水可以用来浇花，不是很好嘛！"这与他在抗战胜利后，从重庆复员南京自建"成贤小筑"私宅时，用一块整石栏围起一口小水井，保护起来用作浇菜畦和花圃的做法如出一辙。对于类似的现场原物，杨廷宝在规划中总是加以巧妙地保护与利用。

当杨廷宝在陪同人员的带领下，登上顶层屋顶平台时，极目远眺北京城全貌，不禁感慨当年建造途中的一段曲折。杨廷宝说："开始建设时，原是利用解放初社会上的游资，修建一座中等旅馆，且已建了4层框架。后来因为要在北京开'亚洲及太平洋区域和平会议'，临时改为宾馆①。当时正是建筑界复古主义'大屋顶'成风，审批这个宾馆建筑设计时不予通过，不给执照②，后来几经周折才批准了。施工时工人们日日夜夜辛勤劳动，进度很快，只用了50天就建成了③，及时交付使用。我为什么采用这种设计手法呢？就是因为它便于施工，快，能及时赶上需要。"

后来，杨廷宝在陪同人员的带领下看了几间客房后回到底层，在宴会厅稍事休息。陪同人员向杨廷宝又介绍说，这些年，来和平宾馆参观的人，特别是全国各高校建筑系的师生和设计院的建筑师。他们一致称赞和平宾馆设计得很经典，还上了教科书。此时，杨廷宝又说起当年的事。他说："宾馆建成后，一时曾招致了许多人的非议，尤其是当时莫斯科一批建筑师说这是方匣子④。听说有一次，报纸上的批判稿子已经准备好了。总理说：'这个建筑不是设计得很好吗！这个房子解决了问题嘛！'这才制止了欲（登）在报纸上的公开批判。之后，中央提出了'适用、经济，在可能条件下

---

① 周恩来总理指定联合饭店作为中华人民共和国成立后，我国第一次举办的国际会议"亚洲及太平洋区域和平会议"的接待宾馆之一。6月，政府追加拨款，加快建设，限期保质完工。
② 因为联合饭店造型上不是大屋顶，而是平屋顶。
③ 1952年9月饭店竣工，因供亚太和平会议使用，饭店定名为"和平饭店"，大会主席郭沫若提了馆名，齐白石挥毫的和平鸽作了馆徽。10月，和平宾馆接待了与会的30多个国家和地区的300多位代表，一时名声大振。
④ 指当时西方现代主义建筑风格的一种流派所形成的建筑造型特征。

注意美观'的方针，为我们设计人员在设计原则上指出了方向。"陪同参观的齐康紧接着向杨廷宝问道："这样的'方匣子'怎样解释'民族风格'呢？"

杨廷宝回答说："我的看法是，那种功能性为主的，如旅馆、医院、学校，首先强调的是使用合理，建造经济，空间组合紧凑，有准确的比例尺度。至于那些有纪念性的公共建筑，成为象征性的建筑，代表一个时代，一个国家，一个地区，那民族风格、地方风格，不言而喻，要强调一点。同时，还需创新。"

杨廷宝设计的和平宾馆不仅堪称经典之作，他的设计思考以及观点对今天后学们的建筑创作也同样具有现实的指导价值。

参考文献：

1. 齐康. 二十六年后，重访和平宾馆[J].《建筑师》丛刊第1期.
2. 巫加都著. 建筑依然在歌唱：忆建筑师巫敬桓、张琦云[M]. 北京：中国建筑工业出版社，2016.

19. 据理力争破戒律

六朝古都、虎踞龙盘的南京，山、水、城、林交融一体，楼、宇、街、巷交织辉映。其紫金、幕府山势雄伟；长江、秦淮穿城萦绕；古老城墙蜿蜒盘桓；林木绿化覆盖全城。可谓遍地江南美景，随处金陵胜迹。

特别是南京的城市道路，是以1929年12月国民政府颁布的《首都计划》为纲，也是以为迎接孙中山先生灵柩从北平移至南京中山陵而建的中山大道为骨架。它自长江边中山码头起，至朝阳门（今中山门）接陵园路达中山陵，全长12公里。并在节点鼓楼放射状延伸出中央路、保泰街（今北京东路）、北平路（今北京西路），形成五路交会；在节点新街口放射状延伸出中正路（今中山南路）和汉中路，形成十字路口，由此构成当时世界第一长城市干道和国内第一个现代化城市道路系统。

中山干道的横断面均以"三板块"模式修建。即中间为12米宽的双向快车道，两侧各为7.5米宽的慢车道，两边最外侧各为5米宽的人行道。在快、慢车道之间以1.5米宽的绿岛间隔，并各植两行悬铃木（俗称法国梧桐），慢车道与人行道之间植单行悬铃木。道路纵向计6行树高冠阔的行道树，夏日成为参天蔽日的林荫隧道，既可降温，又成为南京人引以为傲的城市特色景观之一；冬天悬铃木的树叶落尽，尽显粗干细枝的优美姿态，温暖的阳光倾洒而下，使街景别样妖娆。由此，中山大道成为国内许多城市发展现代化城市规划道路的蓝本。

1958年，"大跃进"在全国如火如荼。各地城市建设也跟风掀起大干快上之势。同时人们热情也膨胀起来——"人有多大胆，地有多大产""上九天揽月、下五洋捉鳖""十五年赶超英国"，干劲可嘉。但好大喜功、盲目从事、不切实际、想入非非，导致事与愿违。

在当时国内这样的背景下，受大势所趋，南京的城市建设也不甘落后。

有一天，在南京市政府大院的会议室里，要召开一次会议，讨论中央路拓宽延伸的规划问题，请来了各路专家、教授、学者。

中央路的历史沿革是怎样的？其实，早在1930年，就根据《首都计划》，在中山大道的鼓楼节点处，向正北方向空旷地带开辟了一条笔直的南北道路，而且是沙石路面，路宽只有8米，长却有3324米。这条路因与地球子午线同向，故称"子午路"。但子

图1 神策门（来源：网络）

图2 中央门旧影（来源：网络）

午路伸向北端时，被明城墙阻断。当时，明城墙将南京城分为城里城外，而通往城北燕子矶、晓庄等地的城墙门只有神策门（图1），但此城门偏于子午路东侧。为了使子午路出城向北延伸，1931年便在明城墙上开了一个很大的门洞，定为"中央门"（图2）。1945年时，子午路改称为与"中央门"同名的中央路了。

随着城市的发展，中央路不够宽了，中央门太窄了。而且在此次就要召开的讨论中央路如何拓宽的会议之前一年，即1957年，就先把中央门连同该段的明城墙扒光了。木已成舟，中央路趁着1958年的特殊政治环境，和中央门名存实亡的现实，拓宽已势在必行。问题是如何拓宽，市政府需要听取有关部门和专家的意见。

那天，杨廷宝也如约来到会场，只见会议室里招呼声、问候声、谈笑声，声声入耳。他却不声不响坐在一大圈桌椅的后排角落，与左右相识的人寒暄等待正式开会。

几位负责人陪同市领导最后出场，来到正中前排一一就座。此时，一位市领导环顾全场。咦！南京工学院的杨廷宝教授怎么没来？其实他没看见，是前面一排的同志遮挡住了他的视线，而且杨廷宝坐在角落里很不显眼。

"杨廷宝教授来了没有？"这位市领导不得不向会场喊话。他为什么特别关注杨廷宝来了没有呢？因为在此之前几年，杨廷宝的名声在南京一年比一年响亮：1953年，他当选中国建筑学会副理事长；1955年，他成为中国科学院技术科学部第一批学部委员（即当今院士），这在当时的南京可是寥若晨星！1957年，他又当选国际建筑师协会副主席，这更是冲出了国门，在世界学术舞台上占了一席之地，为中国赢得声誉。要知道那时还有不少国家没有承认中国的地位啊！这样的享誉国内外的建筑学家，著名的建筑师，今天不能不出场为中央路的改造出谋划策、科学把关！

"杨教授在这儿呢！"坐在杨廷宝身边的另一位同志站起来，手指杨廷宝告诉市领导。

"来来来，杨教授请坐在前面。"市领导起身再三邀请。杨廷宝不好意思，恭敬不如从命，起身换位坐在了前排。

"好了，我们现在开会。"主持人讲了中央路建设的意义、规划设想、改造步骤、时间期限等作为简短的开场白后，接着说："下面请各位专家、教授、学者积极发言，共同商讨中央路的改造问题。"

主持人宣布讨论会开始后，参会者接二连三地说开了：

"当前各行各业都在'大跃进'，改造中央路是当前拥护'三面红旗'的政治任务，一定要不惜一切大干快上。"

"对！中央路早就该改造了，这么窄的石子路与中山大道太不相称了，也影响了人们的出行和交通通畅。中央路的改造不能拖南京大发展的后腿！"

"改造的中央路一定要有气派，要又宽又直，一眼望不到头。"

"要学习苏联老大哥的经验，逢山开路，遇水填埋，这样道路才能规规矩矩，路网才能方方整整。"

"要像北京、西安那样，道路呈棋盘格，横平竖直。"

"对，现在中央路与保泰街①就不垂直，改造中央路要把轴线严格按交叉九十度纠正过来。"

……

会场上发言倒是挺热烈，观点似乎比较一致，好像也没什么人提不同看法。但会场上的与会者也并不都是情绪高昂、劲头十足。尤其是听了前面几位振振有词的发言，更有人沉默不语了。或者邻座两人在窃窃私语，看表情似乎有不同看法，但又不想说。这是为什么？因为有人提到要学习苏联老大哥的城市建设经验，此时谁敢质疑？也有人提出要把改造中央路当作政治任务尽快完成，这更不能抵触了。刚过去不久的1957年"反右斗争"还记忆犹新呐！祸从口出，还是少说为妙。

---

① 是张之洞于1895年修筑南京的第一条马路，后陆续延伸，于1959年将保泰街段由6米拓宽为40米形成干道，改称今北京东路。

"请没有发言的同志,充分发表意见。"主持人见会议冷场便说。

"我来说几句吧。"此刻,一个语调平和、态度沉着、口气却坚定的声音从会议室一角传来,众人的目光一下子聚焦在那位年近花甲、正欲发言的老者身上,他就是杨廷宝教授!

"现在,南京中央路要改造拓宽了,这是大好事。这条老路已经将近二十七八年了,解放到今天确实该修修了。刚才很多同志发言都有这个急切的愿望,我也一样。政府在今天这样大好的形势下提出要实现这一全市人民的愿望是利国利民的大好事,我完全支持。"杨廷宝顺应时势和会场气氛做了个开场白,然后话锋一转:

"但是,同志们!我们要实现中央路改造拓宽,要有两个条件:一是要有革命的热情和干劲,二是要有科学的态度和实事求是的精神。第一个条件,我们从政府到百姓都具备了。第二个条件呢?我想,请大家要多想想。这里,我先谈谈个人的不成熟意见。"杨廷宝在公众场合从来没有居高临下的姿态,更没有盛气凌人的口气,他的开场白让大家听了心里很舒服。但有的发言者听到杨廷宝提出第二个条件时,隐约感到话中有话,似乎要发出与多数已发过言的同志不同的声音了。

"中央路应该怎样规划?我们不能就事论事拍脑袋,更不能说过头的话。我们应该从南京城市建设的发展过程,特别是南京道路结构形成的特点来考虑。今天中央路的改造拓宽问题,在座的规划部门同志应该比我更清楚这一点,更有发言权。"杨廷宝并没有以权威口气单刀直入,而是谦虚地推出搞规划的同志的专长。

"据我了解,中央路在规划上,应属于当时世界第一长街中山大道的分支,也是南京主干道系统的一个有机组成部分。所以当时中央路的定位是与地球子午线同向的,也就是说,它是正南正北笔直的,而且与从鼓楼到新街口这一段中山路在一条直线上,要不然在叫中央路之前,它的真正名字怎么会叫'子午路'呢。这是历史上形成的格局。我们后人是不是要尊重这个历史事实,不要轻易改变它的定位。"杨廷宝婉转地从中央路的历史沿革谈了自己的看法,但他还是觉得并不能说服那位提出城市建设要像苏联那样道路横平竖直、垂直交汇的同志。于是杨廷宝又进一步说道:

"退一步说,如果要使中央路与保泰街呈九十度垂直,要纠正也不能动中央路呀。因为它与从鼓楼到新街口这一段中山路,本来就在一条子午线上,你要为了使中央路与保泰街呈九十度交叉,势必使中央路偏离子午线,造成与中山路不在一条直线上,这不就本末倒置了吗?这样说来,我们只能动保泰街了。可是,你知道吗?保泰街虽然只有6米宽,但它可不是一般的小街小巷哦。它是大名鼎鼎的清末两江总督张之洞[①]在 1895 年修筑的南京第一条马路中的一部分，是有历史价值的，也不能大动干戈，如果今后要改造也只能在原基础上拓宽。所以，我们不能只看见鼻子尖底下芝麻大一点的局部，要站得高一点，从大局看问题，才能把握处理局部问题不出差错。从治理国家到管理城市都是这个道理。"杨廷宝以朴实的语言把中央路要不要与保泰街呈九十度的具体问题，放入如何认识全局与局部辩证关系的哲学范畴。阐述如此清晰易懂，使多数与会者不住地点头。但是杨廷宝还想把这个问题说透点，尤其要让头脑发热的人清醒一下，他接着又话锋一转。

"如果按有的同志所说的，一定要照搬苏联老大哥的范本，搞什么道路横平竖直，呈直角建设道路，请问，从鼓楼向西北方向呈四十五度倾斜，直通中山码头，而且，在顶端还拐了一个弯的中山北路，是不是要改道重造？同样推理，南京蜿蜒逶迤的明城墙，是不是也要像方方正正的北京、西安城墙模式推倒重建？事实上，我们的老祖宗很聪明，他们没有按常规（设计）严整对称的传统城墙形制，而是顺应地势起伏、山湖走向，（将城墙）因地制宜地盘绕成不规则的几何形图形，（使其）不但成为世界上最大的围城，而且与自然环境融为一体。"杨廷宝以反问的方式，彻底道明了在图纸上形式主义地、理想化地规划城市道路是不可行的。这让主张"直角"的那几位发言者低头脸红了。

"其实，中央路与保泰街虽不垂直交叉，但也只偏差三到五度，肉眼根本是看不出来的，哪怕你坐在飞机上往下看，你也不会察觉到这点偏差。问题是我们的同志考虑到没有，你要是让中央路纠偏这一点点角度，那么，这三千三百多米长的中央路，在北端那一头，要甩出去多远？我想问一问，主张将中央路拉成九十度直角的同志，你们算过账吗？若按这样的想法干下去，中央路要拆掉多少民房？他们又如何安置？国家又要花多少钱？"杨廷宝一连串对现实的发问，引起在座的每一位与会者深思，几位领导听后也连连点头。"我们搞规划设计的人，要多为国家、为老百姓着想，不要只看到图纸上画得漂漂亮亮，但是每一条线，都是要花大代价的啊！所以，我个人意见是，不赞成把中央路拉成直角的。"杨廷宝直接表明了态度。

"杨教授，您能谈谈中央路改造拓宽的具体建议吗？"主管领导希望杨廷宝接着

[①] 张之洞（1837—1909），字孝达，祖籍河北省沧州市南皮县，生于贵州黔西南兴义府（今安龙县）。为晚清四大名臣之一，清代洋务派代表人物。历任两广、湖广、两江总督，军机大臣。力主发展军工、重工业，创办自强学堂（武汉大学前身）等学校，参与推动晚清新政。

谈谈对中央路规划的具体意见。

"回答这个问题，我们也要从南京道路系统整体路网来看。如果说，中山大道是南京道路系统主动脉的话，那么从这个主干道的各个节点，又派生出若干条次干道。其中，中央路就是从鼓楼向北延伸出的唯一一条次干道。而中山大道和各条次干道共同构成南京城市道路的整体骨架。由此再派生出更多、更密的次一级支路。从目前南京中山大道和多条次干道来看，道路形制都是路幅40米宽，三板块，六行行道树。我想，中央路作为次干道，无论从路幅宽度、三板块形制、种植悬铃木都应和中山大道一致。这样，不但可纳入南京道路的整体骨架体系，而且还可将南京道路景观特色向城北延伸，从而改善城北地区的环境风貌（图3）。我的话讲完了，谢谢大家。"

图3　今日中央路（来源：网络）

杨廷宝娓娓而谈近半小时，以深入浅出的分析、有理有据的事实、柔中有刚的言语，说是为中山路的改造拓宽建言献策，实则也是为与会者做了一场崇尚实事求是、不唯迷信守旧、敢于力排众议的演讲。难怪散会后，一位与会者对杨廷宝说："听君一席话，胜读十年书啊！"

参考文献：

· 刘向东，吴友松. 广厦魂[M]. 南京：江苏科学技术出版社，1986.

20. 科学分析保淮塔

淮海战役是解放战争三大战役①中，规模范围最大，持续时间最久，战事争夺最烈，敌我伤亡最重的一次战略决战。也是打过长江去，解放全中国的决胜之战。为了缅怀在淮海战役中牺牲的3万多名英烈，1959年4月4日，国务院决定在徐州东南部的凤凰山腰兴建淮海战役烈士纪念塔。

是年7月开始设计。杨廷宝依据凤凰山不同于城市内的开阔自然环境，取塔身宽13米，厚10米，高38.15米，雄厚的体量与巍峨山势相得益彰。又考虑城市道路来自北向，为顺应人流，将园区大门朝北。而杨廷宝在勘察凤凰山体走势后，塔身定位在山腰处，而一反传统南北向，依山势取面东朝阳。但与园区北入口关系似乎不妥。这需要在塔身东西轴线与北入口南北轴交叉节点处，做人流与视线的转折处理。于是杨廷宝运用了直径为150米的圆形中心广场，它宛若一个巨大的花圈和挽联呈现在烈士纪念塔山脚下，巧妙地解决了这一难题。不过，杨廷宝从远期规划考虑，园区正大门还是应与塔身呈直线相对的互应关系为佳。以便形成更为庄严肃穆的长轴线纪念气氛。那就要等今后城市扩张发展到条件成熟后，再开辟园区东大门作为主入口（图1）。

图1　鸟瞰渲染图（来源：韩冬青，张彤.杨廷宝建筑设计作品选[M].北京：中国建筑工业出版社，2001：152.）

---

① 即辽沈战役、平津战役、淮海战役。

至于纪念塔自身的设计，为使形象更显高耸壮美，将塔体向上收分。而塔座则向四周放大，使塔身稳如泰山，屹立其上。在细部设计中，正面拟书写"淮海战役纪念塔"镏金大字。塔座正面镌刻碑文，两侧为大型浮雕，高 2.6 米，总长度 34.5 米。碑文右侧浮雕为人民解放军一往无前的战斗气势，左侧浮雕为民众乡亲奋勇支前的浩荡洪流，体现了淮海战役胜利的两块基石。而塔身正面上方镶嵌浮雕塔徽，塔徽由五角星、两支交叉的步枪和松子绸带组成，象征着在党的领导下，中原、华北两大野战军的丰功伟绩、烈士们万古长青以及人民对英烈的无限缅怀。塔顶为四层逐次叠收，塔冠呈金字塔状。整座纪念塔远望气势恢宏，近观浮雕形象栩栩如生（图 2）。

为了不使纪念塔孤立独处，杨廷宝在纪念塔南、西、北三面设计了纪念碑廊和角亭，全长 146 米。利用碑廊外圈墙壁拟镌刻党和国家领导人的题词，以及已查明的英烈名录和无名烈士无字碑（图 3）。

在纪念塔前约 250 米山坡上，杨廷宝为了渲染烈士陵园特有的庄重肃穆气氛，设计了一条宽 31 米，10 个平台、共计 129 级的台阶。这样可以让瞻仰淮海战役烈士纪念塔的群众，在拾级而上的缓步中，渐览高台之上的纪念塔全貌，从而敬仰之心油然而生（图 4）。而人们从纪念塔平台回头向下俯视时，因看不见台阶，而 10 个平台却连成一片，仿佛形成一条平坦大道，寓意着先烈们用身躯和生命铺就的坦途。这就是杨廷宝在淮塔的总体布局与塔体建筑设计所要达到的意境和目的。

待杨廷宝将方案完成后，由参与设计的江苏省建筑设计院精心绘制了包括总平面、纪念塔和纪念馆建筑方案在内的全套图纸，和一张大幅纪念园全景鸟瞰图。经报送国

图 2　近景（中央电视台吴燕摄）

图 3　碑廊（中央电视台吴燕摄）

图 4 全景（来源：韩冬青，张彤. 杨廷宝建筑设计作品选 [M]. 北京：中国建筑工业出版社，2001：152.）

务院审批后，政治局多位领导表示赞赏。陈毅[①]副总理审查时，还特地用钢笔在"淮海战役"四字之后，添加了"烈士"二字。

方案经国务院批准后，江苏省建筑设计院全力以赴，将施工图设计图纸全部完成。

1960年4月5日清明节，在徐州凤凰山东麓隆重举行了有两万军民参加的淮海战役烈士纪念塔奠基典礼。同年8月6日，纪念塔主体工程正式动工。

当施工钢筋混凝土空心塔身完成后，开始了塔身外贴山东崂山花岗石工程。当花岗石贴面工程进展到30米高度时，突然发生意外。经仪器测量，发现塔身往东北方向微微有点倾斜，这下可炸锅了！如果再往上贴花岗石，倾斜程度可能会更厉害些。于是，工程被迫停了下来。

怎么办？整个工地沸沸扬扬，开始议论纷纷。而一些不明就里的人，把此事一放大，说得更严重了，甚至上纲上线，让人胆战心惊。

省政府得知此消息，很快派来工作组。省建委、徐州市委、市政府负责人和专家、学者、设计和施工人员齐集工地召开现场讨论会，担任"淮塔"建设领导小组顾问的

---

① 陈毅（1901—1972），四川省乐至县人。1919年赴法勤工俭学。1923年加入中国共产党。1927年参加八一南昌起义。先后任工农红军第四军政治部主任、前委书记、新四军代理军长、华东野战军司令员等职。中华人民共和国成立后任上海市市长、华东军区司令员、国务院副总理兼外交部部长、中央军委副主席等职。中共第七至第九届中央委员、第八届中央政治局委员。第三、四届全国政协副主席。

杨廷宝也火急火燎地赶来。

讨论会上，两种意见截然相左。一种意见认为"淮塔是百年大计，质量第一。尤其这是政治工程，来不得半点马虎。上要敬重血洒疆场、头枕青山的英烈；下要对子孙后代负责。既然塔身已经倾斜，只有炸掉重新施工！"说得慷慨激昂，掷地有声。还得到不少人附和。领导听后觉得在理，心感责任重大。

但也有人提出不同的看法，"淮塔主体施工眼看到顶，工程已投入巨资，目前国家又暂时处于困难时期，贸然炸掉重来，一是会带来政治负面影响，二是实在令人心痛。能不能研究一下，在不影响工程质量的前提下，找出可行的补救措施，纠偏塔身的微倾？"

双方执不同意见争论了一个上午，相持不下。几位领导左右为难，不敢轻易做主，他们要等一直没有说话的杨廷宝表态。

杨廷宝为什么迟迟不开口呢？这不仅是他一贯的作风，要先充分听取别人的意见，更在于自己还没有充分了解淮塔微倾的程度及其原因，以及可能产生的后果。他深知没有调查研究就没有发言权，不能下车伊始就信口开河。他要到工地现场考察一番。再说，时间已近中午，会议主持人宣布暂时休会，下午接着再议。

午饭后，已六十花甲的杨廷宝本应午休一会儿，这也是他日常生活的老习惯。但是，这天他实在没心思躺下，便走出房屋。只见天空万里无云，树叶纹丝不动，炎炎烈日把无遮无盖的工地烘烤得热浪扑面。杨廷宝顾不上这些，头顶烈日，仍步履矫健地先爬山走到淮塔下，转了几圈也看不出塔上部有倾斜的迹象，莫不是自己老眼昏花了？再退到远处，也看不出倾斜啊！他心里有了点底。接着又返回向山坡下的工棚走去，这全得益于他自年少就习武练功数十年，练出了硬朗的身板和快速走路的腿劲。

杨廷宝走进工棚，向来自苏、鲁、皖的能工巧匠又开始了执弟子礼的一番讨教。

"师傅们，在休息呐，向你们讨教一点问题，行吗？"杨廷宝客气地开门见山问道。

"没事，俺们在闲聊呢。"杨廷宝几次来过工地，有师傅对杨廷宝面熟便说道。

"听说塔顶现在贴上去的几块花岗石有点倾斜了，有办法能把它拿下来吗？"杨廷宝问。

"能！不过比较费劲。"一位山东大汉点头回答说，旁边的几位石匠也附和赞同。

"拿下来后，再贴上去怎么纠偏呢？"杨廷宝又问。

"很好办，在拿下去几块花岗石的地方，将塔体表面混凝土稍许铲去一点就行了。其实这点微差根本算不了什么。如果真要讲究，一丝不苟要求工程质量的话，费点事也没什么。"石匠们轻松地回应。

……

下午讨论会继续进行。也许上午发言的人讲得差不多了,一开始有点冷场。此时杨廷宝开口了。

"我中午到现场仔细看了一下,其实肉眼看不出塔上部有倾斜的现象。即使用仪器测出有微倾,也无碍大局。上午有人提出这个问题,我想,也是出于对施工质量的关心。我与工匠师傅们探讨了如何补救,他们说可以做得到。上午另一部分人提出,不要轻易将塔体炸掉重新施工,这也是从慎重考虑,毕竟这不是危及塔体安全的问题。何况这几年我们国家暂时正处于经济困难时期,还是要算经济账的。我赞成从实际出发解决好这个问题。"杨廷宝语气平和、态度真诚的开场白,立即引起意见分歧的双方相同的反响。他们佩服德高望重的学者杨廷宝教授如此放下身份,与大家平起平坐讨论问题;更为他不顾酷暑炎热,到实际中去,到群众中去,实事求是的优良作风而深受感动。

"淮塔当前的这个问题,让我回想起三十年代我们修缮北平天坛祈年殿时,也发现这座古建筑的宝顶倾斜了,而且肉眼都能看出毛病。即使这样,它历经几百年也安然无恙。但毕竟宝顶歪了就要把它纠正过来。当时修缮过程中,我们把宝顶吊起,我和两位师傅钻进宝顶里查明是木龙柱歪了,才把外面的宝顶顶歪的。等重新扶正木龙柱,并把它牢牢固定住,再重新将外面的宝顶落下盖严封死,就完好如初了。"杨廷宝没有空洞说教,没有简单否定、简单肯定,更没有居高临下、咄咄逼人的语态,却以像讲故事一样的方式,以此为例说明办法总比问题更多。只要我们抱着科学的态度,实事求是的精神和革命的干劲,任何问题都能迎刃而解。与会者听得入神,也渐悟真谛。

"还有,大家都知道的意大利比萨斜塔,它实际是作为比萨大教堂的钟楼,建造于1173年8月,开始建造时是垂直向上的。但在5年后,当建造到第四层时,发现钟楼已经向东南方倾斜,工程因此停建。后来在停停建建的过程中经历了200年,于1372年终于建到第八层完工,但钟楼的倾斜仍在缓慢地增长着。不过后来查明原因,是因钟楼建在了原海边沉积土上,土层松软,且地基承载力不均匀而导致。经过对地基不断地补救处理,终于使钟楼自重与地基土层承载力达到了某种程度上的平衡,加上钟楼自身的石材及其咬合建造技术,使钟楼形成无懈可击的整体结构,钟楼虽然倾斜,而至今约八百年不倒。但钟楼顶中心偏离底层中心仍有约4米。"

"再说,苏州的虎丘塔,你们也非常熟悉。它比比萨斜塔还早建200年呢。自明代起,也是由于地基不均匀沉降,导致虎丘塔向西北倾斜,塔顶中心偏离底层中心有 2.3 米之多。后来采用铁箍灌浆方法,加固修整,终于保住了这座古塔。"

"这两个例子说明,影响建筑物倾斜的重要原因之一,是地基的耐压力和土质是否均匀。而我们这座纪念塔是建在山体坚实的岩石上,而不是像比萨斜塔和苏州虎丘塔是建在土质差的地基上。所以,请同志们不必担心。"杨廷宝通过介绍中外两座倾斜建筑物的成因及其补救措施,进一步论证了淮塔的所谓微倾完全不是结构性问题,而且纠偏起来也要比意大利比萨斜塔和苏州虎丘塔容易得多。

杨廷宝接着说:"我问了工匠师傅,他们说只要把上面贴好的花岗石拿下来,把塔体上部打混凝土时,由于模板松动,涨出来少许的混凝土打掉,再重新贴上花岗石就平整了。"杨廷宝这一下午半个多小时的发言,说得与会者心服口服,也使争论的双方都乐于接受。

此后,施工方在纠正了塔上方的局部微倾后,按原来的进度一路顺利施工下去。

1964 年 11 月 11 日,建塔委员会收到内务部寄来的毛主席亲笔书写的"淮海战役烈士纪念塔"行草大字。随即做成铜胚字成竖行镶嵌在塔正面中心,并镏金成型。

1965 年 10 月 1 日,淮海战役纪烈士纪念塔历时 5 年半终于落成。11 月 6 日,在淮海战役十七周年之际,正式对外开放。

杨廷宝在淮塔的建造过程中,不仅精心设计了又一杰作,而且还在工程出现问题时,扭转乾坤般地解决了一大难题,不负众望啊。

参考文献:

刘向东,吴友松. 广厦魂 [M]. 南京:江苏科学技术出版社,1986.

21. 闻讯赴京观新奇

20世纪70年代初，是国际关系风云变幻的时期。1970年10月，我国与加拿大建交，11月与奥地利建交。这是自1964年1月中法建交和同年4月中日设立民间互谅办事处以来重要的国际事件，也预示着将有众多西方国家要与我国陆续建交。特别是1971年10月25日联合国大会以压倒性多数通过决议，恢复了中华人民共和国在联合国的一切合法权利。同时，中美两国也为尼克松就1972年访华达成协议，从而将迎来同世界尚未建交的国家建立外交关系的一次高潮。这样一来，中国与各建交国家的外事活动将与日俱增。为此，新建各类为外事活动服务的建筑项目迫在眉睫。

在这种国际形势有利于中国发展的背景下，为了开启中国与刚建交和即将建交的国家正常往来、经济合作和文化交流的大幕，需要及早做好准备。为此，在北京建国门外开始了对各类外事工程项目的规划与设计。其中一项工程就是国际俱乐部的设计与建设。

其实，北京自1911年后，在台基厂大街7号就有一座为外国人提供娱乐的原北京俱乐部，也即在中华人民共和国成立后，北京俱乐部被外交部接管并改称的"北京国际俱乐部"。但是，该俱乐部原有的设施已远远不能满足即将迎来的繁忙而多样外事活动的需要了。

为此，北京市政府和外交部外交人员服务局决定在建国门外使馆区新修建一系列外事工程，包括国际俱乐部、友谊商店、外交公寓等具有社交、娱乐、餐饮、购物、居住功能的建筑群。

这是一批政治性工程项目，即使在"文革"的非常时期，也不得怠慢延误。于是，这些刻不容缓的设计任务立即交由北京市建筑设计院三室承担。而国际俱乐部设计项目的建筑负责人则是从清华建筑系毕业不久的马国馨①。此时，他虽已毕业五六年，由于当时北京的城市建设活动压缩，设计院也就没有大的民用项目和公共建筑可设计了。

---

① 马国馨（1942— ），原籍上海市，出生于山东省济南市。1965年毕业于清华大学建筑系，即进入北京市建筑设计院工作。1991年获清华大学工学博士学位。历任北京市建筑设计研究院建筑师、副总建筑师、总建筑师。1997年当选中国工程院院士。

现在，这一重要工程项目的设计任务直接交到马国馨手中，他该有多高兴。何况这还是他任职于北京市建筑设计院以来，上手设计的第一个公共建筑项目。可是，马国馨明明在1965年就从清华建筑系毕业了，怎么事隔6年才上手设计第一个公共建筑项目呢？原来，他自毕业后，即刻就参加城市"四清"，第二年回到设计院却又经历"文革"，直到1969年才开始搞点设计工作。但也只是设计锅炉房、厂房之类的工业项目。所以，这一次才算是真正有机会第一次着手设计像样的公共建筑。何况这一上手的重要设计项目竟然非同一般，且又是一个"三边"（边设计、边施工、边备料）工程，在当时来说，其难度与压力之大可想而知。

该项目于1971年2月设计，当年开工，而且施工进展很快。尤其到了1972年结构工程完工后，进入室内外装修阶段尾声时，这个即将揭开面纱，露出真容而令人瞩目的高档建筑立刻吸引了闻讯而来的市民，特别是前来参观的北京和外地各城市的建筑师络绎不绝。何以如此呢？那时，轰轰烈烈的"文化大革命"已经在全国开展五六年了，哪儿还有什么大型基建项目可干？现在，在北京突然出现一批在建项目正如火如荼，难怪引起人们的好奇心。就连在非常时期，好几年没什么设计项目可做的杨廷宝得悉北京有这么一个特殊的在建项目，也趁出差北京之机抽空好奇地来到现场，想一睹久违的工地景象。

那天，杨廷宝乘车来到建国门外大街21号，远远看见路北一片工地的繁忙景象，就在临建外大街处有一座两层、局部三层的建筑铺得很开，大概这就是即将完工的国际俱乐部了（图1）。杨廷宝从工地东侧一条道路进去不远就到了围栏入口，该工程及

图1 北京国际俱乐部全景（马国馨提供）

友谊商店、外交公寓三个项目的工程主持人吴观张①正恭候杨廷宝的到来。

说起吴观张，他还是南京人呢。他于1952年在苏州高级工业技术学校土木专业毕业后留校任教，第二年就调到南京江苏省教育厅从事设计工作。也许在那时他就与杨廷宝打过交道，更久闻其大名。所以，他听说杨廷宝今天要来工地参观，十分高兴，要亲自陪同杨廷宝在国际俱乐部上下转转。

吴观张看见杨廷宝正向这儿走来，立刻迎上去躬身握手。

"杨先生，您好，欢迎您来工地视察指导。"吴观张虔敬地说了一句，并递上安全帽让杨廷宝戴上。

"哪里，我是来见识学习的。"杨廷宝也谦和地回应说。

两人在东门口寒暄几句后，随即就进入东门主入口广场。

"刚才走来的路上，看见那边正在盖的是什么建筑？"杨廷宝手指东面那一片工地问。

"那片工地是在建友谊商店，是建外大街第一座专为外国来华人士购物的'涉外'商店，但一般国人是不能入内的。"吴观张介绍说。

杨廷宝明白后转过身来，面对眼前的国际俱乐部东立面。只见主入口门廊处的两层建筑，形体上比左右同是两层的建筑的体量要高大许多，从而更加显示出建筑主入口的醒目地位（图2）。

"这个俱乐部项目占地规模有多大？总建筑面积大概有多少？"杨廷宝问。

"占地有3.7公顷，总建筑面积近14000平方米。"吴观张回应说。此时，杨廷宝手持小本本，立即记下了数据。

"杨先生，我们进去看看吧。"在入口广场看了一会儿

图2　东入口（马国馨提供）

---

① 吴观张（1933—2021），生于南京。1962年毕业于清华大学建筑系，即进入北京市建筑设计院工作，曾任院长、副总建筑师。

后，吴观张边邀请、边扶着杨廷宝小心地踏上五步台阶，穿过门廊和入口走进东门厅。

虽然当时国际俱乐部装修已接近尾声，但并没有完全结束。不过，杨廷宝已经看出门厅周边各空间功能内容的端倪。

"这里是东门厅，正对前面是对外散座餐厅，左手通往运动娱乐区，在那里包含有健身房、弹子房、乒乓室、棋牌室。右手通往电影厅、酒会厅。左右两个功能区都有独自对外的出入口，可以单独使用。"吴观张简单介绍了一下东门厅周边房间的布局。

"这样的功能分区很清楚。特别是眼前这个门厅的空间尺度与建筑的规模、体量都恰到好处。左边这部开敞大楼梯很醒目，设计的位置也很合适。这样可以保证人员进入门厅后，到一、二层的人流很快分开。"杨廷宝站在门厅处边听吴观张介绍，边点评说。

不知怎么，此时杨廷宝对开敞大楼梯空间的一些细节设计突然感兴趣起来。只见灰色水磨石悬空三跑梯段延伸向上、本色宽木扶手和黑色直条方钢栏杆及汉白玉大理石楼梯边梁与侧面通至二层的金黄色整片木隔断（图3），这几样不同材质、色调、形态的室内设计要素完美地组合在一起，使这一处空间既有现代气息，又具中国装修特色。特别是，杨廷宝看到大楼梯背景大片实墙面好像与一般室内装修做法不太一样。

"吴总，这大楼梯背后的墙面是怎么装修的？"杨廷宝感兴趣地问。

"这整片墙面的面材是用名叫'银晶'的大理石铺就的，国内很少用，只是施工做法比较考究。"吴观张只是简单地回答说。

图3　东门厅（楼梯后经改造，马国馨提供）

"怎么个考究法？"杨廷宝紧接追问了一句。

"这么说吧，在大理石切割时，就对每一块大理石按切割顺序进行编号，以保证每块大理石彼此的纹理能对接，并从头到尾纹理是连续不断的。然后，按序号上墙。"吴观张没想到杨廷宝观察这么仔细便进一步解释说。

"这样施工不是很费工费时吗？"杨廷宝随口说了一句。

"当然费工费时呐，但这项工程因是北京最大的涉外工程，设计、施工质量要求高，来不得半点马虎，必须严格要求、深入设计、精心施工呐。"吴观张很有责任心地说。

吴观张说完，杨廷宝即刻打开小本本，掏出口袋里的钢笔很快勾画出一张大楼梯一角的速写。吴观张在一旁看得打心眼儿里直佩服杨廷宝的手头功夫。

"我们先到右边去看看酒会厅和电影厅吧。"吴观张见杨廷宝收起本本和钢笔后，说着引领杨廷宝从门厅向右拐经过一段走廊，来到酒会厅和电影厅单独对外使用的一个小门厅背向入口站定。

"我们右手方向是去电影厅，正前方就是酒会厅了。"吴观张用手比画着介绍后，又说："我们先去看看电影厅吧。"

当吴观张引导杨廷宝向右走上7步台阶来到电影厅前的休息厅后，没停留就左拐直接进了电影厅。此时，杨廷宝眼睛一亮，这个电影厅好像与通常的电影厅有点不一样嘛。再仔细一瞧，原来是观众席位布置很特别，不是常见的短排法，而是长排法（图4）。

图4　电影厅（马国馨提供）

"这个电影厅采用长排法布置席位，你们在设计时有什么想法？"杨廷宝问。

"主要是考虑到为了争取更多视线效果好的座位，采取了没有中间纵向走道的长排法座椅。另外，因为这个电影厅是为外宾观看电影设计的，为了让外宾坐着舒适，而且进出方便，我们设计时不但加大了排距，而且座位尺寸也加宽了。"吴观张回答完后，还特别提到："这种长排法席位布置方式，目前只有北京展览馆的电影厅才这么做的。"

"哦，这么说使用对象不同，标准要求不一样，设计就要有所区别了。"杨廷宝感慨道。

"你刚才说的座位具体尺寸是多少？这个电影厅能容纳多少观众？"杨廷宝接着又问。

"排距是95公分，座位宽60公分，而且，座位扶手下面有译意风。全厅一共有17排，总座位442个。"这个电影厅因是吴观张自己亲自负责设计并绘制施工图，所以能脱口而出具体数字。而杨廷宝随听随即在小本本上迅速写着。

接着，杨廷宝扫视了一下电影厅腰鼓状的空间形态，又瞧瞧墙面装修和吊顶形式，感觉非常简洁朴实。

随后，吴观张引领杨廷宝走出电影厅南侧疏散门直接进入一处大空间。

"这里就是酒会厅了。"吴观张指着这个大空间说。

"这个酒会厅为什么要紧贴在电影厅边上，而且有门相通？"杨廷宝环顾酒会厅后问。

"这个酒会厅主要是供各国使馆在这儿举办电影招待会时，放映前会有一个招待酒会。会后贵宾就可以从这儿直接进入电影厅了。所以，酒会厅在设计中最好能与电影厅毗邻在一起。"吴观张解释说。

"原来如此，看来外交礼仪还有不少特别的要求。所以，设计归根到底是为人而设计。人们有什么样的生活需求，建筑师就要为满足这种需求去设计相应的生活方式。"对于一生做项目特别强调平面功能设计的杨廷宝来说，十分有同感地赞赏这一点。

在杨廷宝透过酒会厅南向落地大玻璃窗看到室外有一片场地时，虽然绿化、景观还未形成，但他已想象到对于酒会厅来说，有一个毗邻的室外庭院是必需的，可以为酒会厅室内增添轻松愉悦的氛围。想到这儿，杨廷宝对吴观张说："酒会厅外面有一个庭院很有必要。而且，人们可以到外面走走，设计考虑得很周到。"

随后，吴观张带领杨廷宝从东面正门走出酒会厅，绕回到最开始从外面进入建筑内的主人口东门厅，然后右拐径直进入正对主入口一个更大的空间。

"这里就是对外服务的散座大餐厅。这一部分区段的具体设计人就是马国馨建筑师。"吴观张指着偌大的房间说。杨廷宝因听吴观张第一次提到马国馨这个名字，当时并没有在意。

此时，大餐厅南面通长落地玻璃隔断外面一处窄长的室内空间引起了杨廷宝的注意。

"这大餐厅外面的房间是作什么用的？"杨廷宝手指前方问。

"那是暖房，供贵宾喝咖啡的地方。"吴观张说道。

"哦，爱喝咖啡是外国人喜好的生活习惯，这里应该设这类必备的房间。"杨廷宝边赞同地说，边走进暖房。

随后，杨廷宝从暖房向南看出去，只见室外有一大片空地。

"看来，在这里向南可以欣赏今后将要做成的室外花园了。好像南面的院子比北面的院子更大一点，是吧。"杨廷宝在暖房环顾室外空地时说道。

"是的，北面的院子对于大餐厅只能观景，不能走进去。而南面的大院子将来作为人们可进入的游园。这一南一北的院子有动静之分。另外，设计中把南面的大院子计划通过亭廊和绿篱再分隔成一东一西两个室外庭院空间。我们现在看到的是位于东面的大院子，它的南面是一幢两层、局部三层的房子，那是国际俱乐部的娱乐区。"吴观张边手指方位边介绍说。

"我们左手那一排房间是做什么用的？"杨廷宝指着左手一排两层的房子问道。

"您说的东面那一排两层建筑是吧？它的功能是男女理发、美发部，通过这个辅助用房一是将娱乐区与餐饮区在使用上联系起来，另一方面在造型上使约125米长的东立面在建筑轮廓上有高低变化，在平面上也有进退之别，这样，可以使这么长的立面丰富起来。还有，眼前这个大庭院的围合感也更强一些，这样可以创造更幽静的庭院环境气氛。"吴观张根据设计意图解释道。

"西边的小庭院，又有什么设计意图呢？"杨廷宝右手指向西面开口的院落问。

"那个毗邻的较小院子是给西边包间小餐厅做景观用的。我们向前走近看看吧。"吴观张边解释边建议道。

吴观张带着杨廷宝从大餐厅向西走向包间区，这里已经到了餐厅区的西端。三个小包间在此向南一字排开。因而都可以看到南面用绿篱围合的观赏小庭院，朝向、景色都会很不错。在此处用餐显然与在大餐厅用餐氛围不一样了。

图 5　网球馆（马国馨提供）

"杨先生，咱们出这个边门到外面去看看网球馆吧。"看完餐厅区后，吴观张对杨廷宝说。

"好吧。"杨廷宝边应答边向西边门走去。

杨廷宝走出俱乐部大楼就是西边室外运动场地了。此刻，南面一座高大的正方形平屋顶建筑立刻出现在杨廷宝的眼前（图5）。

"这就是网球馆了？"杨廷宝猜想着问。

"是的，这就是一座有两片室内网球场的网球馆。"

"哦，它有多大面积？多高？"

"它的平面是40米×40米，再加上南面入口处一些公共休息面积和男女更衣、淋浴、卫生间等辅助用房，有近两千平方米。网架下弦高度17.5米。"吴观张说完，杨廷宝又随手在小本本上记下。

杨廷宝走进网球馆抬头一看，只见双向钢管球节点网架已覆盖在顶上。

"这个球节点网架在国内还是首次设计和使用的。网架的杆件都是在工厂预制，现场拼装焊接的，然后整体一次吊装成功。这种网架结构重量轻、用钢量省，而且施工快。因为这是一种新颖先进的大跨轻型屋盖结构，所以，最近一段时间冲着这座网球馆来参观的人特别多。"吴观张见杨廷宝饶有兴趣地仰头观望良久，没等杨廷宝开口提问便主动介绍说。

"这么大的网架结构吊装起来费很大劲儿是吧？"杨廷宝还是问了一句。

"当时，是用四台塔吊将在地面上焊接好大约有 64 吨重的网架屋盖结构吊装过来的。为了保证人员安全，并且准确吊装到位，先在网架中心位置的地上挖一个一人深的坑，再在网球馆的中心位置也挖一个同样的坑。然后，两个人分别站在坑里，以防万一网架掉下来砸着人。整个吊装过程就是由这两个人吹哨指挥一点一点地将网架吊起、平移、准确落架就位的。"吴观张一口气讲完吊装过程。

"现在结构设计、施工技术越来越先进了。我们解放前设计房子到不了这种水平。"杨廷宝感慨地说。

这个网球馆建成后，很多外宾，包括国内政要如万里、吕正操等都来此打球。1974 年老布什出任美国驻中国联络处主任，在任期的 13 个月里，经常来国际俱乐部打网球，并与 13 岁就是球童的陪打员季恩义成为网球好友。1984 年澳大利亚总理霍克首次访华，时任副总理的万里同霍克在国际俱乐部网球馆举行了一次网球友谊赛，开创了国家领导人在网球场上开展外交活动的新形式。1985 年，老布什首次以美国副总统身份访华，也和万里在国际俱乐部进行了友谊赛。此后，老布什三次来京，每次都要来国际俱乐部网球馆，打球的同时也看望在这里认识的我国网协副主席季恩义老朋友。20 世纪 80—90 年代，来这里打球的人很多是各国大使、国际要人及知名人士。后来，很多使节先后离任回国，但他们再来中国时，也都会像老布什一样，到国际俱乐部网球馆同陪打员或老朋友叙叙旧。可见，当年的网球馆建成后，名气有多大！当然，这些都是后话。

杨廷宝在网球馆看了好一阵子后，才从网球馆南入口走出来。随后，吴观张带着杨廷宝向东走去，相距不远处来到国际俱乐部南入口站定。此时，杨廷宝想看看国际俱乐部面向建外大街南立面的景象。为了更好地看到主立面的造型效果，他一直退到接近路边。此时，吴观张也跟着来到杨廷宝身旁。

由于南立面有约 130 米长，尽管杨廷宝退到很后，也只有左右转头才能看个全貌。吴观张见状，就主动开口讲解说："在长安街上的许多建筑都是对称的，但我们设计的这个建筑已经远离长安街核心地段，况且它是一座文化娱乐建筑。所以，我们根据内部功能的需要做了不对称的自由处理。您看，南楼平面上有进有出，形体上有高有低，东端结合路口还做了半圆形造型。但在细部处理上，我们又通过墙面虚实对比、栏板同一做法、黄色马赛克配以白色水刷石壁柱、窗套，以及入口通高柱廊等手法，不但使这么长的立面避免了单调感，而且在造型上统一中又有变化，充分表达了国际俱乐部建筑的活泼个性。"吴观张兴致盎然地侃侃而谈了一通。

"这个立面上运用不同材料所表达的色彩关系很不错，看起来很新颖。"杨廷宝欣赏了一阵子后赞赏地说。

"杨先生，这其中还有个小插曲呢。"吴观张想起施工中的一次波折说了一句。

"哦？什么插曲，说说看。"杨廷宝很感兴趣地问。

"当初，我们看到对面波兰使馆的窗框、护栏、大门等都是黑色，看上去十分精神。所以我们也尝试用黑色窗棂，佩上黄色马赛克墙面和白色窗框，这三种色彩搭配起来就像是中国人的脸庞一样，讲究'眉清目秀'，亮眼美颜。但是，在当时的政治氛围下用黑色是很犯忌的，还差点为此惹出事来，所以窗棂不能用黑色'。"

"后来呢？"

"我还是觉得窗棂不用黑色不好看，就想了一个办法，用9桶黑漆兑1桶绿漆，与黑漆颜色其实差别不大。如果有人较真起来，我就说这是墨绿色。结果现在做完了也没人注意。"

"哈，你这是在暗度陈仓吧。"

"说起来，国际俱乐部是我和三室的马国馨建筑负责人所领导的团队一起设计的。起初，别人曾做了五轮方案都没有通过。后来，我们几天几夜没有睡觉，累得不行。过春节我骑车回家路上直犯困，不得已只好下车靠在树干上闭一会儿眼睛才敢再骑上车回家。最后一轮方案，我们画了一幅足一米长的水粉画透视图给领导审查。没想到，领导一看就拍板说：'全新的国际俱乐部就建成这样！'方案一次通过了。施工时，我们在现场有30多人画图。而工地上的事儿都是由马国馨跑腿联系，他还要负责餐厅、宴会厅、厨房这个区段的具体设计。他的工作能力非常强，而且做事特别有条理。每天我上班时，桌上都会有马国馨写的备忘录：昨天工地有若干问题，我解决了哪几个，是怎么解决的；有几个问题我建议如何如何，您的意见？还有几个重要问题我们需要讨论议下，等等，工地进展写得清清楚楚，我每天就几个问题跟他讨论一下，然后他就去协助工地，签字洽商。马国馨做建筑负责人，你省心得不行，而且他自己从方案到构造到施工图全做，技术全面，我非常欣赏他。"吴观张回忆起往事竟滔滔不绝地向杨廷宝夸起马国馨来。此时，杨廷宝听吴观张说了一大通马国馨的事儿，这才在脑中留下对马国馨这个名字的印象，尽管杨廷宝此时还只闻其声不见其人，但他对马国馨这个人却有了好感。

"这样的设计工作干起来再累也有意思。"杨廷宝还是对吴观张口中说起的马国馨感同身受地说。

就这样，吴观张与杨廷宝在南入口外面聊了好一会儿后，便一同进入南门厅。只见门厅虽不大，但尺度挺适宜。当杨廷宝正站着面对眼前一面空照壁观望时，吴观张开口了：

"在国际俱乐部的室内装修设计中，我们与工艺美术家合作了一批壁画、漆画、镶嵌、玻璃画等。这面照壁，今后将有一幅国画装饰在上面。"

"对这样一个高档的重要工程设计，的确需要各专长人员协作才行。"杨廷宝强调说。

随后杨廷宝抬头又望着天花板看了一会儿说：

"灯具的造型很简洁，悬挂的高度也很合适，与门厅的空间尺度很相配啊！"杨廷宝看后称赞道。

等杨廷宝在南门厅看完后，吴观张说："杨先生，这左手去处就是弹子房，右手是阅览室。我们就从这部楼梯上二楼吧。"

"好的。"杨廷宝应声道。

吴观张搀扶着杨廷宝一步步走上楼梯来到二楼，因为此处只有左边的乒乓球室和右边的棋牌室，也就没有仔细再看，而是径直向前穿过一段单廊来到一处既高敞又明亮的大厅。

"这里就是迎宾厅，贵宾主要是从楼下我们进来的东门厅这部开敞大楼梯上来。"吴观张向杨廷宝介绍说。

"这里应该是国际俱乐部进行最重要的外事活动的地方了，是吧。"杨廷宝自问自答道。

"是的。我们的正前方就是宴会厅，我们先进去看看吧。"

杨廷宝走进宴会厅瞬间感到心胸开阔，只见偌大空间两侧列柱挺拔耸立，南北高敞玻璃窗通透明净，舞台居中，一派庄重却又欢畅的氛围。随后，杨廷宝又抬头望着顶棚，只见布满了圆形吸顶灯（图6）。此时，吴观张又说开了：

"这个国际俱乐部

图6 宴会厅（马国馨提供）

建造时，除了钢窗外，室内几乎没有什么现成的产品可以采用。您看，包括上面这些吸顶灯都是我们自行设计的新型定制灯具。整个国际俱乐部各处的灯具都是由我院邝宇生建筑师设计，与灯具厂共同研制出图，最终得到成品。而这些产品基本上都成为灯具厂后来的制式产品。"

"这说明，建筑师不但要设计好建筑，还要能参与一些室内设施、陈设的设计，这样，对建筑师提高建筑设计水平也有好处。"杨廷宝很赞赏地说。

随后，杨廷宝走到宴会厅南侧，看到一处木隔断便问："这儿为啥要用花格栅隔开？"。

"那是隔出一个交往空间，供宴会间隙个别贵宾在这儿互动交流用的。"吴观张回答道。

参观完宴会厅后，吴观张又带着杨廷宝来到多功能厅。此时，这个厅的室内装修基本完成。空间虽然简单，但采用中国传统大漆制成的红色背景端墙上，九只飞翔的仙鹤栩栩如生，因此，这个多功能厅又被称为"仙鹤厅"（图7）。

说起仙鹤厅，你别以为这个房间不怎么起眼。在新的外交部新闻发布厅建成以前，仙鹤厅一直是外交部召开新闻发布会的会场呢。包括国际俱乐部建筑本身这种规模档次的建筑和设施，在当时的北京还绝无仅有。难怪周总理也曾在这里设宴接待过外宾，两次前来参加活动。而其他中国领导人如邓小平、宋庆龄、李先念、邓颖超等也都在国际俱乐部举行或参加过活动。虽然这些都是后来的事，但作为建筑师，能有机会设计这样有故事的建筑算是三生有幸了。

图7　多功能厅（马国馨提供）

言归正传，说到杨廷宝在二楼参观完几个重要的厅室后，对国际俱乐部建筑的设计有了整体的体验和印象。于是结束了半天的参观，下楼走出东门厅，重回到东入口广场。

杨廷宝正欲与吴观张道谢告别，忽见不远处有一栋还保留着的临时房屋，有几个人面对墙壁在议论着什么。此时，吴观张看到马国馨也在人群中，他想将国际俱乐部设计的建筑负责人介绍给杨廷宝认识。

"杨先生，我们到那儿去一下，我向您介绍一位年轻的建筑师马国馨，好吗？"吴观张手指着不远处以征求的口吻说。

"就是在参观过程中你多次提起的那位叫马国馨的建筑师？好啊！我正想见见他呢。"杨廷宝很爽快地同意说。

于是，吴观张带着杨廷宝一同走过去。原来这栋还保留着的临时房屋墙上做了国际俱乐部，包括友谊商店外墙装饰的许多样板，有不同材料、不同颜色。虽然施工图纸上建筑师已经标注了国际俱乐部所有立面上不同部位的颜色、材料，但是真实效果还需看实物样板。因此，外墙面层的做法在施工前还需要做若干样板进行比较。此时，吴观张带着杨廷宝来到了跟前。

"这位就是国际俱乐部工程项目设计的建筑负责人马国馨建筑师。"吴观张将马国馨从人群中拉到杨廷宝眼前介绍说。回过头又对马国馨说："这是从南工来的杨廷宝先生，今天特意来现场看看。"

"杨先生，您好。学生请您多指教。"马国馨礼貌躬身的同时，赶紧伸出手想与杨大师握手，一看手上尽是灰尘又即刻停住，杨廷宝见状却毫不在意地握住了马国馨迟疑的手。

此时，马国馨真没想到在这儿竟意外第一次见到自己仰慕已久的杨廷宝建筑大师，心里十分激动。他还记得他在清华建筑系读书时，就已经知道梁思成与杨廷宝是中国建筑界的两位宗师，自己还参观过杨廷宝大师设计的北京和平宾馆呢。今天能亲眼见到杨廷宝大师真是太有幸了。特别是这位大师竟然"穿着十分朴素"，尤其在刚才自己犹豫的一瞬间，是杨大师他先握住了自己手，更令马国馨倍觉亲切而感动。

"刚才参观一路上吴总多次提到你，说你能力很强，他很欣赏你哦。我仔细看了你的这个设计作品，很好嘛，继续努力你定会有很大发展前途的。"杨廷宝第一次见到马国馨，深情地鼓励说。这大概是所有爱才的老师共同的秉性吧。

"哪里哪里，我初涉公共建筑设计，是吴总对我信任，让我在这个工程的各个环节都得到了锻炼，从中也学到了书本上学不到的许多知识，我还得好好向吴总他们这些有经验的建筑师们学习呢。"马国馨受到杨廷宝大师和吴总的夸奖面带羞涩地说。

杨廷宝与马国馨彼此客气几句后，就对着墙上几块外墙水刷石装饰样板来回看了几遍，指着其中一块问马国馨："这块水刷石样板的配合比是多少？"

"这块样板是用在外墙上，除了白水泥之外，松香石和白石子的配合比是 2：8，其中还要掺千分之五的地板黄。"马国馨毕恭毕敬地回答。

"那这一块呢？"杨廷宝指着另一块样板又问。

"这块样板是用在勒脚处的，它用的是普通水泥，松香石和白石子的配合比是 6：4。"马国馨很快地回答。

……

每当马国馨回答完杨廷宝提出的问题时，杨廷宝即刻就在随身带的小笔记本上把这些数据都一一记下来。

马国馨后来回忆说："过去只听说杨廷宝先生有一句名言：'处处留心皆学问'。"今天眼见为实，而且是自己的亲历。回想杨老，这样一个细小的工程技术问题都不放过，都要认真记录下来，由此更感到杨老取得那样大的成就，绝不是偶然的。他十分注意日常任何一个细节的积累，这也为我们后生小子树立了极好的学习榜样。

参考文献：

1. 2021 年 4 月 19 日，马国馨为著者亲笔书写"第一次见到杨老"短文，和提供有关文字材料，并多次对著者的文稿进行补充、指正。
2. 北京市建筑设计院第三建外外事工程设计组. 国际俱乐部[J]. 建筑学报，1973（2）：48.

22. 心系扬州鉴真堂

扬州鉴真纪念堂是为了纪念唐朝律宗高僧鉴真而建。鉴真曾先后十年，历经艰险，至第六次东渡扶桑成功。不但辛勤传法，在奈良东大寺设坛传戒，而且把唐代绘画、书法、雕塑、医药、工艺、印刷、建筑等介绍到日本，还建造了唐招提寺，为发展中日两国文化交流做出了重要贡献。

1963年，鉴真圆寂1200周年，中日友好民间团体双方商定，在扬州鉴真当年传法的寺庙"大明寺"东北侧的一块空地上建造纪念堂。随后，请对中国古建筑研究造诣深厚，对营造法式熟稔于心的梁思成设计了纪念堂大殿的方案。梁思成仿照鉴真大师在奈良留下的最主要之遗物——唐招提寺金堂为蓝本，并在此前扬州建设局曾草拟的平面布局方案予以认可的基础上，再依据选址用地及环境条件，对其纪念堂、碑亭、回廊的比例、尺度和建筑风格方面做了修正，最终完成了建筑初步设计方案。

是年10月，在扬州大明寺举行了隆重的鉴真纪念堂奠基。后又建成了卧式纪念碑。由于受到当时政治、经济等多种因素影响，纪念堂项目却未即刻启动实施。直到1972年9月29日，中日正式建交，恢复邦交正常化，这一历史性事件为鉴真纪念堂继续建造创造了条件。

再到后来国务院下发文件至江苏省，同意在扬州市建造鉴真纪念堂后，才有了转机。但是，梁思成已于1972年1月9日逝世。于是，鉴真纪念堂的施工图设计就由时任扬州市建设局兼职顾问张致中[①]及扬州市建筑设计院孙吉祯和何时建，在清华大学莫宗江[②]的指导下完成施工图设计。并于1973年3月开工，当年11月建成（图1）。

---

① 张致中（1923—2007），江苏省南京人。1948年毕业于中央大学建筑工程系并留校任教。1970—1979年下放至扬州，并兼职扬州市建设局顾问，从事建筑工程设计。1979—1985年任南京工学院建筑系主任、教授。
② 莫宗江（1916—1999），广东新会人。1931年加入中国营造学社，为梁思成助手。1935年开始任学社研究生。1947年任清华大学建筑系副教授，教授。

图1 扬州鉴真纪念堂（来源：网络）

图2 1973年5月，杨廷宝（中）和童寯（右）、张镛森在扬州瘦西湖五亭桥前留影（杨士英提供）

在施工期间，扬州市建筑设计院的设计人员曾敬请杨廷宝、张镛森①、童寯恩师到现场指导。5月的一天，当杨廷宝一行到扬州市考察建筑时（图2），也来到鉴真纪念堂工地。当杨廷宝走进鉴真院站定后，仔细地打量正前方已经快成型的纪念堂外观时，杨廷宝看来看去觉得纪念堂的比例、尺度很到位，唐代建筑风格也很地道。只是由于受山势和环境局限，纪念堂的规模虽然比日本唐招提寺金堂小许多，但纪念堂的体量由此与环境空间结合却十分和谐。不过，杨廷宝此时有一个担心。

"纪念堂的屋面坡度是不是低缓了点，这样对排水不利。如果将屋面坡度提高些就好了。"杨廷宝想到唐代古建筑至今为什么只在北方发现，而在南方却鲜有存在？

---

① 张镛森（1909—1983），字至刚，原籍江苏武进，生于苏州。1926年入苏州工业专门学校建筑科，1927年随工专并入第四中山大学，1931年毕业于中央大学建筑工程系。毕业后留校任助教。1939年5月至1946年9月离系赴上海永宁建筑事务所任建筑师。1946年10月至1947年4月在南京资源委员会任技正。1947年5月，中央大学复员南京时又回到建筑系任副教授，1952年任教授，1956年起兼任建筑系副主任，1983年2月2日病故。

他担心江南一带多雨，恐怕屋面排水不及容易造成屋面漏水，重蹈历史覆辙，便问身边的陪同人员。

"现在木结构已经施工完成，已经无法修改了。"陪同人员无奈地说。果真，后来屋面出现了透水现象，这是后话。

"杨先生，有一个问题请教您，现在柱础需要大的石料才能做成，但现在工期紧、资金也缺，没法解决怎么办？"一位陪同人员问。

"我看，用两块石料拼接起来就可以解决了，这不会影响质量和造型的。"杨廷宝想了想脱口而出地说。后来孙吉祯按杨廷宝的办法画了施工图，就此解决了这个问题。

随后，杨廷宝、张镛森等人一起走进纪念堂现场，又到处仔细察看。

"这地面需要架空，才能防潮。"张镛森边用脚踏踏地面，边对陪同人员说。然后，又抬头手指上面说："金柱上宜加斜撑，这样对建筑抗震会有利。"

……

就这样，杨廷宝在鉴真纪念堂工地上边转边看了大半天，提出了多项改进的建议，使设计人员大受裨益。

正巧，一个月后的6月18日，杨廷宝率中国工程技术代表团访问日本。期间，杨廷宝一行特地参观了奈良东大寺（图3）、法隆寺和唐招提寺。在参观唐招提寺时，杨

图3　杨廷宝（中）一行在奈良参观东大寺大佛殿（许溶烈提供）

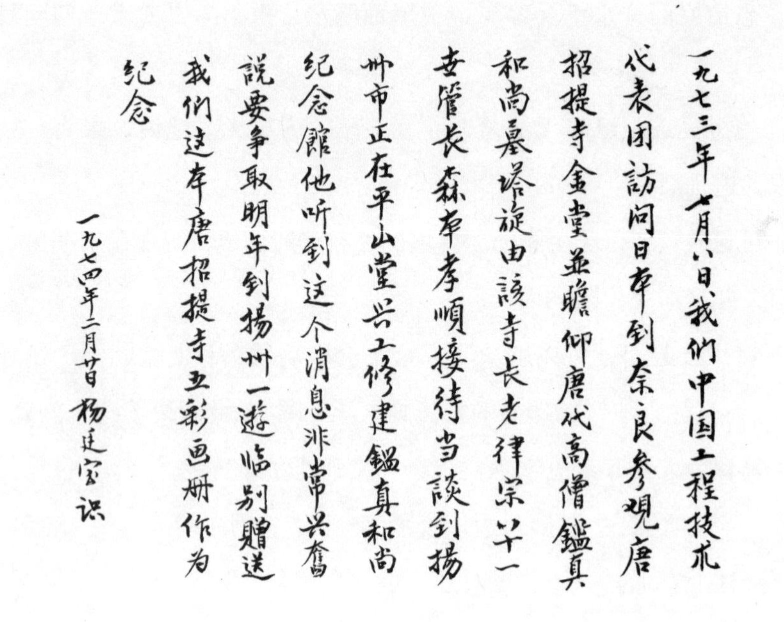

> 一九七三年七月八日我们中国工程技术代表团访问日本到奈良参观唐招提寺金堂並瞻仰唐代高僧鑑真和尚墓塔旋由该寺长老律宗八十一世管长森本孝顺接待当谈到扬州市正在平山堂兴工修建鑑真和尚纪念馆他听到这个消息非常兴奋说要争取明年到扬州一游临别赠送我们这本唐招提寺五彩画册作为纪念
>
> 一九七四年二月廿日 杨廷宝识

图4 1974年2月20日，杨廷宝手书日方赠唐招提寺五彩画册之来由说明（杨士英提供）

廷宝受到该寺长老律宗八十一世管长森本孝顺的接待。在双方交谈中，当杨廷宝提到中国扬州正在平山堂兴建鉴真纪念堂时，森本孝顺听后不但十分兴奋地说，要争取明年到扬州一游，而且在临别前，还特地赠送杨廷宝一套唐招提寺五彩画册作为纪念。

7月18日，杨廷宝率团结束了对日本的访问回国后，一直精心保存这套画册，他生怕遗忘这件大事，就手书此画册的来由留存（图4），以备扬州市鉴真纪念堂建成后，转赠鉴真纪念堂永久珍藏。

此后，杨廷宝仍惦记着鉴真纪念堂兴建进展的事，便写信给张致中询问此事（图5）。

致中同志如晤：

前曾在扬州聚谈甚快，时光易过，忽已半载，未知平山堂之鉴真纪念馆业已完工否？何时开幕？我拟将日本唐招提寺律宗八十一世管长森本孝顺送给我们中国工程技术代表团的该寺五彩画册一巨卷交该馆陈列保存如何？之处希便复。专此顺颂。

近佳，阖第均吉！

杨廷宝

五月二十八日

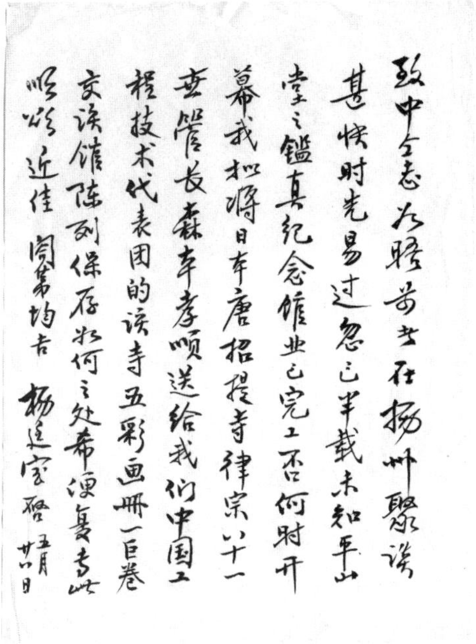

图5　1974年5月28日致张致中信

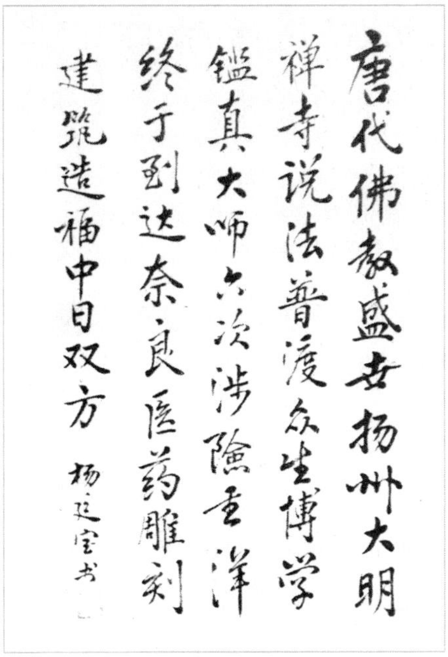

图6　杨廷宝为扬州鉴真纪念唐题词

当杨廷宝得知，扬州鉴真纪念堂已于1973年11月建成后，择日将奈良唐招提寺赠送的五彩画册转赠给了扬州鉴真纪念堂，并附题词一首（图6），以此了却一桩心愿。

参考文献：

根据孙吉祯口述和提供的文字材料。

23. 古建考察行千里

1973年8—9月间，中央文化部文物局组织了一个由北京有关文物单位及国内若干高校著名专家、教授组成的考察团，共15人，前往山西省考察中国古代建筑。在那非常时期，"文化大革命"尚未结束，又刚刚开展"抓革命，促生产"，就进行了这样一次大型的学术考察活动，无疑是拯救中国古代建筑艺术瑰宝的重大开端。想当初，在"文化大革命"伊始那场狂风暴雨般的"扫四旧"灾难中，包括中国古代建筑物在内的中国各优秀文化载体，被诬为"封、资、修"而惨遭毁灭性的破坏，实在令世人悔之莫及。好在国人现在清醒过来，亡羊补牢犹未为晚。

按说这次考察团人员是不能缺梁思成、刘敦桢两位先师的，是他俩开创了中国用科学的方法研究中国古代建筑的先河。然而，就在这次考察之行前几年，两位研究中国古代建筑的鼻祖竟在"文革"中先后含冤而去，失去国宝级大师，不能不说这更是令人痛心的悲剧。

幸运的是，在这次考察队伍中，尚有与梁思成、刘敦桢共事修缮过北平若干古建筑的杨廷宝和原中国营造学社成员刘致平[①]、陈明达[②]、莫宗江、卢绳[③]、罗哲文[④]，以及从小就在中国营造学社成长，日后对中国建筑历史研究建树颇丰的刘敦桢之子刘叙杰[⑤]均在其中，也权当作他们又聚在一起继承开创者梁思成、刘敦桢未竟的事业了。

[①] 刘致平（1909—1995），字果道，辽宁铁岭人。1928年入东北大学建筑系，1932年毕业于中央大学建筑工程系。1935—1946年在中国营造学社先后任法式助理、研究员。1946年任清华大学营建系教授、中国建筑科学研究院历史所研究员。

[②] 陈明达（1914—1997），祖籍湖南祁阳。1932年加入中国营造学社。1953年到文化部文化局工作。1961年到文物出版社工作，1976年转到中国建筑技术研究院建筑历史研究所工作。

[③] 卢绳（1918—1977），字星野，南京人。1942年毕业于中央大学建筑工程系，后加入中国营造学社，任研究助理。1944—1952年先后执教于中央大学、北京大学、中国交通大学等的建筑系，任助教、讲师。1952年任天津大学土木建筑工程系副教授。

[④] 罗哲文（1924—2012），四川宜宾人，1940年考入中国营造学社，师从梁思成、刘敦桢学习古建筑。1946年后任职中国建筑研究所。1950年开始从事文物保护管理及研究工作。曾任中国文物研究所所长。

[⑤] 刘叙杰（1931— ），湖南新宁人。1957年毕业于南京工学院建筑系，即留校任教。1990年晋升为教授。

考察团此次考察了山西省六个市县，34处古建筑遗构，包括太原的晋祠、纯阳宫、崇善寺，定襄的地道战遗址，五台山的南禅寺、广济寺、佛光寺等，应县的释迦塔等，大同的云冈石窟、华严寺等，浑源的悬空寺等。实地考察历时16天，沿途召开14次座谈会，对各古建筑遗构进行评估，并提出了保护、修缮的具体建议。

杨廷宝是8月18日从北京与其他在京考察团成员飞抵太原的。并与其他从各地先一步到达的成员会合，下午随即开始了全程的考察活动。方式是按既定考察计划，边调研边座谈。省、地文化、文物、文管等相关领导及负责人陪同，并听取考察团成员的意见、建议。

第一站是对太原市的晋祠、纯阳宫、崇善寺进行了为期两天的考察（19—20日）。并举行了两次座谈讨论会。会上，各位考察团成员对晋祠的全面规划、水源保护、塑像复原、建筑修缮等及对纯阳宫的相关问题，都发表了各自的真知灼见。期间，杨廷宝在百忙之中，在刘叙杰的陪同下，20日晚上还去了山西省建筑设计院，对太原工艺展览馆设计方案进行了点评和深化指导。

第二站在顺路参观了定襄县在抗日战争至解放战争时期闻名全国的地道战遗址后，来到全程考察的重点地——五台（包括五台县和五台山）。自22日至27日共进行了为期6天的考察，并举行了4次座谈研讨会，重点对南禅寺和佛光寺两座全国重点文物保护单位的现状与保护进行了座谈讨论（图1、图2）。

图1　杨廷宝在南禅寺考察（卢绳摄）

图2 杨廷宝（二排左7）与考察团成员在五台山（来源：刘叙杰. 脚印 履痕 足音[M]. 天津：天津大学出版社，2009：108.）

在第三、第四、第五次讨论会上，集中对南禅寺的现状与保护进行了讨论。专家、教授们指出，木柱已下陷并倾斜，梁出现裂纹，这是大木作结构的问题，应予以重视，须加以处理。而椽朽瓦件缺损则是维护问题。至于对月台台基、屋面的物件、门窗的样式，以及佛像彩画的残缺等若干细节问题，都一一提出具体的修缮建议和施工措施。特别是对大木作结构的修缮，是采取全落架、半落架抑或不落架中的哪种施工措施最为有利，进行了充分讨论。

杨廷宝发言说："尽可能利用原有条件，以少动为佳。"

刘致平发言说："南禅寺正殿可半落架修理，但在殿前需增设雨棚。"

刘叙杰发言说："如计划全部落架，实际上就是彻底翻修，必须予以全面慎重考虑。"

陈明达发言说："若全落架，若干构件一定被损坏，如何处理是个大问题。"

于倬云发言说："修理最好采用半落架，能够不落就争取不落。就此殿而言，四椽不落，就不算落架。若落架，测绘图应详细，各构件都应有编号。"

杨廷宝对南禅寺的其他细节问题还补充发言说：

"总平面中可增加二座小角门,并周以矮花墙。在结构上,赞成柱、梁内用钢材加固,外包木材。"

"任何古建筑修复不可能完全恢复原状。国外(如意大利、日本)修理古建,某处损坏只修某处,效果很不错。但选择材料应注意。建筑形象也应有依据,如大殿的鸱尾可参考日本奈良的唐招提寺。"

"月台台基仍可使用陶制大砖及方砖,并依唐代之规格及铺法,除去后砌的虎皮石及现代砖。"

"倾向用坎墙。因有利结构,又合乎地区习惯。日本唐招提寺亦有坎墙,对防雨好。"

对于南禅寺环境的整治,杨廷宝也发表了中肯的建议:

"石护岸墙中应留排水孔,另加护壁支撑。"

"汽车不宜进入寺内,应停在坡下,汽车停在寺前对古建筑大煞风景。游人步行登山,方可提高旅游兴致。沿途则可再布置若干风景点。"

……

这些对南禅寺保护全面、深层次的建议,体现了对古建筑的保护,除了重点着眼于古建筑单体本身,更从对古建筑大环境保护的全局出发而进行的深思熟虑。对今天的中国,在城乡大规模飞速发展中,如何保护好我们的生存与生活环境,记住乡愁,使自然环境与人文环境相和谐有着现实的意义。

在南禅寺环境整治问题上,考察团的成员们又对各种措施进行了探讨:

"周围旱田已变水田,使环境变化大。"

"环境问题,如费用太高,可考虑别的方案——搬迁。"

"可搬到佛光寺附近,二者集中,对管理、参观都有利。"

"水土问题现在是前提,要详密研究,若要搬迁,要提出有力根据。现寺院地点太偏僻。"

……

成员们七嘴八舌谈了各自己的见解,杨廷宝也谈了自己与众不同的看法:

"在现有条件下应尽最大努力维修,是否迁移要由中央决定。这座文物古迹已有一千多年历史,当地人民对它是有深厚感情的,也是十分爱惜的。不到万不得已,仍以不动为好。"

不迁又如何从改造环境着手来保护南禅寺呢?成员们又热烈讨论起来。

"可将提灌站迁走,耕地改为果园,这样可减少水对寺院的危害。"

"改造寺庙附近的河道，延长并加固挡水堤是当前要务。今冬明春一定要搞，而且要搞好，否则洪水来了，又将继续扩大破坏。"

"可先大量种草类，选择的草以生长快、茂密的最好，因为收效快。而种树木要若干年后才能见成果。土壁上可多植蔓藤，能起固土护壁作用，也可使景观更为自然。"

……

讨论直至深夜。

在第六次讨论会上，杨廷宝和其他成员对佛光寺的保护问题进行充分讨论后，又集中讨论了出版南禅寺和佛光寺相关书籍一事。对撰写专题文章、测绘建筑图纸、拍摄彩色照片、整理资料档案、编辑印刷水平等各环节操作的问题各抒己见。

对于出版书籍这一庞大工作，杨廷宝提醒："人力如何组织，才能完成这一巨大任务？"经过进一步讨论，大家都认为"应按书的内容分组"。

除南禅寺和佛光寺外，考察团还参观了五台县和五台山若干处重要的寺院，并进行第七次座谈。这次座谈上，大家对五台各处寺院的考察印象广泛地进行了热烈讨论，以至于座谈会开到半夜十二点，其时间久长为此行之最。"七十古来稀"的杨廷宝不顾一路考察劳顿，也不惧后续考察行程繁重，仍然精神抖擞，谈兴甚浓。

第三站是8月28日赴应县考察佛宫寺。此佛宫寺内有一释迦塔，为木结构之楼阁式，高67.3米，底层直径30.27米，是我国现存最古、最大的木塔，距今九百余年。

考察团成员们站在这座近千年古塔之外观察，发现塔体已向东北倾斜，而塔刹向东南倾斜。整个塔身有扭曲现象，出现重心偏移。成员们登上塔内各层又发现多处内、外柱倾斜，柱端在接头处出现折断，地板沉陷，栏杆及平座、斗栱均有损坏，甚至有好几处可见被炮弹打穿的孔洞，等等，该塔可说已到岌岌可危的地步。

考察团对释迦塔前后考察了两个半天后，进行了3个单位时段的第八、第九、第十次座谈会，可见考察团对这座严重受损的国宝级木塔，是何等的关注与重视。

讨论会一开始，成员们就木塔受损的表象，进行了内外因的分析。归纳起来就是，中了二十几发炮弹；地震；柱间斜撑被后人拆除，改为隔扇，削弱了稳固结构的作用。

既然查明了木塔受损的状况，也分析了受损的内外因，座谈会的下一个重点讨论内容就集中在抢救木塔的措施上了。专家们又出谋划策，互为补充。归纳起来，总的思路是，做好抢救木塔实施前的各项准备工作，包括：先实测木塔，得出具体数据，设计加固方案，分析材料应力，计算荷载承压，制定防火防雷抗震措施，以小比例模型做纠偏模拟试验等；柱间以斜撑增强塔身整体的刚度；倾斜柱校正后在柱节点处以钢箍固定，使铰接变刚接；为改善环境，扩大木塔外部空间，其附近民房应予以拆迁，近处树木应以迁移，整治地面积水，以防地下水位升高等。

讨论会上，针对木塔的整修，杨廷宝说："修缮要定下前提。目前彻底修理有困难，先保持三五十年，其他留给后人去干。尽可能少用钢材，增加斜撑最好都在暗层。破断的楼板要修，须防事故发生。佛像全部恢复不可能，乱置亦不合适。破腹的要修，未破的先检查一下。塔刹、铁链不全，若对结构有碍，则应先考虑。柱的通风孔应加以疏通。"

第四站是8月30日自应县驱车赴大同，前后两天参观了云冈石窟（图3）和上、下华严寺、善化寺等。大同的云冈石窟闻名于世，凿于北魏文成帝和平年间（460—465年），距今1500余年，东西绵延约一公里。现存大、小石窟53座，各种造像15100尊。风沙对石窟有巨大破坏力，致使石窟的若干石门、柱及佛龛已面目全非，而木构窟廊也无踪影。

图3　杨廷宝（三排左5）与古建调查组在山西云冈考察（来源：刘叙杰. 脚印 履痕 足音 [M]. 天津：天津大学出版社，2009：139.）

针对石窟的现状，考察团召开了第十一次座谈会，成员们共同指出：由于道路加高，使石佛看起来变小了；已修复的地方人工痕迹过于明显；大佛修复做法采用抹水泥不可行；后置亭子的彩绘太突出与石窟不协调，等等。

杨廷宝也侃侃而谈："水泥台座与大佛不协调。原来的佛像有'从地下长出来'之感，很自然。现在这样处理很生硬。现在的道路太整齐，又高，表现的人工气息较多，费了大量人力、物力，而效果未达到，十分可惜。人工仿自然总有些造作。现将坡道改为台基，影响人的观赏范围和感觉。"杨廷宝指出："新做出的艺术品都有'火气'，要经过几年的'自然界加工'。如彩画，在绘成后几年才感到更加协调。"他还指出："艺术品要改动，最好由艺术家来改动，别人改动则很不容易达到好的效果。吸收艺术家、雕刻家参加我们的工作，形成的艺术效果可能更好。"

杨廷宝对石窟的环境保护也提出了诸多建议："现种的树木太整齐，缺少自然气息。周围的环境气氛，附近的建筑和道路交通，都要很好地解决。石窟外加建廊楼对保护有力，可分期进行。房屋涂黑不佳，黑白分明亦不好。目前的大门太突出，宜改进。"

在讨论云冈石窟的问题与保护之后，考察团于当日下午又对上、下华严寺，善化寺，九龙壁的参观进行了第十二次讨论会。此次讨论会多集中在对寺内彩画处理的讨论上，多位专家指出，上寺的彩画修复缺少艺术指导，二进殿堂与山门色调不协调，而山门的彩画用色太离谱，且上寺彩画与主要建筑的色彩也不调和，墙用黑白对比或全黑都不佳，一般都为土色，带有暖色调以与彩画总色调相协调，等等。

杨廷宝在此次座谈会上也谈了自己的意见："文物应如何保护？有历史价值的，应使其益寿延年。有艺术价值的，是文物而不是遗迹。艺术欣赏标准各人不同，恢复文物不要失掉其原有风格，但又应符合当前国家情况，少花钱多办事。修缮是细致工作，搞突击不好，往往会考虑不周，为此希望作长期规划。"

第五站也是考察团行程最后一站，是9月1日到浑源县参观悬空寺、永安寺及圆觉寺砖塔，计两天，并召开了第十三、第十四两次座谈会。这两次座谈会除对该县三处古建筑个别问题及其保护措施提出意见和建议外，这一路考察下来，考察团成员在会上达成一个共识，即山西省文物和古建筑数量多，年代久远，其历史价值与艺术价值都很高，但大多数文物与古建筑因人为或自然因素而受到不同程度的损坏，想复原是不可能的。因此，如何加强保护，不让其继续坏下去成为当务之急。这个当务之急不是立即着手修缮，而是培养专业研究人才和娴熟专业工匠。于是，成员们纷纷建议在山西省办训练班，大力培养下一代。只有尽快建立起从研究、设计到施工的配套专业队伍，才能真正达到对文物、古建筑修缮和保护的目的。

为此，杨廷宝进一步谈道："要提高文物工作人员的政治、技术水平。"并对修缮、保护古建筑的原则阐明自己的看法："明、清建筑年代虽较晚，但也要保护，它们也有很高的文物价值、艺术价值，不能听之任之，甚至乱拆，将来要再找实例就困难了。要为后代着想，再过五百年，都是了不起的文化遗产。浑源保留若干民居，虽不完全，但有许多可取之处。过去对官式建筑重视而对民居轻视是错误的。各地区建筑都有其特点，并结合了当地的材料、气候、生活习惯。所以，我们应当在不妨碍建设的条件下，尽可能保留有代表性的若干实物。"杨廷宝这一席忠言，对当今中国在城市建设中，如何保护有价值的历史遗存也是一种警示。

至此，16天的考察顺利结束，杨廷宝在他的日记本中，也记下了满满的考察收获，画上了多多的现场速写（图4）。

图4　杨廷宝在山西考察古建筑时做现场记录（来源：江苏省档案馆）

参考文献：

刘叙杰. 脚印 履痕 足音 [M]. 天津：天津大学出版社，2009.

24. 探索新路费思量

中华人民共和国成立后，随着社会主义建设在各个领域突飞猛进地发展，人民生活水平日益提高，民众对精神文化生活的追求也不断提高，其中，对阅读尤为渴望。但是，偌大一个中国，人口众多，而图书馆却稀缺至极，即使现有的老图书馆，对于大众的阅读来说也只是杯水车薪。

北京图书馆早在20世纪50年代，就曾多次呼吁扩建馆舍，几经努力，终于在1964年3月中央批准了拟扩建北京图书馆工程。不想，随即而至的"文化大革命"，使这一计划流产而被迫搁置下来。直到"文革"后期，北京图书馆因藏书量日益增长，实在无处可藏，便又一次向国务院申报要求扩建，获批后报时任北京市委书记万里[①]审阅。万里认为场地太小，且建筑密度太大，扩建有限，"不能是大国小馆"。随后，扩建方案又经一轮修改。周恩来总理审阅了方案修改后的模型，同意万里的意见，并指示："只盖一栋房子不能一劳永逸……不如到城外另找地方盖，可以一劳永逸。"[②]

1974年初，国家基本建设委员会谷牧[③]主任主持召开会议，决定由国家建委向党中央、国务院提出北京图书馆新馆的基本方案。经同意后，选址在北京西郊白石桥紫竹院公园东北侧。建设规模为藏书2000万册，阅览座位3000个，建筑面积16万平方米。

1975年4月21日，一场继1958年北京国庆十大建筑集体创作之后，又一次全国最大规模的集体创作活动就此拉开了序幕。来自全国的五大设计单位（国家建委建筑科学研究院、北京市建筑设计院、陕西省第一建筑设计院、上海市民用建筑设计院、广东省建筑设计院）和五大院校（清华大学、南京工学院、同济大学、天津大学、哈尔滨建筑工程学院）的著名建筑师、教授、专家齐集北京。杨廷宝携南京工学院建筑

[①] 万里（1916—2015），山东省东平县人。1936年加入中国共产党。中华人民共和国成立后，先后担任城建部部长、北京市委书记、铁道部部长、安徽省委第一书记。中共第十一届、十二届中央书记处书记、第十二届、十三届政治局委员。国务院副总理，全国人大常委会委员长。

[②] 胡建平. 国家图书馆一期馆舍建筑设计之路[J]. 建筑学报，2017（12）：86.

[③] 谷牧（1914—2009），山东省荣成县人，1932年加入中国共产党。中华人民共和国成立后，历任中共济南市委书记、市长、上海市委书记、原国家计委副主任、国家建委主任、国务院副总理。中共第十一、十二届中央书记处书记。

系黄伟康①，到京参加了为期9天的北京图书馆新馆方案设计预备会议。会议期间，参会代表认真学习了周总理对北京图书馆新馆的指示精神，讨论了新馆设计的功能要求、建筑风格、现代化手段等问题。参观了北京图书馆北海馆、北京大学图书馆、北京饭店等地。并约定各单位在8月底前完成方案设计，供下次设计工作会议讨论。

预备会议结束后，"杨廷宝返回南京，立即在建筑系抽调得力、精干的中青年教师，组成北京图书馆新馆方案设计小组。起初，小组老师们打开思路，各自提出设计构想，杨廷宝也动手画了一张表达总体布局，且具有传统民族风格建筑形体组合的鸟瞰草图，参与集体创作。大家分工协作，日夜奋战，数次讨论，几经修改，最终方案逐渐集中成型，直到杨廷宝审定后，由数位老师分头绘制平、立、剖面图。赖聚奎②老师还画了一幅精美的水粉画透视图，模型工戴师傅日夜加班，做了一个一米多见方的硬卡纸精致模型。8月底，北京图书馆新馆设计方案所有成果按期完成，一切就绪。"③

9月3日，杨廷宝率领南京工学院建筑系成竟志④、潘谷西⑤、黄伟康、奚树祥⑥、王文卿⑦一行六人，乘火车赴京，参加北京图书馆新馆设计方案第一次设计工作会议。临行时发生了一次意外，"此次赴京乘火车，杨廷宝是乘软卧，而其他5位老师乘硬卧。当老师们抬着偌大的模型包装箱准备进站上车时，被检票员挡在售票口不让进，说此大木箱需托运。这怎么行！一是火车还有10多分钟就要开车了，二是这个模型怎么能托运？到了北京还不摔得七零八落。幸好黄伟康老师干什么事都心细周到，事先已到学校开好了南京工学院的介绍信，注明包装箱内装有赴北京参会向国家领导汇报用的

---

① 黄伟康（1931— ），上海人。1953年毕业于南京工学院建筑系，并留校任教。从事城市规划教学与研究。教授，曾任建筑系副系主任。
② 赖聚奎（1938— ），生于福建省明溪县。1961年毕业于南京工学院建筑系，并留校任教。1979年调入本校建筑研究所从事建筑理论研究和建筑创作。1985—1990年应新华社香港分社的邀请在香港、深圳两地主持建筑设计工作。后回校先后任东南大学建筑研究所副所长、教授，东南大学建筑设计研究院深圳分院总建筑师。
③ 黄伟康口述。
④ 成竟志（1920—2010），湖南湘乡人。1941年毕业于中央大学建筑工程系，1945年获美国哥伦比亚大学硕士学位，1956—1974年回国在南京工学院建筑系任教授，1978年前往美国治病疗养，2002年回国终老。
⑤ 潘谷西（1928— ），上海市南汇人。1947年至1951年就读中央大学、南京大学，毕业留校任教。教授、博士生导师，曾任建筑系副系主任。从事中国建筑史、古典园林教学与研究。
⑥ 奚树祥（1933— ），1958年毕业于清华大学建筑系，并在清华大学研究生院学习，师从梁思成两年。1961年任内蒙古工学院建筑系系主任，1963年任职于南京工学院建筑系，从教18年。1981年赴美国攻读博士并工作。1992年应聘去我国台湾主持季兆桐建筑师事务所6年，1997年与周恺等创办华汇设计公司。
⑦ 王文卿（1936—2003），浙江定海人。1960年毕业于南京工学院建筑系，并留校任教。

北京图书馆新馆设计方案模型，不便托运，须随身携带。检票员以行规为由仍不肯放行，急得老师们团团转，只好找来客运主任。客运主任一听原委，再看介绍信上写明这是南京工学院副院长杨廷宝所携带，并盖有大红印章，二话不说立即放行。眼看火车就要启动，老师们抬着模型要跑到远处硬卧车厢怕是来不及了。大家灵机一动，直接奔向眼前的软卧车厢，先上车再说。老师们抬着模型包装箱来到杨廷宝软卧车厢时，杨廷宝一惊，这是怎么个情况？当得知缘由后，才转惊为喜。并称赞黄伟康老师办事让他放心。就这样，杨廷宝一行第二天顺利抵达北京。[①]"

9月5日至23日，北京图书馆新馆设计方案第一次设计工作会议在日坛路一号宾馆举行，会议由时任国家建委副主任宋养初[②]主持。会上，他首先强调，北京图书馆新馆设计是开国以来，参与方案设计的单位最广泛、最顶尖，投入的设计力量最强劲、最集中，花费的时间最长久、最充裕，只为建设好一个建设项目而进行的集体创作。就连当初讨论人民大会堂的设计方案时，因时间紧迫，其方案讨论研究过程也不能与之相比。他要求大家在这次设计工作会议上畅所欲言、充分讨论、交流创作。

会前，宋养初看了一圈在会场陈列的各家单位的设计方案图和模型，多以洋式为主，很不以为然。于是，向大家宣告说："民族形式的概念还不清楚，但是还应该向这个方向去努力探索。"[③]接着，宋养初请老专家们发表看法。他还特别征求杨廷宝的意见说："你有什么想法？"杨廷宝说，北京图书馆新馆必须要有传统建筑艺术的风格和气派，不能只讲功能不讲形式。在学校建筑系做方案时，他提出了这个观点，被有些人否定，认为是因循守旧，并加以批判。说到这儿，杨廷宝拿出一张草图，画有高低错落、四面对称、庭院散布的总平面鸟瞰图。宋主任看到这个草图，如获至宝，说："请南工来的同志帮你画出来，画清楚，好不好？"又说："三天后再议。[④]"于是，会后杨廷宝亲自动手重新画了一张取消了中间书库高楼顶上类似苏联建筑的红五星塔尖，其他部分的格局未变的鸟瞰图。而其他参会老师根据杨廷宝的鸟瞰图布局示意图，分别动手画出方案的平、立、剖面图。杨廷宝在总平面图上方还工工整整地写上10条设计构

---

① 黄伟康口述。
② 宋养初（1914—1984），江苏省泗洪县人。1935年参加革命工作。中华人民共和国成立后，主要从事经济建设工作，历任原国家计委、国家经委、国家建委副主任，建材部部长、党组书记等职。曾被选为五届全国人大代表，中共十二大代表、六届全国政协常委。
③ 张镈. 我的建筑创作道路 [M]. 天津：天津大学出版社，2011：288.
④ 同上。

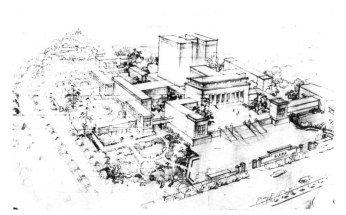

图 1　杨廷宝画的方案鸟瞰图（国家图书馆胡建平提供）

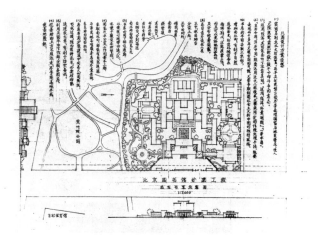

图 2　设计说明与总平面布局图（国家图书馆胡建平提供）

思（图 1、图 2）。其内容是：

"经济、适用、在可能条件下注意美观""一劳永逸"，体现了杨廷宝对执行当时国家制定的建筑方针和贯彻周总理对北图新馆设计指示的设计主导构思。

"古为今用、洋为中用，既要运用近代工程技术，又要采用一定的传统处理手法；既要表现两千多年文明古国的气概，又要争取创造社会主义新中国的独特风格。"表达了杨廷宝对现代文明与中国传统文化相结合而创新的设计宗旨。

"书库的平面采取工字形，增加南北面，有利于自然通风采光，而且可以更好地防震以及分布地基荷载。"用今天话来说，那个年代，杨廷宝就注意到北图新馆要注重生态设计。

"总目录厅设在二层正中，把出纳台分设三处，正中对外借书；南面为科学技术出纳台；北面为社会科学出纳台，分别接近南北两侧各自的阅览大厅。"表达了杨廷宝一生坚持强调使用功能、为人而设计的观点。

"房屋布局分散式建筑，中间高大，四周降低，形成过渡，院内栽种花木。"这是杨廷宝借鉴和发挥中国传统书院以院落而不是现代建筑集中式布局的方式，以体现中国建筑文化理念，并以园中绿化与其侧紫竹院公园有机交融，使环境、建筑、人成为和谐的命运共同体。

"挖基础的土方不需运走，尽量提高地平线，使基地隆起。"杨廷宝此法不但节约外运土方成本，而且使北图新馆因场地抬高而显更加宏大气势。

图3 杨廷宝在北京图书馆新馆方案讨论会上讲解（来源：潘谷西摄，东南大学档案馆提供）

  杨廷宝如上设计理念实为高人一筹，难怪随后在向大会介绍方案时，被众人看好。

  9月6日～10日，每天上午由各家单位介绍方案，下午分组讨论。10日上午，杨廷宝向大会详细介绍了如上所述的他的设计意图（图3）。吴良镛回忆说："杨廷宝当时提出北京图书馆作为国家图书馆，要有传统建筑艺术的风格和气派。他力崇西安大明宫含元殿的气魄。[①]"宋养初听了杨廷宝的设计方案介绍，看了图后，也十分满意。

  经过5天对10个单位及宋养初指定杨廷宝后补的总计29个方案的充分交流、讨论，会议决定，按6种基本类型，由相关单位联合组成六个工作小组，进行第二轮方案设计。其中，最后一个组，宋养初建议由杨廷宝任组长，张镈为副组长，再请戴念慈[②]、吴良镛和黄远强[③]参加，组成"五人小组"，对杨廷宝的方案进行深化和完善。

  会议结束后，于1975年10月13日～25日，在西郊百万庄建筑工业展览馆举行了北京图书馆新馆设计方案对社会的公开展览。包括谷牧、万里等领导同志在内的近

[①] 胡建平. 国家图书馆一期馆舍建筑设计之路 [J]. 建筑学报，2017（12）：86.
[②] 戴念慈（1920—1991），江苏无锡人。1942年毕业于中央大学建筑工程系并留校任教两年。1944—1950年先后在重庆、上海从事设计工作。1950—1982年先后在中职修建处、北京工业建筑设计院，北京建筑科学研究院任室主任、主任工程师、总建筑师。1982—1986年任城乡建设部副部长。1983—1990年，连续两届任中国建筑学会理事长。1991年当选中国工程院院士。
[③] 黄远强（1923— ），广东香山（今中山）人。1946年毕业于重庆大学工学院建筑系，后留校任教。中华人民共和国成立后历任广东省建筑设计院总建筑师、副院长。广东省建筑工程局总工程师、副局长，广东省建设委员会总工程师、高级建筑师，中国建筑学会第六届理事会理事。

图4 北京图书馆新馆"五老"设计团队在承德考察中国传统建筑。自左至右：黄远强、张镈、杨廷宝、常学诗、戴念慈、林乐义、吴良镛。（来源：张镈. 我的建筑创作道路[M]. 天津：天津大学出版社，2011：286.）

万人观看了展览。

"五人小组"在会后即刻进驻国家建委招待所投入方案设计具体工作。初期，五人小组成员集体去了承德外八庙考察，以汲取中国传统建筑风格的精髓（图4）。回京后，他们各自按任务书的要求发挥自己的创作才能，画出方案草图。因各人想法有异，方案不免有所不同，便集中讨论，甚至争论也不可避免。而杨廷宝抓住原有总体院落式布局和具有民族传统建筑形式不放。此时，张镈因在基泰跟随杨廷宝做工程多年，对杨廷宝的设计思想和设计手法烂熟于心，与杨廷宝配合默契。一般是每天上午讨论方案，下午由张镈归纳各方意见勾画草图后请杨廷宝过目。有时来不及就带回家开夜车，把图正规地画出来，以便第二天上午根据图进行讨论，这样既直观，效率又高。那时，"时值严冬，招待所暖气又不好，他中午不回房间，饭后在太阳下走几圈就回绘图室伏案工作。"[①]就是这样，五个人见仁见智、讨论争论、画画改改，逐渐使各人方案殊

---

① 吴良镛. 一代宗师[M]// 刘先觉. 杨廷宝先生诞辰百年纪念文集. 北京：中国建筑工业出版社，2001：2.

图 5　1987 年 10 月 15 日国家图书馆竣工（国家图书馆胡建平提供）

途同归到杨廷宝的设计思路上，只是方案更加至臻完善。

1975 年 12 月 22 日～29 日，在北京图书馆新馆第二次设计工作会议上，对 6 个设计小组提供的 9 个方案又进行了新一轮的集体讨论、评议。结果，国家建委指定将包括"五人小组"方案在内的 3 个小组的方案作为入围方案，但还需做进一步修改和完善。

1976 年 4 月 16 日～19 日，国家建委、国家文物局召开了"北图工程方案设计汇报会"，听取了 3 个设计小组的方案汇报，一致赞扬"五人小组"的方案优势更明显：环境设计完美，功能分区明确，房间布局合理，交通流畅便捷，维修考虑周到，特别是造型上体现了民族风格，有所创新。"五人小组"的方案被列为倾向采用的第一方案，连同第二、三方案上报国务院。最终"五人小组"方案中选（图 5）。

至此，北京图书馆新馆的方案征集工作结束。杨廷宝初始的方案构思，经"五人小组"精加工，最后，由建委建筑科学研究院和中国建筑西北设计院共同完成了对方案的调整、优化和施工图设计，于 1983 年 9 月开工（因受"文革"和唐山大地震影响而推迟），1987 年 10 月 15 日竣工，并定名为"国家图书馆"。

从上述对北京图书馆新馆创作过程的回顾来看，国家图书馆是我国在特殊时期又一次大规模集体创作的成果。其中，"是杨廷宝旗帜鲜明地提出北京图书馆扩建工程应采用民族风格，并勾勒出了与最终实施方案布局基本吻合的鸟瞰图。由杨廷宝、张镈、戴念慈、吴良镛、黄远强组成的'五人小组'，自 1975 年 10 月开始，对'民族形式较浓方案'做进一步的研究深化，直到 1976 年 4 月形成终稿，上报国务院。获得通过的这稿方案，与最终实施的方案十分接近。可以说，'五人小组'对方案的形成与演变起了不可替代的作用。"①

张锦秋②院士在国家图书馆一期馆舍建成 30 周年座谈会上也指出："国家图书馆一期馆舍，是中国建筑师探索现代建筑与民族传统相融合的典范之作。③"杨廷宝在其中的作用功不可没。

参考文献：

1. 胡建平. 国家图书馆舍一期设计之路 [J]. 建筑学报，2017（12）：86.
2. 张镈. 我的建筑创作道路 [J]. 天津：天津大学出版社，2011.
3. 杨廷宝. 日记. 未刊.

---

① 胡建平. 国家图书馆一期馆舍设计之路 [J]. 建筑学报，2017（12）：86.
② 张锦秋（1936— ），1960 年毕业于清华大学建筑系，1961—1966 年在清华大学建筑系攻读建筑历史与理论研究生，师从梁思成、莫宗江。1966 年起在中国建筑西北设计研究院从事建筑设计，1987 年任总建筑师。1994 年当选首批中国工程院院士。
③ 胡建平. 国家图书馆一期馆舍建筑设计之路 [J]. 建筑学报，2017（12）：87.

25. 点评方案识真才

1936年，杨廷宝在南京当时称"金陵大学"的校园内设计建造了一座图书馆。平面呈"T"字形，造型为歇山青筒瓦大屋顶的中国传统建筑式样，与金陵大学老教学楼的风格相协调（图1）。

中华人民共和国成立后，金陵大学已经改称为"南京大学"，学校的老图书馆在功能上已经难以满足全校师生日益增长的阅览需求。1978年，学校按校园规划决定在教学区毗邻南大门东侧处新建一座新图书馆。这个设计项目经南京大学校领导同意及一系列报批程序立项准予启动后，由具体负责实施的南大基建处拿着与南大图书馆共

图1 图书馆北入口外观（来源：南京工学院建筑研究所.杨廷宝建筑设计作品集[M].北京：中国建筑工业出版社，1983：99.）

同拟好的设计任务书，直接委托给江苏省建筑设计院，然后交到了丁公佩①建筑师手上。

当丁公佩受托设计南大新图书馆后，一天他来到南大新图书馆的用地现场。但见用地范围不算小，只是在用地北面正中部位，正是杨廷宝设计的老图书馆，只不过它的主入口朝北，正对教学区北大楼老建筑，形成校园南北一条主要轴线。而书库在南边，对着拟建的新图书馆用地，应该说环境条件挺宽松。不过也有两大难题摆在丁公佩面前，一是，如何使新馆在用地西侧与教学区从南大门至主教学楼另一条重要的南北轴线发生有机联系；二是，拟建的新图书馆毗邻老图书馆，功能性质虽一样，但建筑风格会反差较大，如何使新、老馆成为和谐的有机整体。

不过，这些特定的环境条件并没有难倒丁公佩。他接到此项设计任务后，专门到现场踏勘，并调研了现场周边的校园环境。他发现，除了老图书馆与北大楼这一南北主要纵轴线外，还有从教学区南大门至正对北面教学主楼的另一条南北纵轴线和也是杨廷宝设计的东南楼与西南楼之间的东西横轴线相垂直。这三条教学区的纵横轴线恰恰都是拟建新图书馆的重要限定环境条件，必须认真对待。丁公佩经过仔细观察、认真思考后，在脑子里立刻构思出新图书馆平面图形宜做成"U"字形，以此将老图书馆环抱其中，让老图书馆"坐"在"U"字形的"太师椅"当中，不但可凸显其历史地位，又使新图书馆可处在教学区第一条纵轴线的南端，并与其西侧另一条南北轴线和北侧东西横轴线都发生密切关系。想到这些，丁公佩回到设计院后，立刻加班加点，连续熬夜数日，不停地设计、修改、再设计、再修改，直至终于拿出一套令自己比较满意的方案，并画成正式的全套方案图，准备提交南大领导审批。

当南大基建处接到了丁公佩送来的新图书馆设计方案后，直接向匡亚明②校长禀报。而日理万机的匡校长一般不会过问学校建教学楼的事，这一次基建处为什么却将此事直通匡校长呢？这是因为基建处深知，在校领导讨论拟建新图书馆的办公会议上，匡校长特别强调杨廷宝设计的老图书馆是南大具有历史价值的文物建筑，一定要妥善保

---

① 丁公佩（1938— ），浙江省定海县（今舟山市）人。1962年毕业于浙江大学建筑系。参军时在南京军区后勤营房部设计所工作两年后，于1964年转业到江苏省建筑设计研究院工作，先后任建筑师、主任建筑师、总建筑师。

② 匡亚明（1906—1996），江苏省丹阳人。1926年就读上海大学。中华人民共和国成立后，历任华东政治研究院党委书记兼院长、中共华东局宣传部常务副部长等。后曾任东北人民大学常务书记兼校长、南京大学党委书记兼校长。

护好。因此，这个新图书馆的设计方案必须请匡校长过目，让匡校长先审查新图书馆的规划是否达到他的期望。而且，这个设计方案今后也还应请杨廷宝审阅提提意见才好，毕竟新图书馆就建在他设计的老图书馆旁边。而若要尊请杨廷宝前来审图只有匡校长亲自出面了。

一天下午，匡亚明校长真的请来杨廷宝，准备在南大位于从教学区南大门进来不远、主干道西侧的一栋专门用于接待贵宾的民国式样的小楼里，对丁公佩设计的新图书馆方案进行评审。

其实，此前早两天南大基建处就通知丁公佩，请他当天下午3点来南大向匡校长和杨廷宝汇报方案。因此，丁公佩不敢怠慢，下午便提前来到会议室等候，正好图书馆馆长更早一步来到会议室正做些会前准备工作。丁公佩在设计新图书馆的过程中，与基建处一位叫马静生的建筑师联系较多，而与馆长虽见过面，但并不太熟。此时，丁公佩只见馆长正将全套设计图纸张挂在会议室的一面空墙壁上。待一切准备工作就绪后，丁公佩坐在边座开始打腹稿准备下午的汇报，而馆长出去站在小楼门外恭候匡校长和杨廷宝到来。

不一会儿，只见馆长引导匡校长和杨廷宝走进会议室，丁公佩见状立即起身恭敬地站在一旁。

"这位就是设计新图书馆的江苏省建筑设计院丁公佩建筑师。"馆长首先向匡校长和杨廷宝介绍说。

"匡校长好，杨先生好。"丁公佩礼貌地向二位前辈微微躬身点头问好。

随后，匡校长请杨廷宝入主座，开始介绍南大图书馆历史的概况、目前的困境，以及今后发展的设想。并着重介绍了新图书馆立项的具体任务、要求和最后建成的愿景。对于杨廷宝来说，他一生设计过六座重要的图书馆，特别是清华大学图书馆的扩建工程设计和北京图书馆新馆（今国家图书馆）的方案设计，那是两个遐迩闻名的杰作。刚才杨廷宝听了匡校长的一番介绍后，对南大新图书馆的校方设想只是有了一个概念性的了解，他需要看完图对方案有所了解后才能说点什么。

"杨老，我们先边看图，边听丁工介绍吧。"匡校长说，"好的。"杨廷宝回应道。

丁公佩见两位前辈起身欲前往张挂图的会议室一端时，也立即站到了图前。

杨廷宝走近挂满设计图的墙前，先观望了总平面图、各层平面图，以及几个立面图和剖面图。最后稍退后几步欣赏了透视效果图。只消一会儿工夫，杨廷宝对新图书馆的设计方案便有所了解了。不过他要先听听设计者做方案时是如何考虑各种设计因素以及解决设计问题的。

待杨廷宝表示看完图后，馆长对丁公佩说："丁工，你再向匡校长和杨教授介绍一下方案设计意图吧。"说完，又请匡校长和杨廷宝坐在图前已备好的两张软椅上。

"匡校长、杨先生，下面我把这个方案向二老前辈汇报一下。"丁公佩见二老坐定，先微躬身行礼表示敬意地说。

"我接到南大新图书馆设计任务后，到现场看了地形和环境条件。觉得有两个问题非常重要，必须妥善解决。一是，新图书馆设计与南大校园现有的三条轴线，也就是北大楼至老图书馆和教学区南大门至教学主楼这两条南北纵轴线，以及东南楼至西南楼这条东西横轴线怎样发生密切的关系，使其成为规划的必然定位。"丁公佩说到这儿，立即微转身面对坐在一旁的杨廷宝接着说："二是，杨先生您设计的老图书馆正好紧邻这块用地，新老建筑的功能又完全一样。设计中怎样把它们很有机地结合起来也是个难题。"随后，丁公佩侧身望着墙上的图纸又说："考虑到上面两个问题，在新图书馆的规划布局中，我的想法是做一个'U'字形的对称布局，把老图书馆包在当中。这样，不但可以使新图书馆与老图书馆和北大楼同在一条南北纵轴线上，而且，以新馆三面简洁的体形围合作为背景，可以烘托老馆丰富的中国传统建筑风格的突出形象，以便更好地尊重老图书馆的历史地位。但是，由于新馆建筑面积所限，目前只能做成'L'形。今后，在新馆发展需要时，再加上东面一条腿最后扩建成'U'字形。"①

"那新老馆在平面上要不要直接连在一起呢？"杨廷宝插话问了一句。

"我是把新老馆完全脱开的，连廊子都不用连，使新馆一点都不要碰老馆。我认为这是对老馆历史建筑最好的保护。况且新老建筑脱开后，其间留出消防通道，更有利于保护老馆。"丁公佩说出他的构思后，杨廷宝微微点头，但并未开口。

"下面我再汇报一下新馆的建筑设计。刚才讲到新馆因建筑面积受限当前只能做成'L'形。为了保证阅览区为南北向，只好将管理等辅助房间放在西侧。又考虑到新馆的主入口要正对校园主干道，并与遥相呼应的物理系大楼在造型上相称，所以，'L'形的东西向这条腿的平面做成四层高，但由于面积、房间数量有限，只能做成单廊，而且房间朝西。这样，西立面只能开小窗，并做百叶遮阳处理。为了不使很长的西立

---

① 因新图书馆之东未建用地，后被高层科技楼先行建造，故未能实现新图书馆U形平面的规划设想。

图2 西立面主入口（郝钢摄）

面过于平淡单调，我将西墙面做了凹凸变化以产生阴影效果，从而丰富西立面的形象（图2）。而对于'L'形南北向这条腿的平面，由于不太长，为了争取多一点好朝向给阅览区，我设计了五层高主楼，每层都作为阅览室，再在后面紧贴六层书库。两者的剖面关系是每两层阅览室层高做三层书库，其中有两层阅览室可与书库平层相通。这样，新建的阅览楼、书库与老图书馆就在一条南北纵向轴线上串联起来，以此新老建筑布局可发生内在的互应关系。"丁公佩一口气对新图书馆的建筑设计做了全面的介绍。

"那么，老图书馆今后怎么使用呢？"杨廷宝听完丁公佩的介绍问了一句。

"我初步考虑，老图书馆的阅览室和书库专门作为中文系和历史系的图书馆使用，不但藏书和阅览室规模都比较合适，而且学生阅读的书多为中文和古籍，其内涵与老馆的传统建筑外形似乎也有点契合。而在新馆，学生阅读的书多为现代科技读物，与新馆的现代建筑风格也十分贴切。再说，新老馆的两个主立面并不在同一个方向上，新馆朝西，老馆朝北，人们不会同时看到两个主立面，所以在建筑造型风格上虽然不同，但不会出现形式反差格格不入的问题。"

直到丁公佩介绍结束，杨廷宝听后直点头说："刚才听了你的一番介绍，我想，你对新图书馆特定的环境条件考虑得十分周全，分析得也很有道理，看来新图书馆的布局这是唯一的办法了。而且你对老图书馆今后功能置换使用的设想也很好，物尽其用嘛。"

终于，南大新图书馆设计方案经这次杨廷宝审查和答辩后一次就通过了，丁公佩开始紧绷的心弦一下子轻松下来。此时，杨廷宝转头对身旁的匡校长说："我看这个方案设计得很好，不少问题考虑得很仔细，解决得也很完善。可以作为实施方案吧。校长，您说呢？"

"我没什么意见，就这么定吧。馆长，您有什么说的？"匡校长听到杨廷宝对丁公佩设计的方案给予肯定，也就十分满意放心了。而图书馆馆长因为在丁公佩设计过程中已相互交换过意见，对这个方案的结果已经没有异议，此时，在匡校长和杨教授面前，也不必多说什么了。

匡校长见方案审查已通过，时间也近傍晚，就对杨廷宝说："杨老，时候不早了，辛苦了您一下午，我们现在去吃个便饭吧。"杨廷宝也没推辞，他与老朋友匡校长难得一见，趁此想留下来两人多聊聊。

"馆长，丁工，您俩也一起来作陪吧。"匡校长邀请道。

丁公佩没想到，自己一位普通建筑师，受到南京大学校长这样高的礼遇，再说还有幸能与大师杨廷宝在小范围同桌吃饭，真是不容易，更为荣幸，也就欣然前往。

他们一行四人来到学校一个小食堂。匡校长只点了五六个清淡的家常菜。席间只听匡校长与杨廷宝交谈甚欢。此时丁公佩虽然亲身感受到两位前辈在生活中如此平易近人，但还是只拘谨地洗耳恭听，更不敢随意插嘴。

直到中途，杨廷宝若有所思地对馆长说："有可能的话，馆长办公室不需要搬了，就放在老楼里更合适。"

"是的，原来我们就是在里面办公的。"馆长即刻回应杨廷宝的建议说。

等馆长话毕，此时，丁公佩才进一步补充说："到时候老馆内部也会全部出新一次，就都好用了。"

"这样更好，毕竟时代不一样了，使用功能也有所变化，根据新功能的要求，适当做些内部改造是可以的，只要保持老馆外观不变就行。"杨廷宝赞成丁公佩的想法时说。

这次南大新图书馆方案经杨廷宝评审首肯之后，丁公佩回到设计院又进行了施工图深化设计，次年便建造落成（图3）。

图3　新图书馆鸟瞰（来源：网络）

参考文献：
本文内容为著者微信多次访谈丁公佩整理过目而成。

26. 老骥伏枥走上海

1979年2月的一天，上海园林局高级工程师顾正[①]，手持杨廷宝留学宾大的同学、时任上海民用建筑设计院院长陈植的引荐信，到南京敬请杨廷宝来上海指导古漪园的整修工作。两人见面交谈甚欢，杨廷宝又看了顾正带来的他设计的几处园林图片之后，对顾正的才干大加赞赏。言谈之间，顾正向杨廷宝问道："有一位搞市政规划的顾在埏，不知道杨老是否认识？"

"顾老？是当年设计南京中山陵四十米宽林荫道的顾在埏吗？"杨廷宝急切地问。

"是啊，他就是家父。"顾正答道。

"啊，你顾正原来是家传呐！我与顾老先生是老相识了。他留法，我留美，回国后还在北平共过事呢。他现在还健在吗？"杨庭宝回忆道。

"家父1966年就过世了。"顾正轻声说。

"他为人爽直，爱喝老酒，戴一副眼镜。要是我记得不错的话，他是无锡人，对吧？"杨廷宝记忆清晰地问。

"杨老记性真好。几十年前的事都记得清清楚楚。"顾正赞道。

这是顾正第一次登门拜访杨廷宝，就被杨廷宝平易近人的谈吐，和蔼可亲的举止感染着，并留下深刻的印象。

不几天，杨廷宝应邀来到上海，先在园林局领导、设计人员的陪同下，游览了古漪园各景点。这个园子杨廷宝太熟悉了。他还记得四十多年前与童寯曾同游过，那时这里只有十来亩地，很小，又很荒凉。现在不一样了，不但面积扩大到八十余亩，而且做了不少修整，今昔对比，和以前不一样了。

周游古漪园一圈后，回到园林局会议室进行了座谈。会前一阵寒暄之后，园林局的同志安静下来，准备洗耳恭听杨廷宝对古漪园修复的高见。

杨廷宝呷了一口茶水，便开始侃侃而谈。

[①] 顾正（1925—？），江苏无锡人。1947年毕业于上海市工业专科学校土木科。历任上海市园林设计院土木工程师、建筑师、教授级高级建筑师。曾任中国园林学会风景名胜学术委员会委员，上海市建筑学会、园林学会副理事长。

杨廷宝首先从修复古漪园为谁服务谈起。他说:"时代不同了,现在修复的不是为过去少数文人雅士吟诗对仗的后花园,而是为广大劳动人民在节假日休闲的公园。既然不是为少数人,那么使用方式不同了,在整修的时候就要充分考虑一下。……所以我认为今天在整修的时候不必完全拘泥于过去的样子。"又说:"可以稍微宽敞一些,使总的气氛看起来不是欧美的。不但是东方的,而且是中国的园林气氛。同时又合乎今天的使用要求。……这是我对总的布局手法的意见。"

在说到修复细节问题时,杨廷宝说得更具体:"我觉得像不系舟、梅花厅、水榭、白鹤亭等有文献可查的,有遗址可查的,是可以恢复一下的。这样,如果有人来考古,他会觉得满意的。"至于怎样恢复得好,杨廷宝进一步说:"当然,重修的时候也不一定要木料。一是来源困难,再者用次木料经不起几年就坏了,可以用钢筋混凝土来做。大木用混凝土,小木可用木结构。但是要注意造型,尽量去仿原先的味道和手法。"说到这些细节,杨廷宝谈得更具体。比如,他说:"缺角亭的柱子是正方形的,看起来就像混凝土做的。而传统的形式是海棠角,看上去就不生硬。""再如梅花厅的窗扇,菱花的具体做法太单薄,像树棍子的形状,没有深度感,气氛就不同。"说得下面听众连连点头称是。也说明刚才游览古漪园,杨廷宝观察是多么仔细!

如此种种,杨廷宝对古漪园若干修复的具体问题,诸如南门是否要做影壁;大门外的八字墙那么大,里外是否要一样平,是否可以曲折一些;园里树木不少,某些地方能否种几株大树,让它有点层次,等等,都真知灼见地谈了不少意见。谈到保护树木,杨廷宝还幽默地说道:"那么粗的悬铃木,总已有20~30年了,不要因为品种不高贵就砍掉,只要没有生虫,就宽限它几年吧!"说得大家会心一笑。

对古漪园现存不足之处,杨廷宝也不回避地说:"我不欣赏整齐的石驳岸,有的地方可以变化一下。"他还举例说:"听说北京北海用50~60万元造驳岸,把五龙亭一带全用上汉白玉石栏杆。附近新盖的房子已经改变了北海原来的尺度,现在又大煞风景。我还是赞成刘老①处理南京瞻园的手法,北面草地深入水面,长一些草更能与大自然结合得起来,没有矫揉造作。……我们这里的园子,山下这处水面,假若可以将山形延伸到池里就好了。"

说到最后,杨廷宝又谈到对人的关怀问题:"现今时代,园林里游览的人多了,

---

① 指刘敦桢。

其中也有年纪大的。所以对假山石、桥等的安全要很好地检查一下，避免有朝一日发生事故。现在桥栏杆两边的石板都是悬挑的，而且桥面很窄，按理说应该把桥展宽一些，今天使用和古代不一样。"

数月后的这年初夏，杨廷宝领导的南京工学院建筑研究所受上海园林局委托，对南翔古漪园逸野堂重建进行了设计。

时隔三年的1982年4月初，杨廷宝应无锡园林管理处邀请，赴无锡参加太湖风景区规划讨论会。这一次，顾正和无锡园林管理处的同行李正①也参加了会议。他俩年龄相仿，工作性质相近，而且又同名，都对杨廷宝的德才崇拜已久。这次听说杨廷宝能来参会，真是机会难得，不但相约赴会，而且还密谋一件两人的共同心愿。是什么心愿呢？

4月10日这一天，讨论会期间，杨廷宝在无锡梁溪饭店和大家交谈已久。此时，只见顾正和李正二人一同走到杨廷宝面前，顾正含笑开口道出自己的心愿："杨老，收我们俩做徒弟吧。"杨廷宝毫无思想准备，听到眼前两位虽比自己年岁小，但也是近花甲的人如此谦恭的请求，一时有点愣了一下，又随即道："不敢，不敢，我们共同学习吧。"顾正和李正见杨廷宝有了接纳之意，便双双毕恭毕敬地向杨廷宝弯腰九十度，行了一个大礼，把周围的人引得鼓掌齐声叫好。

两个月后，杨廷宝给顾正和李正每人寄了一册《杨廷宝水彩画选》。两人翻开扉页，只见杨廷宝用工整的楷书分别写道"顾正同志指正，杨廷宝敬赠"和"李正同志指正，杨廷宝敬赠"。两人不但获宝受宠若惊，更因杨老如此谦虚，来个"敬赠"落款，越发感动，对他崇敬备至。

1982年7月，逸野堂重建竣工（图1）。上海园林局本想邀请主持复建的杨廷宝前来视察，但考虑到时值炎热高温的夏天，杨廷宝年事已高，不便出行，便邀请了他的助手齐康出席，搞得齐康很是为难。因为，此事告诉杨廷宝吧，他肯定非去不可，可是有个万一怎么办？何况陈法青有言在先："齐康，杨老八十多岁了，不能再出差了，要出差，出了问题你可要负责哦。"虽是戏言，但齐康也真怕出问题呀！此事不告诉杨廷宝吧，那齐康隐瞒实情，若有一天此事露馅，杨廷宝对此还不得有意见？反正还

---

① 李正（1926—2017），字勉之，江苏省无锡市人。1949年毕业于浙江之江大学建筑系，并留校任教。继在浙江大学、同济大学等任职。1958年回无锡园林局任总建筑师，从事造园设计。2013年定居澳大利亚墨尔本。

图 1 古漪园逸野堂（黎志涛摄）

有几天，考虑考虑再说吧。便把邀请信压在办公桌玻璃台板下。

不想，一天杨廷宝有事从"成贤小筑"跨过街道走进校园，当他走进建筑系馆，一步一步慢慢爬上三楼时，已经气喘吁吁、大汗淋漓。推开研究所房门，只见齐康正在伏案画图。齐康见状赶紧递上一条毛巾，让杨廷宝先擦擦汗，然后说："杨老，有事找我可以打电话嘛，或者让我到您府上去，何必大热天亲自跑来呢？"

"我可没有在家里办公的习惯。"杨廷宝擦完汗坐下来说。

两人开始谈起正事。等到谈完正事之后，杨廷宝随意看了一下办公室，不巧，眼光停在齐康办公桌玻璃台板下的那封给齐康的邀请信。

"有给我请柬吗？"杨廷宝问。

齐康一时瞠目结舌，不知说什么好。

杨廷宝见齐康那尴尬状，心里就明白了，不容商量地说："不管请没请，我都要去！"

没办法，7月26日，齐康只好陪同杨廷宝顶着高温酷暑乘火车来到上海。

在车站，上海市园林局程局长和顾正亲自来迎接齐康，忽然，意外看到杨廷宝紧随其后。

"哎哟，杨老，您也来了，辛苦，辛苦。"程局长心中激动地上前握手。

"怎么，局长、顾工不欢迎我这个老头子啦？"杨廷宝面带笑容风趣地说。

"哪里，哪里。今年上海太热，您老都八十多啦，实在不敢打扰您了。"顾正一面忙不迭地解释，一面接过杨廷宝手中的提包，把他搀扶进汽车。

"这么说，我这是不请自来啰。"杨廷宝说。大家相视而笑，打哈哈地把没有向他发出请柬一事给一带而过。

杨廷宝这次来上海五天，除了视察新落成的逸野堂、重游了古漪园外，还参观了秋霞圃、淀山湖等园林。中午、晚上还频频接待建筑界的朋友来访。

这里特别要说一说杨廷宝到秋霞圃参观一事。

那天，也就是 7 月 28 日下午，顾正陪杨廷宝来到秋霞圃参观。此园集始建于明代的龚氏园、沈氏园、金氏园和城隍庙于一体，是沪上五大古典园林之一。四百余年间，这"三园一庙"迭经兴衰，物是人非，颇多变故。十年"文革"，更遭彻底破坏。20世纪 80 年代几经重修、重建、新建"三园一庙"景物四五十处，遂统称秋霞圃。而这一次刚修复的全园正是杨廷宝的徒弟顾正主持设计的。因此，趁这次杨廷宝来上海视察古漪园之际，顾正特邀杨廷宝到此一游，提提意见。

一开始，顾正引着杨廷宝从西门楼入口进入秋霞圃的桃花潭景区。杨廷宝刚走到西门楼（原是嘉定城内清河路民居石库门，1981 年移此）前，就深感此入口经改造装修后非同一般。只见高 5 米、宽 3.5 米的门楼上，锦衣架仿砖雕，硬山式混筒三线甬凤脊，上枋浮雕卷草，二角泥塑垂花柱；兜肚中有砖刻楷书阳文"含芳凝露"，阴刻回纹边框，右塑牡丹喜鹊，左塑兰菊花鸟。花岗石门框刻百吉图案，朱漆大门青铜辅首。可谓别有风味。

走进门内是一封闭狭小的前院，南侧女贞、东北隅松竹淡石点缀其间，顿觉雅趣横生。向左即为重建的仪慰厅，穿过此厅观另一小后院，内置罗汉松、芭蕉、慈孝竹等及云层状假山，景物与前院迥然不同。向右折出小后院，给杨廷宝一个豁然开朗的大惊喜，偌大的桃花潭四周景物尽收眼底。对于谙练中国古典园林设计手法的杨廷宝来说，这是顾正运用"欲放先收""步移景异"手法的成功一例，他不禁对徒弟的业务水平喜在心中。

就这样，杨廷宝跟随着顾正慢悠悠地，边漫步、边赏景、边互动。转完一圈全园后，他们在园路边石凳小坐休息。稍停，杨廷宝对顾正称赞道："秋霞圃面积虽不大，但因山石泉池安排得体，亭廊厅榭布局有致，在组景方面能注意到动与静结合，园林景色有开有合，有虚有实，达到了小中见大、以少胜多的效果，使有限的空间获得了丰富的景色。全园山石、水体、植物、建筑四大园林要素融为一体。这真是咫尺山林，浓缩自然美景啊！不错，不错。"

顾正在一旁听了杨廷宝对自己修复设计秋霞圃的一席美言有点不好意思，但他趁此接过话茬说道："此园若能得杨老墨宝，岂不是更可锦上添花啦！"杨廷宝游兴正浓，又见顾正陪了自己一下午，便欣然答应："我的字没甚功力，可以试一试，写得不好，不要见怪啰。"

于是，他们来到该园林办公室。顾正吩咐工作人员在一张大案桌上铺好平整宣纸，备好镇纸笔墨。此时，众人已围在桌边，只等杨廷宝前来挥毫走笔了。杨廷宝稍事休息后，起身走到案前，手握狼毫，饱蘸墨汁，凌空悬笔，便一横一竖、一撇一捺地分别在四张方形宣纸上运笔。顷刻间，"静""观""自""得"四个斗大的字依次跃然纸上，众人看到这俊秀苍劲的四个大字，无不惊叹。但杨廷宝兴致勃勃，又接连写了两张完整横幅"静观自得"四字（图2），并另书写条幅"杨廷宝时年八十二"落款，最后在另一张空白宣纸上留下3枚正方红印章和3枚长方红印章"伏牛山人"。写毕，杨廷宝说："你们拿去挑选吧。"顾正如获至宝，把这几张墨宝小心翼翼地收藏起来。半年多以后，杨廷宝的题字就被制成黑底金字的大匾，高高悬挂在秋霞圃碧梧轩大厅正上方的额枋上。与下方稍晚制作的，全国人大原常委会副委员长胡厥文①老先生题写的"山光潭影"

图2　杨廷宝手书（上海嘉定档案馆提供）

---

① 胡厥文（1895—1889），上海嘉定人。著名爱国民主人士，政治活动家，杰出实业家。1918年毕业于北京高等工业专科学校机械系。先后创办上海新民机器厂等，中华人民共和国成立后，历任上海市副市长、全国工商联执委、常委。全国人大代表、常委、副委员长。全国政协委员、常委。1945年发起组织民建，历任民建理事、常务理事、副主任委员、主任委员、主席。

图3　秋霞圃碧梧轩（黎志涛摄）　　　　　　　　　　图4　秋霞圃碧梧轩中楹南向楷书额"静观自得"杨廷宝书（黎志涛摄）

白底金色大匾交相辉映，使碧梧轩大为增色（图3、图4）。

五天过后，杨廷宝结束了上海之行。园林局的领导、顾正等人一并送行到火车站。

"下次一定要再来。"，杨廷宝与众人一一握别说到。

谁知，杨廷宝与上海这一别，竟成了永别！五个月后杨廷宝竟不幸仙逝。

参考文献：

1. 刘向东，吴友松 . 广厦魂 [M]. 南京：江苏科学技术出版社，1986.
2. 刘建良 . 秋霞圃志 [M]. 上海：学林出版社，2008.

27. 肺腑之言为民想

1979年7月9日18时57分，江苏省溧阳县发生了6级地震。41个公社受到不同程度的震害，全县共死亡41人，重伤512人，轻伤2293人，压死耕牛70头，压死生猪4716头，严重倒塌房屋12万2千多间，危房34万余间，危房为5年前即1974年同一地点地震时毁坏数的14～15倍。另震坏水库堤坝8座，损坏农桥46座。

地震发生后，江苏省委当即召开常委紧急会议，省委书记胡宏，带领慰问组连夜赶赴灾区，与当地领导部署抗震救灾工作。全省上下，祖国各地，海外同胞都向溧阳人民伸出援助之手，或派医疗队，或抢运救灾物资，或捐款捐物，大力支援溧阳灾区人民渡过难关。

三天后，中共中央、国务院向震区发来了慰问电。五天后，人大常委会副委员长乌兰夫[①]，率领中央慰问团来到地震灾区。

救灾之后，摆在人们面前的任务便是重建家园。

江苏省建委很快组织了一批规划师、建筑师奔赴溧阳震区，帮助当地政府和村民进行震后的农村新规划和房屋设计。

10月29日，省建委组织教授、建筑专家和有关人员来到现场，召开溧阳新农村规划和建设讨论会，杨廷宝受邀带着助手也来了。与以往参加新农村规划讨论会（图1）不同的是，这次是怀着对溧阳乡亲们受震灾而沉痛的心情，并肩负着为受灾乡村重建出力的责任而来。

这次杨廷宝出席专家讨论会，没像往常按时直奔会场，而是提前来到震区，带着助手先去踏勘了两个村子。其中一个村子就在小山脚下，只见房屋比较密集，且由于当地建筑材料缺乏，普遍采用泥土墙、夹心墙，甚至承重墙并不是实心墙，而是空斗墙。这种房屋质量差，强度不够，当然经不起地震破坏，所以房屋损坏的多，而倒塌的不甚多。但是自然环境却非常好，几乎每家都有竹园，周边一些水塘还在。一眼望去，虽然眼

---

① 乌兰夫（1906—1988），内蒙古土默特左旗塔布村人，蒙古族。1925年加入中国共产党。上将军衔。曾任中华人民共和国副主席、全国人大常委会副委员长、全国政协副主席、中共中央统战部部长等职。

图1 杨廷宝在某村镇规划讨论会上发言（杨士英提供）

前一片惨状，但还可以看出原来的村落房屋布局很自然。这里是丘陵地带，地面起伏，房屋顺势而建，可以想象，地震以前，这儿的一切与环境非常和谐自然。已古稀之年的杨廷宝，不顾南京酷暑的炎热高温，在废墟中边看、边走、边想，怎样重新规划好这一片村落，让老百姓回到震前的田园生活。杨廷宝沿途还与一些灾民聊天，了解他们震前的生产、生活情况，家庭人员构成，对重建家园的愿望。

杨廷宝眼看讨论会时间快要到了，怀着沉重的心情来到会场。

会场其实就是一间半敞开的茅草屋，周边已经有一些老乡，围着想听听政府怎样规划他们今后的生活。杨廷宝走进茅草房，见不少熟人向他问好打招呼，他一边回应，一边看看手腕上的钟山牌手表，离正式开会还有点时间，就顾不上与熟人闲聊，直接走向挂有规划方案图的墙面。他想先了解一下，今天要讨论的规划方案是个什么样，这时已经有不少与会者已经在那儿观看，并小声议论着。

因为时间不多，杨廷宝只能走马观花看个印象。对于已经有着几十年工程设计经验的杨廷宝来说，只要瞄上一眼，对这些方案的评价也就八九不离十了。这一次一看墙上的图，心里咯噔一下！图上的房屋怎么排列那么整齐划一？道路也横平竖直？这还像农村吗？他只是心里想，并没有说出，更没有与旁人马上就议论。再接下去看了几张图，他心里明白，今天的讨论会恐怕有交锋了。

"请大家回到座位上坐好，马上开始开会了。"会议主持人向与会者招手中止了看图、聊天。杨廷宝习惯性地又准备坐在一个角落，马上被省建委的一位领导拉到领导席位就座。杨廷宝怎么也不肯，他觉得坐在领导旁受拘束，推让之间，杨廷宝只在一圈座位靠近领导正面座席的侧旁坐下。

"现在讨论会正式开式，请省建委领导讲话。"主持人宣布道。

按照讨论会程序，总是领导先强调会议召开的形势、意义、要求，最后讲了表示对参加会议的各位与会者感谢的开场白后，讨论会才进入实质性的议题。

"现在请各位专家，对溧阳震后新农村规划方案进言献策，希望大家畅所欲言。"

杨廷宝参加类似的学术讨论会有个习惯，他总是先倾听别人的意见，绝不会首先发言。他深知自己一是身居高位，二是年龄大受人尊敬，不能一上来就高谈阔论，给讨论会定调。这次的讨论会听到后来，他听出了会上有两种不同意见，一部分人认为规划方案的房屋布局很整齐漂亮，统一模式，建造快，省事。另一部分人观点正好相反，认为房屋布局整齐划一，太单调，与环境结合不好，没有农村特点。

会上你一言，我一语，偶有争论。会下不时也有窃窃私语、交头接耳。杨廷宝看着大家发言得差不多了，就清清嗓子，呷一口茶，开始了发言。

"溧阳发生地震后，应该怎样来重建家园？这是我们面临的迫切而要慎重行事的问题。我想，我们考虑这个问题的原则，一是要因地制宜，考虑溧阳的特定环境条件。二是要为农民着想，为他们创造安居乐业的新生活，进行规划。就这两点来说，我不赞同在这样的自然环境中，用丁字尺、三角板打成方格画出来的规划设计。"杨廷宝边手指墙上挂的棋盘格似的规划图，边掷地有声地直接亮明自己的观点。为了进一步说明自己反对的理由，他接着说：

"刚才我们踏勘了两个村子。山脚下的那个村子，自然环境那么好，破坏亦不甚严重，可在原地翻修建新。你们想：自然村中每家每户都有竹园，整个村子新建后，有朝一日会像个花园。而破坏较严重的房屋，只要地基未损，就可原地恢复。农村居民点规划，要充分考虑居民生活的要求，不求一律。农民的住房有多有少，有高有低，仍然可以散散落落地布置在绿树丛中。"杨廷宝在解决实际问题的讨论中，从来不拍脑袋空谈，他把会前实地调查走访的所见、所闻、所想和盘托出，并对如何进行规划进一步阐述道：

"就农村居民点的规划而言，各地是不一样的。山区的、丘陵的、平原的、水乡的，都有自己的特点，不能千篇一律。而各地农民的生活习惯也相差很大，自然村是农民祖祖辈辈由于生活习惯而形成。我们搞农村居民点规划，要尊重当地农民业已形成的习俗，要多和他们商量。我们口口声声说要为人民服务，但是，你下车伊始，既不调查研究，又没有为农民着想的出发点，拿起丁字尺、三角板就这么打格子画出一幅规划图来，老百姓会有意见的，规划的实现也会有阻力的。"杨廷宝侧过身又指着墙上的图继续说："你们看，图上画的房子排得那么整齐，像操兵一样，真像两千年前罗马人的兵营。这种布置，弄得不好，小孩有时会迷路找不到家的。我听说某地建成的也是这种棋盘式规划的居民点，一天夜晚有个小孩找不到家了，在别人家的空床上睡了一宿。"与会者听此，不禁哑然失笑。

"还有，住房与牛棚、猪圈相互要有一定的距离，不能不讲卫生吧。要从建筑设计入手将前后院的功能分开，我们用丁字尺、三角板的头脑思考问题，按固定模式把一切都定下来，就会像下棋一样，变成了'残局'。"说完，又引起一阵笑声。

"所以，我们在农村规划中，道路的走向、建筑的布局一定要结合地形，顺乎自然，不失原有自然村落的风貌。拖拉机的道路可以略为取直，而村舍之间的小路要考虑房屋的现状、水塘的位置，随地形的起伏而曲折自如。现在地面上的一些水塘，没有必要用推土机把它们填平，能保留一些不好吗？大自然的地形，其形成是有个过程的。它可以起到地面蓄水、防涝的作用，还可以养鱼，提高副业收入。一旦你改造了，破坏了大自然的平衡，就会有天灾人祸发生。我们不能干这种傻事！"

在说到农舍具体建设时，杨廷宝又侃侃而谈："至于农舍怎样布局？怎样设计？可不能画得那么死板。即使六间的农舍，为什么不可以前后错落？建筑的长度也可长可短呀。因为各家有各家的生活方式，人口构成也不同，生活要求也不一样，你结合现状、绿化、地形，就有了住家的生活气息。把整个新村的建筑风貌，建设整理得像杏花村、百花村、桃花村不是更好吗？"杨廷宝把心中一幅美好的新农村图景，描绘了一番，他又望了望墙上那刻板单调的规划图，不无感慨地接着说了一句："看到用丁字尺、三角板画出来的这些规划图，特别是用在溧阳这样的环境里，心里怎么也不是滋味！"

杨廷宝稍停顿，喝了几口茶，望着大家又语重心长地说道：

"我们搞规划一定要从实际出发，量力而行。大家还记得周总理生前关于震区重建的指示吗？周总理说'发奋图强，自力更生，发展生产，重建家园'，这个棋盘格的规划方案，看似整齐划一，这必定要把土丘推平，把水塘填平，把树木砍光，这要花多少钱？再说，全部重新建房，这又要花多少建筑材料，投资多少钱啊？这么搞法不大符合周总理生前的指示精神吧！"

杨廷宝说到这里，已经把观点说明白了。最后，他补充一句：

"我讲了这些，你们会理解我想'废除'丁字尺和三角板的真正含义和心情。当然，搞建筑设计，画设计图，还是需要使用丁字尺、三角板这一绘图工具的。施工现场有时也离不开推土机，我这里强调的只是要人们重视建筑环境，特别是要充分利用大自然的地形。再也不要脱离实际，搞不切实际的规划了。"

杨廷宝一席肺腑之言，深深打动了与会者的心，特别是参与规划方案的设计者，听后也心悦诚服地发言说："回去我们一定按杨教授和大家提的宝贵意见，在调查研究的基础上，重新进行规划。"

参考文献：

齐康. 杨廷宝谈建筑 [M]. 北京：中国建筑工业出版社 . 1991.

28. 情系武夷吐衷肠

福建武夷山风景区的建设工作，始于1979年。由于此前当地尚未对武夷山风景区进行规划的研究与管控，不少单位闻风而动，欲插足其中建项目。如480多米长的交通大桥突兀地横跨崇阳溪正在修建，一条通衢欲直达生产茶叶的天心大队，此外，更有诸多拟建建筑如某高级宾馆欲立足风景区主峰大王峰脚下，而省内教育之家、青少年活动场所、工会疗养院等，也都各自纷纷欲抢占地盘立上户头。好好一个以"碧水丹山"独特风貌闻名于世的武夷山自然风景区眼看就要遭到人为的建设性破坏。幸好福建省领导及时发现武夷山风景区开发的乱象，下决心要把规划尽快搞出来。

在这种背景下，1979年9月7日—25日，杨廷宝与南京工学院老师齐康、赖聚奎应福建中国旅行社邀请赴福建，先后到福州、泉州、漳州、厦门四城市对兴建中的华侨大厦进行考察、指导。这一路上，杨廷宝就风景区的规划与建设发表了许多重要的讲话。

此后，杨廷宝与齐康、赖聚奎在巡视福建上述几个沿海城市的华侨大厦建设后，由厦门乘车返回福州，于21日自福州乘火车前往南平。火车沿着闽江向西北方向奔驰，车窗外清澈的江水，急流中飘荡的行舟和远处的褐色礁石、连绵山峦，还有那漫山遍野郁郁葱葱的茂密植被，以及山路上点缀的身着当地特色服饰的游动人影，这一切构成绝妙的立体山水画卷。

"我们真是在画中游啊！"齐康不禁触景生情地感慨道。

"我看，不如说是在仙境中游。"杨廷宝望着山腰云雾缭绕似乎陶醉地说。少时，杨廷宝又接着说："看了这风景，高楼大厦就不想再看了，喜欢看自然风景也许是我的一种癖好。福建的自然景色、名胜古迹，可称得上是山青、水秀、人杰、地灵。俗话说：上有天堂，下有苏杭。我看这儿景色要超过苏杭。甚至山水甲天下的桂林比起武夷山也要逊色。"

"难道武夷山的风景真胜过桂林？"齐康不解地问。

"过去桂林山水确实甲天下，可惜后来由于工厂的污染，建筑缺乏规划，景区遭受很大的破坏。同样，杭州的西湖、太原的晋祠等都因不重视景区保护而付出昂贵的学费。我们有些部门常常急功近利，不掌握风景区建筑规划和设计的特点，大兴土木使景区惨遭破坏，结果物极必反。武夷山这美景，真像首饰上光耀夺目的宝石，我们真要好好保护这颗明珠。这是我们这一代人的职责，我们只有为子孙后代造福的义务，绝无败坏它的权利！"

火车继续在这画境中时而峰回路转，时而蜿蜒前行。望着眼前景物的飞快闪过，远处群峰的缓慢后退，齐康又说："'曲径通幽'一词细细品味起来，还真是暗指佳景所在。"

杨廷宝接过话题又发挥地说："动听悦耳的音乐往往只是一瞬间的享受，而好的风景却是瞬息万变的幻景。我们无法画到在时间上与空间上的境界，我们所能画到的只是定格下来的局部美景，说不定还是佳境的'次品'。"

忽然，杨廷宝从车窗口向西看到落日的晚霞穿过两山峰间翻滚的云雾，对齐康说："你看，这霞光、云雾的瞬间变化多么奇妙！大自然真是我们学画的好老师。大自然中的民居，是我们进行风景建设设计的好素材，我们要时时受到这些自然景色和有地方特色民居的熏陶啊。"

就这样，杨廷宝与齐康一路欣赏着窗外不断变幻的美景，一面触景生情地不停地交流着。

火车抵达南平时暮色已降临。杨廷宝一行被安排在第一招待所仅有的一栋陈旧小楼下榻。

晚饭后休息片刻，陪同的领导恳请杨廷宝一行对该招待所为适应对外接待的需要、应市里要求正规划建设的一栋新楼提点建议，杨廷宝欣然应允。

于是，在一间会议室坐下来后，杨廷宝边看方案边思考。因下车伊始，又因天已黑不便看地形环境，就没有说具体意见，而是提些原则上的建议说："福建省是我国主要的侨乡之一，随着旅游事业的发展，回国探亲、观光的侨胞和外国游客必然越来越多，因此，新建和扩建的旅馆也必然会不断增多。这就要根据各地的条件、环境和地方特点、建造规模，因地制宜地建造不同类型、多种形式的旅馆。不要从南到北、千篇一律地盖一个模样的方盒子旅馆。特别是你们武夷山风景区最好盖一些低层的、分散式的旅馆，再不要盖庞然大物一般的旅馆了，以避免对优美的风景喧宾夺主。或者可以修缮一批民居，加以改造。外表看起来是民间式样，内部可以设置必要的设备，甚至可以在近风景区的地段，就地取材，因地制宜，建造富有地方特色的旅馆。"

交谈间杨廷宝喝了几口茶水又接着说："我看过几个城市的旅游旅馆的方案，造型上千篇一律，好像都是从国外杂志上抄来的'摩登建筑'。我认为建筑造型和内部装修都要有地方特色，尽可能采用地方特色的建筑材料，以体现地方的建筑文化。比如泉州的石雕刻、福州的脱胎漆以及竹木工艺，都可以作为装饰手段。我在福州新建机场会客室里看到竹器家具，就很有地方特色。这些民族风格、地方色彩对久居海外的侨胞，都能引起怀念故乡的感情。"

当杨廷宝谈到这儿时，立刻引起坐在一旁的赖聚奎一阵感悟，想起了来此之前在福州和厦门的情景。什么情景呢？故事在这儿先插上一段。

几天前，当杨廷宝一行还在福州时，有一天午餐后他与赖聚奎闲聊。

"我想看一看福州的地方戏，当地有没有啊？"杨廷宝知道赖聚奎是福建人就问道。

"有啊！"赖聚奎下意识地答道。但又好生奇怪地问自己，杨老也不懂福建话，他怎么想起来要听闽剧？而且，闽剧是用福州方言演唱、念白的呀。没等赖聚奎想明白，杨廷宝紧接着又说：

"今晚没事，我们去看一场地方戏吧。"

老师要看戏，那就陪着吧。晚上，赖聚奎因也听不懂方言，便叫上邀请方福建中旅社的一位导游一同前往戏院。在观看过程中，导游不停地给杨廷宝当翻译，只见杨廷宝听得津津有味，看着舞台上的场景、背景画面和演员的服装、道具式样时是那样专注。而赖聚奎却提不起兴趣，不知台上的人动来动去在干什么。

又有一天，杨廷宝要赖聚奎趁暇陪他到福州鼓山佛教圣地，看看涌泉古寺和灵源洞摩崖石刻。赖聚奎当年对古戏、破庙都不感兴趣，只欣赏现代建筑。现在杨廷宝开口要去，自己陪老师走一趟见识见识也好。到了鼓山的涌泉寺，只见具有明清风格的古寺依山偎谷，槛廊连缀，大大小小的殿堂簇拥着大雄宝殿。杨廷宝进入大殿内开始欣赏起艳丽夺目的各种祥龙鹤兽图案，而赖聚奎像看热闹一样东张西望，看不出门道来。

后来，在厦门时，杨廷宝又想要看高甲戏，赖聚奎更不可思议了。这高甲戏是闽南地方戏，其音乐唱腔以南曲为主，兼用傀儡调和民间小调，不要说外地人既听不懂，又看不明白，连自己对此也一窍不通。

"杨老，您对福建地方戏怎么这么感兴趣？"赖聚奎百思不得其解地问。

"我不是对福建地方戏本身有兴趣，而是对表现在各个方面的地方文化想多了解一些，我们搞建筑设计的人要想让自己的设计作品有建筑文化品位，就要多吸收一些其他品种的文化。就像我们要做武夷山风景区建筑设计，就要吸收福建的地方建筑文化，甚至包括福建的文学艺术、音乐戏曲等这些地方特色文化，这样才能使你的设计作品与众不同，才能有更高的品味。"

原来如此！赖聚奎联想到刚才杨廷宝在南平招待所会议室看方案图时说的一席话，才明白设计者做建筑设计真的是要拓宽眼界，好好地将各种文化吸收到建筑创作中来。从此以后，赖聚奎在这方面下了狠功夫，在武夷山多项工程设计中出色地将福建地方建筑文化有机地融合进自己的创作中，取得了可喜的成果，并获得国家重大奖项。当然，这是后话。

故事插话到此为止，下面言归正传。

当杨廷宝与当地陪同领导交谈招待所拟建新楼要注意就地取材、因地制宜，建造富有地方特色旅馆的原则后接着说："至于你们设计的招待所扩建方案有什么问题，现在还不好说，等明天看了招待所环境后再议吧。"杨廷宝从来不下车伊始就哇啦哇啦信口开河，他要结合地形，考察这个设计方案的可操作性，实事求是地提些具体的建议。

第二天（9月22日）早餐后，杨廷宝一行在主管人员的带领下，看了招待所小楼外的场地。突然一株树冠如盖、树干粗壮的古树引起了杨廷宝的关注。

"这是什么树？"杨廷宝问主管人员。

图1 被杨廷宝保护免伐的南平招待所内笔管榕古树（叶国文摄）

"这株古树学名叫笔管榕，已经有260多年了。"主管人员回答道。

杨廷宝绕树三圈仔细观察起来，只见盘根错节的树根像虬龙般粗壮，遍身褶皱的树皮被小叶榕和龟背竹缠绕着，充满了生机。心想，这是一株饱经沧桑的名贵古树啊（图1）！

"昨天晚上看设计方案图纸怎么没见把它保留下来？"杨廷宝不解地又问主管人员。

"这种树，在我们这里多得很，砍掉不算什么。"主管人员不以为然地轻松说。

杨廷宝听着听着表情骤然凝重，这让他不由地想起28年前设计北京和平宾馆时，他绞尽脑汁在紧张的用地中怎着也要让建筑躲开六株大槐树和榆树，以便将它们保留下来。甚至在用地西端，为了保留一株不太大的榆树，建筑实在躲不开，宁愿牺牲一点厨房的面积，挖个天井也要让它存活。可好，你们却认为这株珍贵的古树"不算什么"，杨廷宝简直心疼至极。

"人有不幸，树也有不幸啊！"杨廷宝叹了一口气，悲哀地对树自言自语说了一句。接着抬起头面对主管人员说："这种树要是长在上海，就成了宝。望着这株树我在想，树木也是有生命的，特别是一些古老、名贵、姿态优美的大树，不是一年两载能长大的。我们设计人员要爱惜它、保护它，要充分利用并有机地组合到建筑中去。下次我来，如还能见到这株树，我要好好庆贺它；如看不到，那可要深感惋惜了。"

主管人员听了杨廷宝这一番动情的话，当即表示回去要重新修改设计图纸，为古树留出空间。后来，市园林处还真为这株古树挂了编号为007的保护牌。特别是多年后，管理人员看到有一分支长得特别粗壮，生怕被折断，还专门用一根钢管加以支撑，当然这是后话。

杨廷宝与主管人员聊完这株笔管榕的保护与利用后，便乘车出发去武夷山游览、视察。清晨的空气格外清新，汽车在盘山道上行驶，穿梭在沿途时而扑面而来似薄纱般的云雾之中。此时，薄纱从身边飘然散去，万道朝霞倾洒下来，山下时隐时现的散落民居、湍急溪水、五彩树丛出来，犹如从天上眺望人间方能看到的美丽祥和的长卷，美不胜收。杨廷宝不由得又一次陶醉在这仙境中，这比昨日从福州乘火车来南平沿途仰视群山所见景色更胜一筹啊。

三小时后，杨廷宝一行来到大王峰景点。

大王峰是进入武夷山的第一峰，海拔530米，上丰下敛，气势磅礴，宛如擎天巨柱。在武夷三十六峰中，素有"仙壑王"之称。峰顶古木参天，有天鉴池、投龙洞、仙鹤岩、升真观遗址诸胜。南壁悬崖陡峭，有1500余级石阶可登顶，但必经一山体裂缝间直上直下且宽仅尺许的石级盘旋而上。一旦登顶，可遥望玉女峰，游客便自然联想起古时在民间流传的大王与玉女的爱情故事，也可眺望远处的九曲溪，俯视武夷群峰碧水。可谓江山如画，令人心旷神怡。

九月下旬的天气，仍然那样炎热。午餐后，杨廷宝身居仙境，画瘾大发，便头戴草帽，拿上画具，请陪同人员搬来一张竹椅，在一曲溪畔印石岸边坐下。此时杨廷宝感到从身旁溪流处飘来一丝凉风，轻轻地拂面而过，顿时精神一爽。待坐稳后，杨廷宝便身依竹椅靠背，将小画板搁在翘在右大腿的左腿上，手握钢笔，双眼仰视远处的大王峰。少时，杨廷宝即动手在画纸上游刃有余地画起来。其间，他不时抬头仰望，又低头运笔。只一会儿工夫,一幅大王峰的速写便跃然纸上。只见画面中山峰傲然挺立,树影似随风摇曳,峰岭如擎天巨柱;线条疏密有致,质感刻画逼真。不愧为大师,下笔如神(图2、图3)!

图2 杨廷宝在武夷山一曲溪畔画速写(杨德安提供)

图3 杨廷宝武夷山大王峰速写(杨士英提供)

大王峰因陡峭险峻,年近八十的老者杨廷宝只能在远处"高山仰止"了。

接着杨廷宝来到云窝一游。

云窝为武夷首胜之区。有上下云窝之分。这里巨石倚立,背岩临水,且有大小洞穴十余处。每当冬春早晚,洞穴里常常会冒出一缕缕淡淡的云雾,在峰石之间轻飘游荡,时而聚集一团,迷漫一片,时而飘散下来,舒卷自如,故称"云窝"。

登山起始,山势尚较缓,杨廷宝慢步行走在乱崖中宛转的山路上,左听脚下潺潺溪水不倦流淌,右观山壁陡峭直插云雾,好一派溪光山色,不禁自语:"我虽曾游黄山,登泰山,但未见此景象。"(图4)

走着走着,忽见不远处山壁前有二亭。其一新铺了琉璃瓦顶,漆着红柱绿挂落。杨廷宝走近一瞧,边摇头边对陪同人员说:"游人到这儿来,要看的是真山真水,而不是看你的建筑,刷上大红大绿油漆干什么呢?还把宫殿的琉璃瓦用在这上面,与自然山水太格格不入了。我们不能把设计城市公园的那一套生搬硬套放在这儿来哦!"

就这样,杨廷宝边欣赏一路上的风景,边与同行者议论着。走着走着又登上一山峦。此时,杨廷宝又见一竹亭,显得朴实无华、淡雅清新,与周边的山景竹丛融为一体。杨廷宝见状欣喜异常地说:"这个亭子就地取材的做法,我很赞赏,建造工艺也很地道,

图 4　杨廷宝武夷山云窝水彩画（杨士英提供）

一定是当地竹匠修建的，我可以打 100 分。"

"可惜，柱子高了点，亭子的比例、尺度还不太完美。"齐康顺口说。

"那就打 97 分吧！毕竟在竹亭的造型设计上欠妥。这一点我们就不要太苛求了。但是，刚才我们看的那个琉璃亭，我只能给 59 分啰。"

看看天色已晚，杨廷宝一行下到山底，准备返程回到住处。此时，陪同的人员问杨廷宝："我们想在水边修个食堂、茶室，在那边修个水榭为游客提供餐饮和休息的地方。杨老，您以为如何？"

"依我看，在风景区添置建筑一定要谨慎，因为大自然景观是主角，建筑只是陪衬。如果功能上没有十分必要，还是尽量不要把服务设施引到景区中来。你若要临水建个大食堂，势必会污染溪水。在建筑造型上既要艺术性强，又要有个性，这对设计人员的艺术修养有相当高的要求。不要随便搞一个俗不可耐，又与环境格格不入的房子搁在那里大煞风景。在没有把握的情况下，我看，还是建造一些临时性或半临时性的建筑为好。即使这样，也宜用简便的地方材料，造起来容易，拆起来也方便。不要一上来就用钢筋混凝土建造房屋，国家投资既高，以后拆掉又费工夫不说，产生那么多垃圾，也破坏环境。这叫作吃力不讨好，更是事倍功半。"

图5 杨廷宝（左）与建筑研究所赖聚奎（中）、陈宗钦老师在武夷山天游茶洞口景点视察时留影（江苏省档案馆提供）

第三天（9月23日）上午，杨廷宝一行开始游天游（图5）。

天游峰位于九曲溪六曲溪北，海拔410米，是武夷三十六峰中最有代表性的主峰之一。每当雨后乍晴或是晨曦初露之时，登峰巅，眺云海，犹如波涛澎湃般变幻莫测，宛如置身于蓬莱仙境，遨游于天宫琼阁之中，故称"天游"。

天游峰有上、下之分。上天游有一览亭，濒临悬崖，高踞万仞之巅，是一座绝佳的武夷山观景台。在亭内凭栏环顾，云海茫茫，群峰悬浮；九曲蜿蜒，竹筏轻荡，可谓武夷山水尽收眼底，令人心胸开阔，流连忘返。难怪著名旅行家徐霞客评说道："其不临溪而能尽九溪之胜，此峰固应第一也。"民间也有顺口溜："不登天游，等于白游。"

"杨老，您高龄了，登山行吗？"陪同人员担心地问道。

"行！登山，登山，就要在登山中自找麻烦，也从中得到乐趣。想图舒服，就躺在沙发上不必来了。"杨廷宝笑着答道。

途中，杨廷宝指着远处一片原野问陪同人员："那一片为什么没有树？"

"原来那一片全是树林，后来为了发展茶叶生产，全给砍光了。"陪同人员解释说。

"这就像我年纪大了，头顶光秃，有损形象啊！眼前这座山下面树都砍光了真像穿短裤一样难看。你们为了种大红袍武夷茶而砍树，这太得不偿失了。茶可种，但山林树木也要保护，现在要赶紧拯救，快造林。要把造林与种茶的矛盾解决好！"

说着，他们来到一休息路亭，登了一阵子天游峰，杨廷宝需要坐下来歇一歇。他一边脱下草帽，拿在手上扇风，并掏出手帕揩着脸上的涔涔汗珠，一边欣赏着奇峰环拱、曲水回转的美景，顿觉心旷神怡。

随后，杨廷宝又仔细品赏这路亭。只见顶盖青平瓦，背砌土坯墙，三面通透原木柱，脚下乱石板铺地，一派土生土长的民间小筑景象。

"这朴素的似有野趣的路亭，我看就不一定拆除了，它要比昨天看的琉璃亭强多了。"杨廷宝对陪同人员说。但他又担心地说："这事也难啊！大自然的美景、山野处，人工造的东西太多就没有趣味了。说不定哪一天来了一位当官的人，看到这个路亭颐指气使地说：'这太简陋了，你们给我拆掉！'并指示设计人员说：'您明天给我交一张有气魄的建筑方案图来！'我有时这样想，地位高的人，不一定欣赏水平就高。也有另一种情况，有人喜欢拿着做官人的话当令箭，不容辩解地指挥下属：'给我拆！不拆旧的怎么会有新的。'实在令人嗤之以鼻。要知道，艺术欣赏是一种素养啊！"

休息片刻后，杨廷宝一行又继续攀登天游峰。登上高处，杨廷宝远望大王峰、天湖峰、并莲峰、九曲水溪。这水光山色又引起杨廷宝一阵感慨："这里登高远望比桂林从漓江宾馆顶上远眺有意味。这儿山景气势磅礴，使人心旷神怡。而上下景色曲曲弯弯，过了一景又一景，不知有多少奥妙啊！天游胜景，真是名不虚传！"

下午，杨廷宝一行自星村乘坐竹筏顺九曲溪流而下。竹筏在清澈见底的溪流中盘绕峡谷东绕西转，时而水平如镜，忽而激流湍湍。这一7.5公里的水路，水绕山行，丹岩凝紫，溪面泛烟，水天相映，好不美哉！导游边吟诗边介绍沿途胜景和神话故事，船工手持竹篙在溪中东点西撑。杨廷宝坐在竹筏的竹椅上，悠然自得地边听导游解说，边望着沿途两岸美景。兴之所至，便掏出小本本和笔，快速写意勾画出一路风景。你看，那玉女峰速写的线条多流畅！寥寥几笔，一座酷似亭亭玉立少女的山峰跃然纸上（图6）。

这玉女峰是武夷山的标志性景点，海拔313米，峰岩奇秀，有"插花临水一奇峰，玉骨冰肌处女容"之美誉。玉女峰下，是碧绿清澈的浴香潭，潭中有上刻"印石"二字的方方正正巨石，相传这是大王留在玉女沐浴之处的定情信物。玉女峰左岸是竹筏码头，是游览九曲的重要起落点。玉女峰右侧是武夷山景区刻有"镜台"二字摩崖石刻的勒马岩。

杨廷宝坐在竹筏上游荡许久，不但闲情逸致，而且大饱眼福。此时，不知谁说了一句：

图 6　杨廷宝武夷山玉女峰速写（杨士英提供）

"说不定哪位官员来乘竹筏时会指示说，'竹筏不现代化，要改作汽艇'。"杨廷宝不免心有不快。

"不！游客到九曲溪来就是要乘坐竹筏才有趣味，就像我们刚刚这一缓慢游荡的速度，可以仔细观赏别的视角看不到的天游峰、仙掌峰、大藏峰、小藏峰，还有眼前明丽动人的玉女峰，以及那巍然耸立的悬崖峭壁和摩崖石刻，有如漫游奇幻百出的山水画廊。你要是乘快艇飞驰而过，就白来九曲溪了。"杨廷宝陶醉在乘坐竹筏别样的兴致中说。

正好筏到码头人到岸，杨廷宝从竹椅上站起，不舍地下了竹筏，这一下午的乘筏观景，简直美不可言。

第四天（9月24日）上午，杨廷宝一行又开始游起桃源洞。

此桃源洞又名小桃园，意即可与陶渊明的名篇《桃花源记》中的武陵源媲美，胜景为武夷山景区的七十二洞之一，位于九曲溪六曲之北。

此地四面环山，秀石林立，恬静幽雅，景色殊异。有松鼠涧疾流夺谷而出，流水淙淙，深邃清凉。溯流前行可至巨石相倚的桃源洞。顿觉疑似无路，但穿岩隙跨进石门，眼前豁然开朗，只见田畴平旷，苍松翠竹，桃树成林，俨然一处世外桃源。其间庐舍井然，开源堂坐落其中，是武夷山重要的人文景观地——道教活动中心。其后院的建筑布局自由，空间处理变化多端，室内外空间穿插流畅。而且丹岩清泉密布，竹桃海棠掩映，环境清静幽雅，可谓历代名家隐居的乐土。

杨廷宝在去往桃源洞的途中，看到洞旁石级修得整整齐齐，对齐康、赖聚奎说：

"山间的石径修得不错，但要根据地势、山野景象，可宽则宽，该窄则窄。小道与地貌应大致取平，便于保护游人安全。人工修筑的小品应尽量与大自然融为一体。"

"你看这一段石级边上的爬藤为什么要除掉呢？只要它不妨碍通行，保留下来有什么不好呢！这样可以更宜乎自然嘛。"

当杨廷宝走进开源堂后面的院落时，不禁对眼前依山就势、布局自由、造型丰富、错落有致的道教建筑赞不绝口。

"中国建筑是木构架方式，它的所谓'空间组合'在实践中、民居中、庭园建筑中，或者宗教建筑中，都有很多佳例，而且自古有之，我们要认真地加以总结。"

游完桃源洞已是正午。午后，杨廷宝一行来到水帘洞。

水帘洞景区以丹霞地貌峰峦及岩体景观为特色，是武夷山最大的洞穴，高宽各一百多米。洞口斜向大敞，终年流淌的两股清泉，从一百多米高的岩顶飞泻直下，微风吹动，水珠摇曳分合，随风飘洒，仿佛天女散花，犹如悬挂洞顶的两幅珠帘。正是"赤壁千寻晴拂雨，明珠万颗画垂帘"。隔帘望去，洞外的茶园竹丛、村落人家，一片迷蒙，宛若一幅诗意朦胧的山水画，别有一番韵致。

当杨廷宝一行来到水帘洞口时，正赶上路口在炸山石而筑路。

"咳！"杨廷宝闻声惊叹一口气，说："这炸山填谷，把陡峭的山岩、幽雅的峡谷都破坏了，这不是大煞风景吗？！必要的道路是要修的，但在十分必要修的情况下，应该先规划好线路，而且路幅不要太宽，设单行线，并在适宜的地段做若干错车的交汇点就可以了，以免对山体造成较大的破坏。想当初没炸山填谷时，一定是山势挺拔，曲折迂回，景观定然比现在自然美丽，看来仙境还须人来管哦！"

傍晚，杨廷宝一行乘车回崇安。游览四天下来，杨廷宝却不见有丝毫倦意，仍望着车窗外沿途错落布局的民居。这些民居具有闽北和崇安武夷山区的浓郁色彩，平面布局多出自居家功能需要，实用性很强。立面造型立足于平面形式和空间处理，简朴、大方、丰富、活泼，绝少矫揉造作。杨廷宝十分欣赏这些民间匠人的创作，他若有所思地对齐康、赖聚奎说：

"风景区的建筑，不妨多采用一些民居的手法，也能做出好的设计作品，创作就会产生一种独特的风格。有时，没有建筑师反倒好些！"接着，杨廷宝又说："各地风景建筑不能全一个样，不要相互抄袭，抄袭就没有特色。设计人员要从民居的优秀部分吸取营养，取其精华，弃其糟粕。民间有许多能工巧匠，他们也是建筑师。"

说到兴头上，杨廷宝还说："风景区的古迹更要保护好、修缮好。风景区的建筑应该是一种艺术品，不能单纯用指标、平方米作为设计依据，也不能单靠丁字尺、三角板，而是要结合实际环境、地形和地貌来进行设计。"

第五天（9月25日）上午，杨廷宝一行去参观武夷宫。

说起武夷宫，它不仅是武夷山自然景观的重要组成部分，更包含有多处浓厚的人文景观，是历代帝王祭祀武夷神君的地方，也是古代六大名观之一，故成为武夷山风景名胜区的核心部分。

始建于唐天宝年间（742年至755年）的武夷宫是武夷山中最古老的一座宫院，宋代时扩建至三百多间，赐名"冲佑万年宫"，迄今已有一千多年的历史。它位于九曲溪筏游的终点晴川，前临溪流，背倚秀峰，沃野碧川，宫殿林立。但几经兵燹火焚、修葺创复，现存仅有两口井、万年宫和三清殿。

杨廷宝一行，先在宫内漫步，只见院内东北两株千年白桂古树正逢桂花飘香、沁人心脾时节，令人顿生清新爽朗之感。此桂树相传是南唐保大二年（944年）所栽，后枯死一株。到了宋代，朱熹补种一株。两株桂树龙盘蛇曲，被称为"桂花王"，吸引杨廷宝在桂树下流连忘返。1980年，杨廷宝再次来到武夷宫时，还画一幅"千年宋桂"水彩画呢（图7）。

在参观武夷宫景区途中，陪同人员问杨廷宝："在武夷宫景区我们拟建一座旅馆，请问杨老，怎样选址为好？"

杨廷宝说："风景区的建设和规划，统一计划和统一领导是非常重要的。目前的管理体制头绪多，修桥的管桥，修建筑的管建筑，各自为政。

"至于建旅游旅馆，不应该全集中到景区中来。目前旅馆选址在河对岸，是否与将来的水坝和公路连通。公路应绕景区而行，而把现有的公路一段改为景区内游人步行道。国外有不少著名风景区是不让交通干线穿行进去的，我们可以吸取别人的长处。

"目前的桥正好选在水流湍急、河床宽广的一段，且近武夷山景区入口，桥长达480米，可以与大王峰相媲美了。你看，大王峰会不会变成小王峰呢？因此，最理想的

图7 杨廷宝水彩画"武夷宫宋桂"
（杨士英提供）

桥位，是不是移到上游去一点好些？若有统一规划就好了，现在又奈何？

"人们来武夷山风景区，我看主要是来游览大自然的风光的。你若把旅馆、疗养院、商店等都搬进来，是不是要严重损害大自然的景象？水体是不是也要受到严重污染？长此下去，武夷山风景区就会变糟了，这还有什么意思呢？我们搞风景区建设不能急功近利，要把眼光放远点，真正保护好武夷山这片净土。再说，即使建一点必要的建筑作为游览线上观赏风景的停留点，其本身也应该又是被人观赏的风景点，你说是不是？所以旅馆的选址和设计一定要慎重。

"还有，一定要做到规划要有法制，不能今天这个领导一来，一种说法；明天再来另一位领导，又是一种说法，谁官大谁说了算，结果莫衷一是，朝令夕改，这咋能行呢！"

杨廷宝就风景区的规划设计说了一通上述见解，至于陪同人员问的问题，因并没有提到议事日程，且想法又很虚，也就只说说原则罢了。

"那武夷山风景区规划将会有什么结局呢？"齐康问。

"写文章要有章法、格调，风景区规划也要有风格，设计人员不能你设计一个亭子是你的爱好，我设计一个水榭是我的想法，这好比不速之客在亭、台、楼、阁上，刻'到此一游'那样，随心所欲给自己树碑立传。我看真要从上至下好好整体研究一下武夷山究竟怎样进行风景区规划了！"

杨廷宝五天的武夷山第一次游览，既兴奋又有所担忧。兴奋的是初到武夷山所见风景实在太美了，而且这种美对比祖国其他山川具有迥然不同的"骨山"之美。担忧的是武夷山至今还没有一个科学的整体规划，加之景区管理体制不健全，用不了多久可能又要重蹈杭州西湖、桂林山水和诸多其他景区被破坏的厄运。

幸好杨廷宝回校后收到福建省建委的来信。信中说，感谢收到《杨廷宝教授赴闽期间谈话记实》，并告知南平招待所扩建工程要锯掉的古榕树已经保留下来，且组织到规划设计中的建筑群里了。杨廷宝阅完信对齐康说了一句："阿弥陀佛！"看来，杨廷宝武夷山此行所言，对当地风景区建设多少起到了一点促进作用。杨廷宝对保护好、规划好、建设好武夷山风景区充满了信心。

果然，1980年春福建省人民政府决定将武夷山开辟为风景游览区，4月底初步提出了风景区规划方案，同年11月由福建省建委召开了"武夷山风景区规划与建设问题评议会"。杨廷宝受邀率南京工学院建筑研究所师生多人赴会，并再次考察了武夷山风景区（图8、图9），还做了"武夷山风景区规划与建设"和"风景区规划的理想与现实"两次讲话，为武夷山风景区规划建设走上科学发展的道路指明了方向。

随后，杨廷宝派出建筑研究所师生近50人来到武夷山，进行了实地调查和独立创作。三年里指导设计了诸如第一批建成的星村候筏码头与天游观茶室，以及大王亭、天心亭等，这些景区庐舍小品或造型上采用闽北民间建筑风格，或就地取材以石、竹建造，不但满足游览功能的需要，也为景区增添了和谐的新景点。特别是武夷山庄、碧丹酒家的设计以变幻的空间组合，丰富的屋顶高低起伏、大小搭配、相互穿插，以及地方材料的运用和因山就势的自由布局，充分展示出老师们绝妙的高超设计手法。赖聚奎老师更是八上武夷山，倾注了他对家乡的热爱，并奉献出他的创作才华（图10、图11）。

1983年6月10日至15日，中国建筑学会园林绿化、城市规划、建筑设计、建筑历史、建筑经济五个学术委员会，在福建崇安县武夷山联合召开了"风景名胜区规划与建筑

图8 杨廷宝（左5）一行走在武夷宫前（来源：杨永生，刘叙杰，林洙. 建筑五宗师[M]. 天津：百花文艺出版社，2005：167.）

图9 1980年11月杨廷宝（右3）与朱畅中（右2）、陈从周（左2）等专家在参加武夷山风景区规划与建设问题评议会期间集体考察武夷山，在大王峰半腰平台上合影（来源：江苏省档案馆）

二、献身专业

图10 杨廷宝指导，赖聚奎、杨子伸主持设计的武夷山庄（来源：南京工学院建筑系 建筑研究所.教师设计作品选[M].南京，南京工学院出版社，1987：56.）

图11 客房楼东南向景观（来源：齐康.建筑创作的纪程[M].北京：中国建筑工业出版社，1997：37.）

学术讨论会"。为了深切怀念杨廷宝先生在保护、建设武夷山风景区中所做出的突出贡献，全体与会者默哀一分钟。

1992年12月，武夷山风景区被联合国教科文组织列入《世界遗产名录》，成为世界文化与自然双重遗产。对此，杨廷宝及其领导的南京工学院建筑研究所同仁们的贡献功不可没。

参考文献：

1. 齐康.杨廷宝谈建筑[M].北京：中国建筑工业出版社，1991.
2. 邹其忠.谈武夷山风景区规划[J].建筑学报，1983，9：17.
3. 赖聚奎.武夷山开发前景及建筑探索[J].建筑学报，1983，2：41.
4. 电话访谈赖聚奎口述。

29. 清凉胜境留墨宝

南京是六朝①胜地、十代②都会，也是中国四大古都③之一。因有山、水、城、林融于一体，素有"江南佳丽地，金陵帝王洲"之美誉。

据历史记载，东汉建安十三年（208年），刘备派诸葛亮出使江东，与孙权共商抵抗曹操之大计。相传诸葛亮有一次经过秣陵（今南京）时，曾骑马仔细地考察了秣陵的山川形势。只见东以钟山（紫金山）为首的群山，像苍龙一样蜿蜒向西，而群山的尾端石头山（今清凉山）又像猛虎般雄踞在长江之滨。这样的天然山川气势，使他不禁感叹"钟山龙蟠，石城虎踞，此乃帝王之宅也"。于是赴东吴力谏孙权，于211年迁都来南京。次年在楚金陵邑的基础上，修建了著名的石头城，作为江防要塞。此处因江水冲击拍打，形成悬崖峭壁，成为阻止北敌南渡的天然屏障。加上清凉山乃南京西部的重要制高点，就成为兵家必争之地。

南唐后，因与清凉山擦肩而过的长江逐渐西移，从此清凉山雄姿不再，但却成了帝王修建避暑行宫的胜地，建起了诸多名胜古迹。但经明、清、民国、抗战、"文革"各时期数次劫难，山林殆尽，古建毁坏。清凉山这个千古胜地，竟沦落到荒芜寂寞的悲凉之境，以至于无人问津了几十年。

20世纪70年代末，因开辟城西干道（后定名为虎踞路），挖掘山体，清凉山被切断山脉，一分为二。道路以东部分恢复为清凉山公园，山上有清凉寺、扫叶楼、还阳井、崇正书院、翠微亭、驻马坡等古迹。道路以西为石头城遗址。

1980年，南京市政府决定拨款重整清凉山公园。

这年初春的一个清晨，杨廷宝带领他刚成立不久的建筑研究所的同事们，不畏春寒料峭，沿着清凉山蜿蜒的山路攀登。到处察看原闻名遐迩的清凉山胜地如今破败不堪的景象。他们来此要干什么？原来，杨廷宝虽干了几十年的建筑单体设计，也成就了无数精品，但到了晚年，觉得自己要与时俱进，眼界要向大建筑观拓展。他成立建

---

① 东吴、东晋、宋、齐、梁、陈。
② 上述六朝，另加南唐、明（洪武年）、太平天国、民国，皆建都于此。
③ 西安、南京、北京、洛阳。

筑研究所，就是要从宏观上展开在城市规划布局、自然景区建设、古建文物保护的方向上的理论与实践研究。这不，他刚刚听到清凉山公园要重整的消息，正好可以作为课题进行研究，便来此打探了。

清凉山公园的负责人、管理员见杨廷宝一行人不请自来，真是求之不得。赶忙上前热情招呼，陪伴游览。就这样，走着、聊着，园方想就此邀请杨廷宝名师帮助搞规划，但看着这位年逾八旬的老者，又难以启齿。其实，此时双方心照不宣地都有求于对方。

还是杨廷宝先开了口："听说清凉山公园要整治了，这很好嘛。我们愿意全力配合你们，承担这项任务！好不好？"

"太好了，太好了！有劳杨教授驾临，亲自过问，我们整治清凉山公园有希望了。"陪同的负责人迫不及待地顺水推舟说。

双方一拍即合，继续边走、边聊。而且从触景生情，转向初步探讨整治清凉山公园的想法、建议和措施等。

春去秋来，这一年的10月11日是秋高气爽的一天。在清凉山，清初著名画家龚贤的故居扫叶楼中，"南京清凉山公园规划设计座谈会"即将召开，来自南京有关单位的领导、建筑师、学者、园林专家济济一堂。杨廷宝也亲自挂帅，带领南京工学院建筑研究所的几位老师参加了会议。会前，与会者们先周游了清凉山公园上上下下，彼此交谈甚欢。一圈走下来，对清凉山的现状有了初步的印象。

座谈会中，与会者们畅所欲言，发表各自的建议：

"清凉山损坏的建筑，修复时不一定要仿古，可在继承我国古建筑风格的基础上，加以创新和发展。"

"在清凉山自然环境中，建筑体量不宜过大，宜分散小巧。"

"建筑的规划一定要与园林布局相融合，要依山就势，充分利用地形。"

"游览流线要巧妙地将各景点要素串联起来，形成连续的景观带。"

"植物配置要讲究乔木、灌木不同树种的有机搭配，也要考虑一年四季花卉不断，让清凉山的颜色不断变幻。"

"要留出开阔的空间，以便在节假日可以开展较大型的室外娱乐活动。"

"修复建筑的材料最好能一劳永逸，以便节约木材。"

……

主管人见与会者们讨论那么热烈，也忍不住介绍说："清凉寺重建，我们原设想设计为两层大殿，上层作为文物珍藏陈列室，下层开设茶社，汲'还阳泉'水煮茶，让游客在此品茶闲聊。还可上楼欣赏清凉山的遗存，岂不美哉！"

会上，有的人侃侃而谈，有的人三言两语，使座谈会开得好不热闹。

杨廷宝听了一番众人的真知灼见后，也被会场讨论的热烈气氛所感染。他含笑地开口说："我很赞成很多同志很好的建议。这些好的建议我不再重复了。只说几点：一是古井亭若用传统的木结构，恐怕不耐久，可以改用钢筋混凝土结构。只要形式是传统的，材质表现是古朴的，一样能取得古建筑的韵味。二是清凉寺大殿，最好不用琉璃瓦，宜用小青瓦。因为琉璃瓦与清凉山多数建筑的屋顶不协调，又是在自然环境里面，建一个官式建筑样式很突兀。而用小青瓦就容易和自然环境中的树林、山石和谐起来。"

杨廷宝说到这儿，停顿了片刻。因为，他对主管人介绍清凉寺大殿要设计成两层，觉得有点不妥，他正在想怎样婉转地说出自己的想法呢，想了想他说道：

"至于清凉寺大殿怎样建，刚才听主管人介绍，准备设计成两层。上层陈列文物、墨宝，应该是高尚文雅的场所。下面呢，是茶社，且宾朋满座，是喧哗杂乱的地方。这样，上下的气氛就不和谐了。虽然取'还阳泉'的水煮茶这个主意很好，但茶社的选址最好离大殿稍远些才好。比如，把它建在大殿的西南一侧，而且设计成一长廊式的形式，而不是像在市区的茶室，是把人关在房间里品茶。在这里就可在开敞的自然环境中边品茶边观景了，这才别有风味，而且大殿就此可建一层就行了。若建两层，在这个自然环境中就会显得体量庞大，空间堵塞，尺度也不协调。是不是呢？这样，大殿与茶社各得其所，不就两全其美了吗？"杨廷宝一席话，引得大家连连叫好，主管人听罢也不住点头称赞。

已经快到中午了，大家还言犹未尽。此时，主人说："上午的会，暂且到此为止吧，我们先去用午餐，中午稍休息一会儿下午继续再讨论。"

本来，热情的主人想好好地款待各位专家的。可是，杨廷宝听说主人要大摆宴席，就婉言劝阻，说："我看不必客气讲究了，来到清凉山，就尝尝名闻天下的正宗'扫叶楼'素面，原汁原味，比吃大鱼大肉都好。"众人一致同意，主人心怀歉意，只好以素面待客。

"好面、好面，多少年没吃过这样美味的面条了！"杨廷宝尝上几口，竟赞不绝口。

这让他想起在宾大留学时，《费城晚报》曾特意报道过，他是宾夕法尼亚大学艺术学院建筑系最聪明的学生。文中最特别强调说："与一些美国人想当然地认为中国人爱吃米饭不同的是，米饭并不是他最爱的主食。"言下之意，杨廷宝最爱的主食是面食。今天他又吃上清凉山正宗的素面，难怪对他口味了。在会议结束返校的汽车上，他还余味未尽地对参会的赖聚奎说："扫叶楼的素面味道真不错，真想再吃一碗呢！"

在这次讨论会之后，南京工学院建筑设计研究所接受了清凉山公园委托的修复崇正书院的设计任务。

崇正书院在清凉寺东侧山坡上，明嘉靖年间，督学御史耿定向在南京创办崇正书院。"崇正"取文天祥"天地有正气"之句，意在推崇封建正统的儒家学说。书院共三进，纵深162米，宽70米，占地面积11340平方米，其中建筑面积1350平方米，建筑依山势而建。前两进东西两侧有跌落式游廊相连，围合成院。院后开敞庭院的西侧是两层的"江天一线阁"，东侧有假山、水池、六角亭。第三进有一座高6米、宽16米、进深20米的重檐翘角的古建筑，为正殿，筑于高处，有"清凉胜境"之称。整个书院绿树掩映，古雅清静，是读书讲学的好去处。只是修复时，只剩下正殿和江天一线阁了。

因此，要想按崇正书院原貌修复，已无样式可参考了。幸亏主持设计的杨廷宝的助手杨德安[①]、赖聚奎，对崇正书院作了一番历史研究，按明代建筑式样，做了复制一殿和二殿，及其围合的前院和东西两侧游廊的设计方案。该设计方案结合地形，东西窄、南北长，地势由低渐高的变化，因地制宜，交错布置厅堂、庭院，甚至将后院做成上下两个台地，以此层层向纵深展开，并在后院上台地的东侧精心设计了一组包含有亭、石、水、树丛的袖珍园林，从而勾画出一组轴线贯穿、层次丰富，且有传统特色的庭院建筑群。该方案送到清凉山公园审查获准后，不久就开始动土兴建。

1981年前后，在历时一年多的施工中，杨廷宝在百忙之中数次来到工地。在1982年1月6日一个严冬的上午，阴云密布、寒风刺骨，他在杨德安的陪同下，不声不响地乘公交车来到清凉山，他牵挂着崇正书院施工后期的进展（图1、图2）。他边走边看，仔细观察每个细节。当他走向大雄宝殿前的庭院石阶下时，停下脚步，对身旁陪同的公园管理人员说："石阶是平整的条石，两侧的挡土墙却是虎皮石砌筑，看上去两种不同形状的石材，直接相撞，有点生硬。能否在两者对撞的挡土墙处，做台阶形条石呢？这样，花钱不多，交接又自然美观。"

随后，杨廷宝又转到大殿庭院围墙处，透过漏窗向外张望，正好看见几位游客的腿脚从眼前闪过。他对跟随的管理人员又说："你看，这有点不雅观吧。这是因为外高内低的缘故，最好想办法弥补一下，行吗？"公园管理人员想了想说："杨老，

[①] 杨德安（1932— ），生于上海。1957年毕业于南京工学院建筑系，并留校任教。1979年调入本校建筑设计研究院从事建筑理论研究和建筑创作，1986年任东南大学建筑设计研究院副院长。

图1 1982年1月6日，杨廷宝（左1）四登清凉山公园指导风景区规划与建设（来源：南京新华报业，熊晓绚提供）

图2 1982年1月6日，杨廷宝（中）、杨德安（左）四登南京清凉山实地考察公园规划建设（邝兴邦摄，杨德安提供）

如果在围墙外面的墙根下种些花木作为遮挡，您看怎样？"杨廷宝当即点头称："好办法！"

杨廷宝就这样，边走边评议，这些细枝末节的小毛病，在图纸上是不容易发现的，只有到现场才能检查出来。这正是杨廷宝一辈子做工程的习惯，他并不满足于图纸上画完了事。他知道，许多想象不到的设计疏漏，逃不过施工实践的检验。所以，杨廷宝总是事必躬亲，过问到底。

崇正书院经过近两年的施工，终于竣工了（图3、图4）。1982年3月，在验收的那天，杨廷宝和建筑研究所的老师们来到现场，看到图纸上的线条变成现实，都非常高兴。这个工程项目规模虽小，但花费精力可不算小。正如改一件旧衣要比做一件新衣更难的道理一样；但这也是对建筑师设计功力和水平的考验。

公园方趁杨廷宝和老师们庆贺的同时，向杨廷宝索要墨宝，请他为崇正书院题字，杨廷宝欣然接受。来到办公室，文房四宝早已备好，看来园方早有"预谋"。杨廷宝在来办公室的路上，其实已经为题字打好了腹稿，他走到案台前，毫不犹豫地运笔写了"清凉胜境"四个大字。

图 3　一殿外景（黎志涛摄）

图 4　中庭院一角（黎志涛摄）

图 5　杨廷宝题字（黎志涛摄）

　　园方如获至宝，后来请石匠艺人在一整条石上精心雕琢（图5）。

　　10月的一天，又是一个秋高气爽的日子，杨廷宝手书"清凉胜境"珍品石雕，被安置在二殿后庭院高低台地之间，大台阶正中的石墙上。然而，这一天杨廷宝却没能来目睹这一时刻。他此刻正躺在与清凉山一路之隔的江苏省工人医院（今江苏省人民医院），他再也没能站起来，更没有机会去清凉山吃一碗扫叶楼素面了。

参考文献：

1. 刘向东，吴友松.广厦魂[M].南京：江苏科学技术出版社，1986.
2. 访谈杨德安。

30. 东岳索道引争议

泰山为五岳之首,有"五岳独尊"(图1)之美称。数千年来炎黄子孙以"稳如泰山"、"重如泰山"道出了对泰山精神的敬仰,并比喻德高望重或有卓越成就而为众人所崇拜的人,直至作为中华民族屹立于世界民族之林的象征。而历代帝王、文人墨客、黎民百姓正是在登泰山之中,激励着不畏艰险、勇攀高峰、奋发向上、登临绝顶的毅力与韧劲。且泰山琳琅满目的碑碣、摩崖、石刻,这一中华文化瑰宝中的一枝奇葩,更铭刻着一代又一代华夏儿女对祖国的热爱,对大好河山的赞美和对大自然的敬畏。泰山真不愧是中国文化与自然的双遗产,也是全人类的珍宝(图2)。

然而,现代人由于生活的日益富裕,吃苦耐劳精神的日渐消磨,导致在投入大自然怀抱中失去了快旅漫游的乐趣和汲取前人在祖国大地上留下的文化滋养。

这不,中国第一条自然风景区索道——泰山中天门至南天门东侧"天街"的索道要不要建,如何建的问题,在建筑界就引起了一场轩然大波。

事情是这样的。

图1　五岳独尊摩崖(来源:网络)

图2 泰山摩崖石刻（来源：网络）

1980年5月28日至6月2日，中国建筑学会在山东泰安召开了第四届四次常务理事扩大会议。当时常务理事19人，各专业委员会主任18人均参加了会议，作为副理事长的杨廷宝也出席了这次会议。会议由理事长阎子祥[1]主持。会议结束后，应山东省人民政府的邀请，与会建筑师讨论了泰山游览区规划。参加讨论的有杨廷宝、陈植、戴念慈、张开济[2]、张镈、金瓯卜[3]、王华彬[4]、吴良镛、阎子祥、袁镜身[5]等20多位建筑界头面人物。

讨论会开始，首先由泰安地区政府负责人和泰安地区建委领导人向与会专家详细介绍了泰安"现代化规划"。其中之一就是欲在泰山建一条现代化索道，以利游客登泰山。

---

[1] 阎子祥（1911—2000），山西临猗县人。抗日战争时期，任延安鲁迅艺术学院党总支书记，解放战争时期先后任吕梁区党委秘书长，晋中区组织部部长。中华人民共和国成立后，任长沙市第一任市长、1979年任国家建工总局副局长，中国建筑学会理事长。1983年离休。

[2] 张开济（1912—2006），杭州人。1935年毕业于中央大学建筑工程系。先后在上海、南京、成都、重庆等地从事建筑设计工作。新中国成立后一直任北京市建筑设计院总建筑师。

[3] 金瓯卜（1922—2012），上海人。1943年毕业于之江大学建筑系。1952年创办华东建筑设计公司（华东院前身），1953年任建工部工业设计院副院长、总工程师。中国建筑学会第五届副理事长兼秘书长。

[4] 王华彬（1907—1988），福建福州人。1927年毕业于清华学校，留学美国欧柏林大学和宾夕法尼亚大学建筑系。1933年入董大酉建筑师事务所，1937年起先后任上海沪江大学商学院建筑系主任、之江大学建筑系主任，并自办王华彬建筑师事务所。新中国成立后，曾任华东建筑设计院总建筑师、中国建筑技术发展中心总工程师、中国建筑学会第五、六届副理事长。

[5] 袁镜身（1919—？），河北邢台人。曾任《石家庄日报》总编辑、北京建筑工业设计院院长、中国建筑科学研究院院长等职。

随后，泰安地区建委领导人对这条索道的设计方案做了一番介绍。他说，担任泰山客运索道设计的是冶金工业部北京有色冶金设计总院的王工程师，20世纪60年代初他曾到西德、法国、日本等国作过考察，又实地在泰山中轴线主要风景区的峰顶岭头、深涧幽谷留下踏勘足迹，最终设计了一条下起中天门，穿过云雾缭绕的"十八盘"和两峰对峙的对松山，上至南天门东侧的"天街"。而且还说拟建索道线路已作了勘探，索道设备已向国外订货，云云。意即在泰山修建索道已成定局。

讨论会主持人见泰安地区建委领导人介绍完毕后，请在座专家们发表意见。

会场瞬间冷场了一刻钟左右，专家们都沉默不语、表情冷漠，甚至有专家怒上眉梢。在讨论会主持人的再三催促下，一位专家才直言不讳地说："我看这个方案不行！它破坏了泰山优美的景观。如果要建缆车索道，也只能放到后山较隐蔽的地方。"一句话像炸开了锅一样，引来接连不断的反对声。

"刚才听了山东省泰山、泰安山城一体的总体规划很好，因为自古以来，泰安、泰山都是作为一个整体规划建设的。现在泰山要建索道一定要符合泰山的总体规划，不能破坏泰山风景。这条线路从中天门到'天街'正是要穿越前山主要风景游览区，而这里又是风景最为优美的地区。例如，中天门北面尽是奇峰陡壁，壁上布满石刻，琳琅满目，犹如历代书法荟萃展示在登山者眼前，这里又是观赏云海的绝佳胜地。过此处，深谷两侧奇峰峻岭，青松飞瀑，是泰山景区最为优美的地方。'云桥飞瀑'、始皇避雨'五松亭'、乾隆《咏阳洞》诗刻'万丈碑'，以及'万松山'茫茫松海，都是绝妙的景点。特别是盘路依山势曲折而上的'十八盘'如天梯般高悬在两峰之间。上述一连串的美景，倘若按你们规划的索道在其上穿梭，这让登山观景的游客作何感受，而坐在缆车轿厢内的乘客又能看到什么美景？这不是本末倒置、喧宾夺主吗？泰山要建的是我国在风景游览区架设的第一条索道，应该开个好头，起到示范作用，否则将对往后各地风景区架设索道起到很坏的作用，希望当地政府三思而后行！"这位游览过泰山的发言专家有理有据地分析说出了与会者的心声。

"人们讲爬泰山、爬泰山，泰山是要爬的，只有在爬山中才能欣赏一路风光，领略山峰峻岭气势，才能欣赏摩崖文人墨宝，吟咏石刻千古佳句，锻炼攀登天梯毅力，以及一旦登上极顶一览众山小，才能体验到人生只有奋斗不止，才能达到成功彼岸这一颠扑不破的真理。现在要建索道，让游客从山下飞驰而上，全然体验不到泰山的价值，让人索然无味。"

"从旅游角度说，过去旅客游泰山都要住2天左右，可以带动泰安市餐饮、住宿、购物等多项服务业的效益，假若有了缆车，你看吧，游客来泰山'跑马观花'不要一天就走人，可说是索道公司一家得利，泰安大家失大利。"

"建索道也与世界遗产保护公约背道而驰，既违背了'保护遗产的真实性与完整性，使之世代传承永续利用'的原则。何况建索道免不了要炸山砍树，这更是破坏风景区的行为，是商业利益的驱使。"

"周总理深知泰山在中华民族精神文明中的地位、分量，对泰山的林木、山石及登山传统，都亲自批示、保护，使泰山在'文革'中逃过大劫。所以，今天我们更应加强对泰山景观与生态的保护。而索道是以牟利为目的，促使泰山商业化，破坏原有的生态环境，这是绝对不允许的。"

……

与会专家们纷纷发言之后，杨廷宝对此也有同感，他一贯主张"清水出芙蓉，天然去雕饰"，强调一种自然美，而不要在风景区留下过多人工雕琢的痕迹。杨廷宝听了前面几位专家的发言，也不想发一通牢骚，说些气话，他要实事求是地在当地政府决策与专家反对声之间寻找一种可行的解决办法，但又不能无根据地空谈。杨廷宝需要到实地调查一下，这条拟定的索道线路究竟对泰山主景区破坏到何等程度，以便不但要以事实说话，而且要拿出具体解决问题的办法。

此时，讨论会上的一片反对声，让邀请方完全没有料到会出现这种尴尬的场面，他们兴冲冲夹着方案图纸来到会场，本以为借着全国闻名的建筑专家之口，给予他们的泰山"现代化规划方案"撑腰壮胆，不想这突如其来的一顿激烈批评，搞得领导们完全茫然，措手不及。无奈只能支支吾吾地说这件事地委已经决定，省领导也已点头认可，而且设备已订货，索道规划不可能有大的变动，云云。

专家们一听这话，哪是来听取意见的？气得纷纷退场，甚至有一位专家愤慨地说："泰山不仅是泰安人民的泰山，也不仅是山东人民的泰山，而是全国人民的泰山！"

而此时，杨廷宝并未退场，仍坐在原座位向当地领导耐心地解释专家们的意见。但分析来分析去，还是解不开这个结。

就这样，这次讨论会彼此不欢而散。

接下来，双方各自向上反映、申诉。专家们为了引起国务院领导同志的重视，与会的建筑专家们联名上书国务院，提出若干意见，建议重新考虑。而泰安地区领导人也向上诉苦，申诉各种理由，表示难以听从专家们的意见，希望领导支持他们对索道原方案不做修改。哪知，他们又一次未料到，领导却说："对专家意见要尊重，连我都要倾听专家们的意见，难道你们可以不听？你们应该根据他们的意见再做方案，再把他们请来审查。"泰安地区领导人一听这席话，自感不能我行我素了。没办法，看来专家意见这一关必须要过了。

在专家与泰山地区双方向国务院主管领导人反映各自意见后，谷牧副总理批转国家建委设计局和中国建筑科学研究院，要求与山东省委共同商量妥善解决此事，且谷牧已电话告知山东省委。于是，国家建委设计局局长李云洁和中国建筑科学研究院院长袁镜身到济南征求山东省委书记李子超的意见。省委书记的意见很明确地说："泰山开放以后，一天成千上万人上山游览，只靠农民每天肩挑运粮不行，修索道白天可以运人，夜里可以运粮，只要保留索道建设，路线怎么修都没有意见。"

事隔2个月，于8月7～12日，国家建委、山东省人民政府共同邀请杨廷宝等诸多专家又一次来到泰安，同时也请来索道设计单位有色金属设计院的设计负责人，共同商讨泰山索道线路选优之事。讨论会前与会者们先登山考察。当杨廷宝一行从住地泰安岱庙（图3）东侧地委招待所乘车一路来到泰山脚下，并沿着新开辟的盘山公路到达中天门下车时，杨廷宝回头下望刚经过的盘山公路不禁心中不安，因为当年周总理

图3　杨廷宝（左）与陈植（中）在泰山风景区岱庙前（杨士英提供）

是不同意修盘山公路的。现在不仅修起来了，而且还要搞什么空中索道、缆车，他为泰山风景区由此会遭到破坏而焦虑。杨廷宝转过身来伫立在一块山岩上，再抬头遥望东北方向的玉皇顶象鼻峰，这让他想起在此前一年的9月，他在福建武夷山风景区考察初到当天下榻景区招待所时，听说因要扩建欲砍掉一棵有260年树龄的笔管榕树；考察第一天在风景区的入口处，看到一座480米长的大桥，突兀横跨在大王峰脚下；又在攀登云窝山路旁，只见一琉璃瓦顶，红柱绿挂落的小亭，刺眼地立在路边；在登天游峰中看到远处被砍伐一大片树林的光秃山坡；来到桃源洞时，正碰上炸山填谷筑路的满地乱石，等等。杨廷宝看到这些破坏大自然的乱象，不是表情凝重，就是紧锁双眉，抑或摇头无奈。他真不想再看到这些破坏自然景区的违规、违法现象在泰山重演。

当杨廷宝一行继续沿泰山核心景区经斩云剑、云步桥、云桥飞瀑、五松亭、望人松、万丈碑、对松山一路登山途中，爬至主要景点十八盘时，想象着未来缆车从头顶上来回穿梭，不免心中一颤，"这条拟建索道线路正好经过泰山的这条主要游览线，就好像在人的面部划了一刀，多煞风景啊！"杨廷宝对身旁一位专家说。

"这一刀下面就是对松山，人称万松山，它和另一景观松海遥相对峙。山上苍松茂密，乱云飞瀑，景色异常雄奇。当年清帝乾隆游此，诗兴大发，'岱宗最佳处，对松真绝奇'，如果缆车的线路从这'最佳处'的上空经过，这里还有什么奇绝可言呢？"这位专家也同感地担心说。

此时，陪同的泰山管理局人员听后也觉得两位专家所言极是，但又为难地说："现在全套索道设备都已在国外订购了，看来真是骑虎难下啊。"

"不，今天登山就是要找到一条妥善解决这个难题的最优办法。"杨廷宝期待地说。

等到杨廷宝一行陆续登上南天门站定时，经攀爬十八盘之后，实在是气喘吁吁了，休息了好长一会儿才缓过来。在这高处，杨廷宝环顾四周，群峰环绕。当杨廷宝向西一望，突然发现，刚才攀爬的主要游览线西侧，隔凤凰岭在其背后架设一条索道不是很好吗？这样完全可以避开凤凰岭山脉东侧刚才攀爬过的主要最佳游览线，杨廷宝心中有底了。

接着杨廷宝一行又前往"天街"，最终登上"玉皇顶"最高处。此处，杨廷宝一览众山小，不由想起马克思的一句名言："科学上没有平坦的大道，只有不畏劳苦沿着陡峭山路攀登的人，才有希望达到光辉的顶点。"登泰山不也是如此吗？现在人们在游山玩水中凭借现代科技的手段，虽可以"坐享其成"上到最高处，只能算是留下足迹到此一游，难有从爬山中悟出人生哲理。现在泰山要建索道是好事还是有负面作用呢？

经过一天的登泰山亲临实地考察后，与会者又回到地委招待所开始议论起泰山建索道的问题，会上杨廷宝说了自己的意见：

"我不是一概地反对风景区修建索道等现代化设施。问题是泰山这个地方即使要建，也应科学地选择线路，要尽量避开我们昨天登山的那条泰山核心景观带。我在南天门注意到索道线路选在凤凰岭西侧比较合适，这条线路不仅避开了上下盘道主要风景区，不干扰风景区的幽静环境，还可让乘缆车的旅客看到一般旅客不易看到的新景点。当然，在泰山建索道是旅游业发展到今天要解决的现实问题，是不得已而为之的事情。只是我们要谨慎行事，科学规划。"

与会专家们也都纷纷发表类似的建议，得出共识。这就是：

（1）泰山自古闻名，巍峨高峻，难以攀登。为了开发旅游事业，白日运人，夜间运食粮，建索道尚有必要。

（2）建议改变原来索道的线路，起点站台中天门不变，但需将站台体积缩小（因中天门地盘很小），线路架设经西侧凤凰岭，通达南天门以西的望府山。这样完全可以避开"斩云剑""五大夫松""朝阳洞""十八盘"等风景最佳处。经过勘察，实现这一方案完全可以。

上述两条建议经报批山东省委、国务院通过后，有关部门立即着手实地选线，勘测设计，于1981年7月破土动工，1983年7月建成使用。一场关于泰山建索道的纷争画上了句号。只是，杨廷宝总感心里不安，泰山这次建索道开了个头，下面其他各地名山大川会仿效蜂拥而至，如何才能避免泰山原来那个规划中不应有的"刀痕"呢？

参考文献：

1. 袁镜身. 东岳"飞虹"：泰山索道架设记 [M]// 杨永生. 建筑百家回忆录（续编）. 北京：知识产权出版社，中国水利水电出版社，2003.
2. 曾坚. 修索道是泰山现代化的象征吗？[M]// 杨永生. 建筑百家回忆录. 北京：中国建筑工业出版社，2000.
3. 刘向东，吴友松. 东岳索道 [M]// 刘向东，吴友松. 广厦魂. 南京：江苏科学技术出版社，1986.

31. 封笔之作献少年

1980年，南京市雨花区实验小学（原工农小学）与他们的校外辅导员——烈士孙津川（地下党南京市委书记）的侄女孙以智，联合雨花台小学，一同向全省少先队员发出倡议书。倡议要求全省每位少先队员，都要认真学习一位烈士的英雄事迹，懂得和背诵一段烈士的豪言壮语，写一篇学习烈士的体会文章，大、中、小队分别召开一次以"向雨花台烈士致敬"为主题的队会。

其中还有一项具体内容，就是通过自己的劳动，捐献一分钱给雨花台，兴建"红领巾广场"。以表达永远学习先烈、继承革命遗志、誓做革命接班人的坚定决心。

倡议像火种一样，一下子点燃了全省七百万少先队员敬仰烈士、热爱祖国的激情。他们纷纷行动起来，利用节假日和课余时间，以自己的方式加入行动中。有的拾废铜烂铁，有的捡牙膏皮、碎玻璃，有的糊纸盒、搓草绳，有的编箩筐、扎扫把，有的收集旧书、废纸……滴滴水珠汇成滔滔大河，很快就筹集到七万元。

1980年4月4日清明节，南京市3500名少先队员来到雨花台烈士陵园北殉难处群雕像前，代表全省少先队员参加红领巾献款仪式，将七万元分币捐献给雨花台（图1）。这七万元的每一枚分币，都凝聚着江苏省七百万少先队员对烈士们的崇高敬意和深情

图1 1980年清明节，江苏省少先队员向南京雨花台烈士陵园献款仪式（来源：新华日报社）

缅怀。

为了达成全省少先队员兴建"红领巾广场"的意愿，共青团江苏省委、南京市领导开始物色最出色的建筑师，来设计出最令孩子们满意的广场。想来想去，还是请孩子们最喜欢的杨廷宝爷爷来设计最合适。于是，他们来到德高望重的杨廷宝家中登门拜访。

不巧，当时杨廷宝因眼底出血在江苏省工人医院住了一个多月，才出院不久，正在家中休养。杨廷宝见有人来访，忙请大家在客厅入座，杨夫人也忙着沏茶倒水。

来人得知杨廷宝的身体状况，心里开始为难起来，不便直接说出来意，只是在自我介绍后，不着边际地寒暄其他事。

"你们这次来寒舍有什么事吗？"杨廷宝见状不免有点疑惑。心想，政府来的人必定有事。

"我们，我们本来想请您老为全省少先队员们设计一座红领巾广场，但今天看您身体不佳，需要休息，又不好意思请您了。但我们又慕名而来，实在是左右为难呀。"来人不得不婉转地道出来意。

"你们不必担心我的身体。我一生搞了许多建筑设计，但专门为小朋友设计的建筑还没有。所以，你们说的雨花台红领巾广场设计，交给我没问题。"杨廷宝十分肯定又真诚地说出自己的愿望。

来人见杨廷宝欣然应允，喜出望外，但还是客气地说："杨教授，您不必赶时间，注意休养身体为重。千万不要为此再累了。有什么要求尽管向我们提出，再次谢谢您的支持，我们代表全省七百万少先队员向您表示感谢。"

"不必客气，我一定不辜负全省小朋友们的期望，精心设计好红领巾广场。"

杨廷宝接受了这项任务，干活的劲头又上来了。对于杨廷宝来说，有设计工作可干，精神就会为之一振，身上的病情似乎减轻了许多。

一天，他走出家门，跨过成贤街马路，走进学校，来到中大院①三楼东头的建筑研究所办公室。提起建筑研究所，它于1979年12月刚成立，为的是整理、研究杨廷宝、童寯两位宗师一生的成果和学术成就。单位名头听起来挺大，但办公室只有一大一小两间，人员只有十来位教师。

---

① 建筑系和建筑研究所所在教学楼。

杨廷宝推开建筑研究所大办公室的房门，见六七位教师正在伏案工作。老师们多日不见杨廷宝来办公室，知道他养病在家，今天突然出现很是令人感到意外，纷纷起身问候。杨廷宝不便打扰大家工作，只向陈宗钦①老师招手，示意跟随自己进小办公室套间。

杨廷宝落座，喘了一口气，刚才爬三楼确实感到有点吃力，陈宗钦见状赶紧倒水沏茶，放在杨廷宝面前的桌上。稍停，杨廷宝开口问了陈宗钦近日的工作情况后，把全省少先队员捐钱要兴建雨花台红领巾广场的设计任务，一五一十地交代给陈宗钦。

陈宗钦工作的脾气与他的老师、研究所所长杨廷宝一个样，只要一接手设计项目，总是会陷进去，废寝忘食地干。而且是一位快手，设计出活率特高，这也是杨廷宝把此项设计任务交给她的原因。

随后，陈宗钦拉开架势开始大干了。只见她从早到晚，埋头坐在办公室桌前，不停地思考，不停地徒手画方案草图。每天上午十点左右，杨廷宝总要来一趟办公室，坐在陈宗钦旁的椅子上，看她徒手画方案草图，有时还相互交谈几句，有时杨廷宝还指导她该如何推敲细部。

"这个建筑是为小朋友设计的，要有少年儿童的特点，造型一定要简洁，尺度要小。"杨廷宝讲了设计的主导思想和设计原则。

"那功能上应该怎样把握好呢？"陈宗钦问。

"它的功能实际上是一个表演舞台，比如少先队员在这里举行队会、举行入队仪式，或者六一儿童节在这里表演节目。"杨廷宝解释道。

"是不是就做一个舞台，背后再做一个影壁作为舞台背景，就像您设计的中山陵园音乐台那样的形式？"陈宗钦进一步问道。

"对，但这个红领巾广场规模要小多了。另外，周围要跟自然环境很好结合起来。"杨廷宝肯定了陈宗钦的想法。

因为红领巾广场项目不大，陈宗钦又是作方案的快手，只几天工夫就把方案草图完成得差不多了。这天上午，杨廷宝又来了，陈宗钦正在用绘图工具画正式的方案图，其他老师则在忙各人手头的事。已经是初夏了，南京又是个大火炉，只见办公室的老师，

---

① 陈宗钦（1935—   ），浙江宁波人。1957年毕业于同济大学建筑系，1957年分配到南京工学院建筑系，因故于1959年到岗任教。1979年调入本校建筑研究所从事建筑理论研究和建筑创作。

有的在擦汗，有的在用纸扇不停地扇风。杨廷宝便不声不响地走出办公室房间，不多久，捧着一包东西进来。

"来，大家吃根雪糕，解解暑。"杨廷宝一边在办公室巡走，一边每人发了一根雪糕，大家感激得不知说什么好，连声道谢。研究所这个小集体就是这样，像个小家庭。杨廷宝就是一位慈祥和蔼的长者，在他的眼里，他的手下人员尽管也多半四五十岁了，已经有儿有女，但在他的眼里，他们都还是孩子。所以，这些老师们在杨廷宝手下干事特别开心，而且潜移默化受到杨廷宝身先士卒的正能量影响，都在做人做事方面一脉相承地受到杨廷宝许多优秀作风和品质的熏陶和感染。

这不，陈宗钦开始画立面图了。只见高6.5米，宽5米，单檐三开间对称的牌坊式屏风，似儿童们喜爱的积木构成，又具有中国建筑传统文化的风格。再加上陈宗钦在屏风正中心画了一个少先队组织的队标图案星星火炬，一下子就点出了红领巾广场设计的主题。

此时，杨廷宝又端详了一阵，满意地点了点头说："暂时就这样吧，等所里老师对方案提意见后再说。"

随后，陈宗钦正欲在铅笔立面图周边画些配景，以衬托屏风更加漂亮一点，此时杨廷宝手痒了。

"你歇一会儿，还剩一根雪糕，你把它吃掉，再不吃全化了，让我来画配景。"杨廷宝知道陈宗钦喜欢吃雪糕，也许是特意给她多留了一根，也许借此让陈宗钦停手，自己就可以解解手痒了。笔在杨廷宝手里简直游刃有余，三下五除二，没等陈宗钦把第二根雪糕吃完，杨廷宝就把铅笔画配景也画完了。

至此，陈宗钦经过大约一周的苦战，画出了全套方案图。

"来，大家集中讨论一下陈宗钦老师画的方案。"杨廷宝招呼正在办公室工作的其他几位老师。

等六七位老师围上来后，杨廷宝简单介绍了项目的意义、要求后，陈宗钦向大家汇报了设计过程中的想法和平、立、剖面图的设计手法。诸位老师看了方案，有的老师对杨廷宝和陈宗钦通力合作的设计成果表示赞赏，也有老师认为形式有点古板了，还有老师觉得屏风有点孤单，最好在其两侧加点小品陪衬。大家七嘴八舌，讨论挺热烈（图2）。

议论之后，杨廷宝与陈宗钦坐下来，根据老师们提的意见，又进行了新一轮的修改。

"陈宗钦，你把檐脊端部的'吻兽'传统做法改一改，让角部翘起来，像小白兔的耳朵一样，看行不行？"

于是，陈宗钦用橡皮把"吻兽"擦去，改画成长长的像小白兔耳朵轮廓一样的祥云状。

"再把祥云的端部画尖点，对，再向上翘一点，好！"杨廷宝边指点，陈宗钦边画就。

"在屏风两侧再各加一段花架休息廊，你看怎样？"杨廷宝也觉得老师们提的意见对，现在的屏风确实孤单了，便让陈宗钦在立面图上补上。

于是，陈宗钦重新拿了一张草图纸，蒙在画好的立面图上，这个花架休息廊小品对于她来说，简直是小菜一碟，不一会就补画上去了，再把蒙在下面已画好的屏风立面图的外轮廓勾一圈，画在已补画好花架休息廊的草图纸上。杨廷宝一瞧，陈宗钦对花架与人的尺度，以及与屏风的比例关系把握得恰到好处，一步到位，就首肯了。

红领巾广场的方案算是大功告成了，下面就要向主管部门报批。为此，就要画一套正式图纸，平、立、剖面图自不必说，由陈宗钦完成。而透视效果图，就请陈宗钦办公座位前面的赖聚奎出手了。这位老师也是杨廷宝的得力助手，不消一天工夫，就画出一幅精美的透视效果图（图3）。

红领巾广场方案审批通过后，一天，雨花台烈士陵园管理处的领导拿着方案图来到南京园林规划设计研究所，找到规划设计室叶菊华[①]主任。

图2　杨廷宝（右2）与陈宗钦（右3）等老师在讨论方案（来源：东南大学电教中心提供录像截屏）

图3　透视渲染图（来源：王建国.建筑论述与设计作品选集[M].北京：中国建筑工业出版社，1997：109.）

---

① 叶菊华（1936—　），南京人。1959年毕业于南京工学院建筑系，即在中国科学院建筑理论及历史研究室南京分室参与中国古代建筑史和苏州古典园林调研工作。1965年起，先后任南京勘测设计院建筑师、园林规划设计研究所室主任、园林局局长、建委总工程师。中共十三大党代表。

"叶主任，我们是雨花台烈士陵园管理处的，有一件事想请您帮帮忙，不知可否？"来人自报身份后试探着问。

"有什么事吗？"叶菊华客气地反问。

"我们请南工的杨廷宝教授为全省少先队员设计了一个雨花台红领巾广场方案，想请您帮助完成施工图设计，以便'六·一'儿童节举行开工典礼后能正式施工。"来人把来意向叶菊华和盘托出。

"哦，是杨老设计的！没问题，我作为他的学生，能为老师做施工图设计，真是求之不得。您放心，我们一定认真对待，不辜负杨老对我们的培养。"叶菊华信心满满地承诺道。

于是，叶菊华立马动起手来，并招呼上与她亲如姊妹的李蕾[①]做搭档。李蕾一听这个项目的方案是众人敬仰的杨廷宝先生设计的，一时激动地说："我们真是有幸介入此项工程！"

李蕾何以如此激动呢？原来，她的父亲，中国水彩画之父李剑晨[②]与杨廷宝既是挚友，又是河南老乡。两人在建筑系中大院上、下楼层办公，有时杨廷宝空闲时就下到二楼美术教研室与李剑晨聊上一会儿，还说什么时候能一起回河南老家去呢。平日两家人因住得很近彼此常来常往，关系好得很呐。现在，李蕾能亲手为杨廷宝做施工图怎能不兴奋呢？难怪，一天李蕾为了吃透杨廷宝的设计意图，来到建筑研究所向杨廷宝讨教。杨廷宝一见是李蕾来找他谈红领巾广场施工图设计的事儿，那是既讲得透彻，又交底十分明白。交谈后，还领着李蕾下到一层陈列室，看各种古建筑模型。甚至已年近80岁高龄的杨廷宝竟然蹲下来指着地上一座古建筑构造教学模型对李蕾说："红领巾广场应体现少年儿童活泼可爱的个性，你看，把这个脊吻做成小兔子的耳朵是不是更好一点？"说得李蕾会心一笑又感动不已。后来，李蕾还多次找过陈宗钦沟通一些具体的设计细节问题。

[①] 李蕾（1946— ），河南内黄县人。1970年毕业于南京工学院建筑系。任南京市园林局总工程师、一级注册建筑师。第九、十届全国人大代表。

[②] 李剑晨（1900—2002）别名李汝骅，河南内黄县人。美术家，中国水彩画之父。1926年毕业于北平国立艺术专科学校，1937年留学英国伦敦大学，1938年赴法国研究绘画与雕塑。1939年回国，任重庆国立艺术专科学校（1950年改为中央美术学院）教授、系主任。1941年任中央大学建筑工程系教授。中华人民共和国成立后为南京工学院（今东南大学）建筑系教授。

其实，这个项目的主体只是一座石构屏风而已，对于设计经验丰富的叶菊华和李蕾而言，那只是一个很小的工程。但作为杨廷宝亲手教出来的学生，她们不但设计基本功扎实，而且也传承了杨廷宝的敬业品格。她俩下决心一定要精益求精地做好老师的作品，才对得起老师对自己的培养。于是，叶菊华把每一个设计好的石块都编上号，并画出图样和轴侧图交给李蕾绘制正式施工图，而李蕾为此竟然画了20张图纸，可谓认真到极致。而且她俩还随甲方人员专程赴苏州金山石场，挑选最好的石料，并向石匠进行加工交底。她俩事必躬亲、认真踏实的工作作风正是传承了杨廷宝的一贯执业品格。如期完成施工图设计后，李蕾又来到杨廷宝面前，请他过目审查图纸。杨廷宝看后直夸奖道："设计得真细致，图画得也漂亮。"李蕾不好意思地说："都是杨先生您手把手教出来的呀！"杨廷宝随后在平面图和立面图两张图纸的设计一栏中工整地签上名。（图4）

1981年6月1日下午，两千多名来自江苏省各地的少先队员和辅导员代表，在雨花台西殉难处参加由团省委召开的红领巾广场动工仪式。会上，当杨廷宝讲话完毕，两位少先队员各捧着红领巾和鲜花，走向少先队礼台，踮起脚给弯下腰身的杨爷爷戴上红领巾，并献上一大束鲜花。杨廷宝抚摸着胸前的红领巾，开心地笑着又说：

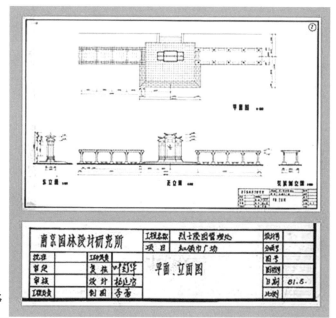

图4 杨廷宝在施工图上签名
（叶菊华提供）

"我今年刚好八十岁,很高兴和你们一起,我好像又年轻了许多。等广场落成,我还想和你们一同庆祝落成的那一天,到时候,我来表演一套武术给你们看,好不好呀!""好!——"少先队员们异口同声,一个劲儿地欢呼雀跃,把动工仪式推向高潮。

会后,杨廷宝拿着一张彩色效果图向一群围过来的孩子们介绍说:"我们的红领巾广场由三部分组成,那就是广场、少先队礼台和花廊。广场是提供给你们开展队会、入队仪式或者儿童节进行活动用的;礼台是用花岗石砌筑,背后的屏风采用恰似你们用积木搭建起来的中华民族传统牌楼形式,屏风中间用的是整块花岗石。花岗石坚硬、雄浑,象征着先烈们坚贞不屈、视死如归的英雄气概。屏风中心镶嵌着你们少先队队徽星星火炬,象征着你们在党的领导下,高举革命的火炬,继承先烈未竟的事业,勇敢前进。在少先队礼台的两侧,还陪衬着花廊,它象征着你们这些花朵,在祖国的大花园里到处盛开……。"杨廷宝介绍完后,少先队员们兴高采烈地期盼着落成的那一天早日到来。(图5)

动工之后,不但少先队员们利用周日和节假日,轮流参加义务劳动,拔除杂草、

图5 杨廷宝爷爷在现场为少年儿童介绍南京"雨花台红领巾广场"设计方案(杨士英提供)

清理地面碎石块、捡垃圾；而且，杨廷宝顶着酷暑严寒，几次不顾步履维艰也到现场察看，向施工人员解答图纸上的疑惑，或者共同探讨施工中遇到的问题，并叮嘱工程技术人员一定要把好施工质量关。

工程接近竣工时，杨廷宝特地偕夫人陈法青，陪他一起去现场看一看。

这天，杨廷宝与陈法青坐车前往，在去雨花台的路上，闲聊起来。他深情地回忆说："红领巾广场建好后，我算是了却了一件心愿。早在（20世纪）20年代，我在美国，后来回国途中游学西欧时，都看到差不多每个国家都有儿童游乐场或者儿童活动中心建筑。当时，我就很羡慕。心想，我们中国以后也会有，我一定要为孩子们设计一个活动场所。可是，不久日本侵略中国，引发抗日战争。后来国民党又打起了内战，我的心愿一直没有机会实现。新中国成立后，我又想起了这件事，但百事缠身，身不由己，还是不能如愿以偿。直到党的十一届三中全会以后，南京山西路要建儿童剧场。遗憾的是，那时我正有事外出，不要说主持设计了，就连一臂之力也未能使上。所以，这一辈子没能为孩子们设计一座建筑，就成了我的一块心病。这次能在有生之年为江苏省的孩子们设计一座红领巾广场，自然心里有说不出的高兴。也许这是我的封笔之作了。眼看过几天就是六一儿童节了，就算是献给孩子们的礼物吧！"

说着说着，车已开到雨花台烈士陵园北大门口，杨廷宝和陈法青下车，相互搀扶着，一步一步爬坡，又下坡，沿着万丛绿荫覆盖的曲径，来到红领巾广场工地。只见花岗石牌楼式的屏风已经矗立。

"你看那四只栩栩如生的四角，像不像小白兔的耳朵活泼可爱？"杨廷宝手指屏风顶端对夫人说。

"像。"夫人回应道。

"你再看那礼台，做得多平整！小朋友在上面表演节目一定会很开心。以后要是我有机会能参加孩子们的活动，一定表演一套拳术给他们看。"杨廷宝又兴致勃勃地指着屏风前的小舞台介绍道。

"这儿的环境多宁静啊，花木扶疏，郁郁葱葱。"夫人感叹道。

"是啊，这是和平的宁静，有周围松柏的屏障，加上屏风两侧花廊的点缀，不失肃穆而又祥和的气氛，很适合少年儿童在这里举行队日活动。"杨廷宝赞同道。

看到这一切即将成功，老两口会心地笑了。

时隔开工一年后的1982年6月1日，同一个儿童节的下午，团省委在南京举行了雨花台红领巾广场竣工仪式。来自全省一千四百多名少先队员、辅导员参加了大会。

在省市领导讲话之后，杨廷宝爷爷接受了少先队员代表敬献红领巾并为红领巾广场揭幕。

至此，杨廷宝为他一生鞠躬尽瘁的建筑创作事业画上了完美的句号（图6）。半年后，他却离开了小朋友，与世长辞。

图6　全景（沈忱、方坤摄）

参考文献：

1. 电话采访，陈宗钦、赖聚奎口述。
2. 将为我省少年儿童接受革命传统教育提供一个阵地"雨花台红领巾广场"动工仪式在宁举行[N]. 新华日报，1981-6-2.
3. 刘向东. 胡友松. 广厦魂[M]. 南京：江苏科学技术出版社，1986.
4. 叶菊华、李蕾口述。

32. 评审方案如授课

1981年夏天某日，刚上任江苏省副省长一年多的杨廷宝接到通知，要他到省政府来，评审在北京西路68号新址拟建省政府新大楼的3个方案。这几个方案都是由江苏省建筑设计院内部通过评选推荐出来让省政府定夺的。

那天，杨廷宝来到长江路292号省政府大院（原国民政府总统府）的一间会议室。主管此事的许秘书长早已将3个方案的图纸全部铺在一张大会议桌上。

待杨廷宝坐定，许秘书长端上刚沏好的茶放在杨廷宝面前，便开始简单讲述省政府和在这个大院的所有各行政机构都要迁出，异地办公或择址重建新办公楼。以便将原总统府作为近代历史博物馆加以保护，并对市民开放。随后又介绍了省政府新楼委托江苏省建筑设计院进行设计的前前后后，并说：

"杨教授，您是副省长，又是建筑专家，这是他们省建筑设计院送来的3个方案，请您评审一下，从中选出一个可行的方案以备实施。"

杨廷宝听后从提包中掏出眼镜盒，戴上老花镜先站起来把大会议桌上3张透视效果图扫视一番，以期对3个方案有一个总体印象。原来，3个方案基本分为两类，其中一个方案是竖向高层办公楼，另两个方案属于横向高层办公楼。这两种不同设计思路的图面效果，杨廷宝一看心中就有倾向，但他还不能肯定哪类方案更符合省政府办公楼对使用功能和外在形象表达的要求。对于讲究使用功能合理，主张为人而设计的理念，以及强调与周围环境友好相处的杨廷宝来说，他还需要好好研究3个方案的平面功能和造型设计。

随后，杨廷宝坐下来仔细地翻看了3个方案的每一份图纸。看来看去，总觉得第一份设计图纸平面很舒展，也很简洁。再看立面图，八条水平窗带使建筑性格很平和，没有那种高大上、摆威风的做派。这种突出水平线条的造型风格，跳出了政府办公楼设计惯用竖向构图，以强调政府大楼巍峨高大形象的俗套。并且这份图的造型既不单调也不轻浮，东西两个凸出的体块不但增强了南向主立面造型的丰富感，而且把体型转角处的所有生硬直角切去一个小角，使这幢宽大体量的大楼看起来柔和多了，给人一种亲民的好感。加上外立面施以深棕色的建筑材料，让政府大楼看起来十分稳重。让杨廷宝更为欣赏的是拟建省政府大楼的对面，正是童寯早年设计的原美军顾问团宿舍（今华东饭店 A、B 楼），它也是带形窗水平线条构图，立面形体上也有若干体块凸出，以打破很长立面的单调感。手上这份图纸上的省政府大楼建筑造型恰恰与道路对面童寯设计的民国风格建筑遥相呼应，十分协调。

杨廷宝看到这儿，对于哪一份方案中选，心中已有底了。只不过杨廷宝还是觉得这份图纸的方案似乎还有进一步完善的必要。什么问题呢？

杨廷宝将总平面图拿过来又揣摩起来。哦，原来省政府大楼是面向北京西路城市主干道平行布局的，而且与路对面的华东饭店关系也很好，这是一般常理之下的布局方式。但是，由于用地近似于梯形，东头进深大，西头进深小，而设计的大楼平面又较长，大楼若像现在这样平行于北京西路布局，显然入口广场进深就浅多了，而东北角用地则甩到大楼后面没有得到充分的利用。这个问题不知方案设计者当时有什么想法，需要沟通一下才好。

于是，杨廷宝花了近半天时间仔细看完图，又把 3 个方案对比了一下，还是觉得第一个方案比较可行。便对许秘书长说："我看，就选这个方案实施吧，我回去写一份评审意见给你，你交给惠浴宇①省长和其他几位副省长都看看。"杨廷宝交代过后，又说："这个中选的方案，惠省长和其他几位副省长若都同意的话，你就定个时间，通知设计者来我办公室一趟，我要和他详细谈谈。"

"好的。"许秘书长答应后，送走杨廷宝，又回会议室收拾完会议桌上一大堆图纸便结束了这次方案评审工作。

数日后，省政府大楼设计方案经惠省长和诸副省长一致同意后，许秘书长通知副省长杨廷宝与中选方案的建筑师会面商谈的日期和地点。

一天上午，丁公佩提前到了省政府大院接待室，许秘书长安排好丁公佩，并把方案图纸交还给他后，便去请正在办公室例行公务的杨廷宝来到接待室。

当杨廷宝在许秘书长的陪同下走进接待室的一瞬间，杨廷宝稍一愣，这不是两年多前评审南大新图书馆时见过的丁工吗？没想到省政府新大楼设计方案中选的设计者也是他！真是一回生二回熟，杨廷宝像见了熟人一样，慈祥地笑迎上来。

此前许秘书长提前已告知丁公佩，今天杨廷宝教授要与自己商谈方案修改的事。

---

① 惠浴宇（1909—1989），江苏省灌南县人。1928 年 7 月加入中国共产党，在上海从事地下工作。解放战争时期，参加了淮海战役和渡江战役。中华人民共和国成立后，历任苏州市委书记，南京市委书记、市长，江苏省省长。是党的八大、十二大、十三大代表，第一、二、三、五届人大代表。

尽管如此，在杨廷宝进门那一瞬间，丁公佩依然有点拘谨。他想起那年南大新图书馆设计方案评审时，亲耳聆听杨廷宝大师对自己方案的点评，并给予充分肯定，真感万分荣幸。特别是自己还与匡校长和杨廷宝在小范围同桌用餐，更有点受宠若惊。他又想起前年夏天的一日，设计院请杨廷宝来设计院做学术报告时，他身着白衬衫，米黄色短裤，裤腿不长不短，及至膝盖上一点，挺时髦的，加之杨廷宝进场时以沉稳的脚步从丁公佩座位旁走过，顿时令人眼前一亮，老专家的非凡气质令人敬羡。今天自己再一次单独拜见杨廷宝是又一次的荣幸。毕竟自己是一位普普通通的建筑师，此时面对已身居副省长高位的杨廷宝，身不由己地放不开呀！但一见杨廷宝笑迎自己走来，赶紧向前迈出几步，躬身双手握着杨廷宝的手："杨先生，您好！"望见杨廷宝慈祥的神态，平易近人的举止，丁公佩身心一下子放松下来了。

"来，我们坐下谈谈。"杨廷宝主动请丁公佩入座。丁公佩更是过意不去："杨先生，您先请坐。"此时，许秘书长坐在一旁，准备听取两人对实施方案的交换意见，毕竟他自始至终要主管这项新建政府大楼的工作。

"你的方案我看过了，比较其他两个方案，你的方案更胜一筹，建筑本身设计没问题，对使用功能、造型处理，与城市环境结合都很好。只是我想知道一下，大楼平行于北京西路布局当初你是怎么想的？"杨廷宝开门见山先提出了这个问题。

"我看了北京西路这个地段，干道两边的建筑都是平行于道路布置的，特别是对面童老设计的A、B大楼也是平行于北京西路干道的，我设计的省政府新大楼在建筑风格上与童老设计的建筑风格基本一致，为了两相呼应，所以我就这样平行布置了。"丁公佩说出了自己设计之初的想法。

"你说的有一定道理，我也赞同。但是这样一来，省政府新大楼前面广场是不是显得局促了一些？"杨廷宝又反问了一句。

"看来，这样布局是有点问题。"丁公佩看着图纸也承认这一点。

"再问一个问题，围墙大门正对政府大楼正中入口，当初你是怎么考虑的？"杨廷宝不等上一个问题得出一个解决办法，又提出一个新的问题。

"大门正对大楼入口，这是大家做政府办公建筑的通常设计手法。这种采用中轴线对称的设计手法可以体现政府大楼的庄严性。"丁公佩不假思索地说出当初这样设计的理由。

"你可知道，政府办公楼进出的车辆很多，加上广场进深较浅，会不会造成入口广场比较拥挤杂乱呢？"杨廷宝接着又问。

"是的。"丁公佩领悟地回答。

"有没有改进的办法呢？假如我们把大楼与后面的小路平行，也就是说，把大楼东端向后移，朝向变成东南向会不会更好一点？这样修改你觉得怎样？"杨廷宝从来不把自己的意见强加于别人，而是慢慢启发，让对方自己找到解决问题的路子。

"这样，原来大楼后面的用地得到了充分利用，大楼前面的广场，一下子就变大了。"丁公佩在杨廷宝的启发下，犹如醍醐灌顶，一下子明白了，"对，杨老的建议太好了，我把大楼平面在总图上改为与后面斜向的小路平行。"丁公佩与杨廷宝的交谈，此时似乎轻松多了。

"能不能再做点改进，让入口广场不要按通常的做法，变为交通广场。可不可以做成一个绿化、景观广场，这样不但可以美化大楼前环境，而且也能对大楼起到衬托作用。"杨廷宝紧跟完善方案的思路，进一步问道。但又不直说，尽量启发丁公佩自己思考。

"那杨老的意思是说，把大门的位置从正中向西挪到边上？"丁公佩有点吃不准这种反常规的设计手法行得通行不通。就连坐在旁边一直倾听的许秘书长心里也顿时咯噔一下，心想，把大门从正中挪开有损政府大楼门面形象啊！但副省长杨廷宝这么一说，他也不敢插嘴。

"省政府大院有了一个正门作为主要出入口外，是不是应该再开一个作为次要出入口的边门？"杨廷宝又问了一个常规的小问题。

"当然，场地应该再有一个次要出入口，我已经开在东面的西康路上了。"丁公佩不假思索地直接回答说。

"现在，把主次出入口连成一条线成为场地车行道路，前面绿化、景观广场是不是不受车辆进出干扰了？"

"是的。"丁公佩这才领悟，杨廷宝这一路的追问就是为了让自己明白总平面为什么要这样修改才能更完善。但是，此时丁公佩却冒出一个新问题想请杨廷宝给予指教。

"杨老，总平面修改后，大楼就与北京西路城市主干道不平行，方向有点歪了，怎么办？"

"从就事论事来说，你提的这个问题确实与你现在的总平面方案有点矛盾。但是，我们做设计，画图是手段，实际上整个设计过程我们建筑师都是在解决设计矛盾。当出现矛盾时，就要从全局出发，搞清矛盾双方的利弊关系。当不能两全其美时，就要抓住矛盾的主要一方，尽量使它的要求得到满足。比如你提的这个问题，大楼与后面斜向小路平行，可以让出前面很大一块广场，得到的好处就是刚才我们讨论的结果，你也看到了。至于由此造成大楼不平行于城市干道确实有点不好，但是这样可以换来更大的，而且是永久的功能使用好处，还是值得的，设计中总会有得有失，就要看你想要得到什么，失去什么。何况这块用地的特定环境条件是处在城市两条道路交叉路口的西北一角，从另一角度来说，大楼朝向东南方向倾斜一点，还是与北京西路与西康路交叉路口这个城市设计节点有一定关系的。我们设计任何一个方案都很难做到十全十美。所以，你提出的问题并不是方案性严重问题，而是设计手法不同。"杨廷宝解释了一通，似乎是在为丁公佩亲授一次小课，让他懂得要使设计方案尽善尽美，一定要运用辩证法的观点，分析处理好设计过程中自始至终都会出现的复杂矛盾，才能使自己的设计能力不断得到提升。

"杨老，您分析得很精辟，我回去把总平面按您的意见好好再改一改。"丁公佩经杨廷宝这次指点，思路豁然开朗，信心满满地说。

杨廷宝对于丁公佩能将方案修改更完善虽没有任何怀疑，但为了让他在下一步的施工图设计中少走弯路，还是想提醒一下他关注方案实施技术性问题。

"丁工，你对办公大楼平屋顶的防水问题有何考虑？"杨廷宝忽然话题一转问道。

丁公佩冷不丁经杨廷宝这一问，似乎毫无思想准备。不过，对于施工图设计经验丰富的他来说，瞬间很快反应过来。

"屋面防水我采用穿雨衣、打雨伞的构造方法。"丁公佩立即回答。

"能详细说说吗？"杨廷宝对这一比喻颇感兴趣地问道。

"所谓穿雨衣，就是先在3%屋面坡度的保温层上面做三毡四油卷材防水层，再在上面按排水方向，顺砌半砖宽，中距为600毫米的条形砖垄。然后，其上搁置600毫米×600毫米×50毫米的钢筋混凝土预制板，板缝用聚氯乙烯胶泥嵌缝，形成可通风的刚性防水上人屋面，以确保屋面防水构造万无一失。"丁公佩语言流畅地介绍完。

"那么，地下室防潮问题又怎么解决呢？"杨廷宝接着又问。

"由于地下室钢筋混凝土外墙内侧与室内有温差，会在墙壁上产生凝结水，因此，我采用地下室地面架空200毫米，并与周边外墙隔200毫米再砌一道墙，呈双墙做法，使地下室各房间与外墙和地基完全脱开。而外墙内壁出现的凝结水可以从地沟流向建筑四角的集水井，再排入雨水系统。这种做法可使地下室房间与地上房间一样舒适。"丁公佩胸有成竹地说完。

"不错，这个办法很好。以前，我们在上海做工程也是这种做法。"杨廷宝听后频频点头赞同道。

"你回去修改过程中，有什么问题，随时来找我。"杨廷宝最后热情地说。

"谢谢杨老今天的指教。"丁公佩受益匪浅地真诚说道。

只是丁公佩将总平面修改好后，已没有机会送给杨廷宝过目了，这是为什么呢？原来，杨廷宝最后两年实在太忙，尤其是他当选中国建筑学会理事长之后一直奔波在全国各地，考察、指导各地的城市规划和景区建设；或者主持、参加国内、国际的各种学术会议，以及政务、教学等工作，几乎没有时间和精力再过问省政府新建大楼的事了。再说，杨廷宝通过两次评审丁公佩的设计方案，已经相信他能胜任修改总平面的工作。

这年9月，杨廷宝住进医院，再也没有机会继续工作，丁公佩见状，不敢再去打扰病中的杨廷宝。方案修改、定稿就完全由自己根据杨廷宝对总图的意见搞定，并谨慎地自主决定了大院的主入口大门移至临北京西路地块的西端，而次入口的边门定在临西康路地块近北端的大楼前，大楼前的道路连接两个主次入口，虽不是横平竖直，但这样可以使大楼前有完整的绿化、景观广场面积做到最大。许秘书长见状却有点不高兴，很有意见，几次对丁公佩说："你这样修改使省政府前的道路成为歪门邪道了。"但丁公佩坚持按杨廷宝的意见修改，对此，许秘书长也不便再违抗副省长杨廷宝的意见了。事实证明，建成的绿化景观广场效果不但令丁公佩庆幸自己听了杨廷宝的建言，而且受到众人的赞美。当然，这是后话。

为了保证省政府大楼按修改后的方案不走样地实施，丁公佩每周至少下工地两次，直至1985年竣工。遗憾的是，副省长杨廷宝因已逝世，再也没有可能走进刚落成的省政府新大楼办公了（图1）。

图1 全景（丁公佩提供）

参考文献：

丁公佩向著者多次口述并提供文字素材。

33. 故地重游赞鹃园

1982年3月27日至29日，杨廷宝与齐康应无锡园林处的邀请去无锡评议寄畅园、惠山、鼋头渚、锡山、三山岛、蠡园等园林建筑工程（图1、图2）。这是杨廷宝自20世纪30年代与1959年6月两次去无锡游园之后，又一次故地重游。

杨廷宝清楚记得，中华人民共和国成立前他经常去上海做项目，每逢周日都要与童寯出游。杨廷宝说："童寯先生，他热爱园林，常约我同去旅行，宁、沪、杭一带都去。常常是他星期六电话约我吃晚饭，商量第二天去哪里。所到之处，给我印象最深刻的就是无锡。无锡市有太湖，小学读地理就知道是江南名胜。范蠡泛舟五湖印象也很深。还有一位同行，无锡人赵深，比我大二三岁，是我学长，常听他谈起很多名胜。我们到无锡，一下火车就到寄畅园。寄畅园名声大，谐趣园虽然也不错，但一看寄畅园，谐趣园就不行了。谐趣园是皇家宫苑气氛，寄畅园既风雅又野趣。从寄畅园出来就上惠山，登三茅峰，转过七十二弯下山，再上锡山。登锡山有砖石台阶直通山顶龙光塔。下山时，童老的朋友累得吃不消了，就在台阶西侧斜的垂带石上慢慢滑下去。他回到上海后说，以后再也不和你们出去玩了。但我们却不以为苦，反以为乐，游兴更浓。当年，宁沪线的小园子都跑遍了。无锡给我的印象最深，回想起来很有意思。"[①]

让杨廷宝没想到的是，数十年后又故地重游，看了无锡好几个园子，对各园林的建设多多少少指出若干不同的问题需要改进，唯独对"事先我不知道惠山又添了个小园子，叫'杜鹃园'"的园子赞赏有加。难道杜鹃园的设计与造园真的如同杨廷宝自己所说，"有一个很好的印象"？是的，你没听错。为了证明杨廷宝所言极是，那我们就跟随杨廷宝当年游览杜鹃园的路线，听听他如何赞赏这座园中园吧。

杜鹃园是无锡市园林处的总工程师李正设计的，1979年始建，1982年建成，杨廷宝此行正赶上杜鹃园开园之际，也是无锡市园林处特邀杨廷宝前来评议这个新辟的小园子的。

这里，原是锡惠公园西南角的惠山山麓，一片杂木混生的山坡地。为增加锡惠公

---

① 齐康. 杨廷宝谈建筑[M]. 北京：中国建筑工业出版社，1991：78.

图1 1982年3月,杨廷宝(右4)、齐康(右2)应邀在无锡评议蠡园等各园林工程。左4李正、右3吴科征(来源:江苏省档案馆)

图2 杨廷宝(左)在无锡游园时与吴科征交谈(来源:东南大学档案馆)

园的游览区,拟开辟一处以观赏杜鹃、兰花为主题的"园中之园",如同北京颐和园中的谐趣园一样。

此园东西两面各有锡山、惠山对峙,北面傍着春申涧有一片苍翠竹林掩映。唯南面为实习工厂、水塔矗立,景观不佳。园内地势西高东低,中有水塘若干,还有两条土涧,把园西坡地中分为二。如今,此地又是何样情景呢?

这天,杨廷宝重游锡惠公园之余,在李正等人员的陪同下来到杜鹃园。"正门在稍高处的竹林里,现在却不开,要走后门。看来,这也是目前很时髦的走法。"[①]

那我们也只好跟随当年杨廷宝一行游览的脚步,看看他们是怎么边漫游边谈的吧。

杨廷宝一行先穿过一片竹林走向后门,只见翠竹郁郁葱葱,生机盎然,一片江南景象。

"这片竹林是原有的,我们保留下来作为杜鹃园入口园外的一个景区。"李正向杨廷宝介绍说。

"这很好嘛,这就叫因地制宜,不错。"杨廷宝赞许道。

"我们还给这个景区起了一个'翠筠深处'名呢。"李正继续补充说。

"起这个名字更有深意了,中国园林与西方园林最大的不同之一,就是中国园林的文化品位很浓,一个点题就把意境蕴含进去了。"

---

① 齐康.杨廷宝谈建筑[M].北京:中国建筑工业出版社,1991:79.

图3　入口（来源：《建筑学报》1982年第7期第67页）

　　走着聊着，一拐弯，只见眼前一个极其普通的两坡青瓦顶小门洞里在幽幽的竹丛中闪着光亮，隐约可见园内景致一角（图3）。

　　"这就是杜鹃园的入口？"杨廷宝看到这不起眼的小门洞问李正。

　　"是的。"

　　"一般公园的入口都要做得很显眼，而且要有点气魄，你怎么想到要做这么个小的入口，而且藏在幽静的竹林中？"其实，杨廷宝自知其中奥妙，不过他想探听一下设计者李正的想法。

　　"杜鹃园地盘本来就小，属于袖珍园林一类，所以，入口大门不宜做大，做小了反而可以达到欲放先收的效果。而且，入口门洞里明亮的景色在幽暗的竹丛环境中显得特别能吸引人前往。"李正脱口而出他的设计意图。

　　"我一猜你就会这么回答我。这种小中见大、欲放先收的园林设计手法，看来你运用得很自如啊。"

　　"杨老，您过奖了。"

　　进入园内，不远处是游园的序幕——一座过亭。但它迎面却是一垛照壁。内行人一看就看出门道，这是园林设计的又一手法，叫作障景。一则既可增加造景层次，避免一览无遗；二则在照壁上开设漏窗，布置盆栽，隐约露出园色，大有"春色满园关不住"之意境。小小一垛照壁竟有如此妙趣，杨廷宝一眼看穿李正造园匠心所在。

"这个游园起点的设计我看很不错。李正,你是在慢慢吊游客的胃口,是吧?"杨廷宝反问一句。

"是的,这么小的园子,哪能让游客一进来什么都看到了,若如此那就一点游兴都没有了。"李正不好意思地坦白。

此亭紧接回廊。廊虽不长,但依山起伏,随势曲折,咫尺园林中,倍觉迂回幽长之感。与一般游廊全开敞通透不同,李正别出心裁地运用廊墙作为视觉屏障,以控制游客视线,引导游客一会儿只能看西侧岗坡上"醉红坡"露植的杜鹃美景和低平处"沁芳涧"散栽兰花;一会儿又引导游客转过头,只能看东侧利用原有水塘开辟的溪池景色和池边平坦草坪。这样,使游客前后所观景物截然不同。一则幽邃,一则疏朗;一则以山景占胜,一则以水色见长;而且前后所看一高一低,一收一放,从而产生景观上的对比异趣。

杨廷宝漫游在这段别开生面的游廊中自感妙趣横生。时而驻足观景,时而与李正交谈。几经曲折,不觉来到"枕流亭",众人在亭中小憩。在这儿,可仰望锡山塔影,俯视园中幽兰杜鹃(图4)。

图4 枕流亭(来源:《建筑学报》第7期第67页)

"这个亭为什么起名叫'枕流亭'?"杨廷宝坐下问李正。

"因为这个亭是跨在沁芳涧尽端之上,亭下叠石为洞,涧源从洞中涌出,亭似枕在幽深涧流之上,故起名'枕流亭'。"李正文绉绉地回应道。

"很有诗意，不愧是观景最佳立足点。'枕流亭'的选址选得好啊！"杨廷宝对众人赞许道。

"此话怎讲？"一位陪同问。

"你看，李正在这儿把锡山塔影都借到杜鹃园成为自己一景了，这与苏州拙政园借北寺塔为一景有异曲同工之妙，你说此法还不高明吗？"杨廷宝一言引得众人称是。

"李正，你当初是怎么改造这一处的？"杨廷宝想知道李正的设计意图，问道。

"当初沁芳涧原是一条土沟，基本上终年干涸，野草丛生。本来想，在组景中避开它，但土沟两侧地势逼窄，可用范围狭小。如果把土沟填平，不但工程巨大，而且反而失去自然之趣。所以对土沟进行因势利导的改造，在涧身原有蜿蜒走势、高下起伏、逐段放收的基础上，用本山黄石驳砌护脚，以防止涧壁流泻。"李正说到这儿，手指向右手前方的全园最主要建筑"云锦堂"接着说："杨老您看，在那座'云锦堂'前的平台下，重点叠石形成涧侧的一带岩壁洞龛，与平台组合成景。涧底漫铺卵石，并散点若干浑圆的大黄石，以形成涧流湍急、摩崖激石的雄浑自然气氛。涧水是从惠山山麓的'蟹眼泉'引流而来，即可湿润土壤空气，又可耳聆潺潺流水声音。您再看前面，利用涧岸倾斜坡地，丛植各色杜鹃，配以其他花木，其间再错落地散埋一些黄石，蔓以藤萝，覆以络石，构成一组组花石小景。还有，为了创造'清溪倒挂映山红'的诗情画意，又特地在坡上堆叠土岗，增加山坡台地的高度，它与沁芳涧高下对比，形成观景高潮。"李正滔滔不绝地把设计意图和盘托出，引得众人点头赞同。

"杨老，这'枕流亭'虽然被您赞为观景的最佳立足点，但是还有一处观景更好的地方，就是前面的'云锦堂'，咱们到那儿去再看看吧。"李正最后说道。

"哦，还有更好的一处？那就跟着你'引人入胜'吧。"杨廷宝在枕流亭歇够了，就起身随大伙儿跟着李正漫游到"云锦堂"（图5）。

这"云锦堂"可是全园最重要的建筑，只因它占据全园最重要的位置，体量也最大。它坐南朝北，待杨廷宝一行跨入堂内，身居屋内背阴处，面北看到堂外隔涧一处开阔的"醉红坡"上向阳盛开的杜鹃花，一派山花灿烂的景观，顿时心旷神怡。杨廷宝欣赏了一阵后，转身向南一瞧，只见眼前一紧凑小内庭，庭中点缀花石小景，形成一个中国古典园林中惯用的仅供静观近赏的袖珍景点。而这封闭的小院所见与刚才向北观望的景色一放一收、一开一合、一阳一阴，产生观感上截然不同的异趣，令杨廷宝兴叹不已。

"杨老，这小内庭的背景实墙你猜有什么文章吗？"李正与杨廷宝一路游园过来，

图 5　云锦堂（肇俊摄）

两人彼此交谈十分投机，也就放松话题，随口问道。

"这片实墙不就是作为云锦堂南向的照壁嘛，起到衬托庭中花石景观的作用吧。"杨廷宝初来乍到，并不了解李正在这儿又藏着什么玄机，只想到这是中国古典园林造园的通常手法之一，也就随口答道。

"杨老您说得很对，这只是其中的一个作用。其实我最主要的考虑是，云锦堂这个位置是全园观景的最好位置，但是美中不足的是，游客来此不能让他们向南看……"

没等李正说完，杨廷宝打断插问了一句："为什么？"

李正接着回答说："因为南向看出去就是园外的工厂、水塔，那就大煞风景了。所以我在云锦堂正南面地势平坦的地方利用生产用地，建造一组坐北朝南的温室，与云锦堂平行布局，而且相隔很近，以遮挡游客看到园外大煞风景的构筑物，这样，也可利用温室的后墙形成堂南小内庭的照壁。这不就可以一举两得了吗。"李正回答道。

"哦，看来这才是你这样做的真正意图？立意和手法实在是妙。"杨廷宝明白了李正这一高招，点头十分佩服。

"原来如此，看来你设计园林的功底还不浅呐！"杨廷宝又一次夸奖道。

图6 跨在"沁芳涧"上的"映红渡"(肇俊摄)

图7 绣霞轩(来源:《建筑学报》1982年第7期第68页)

"哪里,哪里,我这都是从前人造园经验中学来的,在杨老您面前更是班门弄斧了。"李正谦虚地赶紧回应。

杨廷宝在云锦堂内品赏了南北两面景色和空间如此截然不同的效果,确实越发喜爱李正这位造园高手了。此时杨廷宝正要转身从云锦堂离去,不经意间透过东墙处一扇景窗,看到窗外锡山秀色,在窗框的裁剪下,俨然是挂在白粉墙上的一幅立体山水画。李正瞧着杨廷宝注目良久,说道:"杨老,您转过身来再看看西墙。"

杨廷宝听李正这么一说,下意识地转过身,向西墙一看。又是一面白粉墙上的一扇景窗,所不同的是窗外景色换成了惠麓的风光,这又是一幅雅致的中国写意画!

"你的设计点子还真不少啊。"杨廷宝望着李正说。李正不好意思地微笑而不语。

杨廷宝走出云锦堂,在李正的引领下折东不远,穿过跨在"沁芳涧"上一座廊桥"映红渡"(图6),再沿曲廊向北来到园东区宽展平坦的坡地,进入又一观景建筑"绣霞轩"。(图7、图8)

"'绣霞轩'这名字又有什么说道?"杨廷宝问李正。

"因为,在这儿向西看视野开阔,是看晚霞最好的地方,所以起了这个名字。"李正轻松地答道。

"这名字起得好!这说明造园人不但要有造园匠心,还要有文化底蕴,这样才能提高园林的品位。看来,李正你这两方面都具备一定实力哦。"杨廷宝望着李正含笑赞道。

"不敢不敢,还差得远呢,还望杨老您多指教。"李正不好意思地说。

此时,杨廷宝站在"绣霞轩"向西望去,眼前缓坡上杜鹃花泛红一片,与刚才在

图8　绣霞轩东面的照影亭和带月洞口的云墙（肇俊摄）

云锦堂同样是欣赏这片杜鹃花，但感受似乎有点不同。什么不同呢？哦！原来，在云锦堂观赏这片杜鹃花时，因隔着"沁芳涧"，可望而不可及，可赏而不可得。现在在"绣霞轩"看，群芳笑迎，似身在其中而流连忘返。再抬头西望刚才走过的曲廊，在一片樟林的遮盖下蛇行弯折。

"李正，这新开的杜鹃园怎么会有这么多老树、大树？"杨廷宝望着西向高坡上的树林问。

"我在规划杜鹃园，布置建筑、组织园景时，特别注意了一定要保留好原有的老树，为了让它们发挥原貌的山林自然之趣。事先我们对园中每棵应保留的樟树位置、株距都进行了详细测绘，这样，在设计时就让曲廊只能在树距中穿行，而且还要考虑框景的需要，让每一段曲廊转折的角度和与树的最佳视距都能得到仔细推敲。另外，像云锦堂前、枕流亭侧、映红渡旁等等几棵大树，我们宁愿将建筑移位，有意避开，而审慎地保留大树。所以，此园建成后，虽为新筑，却俨若旧园一般。"李正自信地回答了杨廷宝的疑问。

"好啊！这才叫因地制宜修路、因地制宜叠山、因地制宜引泉、因地制宜建房子。我觉得实实在在地做到了因地制宜。"杨廷宝一连串说了好几个"因地制宜"，这是他一生中设计百余项工程特别强调的设计理念，刚才李正的一番解说，引起了他的共鸣。杨廷宝接着又说："特别是，像这因地制宜地建这么个园子，原有的树利用得这么好，至少给我上了深刻的一课。何况总投资仅花了90万元，做到这样的成绩，令人钦佩。尤其是现在许多地方都在做这样的工作，做到这样是很难想象的。给我的印象，如读

图9 杨廷宝（右1）在游园时与李正（右2）交谈（来源：江苏省档案馆）

图10 1982年3月，杨廷宝（中）、齐康（右）在无锡杜鹃园游览，吴科征陪同（来源：江苏省档案馆）

了一篇文章，文章读完了，余味还在脑海中回旋。"[1]杨廷宝一股脑儿对身旁的众人说了这么多对杜鹃园的溢美之词。这是几年来杨廷宝对视察各地的城市规划、景区建设少有的满是褒奖的评价，也是对李正三年来设计、建造杜鹃园辛勤而卓有成效工作的肯定。

杨廷宝一行在杜鹃园游览了大半天，一直兴致盎然，且与李正、吴科征[2]也交谈甚欢（图9、图10）。杨廷宝对李正造园有如此高的造诣倍加赞赏，果不其然，李正设计的杜鹃园于1983年荣获建设部优秀设计一等奖、国家科技进步三等奖。

参考文献：

1. 齐康. 杨廷宝谈建筑[M]. 北京：中国建筑工业出版社，1991.
2. 李正.《鹃园》规划设计简介[J]. 建筑学报，1982，7.
3. 电话咨询朱蓉等人。

---

[1] 齐康. 杨廷宝谈建筑[M]. 北京：中国建筑工业出版社，1991：79.
[2] 吴科征，1952年考入南京工学院建筑系，1953年提前一年毕业，并留校任教至1958年，后被错划为"右派"到苏州农村劳动，平反后在无锡轻工业学院任教，后因病去世。

34. 重返故里献良策

因1937年日寇挑起"卢沟桥事变",杨廷宝全家逃离北平避难南阳故里。在躲避战火的一年多后,1939年春杨廷宝就去了重庆基泰又开始主持工程项目设计工作了。自此以后,杨廷宝背井离乡,就再也没有机会回去重踏养育他的那片热土,并去看望哺育他的父老乡亲,以至于已耄耋之年未能以己一技之长,为家乡的建设增光添彩,实为遗憾之事。

正当杨廷宝梦回故里夜不能寐时,1982年5月,他终于圆梦,应邀来到了阔别44年的故土,要为家乡的发展建言献策,同行的还有夫人陈法青。

杨廷宝刚抵达南阳老家,就迫不及待地要上街看看市容,辨认一下他脑海中尚存的宛城印象。在主人的陪同下,杨廷宝或走街串巷,或乘车巡视,或驻足观景,这一天看下来,他喜忧参半。喜的是南阳变化太大、太快了。西部新区道路纵横交错,楼宇鳞次栉比,人群摩肩接踵,一派欣欣向荣的景象。而东部老城区,依然保留着古朴市井的传统气息,老街小巷幽深宁静,商铺小吃琳琅满目,古迹名胜游人如织,多多少少勾起他儿时的依稀记忆。忧的是不少古建筑年久失修,白河严重污染,荷塘已填,古桥被拆,城市布局缺少章法,南阳城市文化有待挖掘……因此,在此后接连召开的南阳城市规划讨论会和学术报告上,杨廷宝就南阳的变化、发展、问题、建设等诸多方面侃侃而谈,肺腑之言道出游子对家乡的深情和对南阳明天更美好憧憬的真知灼见,获得官员和同仁们的赞许。

但是,杨廷宝向来以务实为己任。他想这次应邀来南阳,不能只空口说白话,也得干点儿实事。尽管在故乡停留的时日不多,做点实事,方能心安呀!为此,他与南阳建委领导研讨市政建设,查阅南阳文史资料(图1~图5),数次赴医圣祠,参观尚存的古建筑,审查修复医圣祠规划方案,视察医圣祠扩建工地,为医圣祠题词。此外,杨廷宝还参观了社旗陕山会馆、卧龙岗、诸葛茅庐、博物馆、汉画馆等多个名胜古迹和建筑,忙得不可开交。但杨廷宝最挂念的是医圣祠。

说起医圣祠,杨廷宝想起少年时听父亲的好友王可亭讲过医圣张仲景好多故事。而他父亲杨鹤汀在自宅成贤小筑安享天年时,还专心研究张仲景的《伤寒论》和《金匮浅歌》,把医圣张仲景的两部巨著用白话歌诀翻译出来,并做了序。因此,杨廷宝

图1 杨廷宝（左）与建委主任在研讨南阳市市政建设问题（来源：南阳市卧龙区档案馆）

图2 杨廷宝在查阅南阳文史资料（来源：南阳市卧龙区档案馆）

图3 杨廷宝（中）在审查修复医圣祠规划方案（来源：南阳市卧龙区档案馆）

图5 杨廷宝参观医圣祠（来源：南阳市卧龙区档案馆）

图4 杨廷宝（前排左1）参观社旗陕山会馆（来源：南阳市卧龙区档案馆）

从小就崇拜南阳名人之一——医技高超和为人厚道的张仲景。这次来南阳一定要旧地重游，更重要的是看看医圣祠修复和扩建搞得怎么样了。

医圣祠，位于南阳城东，仁济桥西，温凉河畔。是后人为纪念汉代大医学家、长沙太守张仲景所建。它原为一座墓祠，经明、清多次捐资修建、赎买祠地、重修祠宇，直至民国战火已破坏殆尽。新中国成立后，虽经修整，但规模颇小。

为了纪念先哲，鼓励后贤，以及随着中医热潮的不断兴起，也为适应络绎不绝前来南阳医圣祠，拜谒朝圣和加强中外医学界在此进行国际学术交流的需要，南阳有关部门决定拨专款修缮并扩建此祠。

如何扩建呢？当初本地一位中年画家做了一个方案，还画了一套带汉代风格的设计图。这本是一件设计构思的表达，却被一些不辨菽麦的人诬图中画有朱雀、汉阙的汉代建筑，是宣传封建迷信，把它上升到思想意识问题，致使这一方案遭到无端的打压。而这位刚步入不惑之年的中年画家，此次在事业上受挫，连他自己也不知是第几次了。

这一天，杨廷宝来到医圣祠，要与当地领导和医圣祠管理负责人，共同商讨医圣祠修葺扩建方案。

"这位就是我对您老说的医圣祠修葺扩建方案的设计者。"研究方案前，一位领导指着站在一旁戴着眼镜的中年人对杨廷宝说。

杨廷宝顺着领导手指的方向望去，眼前一亮，好帅的英俊秀才！真是名不虚传，一脸书生气。

"杨老，您好，久闻大名，在下仰慕已久，今天见到您老实在太荣幸。"中年画家见状急忙上前，恭谦地双手握着杨廷宝的大手说。

"听说你了，你真不容易啊，现在有用武之地了吧。"杨廷宝感慨地对中年画家说，随即，又转向诸多领导说："这位可是南阳不可多得的人才啊！你们瞧，他既擅长绘画雕塑，又对汉画颇有研究，尤其还懂得修缮古建筑，真是多才多艺。我们要有慧眼识珠啊，要放手好好发挥他们的作用，有这样的人才，医圣祠的修缮扩建，何愁搞不成呢？"杨廷宝喜悦之情，溢于言表的一席话，让中年画家不好意思地低着头望着脚尖，领导们和技术人员们也点头赞同。

"你们听说过我的挚友梁思成先生设计的扬州鉴真纪念堂吗？梁思成先生当时想，鉴真高僧是唐代人，所以他把鉴真纪念堂设计成唐代风格，非常恰当。建成后让咱们中国人、海外侨胞赞不绝口，而日本朋友也特别欣赏。但是鉴真纪念馆的原型却是鉴真大师第六次东渡日本，于770年在奈良市亲手建成的唐招提寺。它是地地道道的具有中国盛唐建筑风格的建筑物。所以，我们南阳的医圣张仲景因是汉代人，扩建他的祠堂采用汉代建筑风格也是恰如其分的，而祠前汉阙正是汉代建筑特有的。至于有人说搞汉阙、雕朱雀是封建迷信之说，那是没有建筑文化修养的偏见。"杨廷宝引经据典、深入浅出地一番话，让一时拿不定主意的领导们心中豁然开朗，冰释前嫌。而那位中年画家见杨廷宝如此为自己撑腰，内心十分激动，却难以言表。

接下来，杨廷宝和大家一起审看墙上挂的设计图纸，不时议论着。

"这两个汉阙彼此近了点，把两者距离拉开点，会显得更有宏大气魄。"当杨廷宝驻足在墙上挂着的一幅医圣祠总平面图前时，双臂比画着对身边的中年画家说（图6）。

"有道理。"中年画家省悟地点点头回答说。

"进了大门，绕过石屏，第一个看到的就是张仲景全身塑像，这很好，你再考虑一下，我们中华中医历史悠久，源远流长，历代涌现出许多名医，是不是把他们的头像都雕刻陈列出来，这样纪念意义就更大了。"杨廷宝继续说道。

"杨老的建议实在高，我再好好考虑一下。"中年画家听着杨廷宝的评议，铭记在心。

"还有，这个方亭在前院规矩的空间中似乎形态有点雷同，能不能做点变化，以便形成一个形象突出的造型点缀。比如改成双层六角亭如何？"杨廷宝以讨论的口气说着，并不强加于人。

"好的，我再做做方案推敲一下。"中年画家附和道。

……

随后，杨廷宝又移步看了墙上另外几幅设计图，也是边看边议。领导们跟随一老一少两位行家，听得也津津有味，不时也插上几句。时间一长，领导估计年迈的杨廷宝站久了，此刻该坐下来边休息边聊了，便请大家围坐在大桌四周又讨论许久。杨廷宝就医圣祠的大门，各建筑的细部装饰、色彩、用料都一一详述了意见，还现场为中年画家勾画了一些草图，进一步做了说明。大家看了无不为杨廷宝这种不知疲倦工作的精神，和精湛的专业功力所叹服。

讨论结束后，大家稍事休息，准备用午餐之际，只见有人端来笔墨和一个大留言簿。建委主任走上前，敬请杨廷宝留下墨宝。杨廷宝沉思一会儿，手握狼毫，沾上已备好的浓墨，扫视了打开的空白留言簿。他大概是如同画画一样，意在笔先做一番构图思考吧，随即手起笔落，只见"总结古代医学知识，启发后世药理宏论"十六个大字依次跃然纸上。接着落款"杨廷宝参观医圣祠留念 一九八二五月"。杨廷宝写罢，众人鼓掌致谢，杨廷宝微笑着摆摆手，算是免了，免了（图7）。

图6 杨廷宝在指导医圣祠的修复重建方案（南阳圣医祠博物馆刘海燕馆长提供）　　图7 杨廷宝题词（南阳圣医祠博物馆馆长刘海燕馆长提供）

之后，杨廷宝又来过几次医圣祠视察扩建工地，那位中年画家可就一回生二回熟，每次杨廷宝来工地总是形影不离杨廷宝左右了。一是向杨廷宝介绍施工情况，二是想再听听杨廷宝的高见。杨廷宝也喜欢上了这位中年画家，两人谈笑生风，真有相见恨晚的感觉。（图8）

"你的张仲景雕塑真有点形似神近，今后大有发展前途啊！"杨廷宝慈祥地对中年画家说。

"杨老您过奖、过奖，我搞雕塑也没几年，离神形兼备还差得远呢！"中年画家谦恭的回应。

"我到过许多欧洲城市，几乎每个城市在街心或公园里，都耸立有栩栩如生的名人雕像，或者其他艺术雕塑，这是一个城市文化品位不可缺少的要素，我们中国有几千年的文化传统。南阳又是名人辈出的城市，我们也应该有自己的文化自信，多矗立一些雕像啊！"杨廷宝又心情激昂起来，呼唤着说。

图 8　杨廷宝一行在医圣祠工地视察（来源：南阳市卧龙区档案馆）

"是的，是的。我们南阳有百里溪、刘秀、张衡、张仲景，还有诸葛亮，完全应该让他们的雕塑在广场、市中心花园耸立起来！"杨廷宝的一席话，说到中年画家的心坎里，引发他一片赞同。

杨廷宝在南阳的日子一天一天消逝，他真希望日子过得慢一点，以便让他再多走走，多看看。但是后面的日程又在催促他告别南阳的日子已临近，明天就要启程了。万般无奈之下，他真舍不得离开啊，这 11 天，他竟马不停蹄地工作了 10 天半，而且，每天都工作在八小时以上，难怪日子过得太快了。

5 月下旬，杨廷宝和夫人陈法青依依不舍地要与故乡告别了。几天前，他曾与中年画家在医圣祠有约："但愿我下次回乡能看到你的新作。"谁曾想到这次与家乡告别竟成了永别啊！此刻，杨廷宝根本没有意识到死神在向他招手，他仍信心满满还要干好多年呢。这不，他马上要去的武汉是应湖北省委第一书记的邀请，参加武当山风景区规划讨论会，而且湖北省建设规划部门的专家已专程来南阳迎接他了。

杨廷宝离开南阳之前，特要求带上那位中年画家同游武当，想让他到外面开开眼界，看看更多的古建筑。这对于他扩建医圣祠的设计会有好处，顺便沿途两人还可以继续交谈南阳的规划和建设。中年画家怎么也没想到,才认识几天的老前辈,如此器重自己,再对比自己前半生所遭到的冷遇和不幸。莫非今日真是三生有幸,遇见贵人相助,感动得不能自己。于是,他立马在家准备好画具,兴奋地上车与他的恩人一路西行去了。

参考文献:

刘向东,吴友松. 广厦魂[M]. 南京:江苏省科学技术出版社,1986.

35. 生命不息狂工作

杨廷宝只要工作起来，就会把一切丢到后脑勺的，甚至顾不上家里任何事情。杨廷宝可谓把工作当成生命，把事业当成人生的追求。对于他来说，最愉快莫过于工作，最难受莫过于无所事事。这个脾气，他是至老更甚。

杨廷宝的工作范围包括设计业务、科研教务、官场政务、学会职务、社会义务、国际事务，等等。这个任务、那个任务都压在杨廷宝肩上该有多重？但是，他善于统筹兼顾，样样干得出色。下面仅就设计业务这一项，看看杨廷宝有多忙，真是生命不息，工作不止啊！

从杨廷宝踏进基泰大楼的第一天起，就被接踵而来的设计项目缠上了身，虽然有时多个项目同时在手，但他都能游刃有余，忙而不乱。杨廷宝在公司如此干得欢，在外出差也一个样，忙起来好几个月才能回天津待几天。接着又要到另一地方，察看在建工程的进展，解决现场问题。甚至在北平修古建时，几乎天天泡在工地上（图1）。如此，从天津到北平，从沈阳到南京连轴转，哪能顾上家？

日子就这样在忙碌中一天一天过去，杨廷宝的五个儿女也一年接着一年相继出世。由此，一切家务事，包括抚养照顾儿女全由陈法青一人扛着。一天，本来就体弱多病的大儿子，却又患上破伤风，为了看护他，陈法青三天三夜没有合眼，以为他活不成了。此时，她多么希望杨廷宝在家帮把手，可是他却在千里之外忙工作。好在陈法青充分理解杨廷宝的事业心，她说："难道是他不爱护妻子儿女吗？绝对不是！他不仅关心家人的温饱，还关心子女们的健康、学习和品性修养，对我的关心，就更多一些。但是，事业索求着他的时间和精力。在家务和事业产生矛盾时，他总是把事业放在第一位。他这样做是对的，我只能支持而不能苛求他。"[①]这就是人们常说的，在一位成功的男人背后，一定会有一位知书达礼的坚强女人支撑着。

如果正如上所述，杨廷宝远在千里忙工作，一时难以抽身回家尽责、尽力还可理解的话，那么有一次杨廷宝和陈法青两人在一起逛正在修缮的天坛时，杨廷宝把陈法

---

① 陈法青. 忆廷宝 [M]// 刘向东，吴友松. 广厦魂. 南京：江苏科学技术出版社，1986：237.

图1　杨廷宝在修缮北平天坛工地上（杨士英提供）

青放了鸽子，又是怎么回事？

那次，当圜丘坛修缮工程接近尾声时，杨廷宝已把家从天津搬回北平，将在家一时无事的爱妻陈法青，带到快要完工的天坛圜丘坛游览了一番。两人边漫步，边观赏，陈法青一路问，杨廷宝就兴致勃勃地一路讲解，真是两人难得的轻松时光。还记得杨廷宝学成归来，即将结束恋爱长跑、喜结良缘之前，也是在北平，有那么一次，也是唯一一次，他们二人一天逛了琉璃厂庙会，转了中山公园，观看了陈法青读书的艺专晚会吗？两人这一趟天坛之游，大概是第二次长时间在一起尽兴逛公园。陈法青正在兴头上，不想杨廷宝却被正在修缮皇穹宇的老师傅叫走，说有问题要杨廷宝处理。杨廷宝留下陈法青，让她在圜丘坛自己再转转，便独自快步走到皇穹宇，跟工匠们交谈起来。这一走就不知他又转到何处去了，把陈法青一人晾在那儿，孤零零地原地踟蹰等待。结果，陈法青左等右等，杨廷宝也不来，快日落西山了，还没见他的影子。直到天就要擦黑，只见他才匆匆赶来，一脸内疚，连声道歉。陈法青也不见外，知道丈夫就是这么个人，工作太投入了。

当基泰从北方向南方发展业务后，大老板关颂声凭着与上层社会的密切关系，加之其又是擅长公关的里手，揽下不少重要官署工程项目，压在杨廷宝肩上。诸如中央体育场、中央医院、中央研究院、国民政府外交部大楼（方案）、国民党中央党史史料陈列馆、国民党中央监察委员会办公楼、国民政府盐务总局办公楼、国民政府资源委员会办公楼、南京管理中英庚款董事会办公楼、中央通讯社总社办公大楼等；以及教育、文化、娱乐、交通、官邸等各类工程项目，如紫金山天文台、中山陵园音乐台、中央大学图书馆扩建、大华大戏院、金陵大学图书馆、国际联欢社扩建工程、下关火车站、结核病医院、谭延闿墓、宋子文公馆、孙科公馆、翁文灏公馆、李士伟医生公馆，等等。人称杨廷宝设计了当时南京半个城，虽有些夸张，但也在说明杨廷宝那时忙得不亦乐乎。

即使在国民政府西迁陪都重庆时，杨廷宝也设计了一批重要建筑。如成都四川大学多座教学楼、成都励志社、重庆国际联欢社、刘湘墓园、林森墓园、农民银行、中国滑翔总会跳伞塔、青年会电影院、孙科住宅等，何况杨廷宝还兼职重庆中央大学建筑工程系教授，更是忙上加忙。

可以说，杨廷宝把他一生的黄金年华都献给了他所热爱的建筑事业，为兑现他读书救国的志向，忘我工作不止。

1949年10月1日，中华人民共和国成立。大老板关颂声带着基泰跑到台湾去了。杨廷宝毅然留在了大陆，从此结束了在基泰22年的执业生涯。但是，忙碌并不由此远离杨廷宝而去。相反，更繁忙的教务、会务，以及业务、学术、政务，甚至国际事务，又聚集于杨廷宝身上。而杨廷宝却乐在其中，尤其与他专业有关的事，只要有求于他，一概来者不拒，好像他有三头六臂似的，这些如山的工作全不在话下。

南京刚解放不久，时任市长刘伯承[①]就邀请杨廷宝同去雨花台视察，那里曾被国民党杀害的无数革命先烈，用鲜血染红了的雨花台。政府准备在那块山丘坡地上建造一个烈士陵园。杨廷宝接到这个设计任务，延续了三十年的构思与探讨（图2）。期间因各种原因有中断，有无奈。直到杨廷宝临终前，才正式启动雨花台烈士陵园规划和纪念馆方案设计，并由他的学生齐康继承杨廷宝未竟的事业，终于在他去世七年后建成，实现了南京刚解放时他的心愿（图3）。

---

① 刘伯承（1892—1986），四川省开县（今重庆市开州区）人。辛亥革命时期从军，1926年加入中国共产党。相继参加了北伐战争、八一南昌起义、土地革命战争、长征、抗日战争、解放战争。中华人民共和国成立后，历任中共中央西南局第二书记、西南军政委员会主席、中国人民解放军军事学院院长兼政委、中央人民政府人民革命军事委员会副主席。1955年被授予元帅军衔。

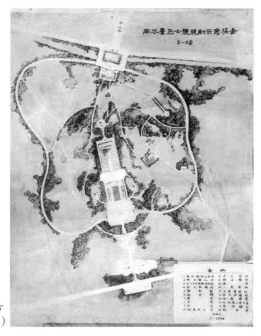

图 2 南京雨花台烈士陵园规划设计方案（来源：南京雨花台烈士陵园档案馆）

图 3 南京雨花台烈士陵园中轴线鸟瞰（来源：齐康.草图建筑[M].南京：东南大学出版社，2011：扉页）

此外，4月23日南京刚一解放，军管会接管国立中央大学后，就任命杨廷宝担任建筑工程系主任职务。不久，校名虽随即变更为南京大学、南京工学院，杨廷宝仍继任建筑系系主任一职，且一干就是十年。不仅如此，中华人民共和国成立初，党和政府十分重视发挥知识分子为新中国服务的作用，杨廷宝出任了南京市兴建人民革命烈士陵筹备委员会副主任委员、南京市生产建设研究委员会委员等社会职务。特别是1954年9月出席了第一届全国人民代表大会，不但与毛主席及党和国家所有领导人合影，而且还有幸与毛主席握了手，这使杨廷宝异常兴奋，决心更加努力地工作，为党和人民，为社会主义建设贡献力量。

其实，早在1951年，杨廷宝就偕其得意门生巫敬桓、张琦云两位老师和在基泰工作多年的绘图员郭锦文、王钟仁四人到北京与老搭档杨宽麟所带一众人马汇合，加盟北京公私合营兴业投资公司，组建了建筑工程设计部，进行联合饭店（后改称和平宾馆）的设计。虽然杨廷宝赴京前还发烧了一个星期，但刚退烧，体温正常的第二天就赴北京了。到了北京，立即下现场考察环境，在办公室伏案画图，在工地指导施工。整整忙了两个月，没休息一天。特别是工程框架刚起到四层时，因新中国在北京即将召开中华人民共和国成立以来第一次大型国际会议——亚洲及太平洋区域和平会议，政务院决定将联合饭店作为会议接待外宾的定点宾馆。时间紧迫，工程施工要加快进度，为此，杨廷宝日夜加班，简直到了废寝忘食、把一切都置之度外的地步（图4）。

图4　杨廷宝（右2）和杨宽麟（左2）在和平宾馆开工的工地上（东南大学档案馆提供）

不巧的是，1952年5月，在南京读中学的杨廷宝幺子杨士萱得了肺结核，这种在旧中国被称为"肺痨"的病，在中华人民共和国成立之初医治它很棘手。陈法青带着幺子在南京求医无效，听说北京苏联红十字医院可以治这种病，就带着幺子匆匆赶赴北京。而杨廷宝正在联合饭店的工地上紧张工作，无法抽身，在赶紧安排好母子俩的住宿后，又去忙工地的事了。好在陈法青是位能人，抗战时期，独自带着五个子女逃难都过来了，这次杨廷宝不能在身边陪着，照样把幺子看病的事全包下。于是，她自己排队挂号，带幺子前往门诊看病，幺子终于住上了院。期间，杨廷宝虽然工作再忙，心里还是总惦记着幺子的病情，安排好工作，便抽空赶紧跑到医院探视。陈法青知道，此时杨廷宝的工作与私事又发生矛盾，他必然会选择工作第一。但她就想发泄一下这些天忙着幺子住院，心急火燎的烦躁心情，一见杨廷宝进病房门，难得一次没好脸色地说："你整天就知道工作，工作！连儿子的性命你都不管！"杨廷宝自知不是，妻子发火也可以理解，只好忍让啰。

1952年9月，联合饭店如期竣工（图5），亚太和平会议召开在即，饭店因此而定名为"和平宾馆"。在和平宾馆落成典礼的那一天，杨廷宝带着陈法青和病已痊愈

图5　1952年9月北京和平宾馆竣工时杨廷宝（左4）与兴业公司设计部同仁在宾馆前合影。左5是杨宽麟，左1是巫敬桓，右4是张琦云（来源：东南大学档案馆）

的幺子亦参加了典礼。母子很高兴，本想借机好好参观一下新落成的宾馆，哪知道，典礼那天人群熙熙攘攘，还来了些头面人物，作为宾馆设计主持人的杨廷宝当然成为焦点人物，不一会儿便忙着接待宾客去了。直到典礼结束，陈法青母子还是没见杨廷宝人影，便独自离开了。"廷宝的脾气我很清楚。他认真、严肃、事必躬亲，工作一上手，会把一切别的事情都忘掉。"①陈法青真是十分了解杨廷宝，对于她来说，这是习以为常的事。

在往后的日子里，这种事真是不胜枚举。

1954年6月，已经是中国建筑学会副理事长的杨廷宝，率中国建筑师代表团一行三人出席在华沙召开的国际建筑师及市政界人士集会。"会后，廷宝又为使馆设计基建图样，连续开夜车达十天之久，以至头上生了许多疖子，眼睛也发炎了。但他仍一面注射青霉素，一面继续工作。两周内画了三十多份图，工作完时成，炎症还未消除。打这以后，他的左眼视力减退，经常昏花。"②

1958年9月，北京国庆十大工程上马，杨廷宝和全国著名建筑、院校的学者、教授，以及各大建筑设计院知名建筑师云集北京，建言献策，并展开设计竞赛。杨廷宝也亲自动手做了方案，并绘制了图纸。曾参加北京人民大会堂方案会审、时任重庆建筑工程学院教授唐璞③说："会审的方案只有几个，其中就有杨先生的方案，当时我最欣赏的就是杨先生的方案。当我看到杨先生的方案时，发现这个方案的风格与天安门十分协调，他结合使用上的需要利用各式屋顶的组合，形成了一座雄伟、庄严、生动、壮丽的巨大的雕塑型建筑。"④最后，在集体创作的基础上，经过多轮方案讨论，在周总理多次指导下，最后对国庆十大工程设计单位的落实进行了分工。其中，人民大会堂的设计由北京建筑设计院总建筑师张镈领衔主持。他在深化人民大会堂方案的完善过程中，吸取了杨廷宝方案中宴会厅处理的优点。他说："北门入宴会厅可借鉴杨师廷宝的大楼梯居中，直上而返至宴会厅的做法，增加有序列的进程。"⑤不仅如此，

---

①② 陈法青. 忆廷宝 [M] // 刘先觉. 广厦魂. 南京：江苏科学技术出版社，1986：245.
③ 唐璞（1908—2005），山东益都（今青州）人，满族。1934年毕业于中央大学建筑工程系。中华人民共和国成立后，历任西南工业建筑设计院总建筑师、重庆建筑工程学院教授、建筑系主任、九三学社社员。是第五届全国人大代表。
④ 唐璞. 不是我师 胜似我师 [M] // 刘先觉. 杨廷宝先生诞辰一百周年纪念文集. 北京：中国建筑工业出版社，2001：44.
⑤ 张镈. 我的建筑创作道路 [M]. 天津：天津大学出版社，2011：182.

杨廷宝还被指定为人民大会堂设计的顾问[①]，还是由人大代表中的建筑师组成的工程验收组组长[②]。

国庆十大工程的另一项任务是，杨廷宝带领南京工学院建筑系部分师生，与来自全国各地的有关设计单位和高等院校建筑系以"打擂台"的方式进行北京站的集体创作。"每天集中在一个大会议室中，各单位展出自己的设计方案，互相评论，提出意见。下午各自带走，根据大家的意见，再吸收别人的长处进行修改。接着第二天上午再展出再评。""'打擂台'是很紧张的。从下午开始修改图纸到画好展出，往往要忙到半夜一两点。我们师生十多人，在杨先生的带领下，亲密无间。""每天晚上，当新方案决定后，分工绘制图纸时是绝妙的时刻。往往是由声音优美动听的张致中先生带头哼起'小夜曲'，于是众声齐合，图纸在悠扬的歌声中完成。窗外繁星点点，万籁无声，又是一个深夜"。[③]

经过多轮集体讨论方案，形成了最终的实施方案。周总理审查后很满意，并建议在立面东端的出口厅和西端的市郊列车入口厅的屋面上再添加两个小亭子，与中部主入口两侧的大钟楼呼应，使建筑整体形象更为完美。这样，北京站工程就交给了南京工学院和北京工业建筑设计院共同设计。接着，杨廷宝又带领师生投入到施工图设计和室内装饰设计之中。又经过数月夜以继日的奋战，北京站终于在国庆十周年前夕建成。期间，周总理和毛主席先后视察了北京站的现场，并与现场正在工作的南京工学院部分师生见面、交谈，这成为他们难忘的经历。

就是这样，杨廷宝在那火红的年代，与所有参与国庆十大工程的设计者、建设者们，以饱满的热情、辛勤的汗水、聪慧的才智，在祖国的大地上绘出最新最美的图画。

1975年9月，正当"文革"接近尾声时，经国务院批准，拟启动北京图书馆新馆（后改称国家图书馆）建设。于是，杨廷宝应邀带着几位老师3次赴京，参加了由国家建委主持、全国五大建筑设计院和五大建筑院校及相关部门专家共同参与的设计研讨会。期间，杨廷宝现场介绍方案、相互交流评议、亲手设计画图，前前后后在北京忙了近

---

① 林宣.超现实的师生关系和现实的师生情[M]//刘先觉.杨廷宝先生诞辰一百周年纪念文集.北京：中国建筑工业出版社，2001：42.
② 杨永生，刘叙杰，林洙.建筑五宗师[M].天津：百花文艺出版社，2005：152.
③ 缪启珊.最珍贵的五年[M]//潘谷西.东南大学建筑系成立七十周年纪念专集.北京：中国建筑工业出版社，1997：150.

一个月，最终形成了以杨廷宝为组长的五人小组方案被评选为实施方案的基础。其详情读者可阅故事"24. 探索新路费思量"，在此不再赘述。

紧接着，在1976年10月，杨廷宝又一次参与了国家重点工程——毛主席纪念堂的集体创作（图6）。毛主席纪念堂的选址经多方案比较后，最终确定在天安门广场的人民英雄纪念碑与正阳门之间各距二者200米的正中位置。对于纪念堂的高度，要求恰如其分，既能遮住正阳门屋顶，又不能压倒纪念碑；接着就是对纪念堂建筑形式的争论。当初，绝大多数人认为，宏大的建筑体量才能体现毛主席的伟大和崇高。"只有南京工学院杨廷宝教授提出的方案，是50米见方二层高的建筑。杨廷宝教授冷静地考虑了天安门广场的整体环境，考虑到纪念堂应该是天安门广场的有机组成部分，建筑规模合理才能突出纪念堂的光辉形象，使它千秋万代闪耀着光芒。"[1]这种平面造型规整的形式给人以庄重肃穆的感觉。在天安门广场适逢大型集会活动时，纪念堂以舒展平和的姿态，处于人民群众的簇拥之中，体现毛主席永远活在人民心中的寓意。于是，"杨教授所作的方案，给予我们以很大的启示，对于确定纪念堂规模起了重要作用。"[2]

杨廷宝在第二次设计方案讨论会上，还建议在纪念堂南北入口柱廊的台座前加"月

图6　1977年杨廷宝在毛主席纪念堂方案设计讨论会议上（马国馨提供）。前排顺时针左起：袁镜身、沈勃、陈植、张锦秋、杨廷宝、顾明、华德润、黄国民、甘子玉、方伯义、齐明光、徐荫培、李光耀、黄远强。后排左起：杨芸、朱燕吉、王炜钰、关肇邺、章又新。

---

[1] 袁镜身. 回忆毛主席纪念堂设计过程 [M] // 杨永生. 建筑百家回忆录续编. 北京：知识产权出版社，中国水利水电出版社，2003：233.

[2] 同上。

台",但是这个建议没有被采纳,吴良镛认为"是非常可惜的,如果采纳了南北加月台的建议,而东西两侧平台向心收缩一些,不仅会加强南北中轴线,使两侧的绿化、庭院空间加大,而且与人民英雄纪念碑南北突出的平台更协调。后来,我参观曲阜孔庙,更感到月台的气魄,又想起了杨先生的这个建议,愈敬佩前辈建筑师学识之深厚,见解之高超。"①

曾参加毛主席纪念堂设计的张锦秋院士也说:"我们那个组的图基本上是在杨老指导下画出来的,也是以后建筑设计方案的基础。"②

讨论会后,在杨廷宝的指导下,他的助手齐康按这一构思也画了设计方案。"当时我画好了稿子,他看到我很累,身体又不好,他说:'你去睡吧'。第二天一早,我看到图上的配景全画好了,我很激动,一个从不开夜车的老师,开了一次夜车。"③一位早已年逾古稀的老者杨廷宝,竟不顾年迈,仍熬夜伏案画图,这是怎样一种精神?完全是对毛主席的无限热爱和对事业的追求啊!

有一次,几位参加毛主席纪念堂南北广场上雕塑设计工作的江苏省美术馆的同志拜访杨廷宝,请教有关建筑与雕塑关系的问题时,杨廷宝谈道:"我看南北两组要有点变化,不宜雷同。北面是主要入口,主体是纪念堂,群雕是陪衬,体型不宜过长。而宜近乎长方形。南面出口对着的正阳门是个古建筑,这边的群雕民族味可以浓些,座子可以短些。新方案的群雕,在轮廓与形象上,不论远看近看都应当明确而有特征。"④

此后,杨廷宝把视野从单体建筑的设计拓展到大建筑观,更加关注各地城市规划、风景区建设和文物保护。在余生最后七年里,杨廷宝先后到过近二十个城市或风景区考察城市规划或风景区建设,并做了学术报告或提出具体建议。特别是对武夷山风景区的规划、保护与建设注入了无尽的心血。已近八十高龄的杨廷宝两次(1979年初秋和1980年入冬)带领南京工学院建筑研究所老师登临武夷山,考察环境、提出建议、指导设计(图7、图8)。为武夷山最终被联合国教科文组织列为世界自然与文化双重遗产做出了积极的贡献。

---

① 吴良镛. 一代宗师 [M] // 刘先觉. 杨廷宝先生诞辰一百周年纪念文集. 北京:中国建筑工业出版社,2001:2.
② 齐康,杨永生. 名人谈杨廷宝及其他 [M] // 刘先觉. 杨廷宝先生诞辰一百周年纪念文集. 北京:中国建筑工业出版社,2001:114.
③ 齐康. 思念 [M] // 刘先觉. 杨廷宝先生诞辰一百周年纪念文集. 北京:中国建筑工业出版社,2001:06.
④ 齐康. 杨廷宝谈建筑 [M]. 北京:中国建筑工业出版社,1991:71.

图7 杨廷宝在视察武夷山风景区通往水帘洞的天心路口途中（杨士英提供）

图8 杨廷宝在视察武夷山风景区水帘洞前（来源：江苏省档案馆）

杨廷宝在生命的最后时刻，仍然心系他的事业，不倦地奔走在中原大地上。1982年4月底，杨廷宝偕夫人重返阔别40多年的故里南阳，走街串巷、观景察情、座谈报告、建言献策，为家乡的变化而高兴，也为古建的失修而不安，更为医圣祠的扩建方案仔细审图、实地勘察、缜密思考、亲自修改。杨廷宝在南阳没命地工作，停留十一天，竟足足工作了十天半（图9）。

图9 杨廷宝在南阳医圣祠就其修缮和扩建问题与有关人员进行交谈（来源：南阳市卧龙区档案馆）

随后，杨廷宝又去了湖北。途中下襄阳拜谒生母米氏先祖米公祠。随后又上武当视察景区，观紫霄宫、登太子岩、攀金殿，依石城远眺，水波山色尽收眼底。他一路上下，边游边议。杨廷宝虽有体力消耗，但被眼前这一派仙境所陶醉而精神十足，而且还兴致勃勃地在山麓紫霄宫留下"紫霄精神"四个大字墨宝。陪同的专家无不称道："杨老真是老当益壮啊！"杨廷宝却说："不是我不服老，既然要给这座名山的规划提意见，不多看看怎么行呢？"

5月27日，杨廷宝一行游览武当山风景区后，来到武昌。在第二天召开的武当山风景区规划讨论会上，杨廷宝娓娓而谈，从规划到实施，阐述了十二条意见。与会者听得入神，大有"听君一席话，胜读十年书"之感。时任湖北省委第一书记陈丕显[①]也听得倍加赞赏，频频点头称道。会后，陈丕显握着杨廷宝的手说："杨老，您是国宝，千万保重身体啊。"杨廷宝立马客气地说："国宝我算不上，走走看看，还能提点意见。趁着身体还可以，我还要再多走走！"[②]（图10）

图10　杨廷宝考察武当山风景区时在武当山紫霄宫前（陈法青生前提供）

---

① 陈丕显（1916—1995），福建省长汀县（今上杭县）人。13岁加入共产主义青年团，两年后转为中国共产党党员。早期从事共青团工作。中华人民共和国成立后历任上海市委第四至第一书记、云南省委书记、湖北省委第一书记、中共中央书记处书记、第六届全国人大常委会副委员长。中共第八届中央候补委员，第十一、十二届中央委员，第十二届中央书记处书记，中共十三大当选为中央顾问委员会委员、常委。
② 刘向东，吴友松. 广厦魂[M]. 南京：江苏科学技术出版社，1986：212.

其实,仅就这一个月而言,杨廷宝已行程四千多里,更不要说在此前一年的1981年,也即杨廷宝跨入八十岁那年,就因检查身体时发现眼底出血、高血压、肾脏动脉硬化而住院一段时间。医生嘱咐他再也不能多劳累了,也不宜多看书绘画。而杨廷宝却拿着病历对家人说:"我看这没什么了不起,我现在感觉蛮好嘛,还能工作多年呢。"[1]他对医生的叮嘱置之度外,又去出席各种政务会议、社会活动、外宾接待、学术交流、学会例会、评选活动、巡回报告等。只是杨廷宝出院后参加这些活动都要随身带着一个备有各种药片的百宝囊。这时,他已经需要靠药物来支撑体力和精力了。尽管如此,杨廷宝仍然未打算稍微减一点工作量,或者休息一下。特别是在10月,作为中国建筑学会第五届理事长的杨廷宝,主持了在北京召开的"阿卡·汗建筑奖第六次国际学术讨论会",并紧接着随会议全体代表赴古城西安,然后沿着丝绸之路到新疆乌鲁木齐、吐鲁番、喀什等地参观。

从新疆回来后,杨廷宝虽身感疲惫,但执着的事业心与责任感,使他把工作等同于生命一样重要。老伴多次劝告,起初杨廷宝还耐心说:"你哪里知道,我的事情多着哩,建筑研究所正在制定科学研究规划,武夷山风景区规划还得抓紧进行,中国大百科全书《建筑、城市、规划、园林》卷还有许多事要我去做……"后来再劝,杨廷宝就进一步解释说:"工作时我就会感到是在休息。让我坐在屋里什么也不干,反而心里着急得不到休息。"如果还要反复劝,杨廷宝就有点儿不耐烦了:"叫我不上班,在家休息,我不干!""我是一级教授,每月不能白拿国家三百多元工资!"一辈子干工作干惯了的杨廷宝真的丢不下工作,这已经是习惯使然了。只是,身体随着年龄的增长而日渐衰老,健康也因过度透支而毛病百出,总得悠着点了!也许杨廷宝也预感到时日不多,反而更想要加紧工作了。这大概是所有有担当、有事业心,一心要为国家、为人民做出更多贡献的人共同的心态吧。

因此,杨廷宝在赴南阳、湖北之行后不到四个月的时间里,先是出席他设计执业生涯的收官之作"南京雨花台红领巾广场"的竣工仪式;时隔三天就赴北京,主持香港建筑图片展出开幕仪式;一个月后,又"不请自来"随齐康到上海视察上海园林局与南京工学院建筑研究所共同设计的上海南翔古漪园修复工程。去前正是炎炎夏日,陈法青苦劝道:"天太热,你就歇几天吧!再说,学校不是放假了吗?"杨天宝却说:"我

---

[1] 陈法青. 忆廷宝 [M] // 刘向东, 吴友松. 广厦魂. 南京:江苏科学技术出版社, 1986:248.

活着就要工作，就要做事，如若不能做事，活着还有什么意思呢？"真是"烈士暮年，壮心不已"。但回来时已明显感到体力不支。就这样，杨廷宝还强打精神，作为中国建筑学会理事长，会见并宴请美国住房与城市发展部长皮尔斯。直到最后他还带病到南京园林研究所参加园林建筑讨论会。终于，一生生命不息，工作不止，鞠躬尽瘁的杨廷宝彻底病倒了。

9月16日半夜，杨廷宝起夜不慎摔倒在地，被紧急送往医院。等到杨廷宝苏醒过来，才万分感叹地说："看来，我真的是病了，不行了！"在杨廷宝病后三个月的弥留之际，虽然双脚再也不能走了，但他的心还在不停地"走"。他眷恋着他热爱的祖国，他思念着他未竟的工作，他深爱着妻子儿女。他舍不去这一切啊！杨廷宝想起这年"六·一"儿童节，与少先队员一起戴上红领巾，参加雨花台红领巾广场落成典礼时，那个高兴劲儿，真像是返老还童般地开心，他多想越活越年轻，再干十年多好！

但是，自然的规律谁也无法抗拒。1982年12月23日，杨廷宝走完了人生之路，驾鹤西去，到天国休息去了。

参考文献：

1. 陈法青. 忆廷宝 [M]// 刘向东，吴友松. 广厦魂. 南京：江苏科学技术出版社，1986.
2. 刘向东，吴友松 [M]. 广厦魂. 南京：江苏科学技术出版社，1986.
3. 张镈. 我的建筑创作道路 [M]. 天津：天津大学出版社，2011.

36. 逆境科研结硕果

在人们的印象中，杨廷宝是一位著名的建筑师和建筑教育家，而他在科学研究方面的作为与成就却鲜为人知。在这个故事里，就要说一说杨廷宝及他领导的团队，是如何先后经历十多年的不懈努力，出色地完成了"综合医院建筑设计"国家重大科学研究课题，并在1978年3月召开的"全国科学大会"上荣获重大贡献奖的（图1、图2）。

1956年，根据国家科学规划，确定由国家建委、卫生部、南京工学院共同研究"综合医院建筑设计"科研课题。并决定由国家建委建筑研究院，与南京工学院组建公共建筑研究室。该研究室设在南工建筑系内，聘请杨廷宝教授兼室主任，童寯教授兼室副主任，国家建委先后调派多名科研人员共同参与工作（图3）。

众所周知，旧中国的卫生医疗事业十分落后，人民的健康和生命质量均在低水平徘徊。中华人民共和国成立后，党和政府大力促进医疗卫生事业的普及与进步，以促进工、农业生产迅速发展。在全国的大中小城市及乡镇新建、改造和扩建了不少综合医院。而综合医院建筑不同于办公楼、商厦、文化馆等一般建筑，它是一种功能配置复杂、技术设施特殊、卫生条件苛刻的另类建筑。尽管如此，它却是与民生息息相关，

图1　1978年3月18日，杨廷宝出席"全国科学大会"（来源：网络）

图2 再版的《综合医院建筑设计》于1978年获全国科学大会重大贡献奖（来源：东南大学建筑学院中文图书室）

图3 杨廷宝（前）与公共建筑研究室的同志一起研讨工作（来源：东南大学档案馆）

面广量大，不可或缺并且关乎人民健康与生命的建筑。且随着医学观念、技术、设施等不断进步，综合医院的设计和建设面临着巨大的挑战和机遇，因此，它又是一种在发展中日新月异的建筑。

刚刚诞生不久的新中国百废待兴。研究、设计、建造综合医院也需要在现实基础上逐步推进。因此，在调查研究工作一开始，杨廷宝就调研工作的指导思想，特别强调"医院是面广量大的建筑，从乡村到城市都有，要执行勤俭办一切事业的方针。要贯彻执行适用、经济，在可能条件下注意美观的建筑方针。"针对课题研究，最终要出版一部指导综合医院建筑设计的专著时，杨廷宝进一步指出："为人民服务要体现在具体的工作上，有一点考虑不周到就要影响多方面，所以调查研究要听取医生、基建管理等多方面意见和使用要求。"为此，全组科研人员本着杨廷宝提出的"采取先近后远，逐步充实的方法"，先到江苏长江北部地区，广大基层的县级医院调研，召开各种座谈会，听取对医院建筑设计的意见；并到各科室观察医护人员的行医护理操作（图4）。

那时的生活比较艰苦，县级医院的条件也比较简陋，但这都没有影响他们搞科研的热情。杨廷宝和组员一样，到处奔走，同吃同住，与年轻教师、科研人员毫无特殊之处。在参观时，杨廷宝总是随身带着笔、日记本、卷尺老三件，边看、边听、边量、边记，有时或边参观边给组员讲解（图5），或向医生护士详细请教。每天调查完了回到住处，

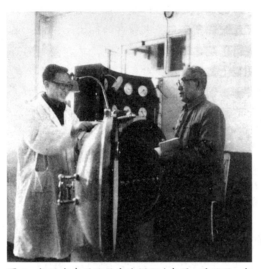
图4 杨廷宝在医院做实地调研（来源：潘谷西.东南大学建筑系成立七十周年纪念专集[M].北京：中国建筑工业出版社，1997：188.）

图5 杨廷宝在陕西咸阳某医院进行调查（来源：潘谷西.东南大学建筑系成立七十周年纪念专集[M].北京：中国建筑工业出版社，1997：188.）

杨廷宝就要大家及时整理照片、资料，写出调查报告。对于大家的阶段性报告或写作初稿，杨廷宝都要逐字逐句地仔细审阅，发现问题就及时做上记号，或者重新到现场核实，或者进行修改。对于上级来函、各地医院寄来的资料，杨廷宝总是认真过目，对组员画的资料图都一一检查看是否准确。这种严谨细致的工作作风感染了大家，每个人都全身心地投入工作。

后来，他们的调查范围越来越大，甚至跑到偏远的乡村。参加此项科研工作的一位建筑系老师贺镇东[①]回忆说："记得有一次在陕西偏远山区考察乡村卫生院时，杨廷宝不顾旅途劳顿，认真态度不减，在调研卫生院的各部分后，还仔细询问院内土自来水的使用情况，以及病人饭菜加热等问题。他对病人及医院状况细致入微的关注，令我备受鼓舞。"贺老师不无感慨地又说："我感到，在杨先生看来，进行医院研究不仅是一项课题，更是一种责任。本着对病人、医院以及社会的责任心，杨先生不倦地探究，他的执着已升华为一种精神。"[②]

---

① 贺镇东（1938—），1961年毕业于南京工学院建筑系，并留校任教，教授。
② 贺镇东.忆杨廷宝先生医院设计研究二三事[M]// 刘先觉.杨廷宝先生诞辰一百周年纪念文集.北京：中国建筑工业出版社，2001：82.

杨廷宝不仅狠抓实际调研工作，而且强调理论与实践相结合，用实践的真知指导设计的研究。

为此，在江苏省卫生厅的具体安排下，杨廷宝带领团队参与了苏北地区海安、沭阳等县的医院设计工作，以提供给建设单位参考。同时还经常将阶段性研究成果发表在《建筑学报》《南工学报》等刊物上，与同仁交流。并参加了解放军医院设计竞赛而获多个奖项。

但是，科研的过程并不一帆风顺。研究室从成立起，就伴随着"反右""大跃进""反右倾"、三年自然灾害等一系列连续的政治运动干扰和自然灾害造成的困难艰难前行。课题研究险些半途而废、前功尽弃。作为研究室领导的杨廷宝更感到上有压力，外有干扰。"反右"时，外出调研业务全停；"大跃进"时，既要参加敲石子、炼钢，又遭别人冷嘲热讽，说什么"现在人家是一个人搞一二十个项目，你们研究室几个人抓住一个医院不放，太保守"；三年自然灾害时，又不得不到农场劳动等等。杨廷宝虽处逆境，但初心不改，仍忍辱负重地对全室成员说："希望大家顾全大局，坚持把国家确定的医院科研课题善始善终。如果半途而废，那所写的文稿，所拍的照片和收集到的资料，就将变成一堆废纸，实在可惜。对国家科委、国家建委、卫生部、南京工学院等我们都无法交代。"①

那时，在"大跃进"的形势下，全国各行各业头脑膨胀发热，失去了理智，违背了客观事物的发展规律，干出了今天看来简直可笑、可傻的事。就连建筑系的老师们也陷入其中，热火朝天地设计上级派下来的博物馆、展览馆、文化馆、图书馆等外省十大工程项目，搞得局外的研究室老师心里痒痒地想参与其中。杨廷宝冷静地说："这些工程项目都是纸上谈兵，是不落实的工程。国家在目前财政经济条件还比较困难的情况下，也不可能有这么大的财力和物力，来兴建非生产性建筑。再说，我们也不能丢下医院专题去搞外省工程项目。"②一番高瞻远瞩的话，安定了全组人员的心，又回到埋头搞科研的状态中。

1962年底，经过五年的不懈努力，该课题研究终于结题。卫生部、省、市卫生厅

---

① 江德法，陈励先. 综合医院建筑设计研究 [M]// 潘谷西. 东南大学建筑系成立七十周年纪念专辑. 北京：中国建筑工业出版社，1997：186.
② 同上。

和有关设计单位、院校组成的专家组鉴定，专家组成员一致给予极高的评价，并将《综合医院建筑设计》终稿提交中国建筑工业出版社，于1964年正式出版。终于，他们不辱使命，修成正果。在各方面的支持和帮助下，研究室终于完成了国家科学规划确定的科研任务，为国家的卫生事业发展，为全国人民的身体健康做出了突出的贡献。而杨廷宝在书上既不署名，又将稿酬分给其他参与的老师，自己却分文不取。彰显出杨廷宝不为名不为利的高尚人品。

随着社会的发展，医疗事业的进步，各地有关卫生部门和设计人员对《综合医院建筑设计》一书的需求不断。但是，该书出版十年之后，国家形势大变，致使该书只印了一次就被束之高阁。为尽快结束因"文革"而造成的书荒，中国建筑工业出版社于1973年决定除了尽快组织一批专家编写新书外，还尽可能地发掘一批优秀的旧书重印以应急需。于是，《综合医院建筑设计》又重见天日。但这本专著并不能简单拿出来重印了事，因医学在这十年中又有很大的发展，必须与时俱进，所以需要进行修编。

于是，出版社又向杨廷宝发出邀请，希望重新修订《综合医院建筑设计》一书，但能不能如愿，出版社并无把握。一是当时的公共建筑研究室已经撤销，人员已散失，要想在"文革"期间重新组建一支科研队伍，谈何容易！二是杨廷宝年事已高，能否再出马担当重任出版社心中无底。不料，杨廷宝接此邀请信后，十分重视。当即向南京工学院院系两级领导做了汇报，得到同意和支持后，杨廷宝又忙着召回旧部，增聘新人，开始为编写新版《综合医院建筑设计》主持新一轮的工作。

为了使该新版书能满足国内建筑设计工作者在设计医院建筑时的参考需要，就需要对原旧版的书增补新的实例，以介绍国内医院建筑设计的好经验。为此，杨廷宝又带领全组人员从南到北，从城市到乡村，对大量新医院建筑进行了实地调查，从中筛选较为优秀的实例编写进书中。那时，中国的经济发展及城乡建设仍然很缓慢，加之正处于社会动荡的"文革"之中，科研的条件较十多年前并没有改善多少，特别是政治环境压力甚大，大有以业务干扰"文革"运动的风险。但这些困难并没有打消全组人员科研的积极性。即使到农村调研，有时迫不得已乘坐拥挤不堪的破旧长途汽车在坑坑洼洼的土路上颠簸，杨廷宝依然与年轻人一样到处奔走，不辞辛苦地工作，吃着清汤寡水的伙食。所有这些生活、工作中的困难，杨廷宝他们全都挺过来了。

但是，他们在书稿修订成文过程中，因对措辞的谨小慎微反而举步维艰，难以下笔。一次,杨廷宝给出版社王伯扬①写信询问:"现在有一个问题还不够明确,例如《苏州园林》②将来出版究竟是面向国内抑或面向国外。若是对内作为资料,则文字措辞就必须写进不少批判的语气;若对外发行,又应重点宣扬劳动人民的创造。二者兼顾实不容易……我们这本《综合医院建筑设计》多少亦有这类似问题,况且运动尚在进行中,卫生工作的前途有哪些变动,现在尚无把握。我准备写一章就初步打印一部分,送各有关方面征求意见,广泛走群众路线。经过几次修改,可能问题少一点。"看来杨廷宝对新版《综合医院建筑设计》一书的文字措辞如何写,真是如履薄冰。搞不好就会被别有用心的人,将本来的学术问题,无限上纲上线为政治问题。为此将人打翻在地,再踏上一脚。这种事在正经历的"文革"和历次运动中,给人们带来的教训是深刻的。而且,杨廷宝有一次带队赴北京调研时,见到王伯扬说了一件事:"有人说,还造医院干什么!用四根棍子支一块塑料布就能开刀。"说罢,对王伯扬摇了摇头,苦笑一声。可见,在"四人帮"横行时期,做科研、编写学术著作有多难!

不仅如此,杨廷宝为了给新版图书增加些新意,建议书中增补一些好的国外医院的实例,并介绍一些先进的医护理念和经验。他和童寯还积极指导科研组人员,在系外文图书室查阅、收集、整理国外医院建筑设计的资料,并发动系里老师将精选出来的国外医院实例绘成精美图纸,将外文译成中文简介,以便作为附录收入新书正文之后,供读者学习参考。但是,这种一厢情愿的事,在那个年代能成吗?一是那个年代正强调要把医疗卫生事业的重点放到农村去,二是"文革"的口号之一就是要"反帝、防修"。这些费了九牛二虎之力才整理出来的国外医院实例资料,在一些人看来,是帝国主义国家的东西,怎么能上书呢?因此,在1975年审稿时,这些内容被全部剔除之后,书才得以在1976年10月出版,杨廷宝和所有参与工作的老师都为国外医院资料被砍去而深感可惜。所幸,《综合医院建筑设计》新书出版之日,正是"四人帮"垮台之时。

而被砍去的国外医院实例也在1983年底由中国建筑工业出版社,特别是在王伯

---

① 王伯扬(1937—),浙江萧山人。1960年于南京工学院建筑系毕业后,到北京建筑工业学院任教。1964年调入建工部教育局教材编辑室工作。1972年至退休在中国建筑工业出版社任编审。是《建筑师》丛刊创办人之一。
② 即刘敦桢著《苏州古典园林》一书,杨廷宝信中漏写"古典"二字——著者注。

扬的不懈努力下，在拨乱反正的局面中，将这些珍贵的资料编辑成书，出版了一本《医院建筑——国外建筑实例图集》。尽管杨廷宝已辞世，没能看到这本书面世，也权当作一种告慰吧。

参考文献：
1. 江德法，陈励先. 综合医院建筑设计研究：记杨老倡导与主持的科研课题 [M]// 潘谷西. 东南大学建筑系成立七十周年纪念专集. 北京：中国建筑工业出版社，1997.
2. 王伯扬. 忆杨老（四则）[M]// 刘先觉. 杨廷宝先生诞辰一百周年纪念文集. 北京：中国建筑工业出版社，2001.

37. 跨界画家享美誉

讲这个故事前，先讲两个插曲吧。

其一，杨廷宝一生从来都是做人低调，做事不张扬。就说他的数百张画作吧，除非他因某种事由送人，否则绝不会拿出来示人显摆。但是，在20世纪70年代末，中国建筑工业出版社的编审杨永生[①]与杨廷宝是忘年交，对杨廷宝的画作仰慕已久，视为瑰宝。又想到，杨廷宝已是垂暮之年，一心想为他出版一本精致的《杨廷宝水彩画选》以流传后世。但他又担心，如果单刀直入地向杨廷宝提出这个要求，会遭他婉言谢绝，那就成了死局无可挽回了。多谋善智的杨永生只好迂回插入，利用几次与杨廷宝见面的机会，表达自己对他水彩画的倾慕之情。

一天，杨永生见火候已到，就向杨廷宝提出，想借他的画到北京观赏一番。宽厚的杨廷宝面对既是晚辈，又是知己，对自己的画作如此厚爱的杨永生，也难以回绝，便松口答应了。于是，杨永生请南京工学院建筑研究所的老师选出百余幅水彩画送到北京。

不久，杨廷宝有一次出差北京，杨永生闻讯，即刻把这百余幅杨廷宝的水彩画作布展在国家建委一间大房间内。名曰供同仁观赏，实为搞了一次颇具规模的非正式"杨廷宝水彩画展"。杨永生凭着他的人脉关系，特地请来北京建筑界、美术界的朋友、名家参观评议。一时引爆京城，观众络绎不绝，其中不乏画界名人、高手。时任人民美术出版社社长、著名画家邵宇[②]观后惊喜地夸奖说："没有想到在建筑界还有这么一位优秀的画家啊！"[③]杨永生借此画展声势，力劝杨廷宝："把这些画出版一册画选吧。"杨廷宝见状盛情难却，只好"就范"，同意了出版社这一要求。至于选哪些画出版，

[①] 杨永生（1931—2012），出生于哈尔滨，资深建筑学编审。1947年考入哈尔滨工业大学，中途被抽调参加革命工作，任苏联顾问翻译。先后创办中国建筑工业出版社（1954年）、《建筑师》丛刊（1979年）、中国环境科学出版社（1984年）、《中国建设报》（1987年）。1994年离休。

[②] 邵宇（1919—1992），辽宁省东沟县（今东港市）孤山镇人。著名速写、水彩画家。1934年曾在沈阳美专、北平美专学习。1939年参加新四军。中华人民共和国成立后先后主持筹建人民美术出版社工作，任《人民画报》总编辑、《人民日报》美术组组长、人民美术社社长等职。

[③] 齐康. 杨廷宝的建筑学术思想 [M]// 刘先觉. 杨廷宝先生诞辰一百周年纪念文集 [M]. 北京：中国建筑工业出版社，2001：9.

你杨永生做主看着办吧。

其二，由文化部艺术司，中国美术馆、中国美术家协会等单位联合主办，国家近现代美术研究中心、中国美协水彩画艺术委员会承办的"百年华彩——中国水彩艺术研究成果展"，将于2015年1月19日—2月9日在中国美术馆举办。为了筹办这次画展，中国美术馆准备于2014年12月派人来南京征集杨廷宝、童寯、李剑晨等大师的画作。因为，著者在2012年出版了一本由杨永生主编的传记体裁的口袋书"中国第一代建筑名师系列丛书"之——《杨廷宝》，接着又开始编纂《杨廷宝全集》多卷图书，也许是这个原因吧，国家美术馆征集作品人员找到著者，约著者与杨廷宝大女儿杨士英教授事先沟通一下，借用5幅水彩画献展，希望给予支持。应允后，一天著者陪着国家美术馆人员走进杨廷宝故居"成贤小筑"，杨士英教授接待了他们，并取出著者事先选定的5幅水彩画交由对方。只见对方伸出戴着雪白手套的双手，像文物专家那样小心翼翼地把一幅幅杨廷宝的水彩画轻手慢慢地仔细包装好，装入一个精致的手提木箱内，再用防水袋包装封好，当天，一路护送到北京。

杨廷宝的水彩画在国家级最高美术殿堂中国美术馆公开展出后，原作送回杨廷宝故居。听说在这次画展中，杨廷宝的几幅水彩画引起了强烈的反响。有行家看门道说，杨廷宝的水彩画有英国水彩画风格，写实细腻。甚至一眼便看出用的水彩颜料是英国温塞·牛顿厂出的颜料，用的画纸也是有百多年历史的英国造Whatman牌水彩纸。可见，杨廷宝画水彩画对这些用品要求还有讲究呢。

上述两个插曲说明什么呢？原来，杨廷宝不但是建筑界的一代宗师、建筑教育界的开拓者之一，而且也是被美术界人士看好的画家！这么说来，杨廷宝是集建筑师、教授、画家于一身喽！那么，杨廷宝是如何成为跨界的画家的呢？这要从杨廷宝幼年说起。

当幼年杨廷宝被老夫子拒之家塾门外后，身心倍受打击，好在父亲开明，不但没有训斥，反而开导小廷宝："来日方长，先养好身体，没事就临帖练字吧。"这一点拨，小廷宝内心忽感暖意入心田，奋发之意油然而生。便取出母亲留下的文房四宝和画卷遗墨，终日观赏品味起来。

他一下子对书画由喜欢、萌发到着迷，不知疲倦地天天写写画画，从开始的照猫画虎，到后来形似临摹，再后来挥毫自如，最后下笔有神。他的父亲杨鹤汀的书画也了得，小楷工整，笔力刚劲；工笔五禽，形象逼真。小廷宝练得也有板有眼，不仅练出一手好字，更练出一手画功。中华人民共和国成立后，人们虽然不写毛笔字了，改用钢笔，但杨廷宝无论做备课教案，还是记日记，每个钢笔字写得还是像蝇头小楷一样工工整整，一丝不苟。就这样，小廷宝废寝忘食，不停地写啊、画啊，终于功夫不负有心人，铁杵磨成绣花针。小廷宝的书画大有长进，让家人、朋友都刮目相看了。不仅如此，"杨廷宝小时还喜爱民间工艺美术，常用泥巴捏人头，描绘各种脸谱，涂上油彩后惟妙惟肖。"①

如果说上述提到的杨廷宝儿时对绘画开始入门初显才华，是因有那么点父母遗传的因素，外加他自己感兴趣和勤奋的话；那么，后来杨廷宝越发着迷绘画，是与他在学校里受到严格的正规美术训练和校园氛围的熏陶有关。

他九岁时，上了南阳城里一所小学校，虽然只读了两年便因战乱而逃难辍学，但小廷宝在小学里与一位大学长陈兰是好朋友，杨廷宝回忆说："他和我住在一间斋室，他喜欢画花卉，能画四幅屏的'大画'。后来，他终于成为画家。我对绘画的爱好，受到他的影响。"②杨廷宝还说："那时的图画（即美术）课老师姓吴，他身材魁伟，对学生很严厉，我们给他起了个'虎老伯'的外号。上课时，他把自己事先画好了的小黑板挂在墙上，学生们就照着临摹。下课后，交不了作业的同学们怕老师责备，就找我帮他们描。这样，一张作业，我得画上好几幅，越画得多，我的兴趣也越大。"③原来，小廷宝还有这个窍门，既帮了同学，自己画画也得到长进。毕竟，杨廷宝这时画画仍然是出于对绘画的兴趣。直到他15岁考入清华学校，才真正经历了系统正规的美术训练。

在清华，少年杨廷宝有幸遇到一位贵人和一位知音，两人对他提高绘画水平有很大帮助。一位贵人是杨廷宝在清华读书时的美籍美术老师斯达女士。她心地善良、性情温和，与学生关系非常融洽，她还请过学生们吃饭呢。斯达女士尤其对具有绘画天赋又勤奋好学的杨廷宝喜爱有加。"记得一次丁香花盛开的时候，我在课堂里对着花作画，画兴正浓，下课铃响了，忘了去吃饭，斯达看到了，就从家里给我送饭。老师的言行无形中加深了我对绘画的爱好。"④

等杨廷宝升入高等科⑤学习时，却没有了美术课，但喜欢美术的学生不甘心，希望

---

① 杨廷宝.记南阳杨氏家族[J].河南文史资料，1990：164.
② 齐康.我为什么学建筑[M]// 齐康.杨廷宝谈建筑.北京：中国建筑工业出版社，1991：101.
③ 同上.
④ 同上.
⑤ 1913年6月3日，校令改高等科、中等科各为四年，恢复最初学制。

在课外组织起来，继续画画。那时，清华的学生社团活动十分活跃，有体育、文艺、文学、戏剧、音乐，等等，各类兴趣小组办得热火朝天。在美术教师斯达女士的示意下，高等科三年级时，由杨廷宝、闻一多等人发起成立了美术社，开展经常性的各种美术活动。斯达女士还不时来到美术社为学生演讲欧洲美术史等，并放映知名画家美术作品的幻灯片，引起杨廷宝和美术社社员们的极大兴趣。

另一位知音就是杨廷宝的同窗闻一多兄长，提起闻一多，他作为中国现代伟大的爱国民主战士的事迹对大家来说定是如雷贯耳，而对他在学生时代是一位多才多艺的青年却鲜有人知。其实，他对书法、金石、作诗、戏剧、演出、文学评论、舞台艺术等样样精通，而最擅长的乃是绘画。正因这一点，让两位性格虽截然不同，却又互相欣赏对方人品才华的年轻人走到了一起。不但在班级经常开展的英语辩论会上，两人时而为同方辩手，时而为正、反方辩手，唇枪舌剑地激辩一番，以此训练口语能力；而更多的时候，两人在美术社与社员们或写生静物，或切磋画技，或阅读画著，或报告心得，或野外画景，美术活动异常丰富多彩。不仅如此，据杨廷宝回忆说"在学校里，闻一多和我们几个人都担任过美术秘书，并经常为学生会出布告栏画刊头。我和闻一多比较接近，周末或星期日，我们常在校内外写生作画。那时，校外比较荒凉，那稀疏的村庄、圆明园遗址、城边清泉流水、几座古庙的庙门、粉墙琉璃瓦、白皮松，都成为我们写生的题材。"[①]

学校每年放暑假时，杨廷宝返回老家南阳也不舍停止作画，或者画自家的小院、屋内，或外出画家乡的各处美景。冒着炊烟的茅屋、杂乱的小院、破旧的门楼、流淌的小溪、悠然的耕牛、觅食的小鸡……只要经杨廷宝在画纸上勾勒几笔，着上五颜六色，美景便跃然纸上。而最让杨廷宝对家乡美景动心的就是赊旗镇了。

赊旗古镇成于元末明初，盛于清乾隆年间，为九省交通要塞。后经战火，加之商人割据，古镇逐渐凋敝。但古镇的老建筑尚存，尤其是有一处早年由山西、陕西两省富商集重金在此费时七十年建造的陕山会馆建筑群，风格独特，杨廷宝小时候早有耳闻，现在就想去画上几幅画。

有一年放暑假，杨廷宝回乡途经赊旗镇时，本打算在堂姐杨廷隽家多住几日，以便就近到镇上画个痛快。但天公不作美，连天风雨交加无法作画，只好向堂姐借了一

---

① 齐康. 杨廷宝谈建筑[M]. 北京：中国建筑工业出版社，1991：101.

匹马，快马加鞭赶回南阳的赵营老家度假去了。等到转年放暑假时，想从家里去赊旗镇只能靠两条腿跑路了。好在杨廷宝学过几年功夫，又在清华练过长跑，对两地相距数十里土路也没放在眼里，便背起画板、拿着雨伞和画具，凌晨就出发了。起初，夏日的艳阳高照，走得杨廷宝汗流浃背，忽然冷不丁来了一阵暴雨，土路变得泥泞不堪，这下想走快也快不了。本以为当晚可以赶到赊旗镇，不想，拖到第二天傍晚才走到堂姐家。只好饱餐一顿，先睡上一觉再说。

天一亮，杨廷宝吃完早饭就匆匆出门，堂姐在杨廷宝身后叮嘱说："晌午早点回来吃饭啊。"堂姐杨廷隽比杨廷宝大四岁，因念及他自幼丧母，体弱多病，一直很爱怜杨廷宝。每次杨廷宝来堂姐家，总是得到热情招待。

杨廷宝赶到陕山会馆时，还没开门，看门老人望着这位白面书生，一听原委，也就破例为杨廷宝提前开了门。杨廷宝进得门来先周游会馆一圈，东张西望、南观北瞧走了个遍，边走边看，边看边品味。会馆建筑群这些令人炫目的造型、雕饰、色彩以及匠人建造的精湛手艺美不胜收，令他心旷神怡。杨廷宝等看够了，心中有数之后，就开始作画了。但是美景太多，画三五天也画不完呀。于是，有的景色他当场画了水彩画，有的景点干脆先画个铅笔速写稿，等回家后再着色。就这样，还是没画够。回头看看，自己画的这些画都是一张张陕山会馆建筑群的局部角落，应该画一张全景才有气势！正好到了中午，也该吃点东西了。便走出大门，来到一个高处的茶摊，付了零钱要了一碗茶放在桌边，便开始居高临下画起会馆全景来了。画着画着，围了一群看客，杨廷宝全不在意，只顾专注俯视眼前会馆错落有致的亭台楼阁，直到画完全景最后一笔，才收拾画具起身与茶摊主大娘告辞。

下午，杨廷宝又一次进会馆，直画到夕阳西下，游人已空。这时，看门老人巡视四周准备关门了。忽然瞧见一年轻人还在那儿画画，再一瞧，嗨，还是他！"少东，都什么时候了，还不回去吃饭？"杨廷宝猛一惊醒，真的该走了，"就走，就走。"边说边收拾画具、画作。此时，杨廷宝才感到饥肠辘辘，不要说一整天都没进食，连付了茶钱的水都忘了喝一口。不过望着背包里一天的战果，他心满意足了，便向老者道谢告辞，满载而归回堂姐家去了。

就这样，在清华六年，无论课内美术课，还是课外美术社小组活动，抑或寒暑假的游中画，不但使杨廷宝对画论的领悟大增，而且对画技的掌握也见长。而最能反映杨廷宝此时出众绘画水平的，就是他临近清华毕业赴美留学前夕，为了表达对母校无限的眷恋和对师友无限的深情而刊登在《清华十周年1911—1921》年鉴上的"清华八景"写生画了（图1）。

按说，杨廷宝绘画水平如此优秀，毕业选择的留学专业应该是学美术才对。但，杨廷宝"又揣摩到庄俊①干的建筑工程一类的工作，对我比较合适，因为它照顾到我对美术的爱好，又能掌握一定的科学技术。想到这里，我的思想豁然开朗。于是下定决心学建筑。"②就这样，杨廷宝虽与职业画家失之交臂，但最终还是成为大名鼎鼎的建筑师之外的跨界画家。当然这是后话。

杨廷宝儿时是不幸的，但后来幸运却一直陪伴着他成长。单就绘画领域而言，幸运又一次降临到杨廷宝身上。这就是，他到宾大留学时又得到进一步系统、扎实的绘画基本功训练和多位名师的指点。杨廷宝回忆说："前一二年我学的仍是一些基础课，我又学了一年德文（在国内已学了二册德文）。绘画课老师知道我有点基础，我就画了整整一年的人体素描，我们的用具是木炭条和铅笔。人体画是写生，往往用一二小时就过去了，着重画人体的轮廓和大块的明暗。石膏像我画的有头像、胸像和建筑装饰画。至于透视阴影课，学个基本的方法，很快也就过去。此外还有水彩画，可以说，到了二年级我已基本上把学校的学分都学完了。"③（图2）

杨廷宝在宾大曾得益于几位绘画名师的亲授。一位是美术教师道森（Dohnson），"他的水彩画颇负盛名，大英百科全书上有他的名字。他游历过许多地方，在西班牙、意大利等地画过多幅作品，他尤以画花卉而出名。这位老师为人和善，南方口音，他在教学中，十分重视用渲染的方法来作画。因中国学生成绩好，对我们颇有好感。他的画十分细致而准确。他总认为建筑师的画应当写实而准确，我从他那儿得益匪浅。"④杨廷宝的真传弟子张镈在一次访谈中曾提到："杨老在美国学习时基本功练得好。讲到色彩，他常说，画水彩画，对颜色要抓得准，瓦尔特·道森训练他们时，用红、黄、蓝三色分别画出不同色质的红、黄、蓝的变化。这样分析色泽，可以对客观事物有准

---

① 庄俊（1888—1990），字达卿，原籍浙江宁波。1914年毕业于美国伊利诺伊大学建筑工程系，获学士学位。1914—1923年担任清华大学驻校建筑师。1923年再度赴美国哥伦比亚研究院进修建筑学。1924年回国后，辞去清华大学职务，于1925年创办庄俊建筑师事务所。1927年与其他一些建筑师共同发起成立了中国建筑师学会，当选为首任会长。1953年起任华东工业建筑设计院总工程师。
② 齐康. 杨廷宝谈建筑[M]. 北京：中国建筑工业出版社，1991：102.
③ 齐康. 杨廷宝谈建筑[M]. 北京：中国建筑工业出版社，1991：95.
④ 齐康. 杨廷宝谈建筑[M]. 北京：中国建筑工业出版社，1991：98.

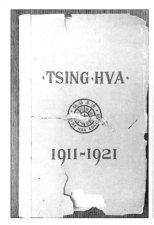  

图1　刊登在《清华十年》纪念册中的"清华八景"写生画　　图2　杨廷宝在宾大时期的美术习作

确的把握。"①果真，杨廷宝自己后来画的许多水彩画，其风格也非常细腻写实，不能不说受到老师的影响是其中原因之一。

"此外，还有位人体写生的老师，是位壁画家。他的人物画十分出色，对我们也颇有影响，可他的名字已记不清啦。"②难怪，杨廷宝通过画人体模特儿，不仅练就了扎实的素描基本功，更重要的是理解到正确把握人体比例关系的重要性。引申到建筑造型设计时，杨廷宝特别强调，一定要处理好建筑的比例，尤其是尺度问题显得特别重要。他认为，这是一位建筑师的素养和内功。

即使教其他课程的老师，对杨廷宝提高美术修养也起到潜移默化的作用。

其中影响最直接的就是他的启蒙老师哈伯森（Haberson），"他写过一本《建筑构图》，这在当时以及30年代的建筑教学中都有一定影响。这本书今天看来是过时了，但一些原则不无参考价值"。③的确，建筑的构图与绘画的构图，在某些方面是相通的，都是表达美的一般规律。难怪杨廷宝曾说过，美术家不会是建筑师，但建筑师一定要会画画。

此外，杨廷宝还广泛学习了其他画家的技巧与画风，最终形成自己用色明快简洁、色彩鲜亮的水彩画风格。

---

① 刘先觉.杨廷宝先生诞辰一百周年纪念文集[M].北京：中国建筑工业出版社，2001：103.
② 齐康.杨廷宝谈建筑[M].北京：中国建筑工业出版社，1991：97.
③ 同上。

图 3　宾大时期，杨廷宝（右）与赵深在野外写生（陈法青生前提供）

　　杨廷宝来到宾大学习建筑设计，仍然延续当年他在清华读书时，利用课余、假期经常参加一些美术活动的好习惯。他曾在假期到费城美术馆夏令学校学过雕刻，以接触更多的艺术门类，并提高自己的艺术修养。更多的时候是利用周末闲暇时间，乘着赵深的小汽车一同到郊外写生（图3）。

　　杨廷宝还发挥他的艺术天赋和绘画专长，常常为班级在节日化妆晚会上搞舞台美术设计，更令人捧腹的是杨廷宝自己也扮演角色登场。别的同学有扮演国王、王子、公主、仙女的，真是八仙过海各显神通；而杨廷宝却扮演了我国上古的轩辕黄帝，更奇的是他身上的道具——冠冕、美须、长袍、龙车等都是自己精心设计制作的。建筑系学生这种自娱自乐的形式，不但把专业学习与艺术天分相糅合，而且传承至今，已成为全世界建筑系学生活动共有的一大亮点（图4、图5）。

　　杨廷宝在学成归来的途中，与赵深、孙熙明夫妇结伴游学西欧。他们用整整半年的时间周游了英、法、比、德、意、瑞士等国。这种亲历实地考察西方建筑的学习方式源于鲍扎传统[①]，称为"圣地之旅"，是每一位学习建筑学专业的学生在毕业后所向往的机会。能够漫游一次西欧，这对于酷爱绘画和建筑的杨廷宝来说，具有极大的吸引力。然而，只有罗马大奖获得者方可获得资助考察。其实，杨廷宝早就够资格了。他"在校三年曾两次得到'罗马大奖'。林徽因先生说学校不公平（因为他是华人，

---

① 它是巴黎美术学院（Ecole Royale des Beaux—Arts）源于17世纪中叶以后成立的法国皇家建筑研究会及其学校一种"学院派"建筑学说演绎出的一套建筑教学体系，从而促成当时建筑学说的系统化整合，完成了早期的正规建筑教育体系的成型。后经3个多世纪的传播，成为全世界建筑教育的主流。

图 4　毕业化妆晚会前杨廷宝在制作舞台布景（杨士英提供）

图 5　毕业演出时杨廷宝扮演轩辕黄帝（杨士英提供）

只给他荣誉，不给他到罗马、雅典实测所需费用。）"[1]杨廷宝自己也说："至于我个人具体得了多少奖牌，已记不清了。讲起来这是对中国学生的一种荣誉。"[2]虽然学校不给钱，但杨廷宝是不会放弃这次难得去现场亲眼看看他从书本上才知皮毛的西方经典古建筑的。好在他口袋里有点钱，那是他在宾大设计获奖的几笔奖金和毕业后在导师建筑事务所工作的薪酬。

杨廷宝游历西欧考察的第一站是英国伦敦，他在入住后的第二天就去了泰晤士河北岸的伦敦塔及其周边建筑群。伦敦塔是伦敦标志性建筑，建于 1078 年，花费 19 年，于 1907 年才建成。虽然不能进去参观，但杨廷宝仍然兴致勃勃地画速写和水彩。在之后的日子里，杨廷宝不仅遍访了名胜古迹，观察研究了不同风格、不同流派的各类建筑，还到世界著名的高等学府走访，尤其是在牛津和剑桥两所最古老的大学停留了较长的时间，也画了不少校园景色的水彩画和速写。

---

[1] 林宣.超现实的师生关系和现实的师生情[M]// 刘先觉.杨廷宝先生诞辰一百周年纪念文集.北京：中国建筑工业出版社，2001：42.
[2] 齐康.杨廷宝谈建筑[M].北京：中国建筑工业出版社，1991：96.

随后，杨廷宝从伦敦来到了法国巴黎。他在市区徜徉了一两天，浏览了市容以后，便来到向往已久的凡尔赛宫。他饱览了凡尔赛宫宏伟壮观的建筑群，对宫内精美绝伦的华丽装饰赞叹不已，在镜廊的交相辉映之中流连忘返，并记了许多笔记，画了数十张速写和几幅水彩画。接着，杨廷宝又浏览了举世闻名的巴黎圣母院。这是一座哥特式教堂，建于1163年，历时182年才告建成①。它打破了西方传统教堂的形制，并在结构技术上创造了辉煌的成就。站在这样一座被雨果在《巴黎圣母院》中比喻为"石头的交响乐"的经典建筑前，观望着墙壁、拱门、玫瑰圆窗上的各样精美石雕，杨廷宝兴奋不已，他用铅笔素描下圣母院的内景，用水彩画写生它具有升腾之势的独特造型。

杨廷宝游学西欧考察的最后一站是意大利。这是一个古代遗迹遍地的国度，难怪杨廷宝在这里待的时间最长，游历的城市最多。漫步在罗马街头，宫殿、教堂、博物馆令他目不暇接。他不停地画了许多素描和水彩画。在最浪漫的水城威尼斯，他又被奇异别致的建筑、纵横密布的水道、精巧优美的孔桥和造型独特的贡多拉小船所吸引。这些独特的自然风光和人文习俗引得杨廷宝画瘾大发，威尼斯成为他作画最多的城市。

杨廷宝此次游历西欧考察西方建筑，可算是对留学宾大学习建筑设计的最好总结，不但直观地见证了西方古典建筑无与伦比的美，进一步巩固并丰富了专业知识和阅历，而且通过画画这种独到的游学方式，记录了他此次满满的收获（图6、图7）。这一幅幅精美的画作有些被收入他晚年时出版的《杨廷宝水彩画选》和《杨廷宝素描选集》中而流芳后世。但也有不少画作因杨廷宝只享受画画的过程，并不在意画作的珍藏，结果流失民间。本故事后续再慢慢道来。

1927年春节后，杨廷宝终于在阔别祖国六年后学成归来。但在北平他只休息了两周，完婚12天后便应邀匆匆赶去天津基泰工程公司主持图房工作了。

从此，杨廷宝因在基泰工程司日夜忙于工程项目设计脱不开身，又经常出差外地东奔西走，再也没能像学生时代那样悠闲自得地画画了。即便如此，杨廷宝依然见缝插针画些水彩画速写；或强迫自己沉下心来，挤出一点时间，好好画一幅完整的水彩画。然而，从杨廷宝在基泰执业22年整个时期来看，留下来的画作实在不多。只在于天津

---

① 2019年4月15日傍晚，主体建筑发生严重火灾，尖塔倒塌。当晚，法国总统马克龙宣布将重建巴黎圣母院。5月10日，法国国民议会就重建巴黎圣母院通过一份议案，加速重建工程的诸多程序，以确保五年内完成重建。11月6日，中法双方在北京签署合作文件，就巴黎圣母院修复开展合作，中国专家将参与巴黎圣母院修复工作。

图6 杨廷宝学成回国游学西欧期间,以水彩画记录西方古典建筑之精美(杨士英提供)

图7 杨廷宝游学西欧期间,以速写方式随时记录所见所闻(杨士英提供)

开始执业时,于北平修缮古建时,抗战胜利前后出国考察一年时,才分别画了为数不多的若干幅水彩画。

中华人民共和国成立后,杨廷宝的角色由职业建筑师变为专职教授了。这时,他才有机会自由支配时间,干点自己喜欢干的事,不像在中华人民共和国成立前每天有多个项目在手忙得身不由己。作为教授,杨廷宝虽然教学以外的事也不少,毕竟时间可以灵活机动掌握,加上有周末、节假日可以稍事休息,兴趣上来就出去画上几幅。后来,杨廷宝社会活动多了,出差机会也多了,这比在系、在家相对更轻松自由些。于是,画瘾又重回到杨廷宝的生活中。除了利用在各地出差、开会间隙画了不少水彩画、铅笔素描。他还经常在随身携带的准备记笔记、日记的小本子上勾上几笔钢笔速写(图8、图9)。当然,这些画都是为了工作,以画建筑、风景为主。一是,杨廷宝会被眼前的建筑造型或优美的风景吸引而驻足即兴作画;二是,杨廷宝偶见建筑某一局部或细节设计有独到之处值得记录下来,便掏出小本本勾画几笔,日积月累成为设计参考资料,这是杨廷宝独创的学习方法,叫"画日记"。

图8 1961年，杨廷宝考察无锡时写生（来源：东南大学档案馆）

图9 1977年5月，杨廷宝在承德外八庙须弥福寿庙吉祥法喜殿前速写（杨士英提供）

就这样，不知不觉中杨廷宝已积累了不知其数的画作。如何对待自己这些作品呢？杨廷宝全没放在心上，更没有拿出来炫耀。但有一人却视杨廷宝这些画作为珍宝，一直暗暗守护着，这位守护神就是杨廷宝的夫人陈法青。

说来，陈法青守护杨廷宝这些画作还真是操心伤神，令人感动，而杨廷宝自己对此却浑然不觉。

话说当年（1927年）杨廷宝学成归来不久完婚后，没把带回的数百幅画作当一回事儿，随手往家里一搁，就应聘去天津基泰工程司上任了。而陈法青因曾经在北平国立艺术专科学校图案系上过学，学过画画，她自然知道丈夫这些画作的艺术价值，便精心收藏保管起来。还特地请铁匠铺打了两只铁皮箱，将归类整理好的画作一一收藏起来。即使在从北平到天津、从天津又回到北平的两次搬家中，陈法青也总是小心翼翼地保护好这两只箱子，哪怕在搬家中摔碎锅碗瓢盆她都不心疼，但就怕这两只铁皮箱有一丁点儿闪失，良苦用心可见一斑了。

1937年卢沟桥事变发生后，陈法青偕5个未成年的子女，还有七七八八的大小行李包以及丢什么也不能丢下的两只铁皮箱，在一位保姆的帮助下，随刘敦桢、梁思成三家人一起先逃难到天津（杨廷宝因远在沪宁出差，信息不通，未能北上），又辗转青岛、济南、郑州、许昌，一路车船劳顿，倒车上下，苦不堪言。陈法青是一个吃得了苦，经得起累，扛得了重担的倔强能干的女子。在那兵荒马乱的年代，她什么都不怕，就担心混乱之中，这两箱宝贝被人当钱财抢走。幸好，杨廷宝终于在许昌与家人相见，一路再乘汽车回到了老家，陈法青心中这才落下一块石头，大舒一口气。

此后，在抗战和中华人民共和国成立初期的20多年里，杨廷宝一家又在重庆、南京两地辗转，加上杨廷宝身兼数职，又经常出差不在家，忙得不亦乐乎。而陈法青不但要拖儿带女操持家务，而且中华人民共和国成立后还在南京工学院基建科干了好几年，简直是忙里又忙外。原来还日夜操心、牵肠挂肚想着仍搁在老家的那两箱画会不会出问题，现在可好，家务加公务让陈法青忙得自顾不暇，差点忘了这块心病了。

光阴似箭，转眼到了1958年夏天，大儿媳来南京在"成贤小筑"家中养病。儿媳住久了不免也觉得单调乏味，想出去走走，散散心。

一天，婆婆陈法青问儿媳："想到河南老家去玩玩吗？"

这一问正中媳妇下怀，她早有这个念头。一是久闻宛城历史悠久、人杰地灵。二是河南老家是丈夫杨士莪①的祖籍之地，思慕已久。便连声回应："想去，想去，早想去看看婆奶奶了。"

"那好，玩后回来时给我办件事。"陈法青说。

"什么事？"儿媳不解地问。

"把你公公的两箱宝贝画全部带回南京来，放在那儿我不放心。"陈法青向儿媳交代了这件事。

"好，一定办到。"儿媳答应得也爽快。

儿媳去了南阳，痛快地玩了约半个月，而陈法青在南京却天天引颈翘首地急盼着儿媳能把两箱画取回来。

一天，院墙大门终于传来门铃声，陈法青急忙从屋内出来，迎向走进"成贤小筑"院内的儿媳。见她眉开眼笑，心中思忖准是把画带回来了。再一看儿媳手中抱的是两捆包得严严实实的行囊，心里咯噔一下，怎么不是两只铁皮箱？噢！心里又一想，两

---

① 杨士莪（1931—　），河南南阳人，生于天津。1947年考入清华大学物理系。1950年提前毕业，1950—1952年在大连第一海军学校任教，1952—1972年在哈尔滨军事工程学院任教，1972—1986年任哈尔滨船舶工程学院副院长、水声所所长。1995年当选为中国工程院院士，2000年被西北工业大学聘为教授。

只铁皮箱儿媳能扛得动吗?行囊里一定包的是画了。这么一想,陈法青随儿媳边向房屋门口走去,边将信将疑地问了儿媳一句:"画带回来啦?"

"带回来啦,您交代给我的任务,我还能忘?"儿媳喜滋滋地回答。

两人走进屋内,陈法青急切地说:"快拿出来看看,这么多年藏在老家,不知这些画好歹如何?"

当陈法青和儿媳两人解开行囊一看,陈法青傻眼了,这些画哪是杨廷宝画的呀!一包分明落款是杨廷宝大弟杨廷宾的画和木刻,另一包落款是杨廷宝小弟杨廷寘的画和书法。唯独没有一张是杨廷宝的画。陈法青一下子心都凉透了。

这以后,一块"心病"又落回到陈法青的身上,许多日子茶饭不思、心神不定。难不成这两箱自己精心收藏、辗转逃难得以保存的"宝贝"就这样下落不明?她把担心告诉了杨廷宝。不想,杨廷宝若无其事地说:"丢就丢了呗,丢了再画嘛!"这可把杨夫人气得不打一处来。心想,我这儿急得猫抓心,你可好,全不当一回事儿。想发火,又忍住了。她深知丈夫就是这个脾气。对名、利这些身外之物从不放在心上,此时发火也没用呀。只好写信给老家询问两箱子画还在不在。

不久,老家来信说,那两箱子画找到了,放心,不要牵挂云云。此时,陈法青心中的一块石头才算落了下来,但一直存放在老家也不是个事儿,不在身边总是一个心事呀。

转眼到了第二年(1959年)的秋天,陈法青决定亲自出马赴南阳一趟,千里去取画。因那时从南京到南阳还未通火车,只好乘火车在郑州转车到漯河,再乘长途汽车,经过两天一夜没合眼的长途跋涉,绕了大半圈才到了老家。一到家,先倒床昏睡了一大觉。起床后第一件事就是拖出两个铁皮箱,打开箱盖的一瞬间,陈法青见了久违的"宝贝"喜出望外,犹如与失散多年的游子终于相逢,怎能不高兴!

陈法青在老家小住了几天,就急着要回去,家里还有一大摊子事呢。临行前,望着眼前这两只铁皮箱,心想,看来自己也是扛不回南京去了。就将箱内所有画按水彩画和素描分为两类,再按各自画幅大小分别叠成两摞,精心包扎捆好,由邮局挂号寄回南京。又将杨廷宝的宾大设计作业,特别是她认为最珍贵的设计竞赛获金奖的作品以及数百张照片一一包扎好,放进随身携带的背包里,返程一路上她要寸步不离地看管好。

就这样,陈法青此行已称心如意、满载而归了。

陈法青回到家,杨廷宝见夫人为保存自己的画作如此费尽心思、吃尽辛苦,内心自然是感激的。但是杨廷宝这个性格内向的人就是不善于把内心的活动显露在脸上，把感激的话说出口，把亲热的举止见之行动。只是微微一笑，接过夫人的背包，算是谢意了。

若干年后，就出现了本故事一开始发生的第一个插曲，即中国建筑工业出版社编审杨永生欲借杨廷宝的水彩画，拿到北京去观赏。当杨廷宝同意后，先是陈法青把所有素描、水彩画拿出来让杨廷宝挑选。杨廷宝却说："你统统拿去给出版社总编杨永生同志，让他们选去，哪张合适就选哪张。"陈法青一边整理画一边打趣地说："若不是我，你的画也没有今天！"杨廷宝笑而不答。

后来，还是由建筑研究所的晏隆余[①]老师来到"成贤小筑"，在杨廷宝的过目下精选了百余幅水彩画送往北京。

其实，陈法青从老家带回的杨廷宝画作并不是全部。因为，杨廷宝自己一生到底画了多少幅画，他心中也没谱。而丢失了多少，送人多少，他也是稀里糊涂。但有据可考的有这么几个线索。

比如，杨廷宝在天津设计的第一个工程项目基泰工程司大楼，下面几层是对外出租的，顶层四层才是基泰工程司自用的。当时，为了对外树立事务所形象，以此营造信誉感而招揽生意，室内装修时很考究各房间装修的档次。基泰工程司内有一间图书室，内部装修完全采取雕梁画栋、斗八藻井的传统形式和色彩。另外手段之一就是杨廷宝拿出自己的水彩画配上镜框挂在每个房间墙上，给室内美感和氛围画龙点睛。后来，基泰总所迁至南京，又在北平、上海等地办了基泰分所。而天津基泰工程司的摊子因渐渐收缩，以至于最后人去楼空。此时，员工们纷纷取走杨廷宝的水彩画纳为私有[②]，就连基泰的五老板关颂坚[③]也收藏有杨廷宝多幅水彩画，说不定也是那时私自占为己有的。而远在南京的杨廷宝忙于工程设计，顾不上这些事，自己的画作让员工拿走也无所谓。

[①] 晏隆余（1936— ），1960年毕业于南京工学院建筑系，并留系任教。1980年在南京工学院建筑研究所从事建筑理论研究。

[②] 2015年12月15日，著者为编纂《杨廷宝全集》拜访原基泰员工、现天津建筑设计研究院建筑大师张家臣，由他口述。

[③] 关颂坚（1900—1972），关颂声五弟，是基泰工程司第五合伙人。在南开中学就读时曾与周恩来同班同学。清华大学津贴生，1925年毕业于美国西储大学，获建筑学学士学位。回国后加入基泰，主要负责对外交际，极少过问设计。1927年基泰将总部移到南京后，关颂坚留守天津主持业务。中华人民共和国成立后，任天津建筑设计公司总建筑师。

又如，当杨廷宝在北平工作时，因他的水彩画被人看好，一位美国画家特地在东城区一家俱乐部里为他举办过一场水彩画展。参观者、欲购画者络绎不绝。杨廷宝尽管经济不富裕，但绝不想以自己的画赚钱，即使出高价也不出售，这使想购画者大为扫兴。画展结束后，整理、清点展品时，发现少了一幅画，而且是杨廷宝得意之作。怎么办？俱乐部的负责人感到十分尴尬，连声道歉，并愿意出高价作为赔偿。杨廷宝却宽容地劝他不必在意，至于赔钱就不必了。他反而戏言："偷书不为贼，偷画也不为贼嘛。我的画有人偷，说明画得还可以吧。"

还有在抗战时期，杨廷宝兼任重庆中央大学建筑工程系的教授。为了培养未来的建筑师，他呕心沥血投入教学。1941年夏天，杨廷宝与李剑晨在系里发起了水彩画比赛。他自己还专门拿出一笔钱和不少水彩画作品作为奖品，同学们都深为感动。因为，他们都知道，抗战时期的教授们生活都相当清苦，许多穷教授不得不在几个学校兼课，想多挣一份工资养家糊口，就这样还不得温饱。杨廷宝更是一人要养一家子七口人，自己不但在重庆大学建筑工程系兼第二份教职，还得省吃俭用。甚至中午在校回不了家，也舍不得到食堂吃，而是跑到街上红薯摊上买两块烤红薯，还是拣小的买来充饥。如今，学生们听说杨教授却拿出钱和水彩画作为奖金、奖品来激励大家学习，怎能不动情呢？便纷纷报名参赛。学生们不是为了奖金，而是冲着能获得杨先生的水彩画奖品而参赛的。最后，由杨廷宝和李剑晨二位教授评议，从中选取前三名获胜学生发给了奖金，并各赠送了一幅杨廷宝画作以资鼓励。

然而，杨廷宝出手送画最大方、最多的一次是他一下子就送给挚友梁思成41张在宾大留学时画的西建史课程作业图。

后来，还送给过林徽因一幅精美的水彩画，林徽因喜欢至极，梁思成也爱不释手。便将其与林徽因画的一幅水彩画各自装上镜框，并排挂在自己书房的墙上，每日欣赏。可惜后来在"文革"中，梁思成家被抄过多次，这两幅水彩画就此下落不明。[1]

至于杨廷宝送给家人、亲友的画有多少，那就不得而知了。据杨廷宝小弟杨廷寊在《记南阳杨氏家族》一文中所叙，"我幼年时就见家中挂有不少书画，有大哥[2]、二

---

[1] 2013年12月10日，著者在同窗、清华大学建筑学院栗德祥教授的陪同下，到林洙家拜访，想翻拍杨廷宝送给林徽因的这幅水彩画作，收入《杨廷宝全集》水彩卷中，遗憾的是林洙告知，该画作在"文革"抄家时已不知去向。

[2] 即杨廷宝

哥①的，还有二姐②的。""大哥一生酷爱美术，从幼年作画一直到临终前还用颤抖的手为护士作画呢。"③这幅现场画作该是杨廷宝一生作画的封笔之作了。许是也送给了护理他的小护士。

2014年10月25日，著者到郑州拜访了九十出头高龄的杨廷寊，还被盛邀在他家住了一晚。在杨廷寊老人整墙的书架上竟然发现一张从来没有见过的杨廷宝自画像照片，十分惊喜，想看看原作并准备翻拍下来收入《杨廷宝全集》水彩卷中。不想，杨老先生说，这张杨廷宝自画像照片是他二姐寄给他的，原画在她那儿。由此可见，在南阳老家，在他弟、妹家中都曾有过杨廷宝的画作。

意想不到的是，杨廷宝的画作竟然还流失到了国外！何以见证？那是2015年4月8日，正在宾大建筑系读研的杨廷宝小孙女杨本玉给著者发来一份邮件，说宾大美术学院档案馆有她爷爷杨廷宝的五幅水彩画真迹，问要不要。

"当然要啦！"著者像发现宝贝一样兴奋地回复。

"不过，档案馆说要收费，每张40美元，但不是给原作，而是给电子文件。"

"花钱也要，出书用电子文件也行。"著者听说杨本玉近期要来南京看望她大姑杨士英教授，便又回复"请您先代为付款，您来南京时我再把美元款额如数给您。"

宾大美术学院档案馆见我方诚意购买，便在4月21日通过杨本玉把五幅水彩画经处理的样张发到著者邮箱。著者一看，曾似见过这几幅水彩画！忽然想起，1980年10月中国建筑工业出版社出版发行过《杨廷宝水彩画选》8开活页大型画册。找来一一对照，画册上竟然全有！看来这五幅水彩画是在画册出版的1980年之后，杨廷宝还健在时送给某位家人被带去美国，后又捐赠给杨廷宝母校珍藏了。见此，著者也就放弃购买了。

更奇的是，杨廷宝的水彩画竟然成为陈法青与杨廷宝美满姻缘的牵线，这个故事已在前文"书画牵线结姻缘"中描述过。这里只是想说，杨廷宝还在少年时，就曾将自己的水彩画习作送给亲人啦。可见，杨廷宝一生画画无数，送给他人的真还不少呢。

---

① 即杨廷宾
② 即杨廷宁
③ 杨廷寊.记南阳杨氏家族[J].中国人民政治协商会议河南省委员会文史资料委员会.河南文史资料（第33辑），1990：164.

杨廷宝从酷爱画画发展到选择与画画密不可分的建筑学专业，最终成为建筑师。在今天看来，杨廷宝不仅是我国建筑界一代宗师的杰出代表，而且在美术领域，其绘画水平与艺术修养，也有如此高的造诣和境界而成为出色的跨界画家。这大概是所有有作为的建筑师成长的过程，只不过，以杨廷宝为代表的中国第一代建筑大师们，在这条路上走得更为出众，更为精彩。

参考文献：

1. 齐康. 杨廷宝谈建筑 [M]. 北京：中国建筑工业出版社，1991.
2. 刘向东，吴友松. 广厦魂 [M]. 南京：江苏科学技术出版社，1986.
3. 杨廷寘，田达治. 杨廷宾评传 [M]. 北京：中国水利水电出版社，2010.
4. 黎志涛. 中国建筑名师丛书：杨廷宝 [M]. 北京：中国建筑工业出版社，2012.

三、潜心教育

38. 教书育人立师德

自 1940 年杨廷宝兼职重庆中央大学建筑工程系教授从事教学起，到任教南京工学院建筑系至生命终结止，前后长达四十年之久。在此期间，杨廷宝主要教授建筑设计课程，从对一年级学生进行设计入门辅导，到指导四年级学生进行毕业设计，全过程地经历各年级建筑设计教学环节。杨廷宝也主持过建筑概论、素描和建筑史课程的授课。他既亲历教学第一线，又主管过十年系务工作。总之，杨廷宝在建筑教育和建筑教学工作中，如同他在基泰工程司专职建筑工程项目设计工作二十余年一样，兢兢业业，成就卓著。

下面，我们就来了解一下杨廷宝在教学中的那些片段吧。

（1）战火中的课堂设计教学

抗战时期，重庆中央大学建筑工程系的办学条件是十分艰苦的（图1）。就拿教室来说吧，当时，建筑工程系与艺术系合用一栋一字形的竹泥笆墙加冷摊瓦的小平房。建筑工程系占三分之二，艺术系占三分之一，其间用墙分隔，各自从东、西两端进入（图2）。建筑工程系从东入口进去，首先是一间长条形朝南的大设计教室，属二、三年级学生专用，顶里头紧贴艺术系的是一间南北采光的素描教室。剩下是朝北面一长条，自东向西、依次安排的四年级学生单独使用的小设计教室和水彩画室、讲课教室。在讲课教室上面，局部二层有一小间教师办公室，旁边有一个小楼梯可以上下。这就是当时建筑工程系师生们朝夕相处、同舟共济的圣地（图3）。比起当今各建筑院系的气魄、敞亮的系馆大楼，这座简陋的小屋实在寒碜之极。但在这里却有包括鲍鼎[①]、杨

[①] 鲍鼎（1899—1979），字祝遐，湖北浦圻人。1918 年毕业于北京高等工业学校机械科。1932 年获美国伊利诺伊大学建筑学硕士学位。1933 年后，任中央大学建筑工程系教授、系主任，1940 年离开中大。中华人民共和国成立后任武汉市建设局局长。

图1 1940年代,国立中央大学在重庆沙坪坝的简陋教室群,学生在坡下的球场打篮球(来源:东南大学档案馆)

图2 1943年,中央大学建筑工程系全体同学于重庆沙坪坝系馆外留影。左2张守仪、右4吴良镛(张守仪提供)

图3 抗战时期,中央大学建筑工程系1946届同学在重庆沙坪坝简陋的设计教室里上课(何培斌提供)

廷宝、刘敦桢、童寯、李剑晨等在内的当时最强的师资队伍，这支队伍不畏生活的艰难困苦和日机的骚扰轰炸，潜心教书育人，从这里培养出了许多国家栋梁之材。

其中，杨廷宝是最受学生欢迎的老师之一。

那时，杨廷宝每周一和周六两次去沙坪坝辅导学生设计①。如遇学生设计作业②交图前需加夜班赶图，杨廷宝因家住歌乐山，距学校太远，便留住在学校，免不了陪学生在教室里加班指导他们完成作业。一次，一个学生透视渲染图中的建筑和天空部分已渲染完毕，开始要画配景时，犹豫不决不敢下笔，站在图桌前发愣。

"在想什么啦？"杨廷宝来到这位学生面前问。

"我怕画不好配景，把这张图搞砸了。"学生望着杨教授不好意思地说。

"来，我先给你做个示范。"杨廷宝说着就接过学生手中的毛笔，看了一眼整张透视图，随即蘸着清水调了一点淡淡的灰绿色水彩颜料。

"你看这毛笔头上，笔尖的灰绿色水分少一点，笔根的灰绿色水分稍微多一点，有什么不同吗？"杨廷宝举起毛笔凑到学生眼前问。

"笔尖颜色稍微深一点，笔根颜色稍微淡一点。"学生看出了变化，说道。

"对，下面我运笔了，注意看。"杨廷宝边说边下笔在纸上画起来。先从柏树树梢用笔尖把树形简单轮廓勾出，接着用笔根把柏树下部拖出。一笔下来，一株淡淡的且上下颜色略有深浅变化的柏树剪影跃然纸上。

"这是树的远景，远景要画淡一点，模糊一点，才能在空间上退到后面去。"杨廷宝暂停下来解释道。此时，其他几位同学已围观上来了。

说话间，画好的柏树水分已干。杨廷宝接着又调了一下略深一点的暗绿色颜料。

"下面在这个远景树的前面，我们再画一株中景的树，让配景有点空间层次。"说着杨廷宝在刚画好的淡淡的远景柏树前稍重叠的部分又画了一株形体低矮而轮廓变化多了一点的灌木树，且在灌木树冠左边部位有意留了一条细缝不上色。接着在灌木树冠右边却多抹了一笔，使颜色稍微深了一点。

"这个中景树因为是在刚才画的远景树前面，所以颜色要重一点，树形轮廓要丰富一点，而且，树冠中间可留几个空隙，由于这棵树画得稍微细致一点，所以看起来

---

① 按建筑设计课程的教学计划和特点，每周设计课安排两整天，其中上午为课内教学时间，由老师在课堂一对一地辅导学生做设计，下午为课外学生修改方案时间。这一教学方式仍在当今全国各建筑院校中延续。
② 每一课程设计进度一般为八周，每学期学生只做两个课程设计。

才能表现出中景树离我们更近一点。"杨廷宝画毕向周围同学解释道。

"那为什么左边要留一条细缝而右边又多抹了一笔颜色呢?"旁观的一位学生指着中景树问杨教授。

"远景树因为距离较远,细部就不容易看清楚,所以画个平平的剪影就行了。如果你画得太仔细,它就会往前跑。这个现象你们平时看看远处的山,是不是灰蒙蒙一片?"学生们听了微微点了点头,明白过来了。"再说这中景树,我们可能会看得清楚点,就不能画成纸一样平,要适当表现一下它的形体,这个有意留条细缝的地方是受光最直接的地方,这一笔加重的地方是背光的地方,这样画中景树就有点体积感了,但这个没画的细缝,先前已有了底色,所以又不太显眼。毕竟它对于表现建筑来说只是配景,起衬托作用。所以又不能把配景像你们画水彩写生那样画得太仔细。"

就这样,杨廷宝边示范边讲道理,学生们一下全明白了。

"但是,你们明白了画配景的道理还不行,重要的是多动手练练。"说着杨廷宝面对旁边的这位学生说:"下面你自己接着试试把其余的配景画完吧。"

"好"。学生接过杨教授递过来的毛笔,趁热打铁地临摹起来了。

评图那天,学生们都提前自行把各自的设计作业挂在大设计教室北面的墙板上,由鲍鼎系主任主持(图4),全体教设计的老师,包括杨廷宝、童寯、刘敦桢、谭垣①、

图4 重庆中央大学建筑工程系系主任鲍鼎(来源:潘谷西. 东南大学建筑系成立七十周年纪念专集[M]. 北京:中国建筑工业出版社,1997: 12.)

---

① 谭垣(1903—1996),广东中山人。1928年毕业于美国宾夕法尼亚大学,1929年获建筑学硕士学位。回国后加入上海范文照建筑师事务所。1934年任中央大学建筑系专职教授,1947年赴之江大学任教,1952年任同济大学建筑系教授。

徐中①、李伯惠②等都参加了，都是大名鼎鼎的教授和建筑师。而该班学生和其他班愿意听老师评图的学生们都静静地围坐在绘图桌旁准备聆听。

评图开始了。只见杨廷宝等教授们在展墙前来回走动，评头论足。老师间甚至因执不同意见而发生了争执，也不忌讳学生在场。学生们听着老师们的议论、评论，从中也了解了自己和他人方案的优劣，也学到了许多东西。

评图下来，成绩分为优、良、中。一次，老师们在评四年级学生设计作业图时，不管哪个年级旁听的同学都看好这个班戴念慈同学的作业，认为方案和表现图都令他们叹服。但是，评下来却不及格，这是为什么？学生们不解。老师解释说，系里有规定，所交的最终设计方案不能更改最初的设计构思，即不能推翻最初的设计方案另起炉灶重来，意在加强对学生们创作思维的训练，而设计手法在其次。"戴同学却认为只要方案越改越好他就要改，及格与否他倒不太在乎。"③

（2）桂辛奖学金大学生建筑设计竞赛

抗战时期，杨廷宝随基泰西迁重庆，并兼职重庆中央大学建筑工程系教授时，梁思成也随中国营造学社西迁昆明，最后蛰居四川宜宾李庄。当时二人各忙一摊，加上交通不便，少有来往；只能够偶尔鸿雁传书，互通信息、互致问候。

1942年的一天，梁思成函告杨廷宝。他有个想法，他担心当时的建筑设计教学缺少对中国传统建筑设计的训练，将来中国建筑传统文化如何继承、发扬将是个问题。因此，提出设立"桂辛奖学金"，以鼓励学生在创造具有中国建筑风格的设计中进行训练、探讨。此时杨廷宝已经涉足了建筑设计教学领域，也感同身受而注意到这个问题，很赞同梁思成的这个想法。

---

① 徐中（1912—1985），江苏常州人。1935年毕业于中央大学建筑工程系，1937年获美国伊利诺伊大学建筑学硕士学位。1939年任中央大学建筑工程系讲师、教授。1952年任天津大学建筑系教授、系主任，历任达31年。
② 李伯惠（1909—？），广东新会人。1932年获美国密歇根大学建筑学学士学位。1933年与徐敬直合办兴业建筑师事务所。1943—1945年任中央大学建筑工程系教授。后赴香港，战后去美国，英年早逝。
③ 萧宗谊.57年前建筑系掠影[M]//潘谷西.东南大学建筑系成立七十周年纪念专集.北京：中国建筑工业出版社，1997：67.

随后，二人商定了若干设计竞赛细则。一是，确定在中央大学建筑工程系内举办。二是，考虑到一年级学生刚入系一年，设计课程以基础训练为主，对设计还不能上手；二、三年级学生设计才刚入门，或者设计能力还不足，外围知识还欠缺，也不适合参加设计竞赛；只有四年级的学生已经做过多个设计题训练，具备了一定的独立设计能力，而且他们已学了多门专业课程，对建筑技术多有了解，眼界也比较开阔。因此，决定在四年级组织设计竞赛。三是，因那时四年级学生只有6人，有梁、杨二位评审学生竞赛图纸足矣，且梁思成专门研究中国传统建筑，杨廷宝不但修缮过，而且还设计过中国传统建筑，二人皆精通中国传统建筑文化之精髓。这三个细则很快确定下来。但是第四个细则，即第一次的设计竞赛选题如何确定，设计任务书如何拟出，一时难以仓促确定，需要深思熟虑一番。

后来，杨廷宝忽然想到，1935年10月，他参加过南京国民大会堂的方案投标，而且名列第二名，觉得这个选题比较合适，便马上征求梁思成的意见。

他先向梁思成介绍了国民大会堂设计建造的过程。

早在1933年，国民政府为筹备定于1935年5月召开的国民大会，就已经提出在首都建造国民大会堂的动议。后因国民大会改在国立中央大学大礼堂召开，筹建国民大会堂的动议就被搁置下来了。1935年9月，国立戏剧音乐院及国立美术陈列馆拟在长江路264号建造一组文化建筑。此时，国民党要员孔祥熙等5人得悉便提议，原拟在首都建造国民大会堂的动议，何不与国立戏剧音乐院及国立美术陈列馆合建，这样既可作剧场，又可作会场，一举两得，这个提案当即被国民政府批准。于是，国民大会堂筹委会插手招标工作，向社会征集设计方案和营造商。经评标，公利工程司奚福泉[①]的设计方案中标。后在施工中，陶纪工程师事务所李宗侃[②]建筑师根据国民政府制定的《首都计划》中提出的首都建筑"要尽量采用中国固有之形式为最宜，而公署及公共建筑尤当尽量用之"的原则，对中标方案作了局部修改。工程于1936年5月5日竣工。

杨廷宝向梁思成介绍完国民大会堂的建造过程后，着重阐述了国民大会堂的最后

---

① 奚福泉（1903—1983），生于上海，1922年赴德国留学，1926年获达姆斯塔特工业大学建筑系特许工程师证书，1929年获德国柏林高等工业大学建筑系博士学位。旋即归国，先在上海公和洋行从事建筑设计。1931年创办启明建筑师事务所。1934年创办公利工程司，任建筑师、经理。
② 李宗侃（1901—1972），河北高阳人（生于北平）。1912年入北平留法预备学堂。后进入巴黎建筑专门学校主修建筑工程。1925年回国任上海大方建筑公司工程师。1929年被聘为国民政府建设委员会专门委员和南京市工务局工程师。1934—1937年任大方建筑公司经理。1945—1946年自办李宗侃建筑师事务所。1972年病逝于台北。

建成情况。国民大会堂实则是由前厅、观众厅、舞台三大功能内容构成的剧场建筑舶来品,梁思成对这类建筑的设计模式太熟悉不过了。因此,杨廷宝没有赘言,而是较详细地讲了梁思成关心的在国民大会堂的建筑形式上如何体现中国传统建筑文化。

杨廷宝说,由于大会堂承担现代功能,空间要求高敞,因此造型上是现代剧院风格,结构为钢筋混凝土框架结构,钢桁架屋顶,制冷、供暖、通风、消防、洁具等设施一应俱全。但在立面形式与内部装修上,尽显中国传统建筑的设计手法,颇有现代建筑中的中国味道,是时代发展下,探索建筑创作走中国道路的一次有益尝试。

梁思成从杨廷宝的介绍中立刻感到这是一个不错的选题,与四年级设计课教学计划的内容十分吻合,而且把现代功能与中国传统建筑形式结合起来也很自然。于是,梁思成同意了杨廷宝推荐的这个选题。而且杨廷宝自己又亲自参与了这个项目的投标,应该说备课已充分,辅导学生设计成竹在胸。只是梁思成提醒杨廷宝,学生以这个选题参加设计竞赛毕竟不是在做工程,所以不要影响原定教学计划,仍按八周学时控制进度。因此,建议杨廷宝根据教学计划要求,以标书为依据,重新拟定出符合建筑设计教学要求和切实可行的设计竞赛任务书。

等杨廷宝将拟定的设计任务书让梁思成过目并得到首肯后,他就开始忙碌起来了。

1942年上半年,杨廷宝选择了四年级全体六位学生参加了第一届"桂辛奖学金"设计竞赛。开始,杨廷宝向学生们交代了设计任务,并解释了任务书中的设计要求,以及教学进度安排、交图日期和评审奖励办法。学生们听后兴奋异常,这还是三年多来第一次听说通过设计竞赛的方式来学习设计,而且得名次还有奖品可得,太新鲜、太刺激了。于是个个摩拳擦掌准备大干一场。

当然,学生们参加这次设计竞赛仍然是按原教学计划进行。每周两个半天,课内时间由杨廷宝逐个对学生辅导。除了还要上教学计划内的其他课程和完成该课程作业外,剩余的时间,学生大概都会全扑在做竞赛题目上了,开夜车那是少不了的。整个八周,学生们在设计教室里废寝忘食地不停画。这令在大设计教室的二三年级学弟学妹们感到好奇又羡慕,不时地向四年级学生张望。

在每周两次的上设计课时间,杨廷宝总是轮流依次坐在每位学生的座位旁边,与学生针对方案聊很久,但杨廷宝从不把自己的想法强加给学生,而是顺着学生的思路慢慢引导下去,但也不会告诉学生该怎么改,只提出方案发展的几个可能方向,让学生自己试着去探索。

到了教学计划八周的最后两周,是学生们该上板画成果图的时候了,此时学生们既放松又忙碌。放松的是在设计的最后阶段，不用费脑筋再冥思苦想方案了，更不会像做方案初期忙了一天，也许什么成果也没有的那种沮丧。现在可以轻松地一门心思画图，并且画图也不会像一年级时那样笨手笨脚了。画高兴起来还不由自主轻声哼起歌曲，这一下又引得其他同学跟着唱起来，变成全班同学异口同声合唱了。这是那个年代直到20世纪60年代建筑系交设计作业前设计教室里特有的风景，而现在的建筑系已看不到这种浪漫的场面了。

此时，杨廷宝也没有闲着，最后阶段他更要关照学生了。只是这一次他不想动手在学生图上锦上添花，因为这是竞赛，要公平公正。最多对学生图上的事儿动动嘴指点一下而已。

等到学生们按时完成作业，交上图以后，杨廷宝通知梁思成可以来建筑工程系评图了。

那天，当身着长袍的梁思成在杨廷宝陪同下，走进建筑工程系设计教室大门的那一刻，早已等候的各年级学生，目睹两位大师并肩现身时，顿时掌声雷动，欢呼雀跃。笑容可掬的杨廷宝和温文尔雅的梁思成一面向学生们打招呼，一面走向已挂在展墙上的设计竞赛图纸前。同学们静静地围坐在图桌旁洗耳恭听两位大师的评说。

因杨廷宝对每份图纸都已了如指掌，就陪着梁思成在图前走来走去，只见梁思成一会儿退后几步看透视图大效果，一会儿扶正近视眼镜凑前认真观看立面图细部设计，还不时与杨廷宝低声交流。就这样，两人把六套学生竞赛图纸看了几遍，最后商量了一会儿，梁思成便走到郑孝燮①的图前，在上面画了一个红星，标明他的图获得"桂辛奖学金"设计竞赛第一名。"哗——"学生们掌声响起。郑同学怎么也没想到，他的方案竟受到杨廷宝和梁思成两位建筑大师的特别青睐。在掌声响起的同时，他猛然惊醒，幸运来得太突然了！当他在兴奋中还没缓过神来时，杨廷宝已把梁思成引到郑同学面前，梁思成握着他的手说："你是中国建筑系学生参加设计竞赛获奖的第一人，祝贺你！"郑同学激动得只说了一声"谢谢"后，竟一时无语，心想，这是杨先生教学有方的结果啊。

1944年下半年又举办了第二届"桂辛奖学金"设计竞赛。题目是后方某市场设计，这大概又是杨廷宝出的题，因为他留美时曾多次参加过全美建筑系学生设计竞赛，其中之一就是市场设计这个题目，而且得了一等奖。杨廷宝这次出设计任务书也会在此

---

① 郑孝燮（1916—2017），字揆甫，生于沈阳。1942年毕业于中央大学建筑工程系。曾在重庆、兰州、武汉等地从事建筑设计、城市规划工作。中华人民共和国成立后历任清华大学建筑系副教授，重工业部基本建设局设计处副处长、建筑师，建筑工程部、国家建委城市规划局、中国建筑科学研究院建筑师等。

基础上结合国情修改。后因杨廷宝作为民间企业选派人员,参加国民政府资源委员会组织的工业建设考察团准备出国访问,而且这次参加设计竞赛的学生有十四人之多,所以这次设计竞赛组织、辅导学生设计的工作就交给童寯、李惠伯两位老师,二位老师与梁思成共同任评委。最后,获第一名的是朱畅中①同学。

由于1945年8月抗战胜利结束,中央大学复原南京,教师各有归宿。梁思成也因中国营造学社解散,而去清华大学创办营建系了。因此,中国建筑教育首创的"桂辛奖学金"设计竞赛活动只举办两届,就此中止。

(3) 你应该跟他苦干三年才能有成

林建业是中央大学建筑工程系1946届毕业生,毕业后在基泰工作过不长时间就去了台湾。后留学、工作在美国明尼苏达州至1962年,又转至费城工作多年,最后落脚在台湾多所大学任教。

在说他受杨廷宝学习上恩泽一事之前,先说一件趣事。

当林建业转场费城工作时,一天他去仰慕已久的大师路易斯·康建筑师事务所讨教。在寒暄一阵后,康问林建业:"认不认识一位中国天才建筑师杨廷宝?"并说:"他是我的同班同学,我一直很想念他。"林建业听此精神为之一振,告诉康:"杨廷宝是我的老师啊,毕业后又在他的事务所工作过呢。"

这是林建业于中大毕业多年以后的事。按林建业后来所说,他毕业后曾即刻在基泰工作过一段时间。他说,他刚到基泰上班,正赶上杨廷宝主持设计南京下关火车站扩建工程,这是抗战后杨廷宝设计的第一个现代化工程项目。林建业去了后也参与其中工作,他印象最深的是他承担了画火车站透视图的任务。有一个星期日,林建业要去事务所加班,早上路过杨廷宝住宅门前,正巧遇上杨廷宝和杨师母上车也去事务所办事,被杨廷宝看见叫上车同往。平时杨师母绝不会去事务所的,这一天是星期日,不知杨师母去有什么事。在车上,杨廷宝告诉夫人说:"这位是刚从中大建筑工程系毕业来基泰工作的

---

① 朱畅中(1921—1988),杭州人。1945年毕业于中央大学建筑工程系。1947年起在清华大学建筑系任教。1957年获莫斯科建筑学院城市规划副博士学位。长期从事城市规划、风景园林的教学以及科研和规划实践。

林建业，小林。""哦。"杨夫人看了一眼林建业又说："杨老师能 20 分钟画一幅精美的水彩画，你应该跟他苦干三年，才能有成。""那当然，现在刚参加工作，更要好好在实践中继续向杨老师学习，我永远是杨老师的学生。"林建业礼貌地回答。

  车开到新街口附近的石鼓路与中山路交叉口处停下，这里便是基泰办公楼，门面部分是杨廷宝扩建设计刚落成使用不久的三层建筑。从右手大门进去，是对外接待洽谈业务的洽谈大厅，他们从左手小门进入，直接上楼梯到了二层办公室。林建业带着杨廷宝来到他的绘图桌前，掀开桌布，一幅即将完成的下关火车站渲染图展现在眼前。杨廷宝审视了一会儿，感觉画得不错，只是，火车站广场上的配景还没画到位，交通建筑环境气氛表现还不足。

  杨廷宝对林建业指点说："广场上还需添加一些人物，不能太空旷，否则车站的气氛出不来。"

  此时，林建业有点儿犹豫。因为，渲染建筑那是按正规画法，在学校里，杨老师教得清楚，学生学得认真，基本渲染技法绝大部分学生都已练到炉火纯青的地步。但画配景，特别是画火车站环境中各式各样的人物动态和汽车等配景，手上那是要有点画水彩画的功夫了。尤其杨大师在一旁，林建业不敢班门弄斧。

  杨廷宝看林建业未有动手的意思，心想这不是在学校画作业，而是要拿给建设方看的，以此显示公司的业务实力，必须画得能镇住对方才行。于是，让林建业备好绘画工具、材料，杨廷宝要亲自出手画龙点睛了。

  等林建业备好杨廷宝绘画所需的一切，只见杨廷宝在清水瓶、调色盘中不停地洗笔、调色，又在图纸上这儿点上几个小人，那儿画个小汽车。想想，再添上几辆马车、三轮车。对了，在广场边上还得画几辆公共汽车。不到半小时，整个广场热闹非凡、蔚为壮观，日常所见火车站前的场景活生生地跃然图上，令在一旁观看的林建业惊叹不已。难怪在坐车来的路上，杨师母告诫自己要跟着杨老师苦干三年，才能有成。

  杨廷宝画完，搁下笔对林建业总结说："人们都是三五成群的，要画出各阶层的人，来说明不同身份的乘客。人、车与物要比实际尺寸略小一点，以免夺去我们设计的建筑气势。"

  林建业躬下身凑近图又仔细欣赏了一遍，只见广场上那些人五颜六色，却又寥寥几笔人形动态就出来了，真是活灵活现。再看马车画得真绝了，马匹昂首扬蹄，缰绳似断非断，车辖辘画几个"C"字就成，这辆马车看起来就虽止似动。车上的人，点个黑小点就是人头，下面再抹一点淡蓝色色块就是人的上衣，下身被黑色马车厢遮挡。

林建业看着看着止不住啧啧称赞。想想自己当学生时，在透视图上也画了些人物，但多为不动脑筋从洋杂志上抄来的洋人，与自己设计的中国建筑形象简直格格不入。再看自己老师刚才画的人物，虽然服装有中西之别，但人的比例与神态绝无洋人模样。何况杨老师画图这神奇速度，再次证明杨师母车上的说法毫无夸张之处。一句话，服了！

（4）这样可以，那样也行

1945年抗战胜利后，重庆中央大学从沙坪坝复员回南京四牌楼原校本部后，杨廷宝也随之回到南京，仍兼职中央大学建筑工程系教授（图1）。此时，建筑工程系在校内图书馆西侧的小平房内，除有一间小教室、一间美术教室、一间办公兼教师休息室和一小间校工兼储藏，也有一个类似沙坪坝的大绘图房。全系人数虽比之前要多一些，但加在一起也不过三四十人。大绘图房里按班级划分区域，班级由四年级至一年级分别从门口向最里头依次排列，每人一张绘图桌，这是全校唯一一个学生有专用教室的系，其他系的学生上课、自习只能到处"打游击"，没有固定的教室。建筑工程系大绘图房这样布局各年级区域最大的好处是，位于大教室最里头的一年级学生必须依次经过四、三、二年级的区域，才能到达最里头自己年级的区域。这样就可以走过、路过不会错过观摩学兄学姐学习的机会。而各年级学生之间也可以随时随地相互帮助、交往，这对于大家共同提高设计能力和水平大有好处。这几乎是杨廷宝在宾大留学时大图房学习方式的中国版（图2、图3）。

对于设计老师而言，因为四个年级的设计课是安排在相同的时间，因此，杨廷宝、童寯、谭垣以及徐中、刘光华[①]中青年教师都是从低年级到高年级依次逐个对学生一对一地辅导设计。设计进度快的学生还可抽出时间围观其他老师辅导其他学生的设计，这样可以从中感受不同老师的不同教学方法并学到更多的设计知识与技巧。

比如，杨廷宝在课程设计初期，总是要求学生打开思路，多做几个方案进行比较。开始辅导学生一般不动手，而动嘴，时常问学生问题，指出方案优缺点，提出方案修

---

① 刘光华（1918—2018），南京人。1940年毕业于中央大学建筑工程系，1943—1946年先后在美国宾大、哥伦比亚大学留学，获硕士学位。1947年后任中央大学、南京工学院建筑系教授。1983年定居美国。

图1 抗日战争胜利后,中央大学复员南京时的杨廷宝教授(陈法青生前提供)

图2 1945年复员南京时的中央大学建筑工程系临时绘图教室外景(来源:潘谷西.东南大学建筑系成立七十周年纪念专集[M].北京:中国建筑工业出版社,1997:20.)

图3 1945年复员南京时的中央大学建筑工程系临时绘图教室内景(来源:潘谷西.东南大学建筑系成立七十周年纪念专集[M].北京:中国建筑工业出版社,1997:20.)

改方向。杨廷宝也不是自己滔滔不绝地讲,而是引导学生讲自己的想法,不管讲的对与错,只要能开口说话,就说明学生在动脑筋,就是在进行设计思维的训练。杨廷宝认为,掌握正确的思维方法比关注设计手法更重要。当学生有不同看法时,杨廷宝并不是给予否定,而是说"这也可以""那也可以",鼓励学生去试一试。

一次，1952级的学生程泰宁[①]在做课程设计时，遵照杨廷宝教学的要求，画了几个方案草图给杨先生看。杨廷宝看了一会儿第一个方案，说这个方案可以。当看第二个、第三个方案时，也是说这两个方案都可以。程同学一心想听听杨先生对每个方案的具体看法，以便有针对性地加以修改，但是程同学因杨先生没有讲具体意见，感到有点失望。杨廷宝看出程同学表情的迷茫，就解释说设计没有陈规定式，只要下功夫，怎么做都能做好。然后进一步点出学习方法，要学会从这三个方案中，自己分析出各自的优缺点，你想突出哪一个方案，取决于你从中判断沿着哪一个方案发展下去更有希望。至于它的缺点，能不能从其他两个方案的优点中受到启发，或者你有另外更好的办法能够完善，都需要自己去探索。做方案一开始，老师不能把学生创作方案的想法框死，毕竟是学生在做方案嘛。说得程同学当时就有所顿悟。直到工作多年后，程泰宁才真正理解杨廷宝辅导学生设计是在教思考方法，而不限于教设计手法。难怪程泰宁从杨廷宝的教学中真正领会了学好建筑设计的真谛，加上自己的聪慧和努力，如今他已成为东南大学建筑学院的教授、博士生导师，并当选为中国工程院院士。

（5）深入浅出 言教达理

沈国尧是南京工学院建筑系1955届毕业生。先留系任教，后又转任校建筑设计院总建筑师。他在工作中，依然遵循杨廷宝"多途径构思—分析比较—定案—深入完善"的教学方法，抑或是设计方法。

他在回忆中说："杨先生'改图'特别仔细。我们在上设计课时，总是事先把拷贝纸、6B铅笔准备好，等老师来改图。杨先生一来，首先把你的草图仔细地看一遍，问些问题，然后才改图。他边改边讲，画得很仔细，虽然并不完整，却是一张很好的示范草图。杨先生改图不但在总的方案布局上提出如何改进，有时还改一些细部，但这些都是在你的方案基础上进行修改的，从来不另起炉灶，或彻底否定学生的方案，另送一个方案给你。这对我后来从事建筑设计教学工作帮助很大。记得我毕业后留校做助教时，

[①] 程泰宁（1935—），南京人。1956年毕业于南京工学院建筑系。先后在建筑工程部、建筑科学研究院、山西临汾地区设计室工作。1981年任杭州市建筑设计研究院院长。2002年任东南大学建筑学院教授、博士生导师。2005年当选中国工程院院士。

系里要年轻教师在指导建筑设计前备课试做，杨先生就要求我们尽量多做不同的方案。杨先生认为建筑设计的完成是多途径的，作为老师，必须能针对学生的各种不同构想，提出解决矛盾的办法。这一至理名言，我至今未忘。"

沈国尧对杨廷宝另一个深刻的印象是杨廷宝掌握设计进程的科学性。他回忆说："记得杨先生在指导建筑设计时对方案的逐步深入掌握得十分有条理。第一次改图时，总要求我们有多个方案，同时说出自己的选择。杨先生就在这个基础上帮助分析、修改。经过几次改图，方案布局确定了，后面就是深入和完善阶段。设计后期一般不允许再推翻已定的方案，重起炉灶。有一次我就是快交图时，还想大改原来的方案，受到杨先生的批评。"

此外，沈国尧还说，杨廷宝指导学生做设计，看似就图论图，实则是在边改边讲的过程中，将建筑设计的理论用通俗的语言讲得很透彻。沈国尧举例说："我清楚地记得杨先生指导我的剧院设计时讲解的内容。例如结合平面分析讲人流路线、功能关系、舞台布置、座位排列；结合剖面讲空间高度、视线、结构；在改立面时又讲建筑个性、细部比例等，概括起来真是一篇很好的设计原理。几十年后，每当我设计或审核剧院建筑时，首先想到的还是杨先生讲的这些基本原理。"

（6）一次与学生严肃而情真的对话

事情发生在1955级二年级时，班上部分同学因对个别助教上设计课辅导学生设计教学有意见，议论纷纷。一名学生甚至自告奋勇写了一张匿名大字报，贴在中山院的建筑系办公室门口，要求系里撤换一些助教，改派有经验的教师辅导学生设计。大字报贴出后，引起了一阵骚动，这下事情闹大了。

事后第三天，上设计课时，系主任杨廷宝带领系里几乎所有教建筑设计课的教授，包括童寯、刘光华、成竟志，以及当时还比较年轻的张致中、潘谷西、钟训正[①]等教师，来到这个班在大礼堂东侧的设计教室（现为春晖堂）。

---

① 钟训正（1929—），湖南武冈人。1952年毕业于南京大学建筑系，先后任教于湖南大学、武汉大学，1954年任教于南京工学院建筑系（今东南大学建筑学院）至今。教授、博士生导师，1997年当选中国工程院院士。

全年级五十四位学生看见系主任杨廷宝带领这么多系里教设计课的老师,而且老师们个个面色严肃,没有一丝笑容地鱼贯而入。学生们瞧这个阵势,事感不妙,顿时,刚刚还喧闹的教室即刻便鸦雀无声。因为这是设计教室,不是有很多桌椅的供上大课的普通教室,安排每一学生一张绘图桌就把设计教室空间占满了。等系主任杨廷宝走到讲台前,其余老师只好分列站在讲台两侧黑板前。

杨廷宝双手扶着讲台,目光扫视了教室一会儿。学生有的低头不语,有的忐忑不安,有的在躲杨老师的目光,大有山雨欲来风满楼之势,气氛死一般地沉寂。

"同学们!今天我们教设计的老师都来了,目的是向大家表明,系里对大家的意见是重视的。大家对设计课有些意见可以理解,我们要想办法,进一步改进设计课的教学。"杨廷宝的开场白依然语气平和而稳重,但声调却坚定而自信。

接着,杨廷宝话锋一转,严肃而又循循善诱地接着说:"但是,我要告诉你们,你们对助教们的看法是错误的。我们这些助教,每个人都受过极其严格的专业训练,每个人肚子里都有很多学问,这些学问足够你们学好长一阵子的了。你们当前的任务就是要尽快把他们肚子里的学问学到手,要踏踏实实地学,不要好高骛远……"

杨廷宝这一番肺腑之言,既严肃慎重又热情期望,可谓其语谆谆,其情切切。学生们听后无不感到系主任说得语重心长,特别是写大字报的同学几乎无地自容,从此改变了对助教们的看法。

(7)精心指导毕业设计

按惯例,建筑系学生学到毕业前一学期,要独立完成一个课题的毕业设计。20 世纪 50 年代正是我国全面学习前苏联的时期,因此,教育战线也受其影响。1955 届的毕业生黄元浦的毕业设计题目,就选择了苏联农业模式的"集体农场中心",指导教师就是系主任杨廷宝。

为了做好毕业设计,师生密切配合,共同努力。从选址开始,杨廷宝亲自领着黄元浦到学院的地理系咨询,请他们推荐在南京适合发展集体农场的地理环境。地理系的老师提出了几个可供选择的地块,于是,黄元浦到各处实地调研,几经比较后,与指导教师杨廷宝讨论商定,把场址选在南京市郊的江心岛八卦洲上。随即,杨廷宝吩咐黄元浦先到规划部门索取八卦洲的地形图,并再三督促黄元浦去现场详细踏勘。在八卦洲一位小学教师的热心引导下,黄元浦走遍了八卦洲的沟沟坎坎,获得了大量第一手资料。

待一切准备工作就绪,完成外业准备工作后,内业的设计阶段便开始了。从规划设计到单体设计,从撰写报告到绘制图纸,杨廷宝自始至终给予精心而细致的指导。黄元浦经过毕业答辩,获得了优异成绩。

黄元浦工作后,正巧有幸亲自搞了"辽化居住区规划"中心区的方案设计。他"始终没有忘记,杨先生强调的设计必须讲求实际的教导,多次蹲在现场,反复推敲方案。'中心'建成后获得了优秀设计奖,这都是和杨老师的教导分不开的"。①

(8)关爱有才学的青年教师

奚树祥在南工任教期间,业务棒、外语好、才学精。但"文革"期间曾被错划为"五一六"反革命分子,被关押两年四个月。

由于奚树祥有这样的"政治"背景,两次申请出国进修均被拒。后来美中贸易全国委员会在中国公开招聘顾问,他经测试被选中,却又未果。此时正值改革开放初期,杨廷宝意识到培养人才的重要性和紧迫性,作为副院长出面表示支持奚树祥出国学习。终于在院领导会议上对此事网开一面,同意奚树祥出国学习。

于是,奚树祥在得此允许他出国学习的消息后,即刻请杨廷宝写一封推荐信带在身边。杨廷宝不但欣然答应,还以建筑系教授、南京工学院副院长、中国建筑学会理事长和江苏省副省长的名义,给加州大学起草了一封英文推荐信,并自己打字亲自送到奚树祥家。那天傍晚正下着大雨,已经八十高龄的杨廷宝打着雨伞,跨过大马路走向兰园学校生活区,来到奚树祥的住处。杨廷宝把推荐信交给奚树祥的同时,建议他不要做访问学者,而是去读博士学位。并叮嘱他到了美国后打听一下美国教育评估机构,要让加州大学承认他在清华受的六年教育相当于美国硕士。

---

① 黄元浦. 一纸签名留念引起的回忆 // 东南大学建筑系成立七十周年纪念专集. 北京:中国建筑工业出版社,1997:107.

图 1　1981 年 3 月 30 日杨廷宝为奚树祥写的留美推荐信（奚树祥提供）

奚树祥到了美国后，按杨廷宝的指点，真的找到了教育评估机构 ECE，ECE 承认他相当于美国硕士。后来他就去波士顿大学文学院艺术史系读博士了。那封杨廷宝签字工整推荐他到加州大学的英文推荐信，虽然没派上用场，但他一直珍藏在身（图 1）。

奚树祥出国的周折让他深深感到杨廷宝对他的关爱。特别是后来听杨师母告诉他，杨廷宝虽然没有机会与他详谈，但对他在"文革"中的不幸遭遇非常了解和同情时，他更是感到杨廷宝在那个年代，对曾被隔离审查的一位老师如此关心和支持，真是在冒很大的风险！再联想到 1956 年成竟志和张其师二位先生辞去美国的工作，回来报效祖国时，是杨廷宝做了教育部的工作，把他俩要回到母校任教。特别是杨廷宝因病住院时，仍念念不忘钟训正出国进修的事。直到逝世前，院党委书记和院领导前去探望时，杨廷宝又一次提出学校应该让钟训正出去进修，并表示要亲自给贝聿铭先生写信，推荐钟训正去他的事务所工作，等等。奚树祥不无感慨地说："杨老对年轻人，对受不公平待遇的人的关心和爱也是感人至深的。"

(9)体贴入微

南京工学院建筑系中年教师杨永龄[①],1978年底通过了出国英语统考后,其出国学习之路始终在杨廷宝的关心下顺利展开。

他回忆说:"他曾代我写信与国外联系,后来美国威斯康星大学校长访问我校,杨先生在会见时向他提出让我去威大学习的要求,因威大没有建筑设计专业,这位威大校长又转介绍我到伊利诺伊大学建筑系学习。

"在与国外联系期间,我的每封信、每张表格都由杨先生一字一行地修改批阅。他从不放过一点小小的错误,但也从不改去我的任何意愿,甚至句型。他那一丝不苟的治学精神和尊重学生的想法的教学方法,给我留下了极深的印象。

"1980年底在我出国之前的一天晚上,我曾到杨先生家辞行,杨先生与我谈了许多,但使我难以忘怀的是三条嘱咐:一、芝加哥一带湖风大,提醒要多带衣服和及时添加。二、不要想家,影响身体和学习,要相信家中会有人照顾,会生活得很好。三、要多看多画,处处留心皆学习。三条嘱咐,不但体现了他对我学习的关心,还无微不至地想到了我出国后的生活和思想,可见,他对年轻一代成长的精心培养,也体现了他对祖国建筑教育事业的重视和关心。

"1982年回国前,杨先生来信嘱咐我多看几个城市,说若能去设计院学习则更好。杨先生一向重视实践,重视在实践中学,平时他甚至对施工过程也看得很仔细,他自己这样做,也是这样教导和影响年轻人的。"[②]

参考文献:

1. 潘谷西. 东南大学建筑系成立七十周年纪念专集[M]. 北京:中国建筑工业出版社,1997.
2. 刘先觉. 杨廷宝先生诞辰一百周年纪念文集[M]. 北京:中国建筑工业出版社,2001.
3. 著者访谈奚树祥。
4. 刘怡,黎志涛. 中国当代杰出的建筑师 建筑教育家杨廷宝[M]. 北京:中国建筑工业出版社,2006.

[①] 杨永龄(1936—),1960年毕业于南京工学院建筑系并留校任教。1980—1982年到美国伊利诺伊大学建筑系学习。
[②] 刘怡 黎志涛。中国当代杰出的建筑师 建筑教育家杨廷宝。北京:中国建筑工业出版社,2006:323.

39. 言传身教授真经

吴良镛院士曾这样评价他的恩师杨廷宝："杨先生本人无意成为理论家，这位非理论家之理论是从实际出发，以供实践所用为目的的。由于杨先生为人处事严肃认真，言语朴实无华，不作惊人之笔，然有其独到的见解与表达之特点。并且从论事出发，揭示平凡真理，颇中时弊。"[1]

这里仅就两位院士在求学期间，对杨廷宝在教学中，是如何不空谈理论，言传身教的感悟。

戴复东[2]院士和吴庐生教授夫妇是1952届南京工学院建筑系同班同学，他俩在杨廷宝诞辰百年之际，撰文忆起杨老师教诲的二三事。戴、吴同学从入学一开始就与杨廷宝老师有较多接触，从高年级同学的言谈中，得知杨老师在国内外名气很大，便心怀敬畏之情去接近杨老师。"可是杨老师完全不是趾高气扬、目空一切的态度，而是一位神采奕奕、和蔼可亲的长者，对待学生诚恳、谦逊，有着从容、大度的学者之风。所以很快地我们就消除了对他的'戒心'。"

从此，戴、吴同学在建筑设计学习中，经常受到杨老师的谆谆教导。其中就有要求学生在方案草图阶段，要做多方案比较，这也是他自己在设计工作中的一个重要方法。为什么呢？杨老师没有高谈阔论，而是说了他的亲身经历。"他说，在美国读书时，他的一位老师是一位开业建筑师，有一次，他的老师设计了一幢建筑物，把他找到办公室征求意见，他看到墙上贴满了约十多个方案草图，他问老师为什么这样做。老师告诉他，有很多想法往往稍纵即逝，只有画出来才能理解和进行准确的比较，同时通过多个方案的比较，有时可能会综合产生新的想法。所以杨老师向我们推荐这一工作方法。这也成为指导我们自己设计和教学生学习的重要方法之一。"

还有一次，戴、吴同学看到杨老师设计了一幢中国古典建筑形式的建筑物，比例尺度非常准确，装饰构件的细部也设计得非常精致，问杨老师是如何做到的。杨老师

---

[1] 吴良镛. 序[M]// 东南大学建筑研究所. 杨廷宝建筑言论选集. 北京：学术书刊出版社，1989：2.
[2] 戴复东（1928—2018），生于广州，安徽无为市人。抗日名将戴安澜之子。1952年毕业于南京大学建筑系（今东南大学建筑学院），1952年到同济大学任教。1983—1984年公派美国哥伦比亚大学建筑与规划研究院做访问学者。1986年任同济大学建筑与城市规划学院副院长，院长。1999年当选中国工程院院士。

又说起他的经历,他说:"为了真正吸取古典建筑造型的精华,而不是画虎类犬,就诚心诚意向一些有经验的老匠师学习。有一段时间还每天中午与他们一同吃饭,在饭桌上,老匠师向我传授了知识,我认真仔细地作了笔记,把这些知识用到设计中去。"还说:"要学就要学得准确,绝对不能自以为是,马马虎虎。"戴、吴同学被杨老师这种对学问一丝不苟、虚心向实践者请教的良好学风深深感染。

又有一次,杨廷宝与戴、吴交谈时,告诉他们:"建筑师要切忌骄傲,要细致,因为在我们的图纸中总会出差错。"最后,杨廷宝举了一个例子,"他说,解放前有一位建筑师自命不凡,对待营造厂态度极为傲慢粗暴。有一次这位建筑师设计一幢房子,在楼梯下做了一个出入口,可他犯了最容易犯的错误,即入口高度不够,人走不过去。施工的人看了图纸,当然不给他指出,而是按图施工。待钢筋混凝土楼梯浇好后,该建筑师看了大发雷霆,责怪施工者。但当营造厂出示图纸后,才大吃一惊,最后赔礼道歉,请客送礼,反复说好话才了结,打掉重做。"戴复东、吴庐生听后感触颇深,始终记住杨老师的教导,引以为戒,并以此来教育学生。

吴良镛院士作为杨廷宝的得意门生,对杨廷宝在教学中的言传身教也有切身体会。他在杨廷宝诞辰百年之际发文,谈了三个体会。

第一个体会是,杨廷宝对自己严格要求,才能治学严谨。"他首先要求学生养成良好的设计工作习惯:搞方案,平、立、剖面图必须同时做。对学生设计的评阅,都是挑在点子上:或使用上的不合理,或结构上、工程上虽然能勉强做出来,但施工复杂、浪费,或造型不美观。'你透视图画得很好,但是比例不准,盖出来不是你这样子','如果没有你图面上这棵大树,又会怎样?'等等,一语中的,给人印象非常深刻。"

第二个体会是,杨廷宝对工作怀有极大的热情,所以他能全身心地把精力投入到培养人才的教学中去,会极大地启发学生学习的热情。"例如中国建筑的构造课是比较枯燥的,但杨先生任教,常结合自己在工程修缮中所遇到的问题和技术关键,穿插一些故事,使同学们感到生动。使我至今印象甚深的是,某同学作荷塘水榭设计时,衬景画坏了,荷塘色彩越涂越脏,正无计可施。那天晚上,杨先生比较悠闲,嘱将颜色洗掉一些,他就在纸上留下的色泽上略施淡彩渲点,再用吸水纸吸出几道倒影,立刻清水芙蓉现纸上,仿佛荷香十里,生机盎然,同学们欣然称绝。这说明教师实践的经验和精湛的技巧是多么必要!"

第三个体会是,"一位优秀的教师,要能像修养极高、领人在学海探幽的导游者,能打开学生心灵深处,使之仿佛进入蓬莱仙境,景色离奇,美不胜收,再由学生自己去识别、探求、采集、雕琢。这是教学的最高境界了。记得有一次杨先生带了若干幅北京的水彩写生悬挂在教室中，当时我并未到过古都北京，那明亮的白塔、低矮的北海南门古松、色彩缤纷的辟雍琉璃拱门……我仿佛身临其境。而我1946年初来古城，即对这些胜迹一一踏游，这一切又仿佛似曾相识，一画之魅力竟能如此！我又记得在某晚间，杨先生与学生谈旧中国建筑行业如何为外国建筑师事务所垄断的情况，而老一代的建筑师从西方留学回国后，通过怎样的艰苦斗争，打破洋人对新建筑设计的垄断，以自己精湛的业务水平，逐步在上海、天津、南京这些'码头'上立足！老师的一席话，激发学生的愤悱之情。事隔四十多年，此情景仍历历在目，言犹在耳，这又是何种魔力在指使？"

参考文献：

1. 潘谷西. 东南大学建筑系成立七十周年纪念专辑[M]. 北京：中国建筑工业出版社，1997.
2. 刘先觉. 杨廷宝先生诞辰一百周年纪念文集[M]. 北京：中国建筑工业出版社，2001.

40. 莘莘学子忆恩师

杨廷宝从事建筑教育四十年，可谓桃李满天下。昔日的莘莘学子，时至今日，从中年骨干到耄耋之年，无论他官至高位、贤达院士；还是杰作累累的大师、著作等身的教授；抑或仍在一线各行各业成为国家栋梁之材的系友们，无不在自己的脑海里，存着杨廷宝在教学中教书育人的点点滴滴记忆。这些记忆，犹如岁月的拼图，汇聚成一幅生动的画卷，彰显着杨廷宝严谨务实的治学风范，甘于奉献的高尚品格、无人能及的设计功力以及淡泊明志的人生格调。今天，当我们重温这些难忘记忆的篇章，仿佛杨廷宝又翩然来到我们的身边，他的音容笑貌、君子风度又展现在我们眼前。

1944届系友吴良镛这样说："杨廷宝先生每周一、周六来两次，在同学赶图期间有时就住在学校，与学生们一道赶图，向学生做渲染示范。他在评图时，二、三、四年级的许多学生都伫立在周围旁听。他时常对学生设计提出一些很尖锐的问题，诸如结构交代不清楚、功能考虑欠周全、组合不能成立，以及造型上的弊端与建成后可能产生的实际问题等，无不切中要害。他对学生作业有褒有贬，谈吐风趣，能使受批评者，心中领略其意，心悦诚服。"

黄康宇是1944届中央大学建筑工程系毕业生，他回忆了与杨廷宝交往的两件小事。一件让他惭愧，一件让他感动。

惭愧的事是，"1940年对我作业的批评和指责。其实当时我的渲染图已经接近完工，正好美术大师周教授走近我的桌前，为了想尝识尝识他的手笔，我请他在我的图上画几株树。周大师欣然命笔也就画了几株便离开了。正当我满心喜悦地玩味这份作业时，导师杨先生走过来了，他一见这张图便问我：'你是表现建筑还是表现树木？建筑师只能利用环境创造新的环境，你的这张作业得重新绘制！'我不敢告诉他这是美术大师的手笔，只得埋头苦干了一天和一个通宵改完了这份作业。因此，杨先生的这种敬业精神，在我心上始终都抹不掉的。"

感动的事是，"1946年，杨先生在南京见到我们夫妇时，就曾问起我们为什么不趁此国内欠安定、少建设的时期到国外去见识和学习一番？我告诉他，我们没有这样的经济实力，想去也去不成。哪知杨先生却立刻为我们向国外学校寄去一封推荐信。1948年，我确实收到了美国哈佛大学的入学通知和提供奖学金的正式函件，无奈这时候解放战争胜利在望，放弃出国、投身革命是我唯一的选择了。"

1946届系友林建业对杨廷宝的记忆是："平时他改图时，总是顺着学生的思路，认真地、细致地顺势推演，绝不忽略该生构想上的特殊与优良之处。有时难免碰到个冥顽不灵，强词夺理学生的辩解，他也会来一个'也可以'，让学生自己去领悟，绝不抹杀对方的意见，也不赘言。"

1947届系友童鹤龄在东南大学建筑系成立七十周年之际，写了一篇《温馨的回忆》。文中提及，一次杨廷宝与徐中在南宁开会时，徐中向杨廷宝请教有关基础课的教学问题。在两人谈到师德时，杨廷宝对徐中说，你也是教学多年的教师了，接着说了四句金言"为人师表，道德文章，业务要精，格调要高。"这大概就是杨廷宝自身言行一致的写照吧。

1948届系友张致中毕业后留校在建筑系任教，并自1979年任系主任达六年之久。他说："杨老喜欢用透明纸蒙着，极为细致地一笔笔改，边改边讲，有时还卷起袖子，在低年级同学图上画配景，深浅变化，水墨交融，丰富深远。大家边看边学习，很多基本功都是由老先生这样手把手一笔一笔教会的。"

王彬是中央大学建筑工程系最后一届，即1949年毕业生（以后校名改为南京大学、南京工学院、东南大学），他对杨廷宝教学评价时说："杨廷宝先生治学严谨、功底深厚。在指导西洋古典建筑构图设计时，用自动铅笔绘制徒手草图，从基座到柱身至檐口、山花、拱券等，比例关系准确无误，功底之深可见一斑。杨先生指导建筑设计，功能合理、构图严谨、尺度准确、无可挑剔，不下功夫，难学得其一二。"

王彬还回忆了自己在二年级做第一个课题设计时，杨廷宝对他进行设计指导时说："我们二年级的第一个设计就是运用一年级所学的西洋古典建筑的构图原理进行设计的。我的设计方案得到了杨廷宝先生的精心指导，除了建筑设计构图外，不仅对大门的花饰做了多次修改，还反复推敲了大门内隐约可见的大使馆建筑的外形，使得整个画面更加完美。正式'上版'作图前，沈奎绪先生对我说：'杨先生对这个设计比较满意，一定要把图画得好些。水墨渲染、阴影都要做好，杨先生才会亲手给画配景。'于是我把一年级学到的功夫全用上了。杨先生很高兴，在我的图上画了两棵苍劲的古松和相应的配景。最终得了个'Frist Mention'装裱后保存在系里了。"

1952届系友齐康和郭湖生是同窗，他们受教于杨廷宝，并在南京工学院建筑系、建筑研究所与杨廷宝共事时间最长。他们对恩师在教学上的共同回忆是："杨廷宝先生是我们的启蒙老师，我们毕业后留校任教，在他的亲自指导下工作，朝夕相处，受益良多。他在教学中，非常重视联系中国实际。在他的研究、创作乃至教育工作中，无不有强烈的爱国、爱民族文化的内在精神。在建筑系创办之始，虽然基本模仿外国，但常强调联系中国实际。课程设置、教学计划反映了学以致用的主旨。例如，当时分工不像现在这样细，学建筑对水、电、暖、算材料、算人工、搞施工，样样都得懂，课程也如此设置。出题强调中国的情况，中国的民族习惯。联系实际的一个重要精神在于可行性，一切空话，好高骛远，都是学者大忌。杨廷宝先生尤其身体力行，教育青年做实干家，不要脱离实际，他的这个宗旨大家都熟悉。每当空话家侃侃而谈时，杨先生总是递去一支铅笔，让他画一下他说的究竟是什么，这就'将了军'。他经常谆谆教导我们，要争取学习的主动性和学习的高要求。他说过：'每次教师来改你的图，你应当多准备些方案，两个、三个以至更多些。这样老师可根据你构思提意见。这样你学的、看的就多了。'这种多方案的设计思考，养成我们做设计时不仅要多画，更要多想多看。平时他改设计图，总是循循善诱，乐于教人，先听听你的设计思路，然后认真地、细致地顺着你的构思改图，达到设计要求。他不强加于人，要学生照抄老师的图，他认为那种硬抄的办法，难以做到启发学生的独立思考。"

"那个时候，老师少，他还兼教素描课。他书包里常放着各种教具，教我们严格地用单线比画着描和画，使我们打下了徒手画的基础。他的教学态度认真而严格，重视因材施教，特别在建筑设计的教学中，注重设计方法和基本功的训练，主张多方案和快捷草图的练习，并认为要培养学生有较广博的知识。他认为建筑师不同于一般的艺术家，建筑师的创作必须建立在物质的基础上，没有广泛的社会和科学技术知识是不行的，没有勤于学习、勤于观察和分析的工作态度也是不行的。"

1953届系友任时夏记忆中的杨廷宝指导他设计印象最深的是："记得有一次，他给我们改图，勾画了一个民族形式的立面草图。我们把草图的比例量了一下，发现杨先生对中国古建筑的营造法则，把握得十分准确。他在给我们改图时，总是边改、边讲，是那样的慈祥，那样的耐心、细致。有时同学们到杨先生家里去做客，观赏他的水彩画作品，受到热情的接待。我们总是带着好学的思想而去，满怀敬慕的激情而归。"

1955届系友洪树荣毕业后，于1957年到南京市建筑设计院工作。他回忆参与杨廷宝主持设计"徐州淮海战役烈士纪念塔"设计的情景。"从总体规划到每个单体的草图，杨先生亲自动手，对于方方面面提出的意见，总是尽量考虑，一次又一次地修改直至定稿，该方案是要报送国务院审查的，杨先生对大幅水彩渲染表现图也很重视，赶图的时候正值炎热的暑假，他身着中式'休闲装'，手执芭蕉扇每天都来指导。大面积渲染时有他在旁边掌舵，我就放松得多了。最后，杨先生亲自调色配景，他胸有成竹，

图1 徐州淮海战役烈士纪念塔鸟瞰渲染图（来源：韩冬青，张彤.杨廷宝建筑设计作品选[M].北京：中国建筑工业出版社，12001：152.）

很快把纪念塔后面的山景铺垫一遍。第二天他将山和树木略分远近，增加了层次。第三天，他以较浓的色彩增添了近景，还用了一些较鲜艳的暖色，烘托出秋天的氛围。整幅画很协调，有主有次，纪念塔竖立在一个特定庄严的环境之中，也表现出季节性……我们把图板竖起来，杨先生站着看了好一会儿，笑着说'秋意深深！'"（图1）那年，先生59岁。"

1956届系友程泰宁回忆说，他入学前对建筑毫无了解，也没有美术基础，开始学建筑设计困难不少。幸运的是，读书四年社会稳定，学习氛围浓厚，班集体活力十足，加之个人勤奋努力，终于学有所成。更为有幸的是杨廷宝、童寯、刘光华三位德高望重、学识渊博、设计功力超群的教授，一直教他们班的建筑设计，受益匪浅。

程回忆了两件记忆犹新的小事。

"一天，系里的布告栏上贴出了一张刘敦桢先生的病假条，抬头写的是'呈：系主任杨'，后面是杨先生的签名：'宝。×年×月×日'。这张别开生面的代替课程变更通知的请假条，使人想到更多的东西。我们都知道刘先生的资格很老，曾经担任过原中大的工学院院长，但他并没有摆老资格，而是处处强调他对杨廷宝的尊重，这是很不容易的。而杨先生对其他教师尊重就更为同学们熟知了。有一次，是系里的年轻教师画了一张南京航空学院主楼的渲染画，画的过程中杨先生来看过，觉得不错。后来童（寯）先生也去看了，他一时兴起，用豪放的笔触加了天空背景。大概是由于绘画风格的不同吧，等到杨先生再去看时，不由地一怔，旁边的老师连忙告诉他，天空是童先生加的，他马上改口说童先生的水彩画得如何如何好……作为年轻的学生，当时我更多地把这只当作一件趣事。经过这几十年生活的磨炼，我不仅感到了杨先生的高贵品德，同时，也完全理解了杨先生这么做，对于维护一个集体的团结是多么重要啊！"

还有一件事是程同班的学生恶作剧被杨廷宝看见很生气。事情是这样的：

"一个冬天的下午，大概是天气太冷，几个不安分的同学放下了画笔，互相开着玩笑，在教室里追逐起来，跟着全班同学都起哄了，教室里乱成一团。正在闹得不可开交的时候，忽然，教室门被推开了，门外站着闻声而来的杨先生，这时杨先生板着脸扫了大家一眼，很严厉的说了声：'不像话！'然后'砰'的一下把门带上走了。面对这突如其来的训斥，教室里顿时静寂下来。不过，也只静寂了两三秒钟，突然不约而同地爆发出更为放肆的笑声。这种笑声，似乎是想表示我们对这训斥并不在意，甚至是不满……但是，同学们毕竟是心里有数的，笑了一阵，这种多少带有自嘲意味的笑声，似乎也笑不下去了，同学们一个个偃旗息鼓地回到了自己的座位，安静地画起图来。"

可见，年轻学生活力四射，一时疯闹起来也属正常，只是发泄过剩精力选错了地方，让杨先生撞上一时训斥一下也可理解。不过隔天看见学生又在认真趴图板画图，杨廷宝又"云开日出"和蔼如初了。

张雅青虽在1957年毕业于同济大学建筑系，但她毕业即分配到南京工学院建筑系任教达五年。她说："初到南工，被分配上建筑设计初步课。这门课的教学组长就是杨廷宝先生。杨老是中国科学院学部委员，国际建筑师协会副主席，国内外知名的建筑大师，在南工他是建筑系主任。由他来主持建筑设计初步课，有人可能不大理解，认为是大材小用。可在南工，尤其是杨老不这么看。而是认为建筑设计初步是把一年级新学生带进建筑殿堂的重要课程，对同学的今后发展关系重大，必须由有丰富教学经验的教师担任。杨老作为教学组长，自己以身作则，亲自动手制图，带同学测绘。在做小建筑设计时，他照样和年轻教师一起到现场调查研究。他有着几十年的建筑实践经验，有着熟练的绘画技巧，但从不自以为是，而是踏踏实实带领年轻教师与同学去教、去学。南工有个好传统，就是刚走上工作岗位的教师，必须从教一年级的课开始，而且跟班到同学毕业。这样年轻教师从一年级到四年级教一遍，也是再学习一遍，为今后的教学科研打下扎实的基础。"

1957届系友杨德安毕业留系，又在建筑研究所工作，前后与杨廷宝共事24年。他回忆了许多鲜为人知的小事。

在北京和平宾馆施工中，"工地上有问题，就打电话请杨老去，他就背着一个小铺盖去工地上。当时施工人员不认识他，对他也不够尊重。杨老和他们一起参加劳动，拔钉子、拆模板，他从不计较这些，可以说胸襟非常开阔。"

"'四清'运动中，学校考虑杨老年事已高，就不要求他去，但他主动要去，地点是江宁淳化咸墅村。共去了三位老先生：吴大榕、钱钟韩、杨廷宝。两位年轻老师：于勇良、陈万年，负责联络，照顾老先生们的生活，他们与农民实行'三同'。"

"我记得杨老平时生活朴素，但经常被通知去会见外宾，于是装束变化很大，我们当时还笑谈过这件事。"

"1958—1959年国家搞十大工程，系里由杨老领队，张致中、钟训正、郑光复[1]等老师和我共五个人，去北京参加北京火车站设计，系里还派去了59班和60班的20多位学生，加上我院土木系的陈昌贤老师与几个年轻师生合作，和北京市第一工业建筑设计院林乐义[2]、陈登鳌[3]等一批建筑、结构大师进行两个小组竞赛。从方案开始，杨老也不分昼夜，和大家一起调查、做方案。杨老单独做了一个大的拱形车站方案，同时，他对其他方案也提出了不少宝贵意见，很受与会专家的尊重。"

"后来又设计了人民大会堂，杨老去北京接受任务，我系大概出了3~4个方案，杨老的方案是刘叙杰画的，布局与现在的有些相似，是折中式样的。"

"我系的师生关系一向十分融洽，杨老当时也说我们的建筑系是一个大家庭，师生融洽、讨论民主，所有的系里活动老先生都积极参加。杨老经常在联欢会上即兴表演拳术。老一辈老师或许有不同的学术观点，但没有名利之争，他们之间的友谊深厚。"

---

[1] 郑光复（1933—2009），重庆人。1956年毕业于南京工学院建筑系并留校任教。教授、硕导。长期从事设计教学、工程设计、课题研究，成果丰硕。

[2] 林乐义（1916—1968），福建省南平人。1937年毕业于上海沪江大学建筑系。抗战胜利后，到美国佐治亚理工学院被聘为该校建筑系特别讲师。1950年回国后，分别历任建工部北京工业建筑设计院、河南省建筑设计院、中国建筑科学研究院、建设部建筑设计院总建筑师。主要设计作品有：北京首都剧场、北京电报大楼、郑州二七"烈士纪念塔"、北京国际饭店等。

[3] 陈登鳌（1916—1999），出生于江苏无锡。1937年毕业于上海沪江大学商学院建筑系。先后在江苏、江西、河南等地建筑师事务所、建筑工程公司、银行、煤矿局等单位任建筑师。中华人民共和国成立后，建设部将其从上海调往北京先后在中央设计院、北京工业建筑设计院任主任工程师，副总工程师。1971年任中国建筑科学研究院、建设部建筑设计院总建筑师。

1958届系友姚自君毕业后留校任教，后来又任建筑系党总支书记。他在一年级时，杨廷宝教他们如何很好完成一张渲染作业，讲解得如此耐心、认真、细致到令人惊叹的地步！姚自君回忆说："我们刚入校门的学生，看到高年级留系的精美作业，有恐惧心理。他用自己的心得体会教授给我们。首先，他说这是一种图纸表现的手段，画好不容易，要从选纸、墨、笔开始。墨分两种：略显青灰色和略显黄色，后者较好，不能用小学生的墨。研墨要慢而均匀，然后要过滤。笔分羊毫、狼毫，羊毫吸水多，用于渲染大面积的天空、地面；狼毫可以用来画细部。画完后，图纸要用布盖好，防止碰脏，影响渲染效果。图板与桌面要有一定角度，不要太高或低。渲染大地、天空时，笔尖不要接触纸面，否则，笔尖带墨会使色彩不均匀。他还告诉我们，怎样保护毛笔，画完后要清洗和垂直挂放。讲得非常细致、严谨。"

1959届系友陈青慧入学时，她们年级人数比以前多多了，有五十八名学生，所以分成两个小班。她回忆说："我们像兄弟姐妹一样，学习在一起，生活在一起，师生之间也非常融洽，像一个大家庭。外系人都说我们建筑系的人很活跃，文体活动在学校是有名气的。每天下午体育锻炼时间，我们都会看到杨廷宝先师在系前草坪上练太极推手。"

"记得第一次课程设计是一幢小住宅。在客厅里要布置沙发和钢琴。可那时我这两样东西都没见过，我抄来一架三角钢琴图，把直角往墙角一靠，在凹曲的一边放了一张小圆凳，杨先生问我这个琴怎么弹？我愕然，闹了笑话。这件事给我的印象太深刻，不知所以然的东西怎么能画上去？没有生活体验，怎么能做好设计？以后，我在教学生的时候，经常讲这个例子。杨廷宝先生常对我们说：'出门要带上一个钢卷尺、一个小本子，把仔细观察到的东西描绘下来，包括它的尺度。这样日积月累下来，自己的资料库就相当丰富了。'这位建筑先师他自己就是这样做的。"

也是1959届系友缪启珊，她说，他们这一届学生十分幸运，因为她们"是杨廷宝、刘敦桢、童寯、李剑晨老先生们亲自教导的最后一批弟子。当年他们已届花甲之年，社会兼职工作很多。特别是杨廷宝先生，那时是国际建筑师协会副主席，经常在国外活动。但只要他在南京，就一定亲临我们的教室，指导我们的建筑设计，机会十分难得。我们围在他的周围，聆听他对某位同学的设计方案进行细致中肯的分析，他的批评不失幽默，提出的修改建议恰到好处，又富有启发性，每次都让我们感到获益匪浅。"

缪启珊系友在谈到建筑系的文艺、体育活动十分活跃，在全院首屈一指，令各系望尘莫及时，回忆了一件十分有趣的事："我们拥有一些特殊技巧的能人。有一年过元旦，全系联欢会上，话筒里传出系主任杨廷宝先生讲话。可我们看见杨先生坐在椅子上不动，脸上有惊讶的表情，而话筒里传出杨先生亲切的新年贺词。50年代没有录音设备，大家正在疑惑不解的时候，幕后走出一位表演口技的年轻教师。大家才恍然大悟，随后热烈鼓掌，哄堂大笑，连杨廷宝自己也乐了。他高兴地走上舞台，随手抄起一把笤帚，挥舞着表演了一套漂亮的剑术，引得台下学生狂喊吼叫。"

汪正章是1959届又一位系友，他记得自己竟有幸两次得到杨廷宝在百忙中的亲自指导。一次是四年级上学期做中心区建筑群规划设计，另一次是毕业前的杭州歌剧院毕业设计。

汪正章系友回忆说："我感到杨老采用的完全是启发式改图。课堂上，一次次地给你提出问题，引导你思考琢磨，促使你自己修改设计。有时满意地点点头，有时又直接指出设计中的不足，'可以这样，也可以那样'地引导你多方探索。就这样，设计方案快定稿时，他认为已经水到渠成，便毫不犹豫地为你用软性铅笔蒙画一张定案性的徒手草图。那似直又曲、刚柔相济的流畅线条，那挥洒自如的运笔姿势，那胸有成竹的徒手效果，至今使我赞叹不已，真有'高山仰止，景行行止'之感。应当说，杨老亲自给我上课改图就这一次，而且在整个指导设计的八周时间里，也仅此一次动手帮我加工润色一番。"

如果说杨廷宝给汪正章的设计作业是一次难得而宝贵的"润色"，那么下面这一次，杨廷宝对汪正章的指导设计就是一次忠告了。

事情是这样的，汪正章毕业前"很有兴致地为杭州歌剧院做了一个方案。一天杨老走到我的绘图桌面前，看了又看，停顿了一会，指着我画的剧院透视图说：'你这是受北京火车站方案设计的影响吧，要注意，不要把它搞成第二个北京站哟！'他指的是我设计图中，那两个左右对称的竖塔处理，在构图格局上和刚刚设计完成的北京火车站有些相似。杨说话的态度虽然温和，但语气却相当肯定，和蔼中透出严厉。我只感到一种失策，脸上火辣辣的，可惜当时并未认真领会个中三昧。只是到了后来，我毕业走上了工作岗位，从事设计创作和建筑教学多了，才逐渐加深了我对杨老这话的理解。"

柳孝图也是1959届系友，他怎么也没有想到，上大学第一堂课是这样的。他说，当时"杨老任系主任，杨老主要来讲第一节课，包括讲解丁字尺、三角板用法，铅笔怎么削、怎么用。"堂堂一位大牌教授，又是大名鼎鼎的南京工学院建筑系主任，上课却讲起小学生都会的削铅笔这种不值一提的小事。后来自己做起设计，用上丁字尺、三角板以及铅笔画设计图时才明白，原来此大学削铅笔与彼小学削铅笔还真不是一回事，有不少讲究呐。

……

只要是南京工学院建筑系的系友，或者更早一点的中央大学时期建筑工程系的系友，凡受过杨廷宝亲自手把手教过设计的学子们，每当回忆起自己这一段人生难忘的青葱岁月，都有着许多令人感动的关于杨廷宝教学故事。这些故事，不仅仅是东南大学建筑学院在近百年办学历史长河中的几朵耀眼浪花，而更为绚丽的教学满园春色是经几代教学匠师们献身教育和历届学子们勤奋学习，最终从沙坪坝、从中大院走出无数杰出人才。他们如满园桃李，成为国家栋梁，行业精英。这就是以杨廷宝为代表的园丁们，在教学园地辛勤耕耘所结出的硕果和价值体现。

参考文献：

1. 潘谷西. 东南大学建筑系成立七十周年纪念专辑 [M]. 北京：中国建筑工业出版社，1997.
2. 刘先觉，杨廷宝先生诞辰一百周年纪念文集 [M]. 北京：中国建筑工业出版社，2001.
3. 刘怡，黎志涛. 中国当代杰出的建筑师 建筑教育家：杨廷宝 [M]. 北京：中国建筑工业出版社，2006.

41. 同仁片语赞杨师

在这里，我们不必长篇大论描述杨廷宝一生的为人处世，只需听听他的同仁们对杨廷宝三言两语的评说，并将之连接成他的人生画卷，那么，一位有血有肉、令人崇尚敬仰的一代巨匠就会活生生地再现在我们面前。扪心自问，面对杨廷宝这一业界德才兼备的宗师，我们该怎样以杨廷宝为榜样做人做事？

梁思成与杨廷宝是清华、宾大两校同窗，是一生的知己（图1）。据时任梁思成的教学助理奚树祥与其的一次交谈中，听梁称赞杨老"内韧外秀，厚积薄发"，说"杨在宾大学业超群，作业和笔记就像本人一样，非常工整、赏心悦目，成为同学们的范本。说杨一辈子用心学习，到老了和他一起开会或出差，还保持着用心观察、用心丈量、用笔速写的习惯，叫我们年轻人都要向他学习。"

"梁先生还称赞杨老在开会时能顾全大局，不为南工掠一席之位，夺一时之利。"

（奚树祥.一代巨匠 万世师表[M]//刘先觉.杨廷宝诞辰一百周年纪念文集.北京：中国建筑工业出版社，2001：73.）

童寯与杨廷宝是几十年的畏友（图2）。无论在顺境还是逆境，两人始终肝胆相照，心心相印。即使"文革"期间，童寯在《南工建筑研究室的批判》一文"检查"中，还这样写道："我和杨廷宝到美国在同一个大学学建筑专业，学的课程一样，生活工作一样，观点又凑巧一样，在学术、技术、艺术各问题上，我们没有争论过，不是由于客气或虚心，而是由于看法一致。研究室内在处理问题上，只要是他说过的，我就不重复，完全同意。我就未曾指出他所说的是资产阶级那一套，因为我也拿不出社会主义的一套，官官相护。"

（张琴.长夜的独行者.上海：同济大学出版社，2018：56.）

刘敦桢夫人陈敬曾说过："士能①与杨廷宝（图3）、童寯是几十年的知心老友。可是平时往来不多，也绝少客套应酬，大概是'君子之交淡如水'吧。可是他们在工

---

① 士能即刘敦桢字。

图 1　梁思成与杨廷宝

图 2　童寯与杨廷宝

图 3　刘敦桢与杨廷宝

作中相互支持，团结精诚，坚如磐石。我从来没有发现三人发生过任何龃龉和误会，这种深厚而亲密的友谊，恐怕世间也不多见。"

（陈敬口述，刘叙杰执笔. 履齿苔痕 [M]// 潘谷西. 东南大学建筑系成立七十周年纪念专集. 北京：中国建筑工业出版社，1997：49.）

陈植与杨廷宝在清华、宾大同窗六年（图4），曾回忆杨廷宝在宾大时说："他几次获得全美建筑系学生竞赛头奖。一是艾默生奖，二是都市艺术协会奖，更难能可贵的是他又荣获全美科技最高荣誉奖金钥匙。在全系的欢乐声中，他毫无自鸣得意的表现。人们向他祝贺时，他只以微笑说声：'谢谢你！'全美建筑系学生竞赛是正式公布的。而 sigma xi 金钥匙是直接授予的，由于杨廷宝对此漠然处之，迄今鲜为人知。"

图4 陈植与杨廷宝

图5 张镈与杨廷宝

"杨老作为建筑大师、画家、建筑教育家所表现的智力和毅力,以及所创造的丰硕成果,反映着他的高洁、耿直、勤奋、谦逊的品德。他是我的益友,更是我的良师。"

(齐康,杨永生. 名人谈杨廷宝及其他 [M]// 刘先觉. 杨廷宝先生诞辰一百周年纪念文集. 北京:中国建筑工业出版社,2001:102.)

张镈跟随杨廷宝在基泰工程司工作了近20年(图5),可以说是杨廷宝亲手把张镈在工程实践中培养成中国第二代杰出的建筑设计大师,而张镈对杨廷宝的为人处世是最知根知底的人了。他说:"杨廷宝一生中在学习、工作、待人接物和科研教学等方面,一贯是循序渐进,孜孜不倦,以严肃、严密、严格的态度要求自己;不哗众取宠,不做费而不惠之事。真是德高望重而又平易近人的长者。"

杨廷宝在清华读书时,水彩画技巧已有很深造诣,故到宾大时,绘画教师认为可以免修。但杨廷宝曾对张镈说过:"很后悔没上色彩学的基础课。这是由红黄蓝三原色的单一到综合的训练,缺了这课就不能较准确地抓住色彩学中的微妙变化。"张镈说:"这说明杨先生自我要求十分严格。"

1933年夏,张镈毕业前一年到天津基泰拜访了杨廷宝,看见"他正坐在小图房的图板前在画线图,图面十分工整。这时他已功成名就,有了很高的社会地位,但是他还是趴在图桌上制图。"第二年张镈到基泰工作实习时,看见"图房里的十多位同事都是很有经验的绘图员。他们遇到问题去小图房请教时,杨先生不离自己的图版,能够答问如流,并眉批解决问题的方法。十来个设计同时进行,他了如指掌。一是交代清楚,从来不作出尔反尔、反复无常的乱改;二是心中有数,对每一个设计可能遇到的问题早有预见对策，对来人的问题耐心解答，具体地帮助。"张镈认为这是杨廷宝"诲人不倦的工作作风。"

张镈还提起一件事，那是1981年4月，"南京雨花台烈士陵园纪念碑"设计竞赛评选工作在南京举行，"杨先生担任了评委会主任委员。当时，他已经是身兼多职的八旬老人，他抱着不辜负五百多个应征方案的热忱，不辞劳苦参加评选。五百多个方案济济一堂，五光十色，令人眼花缭乱，但杨先生一再指出，要'下马看花'，不要挂一漏万。他甚至挤业余时间加班加点，独自一人到挂图厅去补课阅图。他那严肃、认真对待每一个方案的态度，给我极为深刻的印象。"

张镈与杨廷宝近20年的共事得出的评价是："在旧社会作建筑师，能洁身自好，廉洁奉公，按职业道德办事的，杨先生是典型。1949年后一心为党为公，竭尽全力，贡献一得之愚，是杨先生持之以恒的表现。他的确是建筑师的楷模。"

（张镈.怀念授业恩师杨廷宝[M]//刘先觉.杨廷宝先生诞辰一百周年纪念文集.北京：中国建筑工业出版社，2001：37-39.）

张开济是北京建筑设计院总建筑师，他在接受齐康访谈时说："杨廷宝是'基泰'的主要设计人，因此，也是我们建筑设计界的开创者之一。"

"我认为，他的作品都是成熟的，比较细致，路子很端正。从总平面到细部设计，他都是亲自动手，不只画图，而且是随着工程一抓到底。我认为，作为一个建筑师，除了专业之外，还要有广博的知识、较高的艺术修养、较强的分析问题的能力、认真的态度和正派的作风。杨老完全具备这些条件。杨老为人随和、平易近人，最可贵的长处是认真，好学。"

（齐康，杨永生.名人谈杨廷宝及其他[M]//刘先觉.杨廷宝先生诞辰一百周年纪念文集.北京：中国建筑工业出版社，2001：104.）

罗小未[①]是同济大学知名教授，她曾这样精彩地评价杨廷宝："假如我们认真回顾杨廷宝自（20世纪）20年代至今几十年中的建筑创造道路，会吃惊地发现，这俨然是一部我国60年来建筑创作历史的注解。他的作品有今有古，或古今结合；有中有西，

---

① 罗小未（1915—2020），生于上海，广东番禺人。1948年毕业于上海圣约翰大学建筑系。1951年任圣约翰大学工学院建筑系助教。1952年院系调整并入同济大学建筑系，历任助教、讲师、副教授、教授。《时代建筑》杂志主编。

或中西合璧。虽然人们可以取其一而冠以这种或那种'主义'，或您自己的好恶而加以褒贬，但这不是历史。杨老和我国其他几位杰出的第一代建筑师一样，其贡献不在于倡导了什么现成的学派，而在于坚持了严谨的现实主义探索精神，努力在洋为中用、古为今用中探索自己的道路。在这个艰巨的历程中，他们尽可能地认识社会，适应社会和工作任务对他们的要求，尽心创作，并不断地充实自己，力图在不同要求和有限的条件下得到较为圆满的解决。这就是他们的贡献。这种精神将激励着后人前进。"

（罗小未.代序[M]//杨廷宝.杨廷宝谈建筑.北京：中国建筑工业出版社，1991：6.）

张锦秋是中国西北建筑设计研究院的总建筑师，中国工程院院士。她接受齐康访谈时说："我真正接触杨老是在参加毛主席纪念堂设计方案时，那是1976年9月，见到他，我觉得他是位大师。大师，我想象中总是很严肃、很难接近。可是在二次方案设计中，我感到这位有名望的人非常平易近人。我和杨老不是差一代，而是差两代（图6）。他是学术上的师长，而我们是晚辈，和他的接近像见到老爷爷一样。当时我和其他老总们在一起，总感到有些怯生，之后在方案设计过程中，我们总向他请教，他总是那么诚恳、那么耐心，看我们的图，提意见，很实事求是。每次请他看方案，他总先肯定你对的地方，也指出不足之处。"

"做纪念堂设计方案，我们那个组基本上是在杨老指导下画出来的，也是以后建筑设计方案的基础。"

（齐康，杨永生.名人谈杨廷宝及其他[M]//刘先觉.杨廷宝先生诞辰一百周年纪念文集.北京：中国建筑工业出版社，2001：113.）

齐康院士是跟随杨廷宝时间最长的系里一位老师（图7），从他对杨廷宝工作、生活的一些细节回忆，我们可更深度了解，杨廷宝的为人处世。

"'文革'时，他受到极其不公正的侮辱，我们一批老师被认为'右倾翻案'，跪在系大门口，他坦然处之……'造反派'要他画工厂的图，他仍然是一笔笔认真地画好。在困惑的年代里，他仍然努力行进着。"

"他劳累极了，但仍不忘工作上的需要。有几次他边看图纸边打瞌睡，精力是有限的，但他的工作却没有终止。"

"他待人平和，与人为善，关心百姓生活。每次单位来接他，他总问清驾驶员的姓名，下车时总讲：'谢谢你，辛苦了！'"

图 6 张锦秋与杨廷宝

图 7 齐康与杨廷宝

图 8 钟训正与杨廷宝

"在繁忙的工作中,他总是精神矍铄,步履稳健,不辞辛劳地坚持在工作岗位上。他的工作精神是做到老、学到老,行进在建筑设计活动的世纪行程上,直至去世之前三个月仍在工地上指导工程设计。"

(齐康. 思念 [M]// 刘先觉. 杨廷宝先生诞辰一百周年纪念文集. 北京:中国建筑工业出版社,2001:6-7.)

钟训正院士是杨廷宝的得意门生(图8),他既领教过杨廷宝对他的"严厉",也受惠于杨廷宝对他的"恩泽"。因此,钟训正感同身受地说:"杨老在亲受教诲的年长一代的心目中是严师,在少有接触的年轻一代的心目中只有慈祥。其实,他两者兼而有之。在一个大'家庭'中,他既是严'父'又是慈'母',如果称他为建筑界既严且慈的祖师爷,恐怕更为恰当而且也当之无愧。"

此外,钟训正谈起一件趣事:"在我们的学生时代,享受了和睦大家庭的温馨。

每逢元旦迎新，在盛大的师生大联欢会上，定有杨老师的舞剑，或太极拳，或翻筋斗，以及童老的讲笑话，等等。那一段美好的日子实在令人留念。"

（钟训正.恩泽绵长——忆杨老[M]//刘先觉.杨廷宝先生诞辰一百周年纪念文集.北京：中国建筑工业出版社，2001：17-19.）

汪坦[①]是1943届中央大学建筑工程系毕业生，受教于杨廷宝（图9）。他回忆在国立中央大学做学生时，杨廷宝指导他做一个哥特式建筑课程设计题的情景："他替我改图那么严格，我想现在的学生可能会受不了。改图时，平、立、剖齐全后才改，有时还要画出透视图。""他的为人，有点老庄哲学。那时，老师之间在评图时争分数，他从不在乎，他认为只要学到手东西就可以了。"

汪坦还回忆说："杨老他们那一辈人外语都很好，杨老还用英语给我们讲莎士比亚的戏剧，作为英语练习。对设计课，他不主张多讲，而主张在改图时讲道理。"

（齐康，杨永生.名人谈杨廷宝及其他[M]//刘先觉.杨廷宝先生诞辰一百周年纪念文集.北京：中国建筑工业出版社，2001：106.）

朱畅中是1945届中央大学建筑工程系毕业生。他曾陪同杨廷宝出国参加国际会议和考察（图10）。他回忆了其中一次："在布拉格的旅馆里，他就把住的客房画了、测了。到了莫斯科，他又画了新处女修道院和名人墓。这一点给我教育最深刻。"

"他对人诚恳，但又持重，心里有想法，总是让你先发表，然后再表态。有一次在葡萄牙参观，当看到一幢建筑底层架空的'鸡腿'时，他又若有所思地问我：'老朱，你看中国能建造这样形式的吗'？许多问题，他让你先思考。"

（齐康，杨永生.名人谈杨廷宝及其他[M]//刘先觉.杨廷宝先生诞辰一百周年纪念文集.北京：中国建筑工业出版社，2001：110.）

曾在台湾各大学任教的林建业是1946届中央大学建筑工程系毕业生。他回忆说："有一次中午我们在沙坪坝中渡口吃面，看见杨老师挑了两个烤山薯，拿在手上掂了一掂，却把较重的一个放下了。"

---

① 汪坦（1916—2001），江苏苏州人，1941年毕业于中央大学建筑工程系。曾在兴业建筑师事务所工作。1948年2月赴美，在现代建筑大师赖特事务所学习。1949年3月回国任大连工学院教授。1958年任清华大学建筑系教授、副系主任，校土建综合设计院首任院长兼总建筑师。1983年创办深圳大学建筑系。

图9 汪坦（左）与杨廷宝（右）

图10 朱畅中与杨廷宝

"杨先生虽然才华横溢，却无任何不良嗜好，与关[①]先生合作，大部分的钱都是关先生去分配，而他却清心寡欲，从不在金钱上动脑筋。"

"他是一个忠厚长者，总是严于律己，宽以待人，平易近人。他是一个实干家，最愉快莫过于工作，最难过莫过于无所事事。"

（林建业. 沧海月明珠有泪 [M]// 潘谷西. 东南大学建筑系成立七十周年纪念专集. 北京：中国建筑工业出版社，1997：70.）

时任云南省建筑设计院高级工程师、前院长的1948届中大毕业生陈谋德，于1974年春，为了设计毛里求斯国际机场航站楼，与另两人专程来南京参观杨廷宝设计——刚建成不久的南京民航候机楼，并请教他设计航站楼的有关问题。陈谋德说："那时杨先生是南京工学院副院长（因是"文革"期间，应称"革委会副主任"——著者注），不在系里办公，当建筑系老师电话告诉他的学生来访时，杨先生立即放下工作，从院长办公室回到系里接见我们，毫无架子，平易近人。他就航站楼设计的原则，应当注

---

① 指关颂声。

意的流线便捷、方便旅客、行李运送等功能问题，微笑着侃侃而谈近一小时，使我们深受教益，留下深刻的印象。"

（陈谋德，王翠兰.艰苦的岁月 沸腾的生活 [M]// 潘谷西.东南大学建筑系成立七十周年纪念专集.北京：中国建筑工业出版社，1997：134.）

时任东北建筑设计院总建筑师的黄元浦曾回忆说："杨先生一贯性格开朗、乐观。在校时，我多次在系内联欢会上观赏过他轻盈活泼的剑技。在学术活动的公共场合，常能听到他爽朗洪亮的笑声。1963年我在北京参加'古巴吉隆滩方案'评论活动，一次在公共交通车上与杨先生和林克明①、唐璞②等先生同车，当年他们三位老建筑师都是五六十岁的人了，杨先生激动地拍着唐先生的肩膀，大声笑道：'想当年华沙青年联欢节！'同车的人都为他们不减当年的'青春呐喊'鼓掌欢呼。"

（黄元浦.一纸签名留念引起的回忆 [M]// 潘谷西.东南大学建筑系成立七十周年纪念专集.北京：中国建筑工业出版社，1997：107.）

同济大学戴复东院士和吴庐生教授夫妇二人记起与杨廷宝交往的一件事时这样说："1981年庐生因公出差南京，带了复东编著的《国外建筑实例图集——机场航站楼》送给杨老师，他非常高兴说，你们给我这么好的礼物，我拿什么来送你们呢？于是赶忙将自己的《杨廷宝水彩画选》送了一本给庐生，说这本书刚印出来，出版社才送来几本，虽然数量不多，但应该先送给你们，并认真在书页上一笔一画地写上我们的名字并签了字，郑重地把书送给了我们。他老人家楼上楼下奔忙几趟，并没有因为我们是他的学生而稍事马虎，使我们极为感动，谁知这竟成了最后一面和他送给我们最后的礼物……"

（戴复东 吴庐生.春蚕到死丝方尽 蜡炬成灰泪始干 [M]// 潘谷西.东南大学建筑系成立七十周年纪念专集.北京：中国建筑工业出版社，1997：111.）

---

① 林克明（1900—1999），广东东莞人。1920年赴法国勤工俭学，1926年毕业于法国里昂建筑工程学院。旋即回国，先后任广州市工务局设计课技士，省立工业专门学校兼职教授。1932年创办襄勤大学建筑系，1933年成立林克明建筑设计事务所。1945年任国立中山大学工学院（华南理工大学前身）建筑系教授。新中国成立后先后在广州市政建设计划委员会，市建筑工程局，市设计院等部门任领导。1979年任华南工学院建筑系教授及该校设计研究院院长。

② 唐璞（1908—2005），山东益都人，满族。1934年毕业于重庆中央大学建筑工程系。毕业后曾任四川泸州某兵工厂建筑课课长，在泸州天工建筑师事务所、重庆国泰建筑师事务所任职。新中国成立后，先后任西南工业建筑设计院副总建筑师，重庆建筑工程学院建筑工程系教授、系主任等职。

建筑系教师朱敬业是南京工学院建筑系 1955 届毕业生，他常有机会跟随杨廷宝出差、开会。对杨廷宝言谈举止多有了解。他说："杨先生对年轻教师的长者风范、严格要求和平易亲切的作风，使我们师生关系十分融洽。出差旅途中，我们都爱到杨先生的软卧车厢或一等舱位中去坐，杨老总是乐呵呵地与大家聊天。杨先生生活简朴，一次在北京，与杨先生二人同行至甘家口，适逢午饭时间，先生说，我们就到小饭馆随便吃点儿清淡的吧。于是点了一菜一汤，菜为雪菜炒肉丝，先生说年纪大了，不宜多吃肉，关照我多吃些。"

（朱敬业. 往事追忆 永念师恩 [M]// 刘先觉. 杨廷宝先生诞辰一百周年纪念文集. 北京：中国建筑工业出版社，2001：64.）

缪启珊是南京工学院建筑系 1959 届毕业生。她对杨廷宝的印象是："只要不是上课和工作时间，他总是随和地和师生们打成一片的。毫无架子地在我面前舞剑、打太极拳，有时也和大家凑在一起，说上几句有趣幽默的话。在联欢会上他也会应我们师生的要求，随手拿起一根棍子表演一套漂亮的剑术。"

（缪启珊. 终生为师 [M]// 刘先觉. 杨廷宝先生诞辰一百周年纪念文集. 北京：中国建筑工业出版社，2001：76.）

王伯扬是中国建筑工业出版社编审、《建筑师》丛刊创办人之一，他对杨廷宝的仪表举止观察很细。他说："杨廷宝平时衣着俭朴，春着中山装，夏穿短袖衫，秋披长大衣，冬套布棉袄。若与其他人站在一起，绝对别无二样。但是，在一些重要场合，杨廷宝对自己的外在形象还是有点讲究的。他认为自己穿戴整洁正式点，是对他人的一种尊重。杨廷宝凡是在国际交往场合，比如出席国际会议，带团出访到列国，毫无疑问均是西装革履、仪表堂堂。在国内的重要场合，比如主持各种会议，接见来访嘉宾友人时，多为中山装笔挺，气度不凡。"

然而，杨廷宝在 1955 年 9 月入学的土木和建筑两系，全体新生大会上做演讲时，他一出场，话还没说，就把新生们看呆了，如同今天的粉丝见到明星。这是怎么个情况？该年级新生王伯扬二十年后回忆道出当时的情景。

"杨老作为当时的建筑系主任，在会上向土建系新生做了演讲。那天天气闷热，四百余名新生济济一堂，其热难当，只见无数把扇子此起彼落扇个不停。当杨老一踏上讲台，会场立刻变得鸦雀无声。杨老身穿一件熨得笔挺、颜色雪白的长袖衬衫，袖口的纽扣紧扣着，神情端庄而安详，演讲语调稳重而亲切，一派学者风度。这是我第一次见到杨老，但这一瞬间的印象竟使我永生难忘。"

（王伯扬. 忆杨老 [M]// 刘先觉. 杨廷宝先生诞辰一百周年纪念文集. 北京：中国建筑工业出版社，2001：80.）

建筑系教师杨永龄是南京工学院建筑系 1960 届毕业生，他与杨廷宝接触最多的时期，是在杨廷宝指导下，协助其完成南京雨花台烈士纪念馆的方案设计和制作建筑模型。但此时，正是杨永龄准备出国备考英语的紧张时刻，只能上午复习英语，下午画图。"杨廷宝为了能及早完成图纸，每天上午脱了衬衫，仅穿一件白纱背心，汗流浃背地伏在图板上画图。一位年近八旬，在国内外享有盛名的建筑老前辈的这一举动，已足以令人感动不已。"

杨永龄还说："他为人谦和、亲切、尊重他人的劳动。记得他在介绍他自己直接参加的方案时，从不突出自己，总是把别人（如他的助手）放在前面，总是说主要是他们做的工作，等等。即使对模型师傅也很尊重，他对南京市设计院的小张师傅的模型工作倍加称赞，还主动要求我，为他和小张师傅合拍一张照片作为纪念。"

（刘怡，黎志涛. 中国当代杰出的建筑师 建筑教育家杨廷宝 [M]. 北京：中国建筑工业出版社，2006：222.）

建筑系教师贺镇东是南京工学院建筑系 1961 届毕业生，在 20 世纪 70 年代中期，曾在杨廷宝主持的医院设计研究项目中参与工作。他深感杨廷宝不仅在研究工作中严格要求，而且也在生活中对老师们的诚挚关心和爱护。他回忆起一件事说："有一年春节，杨先生漫步来到我在文昌桥的狭小住处走访，他与我及我的家人围坐陋室，随意言谈，亲切无拘。还有一次，我因感冒而不适，杨先生在询问之后，写下他的常用药方给我，且多叮嘱。先生平时待人总是这样真诚而质朴。"

（贺镇东. 忆杨廷宝先生医院设计研究二三事 [M]// 刘先觉. 杨廷宝先生诞辰一百周年纪念文集. 北京：中国建筑工业出版社，2001：82.）

建筑系教师杜顺宝[①]是南京工学院建筑系 1962 届毕业生，曾与杨廷宝共事多年。

[①] 杜顺宝（1938—），浙江东阳人。1962 年毕业于南京工学院建筑系，并留校任教。历任风景园林教研室主任、建筑系副主任、东南大学城市规划设计研究院院长、总建筑师，教授、博士生导师。

他对杨廷宝的印象就一件小事谈了自己的感受。他说："一般人心目中，杨老师是不苟言笑的，但也有例外。记得有一天，我们几个年轻人在闲谈，谈到在家里忙家务，还要忙小孩入托、上小学。这时，杨老在旁笑着插话，说：'你们还早呐，忙完儿子，还要忙孙子。'引得我们会心大笑。不知不觉间，拉近了两代人的距离，使我们真切感受到杨老还是一位平易近人，和蔼可亲，有时也十分风趣的长者。"

（杜顺宝．怀念杨老[M]//刘先觉．杨廷宝先生诞辰一百周年纪念文集．北京：中国建筑工业出版社，2001：84．）

奚树祥于1963年调入南京工学院建筑系，他与杨廷宝和梁思成都有很深的交集。他说："清华建筑系许多知名的教授，过去都是中央大学（南工的前身）的学生。1946年，清华创办建筑系，亟需教师，杨老非常支持自己的学生去清华任教。1951年杨老割爱，同意把徐中教授'借'到天津一所大学（后来并入天大），以支援兄弟院校，梁公对此非常称赞。"

奚树祥又说，20世纪70年代初，和王文卿教授一起陪杨老去北京参加北京图书馆新馆（现称国家图书馆）的方案设计。休息时遇到徐中教授，四人聊天时，他提到梁公当年说"借"之事，杨老马上接口笑嘻嘻地对徐老说："当年借你去天大，南工少了一员骨干，现在我可要收回了。"徐老说："我现在身体不好，你还要收回吗？"杨笑说："就怕收不回来了。"引得四人哈哈一笑。

奚树祥还讲了两件"文革"中的事："'文革'时，全系教师下放到南师附中劳动，住在附中学生宿舍，平时不准回家。每天要顶着烈日在工地上敲碎几百块砖头作为骨料，劳动强度虽不大，但劳动条件很差，灰尘很大。一天八小时敲下来，中、青教师都累得站不直身来。杨老、童老、刘光华、龙希玉等老师和我们同样劳动，工宣队对老人家没有任何照顾。我们还调皮，借口上厕所休息一下，所以'上厕所'的人特多。但杨老最规矩，不仅出勤率高，而且敲得也最认真。"

"有一天傍晚，不知什么'特大喜讯'，工宣队命令我们开晚会，在一间教室里举行。当大家要求杨老出节目时，杨老站起来，在前面空场上赤手空拳，徒手翻了个凌空筋斗，把我们吓了一跳，那时他已近七十高龄。"

"杨老是一个明白人，很能明辨是非，只是不说而已，在激烈的各次政治运动中，他一直是'大智若愚'。'文革'时，有人写大字报诬告他访问古巴时当'叛徒'，他也保持沉默。他从不赶'浪头'，更不加害他人。作为一位仁厚长者，绝少看到他发脾气。"

（奚树祥. 一代巨匠 万世师表[M]//刘先觉. 杨廷宝诞辰一百周年纪念文集. 北京：中国建筑工业出版社，2001：73，74-75.）

唐厚炽是南京工学院建筑系的老师，他回忆说："（20世纪）50年代，杨先生设计的和平宾馆曾一度被人批判为'结构主义'，杨先生却说'我现在才了解什么叫结构主义'。后来，有一次我国接待波兰建筑师代表团，杨先生问了他们一些结构主义的问题，恰巧他们就住在和平宾馆。他们认为该建筑很具有民族风格、东方特色，根本不是结构主义。杨先生幽默地说：'这下我又糊涂了'。说明他对一些'主义'的口号以及对当时乱扣'主义'的做法心里并不以为然。"

唐厚炽还讲了一件小事，他曾与杨廷宝一起出差过，说杨廷宝"很爱锻炼身体，有时坐火车出差时，也会利用停车间隙到站台上打拳，始终坚持锻炼身体。"

（刘怡，黎志涛. 中国当代杰出的建筑师 建筑教育家杨廷宝[M]. 北京：中国建筑工业出版社，2006：320.）

参考文献：

1. 潘谷西. 东南大学建筑系成立七十周年纪念专集[M]. 北京：中国建筑工业出版社，1997.
2. 刘先觉. 杨廷宝先生诞辰一百周年纪念文集[M]. 中国建筑工业出版社，2001.
3. 巫加都. 建筑依然在歌唱[M]. 北京：中国建筑工业出版社，2016.
4. 刘怡，黎志涛. 中国当代杰出的建筑师 建筑教育家杨廷宝[M]. 北京：中国建筑工业出版社，2006.

42. 深入浅出道学问

　　李大夏 1955 年考入南京工学院建筑系，他是出于仰慕杨廷宝、童寯、刘敦桢等建筑界泰斗人物的名气而报考，最终实现梦想的。当他进入建筑系学习时，才知自己是对建筑学专业什么都不懂的"半吊子一个"时，只能加紧学习，埋头画图了。而杨廷宝因系务、教务、公务事太多，还经常出差在外，偶尔在系里也是十分匆忙。师生彼此各忙各的，虽同在一幢教学楼里却很少照面，难得偶尔在系馆里相遇，学生尊呼一声"杨先生"，杨廷宝也就慈祥一笑，回礼"你好"，匆匆又不见了。李大夏回忆说这"真是惊鸿一瞥"啊。

　　李大夏二年级时，成为系学生会的一名小"干部"。一天，学生会开了一次讨论会，会上有学生提议："学生会能不能出面，请杨先生给我们做一次演讲？我们名义上是杨先生的学生，可我们从入学到今天，还一次都没听过杨先生演讲呢。"这一呼声得到与会者一致响应。于是，李大夏同学就陪着学生会主席一道，去向系总支汇报同学们的这一要求。后来，经总支书记与杨廷宝联系，杨廷宝当即答应说："好啊，我安排好时间告诉你们。"当学生们得知杨廷宝答应了学生们的要求，准备给全系学生讲座时，顿时像要过节一样欢呼雀跃。学生会也开始着手准备工作了：派人去学校教务处预定了科学馆的阶梯教室，布置几名学生事先做好那天讲座时的黑板美化，以及海报的设计方案。等到这一切准备就绪，只欠东风时，学生们翘首以盼，急切等待杨廷宝讲座的这一天到来。

　　终于，杨廷宝为学生讲座的日子确定了，是 11 月某个周末的下午，正是金秋时节，秋高气爽。杨廷宝讲座应该这天下午 2 点开始，可学生们早早吃完午饭，就纷纷来到科学馆阶梯教室抢占座位，不一会儿就座无虚席。晚来的学生只好席地而坐，坐在纵向走道的台阶上，最后面横向走道的学生只好"买站票"了。就这样，整个教室叽叽喳喳像开了锅一样，热闹了一中午。2 点，杨廷宝如约而至，当他在学生会主席陪同下，走进阶梯教室的一刹那，全场学生站起来，报以热烈的掌声，且经久不息。这场景让杨廷宝想起十八年前，他刚应聘重庆中央大学建筑工程系兼职时，因那时自己已名望在外，而且学生已知自己要来中央大学而期盼已久，一旦自己出现在学生面前，大家欣喜若狂，今天又重演了这一幕。于是杨廷宝也高兴地频频向学生们招手致意，并两手不停地向下摆动，示意学生们坐下。他被学生的热情感动了。

等杨廷宝站到讲台上，教室安静下来后，杨廷宝开讲了。

因杨廷宝刚出国考察意大利古建筑回来不到一个月，开场就侃侃而谈意大利古建筑维修的情况和他的感想。比如，杨廷宝向学生介绍了米兰的斯富尔查宫在二战中局部被破坏，现在修缮后内部功能改作为一个历史博物馆。为了展览方式的经常调整变动而不破坏原有古建筑，就在地板内预埋了一些洞口，可以让展架自由生根，而墙上也预制了一些洞眼，让墙上的展板也可灵活安排。

而罗马古代市中心广场上古建筑遗迹很多，意大利古建保护专家，并没有将这些遗迹以假乱真，恢复原样，而是在清理后保持现状，为的是让研究古建筑的人一眼便知原物，即使罗马斗兽场的断垣残壁，就让它裸露在公众眼前，反而以残缺美更显时代久远。但他们会另作恢复原状的模型，陈列出来供人参观。

至于像佛罗伦萨的城市规划，他们在不妨碍城市的发展下，尽量保存旧城区原有的氛围，不一味大拆大改，甚至把羊肠小巷变为宽广通衢。也不会把宫殿、旧教堂都变成现代化的玻璃匣子式的摩天大楼。

杨廷宝讲到这些意大利古建维修和再利用时，也穿插了一些他回忆学成回国途中，第一次到意大利各城市考察时，所见所闻和画的不少水彩、素描的情景，这让台下的学生们羡慕、敬佩不已，似乎也有志像杨先生一样做个有出息，有成就的人。

因学生们通过各种渠道对意大利古建筑都略知一二，尤其是学过西方建筑史课的高班同学，对意大利著名建筑物更是如数家珍。但学生们又发现杨先生所讲的，与建筑史课所讲的还有所不同。那是教科书式的照本宣科，而杨先生是在讲意大利这些古建筑的前世今生，像是在说意大利古建筑的故事，所以学生们听起来十分专注。每听到风趣之处，学生们便笑声哂然。

杨廷宝就这样讲了一个多小时，正在兴头上，突然话锋一转："今天应该讲讲学生们怎样做设计，这是你们给我出的题目，我却讲了这么多游记，有点走题了，很抱歉。"学生们也正听得入神时，听杨先生这么一说，脑袋瓜子还没转过弯来，只听杨廷宝稍停片刻，接着又说："那么，我下面讲什么呢？"好像是在问自己，又好像是征求学生们意见，而学生们这次来听讲座，都希望杨廷宝讲讲怎样在学校里学好建筑设计，怎样将来成为像杨先生这样的大师。杨先生此时这么一问，正中下怀，好想多听听大家给杨先生今天讲座出的题目了。于是，学生们立马更来劲儿了，纷纷洗耳恭听。

"那我就来说说台阶的踏步怎么设计吧，好吗？"学生们这下可懵了，这么简单的小儿科问题，还用劳驾您大师讲吗？别的助教也能讲啊！何况设计踏步与成为大师有什么关系吗？学生们万万没想到，盼了讲座这么久，杨先生居然讲这个大家司空见惯的平常之物，是不是杨先生太忙，没时间备课，怕不是临时应付一下这次讲座吧？学生们正在各自疑惑之时，只听杨廷宝没讲正题前，却开口问了学生一个问题。

"同学们，你们知道楼梯和台阶有什么区别吗？"连幼儿园小朋友都知道，难道我们大学生都不知道？

杨廷宝见没有人举手回答，接着就说："楼梯和台阶是设计中解决垂直交通的两种手段，它们有相同的功能作用，又有做法上不同的形式。相同的地方在于，它们都是一个踏步一个踏步连续构成的，都是为了满足人能够安全舒适的上上下下功能需要的。而区别的地方在于楼梯的坡度相对比较陡，悬空的两侧或一侧要设栏杆，而台阶的坡度相对比较缓，而且比较宽大，一般可不设栏杆。"有些同学听了在微微点头，好像是这么回事儿。

"我再问你们一个问题，你们二年级以上的同学都不同程度做了几个课程设计，每个方案都有楼梯和台阶吧，你们是怎么考虑的？怎么设计的？"有同学心想，这还要设计？画几条踏步线条不就得啦？只听杨廷宝接着说："首先你们要考虑人的脚的尺寸，要能平稳放在踏步面上，如果踏步面小了，会有什么问题呢？脚底板就不能全部踩在踏步面上了嘛，有一部分就要悬空，后果呢？老人下楼就容易摔倒，就会出问题了，不是吗？你们回去后量量自己的脚底板有多长，就知道踏步面尺寸应该设计多少合适。再说踏步高度怎么确定呢？这要满足人上下楼梯舒服才行。踏步高了，上楼就费劲，下楼也危险；踏步低了，上下楼好像在走碎步也不舒服。那么到底踏步的尺寸多少合适呢？我先告诉你们一个经验数据，就是300毫米×150毫米。有了这个尺寸，你们就知道自己方案的楼梯该画几条线了，是不是？"学生们听着听着，有点恍然大悟了。平时做设计，怎么没想到这个问题呢？

"我还要问你们一个问题，台阶的踏步能做成与楼梯的踏步一样吗？"学生们刚明白一点问题，怎么小小的楼梯、台阶哪来那么多问题？平时真没有想到啊。大家有些茫然。

"我告诉你们，既然台阶与楼梯有所区别，而且区别在于两者的坡度不一样，踏步尺寸也就自然不能一样了，是吧？这就需要把台阶的踏步做得高度稍矮一点，踏板面稍微宽一些，人走上去就很轻松自然。我们常说爬楼梯，没说是爬台阶，而是上台阶的吧，这种说法的区别就说明我们在设计台阶时，在画法上要把两者区别开来。而且设计台阶，特别是宽大的台阶，在两端要做结束的处理。比如设计一个垂带，或者墩子、花台之类，看起来就完美了，千万不要像切豆腐块那样，把长长的台阶两头一切了事，那就设计不到位啦。"杨廷宝讲到这里，学生们彻底服了，原来小瞧的楼梯、台阶竟然有这么多学问，而且与人有这么密切的关系，看来平时做设计考虑太浮浅，太不动脑筋了。毕竟学生们不同程度学过一些设计知识，领会也快，自以为懂了。不想，杨廷宝话锋一转，又问台下学生一句：

"问题还没完，你们说，设计幼儿园与设计大学教学楼的楼梯有区别吗？"这两类建筑有的高班同学在课程设计中都训练过，当时没想到这个问题呀！经杨先生这一问难道真有差别？一时又茫然了。

"告诉你们吧，幼儿园小朋友比你们身材小是吧？腿短，脚丫子也比你们的大脚板小，对不对？所以，你们设计幼儿园时，要把楼梯的踏步做得再小一点，按照成人楼梯踏步的尺寸 300 毫米 ×150 毫米设计，小朋友上楼就吃劲儿啰，也告诉你们一个经验数据，那就是 260 毫米 ×140 毫米为宜。这说明什么问题呢？这就是我们的设计是为人而设计的，不同使用的人有不同的设计要求。所以我们学生要想学好建筑设计，首先要端正学习态度，这就是要真正树立为人而设计的思想。不要自命不凡，以为进了建筑系就是'大师胚子'了。如果这些设计中的小问题你不注意观察，知识不能积沙成塔，设计问题你又没有功力去解决，那你哪一天能成为真正的建筑师呢？"讲到这儿，学生们才明白，杨先生从讲踏步如何设计这个小问题起，却引申出学生该思考今后如何做人做事的大问题上了。

"再讲一点，"杨廷宝由此又引申说："你们毕业后从事实际工作，在实践中如何继续提高设计能力问题。还是以踏步的设计为例吧。怎么说呢？不知你们在日常生活中发现这个问题没有，反正我遇到过。一天，我到一个单位去办事，那天下着雨，从广场到大楼门口，有十几步室外台阶，怎么也找不到落脚的地方。为什么呢？因为每一步台阶面上都存着雨水，只好踩着雨水上台阶进门。假如换作你们进这个大楼非得踩着台阶面上的雨水是不是心里很不舒服？你们也许会骂这是哪位蹩脚建筑师设计的？那么这是怎么造成的呢？从表面上看来是施工中台阶没做好，没有把踏步面向外稍稍做一点排水坡度就行了，反而坡度向里，这不就存水了吗？害得每个进大楼的人都要踩水。实际上，设计者也有一点责任。你应该在图纸上的设计说明中提醒施工注意啊，看来设计者也没有想到这个细节问题。结果双方由于这一个小小的失误，造成这样的后果。事情虽小，这说明什么呢？它告诉我们学生，在日常生活中要处处留心皆学问，好的东西要欣赏、学习；差的东西要吸取别人的教训，引以为戒，在自己的图上避免犯同样的错误。"

最后，杨廷宝总结地说："一位建筑师的基本功，是从小处训练起来的，你们要想成为大师，不仅要不断提高自己的设计能力，更要注意自己作为未来建筑师的素质与修养的提升，这就是你们今后要具备的两个基本功。我想，同学们经过几年的学习会明白很多设计道理的，也一定能学好设计的本领。将来在为祖国的建设中发挥自己的才干。好了，今天就讲到这里。"杨廷宝最后以鼓励学生们的语气结束了演讲。

哗——，阶梯教室突然爆发出一阵阵热烈的掌声，学生们感谢杨先生在百忙之中做了两个多小时的精彩讲座。想不到名望这么高的大牌教授，可讲话却这么平和暖心，丝毫没有居高临下的高谈阔论；又以自问自答的方式，紧紧扣住听众的注意力。话题简直小到不能再小，可是道理细思起来却极富哲理啊。

参考文献：

李大厦. 零霖滴露亦如醍醐 [M]// 刘先觉. 杨廷宝先生诞辰一百周年纪念文集. 北京：中国建筑工业出版社，2001：78.

43. 严师谆谆出高徒

张镈虽比杨廷宝晚入基泰工程司 7 年，但两人在一起一直在基泰干到中华人民共和国成立前夕，因大老板关颂声跑到中国台湾而散伙为止。在张镈与杨廷宝共事基泰的 15 年中，他真正直接在杨廷宝手下学习、工作的时间仅是入职的最初 5 年左右，而这 5 年却是张镈事业起步的关键时期。在严师杨廷宝的精心栽培下，他从刚刚走上社会的建筑系毕业生，很快成为注册建筑师，并能独立全面主持基泰华北分所一摊子家业，并奠定了他日后成为中国第二代建筑大师的基础。

那么，张镈何以有缘与杨廷宝相识、相知、相处呢？

如果说句玩笑的话，其一，是每年 4 月 12 日，这个日子对于杨廷宝与张镈两人来说，还真有点缘分。因为这天都是他俩"大喜"的日子。什么喜事呢？杨廷宝选择了这一天结婚，而张镈由他母亲决定了这一天出世。人生两件大喜事，他俩不约而同相碰在这一天，可谓心心相印吧。再按人们所共知的杨廷宝与童寯，之所以成为一生结为手足之情的一对铁哥们儿，是因为他俩连出生都"约好"在 10 月 2 日这一天。那么，以此推测下来，杨廷宝与张镈一定会有缘相识，命中注定会走到一起，并相处、相投一生。尽管这种推测是事后诸葛亮，但毕竟成真，当然这是后话。只是我们不知道，他俩相处在一起的 5 年中，有没有在一起办过宴席，共享 4 月 12 日这一天幸福的日子，看来这个大概率不会有。因为他俩干起活来都是拼命三郎，什么好事，不顺心的事都会忘到后脑勺。仅这一点，就能看出他俩能合得来。难怪张镈在基泰跟随杨廷宝 5 年，成为杨师的得力助手。

好了，嘻言少侃，言归正传。

张镈比杨廷宝小 11 岁，他 1930 年入学东北大学建筑系，拜梁思成为师。因"九·一八"东北沦陷，于 1932 年转入南京中央大学建筑工程系。1934 年毕业后加入基泰，而且是他们班 11 人中，唯一一位有幸进入大事务所的毕业生（图 1）。

当张镈于当年 7 月 1 日向关颂坚[①]报到时，关看过张镈的材料和作业图纸后，心想：

[①] 关颂坚（1900—1972），字校坚，基泰第五合伙人，大老板关颂声五弟。在南开中学就读时，与周恩来同班。后留美学习建筑，归国后加入基泰，主要负责对外交际，极少过问设计。关颂声到南京、上海开展业务后，关颂坚主持天津基泰业务。天津沦陷期间，关颂坚私自做主，将关氏家族共有的基泰大楼卖出，关氏兄弟由此产生矛盾。1941 年 1 月，关颂坚退出基泰。

图 1　1934 年，毕业于重庆中央大学建筑系的张镈
（来源：潘谷西. 东南大学建筑系成立七十周年纪念专集 [M]. 北京：中国建筑工业出版社，1997：13.）

基泰现有人员均是半路出家，或者是在实践中自培养的绘图员，此时正好来了一位大学本专业的毕业生，不由暗喜，便安排他先在隔壁杨廷宝独间工作。于是，杨、张就这样第一次在公司面对面坐在一起。

起初，张镈干活又听话又卖力，在杨廷宝亲自指导下，设计了不少工程项目。有小教堂、大陆银行的几个分、支行，还有几处高级住宅，而且获得不少好评，也得到关颂坚的赏识。张镈工作不到半年，老板提级三次，工资从 61 银元提到 75 银元，直到提薪 100 银元。于是，张镈"有点飘飘然，有点忘乎所以，真以为自己有了看家本领，不愁饭吃了"。"同时每日自驾汽车代步，生活上已逐步由俭入奢"。另一方面，由于张镈自"1930 年订婚到 1934 年底尚无成婚之议，于是有了埋怨情绪，渐渐与至亲好友不断去歌台舞榭，这影响了我对事业的专一和进取。"①

后来，杨廷宝去了北平修缮古建，随后张镈也跟随来到北平基泰分所。此时，分所几名熟练的绘图员郭锦文、李益甫、谢振文，虽不是大学毕业，但随杨廷宝学艺多年，对施工图造诣很深，又精通详图。而张镈在天津时作方案草图多，作施工图较少，到分所后，自感"不能独当一面，在门里出身的同仁当中，自愧不如。这时关颂坚给杨师写来一封英文信，内容是希望杨师对我加强教育，还说我已远远不如刚进基泰时的情况，已无闯劲、干劲和魄力了"。②

---

① 张镈. 我的建筑创作道路 [M]. 天津：天津大学出版社，2011：36.
② 张镈. 我的建筑创作道路 [M]. 天津：天津大学出版社，2011：37-38.

张镈虽不是杨廷宝亲手教出来的学生，但在天津基泰的一年，张镈自认为杨廷宝是他工作中的严师。杨师对他的要求是极其严格的，在杨廷宝严厉批评下，张镈感到"有了不寒而栗的感觉，我绝不能再为生活小事所累。这个当头棒喝促我猛醒。"

张镈到北平基泰分所，并不是为了跟随杨廷宝去修缮古建，而是因为杨廷宝在北平一方面忙着主持几处古建的修缮，经常在各工地奔波，还总管加工订货和翻样详图工作，经常加班加点。另一方面，还要同时忙着主持北平和南京两个城市的几个工程项目设计，实在忙不过来，便让张镈从天津来北平，就是要他当个帮手。

在北平，杨廷宝主持并指导了张镈先后完成"北平先农坛体育场"设计。这个体育场是北平为了承办第十九届华北运动会而建，场址正好选在杨廷宝修缮天坛隔路相望的明清两代皇家祭坛——先农坛外坛的原址上。成为北平民国时期，乃至解放初期近10年唯一一座大型公共体育场。

同时，杨廷宝还主持并指导张镈设计了原中央研究院历史语言研究所大楼。

杨廷宝指导张镈在做南京国际俱乐部时，拟作含有亭台楼阁、小桥流水的中国园林式建筑的设想。但未被采纳，而选用梁衍①的方案。

杨廷宝在北平期间，还带着张镈参加了南京国立中央博物院的设计竞赛。为了满足博物院功能和形式的要求，杨廷宝让张镈把计划任务书里拉出所有房间的尺寸、大小做出卡片，先得出功能分区中每一个部位的尺寸概念，然后又针对建筑形式问题，重点研究了独乐寺，做出带有辽式建筑风格的立面来。为什么立面要做成辽式建筑风格呢？大概杨廷宝出于"有点投评委主任梁师之好"，②因为梁思成在营造学社进行实物调查时，原计划第一个调查的建筑物是河北正定隆兴寺。后来杨廷宝在北平鼓楼一个展览厅无意中看到蓟县独乐寺的照片，他把这一消息及时地告诉了梁思成，梁思成看到这张照片后大喜，确信这是宋元以前的建筑物。由此改变原计划，首先去独乐寺调查，后进一步证实这是辽代建筑。杨廷宝知道梁思成钟爱辽代建筑的风格，所以，让张镈重点研究了辽代建筑式样的特征，用在竞赛方案的立面设计上。只是平面布局"未能充分考虑刀把状地形，而采取一正两厢的手法，功能关系不够理想，仅获二等奖。"③

---

① 梁衍（1908—2000），广东新会人。1928年毕业于北京清华学校，同年赴美宾夕法尼亚大学建筑系学习。1931年毕业于耶鲁大学建筑科，获学士学位。1932年在赖特建筑师事务所学习。1933年加入基泰工程司。抗战结束后，到赖特建筑师事务所工作半年。1946—1950年在United Nations Planning Office。1950—1973在纽约Hrrison and Abramavitz事务所主要设计师之一，负责联合国工程设计。退休后居住加州。
② 张镈. 我的建筑创作道路. 天津：天津大学出版社，2011：39.
③ 同上。

头奖为徐敬直①事务所的李惠伯所获，虽然平面功能关系很好，但建筑形式为清式。后来，梁思成按杨廷宝二等奖方案的立面形式，把头奖的清式改为辽式。

等到北平古建修缮接近尾声，已迁到南京的基泰总所那边各种业务开始十分繁忙起来。大老板关颂声商得杨廷宝同意，把张镈先调去南京总所了。

半年后，1936年下半年，杨廷宝结束了在北平的古建修缮工作后，也回到南京总所。此时，杨廷宝又安排张镈与自己独室相处，以便他在身边能耳提面命，可以经常对张镈的设计详图提出严格要求。而此时的张镈自上次关颂坚和杨廷宝的批评后，再不敢消沉低迷，又恢复了以往的积极肯干表现，"在杨师的直接帮助下，不断完成任务。""我既作方案设计，又投入到施工图中去"，"杨师不断的督促和鼓励，使我有了不小进步"，"到宁工资已提高到150银元，才毕业两年多，已能取得较高工资，实属不易"。②

张镈在订婚六年之后，终于在1937年1月结婚。大老板关颂声特地专程去天津贺喜，又再次提薪至200银元，还帮张镈向实业部登记为注册建筑师。在此大恩之下，张镈"工作格外努力，受关、杨二位重用，承担不少官邸和高层建筑设计工作"。③

但"七七事变"爆发后，张镈受关颂声之命去上海料理分所事宜。紧接着上海"八一三"事变和南京沦陷，张镈又随基泰西迁去了重庆。而此时，杨廷宝因夫人和子女，随同梁思成、刘敦桢两家正在出走北平的逃亡路上，便赶去途中接应，并回南阳老家避难。这段时间，杨廷宝与张镈兵分两路，各忙各的去了。

关颂声到重庆后准备组织重庆总所，原拟请杨廷宝亦来重庆。但这时杨廷宝在许昌接到逃难的一家人，已回南阳老家隐居。而"杨师母早就对杨师只管耕耘、不问收获，对关、朱把大量剩余价值汇美，使杨师清苦自奉、为基泰独担大梁这种状况表示不满。日敌侵华，杨师返回老家，正好隐蔽，另谋出路"。④

关颂声在1938年初重庆总所开业时，因陪都一时各界人士蜂拥而至，又凭自己的上层关系揽下不少工程项目，设计工作出现应接不暇之势。因杨廷宝仍未到岗，不得已，关颂声对公司人员做了调整。由张镈担当图房的主任建筑师，郭锦文担当主任绘图师等。

---

① 徐敬直（1906—？），广东香山（今中山）人，生于上海。1930年获美国密歇根大学建筑硕士学位后，曾随沙里宁工作。1932年回国后，于1933年创办兴业建筑师事务所。1949年后赴香港，曾任香港建筑师学会第一任会长。
② 张镈. 我的建筑创作道路 [M]. 天津：天津大学出版社，2011：40.
③ 同上。
④ 张镈. 我的建筑创作道路 [M]. 天津：天津大学出版社，2011：43.

1939年初，美国旧金山市拟建一座类似承德外八庙中的金亭建筑，拟请基泰的杨廷宝前去参加。为此，关颂声又一再电邀杨廷宝出山。杨廷宝听此，只好于1939年春末到重庆。由于这项国外工程已被留美的过元熙捷足先登，杨廷宝出国之行便泡汤了，只好留在重庆总所工作。此时，张镈正好接手半年前刚暴死的四川军阀刘湘墓园的设计工作。于是杨廷宝与张镈暂别一年半后，又在基泰共事了。

杨廷宝一方面重点指导张镈深入、完善刘湘墓园的设计；另一方面又忙于为中央银行，在老鹰岩别出心裁地设计若干连环式的内外两层球形地库，及其地下二层防空洞，已备日机狂轰滥炸时，银行的财产安全和人员避难。

在这危难之际，关颂声和杨廷宝十分关心公司人员的老小妇孺安全，将他们迁入清水溪乡间避难。而张镈夫人已近临产，且缺医少药，据医院认为，就诊过晚，大小已不能保全。为此，关、杨二人又安排张镈携眷去条件较好的歌乐山区，并在那里边照顾家眷，边主持中央银行和行政院各部委在山区的迁建工作。杨廷宝家正好住在歌乐山区，也可方便指导张镈工作。

在作山区规划之前，杨廷宝亲自带着张镈等人从老鹰岩到北碚一线勘察地形。那时没条件进行仪器测量，只能靠目测和写生相结合的办法，在一个群山多峰的地区，先爬上一个较高的山峰，根据罗盘定向、定位，再勾出各山峰的所在位置，连起等高线，形成粗略的地形图。然后开始作场地设计，先依地形、地势走向，顺等高线作狭长、弯曲，高低错落的若干台地，并前作填方砌堡坎，后作挖方做挡土墙，还要土方就地平衡。而房屋设计只能因陋就简，采用当地盛产楠木作四梁八柱三开间或六梁十二柱五开间短小单元的单层小屋。既便于因地制宜布局，又便于设计施工，且因分散建造而不至于在受空袭时变为目标。杨廷宝的这些山地建筑规划与设计的理念，给予张镈的现场设计以有益的思想指导和可行的有效方法。

除此之外，杨廷宝还指导张镈作了宋子文和孔祥熙迁渝使用的两栋大型官邸。

当张镈夫人分娩产子满月后，因张镈实在放不下手头工作，便将母子二人接到工地住在一起。半年后，又调回市区去完成刘湘墓园全部图纸的绘图工作，此时已是1940年3月。

正巧，3月底张镈收到家书，知其四妹病逝，老父母思儿又急切，得关颂声准假回津。此后，张镈就留在了天津华北基泰。至此，张镈在杨廷宝手下学习、工作了5年便分属两地，各自主持在南京和天津两地的基泰业务，加之工作繁忙，便少有往来了。

事隔多年，直到中华人民共和国成立后，1958年在北京国庆十大工程之人民大会

图 2 1981 年 9 月,杨廷宝(左 3)作为建筑学会理事长带团访问朝鲜,在平壤金日成广场人民大学习堂前留影。右 3 为张镈(陈法青生前提供)

堂的集体创作和建设中,以及 1975 年在北京图书馆新馆方案设计集体创作中,杨廷宝与已经是北京市建筑设计院总建筑师的张镈有过两次愉快的合作。而且,在 1980 年 10 月,张镈还第一次随中国建筑学会理事长杨廷宝带团去朝鲜进行了访问,这大概是他俩人生相处完美的收官吧(图 2)。

参考文献:

张镈. 我的建筑创作道路 [M]. 天津:天津大学出版社,2011.

44. 语重心长育英才

在众多人眼里，杨廷宝是一位和蔼可亲、温良恭俭让的君子，但很少有人知道，杨廷宝在原则问题上却铁面无私。就拿他后半生从事的教学来说，他与学生的关系，课堂上是严师，学生不敢有半点马虎懈怠；课下面就是朋友，他从不以位高名望自居，而是平易近人。关于这个说法，杨廷宝的学生、现为东南大学建筑学院的教授钟训正院士有深切体会（图1）。

钟训正是1948年考入中央大学建筑工程系的，因正处淮海战役如火如荼之时，不能从湖南家中入校，直到1949年4月23日南京解放后，才进入已更名为南京大学的建筑系。那时，他们全班只有八名学生。钟训正的一年级素描课是杨廷宝亲自教的。当时学生画一张素描作业，可不是像做数学题那样费时不多，而是要"磨洋工"的。为什么呢？因为学生从仔细观察素描静物的形态、光影关系，到下笔画准静物轮廓，把握静物准确尺度、比例关系，再通过运用线条的不同运笔方向、长短、深浅、粗细、虚实等线条表现方法，在平面的画纸上，真实地刻画出静物的空间形态，及其光影明暗关系的细微变化和背景的衬托关系，这就需要较长时间的琢磨推敲。为此，这一系列素描过程要求学生极有耐心、细心地一步一步由浅入深、由粗到细去刻画。但是，毛头小青年钟训正，大概是刚从调皮还没开窍的中学生，一下子来到大学还有点儿我行我素，不能静下心来好好画一张画。于是，本来一上午四节课的素描作业，他一个钟头就搞定。其素描作业，画得不免粗糙就可想而知了。杨廷宝走过来看了钟训正的这张课堂素描画，狠狠地批评了一通（后来，钟训正把这种批评训斥称之为"刮胡子"），说："以后要加倍延长作业时间！"钟训正后来回忆说，杨廷宝对他这种痛"刮"好多次，"恐怕算是得宠者了"。因此，钟训正刚入学不久，就领教了杨廷宝对不好好学习的学生"是出了名的严厉"。

还有一次，钟训正做一年级第一学期倒数第二个作业——希腊陶立克（Doric）柱式渲染。这个渲染作业最难之处是柱头顶部的方帽盖，在阳光下，它的影子要落在其下的双曲圆鼓形体上的，阴与影如何表现准确与真实？正确的渲染法是方帽盖在阳光照射下，它的边缘在下面的圆鼓形体上就会产生影子，而这个影子的轮廓线就不是像方帽盖边缘呈直线状，而是随着圆鼓的双曲形体变化呈曲线状。在此曲线状影子以外

图1　杨廷宝与得意门生钟训正（吴明伟提供）

是受光面，是亮的；而影子以内是阴面，直射光是照射不到的。虽然阴影是一个整体，都处在没有直射光照射下，但阴与影还是有所区别。由于方帽盖底面的光反射作用，它会产生漫射光，使阴面要比边缘的影子光感柔和些，而且越接近方帽盖底面，柔和的反射光就会使这部分阴面越加再亮一点。所以，在渲染时，就要使阴影部分着墨的深浅有变化，才能正确表现出圆鼓的形体感。这种作业不仅是训练学生渲染的技法与技巧，更重要的是培养学生对做任何事情都要有一丝不苟的精神。因为在整个渲染过程，只要在某一环节稍有不慎，就会出问题，甚至前功尽弃。但是，学生们一是还没搞懂光影关系的原理；二是渲染不认真、浮躁，甚至有同学把整个阴影涂成漆黑一团。结果，全班只有两人勉强及格。当时，全系各年级上设计课都在一个大图房（现在称绘图教室）内上课，杨廷宝就当着全系同学的面对钟训正他们严加斥责，说："如果你们马马虎虎，不想认真学习，就趁早转系！"吓得学生们面面相觑。

等到一年级第一学期做最后一个作业——西洋古典构图渲染时，钟训正他们再也不敢马虎了，但免不了旧病复发。当钟训正在描绘一个希腊柱式的檐部时，因其卷草纹样较复杂，数量又多，他没那么多耐心，想偷懒不画，这下子便又闯祸了。当杨廷宝看到钟训正竟这样不认真，就直截了当说："你想偷懒就不必学建筑了！"把钟训正批评得无地自容。心想，再屡教不改，真的要自食恶果了。杨廷宝这一顿训斥终于把钟训正震醒了，自此认真对待，尽心尽力把想偷懒不画的卷草纹样一一准确、细致地全部画出来，虽然花费了许多时间，终究令自己满意了。在作业接近完成时，杨廷宝再次光顾钟训正的作业,这一次态度完全翻转,竟然面露喜色,不住称赞钟训正手头功夫不浅。钟训正听到杨廷宝对自己由衷的称赞,心中狂喜,他回忆说:"这无疑是一次极大的鼓励。"

当学生们最后都完成作业交上来评图时,杨廷宝、童寯、刘敦桢三位老师将所有学生作业巡视了几遍后,分别给每份作业打了分数,"最后我班的成绩都很不错,我得了最高成绩95分。"钟训正回忆说。

看到学生们在入学一年级第一学期就取得如此好的成绩,而且都上了认真学习建筑的正常轨道,杨廷宝自然高兴。难怪他在评图中对童寯、刘敦桢说:"我看这一班将来大有希望。"果然,这一班八位学生中,后来培养出钟训正和齐康两位院士。当然这是后话。

钟训正到了一年级第二学期就开始进入设计入门阶段学习了。当然,第一个设计题目很小,规定大家以西方古典建筑手法设计一座公园桥。钟训正因在上学期得了全班最高分,又受到杨廷宝多次批评后大大的表扬,有点飘飘然地激起了他创作的欲望。心想,面对这次设计的处女作,要使出浑身解数,好好发挥一番。哪知,劲儿使过了头,在这个小小的桥上,一会儿添上这个符号,一会儿加上那个样式,乱七八糟地在小桥上画了一大堆装饰性东西。如同在新娘雪白婚纱上,本可以在胸前佩戴上一束玫瑰花,足以画龙点睛般衬托其美貌;可因胸前背后满是各色鲜艳的花朵,反而画蛇添足,俗不可耐。钟训正此时全然不顾西方古典建筑法式的严格约束,胡乱在小桥上添加过多的装饰性符号,真是物极必反!等到杨廷宝来改图时,钟训正傻眼了。为什么呢?

钟训正回忆说:"杨老在改图时,要删改的正是我呕心沥血,自鸣得意的'精华',我不肯割爱,犹作困兽斗,弄的杨老忍无可忍,严肃批评我是在干一般泥水匠的活。杨老在教学上很务实,很注意与国情的结合以及现实的可行性。他很反对囫囵吞枣地生搬硬套国外杂志上的新时髦,对我在设计上常出现的'新潮'总是毫不留情地予以否定。杨老对我的重锤敲打,虽然有时弄得我灰头土脸,甚至使我有难以忍受的痛苦,但痛后反思,继而改正,每改必有明显的进步,使我受益匪浅。"

杨廷宝在教学上对学生要求虽铁面无私,但绝非无情。他心里知道,钟训正是一位好苗子,但不宠他,反而对他要求更严格,大概这就是响鼓还要重锤敲吧。但在关键时候,杨廷宝对钟训正又爱护有加,惜才如命。何以见得呢?

1952年,由于新中国刚成立不久,国家急需建设人才,钟训正他们班提前一年毕业了。他被分配到中南地区,先后在湖南大学、武汉大学任教各一年,但学用并非一致。

杨廷宝得知此情况后，亲自出面要求高教部将钟训正调回南京工学院。于是，高教部下调令给武汉大学，但武大置之不理。因为那个年代，人事部门权力极大，要想越区调动简直是不可能的事。后来，杨廷宝在人大会上，碰到时任建筑工程部部长刘秀峰①时说明原委，又让高教部再次去电催促武大放人，钟训正终于满怀感激回到恩师杨廷宝身边。

钟训正回南工后，就着手《构图原理》课程的开讲。杨廷宝身为系主任，一方面组织老教师听课，关注对年轻教师的培养；另一方面，对试讲有点诚惶诚恐的钟训正给予鼓励和指导，助他闯过独当一面的授课难关。不但如此，教研室还经常开展学术活动，对青年教师担当设计教学的课题试作进行评议，通过这种集体备课方式，以老带新，促进年轻教师设计教学水平的提高。同时，还经常在系内组织教师画展，由杨廷宝等老教师进行讲评，以提高年轻教师在各方面的业务水平。钟训正在这些教学活动中，教学水平和专业功底不断得到提升。他后来又与孙仲阳②、王文卿组成"正阳卿"小组，开出《建筑制图》课程，并不断研究、改进《建筑制图》的授课方法和内容，使学生最头疼，最难以明白的这门专业基础课变得通俗易懂了。而且，经过多年的教学实践和总结，钟训正、孙钟阳、王文卿主编的《建筑制图》教材在1995年获得建设部优秀教材一等奖。

钟训正在教学经验上日趋成熟的同时，他的绘画水平也日渐令人刮目相看。特别是钟训正的铅笔画自成一格，其水平就目前而言，国内建筑界还无人能比肩。但是，钟正训的铅笔画水平之所以能达到今天的成就，是有高手指点迷津的。这位高手就是杨廷宝！

其实，钟训正最初曾着迷于美籍匈牙利人考茨基（Kautzky）的铅笔画。他的画风是宽笔头表现风景，用笔刚劲有力、线条潇洒奔放、素描简洁概括、空间层次丰富。特别是寥寥几笔，效果立竿见影，这种画法很适合建筑师画方案的效果图。于是，钟训正开始刻意摹仿。有一年暑假，他宅在家里，光着膀子，废寝忘食地竟然把考茨基的铅笔画册，从头到尾全部临摹画了一遍。甚至，平日写生、收集资料，也用考氏画

---

① 刘秀峰（1908—1971），字爱川，河北完县（今顺平县）人。于第一次革命时期加入中国共产党。参加了土地革命、抗日战争、解放战争和社会主义建设。1954年任建工部部长。中共八大、二届人大代表、二届全国政协委员。
② 孙仲阳（1934—1996），浙江余杭人。1935年毕业于南京工学院建筑系，并留校任教。历任副教授、教授，副系主任。

风作画，简直到了狂热的程度。他自以为这样画法得心应手，加之旁人点赞褒扬，几乎飘飘然了。可是，杨廷宝看了却很不以为然，并在钟训正得意忘形之际，泼了一盆凉水。杨廷宝语重心长地对钟训正说："你年纪还轻，不要过早建立自己的风格和独家手法，更不要以他人的风格来束缚自己，应博采众家之长，勤学苦练，融会贯通，日久自然水到渠成。某一家的独到手法也须经过他本人的刻苦探索，千锤百炼，才能达到炉火纯青的境界。虽得之不易，但并非就十全十美，无可挑剔。如考茨基的画刚劲有余，柔润不足，表现领域不是那么宽广、层次也较简单……如果你仅学此一家，形似易，神似难。你不可能得其全部精髓，也不能全部消化为己用，进一步发展很难，超越他更属妄想，除非你改弦易辙，广采博纳。"杨廷宝还对钟训正提醒说："用笔的简练、豪放、传神，必须出自深厚的功底。不要看人家传神的寥寥几笔，却凝结了他多少年的心血！粗要出自细，从功深的细得到解脱和无羁的发挥，才能获得神韵。"

钟训正听了杨廷宝这些番肺腑之言，如醍醐灌顶，几经反省决定放弃自鸣得意的看家本领，去探索适合自己画风的新路子。于是，钟训正丢掉削扁了笔头用来摹仿考茨基画风的 6B 铅笔，改用 2B 的细铅芯。再找来多位名画家的作品，细细品味和琢磨他们各自的绘画特点，以及这些画的构图、笔触、质感、气氛、意境等多样的表现手法，使得钟训正大开眼界。在这些名家画中，钟训正特别倾心 OTTO R.EGGERS 的画，觉得从表现内容到表现方法，很适合自己的专业，加上自己专业的优势，对空间、光影、层次在表现方面的擅长，可以得到充分地发挥。于是，钟训正就以风景图片为题材，再创作画出了大量铅笔风景画习作，以至于达到忘我的境地，一发而不可收拾。他自己似乎发现了在画坛上前所未有的新天地。为此，钟训正晚年的画作不但数量惊人，出版了多部铅笔画册，而且形成自己独家的铅笔画风格（图 2）。

如今，钟训正回忆自己学画的前后变化，不无感慨地说："如果在关键时刻不是杨老为我点破迷津，促使我痛下改革的决心，我恐怕还陷在浅薄狭隘的小圈子里，而不能自拔呢！"

杨廷宝不仅在教学、业务上通过发现问题及时给钟训正以敲打指正，而且在做人方面对钟训正也循循善诱，指明做人的道理和方向。杨廷宝曾多次告诫钟训正："不要在乎一时的得失，不要在意不公平的待遇，即使受到一点委屈，也不要过分计较，你还是要做你该做的事，只要你工作有所成就，对社会有所贡献，自然会得到公众的承认。"这也许是杨廷宝自己的现身说法，他也希望自己的得意门生在业务上出类拔萃之时，也要踏踏实实做一名能忍辱负重，得宠不骄的高尚人。钟训正正是把恩师杨

图 2　钟训正铅笔画（来源：钟训正. 风光素描与速写 [M]. 北京：中国建筑工业出版社，2009.）

廷宝对自己的苦心忠告牢记于心，并成为一生处世的座右铭，才成就了他日后的德艺双馨，受到全系师生和中国建筑界人士的敬佩和爱戴。

还有一件让钟训正事后对杨廷宝无比感激、感动的事，让他难以忘怀。那是 1984 年，杨廷宝已逝世快两年了。一天，学校通知钟训正去校长办公室开会，钟训正心里疑惑出什么事了？心里忐忑不安。他还是第一次光临校长办公室，心情紧张得很。当钟训正和另一位三系的老师在校长办公室坐定来后，王荣年副校长开始说话："请你们二位老师来是通知你们一件事，经学校研究，决定派你们赴美国作为访问学者……"王荣年副校长话还没说完，钟训正心情一下子从紧张突然又变懵了："我没申请呀！"钟训正心里想，这是怎么回事？没搞错吧？正在不得其解时，王荣年副校长脸对着钟训正接着说："你出国的事是杨老生前跟校领导叮嘱过的，他说'一定要把钟训正培养出来，他是一位人才'。杨廷宝那时还说，要给你写推荐信，让你到贝聿铭那儿去学习呢。"钟训正此时还没缓过神来，心想，我怎么一直蒙在鼓里，杨老生前从来没跟我提过这事啊。何况那时中国还处在改革开放的起步阶段，办这种从来没人敢办的事，对不对，行不行，谁都心里没底，搞不好在政治上又要栽跟头，就要再次挨斗了！

又想，杨廷宝当时竭力推荐自己出国学习，该冒多大风险啊。当然，今天再回忆起来，钟训正才意识到，杨廷宝是培养人才心切啊！而且他为自己做了件梦寐以求的事，却从不声张，怎能不让自己感念至今呢？

参考文献：

钟训正. 恩泽绵长：忆杨老[M]// 刘先觉. 杨廷宝先生诞辰一百周年纪念文集. 北京：中国建筑工业出版, 2001.

45. 良师益友助成长

鲍家声[①]于南京工学院建筑系1959年毕业，因学习成绩优异，设计基本功扎实，工作能力强，被留校任教。而杨廷宝手把手教过他，深知其发展潜力，心中有意欲重点培养。那么，杨廷宝是如何引领鲍家声成长、成熟、成功的呢？

1964年初，中央批复了李富春副总理的报告，因此北京长安街的规划又一次提上议事日程。在万里副市长主持下，北京市人民委员会组织了北京市规划局、北京市建筑设计院、建工部工业建筑设计院、清华大学、建工部建筑科学研究院和北京工业大学，六家单位分别编制规划方案。随后，邀请了外省市18家单位共45人到京参加长安街规划方案审核讨论会议，其中指名邀请17位老专家出席，并告知可各带1至2名助手，加上在京15家单位，总计76名人员云集北京。杨廷宝自然是受邀的重要嘉宾之一，他考虑到这次讨论会是继1958年聚集全国建筑设计界顶尖人物为建国十周年北京兴建十大工程集体创作之后，又一次建筑界高层人士聚首的盛会。不但对北京城市有序地科学发展有着重大意义，而且在研究城市规划的案例上，也有着重要的学术价值。为此，杨廷宝提议南工要多派几位老师和自己一同前往。当然，这几位老师的人选，杨廷宝心中有数。原则一是老、中、青三结合；二是能代表南工建筑系各层次人才的实力。"老"当然是杨廷宝他自己，已过花甲之年。"中"由潘谷西、钟训正出马，他俩已过三十而立，事业正如日中天。而"青"则让后起之秀鲍家声崛起正当时。

就这样，杨廷宝率领的南工老中青梯队来到了北京。

4月11日，"长安街规划方案审核讨论会议"在北京国际饭店举行。当鲍家声等随杨廷宝走进会场时，只见屋内四周已挂满琳琅满目的各单位规划方案图纸，展台上摆放着众多精细的模型。会前，与会者有的在观看规划图和模型，有的老朋友久别重逢在聊天，有的在看手中资料。这时，众人一见杨廷宝一行步入会场，纷纷涌上来握手寒暄。青年教师鲍家声初来乍到，没见过这众星捧月般围着杨廷宝的场面，只得退居一旁观望。这些围上来的人，鲍家生多半面生，别人也多半不认识他，毕竟才毕业

[①] 鲍家声，1935年生，安徽贵池人。1959年毕业于南京工学院建筑系，毕业后留校任教，历任教授、博士生导师、建筑系主任、全国高等学校建筑学科专业指导委员会主任。

四五年,入行本不久。忽然,杨廷宝望见梁思成缓步向他走来,便赶紧大步迎上去,哥俩的双手又紧紧握在一起,周围的人瞧见此景不由自主响起掌声。要知道,这两位大名鼎鼎的业内宗师早已名扬天下,亲见两位巨匠怎能不激动。站在一旁的鲍家声久闻梁思成大名,但始终未曾一睹大师风采,那日算是有幸拜见了。

不远处,上海被邀请来的总建筑师赵深和陈植,正在展板前观看、评说一幅幅规划图和模型,忽闻身后那边怎么那么热闹?转身一瞧,那高大的身影不正是廷宝兄吗?嘿!思成兄也在。走!凑热闹去!两人兴高采烈来到大伙儿中。不一会儿,与杨廷宝共事多年的挚友鲍鼎、徐中、林克明、吴景祥①、唐璞等大师都陆续围拢上来。连杨廷宝的学生吴良镛、戴念慈、张镈等人也过来凑热闹。对于这几位大师来说,这种聚首的场合在出席中国建筑学会历次代表大会或参加学会常务理事会,抑或参加各类学术活动中,显然习以为常,但对于这次与会者来说,却是难得一见。把站在一旁的鲍家声也看呆了,能在这种场合,一下子见到这么多自己仰慕的前辈、大师实在是大饱眼福。如同今天的追星族见到心中的偶像一样激动不已。

此时,距正式开会的时间就要到了,不少与会者已陆续入座。杨廷宝赶紧与众人分手,他要到前面主席座区去,因为北京市领导指定要杨廷宝主持这次讨论会。

"请同志们坐好,马上要开会了。"北京市一位领导见与会者都已入席坐定,便在开场白中先讲述了此次讨论会的意义、任务和前期做的准备工作,以及长安街规划宗旨等若干问题后,接着说:"下面请南京工学院的杨廷宝教授主持这次讨论会,大家欢迎。"

"哗——"掌声四起。

"各位领导、各位专家、各位同仁,今天我们大家受北京市人民委员会的邀请,来这儿参加北京长安街规划方案审核讨论会。这是建设美丽首都的重大举措,也是我们相互学习的一次极好机会。我们都知道,长安街是神州第一街,它在我国政治文化生活中起着极其重要的作用,体现着国家和首都的形象。那么,7公里长的长安街究竟如何规划好、建设好这是我们规划师、建筑师义不容辞的责任。在这之前,北京六家参与设计长安街规划方案的单位,做了很多有益的研究工作,画出了许多精美的规划方案图并制作了模型。我们这几天的任务,就是先听取北京六家设计单位,对自己的

---

① 吴景祥(1905—1999)广东中山人。1929年毕业于清华大学土木系。1933年在巴黎建筑专门学院完成学业,并荣获DESA建筑师学位,曾任法国政府总建筑师A.Laprade事务所实习建筑师,华东建筑设计院总工程师,同济大学教授、系主任,兼建筑设计院院长,上海市建筑学会理事长。

规划方案做一介绍，大家听听各家的长安街规划构思，以及沿长安街建筑物设置与布局的设想。然后，集思广益进行讨论。现在，就请各单位开始介绍。首先请北京市规划局赵冬日[①]主任介绍方案。"

赵冬日曾是北京市建筑设计院的总建筑师，在1958年曾参加了国庆十周年十大工程之一的人民大会堂方案设计，后来调到北京市规划局从事规划工作，天安门广场规划设计就出自赵冬日之手。因此，他对长安街的历史沿革，中央领导对长安街规划的意图深为了解。他的介绍从北京市整体规划框架，到长安街具体规划设想，以及长安街各节点的设计考虑，都做了详尽介绍。对长安街规划的分步实施计划也做了初步策划。毕竟对长安街的规划是赵冬日分内的主管工作，所以介绍起来，有理论、有数据、有近期操作、有远期打算。赵冬日做了一个多小时的详尽介绍，让与会者听得连连点头（图1）。

"下面第二位请清华大学吴良镛教授介绍方案。"杨廷宝向坐在不远处的吴良镛做了一个请的手势说。

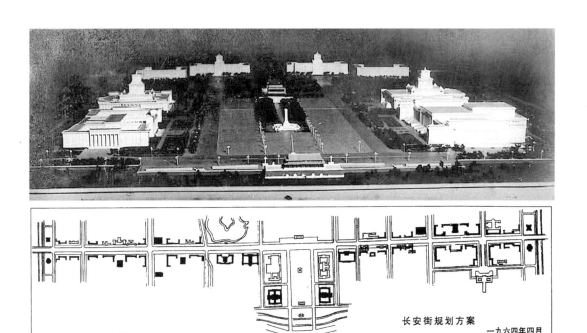

图1　北京市规划局方案（刘亦师提供）

[①] 赵冬日（1914—2005），奉天（今辽宁）彰武人。1941年毕业于日本东京早稻田大学建筑系。曾任东北大学工学院教授、系主任。新中国成立后，历任北京建筑设计院总工程师、总建筑师、北京市规划局主任。曾主持设计天安门广场规划设计方案和北京人民大会堂设计方案。

随后，吴良镛介绍了清华大学的规划方案。他首先回顾了长安街自1949年后发展的历程说："当时新中国刚解放，由于需要建设大量中央机关办公楼，长安街规划建设提上日程。而东长安街路南地区有大量不可多得的空地，于是在1951年相继建了公安、纺织、燃料、轻工和外贸各部级办公楼。此时，原有长安街的路幅显然太窄了，由于当时正处于抗美援朝时期，为战备和避免像西方国家大城市道路拥堵现象的发生，以及国庆游行的需要，道路红线曾规划为100～110米，且为一个板块，以便必要时作为飞机跑道。而且，为了长安街有再拓宽的余地，特别是西长安街再建新建筑时，一律建在长安街北面。不仅如此，后来将东、西单之间的长安街又向东延伸至建国门，向西延至复兴门，形成了今天要编制的长度7公里，宽度35～38米的长安街规划。由于解放初期国家百废待兴，城市建设发展毕竟还是缓慢的，只是在国庆十周年前后，才在天安门广场和长安街上建起了几座大型公共建筑。这就是我们今天编制长安街规划的现状。"吴良镛简要叙述长安街历史发展后这样说。

这时，吴良镛走到清华大学编制的规划方案展板和模型前，手执教鞭开始了方案介绍。其要点是把7公里长的长安街分为三段，中段是以天安门广场为核心，以天安门、人民英雄纪念碑、正阳门为中轴线，分别在人民大会堂、中国革命博物馆和中国历史博物馆的南侧再建两座大型国家级公共建筑，这样就使天安门广场空间的围合和建筑布局形成完整形态（图2）。

吴良镛介绍到这儿，杨廷宝插了一句："这两座拟建的大型国家级公共建筑功能内容是什么？"

"东面是国家剧院，西边是青少年宫。"吴良镛回应道。

随后吴良镛接着介绍说："从天安门广场东侧到建国门这一段的东长安街，东单以西在路南，仅有50年代建的纺织部等4座部级办公楼，路北只有老北京饭店。而东单以东只有1959年建起的国庆十大工程之一——北京站。根据这个现状条件，我们设想东单以西的路南，规划以行政办公建筑为主，路北规划以旅馆建筑为主。而东单以东，围绕北京站规划为旅客和市民服务的各类商业、金融建筑为主。"

"至于天安门广场西侧至复兴门这一段的西长安街，路北除了毗邻天安门广场的中南海外，仅有电报大楼、民族饭店和民族宫三幢建筑。考虑到西单周边历史上是商业中心，在编制规划中，我们延续这一历史文脉，以安排文化、娱乐、商业建筑为主……"。

吴良镛接着又对长安街的建筑艺术、街道空间、文物保护、环境景观、市政建设等侃侃而谈，不觉已到正午。

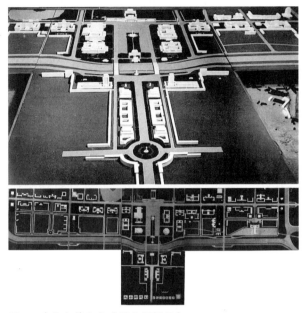

图 2　清华大学方案（刘亦师提供）

图 3　北京市建筑设计院方案（刘亦师提供）

杨廷宝看看手上的钟山牌手表说："今天上午的介绍就到这儿，暂时休会。"

下午和第二天上午剩下四个单位各自都做了详细的规划方案介绍（图 3）。一天半的介绍听下来，与会者想象着未来长安街的美景都兴奋异常，同时，也感到心里有话要说。

讨论会第一阶段，各单位长安街规划方案的介绍结束后，下一个阶段就是与会者走上长安街踏勘现场，并验证一下 6 个单位长安街规划构想的可行性。令与会者兴奋的是，许多人在踏勘中，生平第一次登上了天安门城楼，俯视天安门广场全貌。那时，除了后建的毛主席纪念堂还没有外，五年前完成的天安门广场东西两侧的人民大会堂、中国革命博物馆和中国历史博物馆已巍峨挺立。杨廷宝和南工的几位老师站在天安门城楼檐廊下心潮澎湃，这天安门广场的气势太震撼了。尤其是当年参与人民大会堂集体创作时的情景，又历历在目。今天，竟然能够站在这个位置欣赏它，真是别有一番感受。而站在杨廷宝身旁的鲍家声更是像做梦一样，三生有幸能登上天安门城楼。要不是恩师杨廷宝这次带自己出来见世面，恐怕难有机会享受这个待遇了。

踏勘长安街现场后，接下来第三阶段是两天进行的五次座谈讨论。被邀请来的外地专家和北京六家设计单位以及在京参会人员，几乎人人都发了言。与会者就讨论会六大议题和其他相关问题畅所欲言，甚至各抒己见，进而激烈争论。

"整个长安街不能政府办公楼太多，否则造成车辆太多，交通拥堵，停车要占用很大面积，难以解决。再说，晚上人员下班，长安街会黑灯瞎火，死气沉沉。"

"长安街要多增加一点市民参与的文化娱乐建筑和商业建筑，这样长安街才能活起来。"

"长安街整体规划要以天安门广场为中心，东西长安街的建筑不能各自为政突出自己，建筑形象要简洁轻巧，不能烦琐复杂，更不能冒尖塔。"

"整个长安街的天际轮廓线以天安门为中心呈低态，向东、西两个方向延伸的建筑只能逐渐升高，不能忽高忽低，毫无章法。"

"要做好东单和西单两个节点的设计。最好能做绿化广场，长安街不要从头到尾七公里全塞满建筑。"

"长安街的建筑色彩要明快，不能太沉闷，色调要调和，不能杂乱无章。"

"有的规划方案建筑形式比较老，应该现代化一点，但又要强调民族形式。"

"建筑体量不宜庞大，间距要适当拉开一点，多设置一些街头绿地、小品，让街景丰富一些。"

……

大讨论其间，杨廷宝、梁思成、赵深、陈植等诸多知名专家也都插空平等地先后参加讨论，提出高见。

经过两天五次讨论后，最后一天（18日）进行了总结。在下述几个方面与会者达成共识：

（1）长安街两侧除办公楼外，可多设一些商业服务建筑。保留长安戏院和东单菜市场等建筑。

（2）长安街规划应体现"庄严、美丽、现代化"的方针。建筑布局要有连续性、节奏性和完整性。建筑轮廓宜简单、整齐，不要有急剧的高低变化。新华门对面不宜建大型高层建筑，拟安排低矮、人流量小的建筑为宜，多留一些绿地。

（3）建筑风格要在现代化的基础上民族化，力求"简洁而不烦琐、轻快而不笨重、大方而不庸俗、明朗而不沉闷。"使古今中外皆为我用。

（4）建筑标准可适当提高一些，但又不能脱离实际太远。

讨论会结束后，市规划局留下杨廷宝、赵深、陈植、林克明、汪原沛五人，与六家在京设计单位的原主持人一道，在大讨论的基础上，用一个礼拜的时间编制出"综合方案"（图4），和之前的共同方案一起上报市委和中央。

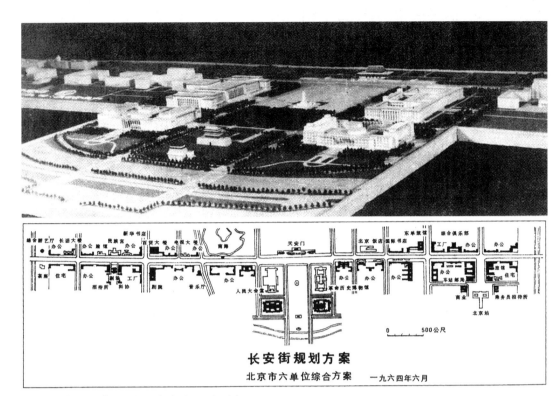

图 4　北京市六单位综合方案（刘亦师提供）

南工来的三位老师因第二天要离开北京回校，讨论会结束当晚来到杨廷宝住处话别。

一周的紧张工作后，现在可以放松下来闲聊了，但聊得最多的还是大家对这次来京的感受。

"小鲍，第一次带你出来参加这种会有什么体会呀。"杨廷宝轻松地问了一下鲍家声。

"这次收获太大了。"鲍家声还沉浸在这几天参会的兴奋中，"留校任教这几年中，我第一次见了这种大世面，见到好几位前辈大师真不容易，也真幸运。在会上听了各单位编制规划方案的介绍，长了见识。任教几年我都在搞单体建筑设计和研究，没想到搞规划，尤其长安街这种高档次的规划太重要了。看来，以后搞单体设计要首先研究城市，研究总体规划，才能给单体建筑定性、定位。讨论会也拓展了我的知识，我也学您一样，处处留心皆学问，记了不少笔记，回去后好好学习。特别是那天上天安门城楼，我这一辈子都不会忘，太难得了。"鲍家声的话匣子一打开就收不住了。

"你还年轻，今后有的是学习机会。搞建筑设计的，不能老关在房间里闭门造车，要多出来走走，多看看，才能扩充书本以外的活知识。设计起来才会得心应手。"杨廷宝启迪说。

坐在一旁的潘谷西、钟训正两位老师，虽然比鲍家声阅历丰富些，但也浸润在这次讨论会浓厚的学术氛围中，也侃侃而谈心中体会，希望今后有更多的机会参与类似的学术活动。

考虑到杨廷宝第二天还要工作，三位老师明天也要一早赶火车，便站起身向杨廷宝告辞。

这次长安街规划讨论会虽然有了满意的结果，但是，谁都没想到随之而来的国内形势急剧变化，以及紧接着发生的持续十年的"文革"，把长安街规划的美好愿景冲得无影无踪，长安街的建设就此处于停顿状态。直到"文革"结束，改革开放后的1984年春，首都规划建设委员会在新的形势和条件下，又组织了一次北京多家有关单位重新编制天安门广场和长安街规划方案，并上报党中央、国务院，长安街才焕发出新的生命和活力。

如果说，杨廷宝有意要重点培养鲍家声，这一次带他到北京拓宽眼界，见世面只是开始，那么下面就要让他站到前台来亮相，亲历实践来锻炼他了。

1976年1月8日，人民的好总理周恩来逝世。次年春，在周总理家乡江苏省淮安县的招待所里，县党政领导和省建筑界的知名专家、学者济济一堂，他们将要对在淮安筹建周恩来纪念馆设计的前期可行性研究进行讨论。这次会议实际上是一次务虚会，主要对筹建周恩来纪念馆的设计构思、选址方案、面积规模、实施安排、建造标准等一系列重大问题进行讨论。

会议正式开始后，各位与会者纷纷畅所欲言地发表各自的设想、高见。按杨廷宝历次参加类似的决策会议，抑或学术讨论会的习惯，他从不首先讲话，以免因自己资历深厚，又身居高位，怕由此让与会者误解为讨论会定调，而是先倾听各人发言，然后以普通参会者的身份发表自己的意见，这次讨论会也是如此。

直到与会者发言差不多了，领导、专家和学者们不约而同地把目光投向了杨廷宝。大家都希望听听德高望重的老教授有何真知灼见。谁知，杨廷宝这一次却打破惯例，他自己并没有发言，而是手指着坐在身旁的一位戴着花框眼镜的中年人，向在场的众人介绍说："这位是我们南京工学院建筑系的鲍家声老师，他是专门研究博物馆建筑设计的，而且还设计过好几座各地的博物馆、展览馆，非常有理论、有实践，请他来谈谈吧。"

此时，坐在杨廷宝身边的鲍家声始料未及地心里一愣。心想，杨老您事先也没向我交代这一出戏呀，我毕业任教才18年，年纪还算轻，资历也还浅，现在赶鸭子上架让我在大庭广众之下开口，我怎敢在您面前班门弄斧呢？

诸位，杨廷宝此时把鲍家声推向前台，也有他的想法。一来，杨廷宝觉得自己年逾古稀，而教育是几代人传承的事业，现在要赶快把中青年教师带出来，让他们及早投进熔炉锻炼；二来，杨廷宝与鲍家声师徒二人这么多年在教学中相处，已知根知底了。他认为鲍家声已具备了独当一面的实力和功底，特别是在博物馆建筑专题领域的理论研究和设计实践成绩斐然。他清楚地记得，当年鲍家声的毕业设计课题就是设计一座博物馆建筑。也就是说，18年前鲍家声就涉足探讨博览类建筑设计的研究了。而就在几年前，杨廷宝曾受洛阳市文化局之邀请，准备设计洛阳博物馆。只因当时自己忙得脱不开身，就推荐鲍家声作为毕业设计课题，带着毕业班几名学生去承担这个项目的设计（图5）。到设计任务快要结束时，杨廷宝趁出差三门峡之际，特地拐到洛阳去探望鲍家声毕业设计小组的工作情况。杨廷宝看了即将完成的全套图纸后十分满意，认为设计任务完成不错。继而又想到，在刚过去的十年"文革"中，荒废了多少像鲍家声这样的青年人的青春年华和大好时光啊！今天，正是让鲍家声在众人面前重新登台亮相，发挥作用的良机，不能再错过了。

而此时的鲍家声一时还没转过神来，只见杨廷宝用胳膊肘轻轻碰了碰他的手臂，

图5　洛阳博物馆（鲍家声提供）

示意他:"说吧。"鲍家声转头望了一下杨廷宝信任的眼神,感动不已。他深知这并非老师谦让,更非客套,而是真心诚意地在栽培自己。他想,二十多年来,先生为了培养人才,倾注了多少心血啊!如今,先生愈近老迈,育才之心愈切,自己可不能让他老人家失望。想到这里,鲍家声端起桌前的茶杯抿了一小口,壮胆发言了。

"各位领导,各位专家,刚才杨老过奖了,我只是建筑系的一名普通教师,只不过对博览类建筑的设计感兴趣,做了一点肤浅的理论研究和设计实践,谈不上成绩。刚才杨老点名让我发言,我就恭敬不如从命吧。结合在淮安将要建造的周恩来纪念馆,谈一点个人的想法。"鲍家声简短的开场白后,直接进入主题。

"建造周恩来纪念馆不同于建造一般的公共建筑,如何体现它的思想性、纪念性应该是首先要思考的话题。但它又不同于其他的名人纪念馆,又要突出周恩来纪念馆独有的个性。它应该成为周总理的精神化身,通过环境氛围的营造和建筑形象的表达,让人民群众来到周恩来纪念馆,感受到周总理的博大胸怀,以及周总理为中国革命的胜利披荆斩棘,为新中国的建设呕心沥血,为人民的幸福生活鞠躬尽瘁的崇高境界。而周总理又是平凡的人民公仆,他一生奔波在为人民服务的祖国大地上,不辞辛苦。周总理的这些优秀品质都应体现在纪念馆的建设过程中和最终的建筑造型艺术上。因此,我认为周恩来纪念馆的设计立意要准确。"鲍家声发言一上来就把建造周恩来纪念馆设计的立意指向体现周恩来伟大人格和高贵品质的追求上。

"下面我谈几点具体的设想。一是周恩来纪念馆建筑规模不宜过大,不要搞宏大气魄、豪华高端。因为,周总理一生低调行事、平易近人,从不居功自傲。他上衣一直戴着'为人民服务'的胸章,把人民福祉放在心中。因此,要真正体现周恩来在纪念馆上的精神化身,建筑规模以适中为好。另一方面,我们国家刚刚结束'文革',国民经济还举步维艰,一定要本着周总理倡导的勤俭建国方针,实事求是地把握好纪念馆的规模。再说,1964年10月1日建成开放的韶山毛泽东纪念馆,面积也只有6千多平方米,所以周恩来纪念馆的面积规模我建议以4千平方米至5千平方米,不超过5千平方米为宜。"鲍家声针对过去不少人办事总是贪大求全,好高骛远,与周总理一贯实事求是的精神相悖的现象,说出了自己对纪念馆控制合理面积规模的见解。

"我要谈的第二个问题是,关于周恩来纪念馆选址的问题。前面几位同志发言提到,纪念馆选址要与周恩来故居靠在一起,这个想法有它的好处,就是两者展览结合较为紧密。但是从另一个思路考虑,我感到在旧城房屋密集区选址,也有不利的地方。比如,要涉及大量民居拆迁的问题。说得不好听,就是为了建周恩来纪念馆,要赶走许多老百姓，这是周总理在九泉之下也不会答应的。另一方面，由此涉及城市道路和水、电、气等城市管网基础设施的改造问题，这个动作就太大了，投资就会大大增加。再说，以后藏品增多了，纪念馆要扩建怎么办？不仅自身要受到旧城现状的限制，而且又会遇到新的拆迁问题，给百姓生活带来很多困扰。因此，我建议选址不宜紧靠故里，可考虑在周恩来故居景区范围内，另选一个地势较为开阔，拆迁量少的地方，这也有利为今后扩建留有发展余地。"鲍家声谈到选址问题时，有理有据的分析，引得在座的不少与会者频频点头称赞。

在鲍家声讲话稍停喝水的间歇，杨廷宝插话道："刚才鲍老师谈到选址的见解我很赞同。因为，把周总理纪念馆选址在紧靠故里的旧城中，从城市规划的全局考虑，从眼前实施与长远发展结合来看，确实有不少问题，况且，我们不仅只为建一座周恩来纪念馆建筑本身，还要考虑为营造纪念馆应有的纪念氛围，所需的环境空间和配套设施，以及景观要素，都要全面统筹考虑周到。再说，周总理为国家和人民操劳了一生，甚至于他的骨灰都撒在祖国大地上。现在周总理魂归故里，我们家乡儿女是不是可以为周总理选择一个较好的地块，以便营造一个优美的环境，让周总理的英灵静静地安息在故乡。这是我心中的愿望。"

杨廷宝如此动情地补充，说了这一番话，是他在脑海中油然而生。也是他想起自己曾几次受教于周总理，百感交集而发。此时，杨廷宝的心声也感染了会场上所有的人，以至于选址的倾向大家基本趋同一致。

"你接着说吧。"杨廷宝对喝完水的鲍家声吩咐道。

"下面我接着谈一下第三个问题。关于周恩来纪念馆设计构想的建议。淮安是一座有着2200多年历史的文化名城。那么，建造周恩来纪念馆的建筑形式，是不是一定要用传统形式，甚至搞个大屋顶呢？我想，时代总是在发展的，设计也要与时俱进，要有点新意才能反映时代特点。而且，刚才我谈到选址，最好不要挤在周总理故里的旧城里，如果选在故里景区内而又在较为开阔的地段，那么，周恩来纪念馆的建筑形式就可以少受旧城建筑风格的影响，而能以新颖的形式呈现在人们面前。那么，这个新颖的建筑形式要反映什么样的精神面貌呢？我们都知道，周总理生前曾先后于1954年、1962年、1964年和1975年四次提出要在我国实现'四个现代化'的宏伟设想。所以我认为，周恩来纪念馆设计的主导思想，要紧紧扣住周总理提出的实现四个现代化的遗愿。那么，纪念馆建筑形式向时代感、新颖感探索也就顺理成章了。上面就是我对筹建周恩来纪念馆的初步想法。我的发言完了，谢谢各位。"鲍家声发言一结束，会场一阵热烈，看得出来，大家十分赞同鲍家声的观点。此时，杨廷宝见鲍家声已结束讲话，便接着鲍家声的话题补充说：

"刚才鲍家声老师讲的三点意见，是如何建设好周恩来纪念馆的大方向问题，也可以说是今后设计的指导思想原则，这如同做好一套服装要先把握住三件事一样。一是精选上乘的衣料，这是体现服装档次和品位的基础，也就是我们要为周恩来纪念馆选一块能创作优美建筑环境的地段；二是裁剪要得体合身，也就是我们要为周恩来纪念馆的规模大小把握好适度；三是款式设计要能展示人的气质和风度，也就是我们要为周恩来纪念馆设计一座能寓意他一生伟业和人格的建筑形象。这三件事如果能充分论证，解决好，就为下一步方案设计打下基础。所以，我们政府有关领导、部门会同建筑专家，通过进一步研究，拿出一个可行性的决策，以便推动周恩来纪念馆建设的早日实施。"杨廷宝形象、朴素的补充发言引得大家会心地一笑，表示十分赞同。

但是，由于20世纪70年代末，国家正处在"文革"结束后的拨乱反正过程，许多棘手的大政方针，历史遗留问题急待处理解决；民众的信仰、思想要引导正确方向；国民经济、社会生活亟需恢复正常，等等，因此，周恩来纪念馆的实施被拖延下来了。直到事隔9年后的1986年3月，才由中宣部批准开始项目启动。此时，杨廷宝已过世，而鲍家声刚升任系主任不到一年。一天，淮安方面来人找到鲍家声，商讨启动周恩来纪念馆方案设计相关事宜。鲍家声听了又兴奋又遗憾。兴奋的是，终于看到周恩来纪念馆即将实现的希望；遗憾的是，恩师杨廷宝先生没有等到这一天，他无法参与、指导这个项目的设计了。只能由我们这一辈去实现他的遗愿吧。

这次双方商定后，鲍家声择日去淮安与当地有关部门现场踏勘，为选址拍板，并取回地段地形图。鲍家声回校后，立即组织建筑系教师们进行了方案集体创作，经过反反复复设计、讨论、修改，再设计、再讨论、再修改，最后从中筛选出几个方案，准备择日在淮安召开的评审会上定夺。

那天，省委书记韩培信①、省长顾秀莲②也亲自去淮安出席评审会，可见这次评审会事关重大。评审结果最终选中了鲍家声的方案，省长对鲍家声说："这个选中的方案是你的智慧，但回去后还要听听老先生们的意见，在此基础上再进一步深化、完善，

---

① 韩培信（1921—2017），江苏省响水县人。1940年加入中国共产党。历任中共江苏省委书记、江苏省第七届人大常委会主任、政协第八届全国委员会常务委员。第十二届、十三届中央委员。
② 顾秀莲（1936—），江苏省南通人。1956年加入中国共产党，历任国家计委副主任、国家计生委副主任、江苏省委副书记、省长、全国妇联主席、第十届全国人大常委会副委员长。中共第十二至十五届中央委员。

图 6　淮安周恩来纪念馆（来源：齐康. 周恩来纪念馆[M]. 沈阳：辽宁科学技术出版社，1999：56.）

即可进入正式的设计阶段。"

后来，周恩来纪念馆项目的设计最终由齐康院士接手完成（图6）。

话说1979年夏，南京工学院要在老图书馆前扩建一座新图书馆，需要向有关部门提交一份立项报告文本。内容包括项目概述、功能构成、面积规模、投资估算以及初步方案等。时任南京工学院副院长，主管校园规划，且设计了多座本院教学楼的杨廷宝，自然承担了扩建新图书馆的任务。于是，杨廷宝这次又把鲍家声推到第一线。

这一次，杨廷宝又根据什么重用鲍家声呢？因为鲍家声对图书馆建筑研究的成果也颇丰硕。他不仅针对图书馆的研究发表过数篇论文，还对全国图书馆建筑做过调查，出版了《图书馆建筑设计》教材。而且，鲍家声还曾带领毕业设计小组的学生，真刀真枪地完成了南京市图书馆和南京医学院（今南京医科大学）图书馆的工程设计，可谓图书馆设计专家了。而这一次，杨廷宝认为，也是一次在实践中锻炼鲍家声的机会。只是与上次在淮安参加周恩来纪念馆可行性研究讨论会上让鲍家声登台发言锻炼不同的是，这次对南工图书馆新馆进行可行性研究，是直接发挥鲍家声对图书馆研究的专长，让他为立项报告做新建图书馆初步方案进行探讨。

于是，杨廷宝在办公室向鲍家声交代了提交拟建南工图书馆新馆立项报告的任务。

对于擅长图书馆建筑设计的鲍家声来说，可谓正中下怀。当然，此时的鲍家声心知肚明，这又是杨老在培养自己的一次机会。只不过这一次在杨老的亲自指导下，出色完成任务的底气十足。

说干就干，鲍家声立刻投入初步方案设计的工作。然而，让他意想不到的是，地形图呢？没有地形图怎么动手设计啊？正在为难之时，杨廷宝像未卜先知一般，来到鲍家声身边。

"怎么啦？坐在这儿发呆？"杨廷宝问。

"没有地形图，怎么动手做方案啊？"鲍家声猛然间听到身后杨老的声音，回应道。

"哦！那好办，没有地形图，咱俩就去实地测量吧。干这差事，没有帮手是干不成的。"杨廷宝说。

"这哪成！外面大太阳，哪能让您老干这种苦差事。"鲍家声急忙摆手不同意。

"没关系，量尺寸小事一桩。几十年干工程，我在外面跑工地早已习惯了。走吧，别愣在那儿。"杨廷宝边说着，边把草帽往头上一扣，拿出抽屉里的长皮尺，转身就往门外走。没办法，鲍家声只得紧随其后。

那天，烈日当空，蝉鸣阵阵，两人像走进火炉一般，热浪扑面。杨廷宝和鲍家声顾不了那么多了，两人拉着皮尺丈量着地皮，测绘着现状，记录着数据，干得兴起。

"咦！这不是杨院长吗？在这儿干嘛哪？"校园大路上路过的几位教工好奇地大声问。

"学校要盖新图书馆，我们在测量地形，准备做方案画图用。"杨廷宝向熟人打招呼说。

"您老大热天要注意哦，别累着，小心中暑！"教工关切地说。

此时，鲍家声才注意到杨老已汗流满面了，虽然戴着草帽，脸还是被热气熏得通红。忽然心里自责起来，让77岁的杨老带着40岁的自己在烈日下测绘，太不像话了！自己为什么不找一位年轻帮手来干呢？现在杨老干上了，就很难让他就此罢手。想到这儿，鲍家声不肯再量下去了，杨廷宝见状不知怎么回事：

"怎么啦，是不是热的吃不消了？歇一会儿再干吧。"杨廷宝这一问，更让鲍家声感到内疚。

"我看您老这么大年纪了，蹲下站起，又干了这么长时间会吃不消的。这样吧，您站在树荫下记录，让我一个人跑腿测量。"鲍家声接过杨廷宝的话茬说。

"没什么，我吃得消。"杨廷宝满不在乎地说。

"您不是让我多实践吗？怎么，这次又不放手啦？"鲍家声灵机一动，来了一个激将法。杨廷宝只好让步退到树荫下，鲍家声一人在大太阳下，量现状建筑的尺寸。好在两人把场地大尺寸已经量好了，量现状建筑用卷尺一个人分段慢慢量也可以，尽管慢一点，只要让杨老不要再在大太阳下东奔西跑量尺寸就行了。

就这样，杨廷宝和鲍家声终于把地形现状测量完。此时，夕阳已经偏西，跑到树丛背后去了。

杨廷宝顾不上休息，又带着鲍家声回到办公室，两人坐定下来，各自喝了一杯水解渴。歇过来后，杨廷宝把自己关于新建图书馆设计的设想，一五一十地讲述给鲍家声听，还特别提醒鲍家声说："原来的校老图书馆，我后来在1933年作了扩建设计，新老建筑因是结合在一起的整体，所以从功能到造型，甚至立面的细部都要做到天衣无缝，浑然一体。而我们现在要设计的新图书馆就在老图书馆的南面，虽然两者是脱开来的，但你做新图书馆方案时，仍然要注意新老建筑的和谐关系。特别要注意的是，新建图书馆的总平面定位，一定要避开老图书馆的中轴线。也就是说，新图书馆尽量向西放，不要遮挡老图书馆的主入口。"

鲍家声听了杨廷宝这一番话，心领神会地点了点头。

"至于新图书馆的造型，由于与老图书馆脱开了，限制就少很多，你就可以发挥你的构思能力。"杨廷宝最后补充这一点是放手让鲍家声有更多的创作自由。他明白，对青年人的培养一定要放心、放手，大胆让他们独自去闯出自己的路。

天已昏暗了，他俩走出办公楼临别时，杨廷宝又对鲍家声郑重地说："记住，完全照我的意思去搞设计，成绩只能给'及格'。只有充分发挥你的创造性，做出有特色的方案来，才能达到优秀。"

"我会的！"鲍家声充满自信地向恩师保证。

时间到了1981年2月18日，中国建筑学会召开了第五届第四次常务理事会议，其中一项议程是讨论《建筑学报》编辑委员会委员的名单。常务理事们一致同意，推荐一批中青年人充实到《建筑学报》编委会中来，并建议在清华、天大、南工、同济四所高校建筑系各推选一位。杨廷宝是刚上任不到四个月的中国建筑学会理事长，他非常赞同这个意见。在南工方面，他推荐了鲍家声。杨廷宝此时为什么又想到鲍家声呢？那是因为杨廷宝看中鲍家声人正当年，工作二十多年，在建筑理论、教学经验、设计实践方面都已日趋成熟。他工作能力强，干劲足，特别是擅长著书撰文，发表不少论文和出版了一些教材。推荐他到《建筑学报》编委员工作会发挥很大的作用，对他自己在新的领域也是一个锻炼，这件事在常务理事会议上就这么定下来了。

杨廷宝回到南京后，一天，在建筑系教学楼中大院门厅里遇到了鲍家声。

"小鲍，你过来。"鲍家声见杨廷宝向他打招呼，心想又有什么事？便赶忙凑上前去。

"我给你搞了个差事，也可以说给你肩上再压一副担子，不知你愿不愿意挑。"杨廷宝与鲍家声经过多年的相处，已经是亦师亦友的关系了，此时，杨廷宝卖起关子，有点神秘地含笑地说。

鲍家声毫无思想准备，稍许愣了一下，心想不知杨老甩出的包袱里藏着什么？就那么一瞬，鲍家声反应灵敏地脱口而出："再重的担子，只要您杨老放在我肩上，我就敢挑。"

"是这样的，我刚从北京在学会开会回来，《建筑学报》编委会要增加中青年新生力量，要求清华、天大、南工、同济四所大学建筑系各推选一名。我们系我就推荐了你，学会过几天会发聘书，聘请你担任《建筑学报》编委。"杨廷宝把这件事口头上事先通风报信告诉了鲍家声，末了还风趣地补了一句："不过事先未来得及征求你的意见，有点不民主了吧。"

鲍家声望着笑吟吟的恩师，听着他那爽朗而诙谐的话语，多少往事在脑海中闪现：想当初，自己带学生在洛阳设计洛阳博物馆，是杨老介绍的项目，并在百忙中亲临现场指导；在北京长安街规划研讨会上，是杨老带上自己见了世面，拓宽了眼界，还上了天安门城楼；在淮安周总理纪念馆前期可行性研讨会上，是杨老把自己推到前台发言；在修编《公共建筑设计原理》教材时，是杨老主动开条子给广州莫伯治①先生，亲自带自己参观了广州许多新建筑；在南工新图书馆做立项报告文本时，杨老不顾年迈，硬是顶着烈日和自己拉皮尺搞测绘。今天，杨老又把这一光荣任务交给我，这样精心栽培我，我怎能不心怀感激呢！这一幕幕往事让鲍家声深感这一生遇上了良师、贵人。

"谢谢杨老栽培，只是我怕自己胜任不了。"鲍家声担心辜负杨廷宝的厚望，怯生生地说。

"没问题，大胆地干吧。"杨廷宝以信任的目光望着鲍家声鼓励地说。

说完两人刚分手，杨廷宝忽然又好像想起什么，转身笑着对鲍家声说："你到《学报》去工作，我以后就不喊你小鲍了，改喊'老鲍'喽！"

---

① 莫伯治（1915—2003）广东东莞人。1936年毕业于中山大学工学院，新中国成立后历任广州市建设局工程师、广州市城市规划局总工程师、总建筑师、华南理工大学教授。1995年当选为中国工程院院士。

"不，不，在杨老面前，我永远是'小鲍'。"鲍家声急切地回应说。

说起'小鲍''老鲍'的称呼，还有一段小插曲呢。当鲍家声刚毕业任教没几年时，系里老师们都喊他"小鲍""小鲍"的，这很自然，谁让他那时年青呢，鲍家声只能心安理得地接受。而作为长辈级的杨廷宝、刘敦桢、童寯大教授们也跟着喊他"小鲍"，似乎也合情合理。但是，人到了四五十岁，甚至儿孙满堂了。"小"字号的称呼帽子却一直戴着，何况，鲍家声也到了不惑之年，再"小鲍""小鲍"地喊，似乎就有点怪怪的了。难怪鲍家声后来半开玩笑地说："我都四十多岁了，儿女都成了'小鲍'了，你们再喊我'小鲍'，这辈分不就乱了吗，我可吃大亏了。"

杨廷宝这次正式向鲍家声宣布，以后要改称"老鲍"，大概也是想尊重他的意愿，不要再"小"看他了。杨廷宝也确实希望鲍家声这一代自己的学生，尽快地成长、成熟起来。

自杨廷宝对鲍家声改口称呼以后，系里叫"小鲍"的招呼声渐渐被"老鲍"的称呼代替了。

一个月后，鲍家声走马上任，于3月17日至18日在北京出席了《建筑学报》第四届编委会第一次全体会议。从此，在新的学术领域既发挥出自己专长的作用，又进一步锻炼了工作能力。

1981年秋，学校派鲍家声到美国麻省理工学院去做访问学者，杨廷宝非常支持。有一天，他见到鲍家声就亲切地对他说："这是一个难得机会，到美国要争取多看看，多跑几个城市，多去看一些大学、设计事务所，要多拍些幻灯片、照片……"。鲍家声听从杨廷宝的嘱咐，到美国后的第一天第一件事就是在纽约花了半个月的生活费买了一台照相机，到波士顿时又买了一辆二手自行车。就这样，鲍家声在做访问学者的一年中，抓紧时间参观、拍照片，竟然拍了几千张彩色幻灯片作为教学资料。要知道，那个年代玩这些东西是很费钱的，但作为建筑系教师，讲课放幻灯片又是不可或缺的教学手段。因此，鲍家声从长远考虑，为了今后拓宽学生眼界，提高教学质量，硬是省吃俭用，舍得把美金砸在购买教学必备品上。这大概与杨廷宝留学宾大时，省吃俭用而不惜工本买昂贵的英国水彩纸、颜料以提高自己水彩画水平的想法不谋而合。

一年后，到了1982年底，鲍家声满载而归，本想向恩师杨廷宝汇报一番到美国做访问学者的收获，再放一些自己拍的幻灯片请杨老指教。哪知，来迟了一步，杨廷宝已住院，危在旦夕，不久便与世长辞了。

鲍家声虽然没有赶上与杨老再见上一面，聆听杨老再喊一声"老鲍"，但他永生不忘恩师的一路栽培，牢记杨老的谆谆教导，在教学、科研、设计各领域硕果累累、获奖多多，并在杨廷宝去世第三年被任命为系主任，后来又晋升为教授，成了博士生导师，培养了数十名硕士生、博士生。还担任了全国高等学校建筑学专业指导委员会主任委员，全国高等学校建筑学专业评估委员会副主任委员。杨廷宝在天之灵一定会为建筑教育事业能够一代一代薪火相传而欣慰了。

参考文献：

1. 鲍家声访谈录.
2. 刘向东，吴友松. 广厦魂 [M]. 南京：江苏科学技术出版社，1986.
3. 郑光中. 长安街过去·现在·未来 [M]. 北京：机械工业出版社，2004.
4. 刘亦师. 1964 年首都长安街规划史料辑佚与研究 [J]. 北京规划建设，2019（5）：59-69.

四、驰誉建协

46. 一席话语解矛盾

1945年,第二次世界大战终于以德国、日本、意大利法西斯的战败而告终。和平的曙光驱散了战争的乌云,世界人民终于熬过了这场浩劫,和平的阳光重照大地。

但是,身处欧洲和亚洲战场的各国城市惨遭战争的摧毁,人民不得不坚强站起来,在满目瓦砾废墟中开始了艰难的重建工作。尤其是世界各国建筑师对于他们自己亲手设计建造的建筑物,被战火掩埋,被硝烟吞没而痛心疾首。因此,保卫和平,防止再次发生战争的运动在世界各国人民中间蓬勃兴起。

在这一历史背景下,在战争中饱受苦难的苏联、东欧各国和其他国家与保卫世界和平运动有关的建筑界人士发起,决定于1954年6月17—26日,召开一次"国际建筑师及市政界人士集会",以呼唤和平,远离战争。那时,新中国刚刚成立不久,虽然被西方资本主义国家孤立,但得到苏联和东欧各人民民主国家的立即承认,中国便属于社会主义阵营大家庭的一员。况且,在第二次世界大战中,中国既是战胜国,又是受日本法西斯残害最深、对和平最渴望的国家,而且两年前还在北京召开了"亚洲及太平洋区域和平会议",因此,也应邀参会。于是中国建筑学会派出由杨廷宝任团长,汪季琦[①]、佟铮[②]和翻译张光宇一行四人作为中国建筑师代表团赴会。此外,集会还邀请"二战"中受破坏最严重城市的市长来参加,如斯大林格勒市长、华沙市市长、德累斯顿市市长、海牙市市长等都应邀出席。

集会是在波兰首都华沙举行的。为什么选择在华沙集会呢?因为华沙是一座有着近800年的历史古城,但数次遭受过外敌入侵,屡遭破坏。尤其是"二战"前夕,希特勒叫嚣要在短期内消灭波兰。出于对祖国建筑文化遗产的热爱,华沙大学建筑系的师生们事先就把华沙古城的主要街区和重要建筑物都做了测绘记录,并把全部图纸深藏在山洞里。果然,战争很快爆发,瞬间德国法西斯横扫波兰全境,把华沙城几乎夷

[①] 汪季琦(1909—1984),江苏吴县(苏州)人。1933年毕业于南京中央大学土木系。1925年开始从事革命活动。1931年加入中国共产党。中华人民共和国成立后,历任上海市公务局副局长、中国建筑学会秘书长、副理事长、《建筑学报》主编。

[②] 佟铮,北京人。建国初期任北京市建筑事务管理局局长。历任晋察冀军区政治部总务处处长、北京市都市规划委员会副主任、建委主任、全国政协委员。

图1 二战后，满目残垣断壁的华沙城（来源：网络）

图2 1971年重建的华沙城堡广场（来源：网络）

为平地。全城85%以上的建筑物被毁，那些富丽堂皇的建筑物荡然无存，到处是残垣断壁、一片焦土。战后，西方人士曾断言："华沙不会重现在人间，至少100年内是没有希望的。"（图1）

然而，不屈的波兰人民和英雄的华沙城又站起来了。他们取出深藏山洞的测绘图纸，要求按原样恢复华沙古城的风貌。政府顺应民意，于是全城民众，甚至听此重建华沙消息而归来的30万流亡在外的波兰游子，都积极投身到重建华沙城的热潮中，以"华沙速度"高涨的爱国激情，热火朝天地重建自己的家园。从而保护了自己的民族文化和历史传统，为世界所有古城重建做出了榜样，也对欧洲的古城保护产生了重要影响。因此，国际建筑师及市政界人士集会，选择在波兰首都华沙召开是再恰当不过了。正因为重建的华沙城对保护世界建筑文化遗产做出了巨大贡献，联合国教科文组织在拒绝接受非原物的前提下，作为特例，于1980年将华沙新古城列入《世界文化遗产名录》（图2）。

可想而知，当各国与会代表来到华沙，随处可见二战严重破坏痕迹的城市，目睹华沙人民正在重建古城的场景时，心中对残酷战争的憎恶和对波兰人民不屈精神的敬佩油然而生。由此更坚定相信和平一定能战胜战争，这是全世界人民人心所向。

会议期间，发言的市长、代表们群情激愤、慷慨激昂，异口同声地谴责法西斯的暴行，盛赞波兰人民重建华沙的意志和决心。特别是代表们参观了奥斯维辛集中营，目睹法西斯对无辜民众惨无人道、触目惊心的种种迫害与卑劣行径，更激起了心中的义愤。

应该说会议一直进行得十分顺利。哪知，到了大会闭幕前一晚，会议主席团讨论在闭幕式上发表一份号召书的稿子时，发生了争论。这是怎么回事呢？

原来，在二战中受创深重的苏联、波兰等国代表坚持在号召书中严厉谴责纳粹德国的残暴罪行，这似乎情在理中。可是细究起来，这段话的措辞似乎也不很合适，因为德国建筑师代表认为，他们的民族感情受到了伤害。由于历史的原因，德国在战后被一分为二，形成西德和东德两个国家，分属资本主义阵营和社会主义阵营。但在此时，东、西德代表站在一起，都对此接受不了，并一致反对如此提法。双方相持不下，吵得不可开交，越争论越激动并伤了和气。眼看都快天亮了还是没个结果。其他国家的代表在这种场合下急得不知所措。好好的一个国际会议，不能就这样有头无尾地搞砸了呀！此时，一向在这种场面上不轻易讲话的杨廷宝，本着"和为贵"这个中国几千年传承下来的哲理，缓缓站起来发话了。会场立马安静下来，只听到杨廷宝力劝双方不要纠缠在个别字眼上争论不休，并口气温和地说，同样的事实是不是可以用另外一种措辞来表达呢？他提出把措辞改为集中谴责一小撮德国纳粹分子身上，而把德国民族和人民放在同样是受害者一方，这样把两者区分开来描述，双方争论的问题不就可以统一了吗？顿时，全场代表如醍醐灌顶，掌声雷动，不仅争执双方，而且全体代表一致同意中国代表的建议。险遭"砸场"的问题就这样迎刃而解，皆大欢喜。为此，杨廷宝的儒雅风度和通达言语在代表们心中留下了深刻的印象。

参考文献：

汪季琦. 回忆杨廷宝教授二三事[M]//杨永生. 建筑百家回忆录. 北京：中国建筑工业出版社，2000.

47. 走出国门开先锋

1949年10月1日，中华人民共和国成立，中国人民从此站起来了！但是，国民党、反动派留下的旧中国满目疮痍；加上西方资本主义国家，不但在政治上不承认中华人民共和国，而且在经济上对中国进行全面封锁禁运，企图把新中国扼杀在摇篮中，并迫使正在百废待兴的新中国经历了三年艰苦卓绝的抗美援朝战争。此时的新生中国，迫切希望冲破列强的围堵，走向世界。

那列强围堵的缺口从哪儿打破呢？这里就必须提到一位关键人物，他就是时任北京市都市计划委员会总建筑师的华揽洪①，他当时住在无量大人胡同，其父华南圭亲手设计建造的一座花园私宅里。由于华揽洪早年在法国留学，并开办自己的建筑师事务所，结识了不少法国朋友，他的家就成了经常接待法国建筑师和朋友聚会的场所。1955年春天，华揽洪在家接到法国好友，时任国际建筑师协会秘书长瓦格（Pierre Vago）先生从巴黎打来的电话。电话里说道，他对中国同行尚未参加协会表示遗憾，问华揽洪是否可以想办法促成此事，若能办成，中国即刻可派团参加马上就要在荷兰海牙召开的国际建协第4次代表会议。华揽洪一听，这是好事啊，便一口答应下来，表示准备马上着手解决。

可是，怎么解决呢？看来只能走上层路线。华揽洪直接找到他的上级，向时任中国建筑学会秘书长汪季琦汇报此事。汪季琦听罢二话不说，毫不犹豫地当场表示："这事由我来办。"并雷厉风行与更上一级领导，时任建筑工程部副部长兼中国建筑学会理事长周荣鑫②联系。周副部长也是一位精明能干、办事麻利的领导，通过与国家决策领导层几个电话来回，没几天工夫，此事便办妥。于是，中国建筑学会立即向国际建筑师协会提出入会申请，准备参加当年7月9—16日在荷兰海牙召开的国际建协第4次代表会议。

---

① 华揽洪（1912—2012），生于北京。1928年赴法留学。1936年从法国土木工程学院毕业后又考入法国国立美术大学建筑系。1942年在美术大学里昂市分校获国家建筑师文凭。1945年在法国马赛创办建筑师事务所。1951年回国任北京市都市计划委员会总建筑师。1977年退休后移居法国，2012年12月12日逝世。
② 周荣鑫（1917—1976），山东蓬莱县（今蓬莱市）人。历任国务院秘书长，建筑工程部副部长，教育部部长等职。

图 1　杨廷宝（左 5）率中国建筑师代表团赴荷兰海牙出席国际建协第 4 次代表会议时途经莫斯科留影（吴良镛提供）

因国际建筑师协会第 4 次代表会议在荷兰海牙召开在即，中国建筑学会立刻组团，以副理事长杨廷宝为团长，秘书长汪季琦为副团长，以及贾震①、沈勃②、徐中、华揽洪、戴念慈、吴良镛 8 人组成代表团，肩负重大使命，代表国家首登国际建坛，在国际同行面前亮相。对此，周恩来总理非常重视，认为这是中华人民共和国成立后，第一个即将得到国际学术组织承认的中国学术团体，在政治上打破了欧美国家对新中国绞杀的妄图，从此打开缺口，开始了我国对外交流的渠道，这势必将产生后续连锁反应。于是，托付陈毅副总理在中南海接见代表团全体成员并送行。

7 月 8 日，杨廷宝团长率团一行 8 人途经莫斯科（图 1）飞抵海牙，即被东道主安排到海牙南边梯夫脱城临海的名叫希黑甫宁根旅游胜地的会议旅馆下榻。

---

① 贾震（1909—1993），山东乐陵市荣庄（今河北盐山县荣庄）人。历任中央组织部秘书处处长、国务院人事部办公厅主任、天津大学党委书记、中央高级党校副校长、北京师范大学党委书记。中共七大代表、第三届全国人大代表、第六届全国政协委员。
② 沈勃（1918—2012），山东黄县（龙口市）人。1945 年毕业于北京大学工学院。曾任北京市地政局副局长、北京市建筑设计院院长、北京市规划局局长、北京建设委员会副主任、北京市人大常委会常委、中国建筑学会副理事长。

杨廷宝入住旅馆刚安顿下来,就忙着与国际建筑界友人接触,了解会议安排,并与重逢故交叙旧。而其他几位团员则忙里偷闲,准备上街领略一下异国风光。他们一众走出旅馆大门,只见场地上五颜六色的各参会国国旗迎风飘扬,气氛煞是热烈,让走出国门的中国代表团团员们兴奋不已。突然,一面青天白日"狗牙"旗映入众人眼帘。这还了得!这是严重的政治问题。要知道,在那个年代,帝国主义一直在制造"两个中国"的阴谋,企图把国民党盘踞的台湾岛永远从中国分割出去。而中华人民共和国的立场坚定,态度鲜明:凡是在国际交往场合中,一旦出现别有用心的人制造"两个中国"的迹象,便立即声明退出,并提出严正交涉。眼下,竟然让"狗牙旗"取代五星红旗,莫非真有人要搞"两个中国"的阴谋?大伙儿感到事态严重,再没有闲情逸致上街去观光了。便赶紧返回向团长杨廷宝和副团长汪季琦汇报,说着说着,大家越加群情激愤。其中一位团员更是义愤填膺:"回家!"此时,杨廷宝、汪季琦也感到这件事不可等闲视之。但转眼一想,在没有搞清事情真相之前,也不可贸然行事。毕竟初来乍到,人生地不熟,事情一定错综复杂。于是,杨廷宝一方面先按住大家的火气,劝说得先把情况弄清楚再作定夺。另一方面安排汪季琦带翻译先去找苏联代表团团长莫德维诺夫沟通情况。那么,为什么中国代表团不直接出面,而要通过第三者去向大会交涉呢?这是因为,大会还未开幕,也就是说,此刻,中国还尚未被大会正式接纳为国际建筑师协会的会员国。因此,不便出面,只能请苏联老大哥代为交涉。

当荷兰东道主听说有这等出丑的差错,一面连声道歉,一面立即派人调查。原来,新中国刚刚建立没几年,又处在被西方列强封锁之中,不是任何人都知道中国已换了人间,更不知有五星红旗一说。因此,旅馆老板因无知,才出了这么严重的事。在会议东道主的催促下,老板命人赶紧把国民党旗帜降下来收走,但五星红旗呢?他哪里见过!眼看大会就要开幕了,时间紧迫,不得已,华揽洪便拿起画笔画了一个五星红旗的图案,交给大会组织者赶紧定制,才使五星红旗在开幕前高高飘扬在会场上空。

11日,会议正式开幕,开幕典礼在海牙市中心的骑士大厅(13世纪的古建筑)举行。来自41个国家,700名代表和300名各国建筑系大学生、代表的眷属以及荷兰的工作人员聚集一堂。当杨廷宝团长率领中国建筑师代表团步入会场时,受到与会各国代表的惊奇目光和友好掌声。大会先由荷兰建设及居住建筑部部长和海牙市市长先后致辞,接着进行4个主旨报告。其后几天是国际建筑师协会的执行委员会、国际建筑师协会的代表会议、全体大会及分组讨论会和约20个国家的图片展览会,在各个场所分别举行。

图 2　杨廷宝（中）在荷兰海牙出席国际建协第 4 次代表会议（陈法青生前提供）

　　大会全程是在团结、融洽、热烈的气氛中进行的。与会者之一、国际上颇有名望的瑞典老建筑师奥尔逊（W.Olsson）提议向各国政府提交一份，关于拥护以和平方式解决任何问题，反对军事性破坏的决议草案，他说："应该告诉即将在日内瓦举行会议的四国政府首脑：至少在世界上有一种职业，已经有了不分种族、政治制度、学术派别而能通过国际性组织团结为一体的经验。"也正如波兰代表锡尔库斯在报告中所言："协会所代表的世界八万名建筑师，是八万名和平建设的拥护者，国际建筑师协会从成立第一天起，就为建立各国人民之间的友谊而进行的斗争，一定会取得胜利。"总之，大会取得了巨大的成功。

　　16 日，会议最后一天通过了接纳中国等 6 个国家正式为会员国（图 2）。从此，中国的建筑师融入了世界建筑师的大家庭，不仅在国际建筑师协会占有一席之位，而且中国建筑学会理事长周荣鑫还当选了国际建协执行委员会委员一职（第二年就由杨廷宝直接担任了），进入国际建协领导机构。而那时距联合国和教科文组织对新中国的接纳还很遥远。可见，杨廷宝所率领的中国建筑师代表团，成为新中国冲破资本主义国家合围缺口的开路先锋。

　　当会议圆满地结束，闭幕那天晚上，东道主在宾馆礼堂安排了一场文艺晚会。汪季琦等五人兴致勃勃地赶去参加（杨廷宝在另一处参加宴会），谁知，在舞台上众多国旗中，又出了一面青天白日旗。如果说开幕式前的那次"旗帜事件"是宾馆工作人

图3 杨廷宝（前排左3）在荷兰海牙出席国际建协第4次代表会议期间与外国代表们合影（来源：东南大学档案馆提供）

员无知的话，那么这一次就是明知故犯了！当即，我代表团一行五人在汪季琦的带领下，迎着众多观众不解的目光，昂首退出会场，随后找到杨廷宝汇报。杨廷宝一听，又发生了这样的政治事件，也觉得事态严重。现在，中国已是正式会员国了，便直接找到荷兰有关方面进行交涉。东道主对再次发生的事故再三道歉，表示立即查询处理。原来，宾馆经理第一次把国民党旗帜撤下来后，并没有向店员交代清楚，这次值班的工作人员也不了解情况，加之经理忙于它事，疏于检查才酿成又一次"旗帜事件"。杨廷宝在弄清楚情况以后，知晓对方并无"制造两个中国"的恶意，想到此行所担负的寻求和平与友谊的神圣使命已完成，既然对方真是出于误会，又在出事后深表歉意，也就不必深究了。于是，只在适当的场合严肃地提出了批评意见后，照常开展交往活动（图3）。

杨廷宝对这两起"旗帜事件"处理，既掌握了原则，又实事求是，既维护了国家尊严，又增进了与各国人民的了解和友谊，因而博得国际友人的好评，事后还受到国内外交官员的称赞，说杨廷宝具有外交家的胸襟和气度。

参考文献：

1. 华揽洪. 中国是怎样加入国际建协的 [M]// 杨永生. 建筑百家回忆录. 北京：中国建筑工业出版社，2000.
2. 杨廷宝. 国际建筑师协会第四届大会情况报道 [J]. 建筑学报，1955：2.
3. 杨永生. 建筑百家轶事 [M]. 北京：中国建筑工业出版社，2000.

48. 众望所归赢人心

  1957年9月5日至7日是国际建筑师协会第5次代表会议的会期，为两年一次的例会。上次代表会议是在1955年与在海牙的第4届世界建筑师大会同时召开，而第5届世界建筑师大会要到1958年才召开。因此，这一年在巴黎只召开国际建协第5次代表会议，主要任务是讨论会务和改选国际建筑师协会领导机构。中国建筑学会为此派出了以杨廷宝为团长，汪季琦、吴景祥、殷海云[①]为团员的代表团出席会议（图1）。

  5日上午，巴黎市议会主席在市政厅举行酒会，招待各国建筑师代表团。下午，代表大会在联合国教科文组织（UNESCO）大厦正式开会。大会主要议程是首先通过了接纳新会员国菲律宾和委内瑞拉，接着国际建协各领导依次讲话以及会议通过秘书长和工作委员会两项报告。

  6日全天讨论了财务报告以及第五届、第六届世界建筑师大会的时间、地点问题。

  前两天的会议完全是按议程顺利走完程序，关键是第三天上午的改选工作出现了激烈的竞争场面。

  为了争取社会主义阵营的国家能进入国际建筑师协会领导机构，作为"老大哥"的苏联，在大会第二天下午结束议程的休会期间，召集各兄弟国家会外研究明天大会改选的策略。苏联代表团团长阿伯拉西莫夫分析道：主席候选人有两名，一是智利的马尔东奈斯·累斯塔特（Mardones-Restat）和荷兰的凡·登·布洛克（Van den Broek）。但荷兰在此次大会表决次年大会在莫斯科召开时投了反对票，态度不好，建议大家选马尔东奈斯·累斯塔特，各兄弟国家代表均表示同意。关于副主席候选人现有三名，即英国的马修（Robert Matthew）、捷克的诺沃特尼（Novotny）和波兰锡尔库斯夫人（Syrkus）。后来诺沃特尼认为捷克原任执行委员，本届任期尚未届满，可继续留任，而波兰的执行委员这一年任期届满需改选，为了加强社会主义阵营的力量，他愿意放弃参加候选人竞选，以确保锡尔库斯夫人当选。阿伯拉西莫夫建议大家同意诺沃特尼的意见，一致选举锡尔库斯夫人。包括中国代表在内的所有社会主义阵营兄弟

[①] 殷海云（1918—1980）江苏武进人。1943年毕业于中央大学建筑工程系。新中国成立后，历任中南工业建筑设计院主任工程师、副总工程师，湖北工业建筑设计院总工程师、高级建筑师，中国建筑学会第四届常务理事，1965年当选国际建协执委代理人。

图1　杨廷宝团长率中国建筑师代表团赴巴黎出席国际建协第5次代表会议，并当选国际建协副主席（来源：中国建筑学会《建筑学报》杂志社. 中国建筑学会60年[M]. 北京：中国建筑工业出版社，2013：29.）

国家的代表都统一口径表示赞同。

7日上午一直是进行改选工作。首先是改选主席，投票完全是一边倒，马尔东奈斯·累斯塔特以58票当选，而凡·登·布洛克仅获得5票落选。

当改选副主席时，大会出现异议。有代表提出副主席候选人原为三名，而现在捷克的诺沃特尼候选人声明退出竞选，使副主席改选造成为等额选举不合适，应按照多名候选人进行差额选举为好。大会主席楚米（Jean Tschumi）采纳了这项提议，宣布休会十分钟，请各位代表充分再酝酿一下。

就在短短十分钟休会期间，西德代表塞茚（此人为西德建筑师协会副主席、国会议员）首先向中国代表团走来对杨廷宝说："我们代表团商量了一下，准备提你作为候选人如何？"这突如其来的一问，杨廷宝一点思想准备也没有，何况当时西德还没有与中国建交，这个建议究竟用意如何？尚难以知晓。心想，中国刚入会两年就想竞选副主席，别异想天开了吧，压根儿就没那个念头，于是便笑而不答。哪知，这位西德代表又返回一次，不放心地叮嘱杨廷宝说："我们选你，你可千万不要推辞啊！"杨廷宝对此也未置可否。原来，按照大会选举惯例，如果被选举人一味推辞、谦让，那么，候选人的提名就被自动放弃。大概那位西德代表塞茚深知中国人的秉性是一贯谦虚惯了的，生怕杨廷宝推脱。

怎么办？这下让中国代表团犯了难，违背休会期间的承诺，选本国代表吧，有损中国信誉；别人一定要选你吧，这又不是你个人或代表团的小事，是关系祖国的地位和荣誉大事，又不能轻易推辞。再说，到底有多少国家的代表要选杨廷宝，谁都心里没数，万一票数寥寥无几，对于泱泱大国，那不是太有失体面了吗？倒不如不参选更心安理得，反正我们是新会员国，现在不是考虑进国际建协领导机构的时机。可是，你又不能阻止别人选你，这就太不近人情，有点失礼了。

眼看马上就要复会，在这令人踌躇、难以决策的关键时刻，一向稳重沉着、遇事不慌的杨廷宝当即与代表团商定：中国代表团按承诺选举波兰代表锡尔库斯夫人，如果别的国家要选中国代表，我们也乐意担当。至于能否当选，谁也不是先知，只好骑驴看唱本——走着瞧吧。

当大会主席宣布复会开始后，塞茚首先提名中国的杨廷宝作为增加的候选人。接着又有代表提名凡·登·布洛克、马丁和克切克斯，此时候选人增至6人。此后，选举在紧张的气氛中开始了。中国代表团信守诺言，投了波兰的锡尔库斯夫人一票，其他国家的代表也依次投了票。

投票结束开始计票了，候选人国家的代表一下子神经紧张起来。只见各候选人的得票数先后出现、上升、拉开差距。有的候选人得票数进展很慢，甚至有一位候选人一票还没上榜，有的候选人得票数上升势头很猛。其中马修得票数开始遥遥领先，而杨廷宝与锡尔库斯夫人的得票数此起彼落，交替上升，搞得中国和波兰两国代表心里波澜起伏。此场景在外国代表团看来司空见惯，但杨廷宝心里很不是滋味，觉得在资本主义国家面前，形成兄弟国家之间在竞争，很不合适，生怕苏联和其他兄弟国家，特别是锡尔库斯夫人有所误解。真想来个友谊第一，比赛第二。

终于投票结束，当大会主席楚米又一次走上主席台，准备正式宣布改选结果时，全场代表鸦雀无声，屏住呼吸，竖起双耳，全神贯注聆听楚米宣布："克切克斯0票；马丁5票；凡·登·布洛克18票；锡尔斯库29票；杨廷宝30票；马修47票。我宣布，马修、杨廷宝当选国际建筑师协会副主席。"顿时，全体代表起立，全场突然爆发出雷鸣般的掌声，掌声持续了许久才被主席示意平息下来。接着大会主席又宣布了秘书长仍由瓦哥连任，司库仍由凡·贺甫连任。最后宣布了4个区的执行委员会委员名单。

大会主席宣布完改选结果后，新任主席马尔东奈斯·累斯塔特、新任副主席马修、杨廷宝分别上台致辞。最后，大会主席宣布第5次代表会议闭幕。

散会后，各国建筑师立即涌向中国代表座席，争先恐后地与杨廷宝握手表示祝贺。杨廷宝一时还没转过神来，心想，这太意外了，自己根本无意竞选，幸运之神怎么就这样轻易降临到自己身上呢？面对众多祝贺的不同肤色面孔，杨廷宝又不能失礼，只好连连笑答："Thank you! Thank you!"

苏联代表团也来向杨廷宝表示祝贺，杨廷宝诚恳地说："这次当选完全出乎意料，事先一点思想准备也没有。"苏联代表说："这样非常好，比我们预料的更好。"杨廷宝谦虚地说："我们对于国际建协的工作经验很少，以后要多向你们请教，遇事都要和苏联及其他兄弟国家商量，特别是要向锡尔库斯夫人请教，她的国际活动经验非常丰富，好在她仍选在执行委员里。"

随后，保加利亚、波兰等兄弟国家都来向杨廷宝道贺，都说结果非常理想。锡尔库斯夫人虽因要陪护刚在会场胃部突然大出血的阿伯拉西莫夫赶往医院去救治，也在百忙之中向杨廷宝祝贺一声转去。接着，一些资本主义国家的代表也陆续走来与杨廷宝握手，友好地表示道贺，体现了在国际建筑师协会这个大家庭里，各国建筑师不论国籍、种族、宗教或政治信仰、建筑学说如何，都是为了建立起相互了解、彼此尊重、促进国际交流活动这一宗旨而走到一起。

这次大会虽然结束了，杨廷宝也众望所归地被选为国际建筑师协会副主席。事后分析起来，这也并不意外，此话怎讲？一是，这是新中国在国际上地位的日益提高，以及中央指示在国际活动中要谦虚、谨慎、实事求是正确方针的结果。二是，杨廷宝在 1954 年的华沙和 1955 年的海牙两次国际会议上的亮相与表现，不仅让世界看到了与某几个蛮横霸道大国不同的另一个大国——新中国的崭新形象，而且也展示了杨廷宝在国际交往活动中的个人魅力与社交风度。想想这次大会上，西德那位代表，为什么要竭力推荐杨廷宝作为副主席的候选人，那么多西方国家代表也投了杨廷宝一票，就不难理解，杨廷宝当选是水到渠成，当之无愧的。也说明杨廷宝不论在什么场合下，总是一贯为人亲和，办事秉公，自然就能赢得人们的尊重和推崇。下一个在类似场合发生的另一意外事件，可以再次展现杨廷宝化干戈为玉帛的奇迹。只是读者从以上二三事中了解了杨廷宝的为人处事后，就不再会为下一篇的类似故事感到意外了。什么事呢？欲知后事，且听下篇道来。

参考文献：

杨廷宝，汪季琦，吴景祥，殷海云. 参加 1957 年国际建协代表大会情况报告 [R]. 中国建筑学会综合部提供.

49. 巧化干戈为玉帛

转眼到了1958年的7月20日至27日，国际建筑师协会在莫斯科召开了第5届世界建筑师大会，大会的主题是"世界各国的城市建设问题——1945年至1957年城市的新建和改建"。参加大会的有50多个国家的1400多名代表。中国建筑学会派出以杨春茂[①]为团长的19人代表团出席了会议，梁思成在会上作了关于东亚各国1945—1957年城市的建设和改建的报告。杨廷宝作为刚当选国际建筑师协会副主席是必定要出席此次国际建协会议的（图1）。

此次为期一周的大会，按议程进行得也很顺利，并在会议期间，东道主发放宣传资料（图2），并安排了多次参观活动，代表们不但见证了二战后几年中，莫斯科城的建设成就，还游览了这座有800年历史，且具有独特风格的古城多处名胜古迹，这都引起各国建筑师的极大兴趣和关注。

大会很快又到了尾声。就在最后一天的大会闭幕式上，又发生了一件令人扫兴的事。什么事呢？

当大会主席、苏联建筑科学院院长、苏联建筑师协会主席阿伯拉西莫夫，手捧大会号召书朗读了一遍，朗读完毕，顿时，会场一片热烈的掌声。当掌声平息后，阿伯拉西莫夫宣布号召书"通过"。正当此时，主席台上就座的一位法国建筑师代表（国际建协秘书处的负责人之一）立即起身，带着质问的口气，当众对大会主席发问："这份号召书是从哪里来的？我们事先怎么不知道？这样'通过'是无效的！"这一问，使全场代表一惊，大家面面相觑，并引起一阵骚动。而阿伯拉西莫夫在瞬间一愣之后，自持是个"老资格"，在国际上有相当的威望，不但不反思，反而认为这是小事一桩。再说号召书刚在几分钟前就以代表们的热烈掌声通过了，所以他竟对这一质问置之不理，就马上宣布："大会到此结束，散会！"代表们只好相继纷纷退场，但更为激烈的矛盾却在酝酿中等待爆发。

[①] 杨春茂（1914—2009），陕西韩城县人。1934年加入中国共产党。新中国成立后，历任中共鞍山市委书记、建筑工程部副部长、中国建筑学会理事长、中共七大代表、第4至6届全国人大代表。

图1 杨廷宝（左3）在莫斯科参加国际建协执委会会议期间与部分执委会委员合影（杨士英提供）

图2 1958年7月，杨廷宝（左1）在出席莫斯科第5届国际建筑师大会会下索取会议资料（来源：江苏省档案馆）

图3 杨廷宝（左2）出席莫斯科第5届国际建筑师大会期间，在参加国际建协执委会会议上（杨士英提供）

当天晚上，召开了国际建协执行委员会会议（图3）。不少委员此时也想，是啊，大会为什么事先不向执委会提出需要发表一个号召书呢？为什么不经执委会研究就擅自做主向大会宣读？为什么有人提出异议，主席就赶紧宣布散会？一阵发问引起苏联主席百般申辩，会上舌剑唇枪，吵得不可开交。而且越吵越气愤，越触动彼此的火爆情绪，以至于把不该说的话也肆无忌惮地脱口而出，一个个争得面红耳赤，执委会简直开不下去了。这时，许多委员如坐针毡，纷纷窃窃私语，以求平息争吵，但看这架势都感到束手无策。怎么办？不能就这样无休止争论下去吧？不由地大家把求助的目光转向杨廷宝身上。为什么呢？因为一些委员豁然想起前几次的国际建协代表会议或世界建筑师大会，也偶发生过一些小摩擦，是杨廷宝以高屋建瓴之势化干戈为玉帛。这次杨廷宝你为什么稳如泰山，声色不动地一言不发呢？快站出来说说话吧！

其实，按照杨廷宝做人的准则，他是一概不介入双方争吵的。杨廷宝一生从没与人吵过架，也没有吵架的本事，连吵架的词儿都不会说，他只会讲道理。此时，杨廷宝听来听去，听出这显然不是双方普通吵架的小事，而是关乎维护国际建协宗旨的问题。何况双方都陷在细节纠缠中，争论也太久了些。大家都把期待的目光示意着自己，身为副主席难道能袖手旁观吗？当然不能。出于促进世界建筑师之间团结的责任，便站起来郑重地对争吵双方说："按大会程序，号召书已经在大会上宣读过了，也在代表们的鼓掌声中通过了，而大会也已经闭幕了，这是事实。主席不按会章办事，不和执委会商量是不对的，但事已至此，谁也改变不了现实，这样争吵下去，事情还是得不到解决。苏联主席的错，是错在程序上，错在违背会章。然而你们争来争去，对号召书的内容这一实质性问题却未置一词。"杨廷宝对双方这一婉转的批评，使双方心悦诚服，火气渐消。他稍停，看到会场气氛已平静下来，又以商量的口吻对大家建议说："能不能这样，我建议授权秘书长和几位委员对宣言的内容进行审查，如果其内容不违背国际建协的宗旨和历来的主张，就不必再在程序问题上争执不去了；如果违背协会的宗旨，再开执委会研究处理办法，大家意见如何？"经杨廷宝这么一分析，又这么一建议，立刻得到与会者的一致赞同，一场争端就这样平息了，争论的双方相互也基本取得了谅解。至此，杨廷宝的一席话，达到了国际建协的宗旨——团结的目的。

后来，经对宣言内容的审查，并没有发现什么问题，但大家对于苏联以大国自居，常搞一些霸凌的做法很不满意，这份号召书也就没有作为正式文件发表。

等会议结束时已是凌晨2点了。然而，杨廷宝完全没有睡意，心里仍七上八下，不踏实。这是为什么呢？杨廷宝做事一向正直无私、诚恳坦荡，生怕这次执委会上矛盾的处理不当，引起双方误会或反感。而且他还有一个习惯，当天的事当天了，绝不拖到第二天。于是，他要立即向代表团党组汇报。但杨廷宝又不与中国代表团住在一起，他因是副主席身份，食宿都是由国际建协担负，旅馆也是由国际建协订的，与主席、副主席、秘书长、执行委员住在一处。而各国代表团的其他代表都是费用自理，旅馆自订的。这次杨廷宝住处在乌克兰饭店，距中国代表团住处北京饭店较远，又是深更半夜。杨廷宝顾不了这些，便雇了一辆出租车赶到北京饭店，把正在酣睡的杨春茂等人叫醒。等大家坐定下来，杨廷宝开门见山，把刚才在执委会上发生的事情，一五一十地做了详细汇报。书记听完杨廷宝的介绍，连声赞许，称赞这位老教授处理国际事务既稳健又机智。更为他所表现出的组织性、纪律性深为感动。连与杨廷宝共事多年的汪季琦，在一旁也为他尊重组织，尊重同志的态度深为钦佩。

其实，作为全国人大代表、中国科学院学部委员、江苏省副省长、南京工学院副院长的杨廷宝，虽身居多项要职，却毫无架子，仍把自己当作普通一员。连在南京工学院任教期间，每一次因公出差时，他一定要向南工院党委请假，出差回来也一定会向院党委销假，数十年如一日。难怪在这次莫斯科的执委会会议上，杨廷宝虽身为建协副主席，却与各位执行委员平等讨论问题。连说话都不是居高临下、盛气凌人的口气，而是一种商量的口吻。可见，杨廷宝若当一名外交官，也一定是非常出色的。

参考文献：

汪季琦. 回忆杨廷宝教授二三事 [M]// 杨永生. 建筑百家回忆录. 北京：中国建筑工业出版社，2000.

50. 执委会上话片断

1960年9月5日至10日是每年一度的国际建筑师协会执行委员会会期。这次会议在丹麦首都哥本哈根，会址毗邻丹麦建筑师协会旁边一座应用美术陈列馆的会议厅举行，与会者共17个国家的建筑师。

会议开幕当天，首先由丹麦学会主席韩逊（Hans Henning Hansen）致欢迎词，代理主席马修副主席（协会主席马尔东奈斯因智利遭遇地震，未到会）致答谢词。随后即进行议程安排的各项工作，包括报告了新会员国的接纳入会问题、各工作委员会工作进行情况、与其他国际团体关系、1961年伦敦大会筹备情况、执委会改选问题、修改大会代表人数问题、财务收支报告、各项出版问题、各地会务活动情况、国际建筑设计竞赛、国际建筑师协会奖牌等问题。总之，这次会议的各项议程进行尚属顺利。

会议期间，除开会讨论一系列问题外，还插入一些参观、赴宴、演讲、晚会等轻松项目。而且，也未出现类似前几次执委会那种意外的不快事件，只是多少也反映一点当时国际形势的新情况。

在讨论副主席改选问题时，英国的马修副主席首先表示，明年任期届满，表示不再连任，可给别人一个机会。此时，杨廷宝一听，中国的副主席职位明年也是到期，既然英国人表示谦让，杨廷宝也大度同样表了态。但马修反过来主张，请杨廷宝仍继任副主席，马上得到瑞典代表阿尔伯格（Alberg）的拥护。接着，匈牙利代表又提名苏联的阿伯拉西莫夫（因故未到会），而代表阿伯拉西莫夫出席会议的苏联莫斯科建筑学院教授史可瓦利可夫（Chkvarikov）当即表示赞同匈牙利代表的提议。而波兰代表建议墨西哥的喀隆那（Corona）为副主席候选人。

当讨论到主席改选问题时，瑞典代表和苏联代表先后提名马修教授作为主席候选人。当即有许多国家代表赞成。荷兰建筑师协会以书面形式推荐本国的凡·登·布洛克，但会上未有人表态赞成与否。

最后，代表们酝酿的结果，主席候选人为：马修（英国）、凡·登·布洛克（荷兰）。副主席候选人为：杨廷宝（中国）、阿伯拉西莫夫（苏联）、喀隆那（墨西哥）、凡·登·布洛克（荷兰）。以上主席、副主席候选人作为执行委员会初步酝酿名单，将分寄各会员国作进一步的考虑，并可增加提名。

国际建协在世界上并不是一个孤立的学术团体，免不了要与其他国际活动团体打交道，特别是与联合国相关机构有着密切关系。一次，杨廷宝与秘书长瓦哥两人在赴会场途中相遇，并谈到国际建协与联合国相关机构的关系问题时，杨廷宝说，中国还不是联合国成员，若他的业务工作超出国际建协一定范围时，他无能为力。瓦哥说，他完全了解，所以他一向很注意这个问题，不会为难杨廷宝。并说："这个问题还不只牵涉你们中国一个国家，因为我们还有别的国家，亦不是联合国的成员。"看来，杨廷宝虽然是做学问的，但对政治问题也很敏感。

杨廷宝参加这种国际建协会议，除了专心做好自己副主席分内的工作外，还利用会外广交国际朋友，宣传中国成就，讲中国故事，增进彼此友谊。

比如，杨廷宝这次参会路过莫斯科时，在住地旅馆餐厅遇见以前在北京设计过当时叫苏联展览馆（毗邻北京动物园东面）的安德列耶夫建筑师和夫人，虽然与上次在中国相见已过去多年，但交谈起来，他们还是表现很亲切。安德列耶夫说，他本拟请求参加建筑师访华团再次去中国，但未能实现。而这次代替阿伯拉西莫夫出席执委会的史可利可夫教授，从前在莫斯科也曾见过几次面，在这次会下相谈甚欢，不亚往昔。

最令杨廷宝印象深刻的，是与古巴一位年轻代表马锡亚斯（Raul Macias Franco）建筑师的相识，可能双方都是社会主义阵营国家的兄弟吧，一见面相当友好亲切。他曾数次找杨廷宝交谈，杨廷宝也数次与他同坐在一起。杨廷宝对马锡亚斯说："我在中国已经吃到古巴的糖了。"他也开心地说："是呀！中国的粮食也到了古巴啦！"他还说，美国宣传古巴杀死了许多中国人，这完全是造谣。这位古巴青年是在一个国家管理建筑机构里工作。杨廷宝认为他的政治态度很清楚，是反帝的。

美国代表苏琪尔（Henry Churchill）是美国费城的一位67岁建筑师，因为杨廷宝在费城宾大留过学，所以对杨廷宝十分有好感。他告诉杨廷宝，他认识杨廷宝留学时的几位美国同学，现在都是费城的建筑师。他也认识梁思成，他请杨廷宝代他向梁先生问好。那次在参观丹麦建筑材料展览后，苏琪尔还邀请杨廷宝等三位副主席一块儿去吃过便饭。饭后回到宾馆时，杨廷宝还回请苏琪尔夫妇喝了一杯酒，看来两人关系是很熟了。交谈中，苏琪尔很想有一天到中国去旅行，但中美两国尚未建交，他很怀疑他的政府是否肯颁发他护照，他认为这是没有道理的，表示很遗憾。

与杨廷宝同为国际建协副主席的马修，因工作关系过从甚密。1959年9月在葡萄牙里斯本共同出席国际建协第6次代表会议和执行局会议时，两人还住在一个旅馆里。因此，马修对杨廷宝态度很好，这一次执委会会议似乎又特别地向杨廷宝示好，并在

图1 1958年8月，在出席莫斯科第5届世界建筑师大会后，杨廷宝陪同国际建协主席智利的马尔东奈斯游览长城（来源：江苏省档案馆）

会上提名杨廷宝作为下届副主席候选人继任。有一天，在会议间隙时代表们外出参观，他俩在游览汽车上坐在一起，途中他告诉杨廷宝说，明年八九月份也许要到中国香港一个学校有事，事毕之后想顺便到日本和中国内地旅行，问杨廷宝有无可能。这种牵涉两国之间的问题，杨廷宝哪能做主？只好含糊地说："我想是有可能的。"马修便说，到时再写信与你联系。杨廷宝心想，1958年中国建筑学会邀请过国际建协主席智利的马尔东奈斯来中国游历（图1），马修一定是知道的。因此他也有这个想法，想借去香港办事之际，顺便来内地一趟。如果马修届时真来信提这个要求，杨廷宝担心怎么回复呢？他只能告知中国建筑学会考虑和批准了。

至于这次大会讨论有关邀请执行局与执行委员会开会地点问题，秘书长瓦哥说："1962年的执行委员会已由瑞士担任东道主，中国亦表示很愿意做一次东道主，但是，去中国的路程很远不太容易。"杨廷宝马上插话说："是呀，我们中国分会本来预备邀请执行局，若是今年召开的话，就在北京举行。我想，交通情况这几年改进得很快，再等三四年到北京举行执行委员会会议不会成问题。"最后，秘书长建议把中国邀请的盛情暂留在记录上，将来到适当时机再考虑。这似乎有点儿像当今争办奥运会的味道呢。

参考文献：

杨廷宝. 参加国际建筑师协会1960年执行委员会工作报告[R]. 中国建筑学会综合部提供.

51. 国际建坛拾花絮

1961年6月29日至7月7日，国际建筑师协会在英国召开伦敦第6届世界建筑师大会和国际建协第7次代表会议。会前，为了开好这两个大会，东道主英国皇家建筑师协会与杨廷宝之间围绕两件事，早在半年多前就开始通过书信来往进行沟通。

一件事是在第6届世界建筑师大会上，英国皇家建筑师协会准备借此之际，授予杨廷宝为名誉会员称号，要求他寄一份个人简历，一张标准照；第二件事是英国皇家建筑师协会为配合在伦敦召开第6届世界建筑师大会，准备出版一本纪念册，请杨廷宝写一篇短文，并寄一张画。为此，杨廷宝在1960年11月24日给英国皇家建筑师协会情报主任麦克尔姆·麦克埃文（Malcolm MacEwen）于9月29日的来信里做了回复，称随信附寄英国皇家建筑师协会所要的短文、相片、简历等（图1～图3）。

杨廷宝认为，他与英国皇家建筑师协会来往信函不是个人行为，而是代表中国建筑学会的身份。因此，他把回信和短文、简历等物件一并寄给中国建筑学会，请有关领导审查是否有不当之处，或经修改后由学会打印英文寄出。再一次证明，杨廷宝很强的组织观念是一贯的，是一种下意识的行为举止，而不是刻意做作。

这次大会，中国建筑学会派出以杨廷宝任团长，率刘云鹤[①]、吴景祥、罗伯华共四人前往出席。大会的主题是"新技术与新材料对建筑的影响"。分别由美国罗塞尔·赫许柯教授、意大利皮·鲁·聂尔维建筑师、波兰耶·日·赫里涅维茨基教授向大会做了学术报告。此外，大会还组织了图片展览和影片放映等活动。大会期间及会后，安排了学术参观旅行。杨廷宝个人接受了英国皇家建筑师协会授予的名誉会员称号（图4）。

在第6届世界建筑师大会召开的同时，6月30日至7月1日，国际建协又召开了第7次代表会议，有84名代表出席。这次代表大会的主要议程之一，是改选三年任期届满的国际建协主席、副主席和执委。选举结果，英国马修教授当选为国际建协主席，杨廷宝以68票的多数当选连任副主席。不但表明我国的国际地位日益提高，而且是对杨廷宝言谈谦虚谨慎、举止平易近人的个人魅力和风度博得国际友人的尊敬和拥戴，

[①] 刘云鹤（1917—？），辽宁省辽阳县人。1939年加入中国共产党。历任鞍山市市长、东北工程总局局长、中国建筑学会秘书长、西南设计院副院长、中国建筑工程总公司副总经理、常务董事、董事长等职。

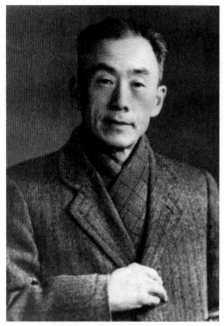

图 1　杨廷宝寄给英国皇家建筑师协会所要的个人标准照（陈法青生前提供）

国际建筑师协会第六届大会
一九六一年於伦敦

国际建筑师协会第六届大会将於一九六一年七月十九日至七月廿五日在伦敦召开。这次大会和以往各次大会一样，除了一般的建筑师之间的社交活动和游览以外，将有学术讲演和小组讨论。已公布的大会主题为"新技术和新材料——它们对建筑的影响"。

我个人觉得这种会议对我们建筑师来讲是十分有意义的。我第一次参加这种大会是在海牙；第二次是在莫斯科。在这两次大会期间，我都与世界各地的建筑师们广泛进行接触，同时也交了许多朋友，从他们那里学习了许多有意义的东西，不仅是建筑方面的看法和各国建筑经验，还有各民族的生活方式和知识等。至於大会组织的游览特别是对我们建筑师有益且关心。

各个国家都根据他们自己的政治制度、经济基础和地理等方面的特点来进行城市规划和建筑。我在参加第四届大会期间看到了荷兰须德海的填平工程，装配式农村建筑和新居住城镇的规划等，这些我都感到了很大的兴趣。同样，我在莫斯科逗留期间，使我有机会学习了城市规划方面的经验，对他们新建城市的规模和城市建设的规模和速度有很深的印象。同时，我也有机会去更多地熟悉那里的人们，交了朋友。对我来说，参加海牙和莫斯科的二次大会是十分有益的。

和我一起去参加大会的中国同事们有着和我一样的感受，他们在那里的所见所闻后来在他们的工作上，不论是在建筑实践和建筑和城市规划的教学工作中都成为有用的参考。

在这方面，我谈一谈中国建筑师的工作情况。当然，我们中华人民共和国的建筑事业正在大规模飞速发展。一九四九年我国解放后，建筑师们即获得了在旧中国梦想不到的机会来发挥自己的才能。全体建筑工作者在中国共产党的英明领导下，遵循着党的社会主义建设的总路线，以大跃进的速度，发挥了人民公社的巨大力量，在建筑实践中以无比的热情和积极性工作着。十年来，全国已有数百个城市、数千个县镇和极大数量的人民公社居民点进行了规划和建设；仅用国家基本建设投资就建成了房屋建筑五亿二千多万平方米。中国的社会主义建筑新风格也在这些实践中，在亿万人民的要求和评论下初步显示了它的方向。

现在我们即将在伦敦举行国际建筑师协会第六届大会。正同我们第一次大会的所在地伦敦是世界上著名的，具有丰富的建筑艺术的城市之一。在伦敦和它的周围，我们可以看到许多有趣的东西。我曾两次到过英国，但时隔很久，我很渴望再一次访问伦敦。

不少西方同事，通过和我们的接触，有机会更多知道社会主义国家中的真实情况，不论是建筑业务，或者是政治经济的发展状况。不难看到这种接触是有意义的。除了交换职业上的看法和经验，还可以使世界上的人们彼此增进了解。我们建筑师可以从各方面反对和谴责社会政治思想对建筑和城市规划所起的影响。我们都是拥护和平和进步的，因此，国际建筑师协会的成立就是要在不同国籍、种族、宗教信仰和建筑学派的建筑师之间，不问籍贯不同的政治、经济和美学界限，把大家团结起来以便彼此得以自由交换意见，扩大知识范围，相互学习，有所裨益。这样他们可以更好地改建旧城市、建设新城市，提高住房标准，改善人们的生活居住环境。诚然，国际建筑师协会大会并非寻常社交集会可比，它有助于建筑师和人们之间的更好了解，有助于保卫和平和人类社会的进步。

我们的伦敦同事们正在为即将来到的大会筹备工作而努力工作着，我愿在此对他们表示感谢，并借此机会，祝大会成功！

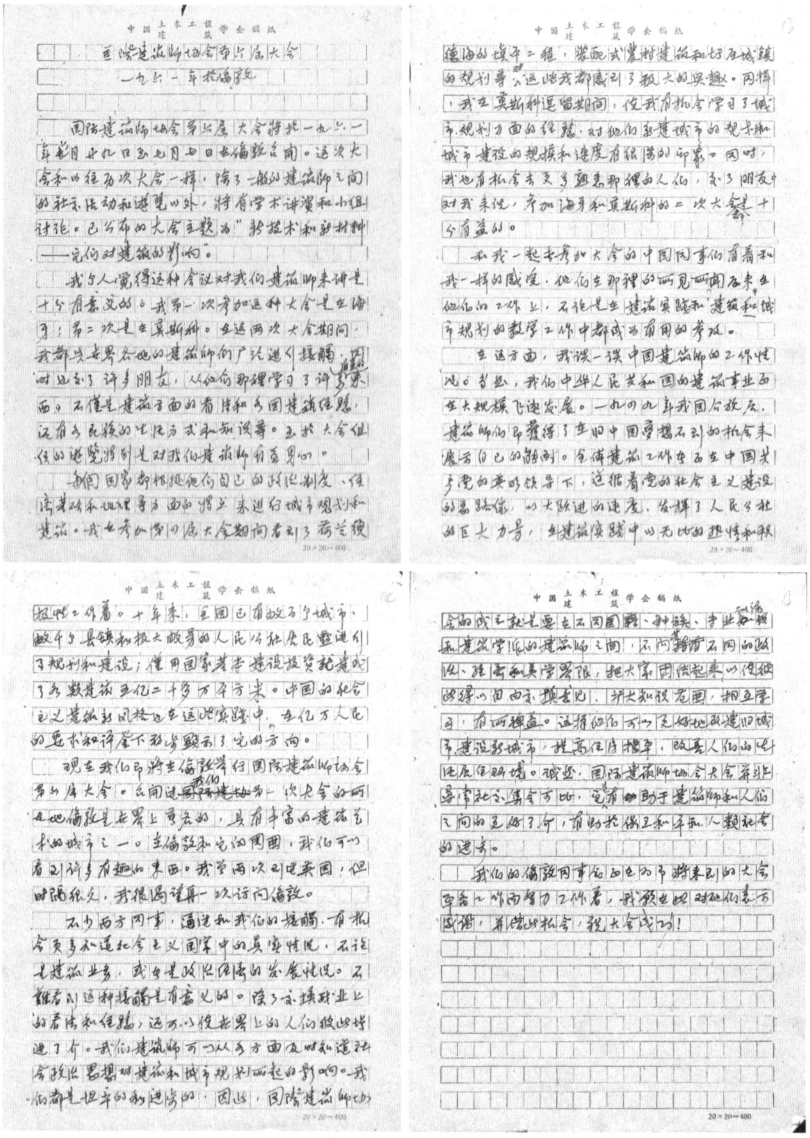

图 2　杨廷宝写给英国皇家建筑师协会所要的短文（来源：中国建筑学会综合部提供）

致伦敦西一区普德兰广场66号
英国皇家建筑师协会转
情报主任麦尔克姆·麦克埃文先生

亲爱的麦克埃文先生：

根据您9月29日来信的要求，随函附寄我所写的有关在伦敦召开的国际建筑师协会第六届大会的几段短文。请您看看，是否符合您的要求。同时，我还附寄我的一张小像片，下面就是我的简历。

我在一九二一年从北京清华学校毕业，接着赴美国费城宾夕凡尼亚大学学习建筑学；一九二四年毕业，翌年又在该校进修，接着就在Cret先生的事务所工作。一九二六～一九二七年往英、法、比、瑞士和意大利作建筑业务考察旅行，一九二七年回中国后，开始了我的建筑师实务工作并成为北京、天津、上海、重庆和南京的建筑师和工程师们的共同合营的股东，这是中国解放前最早和最大的建筑师事务所之一。一九四四年至一九四五年因建筑业务方面的任务，我在美国、加拿大和英国。从一九四○年起我即在后来改为南京工学院的从前的中央大学建筑系中担任建筑设计的教授工作，后来担任该系系主任一职。现在我是南京工学院的副院长。我在一九五四年和一九五八年连续被选为中华人民共和国全国人民代表大会的代表。在中国建筑学会中，我担任副理事长的职务。

您的

附件

（杨廷宝，杨是我的姓）
一九六○年十一月廿四日
於北京西郊百万庄
中国建筑学会

图 3　1960 年 11 月 24 日，杨廷宝写给英国皇家建筑师协会转麦克埃文所要的个人简历（中国建筑学会综合部提供）

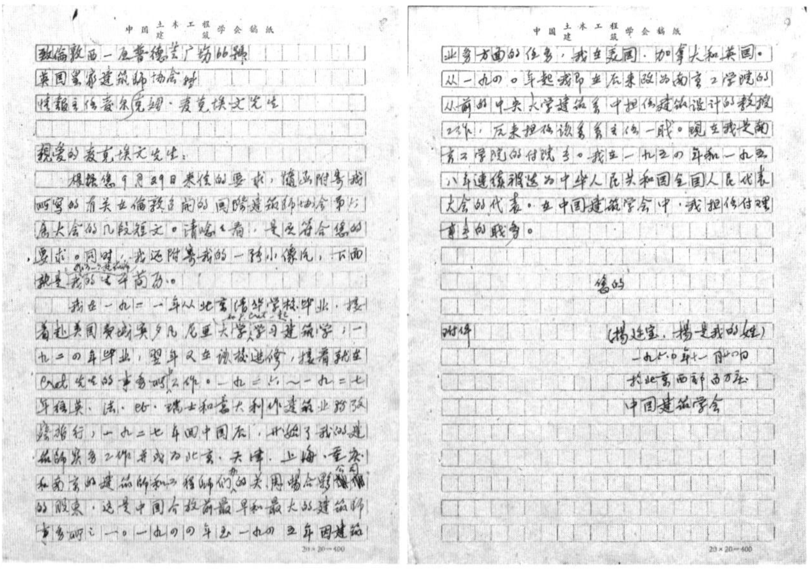

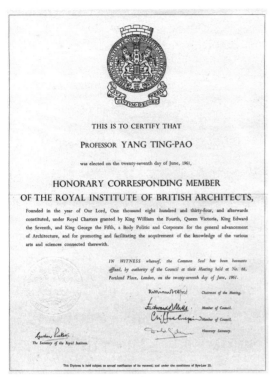

图4 国际建协第6次代表会议期间,杨廷宝再次连任国际建协副主席并被授予英国皇家建筑师协会名誉会员(杨士英提供)

图5 杨廷宝在伦敦出席国际建协第6次代表会议后瞻仰马克思墓(杨士英提供)

是对他在国际建协中工作勤奋实干,遇事沉着应对而做出贡献的认可和点赞。

两个会议结束后,杨廷宝在伦敦又停留数日,参观了伦敦和爱丁堡的主要建筑及其卫星城镇。并于17日特地拜谒了于1883年3月17日葬于伦敦海格特公墓的马克思墓(图5)。他在墓前仰望端放在3米多高墓碑上的马克思青铜头像,心潮起伏。墓碑上方镌刻着"WORKERS OF ALL LANDS UNITE"(全世界无产者联合起来)和下方镌刻着马克思的名言"THE PHILOSOPHERS HAVE ONLY INTERPRETED THE WORLD IN VARIOUS WAYS; THE POINT HOWEVER IS TO CHANGE IT"(哲学家们只是用不同方式解释世界,而问题在于改变世界)。沉思良久的杨廷宝此时是不是在想,他虽是民主人士,但他的父亲杨鹤汀参加了孙中山领导的同盟会,他的弟弟杨廷宾、杨廷寘是共产党员,南阳杨氏一门家族的男人们,不正是通过各自不同的方式在为民族复兴、为改变世界而斗争在努力吗?马克思是全世界无产阶级革命者的导师,也是杨廷宝心中的伟人。

参考文献:

1. 杨廷宝给中国建筑学会的信函和回复英国皇家建筑师协会的信稿及大会发言稿,中国建筑学会综合部提供。
2. 国际建筑师协会第七届代表大会和第六届全体大会简讯[J]. 建筑学报,1961,8.

52. 古巴大会起风云

1963年9月13日，由时任铁道部部长刘建章[①]任团长、梁思成任副团长，以及国际建协副主席杨廷宝等一行29人赴古巴出席国际建协哈瓦那第7届世界建筑师大会。

由于20世纪60年代的国际形势十分严峻，中苏友好关系破裂，两党正处于激烈的论战之中，辩论的火药味达到了顶峰。而苏美两国之间刚于1962年，发生了一场震惊世界的古巴导弹危机，使人类在世界史中从未如此近地站在一场核战争边缘。至于中美关系仍未解冻，我国仍处在美国的全面封锁和围剿之下。时间再后退一年，即1961年，古巴人民在当时只有34岁的卡斯特罗领导下，在吉隆滩击败了入侵的美国雇佣军，以弱胜强，这就是震惊世界的吉隆滩之战。而国内的政治、社会、经济等方面也处在重重困难和矛盾之中。可以说，国际建协的历次大会从来没有在这种让人紧张不安的国际环境下召开过，也许是一次空前绝后的紧张时刻吧。

在如此复杂的国内外社会背景下，将要赴古巴参会的中国建筑师代表团，如此人数众多的团员们，被要求提前一个月在北京集中进行形势教育和政策学习。这也是中国建筑师代表团参加国际建协三年一度召开的历次世界建筑师大会行前所没有的思想准备工作。

终于到了启程的日子。由于距古巴路途遥远，代表团一路上并不顺当。9月13日上午，中国建筑师代表团一行29人乘机开始飞赴古巴，下午抵达莫斯科，并在中国驻苏联大使馆停留一夜。14日因故飞抵捷克斯洛伐克又停留了三天，只好顺便参观哥特瓦尔德、伏契克、隆帕托斯莫等地。19日夜离开布拉格，中途因飞机故障又被迫停留爱尔兰沙努。直到21日飞机修复后，才又一次起飞经加拿大甘德于22日凌晨安全抵达古巴首都哈瓦那。9天的空中旅途劳顿与精神紧张，这才落地定心。趁大会尚未开始，也为了放松心情，次日便作两天的短途西线旅行，大饱岛国美丽风光。杨廷宝乘兴还走到街头逛花市，与民众交流（图1）。

这次国际建协在古巴召开的大会进行了多项活动。包括国际建筑教授、学生第一

[①] 刘建章（1910—2008），河北景县人。曾任铁道部部长、党组书记，中央顾问委员会委员。

图 1　杨廷宝在古巴出席哈瓦那第 7 届世界建筑师大会开幕前，闲暇逛花市（陈法青生前提供）

次会见大会、第七届世界建筑师大会、吉隆滩胜利纪念碑国际设计竞赛评选活动，以及举办多个展览会。

27 日上午，国际建协举办为期两天半的国际建筑教授、学生第一次见面大会在一座简易的平房中召开。有 44 个国家、457 名代表出席，中国派出了 5 名教授和 4 名学生参会。美国未准其代表参加会议，却派了大批记者前往采访。会议分高等教育、建筑教育、建筑职业 3 个组进行讨论。在师生会见大会进行中，国际建协包括主席马修、副主席杨廷宝等领导，以及古巴总理卡斯特罗一起走上主席台与师生见面，受到会场代表们长时间鼓掌欢迎（图 2）。会后，杨廷宝还与中国建筑师代表团成员在会场外合影留念（图 3）。29 日上午，在国际建筑师生会见大会闭幕式上，古巴革命政府工业部长格瓦拉做了慷慨激昂的政治演说，受到大多数代表的热烈鼓掌。但国际建协主席马修对建筑师生在大会上讨论政治表示了不满。

29 日下午，在建筑师生会见大会结束之后，国际建协紧接着召开了第 7 届世界建筑师大会。共有 80 个国家，1500 多名代表参会。主要议题是"正在发展中国家的建筑"。大会划分城市规划、住宅、建筑技术和居住区规划等 4 个小组进行学术讨论。中国代表团在会上做了我国城乡建筑情况的发言，并举办了城乡建筑图片展览和建筑书籍展

图2 杨廷宝（左6）赴古巴出席哈瓦那第7届国际建筑师大会和国际建筑教授、学生会见大会。左1为古巴总理卡斯特罗（陈励先提供）

图3 杨廷宝（站立者左10）在古巴与出席哈瓦那第7届国际建筑师大会的中国建筑师代表团部分团员在会场外合影（陈励先提供）

图 4　团长刘建章（左 2），副团长杨廷宝（左 4）、梁思成（左 3）、中国驻古巴大使申健（左 1）与国际建协和古巴建协负责人会面（中国建筑学会资料室提供）

览，以及放映建筑影片等活动。此外，在各项国际交流活动之外，中国建筑师代表团还与国际建协和古巴建协进行了会面和交流（图 4）。

大会经过 5 天的议程，于 10 月 4 日闭幕时，卡斯特罗书记致了闭幕辞。

与往届召开世界建筑师大会（包括这次的师生会见大会）不同的是，这次大会政治色彩特别浓。社会主义国家以及非洲和拉美国家，与资本主义国家两大阵营的代表，就建筑业务、建筑教育要不要涉及政治、经济问题和要不要反对殖民主义、帝国主义两大问题展开了不可调和的激烈争论。双方代表纷纷发言，各抒己见。争论最后，建筑师生会见大会，通过了一个有反帝反殖民主义和坚持革命内容的决议。世界建筑师大会的大多数代表也取得基本一致的结论，将承认建筑事业与政治经济制度之间的不可分割的关系，各个国家有独立自主发展民族经济的权利等内容写进大会决议中。看来，国际建筑师协会这个学术团体，不可避免会受到国际政治、经济风云的影响。

在两个大会期间，国际建协执委会也在同时开会，一个重要议题是对古巴建协通过国际建协举办的吉隆滩胜利纪念碑国际设计竞赛进行评选工作。在此次大会上，展出了 33 个国家参加竞赛的 272 个方案。评委有国际建协主席马修教授、副主席杨廷宝教授、秘书长瓦哥建筑师、意大利拉尔台拉雕塑家、巴西迈洛建筑师、波兰扎什瓦托维兹教授、意大利维卡诺建筑师、乌拉圭奥德里欧左拉建筑师、古巴西蒙纳提建筑师。评选结果为，波兰 236 号方案获一等奖，巴西 118 号方案和保加利亚 195 号方案获二等奖，

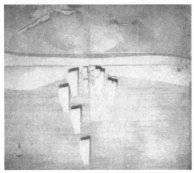

图 5　波兰一等奖方案（来源：《建筑学报》1964 年第 2 期封 3）　　图 6　中国荣誉奖方案（来源：《建筑学报》1964 年第 2 期封 3）

苏联 266 号方案获三等奖，另有 10 个方案获荣誉奖（图 5、图 6）。评选工作结束后，杨廷宝收到一千美元的酬金，他当即将这笔款交给我国驻古巴大使，请大使代为捐赠给吉隆滩受难的古巴人民。对于长期受到美国经济制裁、禁运，且经济落后，物质匮乏，生活贫困的古巴人民来说，这是一笔不小的数额。著者 1997 年随中国建筑学会代表团访问古巴时，与导游聊天得知他这种体面的工作，每月工资才 10 美元。可想而知，20 世纪 60 年代的古巴人民生活，可能比我国同时代的三年困难时期更苦。杨廷宝自小也是受过苦，得过乡亲恩惠的人，这一捐款虽不是巨额，但却是杨廷宝发自内心对古巴人民的同情心和善举。

参考文献：

1. 刘云鹤. 国际建筑师生会见大会国际建协第七届大会及第八届代表会议情况介绍 [J]. 建筑学报，1964，2：38.
2. 国际建协第七届大会大事记，中国建筑学会档案室提供。
3. 杨廷宝，刘建章，梁思成汇报建筑师生大会电稿。中国建筑学会综合部提供。
4. 黎志涛. 杨廷宝 [M]. 北京：中国建筑工业出版社，2012：167.

五、情同手足

53. 建坛四杰皆畏友

说起中国建坛四杰，业内和学界公认是刘敦桢、童寯、梁思成、杨廷宝。这四位中国建筑界巨匠、建筑教育界宗师，在各自的学术研究领域都曾历经艰难的探索而付出毕生的心血。他们与我国其他第一代建筑大师们共同开创了中国现代建筑创作的先河，打开了用现代科学方法研究中国古代建筑的大门，也揭开了中国建筑教育的序幕，为中国的建筑事业和建筑教育的发展做出了不可磨灭的贡献（图1）。

明代名士苏浚在《鸡鸣偶记》中，把朋友分为四类，曰"道义相砥，过失相规，畏友也；缓急可共，死生可托，密友也；甘言如饴，游戏征逐，昵友也；利则相攘，患则相倾，贼友也。"而这四位宗师可谓真正畏友，他们彼此相识、相知、相处一生，却又群而不党（合群亲密，但不拉帮结派）；他们性格各异、专长有别、见解独到，但又和而不同（观点言行虽有异，但能互敬互尊善切磋）；他们成果卓著，甘于奉献，影响深远，然又述而不作（无论外界褒贬，只陈述所做，而不妄作）。可以说，中国建坛中的这四位俊杰，人人厚德高尚，个个才华横溢，又彼此情同手足，肝胆相照。

有趣的是，四杰各自出生地虽相隔甚远，从湖南新宁（刘）到东北沈阳（童），从日本东京（梁）到河南南阳（杨），可说是天南海北，出世各方。但出生时间却颇近，刘老算是四杰中最长，比童老、梁公、杨老三人只大三四岁。而童老与杨老是同月同日生，但童老比杨老大整一岁。梁公和杨老是同年生，比杨老大半岁。杨老在四杰中算是小弟，但他们之间却互称对方为兄，可见关系之亲。

更有缘的是，杨、梁、童三杰同是清华、宾大两校校友。刘、杨、童三杰则携手执教中央大学、南京工学院至终。而梁、刘、杨三杰曾聚首北平共事，修缮天坛等多处古建筑。甚至在日寇侵占北平后，三家人患难与共，一路辗转逃往大后方。此外，杨、梁二杰在业内和学界享有"南杨北梁"之美誉。他俩不仅在各自学术领域独占鳌头，而且又在建筑教育阵地各执南工、清华牛耳，使两校建筑系办学水平始终领先于全国同类学科。而杨、刘二杰在中央大学、南京工学院长期轮值系主任主持工作，使这所全国第一个创办的建筑系，不仅成为中国建筑师成长的摇篮，也是中国众多新生建筑系的发祥地。而梁、刘二杰在中国营造学社，历经千辛万苦15年，从华北辗转西南，抱病奔波于穷乡僻壤，共同开展研究中国古建筑的伟业。此外，梁、童二杰不仅在宾

1. 刘敦桢（1897—1968）　　2. 童寯（1900—1983）

3. 梁思成（1901—1972）　　4. 杨廷宝（1901—1982）

图1　中国建坛四杰

大同寝室，还在东三省行将沦陷于日本铁蹄下之前，白手起家，共创三年短命的东北大学建筑系。而童、杨二杰从入宾大作为"订交之始"，直至仅隔3个月相继驾鹤西去，整整一个甲子，形影不离地并肩共事一生。可以说，四杰从天悬地隔走到一起，在生活中相处融洽，情同手足；在事业上志同道合，肝胆相照。他们在为共同事业的奋斗中，所展现出来的爱国情怀、敬业精神、专业素养和人性光辉是后人难以企及的。

上述把中国建坛四杰的关系粗略梳理后，下面就可以分别讲述杨廷宝与梁思成、童寯、刘敦桢成为畏友的故事了。需要说明一点的是，以下叙述不可能把四杰拆分后一对一地孤立叙述，因为四杰是我国第一代建筑大师整体的代表，他们之间在许多场合密不可分。因此，重点分述杨廷宝与另三杰的故事时，相互必有牵连。

杨廷宝与梁思成

杨廷宝与梁思成虽同年出生，但双方的家庭背景、生活条件、个人境遇都有天壤之别。

杨廷宝出生在河南南阳东南郊白河岸边的赵营村。当时家境日衰，生活颇为拮据。父亲参加同盟会，投身革命，官至知府（仅3个月），算是当地小有名气的人物。杨廷宝降世时，生母难产而亡，从小没了母爱与呵护，体弱多病，虽有幸存活，却因父亲反清而险遭灭门之祸。即使平常日子，小廷宝的身心、读书样样不如同龄小伙伴，且常被家塾老先生冷眼和孩童们取笑。就这样，苦难与寡欢如影随形地伴着他熬过了童年时代，致使杨廷宝失去了孩提时应有的纵情与欢乐，性情越来越内向起来。

梁思成却不然，他出生在日本东京大城市，虽也瘦弱过，且有点残疾（两脚严重内撇），但慈父严母呵护有加，治疗及时，不但很快恢复正常，而且健康成长起来。父亲梁启超[①]名声显赫，虽被清政府重点通缉，流亡异域，但他维新变法的政治主张和人格魅力，仍受旅日华侨的推崇而得道多助。全家从东京迁至横滨时，梁思成就受到良好的幼教保育；后来又到一位华侨借住的神户"双涛园"别墅度过4年顽童时光，梁思成的孩提时代充满了阳光与关爱。温馨的生活与环境养成了梁思成外向性情至老不变。

杨廷宝与梁思成自小反差如此之大，后来又是如何走到一起，并共事一生的呢？

说来也巧，1915年似乎上天安排好的，让杨廷宝和梁思成两位互不相识的少年同时考入清华学校。应该说，他俩从14岁起就该同桌了，但命运的安排却将他俩分开，

[①] 梁启超（1872—1929）字卓如，广东新会人。中国近代史上著名的政治活动家、启蒙思想家、民初清华大学国学院四大教授之一，戊戌变法领袖之一。

这是怎么回事呢?

原来,杨廷宝入学考试成绩太好了,远远超出一般考生的水平,学校便准备让杨廷宝插班到四年级。但杨廷宝觉得跨度太大,怕以后学习负担过重,跟不上,只同意到三年级。于是,与梁思成就这样擦肩而过,却与闻一多同班了,并成为全班年龄最小的学生。

但是,杨廷宝与梁思成共同的兴趣与爱好,终于让他俩在课外相遇、相识了。这又是怎么回事呢?

当时的清华学校,虽然培养学生的目的与方式是以能适应进美国大学为目的,而且要求极其严格。但对学生的课外活动又极力提倡自主、自由、开放。于是,各类学生课余兴趣小组应运而生,各种学生课外活动精彩纷呈,各样学生自办刊物方兴未艾。而有着儿时不同境遇,性格又截然相反的杨廷宝与梁思成居然越走越近。说明两人一旦相处,必有相互吸引的内力。比如,杨廷宝喜欢耍刀舞剑,是学校拳术队队长,曾两次获校剑术比赛冠军;而梁思成喜欢爬绳跳高,曾在学校运动会上得过跳高第一名。另外,杨廷宝多少有点音乐细胞,曾参加校兵操军乐队训练;而梁思成更是酷爱音乐,曾是清华管乐队队长,并吹第一小号,还擅长短笛。这些都是他俩在清华读书时,在体育、音乐方面各自的爱好与专长。更有缘的是,他俩还有一个完全相同的喜好和天赋,这就是对绘画的痴迷。当杨廷宝和闻一多在高等科三年级时,因没有美术课而发起组织美术社后,两人不但共同切磋画技,而且还先后在《清华年报》担任绘图编辑,在"研究文学、音乐及各种具形艺术底团体",起名美司斯(The Muses)中共同活动。

只是杨廷宝与梁思成虽然同一天进清华,却因杨廷宝比梁思成高出两个年级,彼此熟知也只是杨廷宝在清华读书后期,才真正有缘在课外相识、相知。但两人在清华一起的这段友情,又在后来留洋宾大中延续、加深,为往后一生的共事奠定了坚实的情感基础,并双双成为中国建筑界,建筑教育界一代宗师代表。

如此说来,怎么能断定杨廷宝与梁思成先后从清华毕业后,会不约而同赴宾大深造,并继续扩大、加深他俩的友情,直至天长地久,永不分离呢?因为,他俩到清华读书只是跨进了出国留洋的门槛,至于人生的志向,并未提上考虑日程,只有等到毕业选择学什么专业时,才能确定人生的发展目标。如果杨廷宝与梁思成选择不同的专业方向去留洋深造,那么,他俩的人生就会在不同的轨道上分道扬镳,且会在不同的学术领域创造各自的辉煌。而中国建筑界与建筑教育界的历史就要改写。正是因为杨廷宝与梁思成有着共同的志向,他俩才终身为友,并携手引领中国建筑事业和建筑教育的发展，只是两人选择建筑专业志向的动机与缘由各不相同而已。那么，他俩选择建筑专业为同一志向的动机与缘由有什么不同吗？

杨廷宝幼年时对建筑学专业是一无所知的，却对同乡的古代大科学家张衡非常崇拜敬仰。这是因为上知天文，下知地理，又通晓数理、机械、语言、音韵的父亲好友王可亭经常对小廷宝讲科普知识，使他听得入神，引起他对这些知识的广泛兴趣，很想长大后成为像张衡这样的天文学家。甚至"还想学机械、学生物，准备'科学救国'，也曾想学哲学，青年人的幻想是层出不穷的"。①

但是，杨廷宝更酷爱绘画。大概这是亲生父母精通书画的遗传基因起作用；或许也因在读书时，受喜欢画画的同学影响和美术老师的严格要求与精心指点分不开。这些内因与外因，都让杨廷宝对绘画欲罢不能。

然而，临到清华毕业，让杨廷宝选择志向时，他就左右为难了。难在如何让自己钟爱的艺术与技术两全其美集于一身，让杨廷宝心事重重，举棋不定。

可巧，杨廷宝在清华读书时，学校正在建造四幢大建筑（大礼堂、图书馆、体育馆和科学馆）（图2），由美国建筑师墨菲（Henry K.Murphy）根据他所制定的第一个清华校园规划设计的。而清华校园规划的路、管网设施和其他校舍的建造，则交由中

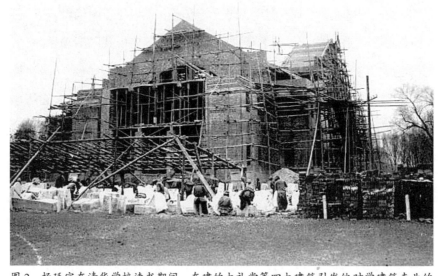

图2　杨廷宝在清华学校读书期间，在建的大礼堂等四大建筑引发他对学建筑专业的憧憬（中央电视台《百年巨匠·建筑篇》剧组提供）

---

① 齐康. 杨廷宝谈建筑 [M]// 黎志涛. 杨廷宝. 北京：中国建筑工业出版社，1991：103.

国第一位留学美国学成回国的驻工地建筑师庄俊负责。杨廷宝经常到庄俊的办公室看他画图，或者在工地上看工人们怎样挖土、打桩、砌墙，这些都给杨廷宝留下了深刻的印象。杨廷宝还经常看到另一位建筑师在工地上介绍图样，监理施工。快毕业时，杨廷宝与他交谈了一次，才更知晓建筑设计这一行，既有应用科学，又有应用美术，心里一下子豁然开朗，便下定决心，要学庄俊建筑师干的这一行了。

而梁思成在清华毕业时，又是如何也选择了建筑学专业的呢？严格说来，不是梁思成自己选择了这个专业。因为当时他连什么是建筑都不懂，更不要说用心去体验建筑的建造过程了。这与前述杨廷宝在内因深思与外因启发下，自主选择建筑学专业完全不同。梁思成最终去宾大学建筑是因为林徽因在其中起了决定性作用。这又从何说起呢？

说来话长，林徽因和梁思成两人本不相识，只因各自父亲林长民[①]和梁启超是政坛与学界的名流和知己，又志同道合。二人都各自中意对方的掌上明珠，视为门当户对，便有意撮合爱女和公子百年好合，两家就此也可结为秦晋之好。于是，在林梁两家父亲的刻意安排下，1919年林徽因与梁思成初识了，二人这一初见，倒是互为留下美好而心动的印象和感觉。

之后，林徽因与梁思成又回到各自原来的生活中，梁思成依然回到清华读他的书，而林徽因于次年初夏随同父亲前往英国学习，并游历欧洲诸多国家与地区。正是这次欧洲之行，林徽因不但亲身感受到西方建筑艺术的魅力，还从多渠道中了解到建筑师与泥瓦匠的区别，懂得建筑与艺术密不可分的关系。于是，林徽因喜欢上了建筑这门学科，并当即决定，自己一生的志向就是成为能把艺术创作与建筑技术结合在一起的建筑师。

1921年10月，林长民父女回国一年多之后，林徽因便与梁思成"互定终身"了。此时（1923年）正是梁思成面临毕业，选择志愿的关键时刻。林徽因适时回国，便鼓励梁思成一同前往美国学习建筑。并对梁思成说，那是集艺术和工程技术于一体的一门学科。梁思成心想，我也喜欢绘画，这专业也合我意，便欣然赞同。这才有了到宾大建筑系深造，并再次与先期已在宾大深造的杨廷宝成为校友的机会了。

[①] 林长民（1876—1925），字宗孟，福建闽侯（今福州）人。1902年赴日本留学，入早稻田大学学习政治、经济。1908年回国，执教福州法政学堂。1911年武昌起义后，赴上海任临时参议院秘书长，参与草拟《中华民国临时约法》。1913年为众议院秘书长，拥戴袁世凯为正式大总统。1917年7月出任段祺瑞内阁司法总长，11月辞职。1919年著文反对巴黎和会。1925年11月，在参与反奉军中被流弹击中身亡，终年49岁。

早在1921年，杨廷宝就漂洋过海来到美国费城宾夕法尼亚大学艺术学院建筑系深造了。两年半后，于1924年2月16日就以优异的成绩提前半年修满学分，并获得学士学位毕业。而梁思成直到杨廷宝毕业这一年的9月才进宾大，此时，杨廷宝又继续在攻读硕士学位了。这样一算下来，杨廷宝比梁思成又高出了三个年级，比在清华时两人年级差距又扩大了一年。这又是怎么回事呢？

说来梁思成有点儿不走运。1923年5月，已经从清华毕业的梁思成正在家中做出国留洋的准备。7日，他得知这一天北京各大专院校的学生要在天安门前举行集会，以纪念八年前的"五·九国耻日"，①便带着弟弟梁思永②骑上姐姐梁思顺③赠送的摩托车赶往天安门。不料，途中被一辆轿车撞翻在地，右脚骨折，脊椎受伤，不得不接受三次手术治疗，但腿骨依然没有接好，致使他的右腿始终比左腿短了一厘米。而他的脊椎所留下来的伤痛，则折磨了梁思成一辈子。没办法，看来赴美留学的行程算是泡汤了，只好安心住院养伤两个月，并遵照父亲的督导，趁此之机，诵读《论语》《孟子》《荀子》之类，以提高国学修养。同时，此期间已经"互定终身"的梁思成与林徽因也因此能常在一起，从而加深了两人的爱情根基，梁思成由此因祸得福，也算聊以宽慰吧。

一年后，即1924年6月，梁思成与林徽因结伴前往宾大，但该校春季招生时间已过，不得已只好等待秋季的招生机会了。在此期间，他俩又结伴到康奈尔大学选修相关课程，以便将学分带到宾大，希望秋季入学宾大时，能直接进入二年级或更高年级。直到9月份，梁思成和林徽因才踏进宾大校门，梁思成进入了建筑系。而遗憾的是，因建筑系不招收女生，林徽因无奈只好到美术系注册入学。而此时的杨廷宝却已经在攻读硕士学位了。这就是杨廷宝在宾大比梁思成高出三个年级的缘由。好在他们又走到一起，还有更多相处的日子，可以促成更深厚的手足之情。

杨廷宝与梁思成虽然各自忙于自己的学业，但只要有机会、有时间，总是招呼上清华和宾大两校建筑系校友赵深（1920年入宾大）、陈植（1923年入宾大）、童寯（1925年入宾大），还有林徽因聚在一起，或是"频繁出入于图书室，为设计课题的需要或

---

① 1915年5月7日，日本政府以武力威胁，向中华民国总统袁世凯政府提出二十一条要求的最后通牒，限令于9日前答复，最终袁世凯政府被迫接受。五月九日被全国教育联合会定为，中国近代史上第一个因受外敌欺辱的国耻日，称"五·九国耻日"。
② 梁思永（1904—1954），广东新会人。1923年毕业于清华学校，1930年毕业于哈佛大学研究院考古学与人类学。回国即参加中央研究院历史语言研究所考古工作，1948年获选中央研究院首届院士。1950年任中国社会科学院考古研究所副所长。
③ 梁思顺（1893—1966），字令娴，广东新会人。诗词研究专家。毕业于日本女子师范学校。新中国成立后，曾任北京市东城区政协委员。

图3 右起：杨廷宝、林徽因、梁思成、陈意（陈植姐姐）、孙熙明、赵深中国同学一起郊游（陈植摄，陈法青生前提供）

为理论的探讨而阅读、摘录、临图"①，或者在假日里到校外风景区漫游野餐，写生摄影。课余生活过得很是浪漫惬意。不仅如此，他们都是学习上的佼佼者。例如，梁思成就曾评价"称赞杨老'内韧外秀，厚积薄发'，说杨廷宝在宾大学业超群，作业和笔记就像他本人一样，非常工整，赏心悦目，成为同学们的范本。"②而赵深、梁思成、陈植、童寯他们也都是如此。他们勤奋学习的身影，屡屡获奖的名气以及出色的绘画功底，常常博得美国学生的赞赏："Damn Clever these Chinese（这些中国人真棒），The Chinese Confingent（这是中国小分队）。"③（图3）

杨廷宝与梁思成并不陷于几位好友的小圈子，而是积极融入留美中国学生大范围的活动圈，甚至杨廷宝还担任过费城中国同学会的主席，组织了不少活动呢（图4）。

转眼杨廷宝很快就获硕士学位毕业了，随即到导师P.克瑞的事务所工作实习。就此，与梁思成等诸位铁杆朋友难得再聚在一起，直到1926年下半年，杨廷宝与赵深、孙熙明④夫妇一同踏上回国游学西欧的旅途，便与梁思成离别分开。他俩的再次重逢就要等

---

① 陈植.学贯中西 业绩共辉：忆杨老仁辉、童老伯潜[J].建筑师，1991，3：154.
② 奚树祥.一代巨匠，万世师表[M]//刘先觉.杨廷宝先生诞辰一百周年纪念文集.北京：中国建筑工业出版社，2001：73.
③ 陈植.学贯中西，业绩共辉：忆杨老仁辉、童老伯潜[J].建筑师，1991，3：155.
④ 孙熙明，1925年在宾大仅选读建筑一年，未获学位，后来成为赵深夫人。1926年与赵深、杨廷宝同游欧洲考察建筑，回国后曾做过设计，后因相夫教子而放弃专业。

图4　1925年费城中国同学会成员合影，一排左7为中国同学会主席杨廷宝（来源：宾大档案馆《1925年宾大年鉴》，杨本玉提供）

到大约九年之后了，关于这一点在此暂时不表，往后再叙。不过，当梁思成和林徽因于1928年2月学成毕业，并于3月21日在加拿大完婚后，正在游学西欧度蜜月回国之际，在国内却有一件牵扯杨廷宝与梁思成二人的事正在发生。什么事呢？

这就是，当杨廷宝1927年春回国后，即应关颂声之邀到天津基泰工程司任职，成为第三合伙人，正式开始了他的建筑设计执业生涯。不久，大老板关颂声听说，杨廷宝在宾大的挚友梁思成即将学成回国，想通过杨廷宝与梁思成的关系，争取梁思成到基泰来工作，以便利用梁父亲梁启超的社会地位和影响开展业务。恰在此时，东北大学正准备筹建建筑系，却苦于没有师资。此时，东北大学工程学院院长高惜冰①听说杨廷宝在天津，想请杨廷宝担任建筑系系主任一职。但杨廷宝已在天津基泰工程司就职，不可能接受这一邀请。但他推荐马上要回国的梁思成担任，并受东北大学的委托，亲自前往北平向梁启超游说。而梁启超这一时期正在为儿子梁思成回国的工作安排煞费苦心，开始想在清华为梁思成谋一教职，即便那时清华还没有设立建筑系。此时，经

---

① 高惜冰（1894—1984），辽宁凤城人。1920年毕业于清华学校，1923年毕业于美国麻省罗威尔理工学院纺织系，获硕士学位。1926年受聘东北大学任教授，翌年任工学院院长。1930年后，曾任察哈尔省教育厅厅长、新疆省建设厅厅长。1949年去台湾，1973年迁居美国。

杨廷宝一游说，梁启超忽然灵机一动，在权衡清华与东北大学的利弊之后，果断替儿子做主承接了东北大学的聘书。但距开学只有2个月左右时间了，便急告仍在欧洲度蜜月的梁思成和林徽因赶紧回国。由此可见，杨廷宝的引荐促成了梁思成成为中国建筑教育的开拓者之一。至于梁思成到东北大学创办建筑系时，与杨廷宝是否有一见，不得而知，但他俩没有在同一处共事，那是肯定的。那么，杨廷宝与梁思成后来在一起工作过吗？现在可以补叙他俩自宾大一别，九年之后重逢在一起共事的那些事了。

1930年3月，朱启钤创办了中国营造学社学术团体，专事中国古建筑调查与研究工作，诚聘了梁思成任法式部主任，刘敦桢任文献部主任，以及多名专职古建筑研究的职员和人数众多的各界名流社员。可是，上文不是说梁思成已在东北大学创办建筑系，并任系主任一职吗，怎么现在却跑到北平任起了中国营社学社法式部主任呢？原来，林徽因为患上肺病，不能坚持教学，加上东北气候寒冷，不利于养病，便于1930年下半年回到北平治疗。而东北局势因日本侵华战争进程的推进，已动荡不安，教师纷纷出走。梁思成也不得不回到北平去照顾林徽因，而把建筑系主任一摊子事交给了童寯。此疑问交代清楚后，下面言归正传。

1935年初，在梁思成、刘敦桢的推荐下，时任北平市工务局局长谭炳训和旧都文物整理实施事务所，将京城古建修缮工程委托基泰工程司承包。杨廷宝任主持建筑师，朱启钤、刘敦桢、梁思成为技术顾问。[①]于是，杨廷宝从天津来到北平开设了基泰分所。就此，杨廷宝与梁思成和刘敦桢再次重逢，并共同参与了为时近两年的北平古建修缮工作。

在这近两年的北平古建修缮工作期间，作为基泰工程司主持建筑师的杨廷宝和作为中国营造学社技术顾问的梁思成、刘敦桢，三人虽分工不同，责任不一，但却配合默契。他们时常在一起勘查现场，切磋修缮技术问题；或商讨工程进度，甚至爬到祈年殿屋顶上查看施工质量；也共同出席开工、竣工仪式。总之，杨廷宝与梁思成、刘敦桢初次在同一工作中的密切配合，不但为今后共事一生开了一个好头，而且在修缮古建工程的实践中，各自又获益良多。对于杨廷宝来说，这次主持修缮古建工程的难得机遇，为他今后创作具有中国民族风格的建筑奠定了扎实的知识与技能的根基。对于梁思成、刘敦桢来说，由于有这一段在现场真实地观察理解中国古建筑的精髓，对于他俩在中国营造学社用文献考据的方法研究中国古建筑也大有裨益（图5、图6）。

说起中国营造学社，于1935年成为中国营造学社社员的杨廷宝，虽然因忙于自己

---

① 汪坦，王世仁. 中国近代建筑总览[M]. 北京：中国建筑工业出版社，1993：22.

图5 北平文物整理工程技术顾问右起：朱启钤、梁思成、刘敦桢、侯良臣在圜丘内壝东门视察（中国文化遗产研究院提供）

图6 杨廷宝（左1）与梁思成（右2）等在圜丘坛修缮开工时留影（中国文化遗产研究院提供）

的设计业务，参加营造学社的活动并不多，但杨廷宝始终关心并支持着梁思成、刘敦桢主持的营造学社各项研究工作。

当营造学社起步研究中国古建筑时，梁思成正苦于"非作遗物之实地调查测绘不可"，却又不知道到何处去寻找他所憧憬的珍贵古建筑。突然，梁思成从民间概括华北四大名胜"沧州狮子应州塔，正定菩萨赵州桥"的谚语中想到，不是可以先从华北正定的隆兴寺着手调查吗？待一切准备就绪，即将前往正定时，杨廷宝一个信息让梁思成欣喜不已，决定改变既定计划，这个变故又是怎么回事呢？

据杨廷宝自己后来回忆，当时他告诉梁思成这一信息的情景时说："有一次，我偶尔去到用作公共图书馆和群众教育展览厅的北平鼓楼，看到在一楼巨大的穹顶下的一面墙上，挂着一幅外表古怪的寺庙照片。照片下面的说明清楚地写着：'蓟县独乐寺'。当我向梁思成形容照片上斗栱的形状时，他很兴奋，说我看到这张照片非常走运。"[①]随后，梁思成立即驱车前往鼓楼，当他见到那幅照片上那寺庙巨大而奇特的斗栱时，他确信蓟县这座寺庙一定是一处宋元以前的古代建筑。于是，梁思成当即决定改变原计划，先行前往蓟县调查独乐寺。可见，杨廷宝不仅给梁思成带来一个及时的意外惊喜，而且也改变了梁思成的中国建筑史上第一次科学考察之路行程，使梁思成既发现了当时中国最古老的一座木构建筑，又写出了中国建筑史学界第一次用科学方法分析研究古建筑的调查报告——《蓟县独乐寺观音阁山门考》，其研究成果超过了当时欧美和日本人研究中国古建筑的水平。

不仅如此，杨廷宝于1936年据说在开封，正在设计一座本笃修女宿舍楼（今开封宾馆2号楼）乘暇拍摄了多幅开封、郑州古建筑照片。回北平后，朋友嘱他写一篇游记，杨廷宝却谦逊称"宝岂能为文"[②]，最后在朋友鼓励与督促下，只好"姑就见闻所及，胪列于次，聊供专家之研究可耳"。[③]翻译成白话文就是，姑且就我所见所闻，列举一二，仅供专家研究而已。杨廷宝写就《汴郑古建筑游览记录》一文，便在1936年9月的《中国营造学社汇刊》第六卷第三期上发表。这是杨廷宝生平第一次在正式刊物上发表文章，也算是对梁思成、刘敦桢研究工作和营造学社刊物发行的支持吧。

在中国营造学社开展工作的15年中，正值抗日战争时期。梁思成、刘敦桢的研究工作，历经千辛万苦，困难重重，经费更是捉襟见肘，甚至到1939年庚款补助也断

---

① 窦忠如. 梁思成传[M]. 天津：百花文艺出版社，2007：92.
② 杨廷宝. 汴郑古建筑游览记录[J]. 中国营造学社汇刊，1936，6（3）：1.
③ 同上。

绝。社长朱启钤不得不利用个人的影响，向社员中的大财阀、金融界首脑人物请求赞助。但是，国家的财政也十分吃紧，即使有限资助也是杯水车薪。此时，汇刊第七卷第一期亟待出版，而经费还无着落，营造学社只好再次求助社会。杨廷宝本人工资微薄，省吃俭用，还要养活一家人。即便如此，杨廷宝与关颂声等15位先生依然捐助了22500元（其中，杨廷宝捐了2000元）[①]，才解决了燃眉之急。可见，在危难之际，真正的朋友是患难与共，同舟共济的。

然而，中国营造学社最终由于研究经费来源枯竭，研究工作难以为继，不得不解散。

当杨廷宝得知此事，即函邀刘敦桢重回中央大学，于是，刘敦桢于1943年8月返回重庆中央大学建筑工程系任教了。梁思成则暂时留下来做收尾工作。1945年抗战胜利后，杨廷宝和童寯、刘敦桢相继随中央大学也复原回到了南京。而梁思成带着学社最后的成员回到清华大学创办建筑系去了。从此，中国建坛四杰分别在南京工学院和清华大学两校建筑系，专心致志地从事建筑教育工作（图7）。

话题转到建筑教育，必少不了提及南工、清华两校建筑系及其掌门人杨廷宝与梁思成之间的二三事。

追溯历史，中国大学里最早设有"建筑学"学科进行建筑教育的学校是南京工学院的前身，于1927年数校联合成立的"国立第四中山大学建筑工程科"，1928年更名为"国立中央大学建筑工程系"，并由中大学人后来在全国各地创建了多所新生建筑系。[②] 1952年全国大学院系调整时，更名为"南京工学院建筑系"，此时，杨廷宝任系主任一职。而梁思成离开了中国营造学社后，回到北京，白手起家创建了清华大学建筑系，并任系主任。由于两校建筑系的掌门人杨廷宝与梁思成同深造于宾大建筑系，而宾大在美国是受法国巴黎美术学院建筑教育影响最深的学校，因此两校不仅教学体系相似，而且连教风、学风都相近。两校的办学水平一直处于全国同类院校的前茅，而所培养的人才在社会上也一直有口皆碑。

说来，梁思成创建清华大学建筑系又引出一段他与杨廷宝之间情谊深厚的故事。是一段什么故事呢？

早在梁思成离开营造学社最后的据点李庄之前，于1945年3月9日致函清华大学

[①] 林洙. 中国营造学社史略 [M]. 天津：百花文艺出版社，2008：70.
[②] 吴良镛. 烽火连天 弦歌不缀 [M]// 潘谷西. 东南大学建筑系成立七十周年纪念专集. 北京：中国建筑工业出版社，1997：42.

图7 新中国成立后，建坛四杰的杨廷宝与刘敦桢、童寯在南工共事，而梁思成在清华独当一面使两校建筑教育如日中天（左：邓雪娴摄，右：黎志涛摄）

图8 杨廷宝赠送给梁思成的40余幅宾大作业之一（来源：清华大学建筑学院资料室藏，左川提供）

校长，当时主持西南联合大学校务的梅贻琦，希望清华大学"立即添设建筑系"，这一建议颇受梅校长支持，并邀请梁思成主持筹建清华大学建筑系。

正当梁思成收拾营造学社结束历史使命的后事，等待启程返平时，接到国民政府教育部指派他前往美国考察"战后的美国建筑教育"的使命，同时又收到耶鲁大学和普林斯顿大学邀请他作为客座教授进行讲学及参加学术会议。于是，1946年7月31日，梁思成一家先行回到清华后，立即不分昼夜赶在赴美前，把筹建营建系的各项事宜安排有个眉目，才于是年11月赴美。

一年后的1947年9月，梁思成结束了近一年对美国建筑教育的考察和讲学，并完成了年初受命国民政府外交部委托他出任联合国大厦设计委员会中国顾问的工作后，回国途经上海时，与正在上海的杨廷宝、陈植做短暂会面，这是他俩自重庆一别后的首次重逢。谈笑之中，梁思成特别吐露出心中的苦衷，他说自己正创办一个建筑系，苦于白手起家，什么都缺，希望得到老同学的支持。杨廷宝当即表示，他可以把自己珍藏20多年在宾大读书时的西建史作业手绘图赠送给母校建筑系供参考。于是，有40余幅杨廷宝的珍贵手绘作业图（图8），至今被珍藏在清华大学建筑学院的资料室，这可视为杨廷宝与梁思成珍贵友情的见证吧，也是清华建筑系获赠的系友第一份个人献礼。

图9 1959年5月，在上海参加"住宅建筑标准及建筑艺术座谈会"期间杨廷宝（左3）、梁思成（左2）、刘敦桢（左1）与领导和专家留影（汪之力摄，中国建筑学会提供）

由于"南杨北梁"各居南工、清华两地，且两人都身居要职，加上各自频繁参与不同社会活动、学术会议、教学交流、出国访问等，碰在一起的机会并不多。有案可查的两人见面最多的场合是，作为中国建筑学会第一至第四届理事会副理事长的梁思成和杨廷宝，每四年会同时出席全国会员代表大会，并在会上讲话。以及在各届常务理事会议上共商大事。而两人参会时间最长的学术讨论是1959年5月18日至6月4日，在上海召开的"住宅建筑标准及建筑艺术座谈会"（图9），会期计16天。会后，两人应无锡城建局的邀请，与多位中国建筑学会领导和专家视察、游览锡惠公园。

而两人同时在国际舞台上亮相，也许只有两次共同出席于1958年7月20日至27日在莫斯科召开的第5届世界建筑师大会，和于1963年9月27日至10月4日在古巴哈瓦那召开的第7届世界建筑师大会，以及10月9日至12日在墨西哥举行的国际建协第8次代表会议。会后，杨廷宝与梁思成又应巴西建筑师协会邀请，前往巴西进行了参观访问（图10）。

在教学上，杨廷宝与梁思成也偶尔有过共同参与视察教学活动的机遇。1965年酷暑的7月一天，杨廷宝在梁思成陪同下，来到清华大学建筑系66届（著者所在年级）左家庄小区毕业设计小组的现场（图11）。这是杨廷宝与梁思成一贯主张的一种理论

图10 1963年10月19日—11月5日，杨廷宝（左3）、梁思成（左2）率团对巴西进行友好访问（陈法青生前提供）

图11 1965年7月，杨廷宝（二排右1）、在梁思成（二排左1）陪同下视察清华大学建筑系建五、建六班左家庄毕业设计现场（来源：清华大学建筑学院资料室）

联系实际的"真刀真枪"在实际工程中训练学生解决设计问题能力的教学手段。这一天，毕业生正在炎热难忍、挥汗如雨的工棚内趴在图板上画图，其中一位华侨同学林运强，几乎是赤膊上阵干得正欢。只见系主任梁思成引领身着朴素夏装的杨廷宝走进简陋的工棚，巡视一番毕业生的工作后，与一众有关人员围坐在一张图桌旁，由毕业设计指导教师朱自煊①向杨廷宝详细汇报了工程情况，期间杨廷宝不时插问几句。而梁思成却谦逊地站在众人背后默默旁听。交谈一小时左右，杨廷宝才起身离开没有任何降温防暑设施的工棚。

谁想到，这一年下半年开始，中国政治上已"山雨欲来风满楼"，而来年的1966年3月21日至23日在延安召开的中国建筑学会第四次会员代表大会暨学术年会上，已经听到"文化大革命"的滚滚雷声。按惯例，作为第一副理事长的梁思成在历次中国建筑学会会员代表大会上，总要做报告或发言。但这一次会员代表大会却由第二副理事长杨廷宝致开幕词，且再次当选副理事长的梁思成在参会全体人员合影中，本该与杨廷宝坐在理事长左右却不见踪影，这是历届代表大会不曾有的事。是他临时有事脱不开身，不能到场合影？还是另有原因没有出席此次大会？这就不得而知，若是后者，杨廷宝与梁思成就没有在此次大会上碰面。那么，杨廷宝上一次到北京左家庄视察清华大学建筑系66届毕业设计现场就可能成了与梁思成诀别了。因为，很快到来的一场

---

① 朱自煊（1926—2021），安徽徽州休宁县人。1946年成为清华建筑系第一批学生，1951年毕业后留校，长期从事城市规划和城市设计教学、理论研究和实践工作。

"文革"疾风骤雨将瘦弱的梁思成打翻在地,被套上"反动学术权威"的莫须有罪名,受尽身心摧残,于1972年1月9日与世长辞,享年71岁。而杨廷宝虽然在"文革"中没有遭受像他的学弟那样悲惨的命运,日子也过得提心吊胆,好在总算熬过这场灾难。只不过比梁思成晚了10年(一个年头,一个年尾)于1982年12月23日也驾鹤西去,他俩在天国又相逢了。

参考文献:

1. 齐康. 杨廷宝谈建筑[M]. 北京:中国建筑工业出版社,1980.
2. 窦忠如. 梁思成传[M]. 天津:百花文艺出版社,2007.
3. 黎志涛. 中国建筑名师丛书:杨廷宝[M]. 北京:中国建筑工业出版社,2012.
4. 林洙. 中国营造学社史略[M]. 天津:百花文艺出版社,2008.

杨廷宝与刘敦桢

杨廷宝与刘敦桢相识、相知是二人各自留洋回国之后的事了。此前，刘敦桢于1913年9月东渡扶桑在东京高等工业学校（现称东京工业大学）主修建筑科。1921年3月毕业，并在建筑师事务所见习9个月后，于次年回国。后与留日知己柳士英[①]创建了华海建筑师事务所。1923年8月，刘敦桢又与柳士英等共同创办了苏州高等工业专门学校建筑科。1927年年底，苏州工专建筑科迁往南京，并入江苏大学工学院，旋即改名第四中山大学，后定称为国立中央大学建筑工程系，这便是在中国大学教育中正式设置建筑学专业的始祖。

而杨廷宝是1927年年初留学宾大学成回国的，此时，刘敦桢留日回国工作已5年了。虽然二人仍未谋面，但那个时代中国的建筑师还寥若晨星，虽各处异地执业，彼此名声也略知一二。

1929年的一天，杨廷宝第一次拜访了还是单身的刘敦桢。"那时他住在中大附近的大石桥，独自租了一间房屋。我去时他正伏在桌上绘图，桌上、床上和地上都堆满了不少书籍，还有一些收集来的秦砖汉瓦以及穿着的衣物零散地放着。我们就在这不太整齐的小屋里畅谈了一个下午，相互感到默契，从此开始了数十年不渝的深厚友谊。"[②] 能够有如此多的话畅谈一下午，说明二人事先并不陌生，多少互有了解才能一见如故。要知道，二人都是不善言辞的，能够打开话闸而滔滔不绝，说明大有相见恨晚之意。这与杨廷宝和梁思成、童寯的关系不同，那是同窗挚友。而杨廷宝与刘敦桢也许这是两人志趣相同、情投意合吧。

此后，杨、刘二人便多有接触，这是得益于那个为数不多的中国第一代建筑师们开始集体亮相在历史舞台的初创时代。

[①] 柳士英（1893—1973），苏州人。1920年毕业于东京高等工业学校建筑科。1922年在上海与刘敦桢组建华海建筑师事务所。1923年创办苏州工业专门学校建筑科。1928年任苏州市工务局长。1930年执教上海大厦大学。1934年任湖南大学土木系教授。新中国成立后先后任湖南大学土木系主任并创建建筑学专业，中南土木建筑学院院长。1958年后，先后任湖南工学院院长，湖南大学副校长。

[②] 刘叙杰. 脚印 履痕 足音 [M]. 天津：天津大学出版社，2009：11.

20世纪30年代，正值中国留学西洋、东洋学习建筑设计的学生陆续学成回国时期，虽然初始人数并不多，而且与洋人建筑师在权力、财力、势力诸方面相比均显势单力薄。然而中国的第一代建筑师们就有那么一种骨气，不但不愿意留恋生活条件优越定居国外，定要回到苦难深重的祖国怀抱，而且还敢于与洋人建筑师在设计竞赛中拼一拼，且屡屡获胜。但他们同时也意识到，仅靠分散的个人建筑师事务所单枪匹马与洋人建筑师抗争有着重重困难与障碍。于是一个念头浮现了，即中国的建筑师们需要团结起来，组织起来，才能以整体的力量开创新局面。1927年，在上海便成立了中国建筑师的职业团体——中国建筑师学会，由庄俊任第一任会长，范文照[①]任副会长。从此，中国的建筑师们开始活跃在历史的舞台上，不但开创了中国建筑创作的第一个繁荣时期，涌现出诸多建筑设计精品。而且，中国建筑师执业制度也逐步走上了专业化与科学规范化管理的轨道。同时，中国建筑师学会的队伍由此而逐渐壮大。在这种历史背景下，杨廷宝经刘敦桢和卢树森[②]介绍，于1930年6月也加入中国建筑师学会。

杨廷宝一经加入中国建筑师学会，不但结识了更多的同仁，而且也因他执业在当时中国最大也最具影响力的基泰工程司，且初出茅庐便尽显才华而被众多同行所刮目相看。尤其是，于1930年3月创办中国营造学社的朱启钤不仅邀请到梁思成和刘敦桢加盟，而且分别任法式部主任和文献部主任，并率领一批专业人士从事中国古建筑研究工作。为此，梁思成于1931年，晚于林徽因一年，离开他所创办的东北大学建筑系回到北平。而刘敦桢为了全力以赴投入自1922年回国后就开始对中国古建筑的研究，也毅然辞去了国立中央大学的教学工作和与卢树森合办的宁海建筑师事务所兼职，于1932年秋偕刚结婚两年的妻子及一岁的爱子从南京迁移北平，与梁思成汇合。从此开始了长达15年的共事，开展研究中国古建筑的工作。为当时中国的古代建筑修缮保护、教学、设计等机构提供了重要的参考资料。

随着中国营造学社对文物古迹的调查研究日益得到各级政府及学术界的关注，稍

---

① 范文照（1893—1979），1917年毕业于上海圣约翰大学，1922年毕业于美国宾大建筑系。1927年创办范文照建筑师事务所。1949年后去美国。
② 卢树森（1900—1955），字奉璋，浙江乌镇人。1926年毕业于美国宾大建筑系。1930—1932年在中央大学建筑工程系任教，1932年在北平铁道部任技正。1936年在上海合办永宁建筑师事务所。1937—1938年复任中央大学建筑工程系教授。1938年返回上海继续经营永宁建筑师事务所，1946—1948年赴台湾开展业务，1949年任华东建筑设计公司总工程师。

晚于中国营造学社而创立的旧都文物整理委员会，及其执行机构北平文物整理实施事务处，当属中国现代文物保护事业滥觞期的政府机构。当时即考虑到北平为元、明、清历朝以来之都城，宫阙、殿宇、苑囿、坛庙为中国古代建筑艺术精华所萃，集东方艺术之大成。但这些文物古迹多有残损毁圮，实有进行系统维护修缮的必要。于是，北平市政府于1934年11月开始着手制定北平市文物整理计划。为此，于1935年初成立北平市文物整理实施事务处（1936年3月改组后更名为旧都文物整理实施事务处，并隶国民政府行政院直属），开始实施对北平古建筑维护修缮的具体工作。为保障北平文物整理工程的顺利实施，经中国营造学社的梁思成、刘敦桢推荐，旧都文物整理实施事务处，委托技术、施工实力雄厚的基泰工程司承包，并聘请杨廷宝任主持建筑师，同时委托中国营造学社朱启钤、梁思成、刘敦桢等中国古代建筑研究领域的著名学者作为技术顾问直接参与北平的文物整理工程。

基泰工程司接此修缮北平古建筑重任后，为开展工作方便，于1935年3月派杨廷宝在东城区王府井大街130号金城大楼204号成立基泰工程司北平分所[①]，工作地点也就由天津转移到北平。这样，杨廷宝不但结束了单身一人在天津独居生活、工作，与1933年初考虑儿女入学读个好学校，而先期已回到北平的妻儿团圆，而且与梁思成、刘敦桢难得在北平聚首，开始了共商修缮北平古建筑的大事。

在北平古建筑修缮工作开始前，杨廷宝与梁思成、刘敦桢以及旧都文物整理实施事务处的一众有关人员，共同到现场进行实地勘查、编制工程查勘情形图说、拟定修缮计划及预算册，确定修缮工程做法说明书，并经招标投标选择营造厂商付诸实施，等等。这一系列规范、严谨、缜密的环节做得滴水不漏，中规中矩，不愧是杨廷宝、梁思成、刘敦桢这些大学者的工作风范，显示出极高的专业水准。（图1、图2）

杨廷宝主持的北平第一期文物整理工程自1935年5月开工，主要修缮了天坛圜丘坛、皇穹宇、祈年殿、北平城东南角楼、西直门箭楼、国子监辟雍、中南海紫光阁、真觉寺金刚宝座塔，玉泉山玉峰塔和碧云寺罗汉堂等十处工程。期间，杨廷宝整日在工地上奔波，一方面指导工匠按图施工；另一方面便于实地向工匠们求教。而朱启钤、梁思成、刘敦桢也隔三岔五地到现场视察，甚至爬上祈年殿屋顶看个究竟。工匠们瞧着这几位大知识分子毫无架子与他们随和商谈，又如此平易近人、认真实干，不禁有

[①] 北京档案馆.北平市政府公安局登字十八卷第一一六号，J181-20-20173.

图 1　杨廷宝（右）与刘敦桢勘察现场（杨士英提供）　　图 2　杨廷宝（上）与刘敦桢（下）勘察真觉寺金刚宝座塔现状（杨士英提供）

几份好感和敬佩。

　　在紧张忙碌的修缮工程间隙，杨廷宝、梁思成、刘敦桢三家人也偶尔相互串门、走动，毕竟三人相识已久，且彼此的家人也相处融洽。据刘敦桢之子刘叙杰回忆："我记得有一次梁思成先生和夫人林徽因曾来到我家，还将一辆黑色方头的小汽车停在大门外，这在当时是颇为少见的，因此印象相当深刻。"还有一次是刘敦桢偕夫人和儿子到杨廷宝家去拜访，刘叙杰又回忆说："只记得是住在一座不太大的四合院式住宅里，前后约有三进。当大人们在客厅里谈话时，我却跟着杨家的二位姐姐（杨士英、杨士华）和两位弟弟（杨士莪、杨士芹）来到后面，去看最小的'小不点'杨士萱。那时他大概还不到一岁，仰卧在摇篮里，身上只穿一件北方典型的儿童兜肚。大家逗'小不点'玩的情景，至今仍然觉得十分有趣。"①可见，杨廷宝、梁思成、刘敦桢三人不仅是志同道合的挚友，也是生活中的密友。而他们的下一代更是情意如兄弟姊妹，相处便嬉闹玩耍，两代人的深厚情谊，始终伴随着他们走过了一生。

---

① 刘叙杰. 脚印　履痕　足音 [M]. 天津：天津大学出版社，2009：147-148.

正当杨廷宝修缮北平古建筑经历一年半之后，于 1936 年 10 月告竣时，日本帝国主义侵略中国的铁蹄在踏遍我国东北三省之后，逐渐将魔爪伸向华北。一时北平、天津等城市也都笼罩在侵略者的阴影之下。甚至，在北平城内已有日本"浪人"出没街头，惹是生非，而北平城外的日军频繁调动与军事演习时有所闻。北平已处在"黑云压城城欲摧"的险恶境地。市民们开始准备逃离这座危城。

1937 年 7 月 7 日卢沟桥事变终使北平沦陷于敌手，日寇完全占领北平。此时，人们想逃离北平日渐困难了。因为，日军进城以后，耀武扬威，横行霸道，到处立关卡，尤其是通往外地的要冲。

怎么办？刘敦桢一家为防止意外，住进了当时由外国人经营的六国饭店暂避风头，并商量逃离北平的计划和行程。说来天无绝人之路，怎么讲呢？说来话长。

原来，早在 1936 年的夏天，刘敦桢家来了一位准备长住的洋人，年纪不大，是在北大中文系学习的英国留学生。他为了能直接了解中国家庭的生活习俗和更好地学习中文，经介绍来到刘敦桢家居住。此人英文名叫马克·利威，又取了个中国名字叫马德良。他虽是洋人面孔，却夏穿一袭大褂，冬着一件长棉袍，完全是中式服装打扮，初看起来有点怪怪的，但人很随和，与刘敦桢一家人混得很熟，也很风趣，常常给刘家带来欢笑。尤其刘叙杰兄妹三人特别喜欢他，都叫他马叔叔。

但是，这样的开心日子一眨眼一年就过去了。日寇的战火烧进了北平，市民无处安身，只能外逃。可日寇卡住关口，对中国人百般刁难，稍不如意，想出走的市民就难过这个"鬼门关"了。刘敦桢夫妇正在为此发愁之际，已经与刘敦桢一家感情深厚的马德良出了个主意，他愿意随刘敦桢全家一同南下。因为此前北大、清华都没法在北平办学了，就与天津南开大学先迁至长沙组建临时大学，次年（1938 年 4 月）因日寇逼近长沙又迁往昆明改称西南联合大学。在这种形势下，马德良也只能离开北平，正好与中国营造学社西迁云南不谋而合。但是，随身行李怎么过"鬼门关"呢？马德良灵机一动说，每件行李都贴上他的名片，由他亲自带着过检查这一关。于是刘敦桢处理好后事，以为战事不久就会得到解决，只收拾细软和随身简装就准备择日出发了。

出走那天，与刘敦桢一家同行的还有梁思成一家 4 人和陈法青（杨廷宝夫人）偕 5 个儿女（最大的九岁，最小的才四岁）及保姆，一路赶往火车站。打住！怎么不提同行的人还应有杨廷宝？事情是这样的：杨廷宝早在半年前的 1936 年底随迁至南京的基泰工程司去南方搞设计去了，并未得知陈法青催他回北平处理出走的信息，不得已才让陈法青辛劳一路。话说回来，这天天阴沉沉又飘着细雨，大家的心情格外沉重，而一路上日军卡车不时飞驰而过，更让众人担惊受怕，似乎不祥之兆就要临头。于是大家顾不了眼前，也看不到未来，只管尽快逃离快要让人窒息的北平。到了火车站，由于旅客多，只好排队慢慢挪向检查关口，众人每向前挪一步心情越发紧张起来，更担心马德良带那么多行李能否过关。还好"鬼门关"没有为难英国人马克·利威。也许是日本人怕引起外交纠纷，放行了这位英国留学生和他所携带的行李。等到刘敦桢一行众人通过检票口上了火车硬席车厢这才松了一口气。不过，火车行驶途中又上来很多日本兵，车厢内的气氛骤然紧张起来，谁也不敢说话，大家都木然呆坐着。好不容易熬到火车抵达天津站。

到了天津，大家租住在英租界的一座小楼里，因为地方小，只好挤着睡地铺。真是屋漏偏遇连夜雨，停留在天津的那几天一直下着雨，大人白天外出去买船票，小孩们只能窝在小楼里不敢出门。

几天后终于搞到船票。于是三家人先乘汽车到大沽口，在那里换小火轮出海，上了英商太古公司的大客轮向青岛驰去。这一路海上风高浪急，船体上下颠簸，弄得大人小孩胃里翻江倒海，全都吐得一塌糊涂。当船到达青岛前，杨廷宝才得知刘敦桢、梁思成和自己一家人已逃离北平多日，准备乘船到青岛中转火车回老家，便立即赶往青岛会面，打算一路同行。哪知天公不作美，当刘敦桢一行众人船到码头，当即就买了胶济铁路的火车票西去了，让杨廷宝扑了个空。火车到了济南，大伙儿又折腾转陇海铁路到达郑州，又转乘京汉铁路南下先到了许昌，陈法青一家人就此与刘敦桢、梁思成两家人分手下车，准备再乘长途汽车回南阳老家。此时，杨廷宝也赶到了许昌，才与家人会合，终算团圆，松了一口气。而刘敦桢、梁思成两家继续前行到了武汉，又转乘粤汉铁路的火车才辗转来到此行的终点——长沙，从而结束了抗战中的第一次"大逃亡"。

此后，杨廷宝夫妇偕儿女又乘了一整天长途汽车，才回到南阳老家。杨廷宝因沿途劳累，心急如火，到了家便得了肺炎大病一场。经几个月的中医调理，才转危为安。而刘敦桢、梁思成那一头在长沙好景也不长，不断轰炸长沙的日机也随之而至。梁思成的住所竟然也中弹被毁，看来，长沙也不是久留之地。等到中国营造学社的其他主力成员刘致平、陈明达、莫宗江次第赶到长沙后，大家商定由梁思成率大部分学社人员先行再次逃亡昆明，去那里继续开展古建筑的调查和研究。而刘敦桢一家要先回老家新宁暂避乡间，并看望家中亲人，稍晚再赶赴昆明。这一后续经历，梁思成曾于

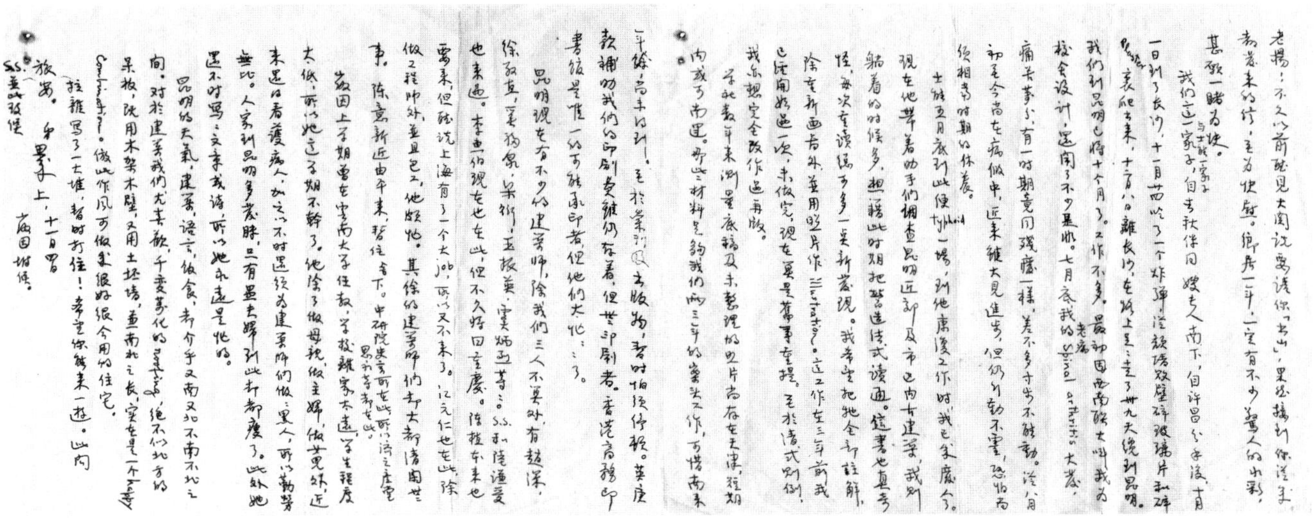

图3 1938年11月4日，梁思成写给杨廷宝的信，叙述了抗战期间逃难至大西南的经历（杨士英提供）

1938年11月4日写信给已从南阳老家避难一年，又接关颂声电告赴成都忙于设计国立四川大学校舍、励志社、刘湘墓园等项目的杨廷宝告知详情，信中这样说：（图3）

老杨：不久以前听见大关①说要请你"出山"，果然接到你从成都发来的信，至为快慰。乡居一年②，一定有不少惊人的水彩，甚愿一睹为快。

我们这一家子，与士能③一家子自去秋伴同嫂夫人④南下，自许昌分手后，十月一日到了长沙，十一月二十四日吃了一个炸弹，从颓墙败壁碎玻璃片和碎Plaster（墙泥）里爬出来。十二月八日离长沙，在路上足足走了三十九天才到昆明。我们到昆明已将十个月了，工作不多。最初因西南联大叫我为校舍设计，还闹了不少是非。七月底我的老病Spinal arthritis（脊柱关节炎）大发，痛苦万分，有一时期竟同残废一样，差不多寸步不能动。从八月初至今尚在病假中，近来虽大见进步，但仍行动不灵，恐怕尚须相当时期的休养。

士能五月底到此便typhoid（伤寒）一场，到他康复工作时，我已成废人了。现在他带着助手们调查昆明近郊及市区内古建筑，我则躺着的时候多，想借此时期

---

① 即关颂声。
② 指杨廷宝一家子于1937—1938年在南阳老家避难。
③ 刘敦桢字。
④ 即陈法青。

把营造法式读通。这书也真奇怪,每次重读总可多一点新发现。我希望把她(它)全部注解,除重新画图外,并用照片作 illustration(图解)。这工作三年前我已经开始过一次,未做完,现在算是旧事重提。至于清式则例,我亦想完全改作过再版。

学社数年来测量底稿及未整理的照片尚存在天津,短期内或可南运。那些材料足够我们两三年的案头工作,可惜南来年余,尚未得到①。至于汇刊及出版物,暂时怕须停顿。英庚款补助我们的印刷费虽仍存着,但无印刷者。香港商务印书馆是唯一的可能承印者,但他们太忙太忙了。

昆明现在有不少的建筑师,除我们三人②不算外,有赵深、徐敬直、奚福泉、梁衍、巫振英③、虞炳烈④,等等。S.S. 和陆谦受⑤也来过。李惠伯现在也在此,但不久将回重庆。陈植本来也要来,但听说上海有了一个大 Job(工作),所以又不来了。江元仁也在此,除做工程师外,并且包工,他颇忙。其余的建筑师们却大都清闲无事。陈意新由平⑥来,暂住舍下。中研院史言所在此,所以济济一堂,思礼⑦等都在此。

徽因上学期曾在云南大学任教,学校离家太远,学生程度太低,所以她这学期不干了。她除了做母亲、做主妇、做女儿外,近来还得看护病人,加之以不时还须为建筑师们做做黑人,所以勤劳无比。人家到昆明多发胖,只有愚夫妇到此却都瘦了。此外,她还不时写写文章或诗,所以她永远是忙的。

昆明的天气、建筑、语言、饮食,都介乎又南又北不南不北之间。对于建筑我们尤喜欢,千变万化的 roofing(屋顶),绝不似北方的呆板,既用木架木壁,又用土坯墙,兼南北之长,实在是一个 happy combination(巧妙的组合)。仿此风可

---

① 这批资料原存于天津一家外国银行地下室,后因大雨被淹,全毁。
② 即梁思成、林徽因、刘敦桢三人。
③ 巫振英(1893—1968),虽号勉夫。生于美国檀香山,哥伦比亚大学建筑系毕业,学士。1922 年回国,先在六合贸易公司,后自己开办建筑师事务所。1927 年与吕彦直、庄俊、范文照发起组织中国建筑师学会,并创办《中国建筑》刊物。新中国成立后,任上海市公私合营房地产公司工程师兼修缮科副科长。
④ 虞炳烈(1895—1945),字伟成,江苏无锡人。1929 年毕业于法国国立里昂建筑学院。1933 年回国受聘中央大学建筑工程系教授,系主任。1940 年任昆明中山大学建筑工程系教授、系主任。1941 年创办国际建筑师事务所。
⑤ 陆谦受(1904—1992),广东新会人,1930 年毕业于伦敦英国建筑学会建筑学院,是年回国后任中国银行建筑科长。1943—1945 年兼职重庆中央大学建筑工程系教授。1949 年曾组建五联建筑事务所,后赴香港从事设计。
⑥ 即北平
⑦ 梁思礼(1924—2016),广东新会人,梁思成小弟。1945 年获美国普渡大学学士学位,1947 年获辛辛那提大学硕士学位,1949 年获该校博士学位。导弹控制专家,火箭研制专家,中国导弹控制系统研制创始人之一。1993 年当选为中国科学院院士。

做成很好很合用的住宅。

拉杂写了一大堆，暂时打住！希望你能来此一游。此问旅安。

弟 思成上 十一月四日

徽因附候。S.S. 并此致候

从梁思成给杨廷宝的这封信中我们可想而知，刘敦桢、梁思成、杨廷宝三家人自北平一路逃亡以来，真是辗转奔波，苦不堪言。虽然各自都到了目的地，但也都大病一场。尽管如此，他们全然不顾身心疲惫，条件恶劣，又忘我地投入到工作中，这就是中国老一辈知识分子的精神。那时，梁思成信中提及众多第一代建筑师们也都齐聚大西南，这是国难当头不幸中之大幸。由此而保存了刚刚崛起而又如日中天的中国建筑师队伍，如同西南联大保存了抗战时期的重要科研力量并培养了一大批日后成为中国各学科领域的领军人物。

而暂回老家新宁避难并看望家中亲人的刘敦桢一家，在小住数月后于来年之春启程赴滇。为了路途安全起见，决定避开云贵险情重重的山路，绕道地势平坦的广西，经越南从河内乘窄轨火车到了边陲昆明，与梁思成等学社人员重新汇合。

至此，杨廷宝与刘敦桢、梁思成，还有此时也来到大西南的童寯，各自在异地忙着自己的业务，虽因交通不便，加之事务缠身而难以见面，但彼此书信往来，互通信息也是有的。仅以 1939 年 12 月 29 日，刘敦桢致杨廷宝信为例：（图4）

仁辉①兄赐鉴：

月初自广元奉上一束，计尘座右。迩来未谂大驾返豫？抑仍留重庆？或赴滇料理中法大学工程？甚念甚念。弟等于本月九日，自广元搭民船南下。途中经仓溪阆中，南都蓬安诸县，折东至渠县。所获仍不出汉阙汉墓及隋唐造像三者。木建筑则以明代为断，明以前者从未发现，不无失望。现定明日赴广安、南充，转蓬溪、遂宁、合川等处。预定一月下旬可返重庆。搭西南公路局之车，经贵阳回滇（预计旧历年底赶回昆明）。因泸县至昆明之川滇公路，迄今未能通车，只得原道而返。唯汽车购票恐不容易，思成已函托思达兄速向西南公路局登记。

---

① 仁辉，杨廷宝字。

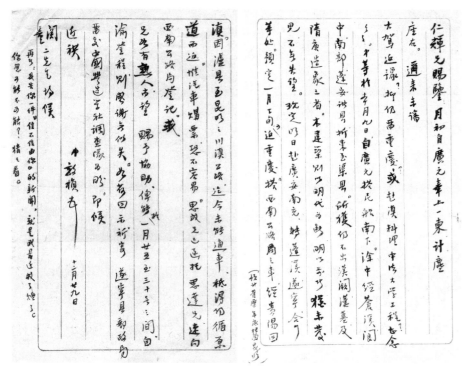

图4 1939年12月29日，刘敦桢写给杨廷宝的信（杨士英提供）

兄如有熟人，尚望赐予协助，俾能于一月二十五至三十号之间，自渝登程，则感谢无似矣。如何回示祈寄遂宁县邮政局留交中国营造学社调查队为盼。即候

近祺

                弟 敦桢上 十二月二十九日

关、童二先生均候

再者：我告你一件"信不信由你"的新闻，就是我最近戒烟了，你想可能不可能？猜猜看。

从此信中我们至少可以看到三点：其一，刘敦桢比杨廷宝其实大4岁，却自称弟，称杨廷宝为兄，这种不按规矩的称兄道弟正体现出刘敦桢与杨廷宝之间互尊互敬的亲密关系。且刘、童、梁、杨四杰之间也皆如此，可见四兄弟无论身在何方，心总是在一起的。其二，抗战期间，四杰身置如此艰难处境，不畏困苦仍专心事业，却又苦中寻乐，信尾不苟言笑的刘敦桢居然幽默一把，让杨廷宝猜谜。虽难得一见，但也看出

干正经事时的四杰是一丝不苟，一板一眼，而生活中的四杰也不失有情趣可亲。其三，人的一生谁没有大、小难处？就说这次三家人从北平一路相伴来到人生地不熟，生活条件又极不适应的大西南，才真正理解什么叫患难之时见真情，唯有当人落难而出手相助的朋友才是真朋友。从逃离北平时，要不是刘敦桢借英国留学生之相助，拉上梁思成和杨廷宝两家人一起混过日军"鬼门关"，真不知后果如何了。要不是刘敦桢、梁思成两家人，一路相辅照顾拖儿带女的陈法青，且上、下车船多次转乘，也真不知能否安全抵达许昌与来此接家眷的杨廷宝一家人相会了。此时，刘敦桢因四处奔波搞云南古建筑调研，为购汽车票有难求杨廷宝、梁思成相助，说明四杰之间，无论事大事小总是有福共享，有难同当。

刘敦桢一家初来昆明住在市内西北一隅，后因日军入侵越南后，昆明也成了日机轰炸的目标。不得已，刘敦桢和梁思成两家人以及中国营造学社迁到郊外，大人日夜忙于或外出考察，或业内绘图，而两家的小孩（刘家的叙杰三兄妹和梁家的再冰，从诫姐弟）则四处撒野疯耍。

但是，到了抗战的第三年，这样的日子也过不下去了。鉴于昆明的安全形势日趋恶化，日机的轰炸愈来愈频繁，中国营造学社决定再次搬家。于1940年底艰辛跋涉来到四川宜宾市与南溪县之间的李庄小镇，又坚持生存了近三年。终于，中国营造学社经费枯竭，再无来源支撑，研究工作难以为继，加上刘敦桢健康状况日下，不得不考虑今后怎么办。

此时，已于1940年在重庆中央大学建筑工程系兼职教授的杨廷宝与系主任鲍鼎得知此消息后，致函劝刘敦桢暂时换个环境，并力邀刘敦桢重返中央大学再执教鞭。考虑再三，刘敦桢不舍地离开自己热爱的工作，告别多年相聚的集体，到重庆去开始另一个新的生活了。"离开李庄的前一天晚上，梁、刘二人促膝长谈，他们二人自1931年开始，为了一个目标，共同奋斗了十二年，这时却不得不分别了，两人边谈边流泪，直至号啕痛哭。"[1] "对于刘敦桢的离开，林徽因曾向好友费慰梅[2]诉说道：'刘先生是一位非常能干、非常负责任的人。全部的账目都由他负责，连思成应付不了的琐碎杂事也交给他管。现在这些工作全要落在思成肩上了！……现在刘先生一走，大家可

---

[1] 林洙. 中国营造社史略[M]. 天津：百花文艺出版社，2008：184.
[2] 费慰梅（Wilma Canon Fairbank）费正清夫人，1909年生于波士顿。1929年毕业于哈佛大学Radchitte女校美术系。1944年被吸收为中国营造学社社员。1944—1947年任美驻华使馆文化专员。她是研究中国近现代历史的泰斗，号称"头号中国通"。

能作鸟兽散。'"①果然，刘敦桢自1943年夏天去了重庆中央大学后，梁思成也于抗日战争胜利后的1946年夏天带着中国营造学社最后的几名骨干先后回到清华大学去创办营建系去了。

刘敦桢来到重庆中央大学建筑工程系后，主讲中外建筑史课，由于他在中国营造学社十多年的工作经验和专业知识的积累，授课大受学生欢迎，第二年即被任命为系主任。当时各大学实行聘任制，各系教师都由系主任每年暑期发下年度聘书委命，在刘敦桢主持建筑工程系工作期间，聘请的教师连同前任系主任鲍鼎已经聘请来的教授阵容相当强大。无论是专职的教授如谭垣、徐中、李剑晨，还是来自名声显赫建筑师事务所的兼职教授杨廷宝、童寯、李惠伯、哈雄文②、陆谦受等，抑或年轻有为、能力极强的助教巫敬桓、卢绳、樊明体③、叶仲玑④等，使建筑工程系教师人才济济，教学质量和学术水平达到了建系以来的巅峰时期，培养出如吴良镛、黄康宇⑤、陈其宽⑥、严星华⑦、朱畅中、张守仪⑧、萧宗谊⑨等日后成为国内外享有盛名的院士、教授、学者、建筑师。不仅如此，在中央大学7个学院中最大的工学院里，建筑工程系是最小的一个系。但建筑工程系却是全校办学最具有活力、最富有创造力的教学集体。无论学生自办刊物，

---

① 窦忠如. 梁思成传 [M]. 天津：百花文艺出版社，2007：124.
② 哈雄文（1907—1981年），湖北汉阳（回族）人，生于北平。1928—1932年，宾夕法尼亚大学建筑系获学士、硕士学位。回国入董大酉建筑师事务所。1935—1937年任上海庐江大学商学院建筑系主任。1945年任中央大学建筑工程系教师。新中国成立后历任上海同济大学建筑系教研室主任，哈尔滨工业大学教授，哈尔滨建筑工程学院教授、系主任。
③ 樊明体（1915—1997年），河南内黄人。1941年毕业于国立艺专西画系。曾任教于国立中央大学建筑系，1949年后任同济大学建筑系教授。
④ 叶仲玑（1915—1977年），安徽黟县人。1942年毕业于国立中央大学建筑工程系并留校任教。1946年到重庆大学建筑工程系任教。1949年获美国堪萨斯州立大学建筑学院硕士学位。次年回国任重庆大学建筑系主任。
⑤ 黄康宇（1919—2005），安徽省全椒县人。1943年毕业于重庆中央大学建筑工程系。曾任武汉市建筑设计院总工程师，华中理工大学建筑学院名誉院长，《新建筑》杂志社社长。
⑥ 陈其宽（1921—2007），生于北京。1944年毕业于重庆中央大学建筑工程系，即赴缅甸、印度参加抗日，任英语翻译。1946年任南京基泰工程司设计师。1948年入美国伊利诺州立大学。1951年任麻省格罗皮乌斯建筑事务所设计师。1952年任教麻省理工学院建筑系。1960年任台湾东海大学建筑系系主任、东海大学工学院院长。
⑦ 严星华（1921—），浙江鄞县人，生于上海。孙科之女孙穗芳生母严蔼娟的弟弟。1945年毕业于中央大学建筑工程系，1949年参加革命工作，历任中共中央直属机关修建办事处组长、北京工业建筑设计院副主任工程师、中央广播事业局中央彩电中心筹建处总建筑师、广播电影电视部设计院副院长。第七、八届全国政协委员。
⑧ 张守仪，1945年毕业于重庆中央大学建筑工程系。1947年在北京大学工学院建筑系任教，1952年全国院校大调整时，到清华大学建筑系任教至1989年退休。
⑨ 萧宗谊，1946年毕业于重庆中央大学建筑工程系。1949年任大连理工大学建筑系教授。

还是参加剧团公演；无论体育竞技，还是绘画比赛都活跃着师生的身影。因此，这个时期后来被人们称为"沙坪坝黄金时代"。这里面，两位系主任鲍鼎和刘敦桢领导有方，杨廷宝等一批知名教授倾心执教，可谓功不可没。

1945年，抗日战争取得最后的胜利，此时，战时西迁的各单位开始着手复员工作。这年底，杨廷宝因参加国民政府资源委员会的工业建设考察团出国考察21个月刚回来，正与夫人陈法青商议准备搬家返回南京事宜。不想，基泰工程司急电要杨廷宝赶紧动身去南京接紧急设计任务，以应对大量公教人员返宁后出现的房荒问题。于是，杨廷宝来年春匆匆乘机只身一人先飞抵南京。而刘敦桢于1945年秋天因奉校长吴有训①之延请出任工学院院长，担起工学院师生员工、设备器材、图书资料等复员南京的重任，只能于1946年夏天最后一人撤离重庆。

杨廷宝、刘敦桢回到南京后，杨廷宝忙于设计南京公教新村解决到处出现的房荒棘手问题；刘敦桢则忙于负责清理、整修日军侵占中央大学时留下来的校园烂摊子，并筹建设计教师、学生宿舍。

尽管抗战胜利了，但随后的三年内战硝烟又起。在那国凋民穷的时期，刘敦桢也不得不为全家的生计而四处奔波，更没有任何可能继续进行真正的学术研究了。而杨廷宝也因黎明前的社会动荡，学运迭起，虽仍兼职中央大学建筑工程系教授，却无法正常上课。但是，杨廷宝、刘敦桢都有一种坚定的信念，那就是黑暗终将过去，黎明曙光就要普照大地，他俩与广大民众在等待解放，决心将下半辈子去报效新生的人民国家。

1949年4月23日，南京终于解放了。鉴于基泰大老板、二老板跑到台湾，杨廷宝也就彻底结束了在基泰工程司22年的执业生涯。是年8月，国立中央大学更名为南京大学，杨廷宝被任命为工学院建筑工程系系主任，从而转向专注建筑教育事业。三年后的1952年，随着在全国高等院校的调整中，原南京大学工学院独立成立南京工学院，其建筑工程系改名为建筑系，杨廷宝继任主任。而刘敦桢因不堪家庭生活重担，难以公私兼顾，早在1947年秋就不得不辞去原国立中央大学工学院院长一职，新中国成立后，也许是同样原因，无力再担任系主任工作，而专职教授，一心教学和科研了。从此，杨廷宝与刘敦桢在南京工学院建筑系又共事20年（图5）。

---

① 吴有训（1897—1977年），字正之，江西高安人。是中国近代物理学研究的"开山祖师"。1925年获美国芝加哥大学博士学位，并留校任教。1926年回国，先后在中央大学、清华大学、西南联大任教授、物理系主任。1945年任中央大学校长。1948年当选中央研究院院士。1950年任中国科学院副院长。1955年选为中国科学院学部委员。

图5 从1940年起，杨廷宝（后排右5）、童寯（后排左4）、刘敦桢（后排右4）在中大、南工携手执教40年始终亲密无间。图为杨、童、刘等教师与中大末届（1949届）毕业生合影（来源：杨永生，明连生.建筑四杰[M].北京：中国建筑工业出版社，1998：4.）

这20年来，杨廷宝与刘敦桢在南京工学院建筑系分别主持建筑学和建筑历史两个学科的教学、科研，成为各自学科的学术带头人。不但为新中国培养了一批又一批优秀人才，诸如齐康、钟训正、戴复东、程泰宁等院士和众多在我国各建设、设计、教育等领域的出众人物，而且各自在自己的学科研究领域做出了突出成果。杨廷宝在他主持的"公共建筑研究室"工作期间，主编了《综合医院建筑设计》，并在全国首届科学大会上获重大贡献奖；刘敦桢在他主持的"中国建筑研究室"（后改称"建筑理论及建筑历史研究室南京分室"）工作期间，进行了大量民居研究工作，出版了《中国住宅概况》，引发和推动了国内学术界的"民居热"，并对苏州园林进行了长期深入的研究，出版了《苏州古典园林》这一经典专著，且获全国优秀科技图书奖，并译成英、日文版在国内外发行。此外，刘敦桢对"三史"（《中国古代建筑史稿》《中国近代建筑史稿》和《中华人民共和国建筑十年》）的编纂也倾注了极大精力，等等，一系列中国建筑史研究硕果累累（图6）。

在承担社会工作和参与学术活动中，杨廷宝与刘敦桢也是并驾齐驱，两人都曾为全国人民代表大会代表，在中国建筑学会担任不同领导工作。杨廷宝担任十年系主任后，改任南京工学院副院长时，由刘敦桢再次轮值系主任。不仅如此，在1955年杨廷宝与刘敦桢同时被任命为一级教授和当选中国科学院技术科学部学部委员。两人还经常出席国内外学术访问或学术会议，等等。只是杨廷宝的社会活动比刘敦桢更为频繁而已（图7、图8）。

图6 《综合医院建筑设计》与《苏州古典园林》（来源：东南大学建筑学院中文图书室）

图7 1950年代杨廷宝（一排左1）主持刘敦桢学术报告会（来源：潘谷西. 东大学建筑系成立七十周年纪念专集[M]. 北京：中国建筑工业出版社，1997：23.）

图8 1959年5月，杨廷宝（右2）与刘敦桢（右1）在上海建筑艺术座谈会小组讨论上（来源：中国建筑学会资料室）

自杨廷宝与刘敦桢相继领导、主持建筑系全面工作以来，办学成效如日中天，所培养人才在社会上口碑甚笃。正如梁思成所言，称杨、刘、童为南工三员"赫赫大将"，"他们三位不像我喜欢说笑，（他们）不善言表，都很谦让，但三位彼此相处甚笃，互相敬重，这是南工建筑系越办越好的原因。"①

是的，杨廷宝、刘敦桢连同梁思成、童寯中国建坛这四杰真是有缘相处几十年，在各自的学术领域虽都独树一帜，但从不"文人相轻"，反而敬重对方。刘敦桢曾说："我不过是中人之资，捷思聪睿不及思成，细致慎重莫如仁辉（杨廷宝的字），博通中外无逮伯潜（童寯的字）。"②而杨廷宝对自己的子女也说过："自己很羡慕刘先生和童先生会写书，可惜自己只会搞设计，书写不好。"梁思成对童寯更是敬佩有加："他在学问上和行动上的能力，都比我高出十倍。"③这些话语道出了四杰从不以自己的权威、声誉自傲，而是志同道合的挚友之间那种发自内心的自谦，也道出了四杰携手共事一生的美德。用刘敦桢之子刘叙杰教授的话来说："这是因为他们的友谊早已始于20世纪的二三十年代，通过长期工作和学术上的合作与交流，相互之间十分了解和信任。再加上他们的人生与价值观几乎一致，即将献身建筑事业作为毕生始终不渝的奋斗目标，而对个人名利及物质享受不屑一顾。""三老在私交上一直亲密无间，相互关怀。但除了中秋元旦，平时往来不多，送礼宴请的情况也很少，可称是'君子之交淡如水'，就我所知，他们之间从未发生过争执或其他不愉快的事情，也没听到任何背后的负面议论。三老能建立如此超然尘世的高尚情谊，的确是罕见和难能可贵的。"④

但是，在那场史无前例的"文革"中，四杰都在劫难逃。其共同的"罪名"皆被扣上"资产阶级反动学术权威"的帽子，下放劳动，批斗抄家，限制人身自由，不停地写检查。但这些都未曾动摇他们的信仰与坚定献身中国建筑事业和建筑教育的初心。不幸的是，刘敦桢在思想上极度苦闷、精神上深受重压，加上病情的折磨，于1968年5月1日凌晨熄灭了自己生命的火花，中国建坛四杰中第一个离开了他未竟的事业与世长辞了。

11年后，随着"文革"结束后的拨乱反正，刘敦桢在那场运动中所蒙受的冤屈才

---

① 奚树祥. 一代巨匠 万世师表[M]// 刘先觉. 杨廷宝先生诞辰一百周年纪念文集. 北京：中国建筑工业出版社，2001：73.
② 窦忠如. 梁思成传[M]. 天津：百花文艺出版社，2009：124.
③ 梁思成. 梁思成致东北大学建筑系第一班毕业生信[M]// 杨永生. 建筑百家书信集. 北京：中国建筑工业出版社，2000：9.
④ 刘叙杰. 巨匠宗师 伟业永存[M]// 刘先觉. 杨廷宝先生诞辰一百周年纪念文集. 北京：中国建筑工业出版社，2001：63.

得以昭雪，得到彻底平反，并于 1979 年 12 月 22 日举行了隆重的追悼大会。与刘敦桢携手共事一生的杨廷宝怀着对挚友无比沉痛的思念和稍得宽慰的心情参加了追悼会，与刘敦桢作迟到的最后告别（图 9、图 10）。

图 9　1979 年 12 月 22 日，杨廷宝在刘敦桢的平反追悼大会上签到（来源：刘叙杰. 脚印 履痕 足音 [M]. 天津：天津大学出版社，2009：40）

图 10　1979 年 12 月 22 日，杨廷宝参加刘敦桢的平反追悼大会（来源：刘叙杰. 脚印 履痕 足音. 天津：天津大学出版社，2009：40）

参考文献：

1. 刘叙杰. 脚印 履痕 足音 [M]. 天津：天津大学出版社，2009.
2. 潘谷西. 东南大学建筑系成立七十周年纪念专集 [M]. 北京：中国建筑工业出版社，1997.

杨廷宝与童寯

童寯虽然比杨廷宝早出生整一年,但他读书晚,直到10岁(1910年9月)时才上小学,读了7年,17岁才上中学,又读了4年。1921年9月才以优异成绩考入清华学校。此时,杨廷宝刚漂洋过海到宾大留学去了。因此,童寯与杨廷宝就没在清华照面,却与正在高等科二年级的梁思成仅差一个年级,只是初来乍到还不认识。且慢,梁思成明明是与杨廷宝早在1915年就同时入清华学校的,只是杨廷宝跳到三年级入学,与梁思成拉开了两个年级的差距,而童寯比杨廷宝、梁思成晚六年才入学清华学校,怎么变成童寯此时却比梁思成只低一个年级?

这是怎么回事呢?莫不是童寯入学比杨廷宝跳级跳得更远?是的,你没猜错。按照那时清华学校入学规则,可以视考生入学考试成绩与水平,因材施教决定其在哪个年级层次上起步合适。也许就是因为童寯入学成绩太优秀,直接跳过4年制的中等科免读,就从高等科一年级起步。当然,童寯与梁思成开始也不相识,但毕竟年级相近,都在高等科教学楼"清华学堂"里上课,天天进出总能抬头不见低头见。后来也是因为对绘画的共同爱好在课外走到一起,并在杨廷宝和闻一多创办的清华美术社中成为好友。

1925年,童寯就要从清华毕业了,填什么志愿?何去何从呢?那时,杨廷宝虽已身在美国,但他的优异学习成绩和获奖如此之多的名声早已传回清华母校。而且,在杨廷宝之前留学宾大建筑系的清华校友还有朱彬、范文照、赵深。受其影响,此时,梁思成因一年前那场车祸养伤已痊愈,准备起程赴美,在梁思成的动员下,童寯"决定到美国进大学攻读建筑专业。……我就给他(杨廷宝——著者注)写信询问专业情况与入学须知,他回了信,作为我们订交之始。"[①]这是杨廷宝与童寯人虽未见,但这第一次牵上线,就开启了他俩自1934年起两人志同道合、情同手足共事一生的半个世纪牵手。当然,这是后话。

---

① 童寯. 一代哲人今已矣,更于何觅知音[J]. 建筑师,1983,15:1.

童寯入宾大建筑系后，"除常见杨廷宝之外，还和学建筑的清华同学梁思成、陈植往来，并和梁同寝室。陈、梁两人都认杨为畏友并视杨为师。"[①]实际上，童寯入宾大时，杨廷宝已在导师克瑞的建筑师事务所实习了。童寯说他与杨廷宝常见，恐怕也只是在节假日。除此之外，据比他低一班的谭垣说："他从不把时间花在无谓的交际上，娱乐上，总是埋头研究学问。记得那时每星期六晚上，学校学生俱乐部都举行晚会，经过一星期紧张的学习，素以学习努力著称的中国留学生，也忍不住要去轻松一番。但是，从不见童寯光临。"[②]这一点，童寯就不像杨廷宝在读研时，他与还是本科生的梁思成、陈植、林徽因等学弟学妹有更多时间相聚，难怪著者在收集整理杨廷宝在宾大时的生活、学习照片时，没有看到一张童寯与"中国小分队"在一起玩的照片。

等到1927年春，杨廷宝学成回国后到天津基泰工程司执业时，就开始在沈阳主持设计他的第一个工程项目——京奉铁路辽宁总站，以及张学良创办的同泽女子中学。第二年又主持设计张学良捐资建设的东北大学总体规划及其图书馆、文学院教学楼、法学院教学楼，体育场等数个项目工程，并首次以国际竞标方式获沈阳少帅府工程设计项目，杨廷宝此时在沈阳一待就是两年。而童寯1930年夏学成回国受梁思成之邀即刻也来沈阳东北大学建筑系执教（图1）。眼看两人就要重逢，哪知，杨廷宝正好离开沈阳去北平受清华大学时任校长罗家伦妥托主持清华大学第二个校园规划[③]和四大建筑（生物馆、明斋、气象台、图书馆扩建）的工程项目设计。就这样，在沈阳杨廷宝前脚出，童寯后脚进，两人又擦肩而过了。

直到1931年因东北"九一八"事变，东北大学停办，师生流浪关内，童寯也随之回沪与赵深、陈植汇合，并加入其建筑师事务所，后称之为华盖建筑师事务所。这样，杨廷宝与童寯就分别在当时全国最大、最强的两家建筑师事务所主持图房工作。特别是基泰工程司随着国民政府定都南京，与国民政府上流社会高官有密切往来的基泰大老板关颂声就把总部从天津迁到南京，而且在江浙沪一带大肆拓展业务。这样，杨廷宝与童寯两人才越走越近。终于在1934年杨廷宝参与设计上海大新公司（1949年后称上海第一百货公司），且因甲方对功能要求的变化和对造型、立面要反映商业建筑特

---

① 童寯.一代哲人今已矣，更于何觅知音[J].建筑师，1983，15：1.
② 谭垣.童寯同学二三事[M]//杨永生.建筑百家回忆录.北京：中国建筑工业出版社，2000：7.
③ 清华第一个校园规划是由美国建筑师墨菲设计。

图1　1930年童寯（左1）加盟梁思成（右1）创办的东北大学建筑系（来源：赖德霖. 中国近代建筑史研究 [M]. 北京：清华大学出版社，2007：156.）

点的意见及受资金所限，而四度修改立面方案，由此拖长了设计周期。正因如此，杨廷宝才有机会多次往返南京与上海两地，促成杨廷宝与自美国一别六年的童寯再次重逢。相逢知己的两人当时是怎样的情景呢？

这个情景直到半个世纪之后的1983年1月15日，当童寯躺在北京肿瘤研究所病榻上，得知他的最亲密知己杨廷宝与世长辞时，提笔在《悼念杨廷宝》一文中回忆说："从1934年起，杨因业务关系常到上海，一住便是几个月。上海建筑师熟人很多，但我和他作为两个北方人过从最密。我们两人几乎每星期日见面，经常同游上海附近城镇，浏览古迹名胜，数次到甪直保圣寺看唐塑或游南翔古漪园。游了整天同回沪到我家吃晚饭（图2、图3）。那段时期，他是我家常客。有时他也下厨房，用面条加鸡蛋煮成汤面，如此者不止一次，荆妻戏称这为'杨廷宝面'。晚饭后闲谈，我有时拿出买到的画册和旧书共同欣赏，荆妻说我又'献宝'了。那时每星期日都是快乐的日子。"[①]要知道，杨廷宝与童寯两人都是比较内向，不善言谈的，尤其童寯，他几乎总是板着脸一副没有笑意的严峻表情。但是，他却视杨廷宝为兄弟一样亲，才有"过从最密"和"都是快乐的日子"。而杨廷宝也不时到华盖事务所串串门，但杨廷宝说："我们在一起

---

① 童寯. 一代哲人今已矣 更于何觅知音 [J]. 建筑师，1983，15：1.

图 2　1934 年起，杨廷宝因业务关系常到上海，与童寯几乎每周日见面，同游上海城镇的古迹名胜（童明提供）

图 3　1934 年，杨廷宝在出差上海期间，经常成为童寯家的常客（童明提供）

时从不谈事务所的业务，各为其主，但关系非常融洽。"① （图 4）

1937 年底，国民政府因日本侵华战火烧到首都南京而西迁重庆。次年，杨廷宝和童寯也都随各自建筑师事务所西迁而到了重庆，各自继续在自己事务所做建筑设计工作。1940 年，童寯去了

图 4　杨廷宝与童寯先后从宾大学成回国，分别在基泰与华盖建筑师事务所执业，过从最密。图为 1948 年杨廷宝（右）到上海华盖建筑师事务所作客（童明提供）

贵阳建立事务所分所开拓业务，而杨廷宝受重庆中央大学建筑工程系之邀，开始兼职教授，两人又分开了。除期间杨廷宝偶尔因处理事务所业务去过贵阳两次，两人小聚过外，当童寯 1944 年又回重庆，并亦受重庆中央大学建筑工程系兼职教授时，杨廷宝刚好受国民政府资源委员会副主任钱昌照之邀请，作为民间企业选派人员参加工业建设考察团，赴美国、加拿大、英国参观各类新建设工程，以备抗日战争即将胜利后开

---

① 齐康. 忆童老 [M] // 杨永生. 建筑百家回忆录. 北京：中国建筑工业出版社，2000.

始国内经济建设，两人因此又一次擦肩而过达近两年之久。在人生的道路上，两位挚友因时值社会动荡，战火连连，多次你即来我刚走而不能相处一起共事。好在这是最后一次了。何以见得呢？

1945年，抗战终于迎来了胜利的曙光，是年年底，刚从国外考察回来的杨廷宝与童寯以及刘敦桢先后随中央大学复员回到南京，并都继续在复员的中央大学建筑工程系兼职任教。此期间，梁思成曾分别推荐过杨廷宝去北京任首都规划委员会副主任与他共谋北京1949年后即将开始的大规模建设；也请求过童寯实现他俩在重庆的口约，去清华大学再次合作共创清华大学建筑系。不过杨廷宝和童寯都婉言谢绝了，个中原因后人有多种说法，在此不予妄议。但有一点可信的，这就是杨廷宝、童寯、刘敦桢三杰之间几十年的交情，以及其三位夫人和三个家庭子女之间的和睦亲善之情，彼此难以割舍。旧社会三家皆居无定所，家无安宁；现在解放了，好不容易定居南京，又聚在中大，再不想颠沛流离了。从此，杨廷宝与童寯和刘敦桢下半辈子再也没有分开过，一直牵手共事直至生命最后一息（图5）。用童寯的话来说："我们几乎每天见面。"不但天天见面，两人还像20年前在上海同游城郊一样，乘兴远游呢。

1954年，春暖花开时节的一天，杨廷宝和童寯邀约刘光华、张镛森携各自夫人出门踏青，同游苏州狮子林、留园、网师园、拙政园、虎丘等名胜古迹，玩得十分开心。真是"天亮了"，人的精神面貌比旧社会时也爽朗多了（图6）。

图5 新中国成立后，中国建坛三杰及李老在南京工学院建筑系携手执教至终从未分离。一排左起：童寯、刘敦桢、李剑晨、杨廷宝（黄伟康提供）

图6 1954年春，杨廷宝（右1）夫妇、童寯（右2）等同游苏州虎丘（刘光华摄并提供）

新中国成立后，在杨廷宝与童寯共事南京工学院建筑系的33年中，除了共同执教外，还经常共同外出视察工程项目，带领青年教师到全国各地调查研究建筑设计、风景区建设，甚至乘暇游览名胜古迹（图7～图9）。可以说，两人在南工的日子里真是形影不离。但是，两人也有反差颇大的地方。杨廷宝因身不由己担任多职（全国人大代表，江苏省副省长，南京工学院副院长，中国建筑学会副理事长、理事长，国际建协副主席等），因而社会活动范围几乎覆盖中华大地、全球各处；而童寯每天只坐在系外文图书室方圆不足5平方米

图7　1973年5月，杨廷宝（左2）与童寯（左3）在扬州考察（来源：潘谷西.东南大学建筑系成立七十周年纪念专集[M].北京：中国建筑工业出版社，1997：25.）

图8　1960年代，杨廷宝（中）与童寯（右2）游览安徽滁县琅琊山醉翁亭（童明提供）

图9　1973年4月，杨廷宝（二排右2）与童寯（二排右4）带领建筑系中青年教师考察安徽省采石太白楼（吴明伟提供）

的专座上终年埋头做学问。杨廷宝因成就卓著，当之无愧地荣获过中国科学大会重大贡献奖（《综合医院建筑设计》），成为中国科学院技术科学部学部委员等多个荣耀。而童寯视放在桌上的科学院学部委员申请评审表竟然无动于衷，只字未填。甚至对任何聘请官职、盛邀宴请、会议请柬都一概拒之门外。看来，两人个性一位随和，一位刚直，但这并不妨碍彼此的心灵沟通和共事相处，相反，在许多方面却有惊人的一致。

举一例来说吧，合肥工业大学教授汪正章[①]还是学生时，有一次在教室直截了当地问童寯："童先生，您能讲一讲您和杨先生在设计观点上有什么不同之处吗？"童寯竟毫不迟疑地答道："我和杨先生一个师傅下山，一脉相连，走的是一条路子！"[②]童寯一口气说了三个"一"字，说明他与杨廷宝在学术上观点的一致。

汪正章毕业工作后，1978年深秋的一天出差回母系，在系外文图书室又碰见童寯坐在专座老地方，便聊了起来。当童寯得知汪正章是从合肥来的，就单刀直入地对汪正章说："听杨先生讲，你们那里有人要把中国科技大学校址迁到一个什么岛上，离城很远，另起炉灶，那不行呵，不能那么做！还是就地发展好！"[③]童寯所指是杨廷宝此前应邀到合肥讨论中国科技大学校园建设时，提出可利用城区原有一所院校旧址就地发展，就地规划，这样不但方便建设、方便使用，投资也省。童寯虽然没去合肥，但他的看法、观点与杨廷宝完全一拍即合。说明童寯、杨廷宝在为国家建设事业中，敢于坚持真理，坚持原则的高度责任感和使命感，以及在重大建筑问题上的可贵职业道德、职业精神和高屋建瓴、志同道合的"一脉相连"。

以上说明，童寯与杨廷宝不仅在一事一物上英雄所见略同，而且在许许多多方面是心心相印的，似乎两人天生就是一对挚友。用童寯自己的话来说："我和杨廷宝到美国在同一大学学建筑专业，学的课堂一样，生活工作一样，观点又凑巧一样，在学术、技术、艺术各问题上，我们没有争论过，不是由于客气或虚心，而是由于看法一致。"[④]

1956年，建筑工程部建筑科学研究院与南京工学院合办"公共建筑研究室"，杨廷宝兼室主任，童寯兼室副主任。两人密切配合，领导"县级综合医院建筑设计"课

[①] 汪正章1990年代任合肥工业大学建筑系教授、系主任。中国建筑学会八、九、十届理事，安徽省土建学会副理事长。
[②] 汪正章.忆杨、童二师[M]//杨永生.建筑百家回忆录.北京：中国建筑工业出版社，2000：191.
[③] 同上。
[④] 童寯.南京建筑研究室的批判.东南大学档案馆。

题的研究工作。在讨论研究问题时，童寯曾说："只要是他（杨廷宝—著者注）说过的，我就不重复，完全同意，我就未曾指出他所说的是资产阶级那一套，因为我也拿不出社会主义的一套，官官相护。"①此说后一句话意指当年编写教材时，为了使这本教材增加新意，准备介绍国外医院建筑设计的新经验，并在实例中录入一些从国外杂志上收寻的国外医院图例。但正处于"文革"后期的背景下，以这些资料都是"西方资产阶级那一套"为由在审稿时被全部删除了。

提起"文革"，杨廷宝、童寯在建筑系首当其冲是被斗挨整的对象，其"罪名"就是"资产阶级反动学术权威"，只不过童寯个性倔强而招之更多的体罚。扫厕所，挖坑运泥，下工地敲石子那是家常便饭。不忍的是造反派让已年过花甲的童寯跪在系门口台阶上批斗，或者戴高帽子游街。领工资时，红卫兵极尽羞辱地问童寯"你配不配拿这么多钱"，还重重地在童寯光头上狠敲一击。而家里被抄不下10次，童寯在宾大的获奖奖牌、渲染图，甚至一大堆西餐具、夫人的旗袍、首饰和他喜爱的古典音乐唱片、古书等统统席卷一空。每当红卫兵来抄家时，童寯只能忍着默不作声地坐在一边看书，置之度外。但当红卫兵要裹挟扫"四旧""战利品"扬长而去时，童寯义正词严要红卫兵写收条。

杨廷宝在那一段日子里也不好过，不停地写检查，反遭造反派字里行间挑刺招来更多的批判。好在杨廷宝"校外闻名，校内不见人影"，经常在外出差、出国，造反派抓不到什么"把柄"。但作为"资产阶级反动学术权威"，留过洋、旧社会知识分子、当过领导，少不了要被抄几次家，树大招风嘛。"成贤小筑"那时常有"红卫兵"光顾，甚至街道的造反派也不甘居后。呜呼，这不是以革命的名义在光天化日之下趁火打劫吗？

尽管杨廷宝和童寯在"文革"中都受到了冲击，但私下里他们只要在一起总是开心的。据童寯二儿子童林夙回忆："父亲在'文革'期间最高兴的是老朋友聚会。那时，杨廷宝伯伯、张钰哲②伯伯等都已'靠边站'，他们经常来我们家，父亲也经常去他们家。每逢老友聚会时满屋都是欢笑声。这时父亲出题，大家背诗互相补充……那时他们完全入了神，忘记了外面还在轰轰烈烈地'闹革命'呢。"③

与杨廷宝、童寯亦师亦友的刘光华，在"文革"中被整得最惨，以至于"文革"

---

① 童寯.南京建筑研究室的批判.东南大学档案馆.
② 张钰哲（1902—1986），福建闽侯人。1919年考入清华学校，1923年至1926年就读美国芝加哥大学天文系，1928年发现1125号小行星，命名为"中华"。1929年获芝加哥大学文学博士学位。1955年被选为中国科学院院士。1950年任中国科学院南京紫金山天文台台长。1956年加入九三学社。
③ 童明.杨永生.关于童寯[M].北京：知识产权出版社，中国水利水电出版社，2002：119.

结束后移居美国。他曾在回忆笔记中谈及"1967年8月,我并不是没有过了却此生的念头。有一天我在建筑系大门前扫地,童寯先生故意贴身走过,他步子不停却轻声地说'一定不要自杀'。这是对我极大的安慰,我的心中流出了感激的热泪。"[1]并说"此时人人自危,还有人落井下石,惟有童寯先生那句话,对我来说不仅是救生圈,还给了我抗争的力量,是童先生救了我的命。"[2]

"文革"终于过去,大地回春。劫后余生的刘光华夫妇为感恩亦师亦友,又在"文革"期间患难与共的"忘年交"杨廷宝、童寯,于1978年春盛邀二老来家小聚。刘光华自认童寯是救命恩人,上面提及就不说了。杨廷宝则是刘光华近50年的知己。早在1940年,刘光华还是22岁的青年学生,且是重庆中央大学建筑工程系学生会的会长。是他奉工学院院长之命,跑腿将当时建筑界"四大名旦"(即杨廷宝、童寯、李惠伯和陆谦受)——从各自的建筑师事务所恭请到重庆中央大学建筑工程系兼职任教,使办学濒于困境的中央大学建筑工程系,一下子翻身迎来"兴旺繁荣的沙坪坝时代",可谓功不可没。难怪这三位算是建筑系资历最老,学问最高的前辈,其手足之情非一般人所具。读者只要看一看照片中每一人的脸色就可知他们幸运地又能相见,内心是多么开心,连最不苟言笑的童寯似乎也有了点笑意(图10)。相比之下,"四杰"中的另两位刘敦桢

图10　1978年春,杨廷宝(右1)、童寯(右2)与刘光华(右3)相聚在家中(刘光华提供)

---

[1] 张琴. 长夜的独行者[M]. 上海:同济大学出版社,2018:131.
[2] 同上。

与梁思成却没能等到这一天,分别于1968年5月1日和1972年1月9日带着时代的重压、思想的苦闷,甚至受尽羞辱与精神和病痛的折磨而含怨九泉。

时光倒回到1958年的"大跃进"时代,那时全民投入到火热的社会主义建设高潮,南京工学院建筑系的师生们也积极参与各项工程的设计中,杨廷宝、童寯、刘敦桢三位领头人也忙得不亦乐乎。杨廷宝亲自带领建筑系和土木系部分师生到北京参加国庆10周年十大工程之一的北京站现场设计,系主任刘敦桢亲自挂帅组织全系师生开展1960年接续1958年开始而中途停顿的南京长江大桥桥头堡全国设计竞赛,童寯还亲自动手画了一幅上报的推荐方案鸟瞰图。杨廷宝也多次在系评议会上逐个评析300多份方案。可见在重大教学活动中,杨廷宝、童寯、刘敦桢总是身先士卒、密切配合,引领建筑系走向辉煌。

当"文革"的乌云散去,社会生活复苏后,一切工作又开始逐步运转起来。1979年,南京工学院为了发扬总结杨廷宝、童寯的学术专长,决定成立建筑研究所,由杨廷宝任所长、童寯任副所长。自此,在组织上系、所分开,但在建筑教育、培养人才上仍然是一个整体。杨廷宝、童寯仍是建筑系的学科带头人。只是他俩不再参加本科生的教学工作,而专注从事建筑设计研究和城市规划指导工作,并从事培养研究生高层次人才的教学指导(图11)。

毕竟人到暮年,病魔上身。1982年7月,童寯癌症复发,因他无官无职,级别不够,

图11　1981年,杨廷宝(右)与童寯(左)在家中愉快交谈(童明提供)

"无法入住南京军区总医院。幸好有一位世交的后代王廷芳大夫在南京军区总医院工作,指导童寯家人在急诊挂号,才转入病房,随即动了手术"。[1]手术后正逢暑假,童寯指导的两名研究生正要到外地参观调研,而杨廷宝也应上海园林局邀请,去视察由上海园林局与南京工学院建筑研究所共同设计的上海南翔古漪园修复工程。此时,杨廷宝获悉,童寯的这两名研究生要离开南京,便急忙跑去与他俩商量,先留下来照料童寯。安顿好后,杨廷宝才放心去了上海。当杨廷宝7月底从上海出差回来后,立即直接去了病房,探望手术后的童寯。两人相见,童寯忘了病痛,杨廷宝忘了劳累,似乎久别重逢,很是乐观而长谈不止。

意想不到的是,杨廷宝也紧随住了医院,这是怎么回事?

1982年杨廷宝真的是太累了,特别是下半年他偕夫人重返故里南阳帮助审查、研究南阳市城市规划和修复医圣祠总体方案。之后去湖北、下襄阳、上武当、至武昌参加武当山风景区规划讨论会,奔波一个月,行程四千多里,返宁后又出差上海。

尽管杨廷宝"老骥伏枥,志在千里",毕竟岁月不饶人啊。自他从上海回来探望了住院在南京军区总医院的童寯不久,自己因脑溢血急送江苏省工人医院(今人民医院)抢救。此时,住在南京军区总医院的童寯听此消息,急忙吩咐特地从北京赶来护理自己,已经年过花甲的大儿子,清华大学二级教授童诗白:"你杨伯伯的子女都在外地,一时赶不到南京来,你代我去值班,直到他们的子女回来为止。"结果,反被护士埋怨,怎么派一位老人来看护?等到杨廷宝从昏迷中清醒过来,一眼望见病榻前的童诗白,不禁动情得眼眶闪着泪珠。

更令人感动的是,当童寯手术切口愈合后,暂回家休养少许,就要去北京进行下一阶段的放射治疗。在此间隙,童寯不顾自己体质极度虚弱,硬是急忙让年过半百的二儿子,南京工学院教授童林夙骑三轮车把他拉到省工人医院去看望杨廷宝。两位老人见面的那一刹那,万般情思涌上心头,两双手长久握在一起,不舍分开。杨廷宝一生有泪不轻弹,此时见到童老再也忍不住了,满含泪水,轻声慢语地说:"你自己病成这样还来看我,叫孩子们来就行啦!"童老不无动情地回应:"老兄弟,我们见不到几面了。"此情此景,两位一生牵手共事、情同手足的知己似作诀别的对话,以及仍在握着的双手让在场的师生无不为之动容,热泪难忍。

---

[1] 张琴. 长夜的独行者 [M]. 上海:同济大学出版社,2018:16.

图12 1982年，童寯在北京治病期间回母校清华与学生见面。后排左起：胡允敬、汪坦、吴良镛、辜传诲、李道增、童诗白（来源：东南大学档案馆）

不久，童寯去了北京医科大学肿瘤研究所进行放射性治疗，似乎疗效不错，童寯心情也转好，对恢复健康充满信心和乐观。于是，就在病榻上开始工作，修改起《东南园墅》英文稿。还到母校清华去了一趟，看看他的学生和学生的学生，而当年中央大学建筑工程系在北京的校友闻声也赶来清华看望童寯老师（图12）。

正当童寯病情有所控制，心情有所好转时，1982年12月23日，杨廷宝，中国建筑界、建筑教育界的巨星陨落了。童寯接此噩耗来信，虽早有预感，但此时仍难以接受现实。他见信之后久久坐在病榻上不说话，眼泪不住地流，叹气声连连不止。此后，童寯一直思念杨廷宝许多日子，也许1983年的新年也无心过了，这年1月15日，童寯让伫立病榻一旁的二儿子童林夙要来纸笔，开始在病榻上写下悼文：《一代哲人今已矣，更于何处觅知音》，写着写着忍不住的泪水打湿了稿纸。写完后童寯整日无语，他一定又在脑中过电影，回忆起数十年他与杨廷宝在一起的兄弟情，那一幕幕景象，一桩桩往事是那样地历历在目，又是那样的难以忘怀。现在都成了泡影，只能回忆了。"作为我的知心朋友之一，他的下世，对我尤其是进入桑榆晚景的老境，打击是难以用语言形容的"，[①]可见童寯此时的内心之伤何等悲切！

[①] 童寯. 一代哲人今已矣 更于何处觅知音 [J]. 建筑师. 1983，15：1.

这年的春节前,童寯从北京肿瘤研究所回到南京。此刻他的心仍在牵挂亡友,第一件事就是要二儿子童林夙踩上三轮车,冒着风雪去探望杨廷宝夫人陈法青和刘敦桢夫人陈敬。

然而,春节过后不久,1983 年 3 月 28 日,童寯这位中国建筑四杰中最后一位巨星也陨落了。

斯人虽已逝,但杨廷宝、梁思成、刘敦桢、童寯这四位学贯中西、才华横溢的中国第一代建筑大师、中国建筑教育的开拓者,他们的丰功伟绩永载史册,他们高尚人品及其深厚友谊将永远成为后辈学习的楷模。

参考文献:

1. 齐康记述. 杨廷宝谈建筑 [M]. 北京:中国建筑工业出版社,1980.
2. 潘谷西. 东南大学建筑系成立七十周年纪念专集 [M]. 北京:中国建筑工业出版社,1997.
3. 韩冬青,张彤. 杨廷宝先生诞辰一百周年纪念文集 [M]. 北京:中国建筑工业出版社,2001.
4. 黎志涛. 中国建筑名师丛书:杨廷宝 [M]. 北京:中国建筑工业出版社,2012.
5. 张琴. 长夜的独行者 [M]. 上海:同济大学出版社,2018.

54. 杨童争执为哪般

读者一见到这篇故事的标题定会反问著者,前一篇故事中不是明明写着童寯亲口说过:"我和杨先生一个师傅下山,一脉相连,走的是一条路子。"还说:"我们在学术、技术、艺术各个问题上,没有争论"吗?怎么在这里却冒出杨、童他俩有过争执呢?

是的,童寯与杨廷宝"在学术、技术、艺术各问题上"还真没有过争论。但是,在另一件事上,杨、童二老确实争执过一次,只是这种争执在今天简直太少太少了。相信读者听了下面杨、童二老争执的故事之后,会不得不由衷感动而佩服了。

还是从杨、童争执的事由说起吧。

读者现在已知道,杨廷宝与童寯从少年时,两人前后脚考入清华、又留洋宾大,应该是两校校友且相互赏识了。虽然两人先后学成归来,分别在当时国内最大的两个建筑师事务所基泰与华盖各自执业,却"过从甚密"。后来,两人又是先后在重庆中央大学建筑工程系兼职教授,并相伴在南京工学院建系从教,直至两人仅隔三个月便先后驾鹤西去而终。可以说,杨廷宝与童寯一生是情同手足的兄弟,肝胆相照的畏友,不可能有隔阂而发生争执的。可是,在一件事情上两人却发生过一次平生从未有过的争执。

这是怎么一回事呢?

话说 1979 年,杨廷宝与童寯的兄长刘敦桢所著《苏州古典园林》这部经典著作出版了。第二年,日本小学馆出版社就登门拜访了中国建筑工业出版社,与时任社长杨俊和副总编杨永生商谈,希望出版日文版《苏州古典园林》。中方认为,能够向世界宣传中国优秀的古典园林文化是一件大好事,便欣然同意。但日方又顺带提出另一要求,希望请杨廷宝先生为日文版《苏州古典园林》作序,杨永生自信自己与杨廷宝太熟悉了,不觉得是一件难事,便一口应承下来。

说起杨永生,那是跨界的建筑学里手,甚至比真正科班出身的建筑专家对业内的人和事、历史与现状都了如指掌。此人对业内资深教授、设计院老总那是敬慕有加,情感至深;不仅认作知心作者,更是当作铁杆朋友。尤其对德高望重的杨廷宝、童寯二人的高尚人品和出众才华早已佩服得五体投地,自认为"彼此关系都特好。"难怪杨永生面对日方的小小请求,很有底气地接受了。

一天,杨廷宝赴京开会,杨永生得知此消息,立马瞅准时机找到杨廷宝聊起此事。

哪知，杨廷宝听罢却说什么也不答应。杨廷宝对杨永生说："我对中国园林的研究远不如童老，你应该请童老来写这篇序言才名正言顺。"这下可把杨永生搞懵了，这怎么办？日方执意要求杨廷宝作序，是看重杨廷宝的国际建协副主席这块金字招牌，以此可提高日文版《苏州古典园林》的身价。而杨廷宝出口的话又不能勉为其难，商量来商量去，毕竟"杨廷宝是非常随和的一个人"，两人又是多年知根知底的忘年交，杨廷宝便给杨永生一个台阶下，答应由他回去请童老执笔，并让杨永生不必担心。杨永生看来只好如此了，但他心中却坚持要用杨廷宝的名义落款，否则因失信向日方不好交代。只是这样做不知他所敬重的童老作何想？为此甚为担忧。

杨廷宝回到学校后，一日，在系外文期刊室见到童寯，便坐在他身旁把杨永生拜托写序言的事一五一十地向童寯交代一番。童寯一向对杨廷宝盼咐的事，只要自己能有所为，从来都是言听计从的。他听罢二话不说，当即答应，区区一篇小序言对于童寯这位笔杆子那还不是小菜一碟？

错！童寯著书立说向来惜墨如金，这是人所共知的，他不吝多一字充数，更不容多一句废话拉长篇幅。这不，这篇序言他足足推敲、修改了一二十遍，最后定稿规规矩矩重抄一遍才拿给杨廷宝过目（图1）。当杨廷宝手捧5页序言手稿心中一喜，便一页一页仔细翻阅，读着读着连声赞不绝口地说："写得太好了，文章之精无法改动一个字。"

然而，署名签字时，两人却发生了推让，甚至争执起来。这是怎么回事？原来，童寯让杨廷宝签在前面，他签在后面。杨廷宝一听，这哪成！"序言是你老兄写的，你当然应签在前面，我只能签在后面。"童寯也不相让地说："人家（日方）出书要的是你的头衔，你当然要签在前面。"为此，你一言我一语，各执一词。两人谁都不先下手签名。没办法，只好把这个皮球踢给杨永生去处理喽。

杨永生拿到寄来的序言手稿，喜的是如获至宝，不解的是怎么二老不署名？后来一问，才知原来如此。心想，天下还有这种事？"我做编辑工作几十年，在署名问题上遇到不少麻烦，有的争名次先后，有的以自己参与了一些工作欲挤进作者行列，如此等等不计其数。"[①]可好，这二老却为不愿做第一作者而争执起来。尤其是童老，文章是自己写的，却执意让杨老署名在前，何况这又是在国外出版的名著上。"确确实实仅此一例"。而杨永生想，当初自己"以小人之心度君子之腹"，担心童老为署名一事有所想法，先心中"感到对不起童老"。现在可好，童老的这一高风亮节举动让

---

① 杨永生. 建筑百家轶事[M]. 北京：中国建筑工业出版社，2000：47.

图1 《苏州古典园林》日文版童寯撰写序言手稿（童明提供）

图2 日文版《苏州古典园林》，左：封面，右：序言（国家图书馆胡建平提供）

自己心头一块石头落地而释然了。更为杨老、童老这种淡泊名利而感动不已。

次年，日文版《苏州古典园林》终于问世（图2）。

参考文献：

1. 杨永生. 建筑圈里的人与事 [M]. 北京：中国建筑工业出版社，2012.
2. 著者于 2010 年撰写由杨永生主编的《中国建筑名师丛书：杨廷宝》时，杨永生向著者口述过该故事。

55. 亦师亦友共育才

1940年,杨廷宝之所以能去重庆中央大学建筑工程系受聘为兼职教授,从此开始他为中国建筑教育而鞠躬尽瘁的人生下半场,是其称之为亦师亦友的刘光华在其中起到了重要的作用。那么,刘光华又是何许人也(图1)?

刘光华,南京人,1936年考入中央大学建筑工程系。可是,第二年由于"七七"事变爆发,日寇"八一三"炮轰上海,"八一七"空袭南京,不得已,国民政府西迁重庆,国立中央大学也随之连人带家当全部撤到千里之外的山城重庆异地继续办学。此时,刘光华刚念完一年级。那时,由于烽火连天,生灵涂炭,日子难熬,致使师资大量流失,甚至连系主任一职都空缺,只剩下寥寥三位老师强撑着维持教学,几乎到了濒临关门的危境地步了(图2)。

尽管抗战期间办学如此艰难,又加上生活困苦,日机轮番轰炸,但并没有停止国

图1 杨廷宝(右)与刘光华携手从教34年,成为亦师亦友的忘年交(陈法青生前提供)

图2 1938年春,中央大学建筑系全体教师与部分学生在重庆沙坪坝留影。前排左起鲍鼎、刘福泰、李祖鸿、谭垣(刘光华提供)

立中央大学在逆境中办学的步伐。在建筑工程系里，同学们不但刻苦学习，而且还为重振建筑工程系在出谋划策。那时高班同学常说，京剧有"四大名旦"，建筑界也有"四大名旦"，他们是杨廷宝、童寯、李惠伯和陆谦受，正好他们四人都在重庆、贵阳、昆明大西南这一带。如果国立中央大学建筑工程系能聘得他们来教书，不但能一扫当前办学苟延残喘的局面，而且一定会重整旗鼓，名声大振（图3）。

图3 在重庆中央大学建筑工程系兼职被学生称为建筑界的"四大名旦"，上排：杨廷宝、童寯。下排：李惠伯、陆谦受

当时，刘光华年轻气盛，又是学生会会长，于是，他就去找工学院院长卢孝候，卢院长教过刘光华他们钢结构课，而且刘光华作为学生会会长，经常起到师生及与院系领导之间联系的桥梁作用，所以他与卢院长较熟。卢院长原本就很关心建筑工程系当时办学的困境，当刘光华向卢院长汇报了学生们想请"四大名旦"来系里教书一事，特别是听到他介绍"四大名旦"的情况，喜出望外，当即拍板首肯，并嘱咐刘光华先探探四人的口风，如有意来中央大学教书，他就即刻下聘书。

刘光华得到院长的指示，马上行动。但刘光华当时与杨廷宝没打过交道，更谈不上认识。便拜托已经在重庆基泰工程司工作的张镈和方山寿①两位学长帮忙约见杨廷宝。等两位学长通知刘光华可以前来与杨廷宝面谈时，刘光华如约而至。两人虽第一次碰面却一见如故。刘光华敬仰杨廷宝的举止风度，渊博学识；杨廷宝欣赏刘光华的睿智敏捷、幽默风趣。那天刘光华向杨廷宝介绍了中央大学建筑工程系的名望和办学成果，以及在校师生热切盼望杨先生能去中大教书的愿望，而杨廷宝也早有意要为国家培养人才尽力。两人想到一块儿了，所以一拍即合。

---

① 方山寿（1917—？），江苏武进（今常州）人。1939年毕业于国立中央大学建筑工程系，先后在基泰工程司、重庆中央印刷厂、协和工程司、陇海铁路工务处任建筑师。1947年5月合办（上海）信诚建筑师事务所。新中国成立后任西北工业设计院总建筑师。

而刘光华探听陆谦受口风的任务，因两人早就相识，经交谈后也得到肯定的答复。

杨廷宝、陆谦受当时都在重庆工作，因此，刘光华很快完成任务后，马上回校后向卢院长禀告。卢院长听后大喜，决定下年度即先聘请"四大名旦"中的二人前来中大教课。

此时刘光华已是毕业在即，不但等不到聆听杨廷宝的教诲，而且自己马上要离开中大，恐怕一时连在校见面都没有机会了。

1940年6月中旬，刘光华刚交了最后一份设计作业，准备月底毕业离校找工作去，不想日机突然空袭而至。虽然，刘光华一众师生提前进了防空洞，但重庆却已漫天大火，建筑工程系也成了一片瓦砾。警报解除后，刘光华从一堆废墟中只捡出一把丁字尺、几件其他绘图工具。不得已，同学们只好匆匆离校，各奔前程。

刘光华离校不久，杨廷宝就进了中央大学，二人就此擦肩而过，等到再相见，已是七年后。刘光华先后去美国宾大、哥伦比亚大学留学获硕士学位后，于1947年重返中央大学建筑工程系任教时才与杨廷宝重逢，共同执教三十四年，成为亦师亦友的"忘年交"，这是后话。

这里先交代一下，刘光华尽管已毕业离校，但他承诺卢院长的任务还有一半未能兑现。刘光华是一位说话算话，守诺诚信的人，他一方面到处找工作，另一面在寻找接触李惠伯和童寯的机会。刘光华辗转先到了兴业事务所，徐敬直那儿没活，又被介绍到了李惠伯手下做事，但也没活，不过可以供食宿而无工资，只能做做住宅小题目练习练习本领。刘光华觉得在当前战乱情况下，既然工作不易找，这也是个办法，便欣然接受。三个月后，李惠伯要去重庆，已经与李惠伯混熟了的刘光华趁机问他："有没有兴趣去中大教职？"李说："我本来就有一边从事实际工作，一边教书的意愿。"刘光华得此口信，便立刻函告建筑工程系主任鲍鼎。这样，中大建筑工程系又迎来一位高师。

李惠伯去重庆后，刘光华又换了一个地方，到华盖赵深那儿去画施工图和渲染图去了。一天，赵深派刘光华去贵阳向童寯汇报一件事。刘光华见了童寯，在谈完公事后，说起"四大名旦"已有三位去了中央大学兼课，并一再动员童寯也去。当时，童寯没说话，也没当面拒绝。刘光华一看，没拒绝不就有希望了吗？后来，有一次童寯要去重庆，刘光华知道后，先童寯一步抢先函告鲍鼎说童寯要来重庆，让系主任亲自出面，争取把童寯聘请下来。鲍依信行事，果然大功告成。至此，刘光华的承诺全部兑现。中国建筑界的"四大名旦"齐聚中央大学建筑工程系。从此，沙坪坝同学的梦想成真，

图4 1953年,刘光华(立者)在教室辅导学生做设计(黄伟康提供)

图5 杨廷宝(右2)与刘光华(右1)在南京体育学院游泳池现场为学生讲解游泳池设计原理(来源:刘先觉.杨廷宝先生诞辰一百周年纪念文集[M].北京:中国建筑工业出版社,2001.)

他们虽没有一流的校舍,却拥有了一流的师资。后来,因中国营造学社解散,经系主任鲍鼎邀请,杨廷宝函约,刘敦桢也回到了中大建筑工程系。至此,雄厚的师资队伍,难有匹敌的教学质量,就此开启了建筑工程系"兴旺繁荣的沙坪坝时代"。

应该说,重庆中央大学建筑工程系的振兴,刘光华功不可没。也使刘光华与"四大名旦"中坚守中央大学延续至南京工学院的杨廷宝、童寯成为一生的挚友。

当刘光华学成归来时,重庆中央大学又复员回到了南京。刘光华就此与杨廷宝、童寯一起承担建筑设计课程的教学(图4、图5)。

建筑设计课程的教学与公共课程和专业课程理论教学最大的区别是:后者为集体面授,一位教师可以面向几十甚至一二百学生讲课;而建筑设计课教学主要是教师与学生一对一的面授指导,如同医生与病人一对一的门诊方式。因此一个班级需要几位老师同时登堂逐个对学生的方案作业把脉。因此,刘光华总是跟随着杨廷宝、童寯巡回在教室指导学生做设计。而各教师教学方法虽大体相同——毕竟是一个教学体系传承下来的,但在教学方式上又各有所不同。

程泰宁院士回忆他做学生时受到杨、童、刘三位老师不同教法的体会很有代表性。

"杨先生治学严谨,学识渊博,教学风格比较宽松,改图时,常常给同学讲一些道理。"

"童先生博大精深而又洒脱不羁，但他敏于思而讷于言，在改图时讲得很少，常常只说一两句话的评语，然后就拿起一支6B铅笔在你的草图大笔涂改，改得不满意就用手指头当橡皮在图上擦抹。改完了，自己歪着头看一会，大概觉得改得还不错，然后一言不发地走开了，留下你思索他的修改的意图。"

"那时刘先生刚从美国回来，视野开阔，思想活跃，改图时和同学们的交流比较轻松，不时还和同学开开玩笑，此外有一点也是同学们所欢迎的，那就是但凡刘先生改的图，评图时他一定会为你答辩，最后得分也比较高。"

所以，程泰宁总结道："三位教授的思路和教学风格的不同，使学生们能够从不同侧面去理解建筑，学习知识。特别是从他们不同风格中所表现出来的同样认真负责的教学态度使同学们终身受益。"[1]

刘光华与杨廷宝在教室里虽然教学方法有点不同，但他俩一旦走出教室，但凡系里逢年过节有个什么晚会、庆祝活动、运动会，或者与毕业班拍照，甚至年轻教师结婚时，他俩总会出场助兴（图6、图7）。因此，也都深受广大师生爱戴。有时，刘光华也乐意陪同杨廷宝外出调研，收集教学资料（图8）。

然而，杨廷宝、童寯、刘敦桢、刘光华等老一辈知识分子在政治上却有着共同的坎坷命运。从解放初期的知识分子"思想改造运动"到"文革"时期都经历过不停地自我检查、写交代材料，甚至受到批斗、抄家、关牛棚、下放劳动等精神打压以及身心摧残和人格侮辱。但是他们并没有因此而消沉下去，在风雨之后仍然以乐观态度面对生活。据刘光华在《烈日之下》中回忆："思想改造结束后，刘敦桢先生约大家去玄武湖野餐，人以群分就可以高谈阔论，大家毫无顾忌。"后来"杨廷宝提议大家在火车上会合，到苏州住同一家旅馆"。事后刘光华说："我们一起在苏州痛快地玩了几天。"

当"文革"结束后，刘光华从牛棚中被解放出来，高兴之余邀请他的两位亦师亦友杨廷宝和童寯来家庆贺和叙旧。可见，这种友情几十年地久天长。

1978年，国家恢复了高考和招生研究生制度，杨廷宝、刘光华又热情投入到培养高端人才的教育中。以刘光华为组长，带领齐康、钟训正组成研究生指导小组，第一

---

[1] 程泰宁. 师恩难忘 同窗情深 [M]// 潘谷西. 东南大学建筑系成立七十周年纪念专集. 北京：中国建筑工业出版社，1997：117.

图6 1982年1月，杨廷宝（右）、刘光华等教授与恢复高考后第一届（1982届）毕业生在校大礼堂前合影（单踊提供）

图7 杨廷宝（后排左3）和刘光华（后排左4）等老师参加建筑系老师高明权和蔡冠丽的婚礼（蔡冠丽提供）

图8 刘光华（右1）陪同杨廷宝（左2）参观敦煌博物馆（来源：江苏省档案馆）

次招生了包括著者在内的三名研究生（图9），杨廷宝也在第二年招生了硕士研究生（图10）。之后不久，杨廷宝和童寯先后相继驾鹤西去，刘光华也随之移居美国，从此，他们之间弥久珍贵的友谊画上了句号。

图9 1979年,导师刘光华(右4)、钟训正(右3)带领研究生项秉仁(右1)、仲德崑(右2)、黎志涛(左1)在承德避暑山庄调研(刘光华提供)

图10 杨廷宝(右2)、齐康(右3)在指导研究生学习,右1为卜青华(来源:东南大学档案馆)

参考文献:

潘谷西. 东南大学建筑系成立七十周年纪念专集[M]. 北京:中国建筑工业出版社,1997.

56. 得意爱徒展身手

在杨廷宝执教四十年的生涯中，才华出众的巫敬桓是他最得意的门生之一，他俩亦师亦友的情谊还得从头说起。

杨廷宝与巫敬桓是同一年（1940年）进入重庆中央大学建筑工程系的，只不过杨廷宝是去当兼职教授，而巫敬桓是从重庆南开中学考入中大的新生，两人相差18岁。有趣的是，杨廷宝与巫敬桓两人选择学建筑的背景竟然如出一辙，且动机更是不谋而合。

杨廷宝自不必说，在故事53中已交代清楚。而巫敬桓在重庆念高中时"家境逐渐由好变坏，父亲在1938年腿被车轧伤，行动不便。这时抗战开始，家庭搬到乡下。父亲经商不利，资本逐渐亏缺，兼之法币贬值，家庭经济逐渐入不敷出。我亦开始感到生活的负担，所以进南开高中后，开始用功念书，准备担负起家庭经济"。①你看，两人上大学前家庭背景多么像！

而且，两人上学前，都就喜欢上画画。巫敬桓自己曾说："我对数理课程不感兴趣，偏爱美术绘画。南开中学鼓励学生课外活动，我曾参加益友体育会，每天锻炼身体及参加球类比赛。也曾参加怒潮剧社，去乡间做抗战救亡宣传，我在剧社内主要搞舞台美术及广告工作。"②兴趣广泛又是他俩的共性，只不过巫敬桓不喜欢数理，而积极参与政治，这与杨廷宝正好相反，互有不同。

至于为什么都选择建筑专业两人就完全一致了。巫敬桓本想学美术，但家里更希望他学一门实用的技术。这个愿望与现实的抉择完全和杨廷宝一个样，只不过巫敬桓走了一点弯路，曲线找对了适合自己发展的道路。原来，巫敬桓先考上中央大学的不是建筑工程系，而是机械系。"可是有一次他到一个大学里建筑系去参观，立刻被学生们画的建筑画吸引住了。他觉得，建筑系既学习工程技术又学习美术，能够将画的图变成现实，就这样，他选择了建筑系。"③于是，在已就读中央大学历史系的姐姐巫静华发现弟弟的天赋而鼓励和策划下，第二年转入建筑工程系，从此，如鱼得水，畅

---

① 巫加都. 建筑依然在歌唱[M]. 北京：中国建筑工业出版社，2016：95.
② 同上 94。
③ 建筑师与绘画：访建筑工程师巫敬桓[N]. 北京晚报 .1962-11-19.

游在他所热爱的专业里。这与杨廷宝在选择志愿时，因看到清华正在建造四大建筑和看了庄俊建筑师画好的工程图后，毅然走上学建筑的道路何其相似。

再说，巫敬桓因第二年转入建筑工程系重读，遇到小自己四岁的未来心上人张琦云。她是1941年从成都树德中学直接考入中央大学建筑工程系的，这在当时能跨进高门槛的中央大学建筑工程系，且又是女生实属罕见。这是因为她"不但学业出色，还喜欢美术绘画，会吹箫，爱打排球"。①自中央大学建筑工程系到后来的南京工学院建筑系，以及现在的东南大学建筑学院都是喜欢这样品学兼优、多才多艺的新同学。

抗战时期的重庆中央大学，可没有今天的大学校园环境那么优越。那时学生们的生活是艰苦的，吃的是掺有谷子、稗子、小虫、沙子的"八宝饭"，就这，还得"抢"！真是饥不择食，否则只能饿肚子。而白天常遭日机频繁轰炸，夜晚还得受臭虫蚊子肆虐。住在透风漏雨的大"统舱"睡觉，坐在低矮闷热的竹笆简易教室上课。有时头顶炎炎烈日暴晒，有时脚踩泥泞山路难行。日子过得真有点"水深火热"。而老师们呢，比学生们就难更多了。学生一人吃"饱"，全家不饿；老师们上有老下有小，日子更难熬了。一家六七口挤在"鸽子笼"里生活不说，到学校上课不但要挤像沙丁鱼罐头似的破公交，在崎岖不平的山路上一路颠簸，快要把骨头架子颠散了。下了车还得步行爬十多里山路，到了学校已经筋疲力尽。即使这样辛苦也得干呀！一家老小就靠着那点微薄的工资要养家糊口呢。养不了家的，只得再兼职或兼课，连杨廷宝本人也得再在重庆大学土木工程系兼第二份教职。这些穷教师们都不得不花双倍的付出在拼命呐！

生活虽苦，堂堂师长们依然不辞辛劳，尽职敬业，传道授课，诲人不倦；莘莘学子照样刻苦攻读，学而不厌，弦歌浪漫，活力四射。

巫敬桓正是在那艰难岁月，有幸得中国建筑一代宗师杨廷宝的设计真传和中国水彩画之父李剑晨的绘画授业，以及其他名师谆谆教导。因此，巫敬桓在校时"对建筑专业很有兴趣，努力钻研，每次都得到设计竞赛奖金。大学五年中我都一直在教室与图书馆中埋头读书"。②从而为日后大有作为奠定了扎实的才学与功力。

而张琦云"从小刻苦认真，功课也不错，还'官'居班长。"③更让人惊叹的是，在梁思成与童寯、李惠伯协同举办的"第二届桂辛奖学金"设计竞赛中，张琦云得了

---

① 巫加都. 建筑依然在歌唱 [M]. 北京：中国建筑工业出版社，2016：98.
② 巫加都. 建筑依然在歌唱 [M]. 北京：中国建筑工业出版社，2016：107.
③ 同上。

三等奖①（第一名是同班同学朱畅中），令人刮目相看。

那时，全系学生并不多，总共四十名左右，有的班级少则几名，多则十名左右。全系同学挤在一间较大的专用绘图教室里，每个年级上各自的设计课，而且晚上学校还供电照明，虽然电压不足，灯光昏暗，但却是全校唯一的特区。因为这是教学的需要，学生要每人一张绘图桌，不时还要开夜车加班画图，引得其他系学生羡慕呢。

每逢杨廷宝一周两次来上设计课时，是学生最盼望和热闹的日子，虽然杨廷宝对每位学生的设计图都要"问诊"一次，但学生并不满足，总要去围观杨廷宝改其他同学的图。巫同学也干过这种事。甚至大教室里其他年级的学生有时也过来蹭听。

正是在这样一个教学环境中，各年级学生之间，师生之间如同一个大家庭。不但教学相长，互帮互助，甚至高班师兄师姐俨然编外助教，手把手教低班师弟师妹如何画图。而且课余时学生或串班观摩作业，或各班拉歌对唱。而年轻一点的教师也会情不自禁卷入进去。这种浓厚的学习氛围正是建筑工程系的一大特色，不但潜移默化着学生们的专业修养情操，而且还激发出男女同学之间的爱情火花。

巫敬桓与张琦云既是一个班的同学，又在一个教室里朝夕相处，互有了解，日久便生情。说不定巫同学这位才子课余还在绘图教室里辅导过班长张琦云的设计作业，在她的渲染图上画过几棵树呢。这是大家习以为常的同学之间帮助，不足为怪。但巫同学心里是不是开始追求张同学了，只有他心里清楚。因为"据说当年有才华横溢的年轻助教总是特别关照张同学，弄得巫同学挺紧张呢。"②而张同学也看出巫同学是系里学习最拔尖的学生之一，为人厚道，助人为乐，特别是巫同学开朗幽默，自然暗喜在心。那时，全校女生稀缺，就建筑工程系女生比例似乎多一点，但也不够本系男同学找女朋友分的呀。因此，男女同学恋爱一是要两情相悦，二是决定权在女生。其实，那时男女同学之间恋爱不需要"谈"，而是心灵碰撞，水到渠成的事。再说战时虽然那么艰苦，但建筑工程系的专用绘图教室的硬件条件和浓厚学习氛围是男女同学恋爱的最好情场。大概巫同学与张同学就是在这种环境下，促成百年好合的开始。难怪巫同学毕业那年，为张同学画了一幅肖像画，而几十年后巫敬桓还作诗忆当年二人的浪漫："沙坪晚霞游松林，嘉陵朝雾听归船。"

果真，1945年8月，中国迎来了抗战的最终胜利，山城沸腾，全民雀跃。而巫同

---

① 郭黛姮，高亦兰，夏路.一代宗师梁思成[M].北京：中国建筑工业出版社，2006.
② 巫加都.建筑依然在歌唱[M].北京：中国建筑工业出版社，2016：106.

学也毕业就职了。国家、个人双喜临门。

巫同学就什么业？在那胜利曙光才露头，社会局面并未回暖，毕业即失业的年代，巫同学能找到工作？是的！你没有听错。而且不是巫同学找到了工作，是工作看上了巫敬桓，学校需要留下这位难得的才子。是"杨先生看中巫的才华，让他留校做自己的助教。"[①]给他的教学任务是跟随杨廷宝到柏溪校区去辅导一年级学生设计，如同杨廷宝自己当年研究生毕业留在导师克瑞身边实习一样。从此，杨廷宝与巫敬桓两人的关系由师生变成了同事。

柏溪校区距沙坪坝中央大学校本部约15公里。此处原为依山傍水的山间坪坝。当时，这一带并没有名字，后因中央大学沙坪坝本部校区已十分拥挤，且逃亡重庆中央大学的学生不断增加，时任中大校长罗家伦便来此处选址考察，打算另建分部校区，以安置一年级学生上课。他看到一条小溪（即九曲河）流经此处，附近柏树森森，便取名"柏溪"。当年的中央大学柏溪校区建有108栋简易校舍，3个体育场面积8000平方米，可容2000人在此上课。而修建这样一所规模庞大的学校，在周边村民的争相帮助下，只花了42天。

但是，当时沙坪坝校本部校区与柏溪分部校区之间的交通很不便，不像今天办大学城，本部与分部校区之间虽远，但有着地铁、校车、私车来回那么便捷。从沙坪坝乘那老旧的公交车慢腾腾地在山路上爬行三四公里到磁器口江边，再换乘木船到柏溪上岸，还得徒步走到校区。嘉陵江礁多、水急，靠纤夫逆流而上，寸步难行，而且很危险，路途要耗费几个小时。在本部、分部两地任课的教师都要往返奔波，十分艰苦，甚至，巫敬桓还坐过滑竿去给学生上课呢。而分部校舍条件比本部校区就更差，就说用电吧，柏溪分部校区是利用校内溪水发电的，因容量小，一般的教室和宿舍都没有电灯，只有建筑工程系的专用绘图教室装了几盏电灯，光线虽然昏暗，已经是得天独厚了。

尽管条件如此艰苦，每天奔波而来的新老师巫敬桓还是成了一年级新生最常见的老师了。他比学生大不了几岁，加上又没师道尊严的架子，倒是更像学长如兄长，平时还爱跟新同学开个玩笑。但是，上起课来却与杨廷宝一样，极其认真负责，只是杨廷宝认真中带有严厉，而作为助教的巫敬桓认真却带有轻松。

他教的第一个班学生王彬回忆说："一年级本系的课程有建筑画、阴影、透视、美术四门课，除了美术课外，其他三门课都是由巫敬桓先生承担。一年级的学生对本

[①] 程懋堃.与巫敬桓同志交往的回忆[M]// 巫加都.建筑依然在歌唱.北京：中国建筑工业出版社，2016：33.

专业的课程内容和方法了解甚少。巫先生作为我们唯一的启蒙教师，现身说法、循循善诱，使我们大开眼界。建筑画课从裱纸、滤墨、用尺、画线，到西洋古典建筑的'五柱式'，水墨渲染，边讲边示范，非常生动，使大家兴趣盎然。他画的铅笔线条光滑、挺拔、准确、精美。水墨渲染的平涂、叠加、退晕，层次分明，浓淡适度，技法娴熟，毫无瑕疵。速度之快更令人眼花缭乱，同学们佩服得五体投地。"①

另一位学生凌信伟也回忆说："他是刚毕业留校的助教，对我们特别热心，不厌其烦地讲解制图的要领。从裱纸到滤墨，手把手地给我们做示范，细心讲解渲染的用笔用墨的方法。有一次，某同学裱好的图纸裂了缝，他就帮着开刀补修，真是无微不至地教我们……我们学到很多东西，全仗巫老师启蒙的功劳。"②

就在巫敬桓留校任教一年后的1946年夏天，张琦云因病休学一年，此时也顺利毕业了。秋天两人订了婚。

1946年11月，国立中央大学复员南京，巫敬桓也随之到南京，仍在工学院建筑工程系当助教。届时，系里只有15名教师，其中教授6人，副教授2人，助教6人，兼职讲师1人。③杨廷宝仍为兼职教授。此时，系里没有一名行政人员，系里一切事务性工作都由几位助教承担。巫敬桓便是其中之一，而且工作积极主动，细致认真，深得系主任刘敦桢和教授们的器重。

1948年入学的戴复东和吴庐生夫妇共同回忆说："我们在一年级有一门'建筑设计初步'课程，由杨廷宝教授亲自执教，巫先生协助他做这门课的助教。""巫先生在课上、课余都和我们在一起，他始终面带笑容地用像学生一样的身份辅助杨先生。""刚入学的新学子中绝大多数人是会遇到无数麻烦和问题的，所以喊老师的声音会此起彼伏。而巫先生总会马不停蹄地轮流跑到困惑的学生面前，笑眯眯地加以解惑、予以指导、回答问题，必要时亲自动手示范。""很快地巫老师就成了我们这些'小朋友'们的好朋友了！"④

助教巫敬桓生性风趣，又善于调和气氛，不但成为教授与学生之间沟通的桥梁，而且让杨廷宝做事总是喜欢拉上他，两人关系越来越密切。

---

① 王彬.追念我的启蒙老师巫敬桓先生[M]//巫加都.建筑依然在歌唱.北京：中国建筑工业出版社，2016：19.
② 凌信伟.怀念巫敬桓老师[M]//巫加都.建筑依然在歌唱.北京：中国建筑工业出版社，2016：69.
③ 朱斐.东南大学史（第一卷）[M].南京：东南大学出版社，1991：292.
④ 戴复东，吴庐生.怀念敬爱的巫敬桓老师和张琦云老师[M]//巫加都.建筑依然在歌唱.北京：中国建筑工业出版社，11–12.

说到这儿，回头要提一下杨廷宝的另一位学生，也就是巫敬桓的未婚妻张琦云。她刚毕业怎么没来南京？

原来，张琦云毕业后，先回成都探亲去了。由于家中生活困难，弟妹又多，急于挣钱养家，便趁探亲之际在省政府建设局工程科任职3个月。但她的未婚夫巫敬桓已去了南京，不得已，不顾父亲的挽留，自作主张去了重庆，又飞去南京。不想，张琦云思巫心切，这一飞，飞出大事了，差点儿飞到"阎王殿"那儿去报到。打住！听起来怎么这么吓人？这是怎么回事？

原来，张琦云买的是1946年12月25日圣诞节那天从重庆飞往南京的机票。不幸的是，几件不祥之兆偏偏在这一天同时扎堆而来。一是航程不是直达南京，中途要在武汉停顿。二是机型是美国早已停飞改装成客机的C-47型运输机。三是天有不测风云，天气预报原说这一天天气是东北风，雨转多云，却偏偏变为大雾笼罩，能见度极低。四最要命的是，正驾飞行员格林伍德是在抗战中出生入死，飞越过驼峰航线，敢于冒险的飞虎队勇士。他为了赶去上海与远道前来的夫人相聚上海过圣诞节，自恃技术高超，又怀揣侥幸，听信天气预报指望到时雨止放晴，执意上天与命运赌一把，却顺带押上了整机乘客的性命。

这天有4架飞机从重庆飞往上海，张琦云乘坐的C-47型中航140班机，上午10时许自重庆珊瑚坝机场起飞，途经武汉落地。本因天气预报已更新，通知宁沪大雾不宜再飞，但140班机执意要求起飞，武汉机场最终让步。下午3时许140班机抢先起飞，其他班机跟进，一起飞上了死亡之路。

140班机飞临南京时，大雾越聚越浓，无法降落，又不能返航武汉（因武汉机场缺乏夜航设备），只好硬着头皮向上海飞去，希望老天爷开开眼吧。可是，上海依然如此，还下起了细雨，从江湾机场转到龙华机场，始终在空中盘旋。而机场地面早已通知全国各站班机不得飞来上海。但是，还是闯来4架不速之客，顿时机场如临大敌，龙华机场消防车、救护车纷纷出动、严阵以待。140班机最终燃油耗尽，晚7点50分左右飞机迫降，但机头一下栽向地面，随之一声巨响火光冲天，浓烟翻滚。随后115班机在龙华机场、48班机在江湾机场相继坠毁。只有135班机侥幸在江湾机场迫降成功。这就是当时轰动中外的"上海黑色圣诞之夜"空难。此次空难，三机共有71人罹难，10多人还在医院抢救。

空难之后，机场联系到在上海与巫敬桓同班的严星华，他赶去时看到一位遇难女子眼熟，急忙打电报给巫敬桓，说张同学遇难。巫敬桓赶到上海，悲痛万分。与严星华和学长戴念慈等一起买花圈,准备办后事。这时,又听说有一受伤小姐正在中山医院抢救,他们赶去一看,正是张琦云,顿时转悲为喜笑了起来,真是不幸之万幸!而张琦云躺在病床上特委屈:我大难不死,都伤成这样了,你们几位还笑?

张琦云伤愈后,一直在医院陪护的巫敬桓才把张琦云带回南京(图1)。并于1948年4月11日结婚。

抗战胜利后,安稳日子没过几天,内战又起。加上通货膨胀,物价飞涨,巫敬桓的薪金已无法养家糊口,经济负担日益沉重,便辞去了中大助教。1948年7月进入待遇较高的中央银行工程科。

1949年5月前后,南京、上海相继解放。8月,此时中央大学建筑工程系已更名为南京大学工学院建筑系,系主任的杨廷宝邀请巫敬桓回系任教。这样,巫敬桓在短暂分别中央大学一年后,又回到杨廷宝身边成为助手,不久升为讲师。第二年还与杨廷宝等几乎系里所有名教授参加过1950届只有3名毕业生的谢师茶会,让学生铭记一生(图2)。

而张琦云在家赋闲一年半后,也于1950年8月应聘南大工学院建筑系做了助教,教授建筑投影课,还掌管系图书室和绘图工作。

图1 1947年,巫敬桓和张琦云在中央大学图书馆前(来源:巫加都.建筑依然在歌唱:忆建筑师巫敬桓、张琦云[M].北京中国建筑工业出版社,2016:125.)

图2 1950年7月,杨廷宝与巫敬桓等在南京大学建筑系1940级毕业生谢师茶会纪念卡上签名(来源:潘谷西.东南大学建筑系成立七十周年纪念专集[M].北京:中国建筑工业出版社,1997:109.)

但是，巫敬桓、张琦云伉俪在南京工学院建筑系只任教两年半不到，于1951年8月双双被杨廷宝带到北京，从此离开南京大学。这又是怎么回事？

原来，新中国刚成立时，百废待兴，人才奇缺。新政权当务之急是迅速发展经济，安定民众生活，这就需要建设资金。于是，政府为吸收民间游资，尝试恢复资本市场，在京津等大城市试办公私合营的投资公司。

在这样的社会大背景下，1950年9月1日开张的北京兴业投资公司成为京城第一个，也是唯一的投资公司。它第一个投资兴建的建筑工程就是面向大众的"联合大饭店"，选址在王府井金鱼胡同的那桐宅院。为此特聘早已闻名全国的原基泰工程司老搭档建筑师杨廷宝和结构工程师杨宽麟为高级顾问，并由他俩搭建班子，成立兴业公司建筑工程设计部。

等到设计部筹建工作一切就绪，杨廷宝先行到北京开始了方案设计。"老先生用1∶200比例，在小张图纸上做平面图。我们也赶着配合小张图纸作结构图。"①但是，上报方案时，主管部门以立面形式不是大屋顶，不是民族形式，不予批准。因为当时全国建筑界正时兴大屋顶之风，强调所谓民族风格。而杨廷宝在设计中一贯重视经济问题，何况当时国家还一穷二白，杨廷宝为了节省造价就将饭店设计成板式平屋顶形式，结果遭到否定。但杨廷宝据理力争："我不反对大屋顶，但那太浪费了。我们搞设计，不能赶浪头，随风倒。"经过多方交涉，特别是1952年10月我国要在北京召开第一个大型国际会议——亚洲及太平洋区域和平会议，并把联合饭店作为定点接待宾馆，同时政务院追加投资，限期完工。这样，杨廷宝的方案因造价低，工期短，方案最终通过了。

此时，联合饭店设计即将进入施工图设计阶段，需要各工种设计力量投入。于是，由杨廷宝和杨宽麟分别召集有关人员进场。杨廷宝除点名巫敬桓、张绮云二位弟子外，还有原基泰部下郭锦文、王钟仁以及文书兼会计尹溯程。杨宽麟点名孙有明、乔柏人等结构工程师和他儿子杨伟成设备工程师。再加上设计部经理乐松生和结构工程师马增新以及厨师、司机和电工，总共10多人。

巫敬桓、张琦云是1951年8月来北京兴业设计部的。因工务局在批准开工时要求补一份公制图纸，巫敬桓和张琦云到了设计部就立即赶图，将杨廷宝画的1∶200比

---

① 孙有明.回忆和巫敬桓同志工作的岁月[M]//巫加都.建筑依然在歌唱.北京：中国建筑工业出版社，2016：21.

例尺的英制尺寸小张图纸，放大为 1∶100 比例尺的公制尺寸大张图纸。巫敬桓在放大画图过程中问结构工程师孙有明："结构外墙梁偏心向外是为什么？内柱首层正方而上层收为矩形又是如何考虑的？我说外墙梁偏放是宽麟老师定的，对结构受力有益无害，却可隐藏暖气管线；内柱变化是廷宝老师要求的，结构绘图并无大难处，自然照办，我未曾研究，但你为何问此？巫工说放大样时，在外墙和客房平面发现四方上下抹灰平整不见梁柱露角，所以请教如何做到的，却不料是老师的功劳。说罢相视大笑。以后在完工现场看到这四面光的效果，都感到老一辈是学习的榜样。"①

随着饭店工程的开工，工地上热闹起来了，现场的问题时有出现。但杨廷宝不能像做方案阶段长驻北京，他的"主要精力仍放在南京大学建筑系的教学上，能亲自来到兴业设计部的时间比较少，因此兴业设计部的建筑设计，主要依靠巫、张二位了。好在二位弟子与老师心灵相通，小的问题在电话上一说就明白，只有遇到大问题、关键性问题，才需要把廷宝先生请到北京来解决"。②巫敬桓的女儿巫加都也回忆说："杨廷宝教授虽不坐镇北京，但时时关注这边的设计，助学生担起主持建筑师的重任。他勾勒出草图，并嘱咐爸妈不要做大屋顶和斗栱的复杂构造及雕梁画栋。师生之间保持通信联系，心有灵犀一点通。"③

终于，在各方努力下，1952 年 9 月饭店如期完工。杨廷宝从南京赶来北京，参加了竣工验收。因饭店为即将召开的亚太和平会议使用，故饭店定名为"和平宾馆"，大会主席郭沫若题了馆名，齐白石挥毫，画了和平鸽作为馆徽，和平宾馆就此名声大振（图 3）。

由于兴业设计部第一个工程项目和平宾馆一炮打响，名声瞬间大振，随之上门委托设计的业主接踵而来。

1953 年，北京市商业局决意将王府井百货大楼工程的设计委托书交给兴业公司设计部，这是中华人民共和国成立后由国家投资，在首都第一号商业街建造的建筑面积规模最大的商业建筑。于是，设计部人员在完成和平宾馆的设计与建造工作后，又开始转战王府井百货大楼工程项目的设计任务了。

---

① 孙有明. 回忆和巫敬桓同志工作的岁月 [M]// 巫加都. 建筑依然在歌唱. 北京：中国建筑工业出版社，2016：21.
② 杨伟成. 怀念与敬桓兄，琦云姐共事的日子 [M]// 巫加都. 建筑依然在歌唱. 北京：中国建筑工业出版社，2016：27.
③ 巫加都. 建筑依然在唱歌：忆建筑师巫敬桓、张琦云 [M]. 北京：中国建筑工业出版社，2016：173.

图3 即将完工的和平宾馆（巫加都提供）

据参与此项工程设计的结构工程师孙有明回忆说："起初仍旧是廷宝先生勾勒初步草图，基本上参考二位杨先生设计的上海大新公司（后称上海一百），柱网、层高照旧。"[①]杨廷宝在方案设计时"也保留了一棵枝干挺拔的椿树，树冠枝叶茂密，十分怡人。后来可能在'十年动乱'中被砍伐掉了"。[②]

当巫敬桓接手作施工图与孙有明"在商量商场楼板结构时，受当时大屋顶民族形式风潮影响，有人提出做井字梁。两位杨先生未表态。但在大伙起哄的热闹下也就同意一试。我当时负责地下室人防，没有做井字梁的经验，没有表示意见。但见负责屋顶的马增新工程师采用原上海大新公司用的双向平板边沿加厚的方案。我在

---

① 孙有明. 回忆和巫敬桓同志工作的岁月 [M]// 巫加都. 建筑依然在歌唱. 北京：中国建筑工业出版社，2016：22.
② 张德沛. 向巫先生、张大姐在天之灵致以永久的敬礼！[M]// 巫加都. 建筑依然在歌唱. 北京：中国建筑工业出版社，2016：37.

地下锅炉房顶板（商场首层地板）试用双向密肋，未用井字梁。对井字梁提意见的是在施工后，工地反映浪费，模板拆下来几乎无法重复利用。两位杨先生也评说首层层高提高合适，二、三层将来在夏季酷热、冬季闭塞时，恐怕少不了意见，就看四个楼梯间的作用如何。"①

后来，在国庆十周年后，甲方特邀巫敬桓设计西单百货大楼时②，又遇梁板结构问题。孙有明回忆说："原来在王府井百货大楼使用后，两位杨先生都对井字梁不满意。我自己也试算过几种方案，最后认为无梁楼板方案较原来上海大新公司是更胜一筹的方案……就在和巫工讨论结构时提出无梁楼板方案，不料他一口答应同意。"但是却遭到甲方反对，认为每根柱上顶个柱帽难看。巫敬桓耐心解释却被顶了回去。巫敬桓哪来那么大底气？原来"廷宝老师早在王府井百货大楼现场曾告诉他，现在技术发达，这样众多人的公共场合迟早要有空调，有空调就有吊顶，有吊顶那不好看的柱帽就遮没了。"③于是，决定采用无梁楼板，就这么顺利完成了全部施工图纸。

其实，在王府井百货大楼施工图设计阶段，主要是巫敬桓在挑大梁独当一面。因为"1952年下半年，'三反运动''五反运动'结束，当时横加给杨廷宝、杨宽麟等人的'罪名'也都宣布平反。但廷宝先生似乎无意再做设计工作，决定回南京专心做刚更名为南京工学院建筑系系主任。这样，他在兴业公司建筑工程设计部的工作，自然就交给巫敬桓了。"④

但巫敬桓手上的王府井百货大楼设计还没结束，就连同兴业设计部大部分人员在"社会主义改造"，"国进民退"的大潮中，被合并到北京市设计院去了。王府井百货大楼项目就成了兴业设计部的收官之作，也成为巫敬桓到北京市设计院的开山之作。

至此，杨廷宝在北京兴业公司建筑工程设计部两年左右的时间里，在两位得意门生巫敬桓、张琦云的协同努力下，共同创作了口碑俱佳的和平宾馆和王府井百货大楼这两幢流芳百世的经典建筑。其中"王府井百货大楼在2005年建成五十周年之际，将二杨（杨廷宝、杨宽麟——著者注）誉为'感动王府井十大影响力人物'，还正式颁发

---

① 孙有明. 回忆和巫敬桓同志工作的岁月[M]// 巫加都. 建筑依然在歌唱. 北京：中国建筑工业出版社，2016：22.
② 因遇三年困难时期来临，工程下马未能建成。
③ 孙有明. 回忆和巫敬桓同志工作的岁月[M]// 巫加都. 建筑依然在歌唱. 北京：中国建筑工业出版社，2016：24.
④ 程懋堃. 与巫敬桓同志交往的回忆[M]// 巫加都. 建筑依然在歌唱. 北京：中国建筑工业出版社，2016：33.
⑤ 杨伟成. 中国第一代建筑结构工程设计大师杨宽麟[M]. 天津：天津大学出版社，2011：34.

图4 2005年，王府井百货大楼建成五十周年之际，杨廷宝获"感动王府井十大影响力人物"（来源：杨伟成．中国第一代建筑结构工程设计大师：杨宽麟[M]．天津：天津大学出版社，2011：35.）

图5 2009年，巫敬桓、张琦云双双获北京王府井百货大楼中国建筑学会建筑创作大奖（来源：巫加都．建筑依然在歌唱：忆建筑师巫敬桓、张琦云[M]．北京：中国建筑工业出版社，2016：185.）

了水晶制的纪念饰品"（图4），⑤并在百货大楼主入口门面墙上镶嵌铜牌以告示天下。而巫敬桓和张琦云在2009年中华人民共和国成立60周年之际，双双荣获中国建筑学会颁发的建筑创作大奖（图5）。

尽管兴业设计部在三年多的经营时光里，10多人的小团队工作既忙碌又紧张，但彼此相处和睦融洽，尤其杨廷宝的老搭档杨宽麟和自己的爱徒巫敬桓，只要他两人碰在一起就有说不完的笑话，妙语连珠，脱口而出，引得众人会笑弯了腰。此时，一切工作的烦恼就会抛到九霄云外，连不善言辞的杨廷宝也会被他俩这幽默逗趣的欢乐气氛感染而开怀一笑。

在忙完和平宾馆项目与王府井百货大楼项目尚未接手间隙，设计部一行12人的小团队难得抽空乘兴去了一趟大同出游。想去云冈，但交通不便，便雇辆马车，众人挤在一起一路颠簸，一路说笑也颇为惬意（图6）。来到云冈，他们坐拥在云冈石窟最大的佛像怀抱中（图7），零距离地感受大佛的慈悲爱抚，在华严寺大雄宝殿前留下永恒的微笑。这大概是设计部近两年来唯一一次集体不干活外出游玩。

图6 1952年，杨廷宝（右5）与巫敬桓（右2）、张琦云（右4）及兴业设计部同仁乘马车去云岗路上（巫加都提供）

图7 1952年，杨廷宝（前排右2）与巫敬桓（前排右1）、张琦云（后排右1）及兴业设计部同仁在山西大同云冈石窟（巫加都提供）

在后来的日子里，杨廷宝与巫敬桓、张琦云各居南京、北京两地各忙各的事，很难再像往日那样共同奋战在图板上。只是在1958年巫敬桓一家乔居北京市建筑设计院宿舍楼至"文革"前的几年期间，杨廷宝出差北京，只要有空，总会到巫敬桓家中小坐。而每次一去，张琦云就忙着用小咖啡壶煮红茶，煮得像红葡萄酒似的，红里透亮，色美味香，还不忘往茶里加糖。然后把热气腾腾、杨廷宝喜欢喝的加糖红茶恭恭敬敬地端给杨老师。于是三人坐下开始了闲聊叙旧，一派亲切温馨的气氛。

但是，天有不测风云。巫敬桓因劳累过度，于1977年9月17日下午，突发脑溢血倒在办公室正在画图的图板上，再也没有醒过来。

21日，巫敬桓追悼会那天，多年不见的杨廷宝正出差北京，闻讯急忙赶来要送他的爱徒一程。在悼念厅的门前，张琦云见到年逾古稀的恩师，上前挽着他的胳膊泣不成声，杨廷宝自己也眼红沉痛，却不停劝慰着这位学生时代的才女、工作中的得力助手。就这样，杨廷宝与巫敬桓阴阳两隔了。

参考文献：

巫加都. 建筑依然在唱歌：忆建筑师巫敬桓、张琦云[M]. 北京：中国建筑工业出版社，2016.

57. 智救老友脱苦海

1972年的一天，在一次国务院的办公会议上，一个紧急的援外工程项目被提到议事日程上。当周总理听到汇报人言及现在设计人员不足，又处境卑微，恐难按期完成时，深感此项目实施棘手，但事关重大，万不可由此而影响中国在国际上的信誉与形象。当即敏锐地抓住这个时机，点名请南京工学院的杨廷宝教授出任国务院委派的建筑设计专家组组长，领队到全国各大建筑设计院检查工作，以便推动项目进展。

为什么此刻周总理不假思索地提议让杨廷宝出山担此重任的人选呢？原来，周总理早在20年前的1952年就与杨廷宝有过交往。那时，杨廷宝正在设计周总理后来亲自过问的北京和平宾馆。此项工程因建于解放初国家正处于经济困难时期，但我国第一次主办的国际会议"亚洲及太平洋区域和平会议"召开在即。时间紧迫、任务艰巨，幸有杨廷宝的独到巧思与专业功底，在环境条件苛刻，原有四层已建框架限制，财力物资短缺的情况下，经济、适用、及时地圆满完成了设计任务。但是，随之而来的是和平宾馆的造型设计因未采用当时流行的传统大屋顶形式而招致非议，甚至借口这是"方匣子"诬为"西方的结构主义"险遭批判。是周总理亲临现场视察一番后说："这个建筑不是设计得很合理吗？""这个房子解决了问题嘛！"。这才平息了一场欲来的批判风暴。

事隔六年的1958年，为迎接建国十周年大庆，北京如火如荼地大兴土木，建造十大建筑。北京市为此邀请全国知名学者、专家汇聚一堂，为设计方案出谋划策。杨廷宝作为人民大会堂方案组组长和验收组组长，倾全部热情和精力投入其中。特别是杨廷宝亲率南京工学院建筑系和土木系师生夜以继日地奋战北京站方案设计，并与原北京工业建筑设计院的建筑师们团结合作完成施工图设计。1959年初夏的一天，周总理在视察北京站工地来到南京工学院师生面前时，停下脚步交谈起来，并嘱咐道："北京火车站是重要的公共建筑，将来群众及内外宾使用频繁，你们千万要记住安全是最为重要的。"事后，对南京工学院的印象深深留在周总理的脑海里。难怪在是年9月底周总理举行的国庆招待宴会上，当受邀代表北京工业建筑设计院总建筑师陈登鳌碰见总理时，总理关切地问："南京工学院的师生有没有来呀？"当得知他们工程完成后到外地调研去了时，还风趣地说："那就以后再补吧！"

可见，周总理此刻亲点南京工学院的杨廷宝教授出马担此重任，在"文革"的特殊年代，的确令人瞠目结舌，但又在情理之中。于是，一纸红头文件下发南京工学院，命杨廷宝为国务院专家组组长，带队巡视建工部五大部管建筑设计院。

在杨廷宝带队巡视行程安排中，一天来到武汉中南建筑设计院。一大早，院军宣队和"革命委员会"的头头脑脑们悉数到场，站在设计院大门口两侧恭候着周总理委派的国务院建筑专家视察组的光临。不一会儿，以杨廷宝率领的国务院建筑专家视察组驾到，主宾经过简单的相互介绍寒暄后，便谈笑风生地走向设计院大楼。走着走着杨廷宝忽然瞧见远处一个熟悉的身影正在大楼门口扫地，心里一愣，这不是老朋友王秉忱①吗？多年没见怎么此时此地扫起地来了？不对呀，那神态、那动作像是很委屈的样子，忽又见王秉忱正被一监管人员喝令退居角落里，手持扫帚，低头不语，好像犯了错被罚而战战兢兢。此刻，杨廷宝心里已明白八九不离十。这种场面，杨廷宝那几年见多了。不说别的，在系里不但目睹童寯被斗、刘敦桢被批、刘光华被打而且自己也被系里红卫兵关押受过审，勒令下过跪，挂牌游过街，轮番抄过家，甚至连同济大学建筑系的红卫兵来南工建筑系外调他们黄某教授所谓莫须有的历史问题，也是气势汹汹，用铁棍敲着桌子大喊大叫，"杨廷宝，你还不老实交代！"吓得杨廷宝面容失色，手脚颤抖。接着，被关押的童寯、刘敦桢也逐一被带进专案组提审过堂。这几位年逾古稀的老者竟遭如此劣行毒手的身心摧残，常人也是难以忍受的啊！这次要不是出任国务院建筑专家组组长，是周总理明里交给自己一件重要任务，实则周总理为了保护自己，给自己一道政治光环。否则，还不是一样得陷到噩梦中？只不过比起眼前的王秉忱要体面得多，遭罪轻得多而已。

杨廷宝在众人的簇拥下，渐渐地走近设计院大楼，心中早已坚定认为，王秉忱一定是被迫害了。这么多年几次与王秉忱的交情又一幕幕在脑海中闪现：杨廷宝从1953年中国建筑学会成立起一直担任副理事长职位，王秉忱是第二届、第三届理事，两人在学会共事达九年之久。1958年，两人又一起受邀赴京参加北京十大建筑的方案集体讨论。1960年1月，两人又是中国建筑学会派出六名建筑专家出席广西桂林城市规划讨论会的成员，一同考察了桂林、阳朔等地（图1、图2）。多次与王秉忱共事，难道

---

① 王秉忱（1910—1976），出生于浙江黄岩。1935年毕业于中央大学建筑工程系，并留校任教至1939年底，后在宝鸡任申福新公司建筑工程师工作七年。新中国成立后先后任中南军政委员会建筑处设计室副主任、中南建筑设计院副建筑师。

图1 1960年1月,建筑学会委派杨廷宝(右2)、王秉忱(左1)等建筑师专家组赴桂林参加指导桂林城市规划工作。图为在阳朔留影(陈法青生前提供)

图2 杨廷宝在桂林参加城市规划会议期间,游览阳朔(王秉忱摄,王兰兰提供)

杨廷宝还不了解王秉忱这个人吗?想着想着,杨廷宝已走到设计院大楼门口。突然,他不顾身后随行的一众院领导,在众目睽睽之下,竟然径直来到拿着扫帚不敢抬头的王秉忱身前,握起他的手。王秉忱受惊般抬头一瞧,冷不丁眼前一位正深情凝望着他的人竟是杨廷宝!一时手足无措,既惊喜又惊恐。王秉忱喜的是自"文革"开始自己就被打成"三反分子""反动学术权威""反动资产阶级分子",甚至因"态度恶劣,对抗运动"而升级被定性为"反革命分子"以来,不仅横遭批斗,撤销了副总建筑师头衔,还受群众监督劳动改造,扫厕所至今已六年之久,这么多年来没人愿意也不敢接近自

图 3　1935 年毕业于重庆中央大学建筑系的王秉忱（来源：潘谷西. 东南大学建筑系成立七十周年纪念专集 [M]. 北京：中国建筑工业出版社，1997：14.）

己啊！今天，久别的杨廷宝竟意外地来到我身边怎能不让自己惊喜万分？王秉忱的思绪一下子穿越到 30 多年前，当他 1935 年在重庆中央大学建筑工程系毕业留校任教 5 年（图 3），至 1940 年离开时，杨廷宝刚到重庆中央大学建筑工程系兼职教授，两人共事虽短，但王秉忱后来从都曾在基泰工程司工作过的同班同学张开济和比自己高一班的学兄张镈、学姐张玉泉①处了解到基泰工程师台柱杨廷宝的高尚人品和设计功底，便早已仰慕和敬佩了，此刻王秉忱已百感交集。但瞧着杨廷宝身后那些驻足观看、等候的单位头头脑脑们手足无措的场面时，王秉忱又惊恐起来。心想，你杨廷宝和一个"反革命分子"的我握手，嘘寒问暖，太冒政治风险了，怎能不让我为你担惊受怕呢？然而，此时的杨廷宝看来是全然不顾在场的单位众多领导和"文革"头面人物的惊愕面孔和难堪处境。杨廷宝此举似乎颇显无礼，作为客人哪能把主人晾在一边而去和他人攀谈良久？何况还是一个被批斗对象亲近。其实，杨廷宝心里明白，他是周总理亲点派出的专家组组长，负有调查知识分子在"文革"中真实处境的责任，他的这一举动正是对当时那种对知识分子颠倒是非的言行表示无情地批判，他和王秉忱交谈的每一秒钟，对于等在身后的这些政治头面人物都是一次良心的拷问和政策压力。而对于王秉忱却是一种莫大的精神抚慰和政治生命的拯救。

---

① 张玉泉（1912—2004 年），生于四川荣县。1934 年毕业于中央大学建筑工程系。1938 年与丈夫费康在上海创办大地建筑师事务所。1950 年受聘于上海市人民政府任建筑师。1951 年参加华东建筑公司工作。1954 年随公司迁京，改名一机部第一设计院，任主任建筑师，高级建筑师，直至 1976 年退休。

杨廷宝的这次看似偶然的无意之举，居然真的奏效了。不久，王秉忱的"落实政策"终于被提到了议事日程，院革委会对王秉忱不得不做出了一个"敌我矛盾作人民内部矛盾处理"羞羞答答的结论。摘掉了带上三年莫须有的"现行反革命分子"帽子，结束了六年的打扫厕所和劳动改造的处罚，好歹总算"回到了人民的队伍"中了。

20多年后的一天，王秉忱的儿子怀着感恩之情，在时值就读东南大学建筑系的外甥女王兰兰的陪同下，走进杨廷宝故居"成贤小筑"，拜见九十多岁高龄的杨夫人陈法青女士说："我来就是想要告诉您当年杨廷宝智救王秉忱的故事，并要代表父亲表达我们全家人对杨老的感激之情。"

尽管陈法青第一次听到这个故事（杨廷宝一生为人做事从不张杨），凭着相濡以沫，夫妻一场的心心相印，会心地说："我了解他，他是故意的。"

参考文献：

2017年，著者到郑州讲课，偶遇多年不见的学生王兰兰。在互聊各自近况时。她听说著者正在编纂《杨廷宝全集》一事，便告之她舅舅王天骏写过一篇回忆其父王秉忱与杨廷宝的一段往事。不久，王兰兰便发邮件传来了一篇未刊短文和几张照片。本故事据此作了改写。

58. 访日之旅结至交

杨廷宝与许溶烈[①]结为忘年交那是从1973年6月，杨廷宝率中国建筑工程技术代表团应日本国际贸易促进协会和日本建设业团体联合会邀请访日开始的，此后两人的忘年交延续了近十年，直至杨廷宝仙逝。

说起许溶烈，他比杨廷宝小整30岁，算是两代人吧。虽然在1973年两人访日考察、参观，朝夕相处仅一个月，但许溶烈在20世纪50年代初就读南京工学院土木工程系时，因与建筑工程系在学科上关系紧密，他还听过刘敦桢亲自为土木工程系学生讲授"房屋建筑学"课程呢。而且对杨廷宝的名声也如雷贯耳了。特别是对杨廷宝设计刚建成的北京和平宾馆佩服得五体投地。只是许溶烈那时还没有机会接近杨廷宝。

那么，许溶烈在1953年毕业后，为什么会在20年后与杨廷宝在访日期间走到一起呢？

这要从许溶烈报考大学为什么会选择与杨廷宝同样感兴趣的相近专业及其同样的现实想法说起。

许溶烈出生在浙江绍兴，儿时就听说过大禹治水的故事，又知道1937年茅以升[②]建造的钱塘江第一座大桥，以及20世纪30年代上海的24层国际大厦。这些耳闻目睹的历史故事与宏伟的工程和建筑，触动了许溶烈幼小的心灵，由此对土木工程产生了浓厚的兴趣。这与他后来考大学因家境贫困而选择能养家糊口的土建专业的现实考虑非常契合，也为他日后所学专业与杨廷宝所选择的专业相近而能有机会相遇创造了前提条件。

---

① 许溶烈（1931—），浙江绍兴人。1953年毕业于南京工学院土木工程系。1956—1958年在苏联建筑科学研究院地基与地下构筑物科研所进修。回国后，先后从事科研工作、工地施工工作。1972年调任国家建工总局科技局副局长，1982年任建设部科技局局长兼中国建筑技术发展中心党委书记兼主任，1986—1994年任建设部总工程师。1986年当选为瑞典皇家工程科学院外籍院士。

② 茅以升（1896—1989），字唐臣，江苏镇江人。土木工程学家、桥梁专家、工程教育家。中国科学院院士、美国工程院外籍院士。1916年毕业于西南交通大学，1917年获美国康奈尔大学硕士学位，1919年获美国卡耐基理工学院博士学位。1920年回国至1930年，历任交通大学唐山学校教授，国立东南大学工科主任，南京河海工科大学校长，北洋大学校长。1930年起，历任江苏水利局局长、浙江钱塘江桥梁工程处处长，主持设计了中国第一座现代钢铁大桥。中华人民共和国成立后，历任中国交通大学校长、铁道科学研究院院长。

说来土木工程与建筑工程本属于一个科学范畴的两个交叉学科，彼此在教学与工程上密不可分。难怪南工和清华两校都曾有过两系联姻的"蜜月期"，只是南工土木与建筑两系在1960年"闪婚"仅一年就分手了，此时许溶烈早已毕业七年。而清华土木与建筑两系虽也在1960年联姻，却"婚期"长达十年之久。可见，许溶烈与杨廷宝虽分属土木与建筑两个不同的学科，却难以分得太清楚。说到这儿读者就明白，杨廷宝与许溶烈有朝一日会不期而遇也就见怪不怪了。加上两人身世、个性、为人、做事几乎相近、相投，最终成为忘年交也就水到渠成了。

许溶烈从南工毕业后，就分配到北京华北行政委员会工程局成为一名技术员。工作三年后，于1956年去苏联建筑科学院地基与地下构筑物科研所进修了两年，回国后调往中国建筑科学院所属的地基基础研究所。在那里，他参与了人生第一个重大工程项目——上海黄浦江第一条越江隧道建设。他白手起家，攻克了这个陌生项目一道道难关，成为我国地下工程领域建树颇高的专家。随后，在20世纪六七十年代，许溶烈又参与了核爆炸试验、导弹发射基地建设、核潜艇制造基地建设、鄂西导弹基地建设等越来越多、越来越重要的国家项目。1972年调任国家建工总局科技局副局长。

那时，中国建筑学会和土木工程学会同属1958年9月成立的中国科学技术协会的领导。两学会经常联合开展一些学术交流活动，杨廷宝和茅以升还多次联合主持两学会常务理事会议和全国工作会议。于是，就有了1973年的那次建筑和土木工程两学会受邀访日活动。访问的目的主要是考察日本高层建筑和抗震的经验，以此了解、学习日本在土建领域先进的工程技术运用、现代的建筑材料推广、科学的施工机制管理、先进的仪器设备制造，以及创新的理论研究方法等。对于当时土建领域仍处在落后局面的中国建筑工程技术人员来说，无疑是一次拓宽视野看世界的绝好机会。

这次由国家建委派出的出访代表团是"文革"中的第一次，由杨廷宝任团长，七名团员中许溶烈在列。由于当时中日还未建交，代表团是打着民间团体名义出访的。而且，从北京没有直航飞抵东京，只能经广州、深圳到香港中转。

6月17日，代表团各成员先后在香港集中，住在霍英东经营的五星级大酒店。由于在"文革"期间，代表团成员多年后首次过境香港，只见眼前灯红酒绿、花花世界一阵眩目，还真有点新奇，感到别样的风景。连五六十年代多次出国参加国际建协会议或参观访问的杨廷宝，似乎也有点不适应，竟然遇上一次尴尬。什么为难事呢？原来，访日动身前国家为每位团员发放了着装费，各自做了一套西装，以便代表团出国为展示国家形象要体面些，然而没有及时发放零用外币（到日本后才每人发30美元）。结果，杨廷宝在香港住店大堂等候团员集合期间去了一趟卫生间,却好久没有回来。正好许溶烈此时也去了卫生间,只见杨廷宝仍站在卫生间内一旁不动,许溶烈有点纳闷。杨廷宝见许溶烈进来忙招呼,示意他过来便凑近咬耳朵小声说:"我没港币,付不了小费,出不了门。"许溶烈一听赶紧掏出几枚港币付给服务生,杨廷宝这才解围离开。杨廷宝没想到第一天见到许溶烈竟是这样一种场景,顿生感激之情。这件小事也反映了"文革"中的国家有点境况窘迫,个人口袋里有点拮据。

从候机到离港在飞机上,杨廷宝与许溶烈便聊在一起了。许溶烈自不用说,此前对杨廷宝已比较了解,不同的是从此刻起与杨廷宝近距离接触聊了一阵子,从杨廷宝的言谈举止中更觉如此亲切近人。而杨廷宝从两人闲聊中得知许溶烈在不少方面与自己十分相似,也生有好感,渐渐地交谈十分投机。就这样一直聊到航班已开始飞临日本空域,便余兴未尽,静候着落。

6月18日,中国建筑工程技术代表团一行七人(包括翻译)飞抵东京羽田机场,正式开始了为期一个月的友好访问(图1)。

图1　1973年6月18日至7月18日,杨廷宝(中)团长率中国工程技术代表团访日飞抵东京羽田机场。右2为许溶烈(许溶烈提供)

在第一天的欢迎会上，主持人向出席欢迎会的日方友人首先介绍了中方代表团的成员。隆重介绍的第一位就是代表团团长杨廷宝，此时，杨廷宝客气地站起来向大家鞠躬致谢，引起一阵热烈的掌声。其实，代表团启程前早把代表团各成员的个人资料传递给日方，他们事先做了功课，对各成员的信息有所了解，只是现在才谋面。不同的是，因杨廷宝在国际建筑界十分活跃，又曾连任两届国际建协副主席，其在国际上的名声远大于在国内。此时，日方友人亲眼见到了杨廷宝，又是那样儒雅礼貌，当然以热烈掌声回敬。随后又对副团长李云洁，以及代表团成员戴念慈、金瓯卜、许溶烈、佟景等均一一做了介绍。接着主持人又向中方代表团介绍了日方主要人物。

访问日程虽有一个月之久，但代表团每天像赶场一样在日本几个大城市如东京、大阪、名古屋、横滨、京都、奈良等地之间穿梭奔波，而且每个城市参观考察的项目排得满满的。有以施工为主的日本四大公司之一"大成公司"，有各类土建实验室，包括大型结构实验室、音响实验室、风洞实验室、力学试验室、高层建筑抗震试验室、建筑群抗风试验室等，还参观了一些工地现场、丰田汽车厂、新建筑材料和装饰材料样板房等（图2、图3）。很多新的结构、材料、设备、实验室，让代表团成员们看得目不暇接，真是开了眼界。看了之后想想国内土建领域各方面的差距还真不是一般的大。

图2　杨廷宝（右4）一行参观工地现场。右6为许溶烈（许溶烈提供）

 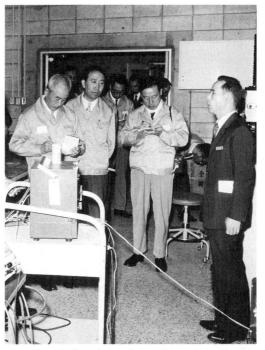

图3 杨廷宝（右2）和许溶烈（右3）等一行参观竣工桥梁地下空间（许溶烈提供）　　图4 杨廷宝参观途中不停地记笔记（许溶烈提供）

由于参观的东西实在太多，代表团也只能走马观花看个印象，了解个大概。尽管如此，杨廷宝仍习惯地边听、边看、边记笔记，甚至掏出卷尺量细部，再徒手速写记载下来。有时免不了在现场要向讲解员问几个问题。但日方翻译水平有限，对专业也不甚了解，杨廷宝干脆与讲解员用英语对话，可日方讲解员的英语口语发音也不咋的，杨廷宝听起来颇有点费劲。好在杨廷宝的英语太棒，也能听懂个八九成，因此每天小本本上还真图文并茂地记了不少（图4）。

星期日是没有正式参观项目的，但日方招待代表团游览了日本古都奈良的法隆寺、唐招提寺和东大寺大佛殿（图5）。对于代表团其他成员只是作为旅游者看个热闹，可对于杨廷宝来说却是在看门道。尽管他对中国古建筑的形制、构造、艺术烂熟于心，仍然被眼前宏大精美、有着中国唐代风格的古建筑震撼。杨廷宝深知奈良这些古建筑自后汉时期，中日民间往来频繁，中国传统文化输入日本，尤其建筑文化对日本影响更是空前宏大。特别是大唐东渡的高僧鉴真和尚还亲自设计、指挥建造了眼前这座唐招提寺的金堂，而奈良东大寺是鉴真和尚初到日本时的住所。在现场，杨廷宝目睹这几座日本国宝级，却有着中国盛唐遗风的宏伟木构古建筑实物，真是百感交集。保护如此完好的千余年古建筑着实令人赞叹，而我们在自己的国土上却因保护不力，甚至

图5　杨廷宝（左6）一行在奈良参观东大寺大佛殿（许溶烈提供）

人为无知的毁坏，致使唐代及之前保存至今的古建筑已不易找到。因此，日本这座唐招提寺的金堂却成为我们研究唐代建筑一个至为宝贵的实物，我们只能扼腕叹息。杨廷宝又想到他的挚友梁思成，是他立了一大功，在二战期间为美军列出日本须保护的古建筑物，从而使奈良古建筑未被美军炸毁。难怪访日回国后，杨廷宝立即写了一份专题报告，递交国家文物局，呼吁"我国古建筑是我国劳动人民的智慧创造，但是遗留到今天的已不多见了，有的还危在旦夕，斟酌轻重及时修缮维护，实属刻不容缓！"

另一个值得一提的休闲参观项目是杨廷宝、戴念慈、许溶烈等人在东京参观了业内人人皆知的代代木国立综合体育馆。而它的设计者，就是国际建筑界公认的世界建筑大师之一的丹下健三[①]。这是一座被誉为20世纪世界最美建筑之一的代代木

---

① 丹下健三（1913—2005），出生于大阪。1938年毕业于东京大学建筑系，毕业后在前川国男建筑事务所工作4年，1942—1945年在东京帝国大学研究院专攻城市规划。1946年在东京大学建筑系任教授，1961年创建丹下健三城市·建筑设计研究所。2005年获普利兹克奖。

图6 杨廷宝（前排左3）一行在丹下健三（前排右3）陪同下参观东京代代木体育馆。前排左1许溶烈（许溶烈提供）

体育馆，它是采用高张力缆索为主体的悬索屋顶结构，将材料、功能、结构、形式、传统风格等要素完美结合成为巅峰之作。那天，杨廷宝一行人的来到，让极少会见外国人的丹下健三居然高兴地全程陪同杨廷宝参观讲解，并在代代木体育馆前留下两位大师珍贵的合影。杨廷宝如此受到丹下健三的友好、隆重的接待是因丹下健三早在1935年进入东京大学建筑系学习时就知道杨廷宝在宾大的显赫名声，以及杨廷宝留美回国初始的几个设计力作。当然，杨廷宝自1960年起连任两届国际建协副主席也让丹下健三对杨廷宝仰慕已久。两位大师的会见也让随行的戴念慈、许溶烈等人十分有幸作陪（图6）。

就这样，杨廷宝一行马不停蹄地在日本几个城市考察、参观、周游。除去在专业上获益良多，也深为日方计划安排周密，工作节奏高效、时间衔接精准、接待礼貌热情而赞叹，这也是值得我们学习的文明管理经验。甚至从一些细节也可看出当时中日经济发展的差距。比如，杨廷宝一行参观工地时需要换上工作服。在我方看来，这哪里是工作服？裁剪款式、衣料质地完全是正装呀，哪像我们那时的工作服都是粗布，甚至是再生布做的。又如，访日已二十来天了，大家发现所到之处黄土不见天，自己的皮鞋竟然一尘不染。倒是杨廷宝的皮鞋后跟不知怎么回事已经松动，几乎快要掉下来了，不得已赶紧托人及时修理，否则在众人面前又要尴尬了。从环境治理、产品质量一对比，就看出中日在这些细微之处的差距。这次访日额外的收获使大家意识到只有看到并承认差距，才能知道要改革开放，迎头赶上。

在行将结束访日的前一天晚上，代表团各人在东京新大谷饭店整理行装，放松身心。突然觉得各人的头发不短了。出国前没想到应先理个发出门，否则一个月访问下来，头发长长了怎么办？白天因为日程安排紧，外面又不能随便上街，无法打理自己的头顶大事。晚上在高档饭店，有时间，但口袋里只有发放的30美元，囊中羞涩，不够付费，何况大家还想用这区区一点外币买点纪念品回去呢。只好忍着吧，好在第二天就要回国了。

7月18日，杨廷宝率领的中国建筑工程技术代表团一行七人结束了在日本的访问，经香港停留一周返回北京，各自回到自己的工作岗位。此后，各人忙于分内的事，相互间除了工作偶尔有所联系，一般就少有来往了。但是杨廷宝与许溶烈两人之间不说来往频繁，但只要有机会总是抽时间见上一面，或者拉拉家常。虽不是那种讲究礼节的大办宴席招待，也多半是清茶一杯足矣，在意的是彼此心中有对方。就这样，君子之交淡如水，交情之深浓似蜜。

杨廷宝公务确实较多，每月免不了要跑北京几趟，尤其到中国建筑学会是常客。而建筑学会就在建设部大楼配楼内，因此，杨廷宝在办完公事后总要事先给许溶烈打电话："老许，我一会儿过来看您"。而许溶烈时任国家建工总局科技局一名副局长，一听建筑学会副理事长杨廷宝驾到，赶紧茶水准备。他的办公室在建设部大楼七层，当杨廷宝来到许溶烈办公室门前时，房门早已大开，当是迎接老友光临的表示，不必轻声敲门，经同意再进入那种刻板无趣的程序了。许溶烈只见杨廷宝有点呼吸局促，赶紧扶着杨廷宝进屋在一旁的沙发上坐下，把桌上准备好的热茶端放在茶几上。

"这是怎么啦？"许溶烈关切地问道。

"刚才走楼梯上来的。"杨廷宝轻轻回答。

"怎么不乘电梯？"许溶烈一惊，见杨廷宝竟然爬七层楼上来不解地又问。

"爬楼梯锻炼锻炼两条腿。"杨廷宝含笑拍拍大腿说。

"这办公楼层高那么高，爬七层真不容易啊。"

"我在学校经常爬三层楼到办公室，爬习惯了。"

两人就这样寒暄了一阵后，就互问近况如何，身体怎样……反正都是轻松的话题，想到哪儿就聊到哪儿。杨廷宝也就聊一阵子，怕影响许溶烈正事，便推托还有其他事要办，就起身告辞。许溶烈要送杨廷宝下至一层大厅出门，杨廷宝力阻许溶烈留步，推来推去，许溶烈坚持要杨廷宝乘电梯下楼，两人才在电梯轿厢门关闭前挥手告别。

以后杨廷宝几次顺便来看许溶烈都是走楼梯上来，许溶烈也就见多不怪了。而告别时许溶烈总要把杨廷宝送到电梯口，看着电梯关闭下行才回到办公室。

许溶烈也有到南京出差的机会，每次办完正事或中途有空想见杨廷宝，也是一个电话打过去。有一次1980年以后的事，杨廷宝已是副省长，那天他正在省政府当班。一阵电话铃响起。

"喂，我是杨廷宝。"

"我是许溶烈，有空吗？我在距省政府不远的宾馆，想来看看您。"

"来吧，正好现在事不多，一会儿就完。"

过了一会儿，许溶烈来到省政府大院入口门卫处，填了会客单，问明副省长杨廷宝办公室的具体位置后，便走到一幢楼前，只见杨廷宝早已在门口等候。

"有劳您在门口久等。"许溶烈客气地向杨廷宝打招呼说。

"客人从京城远道而来，不能失礼。"杨廷宝也开玩笑地回应许溶烈。

"哈哈"两人会心地一笑。许溶烈心想这哪是两人原本等级森严的上下级，现在副省长的杨廷宝与下属的我竟可以这么轻松随便。这分明是忘年交要好朋友之间的融洽关系嘛。

进了杨廷宝的办公室，许溶烈只见冒着热气的茶水已经搁在沙发旁的茶几上，和自己在北京接待杨廷宝一样的规格，太熟悉了。彼此也不讲究什么排场，见见面，说说话才是开心的事。

聊到午饭时间点了。

"今天中午别走了，我们到餐厅去吃个便餐。"杨廷宝邀请许溶烈说道。

"好吧。"许溶烈也不推辞答应。

在访日回来的近十年里，杨廷宝与许溶烈就这样陆陆续续在北京、南京两地多次见面，情谊越来越深。只是杨廷宝当选中国建筑学会第五届理事长仅两年就与世长辞，他与许溶烈忘年交不得不中止。而许溶烈自杨廷宝逝世后的1983年起就连任中国建筑学会第六、七、八、九届副理事长，算是晚辈接长辈的班了。而且，由于许溶烈在建筑工程领域的突出成就，在1986年当选为瑞典皇家工程科学院外籍院士，获美国普林斯顿大学荣誉工学博士学位，并任建设部科技委员会副主任，住建部总工程师等，以及曾获建设部科技进步一等奖，全国优秀建筑科技图书一等奖、国家科技进步突出贡献表彰等。杨廷宝在九泉之下，听到他的忘年交许溶烈获得如此荣耀，一定会欣慰不已。

参考文献：

1. 著者电话采访许溶烈。
2. 著者委托中国建筑工业出版社李鸽副编审两次与许溶烈访谈录音。

附录1：寻宝的故事

1. 众人相助聚珍宝

（1）首次外出寻"宝"

八年来，著者外出寻觅杨廷宝的第一件"宝"，是 2013 年 3 月 19 日在同学左川教授的陪同下到吴良镛院士校外家中去拜访时的所获。因她是吴先生的研究生，留校任教后又曾任建筑学院党委书记，与吴先生很熟。于是，通过左川同学事先与吴先生约好登门拜访一事。

那天上午，我们打的从清华园来到北郊较远的一处别墅群。这里没有市区车水马龙，人声鼎沸的繁华喧闹景象，似乎来到世外桃源的仙境。

当我们走进吴先生的家里，一阵书香气息扑面而来，吴先生正在书房伏案工作。见左川同学带着著者来到他的跟前，吴先生立即起身，面带含笑与著者握手表示欢迎，著者见此开场，紧张感一下子就消失了。

"这位就是我跟您说的东南大学黎志涛，特地来拜访您。下面您两位聊吧。"左川同学向吴先生介绍了几句便离开到客厅陪吴先生夫人聊天去了。

著者把编纂《杨廷宝全集》起步的工作向吴先生作了简单介绍，并征求他对此的建议。一说起杨廷宝先生，吴先生就打开话匣子侃侃而谈，谈的多是在重庆中央大学的往事，看来吴先生记忆力特强，思维很清晰，就好像在说昨天发生的事一样。接着吴先生又说起他 1955 年跟随杨廷宝先生所率领的中国建筑师代表团，第一次出席在荷兰海牙召开的国际建协第 4 次代表会议的情景，以及 1975 年他进入五人小组与杨廷宝先生等大师共同参加北京图书馆新馆（后命名为国家图书馆）的集体创作过程等。

此时，著者趁势问吴先生一句："吴先生，您与杨老在很多场合都有交往，有没有留下一些难忘的记录，比如您和杨老参加这些活动拍的照片？"

"有啊。"

"您能提供一些让我扫描放到全集里行吗？"

"时间长了，我得想想放在哪儿了，等我有空找到让左川给你发过去。"

"好的。"

就这样一直聊了一个多小时，著者想到该让吴先生休息一下了，话说多了，脑子动多了，对于老年人也是够累的。再说，吴先生已允诺提供一点杨廷宝先生的照片就足矣，便结束了上午的交谈。吴先生送著者到了客厅，见左川同学还在与吴先生夫人坐在沙发上闲聊。于是，左川同学也起身让二老留步，我们便告辞转身离去。

回到清华后，左川同学从提包中拿出一个光盘给著者。

"这是什么？"著者好奇地问。

"这是从建筑学院资料室翻出来的，当年梁思成先生从美国考察建筑教育，讲学一年回来后，向杨廷宝先生要来的杨先生在宾大的建筑史作业，给你拷贝了一份，拿回去看看。"左川同学简单说了光盘的内容和来历。

这真是意外的惊喜，著者虽然一时还不知道光盘里面的内容，但一定是想象不到的杨廷宝先生"宝"物。心想，左川同学真有心，她也在默默地为我收集杨先生的资料啊！

著者回到南京，急忙在电脑打开光盘。哇！40多张杨廷宝先生在宾大学习时画的世界建筑史作业图，琳琅满目地呈现在眼前。画的都是世界各地古代建筑的小透视图、平面图、立面图、剖面图，以及节点细部等，张张徒手画其线条流畅，刻画精准，看了真是赏心悦目，美不胜收（图1）。

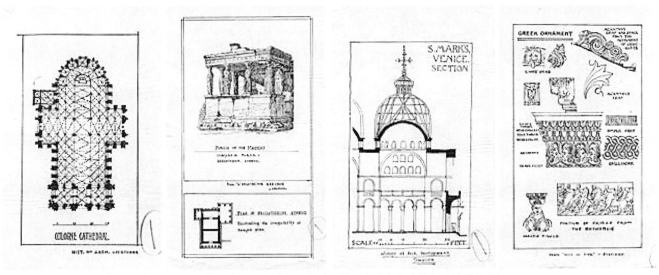

图1　清华大学建筑学院资料室藏，左川索取并献的宝（杨廷宝赠给梁思成的宾大建筑史手绘图作业）

没几天，吴先生找出的两张照片扫描件也一并收到。这是杨廷宝先生一行8人赴荷兰海牙参加国际建协第4次代表会议途经莫斯科时照的。看看照片上代表团每一位成员都意气风发，精神抖擞，大概是新中国刚成立不久，又是首次走出国门，代表中国在世界舞台上亮相而引以为豪的展现吧（图2）。

图2　吴良镛院士献的宝（1955年7月，杨廷宝率团参加荷兰海牙国际建协第4次代表大会途经莫斯科合影照片）

（2）到建筑学会寻"宝"

无意中查阅《建筑学报》1982年第1期第1页，就是报道1981年10月下旬在北京举行的阿卡·汗建筑奖第六次国际学术讨论会，作为中国建筑学会理事长的杨廷宝先生在开幕式上致了词。会后，与会代表们乘包机到了西安、乌鲁木齐、吐鲁番、喀什等地参观。此时，著者一下子想到了两件事：一是该报道中有杨廷宝先生主持会议的若干张照片，但画面很不清晰，要设法找照片原版；二是会议代表都去了新疆参观，一定会有当地业内人士接待陪同，要设法托人搞到一些杨廷宝先生带队赴新疆参观的场景照片。

怎样实现这两个"设法搞到"呢？想来想去，第一个"设法搞到"只有到建筑学会《建筑学报》编辑部去求助。但著者从没有与他们见面打过交道，只是偶尔写过文稿，在《建筑学报》上发表过几篇拙作。忽然想到，找同班同学宋春华去！他曾任建设部副部长、中国建筑学会理事长，通过他应该很方便与学报编辑部联系上。于是，著者在电话中与宋春华同学预约了见面的时间。

就是上一故事提到的著者第一次到吴良镛先生家拜访的当年年底12月9日，著者再次赴京。于11日就直接到建设部南配楼宋春华的办公室，见面寒暄几句后，宋春华带著者到了《建筑学报》编辑部，与孙晓峰编辑相见。

著者坐下将手头正在编纂《杨廷宝全集》的事儿向小孙做了简单介绍，随后又说：

"杨老在学会从1953年任第一届理事会副理事长，直至1980年任理事长前后29年在学会做了不少事，应会留下不少他的史料。最近我看到学报1982年第1期上刊登了阿卡·汗建筑奖第六次国际学术讨论会的报道，上面有几张杨老的照片，我想要这些图片收录进《杨廷宝全集》里。您能不能将原版图片的电子文件发给我？"

"好的，您把您的邮箱留下，我们整理好后会发给您。"

著者留下邮箱后，接着又问小孙："杨老曾经代表中国建筑学会多次率团参加国际建协大会，或者访问，您有这些杨老出访的记录和图片吗？"

"这个要到学会国际部去了解一下。"小孙说完顺手从书架上拿出一本刚出版发行的《中国建筑学会六十年》书赠给著者说，"这本书对您会有用。"随后带著者到国际部找他的同事，并转告著者的来意。

"关于杨廷宝先生出访的有些文字资料我们都送到学会资料室存档了。关于图片学会不会派专门摄影师随行出访,每次都是出访人员自己拍照留影。您想收集这些图片得找当事人了。"

"那学会资料室在哪儿?我去咨询一下。"

"就在建设部南面那座中建大厦。"

"好的,谢谢。"

著者看看上午还有时间,便再次走进宋春华的办公室,表示要到中建大厦学会资料室淘淘"宝"去。见宋春华有事在忙,不便多打扰。告别后,著者直接走出建设部南配楼,上了毗邻的中建大厦七楼学会资料室。

著者向接待人员递上介绍信,后来知道这位女士叫金燕,名字很好听,人很客气、热情,熟悉了以后,著者就称呼她小金。小金接待过不少外地建筑系师生来此查阅相关资料,所以,对著者的到来也习以为常。

"您先坐一会儿。"小金给著者沏了一杯热茶放在近门口一张空桌上,随即转身从办公桌拿出一册存档目录。"您先看看这目录有什么需要查阅的,在这张单子上填写一下,我给您到库里取。"

"好的,谢谢。"

著者坐下翻起了档案目录册,把想看的资料记下交给小金。不一会儿小金从资料库搬出一大摞本本,著者便仔细一本一本翻阅。此时,一页"哈瓦那第7届世界建筑师大会大事记"引起著者关注,这张原始资料太有价值了。因为,配合《杨廷宝全集》著者还在编撰"杨廷宝年谱简编",要把能考证到的杨廷宝先生一生每天的经历记载下来。这次杨廷宝先生率团赴古巴参加国际建协哈瓦那第7届世界建筑师大会和国际建筑教授、学生第一次见面会,并接着率团赴墨西哥出席国际建协第8次代表会议以及应邀访问巴西前后近两个月,虽然时间之长、行程之远、活动之多,可日志却非常详细。著者当时看了此大事记一时兴奋,竟习惯性地动手一一抄在笔记本上,笨得就没想到用手机"咔嚓"几下多省事,也不至于浪费不少时间。

后来翻到一本相册,是1959年5月18日~6月4日,由建工部和中国建筑学会在上海共同召开的"住宅标准及建筑艺术座谈会"相片集,有不少张是杨廷宝先生在小组会上讨论发言或在上海住宅区参观的照片,这又是新发现。这次学乖了,马上拿出手机把有杨廷宝先生形象的照片,一一翻拍下来(图3)。

一看手表,中午该下班了,只好暂时收场。因为此次赴京日程已排定,无法调整。只好找机会再来一次吧。虽然此次到建筑学会寻"宝"留下尾巴,但收获满满。特

图3 中国建筑学会资料室藏，金燕献的宝之一（1959年5月，杨廷宝参加上海"住宅建筑标准及建筑艺术座谈会"照片）

别是回南京后不久，就收到小孙和小金发来的杨廷宝10多张图片，也算额外小有收获。

下一次赴京那是两年后的2015年12月9日，按此次调研计划，11日上午就再次去学会资料室找小金。不巧她生病不在，只好调整计划改在14日上午才见到。这次登门主要任务就是把上次未查阅的档案尽快过目一遍。另外，上次拍的上海座谈会照片因室内光线不好，图片效果不理想，需要重拍。等小金把档案资料拿来摆放在桌面上后，著者首先把那本相册抽出，走到靠近南向窗口的桌面上一一补拍完，经对图片检查没问题，便回到原处开始查阅档案了。

当拿到一个纸袋感觉里面不是纸质文档，却像有一个小盒子的东西时，好生奇怪。正在疑惑中，一个黑色精美首饰盒般的东西滑落在桌面上。当打开盒盖的一瞬间，一枚系着绶带疑似金色勋章的物件在眼前一闪。再仔细一瞧，勋章中间是英国索尔兹伯里以北的古代巨石阵建筑遗迹片断浮雕：两块竖立巨石顶着一块卧石，镶嵌在圆形玉石上；圆形玉石外围的上下分别是在扇形金属板上印刻中文"国际建协"和日文"建筑家协会联合"；左、右各三组除"UIA"是英、法、西班牙三国"国际建协"字母的共同缩写及"IUA"是英文缩写两组外，其他四组的字母有一组像俄文国际建协缩写，另外的字母就不认知了。而且既不知道这枚疑似勋章的来由，也不知道是不是杨廷宝先生在这次伦敦召开的国际建协第7次代表会议上再次当选国际建协副主席而颁发的，以及他为何不自己保存，而是上交中国建筑学会？不管怎样，先拍照再说。于是著者拿着"宝"盒又一次走到窗前，打开盒盖，连续拍了好几张（图4）。

随后又陆续在1956年《中国建筑学会会讯》第1期上发现杨廷宝先生撰写的《南斯拉夫参观随笔》一文，以及杨廷宝先生历次参加国际建协会议和执委会议的年份，其他参会人名单的统计表等，一并收入囊中（图5）。

总之，在宋春华同学的帮助下，建筑学会各部门对著者编纂《杨廷宝全集》的工作给予了极大支持，包括后来又多次通过邮件来往，从《建筑学报》编辑部和资料室获得杨廷宝先生新的补充资料。

图4 中国建筑学会资料室藏，金燕献的宝之二（杨廷宝获国际建协赠予的证章）

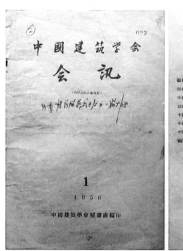

图5 中国建筑学会资料室藏，金燕献的宝之三（刊有杨廷宝文章的《中国建筑学会会讯》）

（3）失去的"宝"再也回不来了

著者在查阅杨廷宝文献过程中，多次阅读刘先觉教授主编的《杨廷宝先生诞辰一百周年纪念文集》，当读到奚树祥老师写的《一代巨匠，万世师表》一文中有这样一段话："林徽因老师生前非常喜欢杨廷宝先生的水彩画，杨送了一幅《北京雍和宫一角》水彩画给林，此画我亲眼见过，梁公把它连同林徽因先生的水彩花卉并挂在书房"时，因文中没有插图，便不知杨廷宝先生送给林徽因先生的水彩画到底是什么样的？

直到后来在网上查到有一本窦忠如著的《梁思成传》，心想，杨廷宝与梁思成两位先生是肝胆相照的知己，书中也许会涉及有关杨廷宝先生的信息，于是网购来翻阅。果真如此，书中除多处文字提到杨廷宝先生外，更令著者欣喜的是在第238页上竟然看到了奚树祥老师说到的在梁思成先生书房墙壁上挂的杨廷宝先生和林徽因先生两人画的那两幅水彩画。只是插图太小，况且两幅水彩画模糊不清，又是黑白照片，想从书中扫描下来，一点用都没有，怎么办？此时，虽然梁先生和林先生早已仙逝，但林洙还健在。对，找她去碰碰运气。

就在上文提到著者去中国建筑学会的前一天，即12月10日上午先到了住在清华教师公寓的同班同学栗德祥家中小坐。随后在栗德祥同学的陪同下步行向西穿过一片破旧的校内棚户区，来到林洙居住的教工住宅区一幢单元楼的一层。著者并没有注意观察内外环境就直接被林洙老师引进客厅坐下。初次来林家，又未谋过面，在栗德祥同学向林洙老师简单介绍了著者后，著者就直接开口说出了来意。

"林老师，这次来打扰您了。我们学院正在编纂《杨廷宝全集》一书，正开始到处收集杨老的生前遗存。我在一本书上看到杨老曾送给林徽因先生一幅水彩画，挂在梁先生书房的墙上，这幅画还在吗？我想翻拍一下，收到全集水彩卷中。"

"那幅水彩画在'文革'时早就被'红卫兵'抄家当'四旧'给毁掉了。"

著者真没想到会是这个结果，期望破灭后，竟无话可说了，再这么坐下去也挺尴尬。于是著者与林洙老师没有深谈便起身匆匆告辞。后来想，这一次是八年来拜访时间最短的一次，也是少有的空手而归的一次。幸好，著者回南京不久，栗德祥同学发来从清华建筑学院资料室翻出来我想要的梁思成先生坐在书房，背景墙上挂着杨廷宝先生与林徽因先生两幅水彩画的那张照片的扫描件，虽不是杨廷宝水彩画原作扫描件，总算得到一种补偿（图6）。

图 6 清华大学建筑学院资料室藏，粟德祥索取并献的宝（梁思成书房挂有杨廷宝的水彩画照片）

看来，要想收入《杨廷宝全集》水彩卷中的这幅杨廷宝先生送给林徽因先生的水彩画真迹扫描件，永远成为不可能了。

（4）得一张图片也是"宝"

自从上次在《建筑学报》编辑部得到了孙晓峰编辑的帮助，允诺稍后会发给著者阿卡·汉建筑奖第 6 次国际学术讨论会上有杨廷宝先生现身的照片，并赠给著者一册刚出版发行的《中国建筑学会六十年》一书后，便饶有兴趣地翻阅起来，目的是寻找一下有没有关于杨廷宝先生的信息。不看不知道，一看还真不少。除了有关历次中国建筑学会全国代表大会召开日期、地点，以及杨廷宝先生在任副理事长、理事长期间出席各项学术活动、外事活动都详细有记载，对于著者撰写"杨廷宝年谱简编"简直是大大丰富了内容。此外，还有不少杨廷宝先生参与各种活动的照片历历在目。于是著者将当时还未曾收集到的书中这些杨廷宝先生的图片都开出了清单，请孙晓峰一一查找，并扫描补发了过来。

不仅如此，在该书"回忆·纪念"版块看到了王小东院士的《我与中国建筑学会的渊源》一文。看到文中有句话："1981年阿卡·汉国际学术会议从北京、西安开到乌鲁木齐，这次会议是中国建筑学会协办的。我有幸在会务组，在活动中我见到了杨廷宝……"时，突然灵机一动，王小东院士当时既然是会务组一员，想必与杨廷宝先生有所接触，没准他还拍有照片呢。找他联系一下，也许会有收获。

记得1997年7月1日，香港回归的那一天，中国建筑学会组团启程到古巴、墨西哥、美国访问，以宣传1999年即将在北京举办的国际建协第20届世界建筑师大会及国际建协第21次代表会议。就在这次参团出访中著者认识了王小东院士，半个月的访问相处彼此有所了解。想必事隔十多年再与他联系求助，应该能回忆起有过这段共同出国访问的经历。但是著者一时没有王小东院士的电话啊，于是，与《建筑学报》编辑孙晓峰联系上要来了王小东院士的邮箱。

2014年3月18日，著者向王院士发了一个邮件："王小东院士，您好！我是东南大学建筑学院黎志涛老师，还记得我们1997年7月份一起去北美访问过吗？最近我正开始编纂《杨廷宝全集》多卷图书，想收集杨老生前的一些史料。据说您参与了1981年阿卡·汉国际学术会议的会务组工作，在新疆接待了会议全体代表在新疆的参观，您手头上有没有一些有杨廷宝教授形象的照片？很希望您能提供一些，以充实这套书的内容，好吗？谢谢！"

很快，20日，王小东吩咐他的助手发来一张有众多会议代表途经乌鲁木齐的合影。虽然只有一张图片，也算增添一项杨廷宝先生一生活动内容的写照。著者想，只要如此耐心搜集下去，一定会滴水成河，聚沙成塔的吧（图7）。

图7　王小东院士献的宝（1981年10月，杨廷宝与阿卡·汗建筑奖第6次国际学术讨论会参会代表途经乌鲁木齐合影照片）

（5）最快得手的"宝"

著者所在清华大学建筑系1966届班级（1960年入学）为了筹备毕业五十周年活动，并拟编辑一本纪念册。在2015年新年伊始，同班同学俞存芳特地给著者寄来一本她先生黄星元大师他们1963届班级毕业五十周年的纪念册，意在作为借鉴。

当著者拆开沉甸甸的快递外包装后，一本厚达七百多页且全是铜版纸印刷的精装大部头书闪亮展现。打开内页，一帧帧生动照片，一幅幅绝美绘画，一件件设计作品，一篇篇感人文章，看得真是目不暇接。这也不奇怪，建筑系的学生就是多才多艺，能文擅画，又富于创新力，难怪这本纪念册做得太精美了。

突然在第460页上看到学长王瑞珠院士专栏中一张图片，上面是1979年11月12日杨廷宝先生写给清华大学建筑系毕业生王瑞珠的两页叠加在一起的回信，且在信纸上撂着一个牛皮纸色的信封，以至于信的全部内容无法阅读。只是在图片右侧的文字注解中王瑞珠毕业生写道："（19）79年，我将大学论文的缩写本寄了一份请杨廷宝先生指教。先生不仅回信给予鼓励，还诚恳地提出了自己的看法，令我非常感动。没想到这封信在（19）81年部专家组审定我出国研究方向上竟然起到了很大的作用……"

著者从图片能看到的杨廷宝先生信中内容来说，一是，感到杨廷宝先生做任何事太认真严谨了，连写信都每个字笔画工整，毫无涂改之处。这让著者一下子又想起刘敦桢更是做事认真到极致，有时写信竟然要打稿子，斟字酌句，反复推敲。而童寯写起文章来，那是惜墨如金，视多一个字少一字都有损他著书立说的态度。管窥杨廷宝先生写给王瑞珠的这封信，可见前辈们一丝不苟的敬业精神真是值得后辈学习。

二是，图片中虽然只能看到十来行字的内容，但足以体现杨廷宝先生对培养人才的高度重视，对于素不相识的外校学生竟如此关心、厚爱、鼓励、期待的育人之心，正体现出杨廷宝先生立德树人的高尚品德。

由此，著者既然意外发现了杨廷宝这件"宝"，又知晓了它的来源，寻找起来应该不会太费周折的。

但是，著者在清华读书比王瑞珠学长低三个年级，并不相识，更从未打过交道呀。好在著者同班同学俞存芳的先生黄星元大师与王瑞珠院士是同窗，何不曲线寻"宝"呢？说干就干。

2月初的一天，一个电话打到同学俞存芳家："喂，存芳吗？我是黎志涛。"电话中两人聊了一会儿，著者接着说："我有件事要请黄大师帮个忙，你让他接个电话。"

"黎志涛，你好"，黄星元接过电话先打招呼问候道。

"黄兄，前些时候，存芳寄了一本你们班毕业五十周年的纪念册，这个大部头的书编的真好，你们班人才济济，很羡慕。其中我看到你的同学王瑞珠专栏中有一封杨老写给他的信，我想请你向王瑞珠要那封杨老信原件的扫描件，放到我编纂的《杨廷宝全集》中，好吗？"

"没问题。"俞存芳、黄星元是知道著者这几年一直在搞这套书的，彼此又是好朋友，当即一口应承下来。

没想到，仅隔不到一周时间，也就是2月14日，王瑞珠院士就把电子文件发到著

图8 王瑞珠院士献的宝
（1979年11月12日，杨廷宝写给王瑞珠的信）

者邮箱里了。著者下载后打开一看，杨廷宝两页完整的信纸和一个信封清清楚楚展现在眼前。这是八年多来寻"宝"过程中最轻松、最快得手的一次（图8）。

（6）获两份珍贵资料之宝

2015年12月初，中国建筑工业出版社李鸽副编审给著者打来电话说："黎老师，我看到建工出版社有编辑正在做巫加都女士编著的《建筑依然在歌唱——忆建筑师巫敬桓、张琦云》一书，书中有杨廷宝带领巫敬桓、张琦云设计北京和平宾馆、王府井百货大楼的一些史料、图纸和图片。"因为，李鸽是《杨廷宝全集》的责编，她知道著者很需要这方面的资料，因此，该书还未出版便急于告知著者这一信息。

"太好啦！"著者听到这一意外消息欣喜之余急着又问道："巫加都是什么人？是干什么的？您有她的电话吗？告诉我，我要去拜访她。"

"她是巫敬桓的女儿，现在是北京新华通讯社高级编辑、记者。"李鸽回答完，并告知了电话。

随即，著者拨通了巫加都女士的电话，在自我介绍之后接着说："我刚从建工出版社那儿知道您是巫敬桓先生的女儿，他们正在编辑您写的书，还了解到书中您写了有关杨廷宝先生的一些事。因为，我也正在为杨廷宝先生出书，编纂《杨廷宝全集》，很想请您提供一些杨廷宝先生与您父母共同设计和平宾馆、王府井百货大楼的图纸，好吗？"

巫加都女士听完著者这一番话，也许觉得杨廷宝先生是她父母的恩师，又共事数年，便客气地一口答应下来，并说："好的，我整理好后发给您，您先把邮箱告诉我吧。"

"谢谢，我原先已计划好这月中旬要来北京几个地方寻找杨廷宝先生的资料，到时想拜访您，行吗？"巫加都女士爽快地答应下来，并留下了单位地址。

半个月后，著者按预定计划专程赴北京和天津欲进行5天的寻"宝"，其中约定14日下午与巫加都女士见面。

"喂，都都吗，我是黎老师，我已到了新华通讯社大门口，"因著者来京前在邮箱中多次与巫加都女士互通信息，她喜欢称她为"都都"。

"好的，黎老师，我马上过来，请稍等。"一个清脆的声音从手机中传来。

不一会儿，著者看见大门里有几个人朝大门外走来。但一时不知哪一位是巫加都女士，正在张望中，只见一位风姿秀雅的女士直接走向著者。

"黎老师，您好。"因为大门外只有著者一个外来人站着像等人的样子，而且，事先已告知她著者长的身高特征，所以巫加都女士毫不迟疑地来到跟前先打了招呼。

"您好，都都。"见此，著者也自然认定这就是第一次见面的巫加都女士了。

"咱们现在就去杨叔叔家中一起聊聊吧。"便一同乘出租车向朝阳区驶去，这是事先与巫加都女士沟通好了的。因著者此次赴京津寻"宝"计划排得满满的，想趁此机会与杨廷宝在基泰的老搭档杨宽麟之子杨伟成见上一面，而巫敬桓与杨伟成同在北京建筑设计院工作过。这样，有巫加都女士的陪同，与她称之为杨叔叔的杨伟成说上话就自然得多。

约半小时左右，车在一小区大门口停下。走进高层住宅楼鳞次栉比的小区内院时，巫加都女士在楼下给杨伟成打了个电话，问杨伟成住在几层后，我们就直接上楼进了杨伟成的家。杨伟成见状热情地招呼我们一起围坐在茶几周边的沙发上开始聊了起来。

"杨先生，我从南京来，来之前因为正在编纂《杨廷宝全集》，从中知道一点杨廷宝与您父亲杨宽麟先生在基泰搭档20多年的工作关系，很想收集一点他俩的一些资料和图片录入书中，但目前我手上有关杨廷宝和杨宽麟两位先生在一起的资料一点也没有，这次来想请您提供一些这方面的史料或照片，好吗！"著者在寒暄之后，直接说明了来意。

"前几天都都跟我说了你的事，她前一段时间也在编著她爸爸妈妈的书，我已给她提供了一些我父亲与杨廷宝、巫敬桓在兴业公司设计、建造和平宾馆期间的一些图片，她会转发给你的。"

"好的，谢谢杨先生。"

"黎老师，您要的有关资料、图片，我已经整理了一些，过几天我就发给您。"巫加都接着说。

"谢谢都都。"著者面向巫加都女士表示感谢地说。

随后，杨伟成谈了一些建造和平宾馆期间，二杨的一些逸闻趣事，以及与巫加都聊了一些往事。三人大约聊了一个多小时，便与杨伟成告辞离去。

等著者此次在京津5天寻"宝"结束返回南京没几天，就收到巫加都女士发至邮箱的和平宾馆和王府井百货大楼两套施工图纸。著者打开文件一看，10张和平宾馆的主要施工图和14张王府井大楼的主要施工图悉数展现。再看每一张施工图的尺寸标高详尽、细部交代清楚。不用说，转换为方案图手绘起来必定得心应手（图9、图10）。

2016年元旦，著者正好启动建筑卷手绘杨廷宝建筑设计项目各套图纸的浩瀚工程。手绘的第一个项目就是和平宾馆。先是画铅笔定稿图，再在硫酸纸上用针管笔描绘正图。著者之所以要手绘，那是觉得手绘图纸方显手头功夫和图面品位。何况，杨廷宝的施工图皆为手绘，似乎用手绘方式来表现杨廷宝的建筑设计作品是最恰当不过的了。就这样，花费半个多月的时间，终于将和平宾馆和王府井百货大楼两套图纸绘制完成。至于后来完成建筑卷上、下两卷共120个项目计四百余张的图纸绘制，竟然断续画了4年之久，且画坏了4只德国红环0.18的针管笔，当然，这是后话。

虽然，和平宾馆和王府井百货大楼的图纸手绘完毕，但这两个项目的图片还寥寥无几。著者正在不知如何是好时，巫加都女士及时地先后发来计20多张图片。除这两

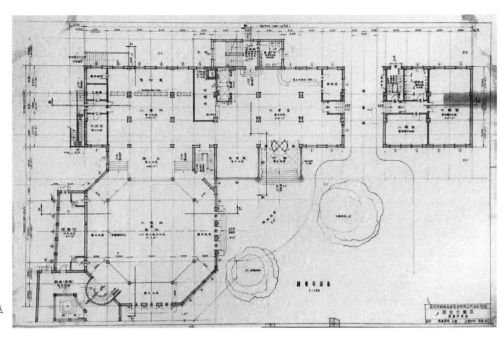

图9 和平宾馆一层平面图(巫加都提供)

图10 北京王府井百货大楼,渲染图,巫敬桓绘(巫加都提供)

个项目的室内外景观照片外（图11、图12），更为珍贵的是杨廷宝与杨宽麟在和平宾馆建设工地上的现场照片（图13、图14），这在全集近千张杨廷宝生平照片中，难得见到他在现场工作的实景照片。对比在杨廷宝设计的百余项建筑设计作品中，著者竟然没有寻到一张杨廷宝伏案设计或画图的实景照片，真感遗憾至极。

图11 1955年9月开业时的北京市百货公司王府井百货商店全景（巫加都提供）

图12 1950年代后的营业厅内景之一（巫加都提供）

图 13 杨廷宝（前排中）、杨宽麟（二排左 1）与兴业公司领导及和平宾馆工程主要有关负责人在工地合影（巫加都提供）

图 14 杨廷宝（左）与杨宽麟这对基泰 20 多年的老搭档又携手在北京和平宾馆的建设工地上（来源：东南大学档案馆）

图15　巫加都编著

欣慰的是，9月12日巫加都女士给著者寄来刚出版不久的《建筑依然在歌唱——忆建筑师巫敬桓、张琦云》一书（图15），因急于想知道书中写了哪些有关杨廷宝的史料，便爱不释手地一气从头读下来。果然，著者不但被巫加都女士的优美文笔所吸引，而且书中不少有关杨廷宝的信息、史料、图片着实让著者有如获至宝的欣喜。于是，从中扫描所需图片补充进《杨廷宝全集》中，并将书中有杨廷宝现身的内容、时间、地点逐一编入"杨廷宝年谱简编"之中。此外，根据书中所述，将杨廷宝与巫敬桓、张琦云三人亦师亦友、共事数年的事撰写成"得意爱徒显身手"故事中。

说起写杨廷宝与他的爱徒巫敬桓、张琦云的故事，著者还多次在微信中咨询过巫加都女士。其中，在2020年4月19日已经深更半夜还发了一条微信："……现在手上正在撰写《杨廷宝故事》，目前已写了近50个故事，计划中有一个要写杨老和您爸爸妈妈之间的故事。为此，这两天我又从头到尾重新拜读了一遍您赠的书，读来又有新的感悟。巫、张两位先生的事迹令人感动，加上您的文笔实在太好，一气把书再次读完，并把书中有关杨老出现之处做了记号，算是开写前的备课吧。为了使这个故事写得更充实、更生动些，请您再回忆一下，书中提及他们相处的蜻蜓点水之笔，能再说的细致一些，好吗？现提供几个线索：1.1948年4月11日，巫、张而位先生在南京结婚，杨老是否出席捧场？因为系里有几位老师结婚时，杨老只要有空一定会凑热闹的。若杨老出席了您爸爸妈妈的婚礼，有签名吗？有他在场的照片吗？若有的话请扫描发给我。2. 在书中第 311 页您写道，1977 年 9 月 21 日，在八宝山举行巫敬桓先生'追悼会那天……多年不见的杨廷宝爷爷也赶来了……妈妈拉着老师的胳膊，小女生似地哭了，杨爷爷父辈似地劝慰她。'能把有关杨老在这一场景中的言行描述一下吗？杨老是怎么得知这一消息的？他是出差在北京还是从南京赶过来的？杨老参加追悼会有签名和他在场的照片吗？ 3. 书中第 230 页末尾三行，您写道：'……她说杨廷宝爷爷喜欢喝加糖的红茶。那些年杨爷爷到北京，有时来家里坐坐。张同学总要煮红茶，加上糖，热气腾腾地端给杨老师。'能把这场景再充实些吗？ 4. 杨老当年带您爸爸妈妈来北京参加和平宾馆设计前前后后的过程，您听爸爸妈妈讲过吗？能描述再多些吗？ 5. 杨老与巫先生之间有信件来往吗？若您珍藏有杨老给巫先生的信件，也请扫描发我。6. 书中第 160 页您描述了他们去大同等地参观游览，您听过爸爸妈妈讲过其中有趣的故事吗？ 7. 还有，书中未涉及的您爸爸妈妈与杨老的故事也请一并回忆一下。……我写杨老与您爸妈的故事前，先想到这些想要进一步了解的细节，此事您不必急于回复，慢慢来。也许我问得太多、太细。没办法，看来我干事情也有点像您爸妈一样认真，这都是从杨老他们老一代一脉传承下来的。好了，就此搁笔，晚安。"

没想到第二天晚上已过零点，巫加都女士熬夜赶紧回复道："黎老师好！您辛苦啦！花这么多年的时间，下这么大功夫，真是不容易！我对杨老先生印象不多，那时太小。记得'文革'前在家里见过他，他们大人们都很高兴，我妈兴致勃勃地为老师烧红茶。以后在我爸的追悼会上见过他，他应是当时正好在北京吧，不是从南京赶过来的。过去我父母是时不时提起杨老师，但是说的什么我实在想不起来了。我给父母出书时，他们师生交往的资料和照片能找到的也都用上了，好像也没更多的了。如果能发现或想起更多的，一定及时告诉您哈。"

至此，巫加都女士提供了尽其所有的相关资料，著者获此"宝"，不但心满意足，而且将这些相关资料归类整理，分别编排到建筑卷和影志卷中。同时，根据巫加都女士提供的两个项目的施工图纸和照片，手绘图纸也大功告成。

（7）得最完整施工图之"宝"

在 2013 年 12 月 10 日上午由同学栗德祥陪同去林洙老师家欲寻找杨廷宝先生赠送

林徽因先生那张水彩画未果的下午,著者又去了清华档案馆,想查寻杨廷宝先生在清华学校读书时的一些档案,比如成绩单及其他一些相关信息的档案。但是,管理员说:"1930年之前学校还没有建档,所以你想要的东西我们还没有。"没有想到这一天上午白跑一趟,下午又碰了一个钉子,真不走运。一时无话可说,只好怏怏而归。后来曾懊悔,当时为什么没有想起,既然来到清华档案馆,虽不能查到杨廷宝先生的在学成绩单,何不趁此查查他当年设计的清华四大建筑的施工图纸呢?以至于两年后想起这件事,只好拜托曾在校任教的同窗了。

2016年新年伊始,著者开始了《杨廷宝全集》建筑卷的手绘工作。计划是先将杨廷宝先生在北京设计的几项工程手绘图纸画完。并在首先完成了和平宾馆和王府井百货大楼手绘图纸之后,打算接着手绘杨廷宝设计的清华四大建筑图纸。

但是,著者一旦想手绘杨廷宝先生设计的清华四大建筑时,手上的相关资料相当欠缺,几乎无从下手手绘。怎么办?这时才后悔上次去清华档案馆竟然没有想起这件事。对了,找我同学栗德祥的夫人邓雪娴同学帮忙。

"雪娴,你好!有件事要麻烦你。"著者拨通电话说:"这几年,我在做《杨廷宝全集》的编纂工作,准备将杨廷宝的所有工程项目重新手绘一遍,因为已出版的杨廷宝建筑设计作品集之类的书,资料也不全,画的也不深入细致,有的还有错误,想费点事重新画全了。杨老早年在清华设计的四大建筑施工图纸你帮我去学校档案馆查一查,看有没有。有的话,用手机拍摄就可以了,先每张图纸拍一张全的,上面要有图签,再多拍点图纸放大的局部,关键是要能看清所有尺寸,以便我依此手绘重新画出来,拜托了。"

"好吧,我先去档案馆查询一下,给你一个口信。"邓雪娴同学允诺道。

两天后,1月14日邓雪娴同学来电:"黎志涛,我到档案馆去过,管理员以为我是外校的,开始说这种档案不能外借。我说我是本校建筑学院的老师,我们做课题研究需要。管理员一听我是建筑学院的老师,马上改口,并调出图书馆和生物馆两份图纸让我看,但图纸年代太久,已破烂不堪,无法扫描,我只能拍了照,等整理好发给你。"

著者一听图纸有了下落,便期待早日能见到这些"宝"。

两天后,邓雪娴同学真的将杨廷宝先生设计的清华图书馆50张全套施工图纸和生物馆41张全套施工图纸的电子文件全部发了过来(图16、图17)。这些图纸历经八十多年虽然已经非常陈旧,折痕如网、裂缝斑斑,但却更显如文物弥足珍贵。这是著者看到的第一份杨廷宝先生主持设计项目的完整施工图纸。从设计深度看,细到木

#
图 16 清华大学档案馆藏，邓雪娴索取并献的宝（图书馆扩建工程施工图纸）

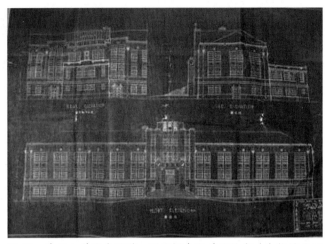
图 17 清华大学档案馆藏，邓雪娴索取并献的宝（生物馆施工图纸）

门窗线脚、清水砖砌图案大样、外檐节点尺寸等所要考虑的设计问题都画了出来，而且这些设计意图怎么能施工做出来都交代得一清二楚，似乎现场只要照图施工就可一气呵成。由此可见，三十而立的杨廷宝先生设计是何等的认真、细致、负责，不得不令人佩服他的敬业精神和惊人功底。只是自右至左的繁体中文字和英制尺寸让著者重新手绘时费了点劲儿。不过，图纸上所有墙线，门窗洞口，以及清晰的立面线条和剖面交代，都一目了然，手绘起来也相当轻松，几乎没有一处难以识图的地方。

生物馆图面要比图书馆图面干净、整洁多了，看起来也很爽快。设计深度如同图书馆一样，设计内容面面俱到。甚至，楼梯栏杆的金属花饰、特制屋顶女儿墙外排水水斗式样等都详尽标注了尺寸。就连 370 外墙和纵墙以及 240 横墙，宽窄画得分明，而所有横墙，或所有外墙、纵墙各自厚度画得完全一致。特别是主入口直上二层门厅的近 20 步室外大台阶的宽窄简直像现在用电脑画出来那样等宽、精准，完全挑不出一点点误差的瑕疵。要知道八十多年前杨廷宝先生可是用不太好使的鸭嘴笔工具手画的啊，可见杨廷宝先生的设计功力和绘图的基本功有多深厚！而且从图面排版上看，杨廷宝先生不但考虑工人识图的方便，将有关联的图纸内容排版在一张图上，并力求图面效果匀称、紧凑、饱满，由此更可看出杨廷宝先生处处所流露出来的建筑师美学涵养。不像我们现在往往在一张 0 号或 1 号大图纸上只放一个图纸内容、空空荡荡，使得一个工程项目仅图纸就数十张。不但施工人员看图东找西找，而且大大提高了设计成本，而设计者个人的设计素养也就不敢恭维了。

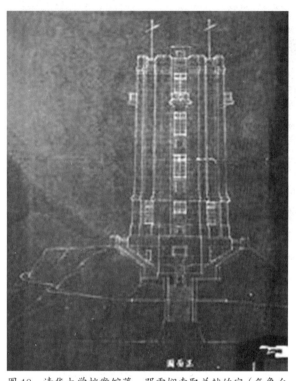

图 18 清华大学档案馆藏，邓雪娴索取并献的宝（气象台施工图纸）

图 19 清华大学档案馆藏，邓雪娴索取并献的宝（明斋施工图纸）

著者完全理解了清华图书馆和生物馆的设计内容和图纸表达后，用了半个月时间也就手绘完成了这两项工程的全部图纸。但是，还有气象台和学生宿舍（明斋）两个工程项目的施工图纸没到手。是邓雪娴同学上次查看图书馆、生物馆图纸时，一个人一张一张小心翼翼摆弄文物般的图纸，拍照费了太多时间，来不及再拍气象台和明斋图纸呢，还是档案馆根本就没有后两份图纸？此时，要开始着手绘制气象台和明斋的图该怎么办？再打个电话吧。

"雪娴，上次发来的清华图书馆和生物馆图纸已经重新画完了。还有气象台、明斋两个项目，档案馆有图纸吗？"

"有的，上次来不及拍照了。抽空我再去一趟，请稍等。"

5月27日，邓雪娴终于又发来气象台和明斋两个项目共80多张图片（图18、图19），全图、局部张张清晰可辨。连同4个月前发来的两个项目图纸，算是把杨廷宝先生当年主持设计的清华四大建筑施工图收集全了，实在是珍贵至极。

虽然著者依照原始施工图纸将杨廷宝先生主持设计的清华四大建筑重新手绘成建筑方案图，并在前一年的2015年12月赴北京时专程跑清华去了一趟，拍摄了四大建筑的照片。但是，此时发现，这四座建筑应属于"全国重点文物保护单位"，却忘了拍摄文保碑了。而且，拍气象台建筑时，著者是站在远处拍全景的，也忘了到小山坡上去拍近景。为了弥补这两个遗憾，又发微信请邓雪娴同学去补拍，才心满意足最终完成了这4个项目的资料收集、整理、绘图工作，让这四件"宝"的真容完整亮相。

（8）复原消失的"宝"

有一次在翻阅张镈著《我的建筑创作道路》一书时，当看到"第三章 在基泰工程司的经历"中有一段叙述："杨老在一生的创作生涯中，以向'中而新'和'中而古'两个方向努力为主……1935年他设计北平先农坛体育场时，看台从功能出发，未加润色，但在椭圆形体育场的一端，设计了一个亭门式的传统建筑物，有画龙点睛之妙，使人一看就能感觉到这是中国式的体育场。"这一段话引起著者的关注。以前从没有听说过杨廷宝先生设计过北平先农坛体育场，而且，在各类介绍杨廷宝先生建筑设计作品的著作中也从未提过杨廷宝先生的这项设计作品呀！

但是，在张镈的书中有两个事实可以证明北平先农坛体育场是杨廷宝先生的设计作品。一是张镈所说"1935年他设计北平先农坛体育场时"，时间符合事实。杨廷宝先生此时正在北平修缮天坛公园古建筑。而先农坛正处在永定门内大街西侧与天坛隔路相望，修缮天坛与设计先农坛体育场两不误。更重要的事实是，当事人张镈作证："我于1935年1月被调来北平事务所，不是为了文物整理委员会工作，而是在杨师的指导下做设计工作。"也就是说，杨廷宝先生在北平期间，不是单打一只做古建修缮工作，而且还接项目做设计。据张镈书中说，"承担的设计还有：先农坛体育场，有传统的塔楼；南京社会科学院历史所楼，有传统屋顶；南京国际俱乐部新楼，似作中国园林式；南京国立中央博物馆设计竞赛参赛作品。"

为了进一步找到旁证，著者在网上搜索发现金汕著《当代北京体育场馆史话》通俗读物，心想书里也许会有北平先农坛体育场的介绍。便网购翻开目录一看，果真"北京最老的大型体育场——先农坛体育场"跳入眼帘。当著者欣喜阅读此文后，只看到先农坛体育场的建造简史，且只提到工程承包商、监工，对设计者却只字未提，而大部分文字是讲述各项赛事。幸好文中有一张照片是体育场北端入口一座大屋顶门楼建筑形象与张镈所述完全吻合。这也算是小小的对应旁证吧。

著者既然考证了北平先农坛体育场是杨廷宝先生所设计，将它列入杨廷宝先生一生建筑设计作品目录中应是毫无疑义的。但是要收入《杨廷宝全集》建筑卷中，图片、图纸从何而来？

著者又在网上搜索"北平先农坛体育场"条目，获得一条重要信息：即北平先农坛体育场在1986年11月至1988年9月期间，为了迎接1990年的第十一届亚运会在北京举行，就被拆除重建，也就是说现在再也无法看到当年杨廷宝先生设计的真实先农坛体育场了。不得已只能从过去的影像中去寻找。

从哪儿找线索呢？对！找设计亚运会场馆的设计单位。印象中，著者在《建筑学报》看过北京第十一届亚运会工程介绍的文章，于是翻出自藏的《建筑学报》1990年合订本，在总目录中找到了当年第九期有对此多篇文章介绍。但没找到先农坛体育场重建项目介绍的文章。不过著者却发现了比自己高一班的清华学长、1997年被选为院士的马国馨撰写《国家奥林匹克体育中心总体规划》和《奥林匹克体育中心体育馆》两篇文章。他设计这些体育场馆项目一定对北京体育场馆的历史发展有过调研，也一定收集过不少相关资料，找学长马国馨院士帮忙没错。

2019年5月29日晚，著者即给马国馨院士发了短信："马师兄，学长：您好，我是建六黎志涛，从王建国院士处要到您的电话，冒昧打扰您了。我2012年至今一直在编纂《杨廷宝全集》7卷大型图书，因杨老一生为人行事低调，从不张扬，所以搜集杨老的史料较为费时周折，除去几年来自己到处寻'宝'，还靠许多朋友、学生帮忙提供信息、资料等。今有一事向学长您求助：1935年杨老和张镈设计了北平先农坛体育场（1937年七七事变前夕基本建成），这是北京第一座体育场，1988年为迎接第十一届亚运会被拆除重建。我现在需要杨老设计的老先农坛体育场的相关资料（图和老照片）收入书中，苦于通过各种渠道未果。想到您是亚运场馆设计师，对北京体育场馆的历史沿革、史话定有深入研究，不知您手头上有否老先农坛体育场的相关资料？能提供给我作为杨老设计作品的补遗吗？或者您有什么线索帮我搜集到吗？哪怕有一张历史照片或图也好，都显得非常珍贵。多谢了。学弟黎志涛"。著者实在太想搞到杨廷宝先生设计的北平先农坛体育场资料了，否则，杨廷宝建筑设计项目清单中，因这一空白不能填补而遗憾之极。

幸好，马国馨院士半夜短信回复中使著者看到了希望："收到，待明天我去院先查一下照相组档案中是否有，然后再找其他渠道，我想应该有办法。"

第二天中午，马国馨院士接着就发来了一个令著者欣喜的短信："黎教授，我先

图 20　马国馨院士献的宝（北平先农坛体育场鸟瞰全景）

图 21　马国馨院士献的宝（北平先农坛体育场场内看入口）

找了我院体育工作室的陈晓民，她是东南大学毕业的，她已找了不少照片，您把邮箱告我，好给您发过去，问好。"

著者听到这一消息，当然十分高兴，心里一块石头落下来，马上回复："马学长：太好啦，没想到您给我这么大的惊喜，再次谢谢啦。"著者在告知邮箱后又接着说："对了，晓民我教过她，代向她问好。"

当天下午就收到学生陈晓民发来新中国成立前、后先农坛体育场的照片各 20 多张。特别是一张航拍的先农坛体育场老照片，把其全貌看得一清二楚（图 20）。另一张从体育场内平视北入口唯一一座建筑门楼的形象也一目了然，场内九条环形赛道也清晰可见（图 21）。再加上主席台、看台等零星照片和一个 Word 文件简介，著者对先农坛体育场的设计图样也可推测八九不离十了。

著者仔细看了这些照片后，便回复马国馨院士："马学长，邮件打开啦，照片不少，可以选用几张建筑照片收入《杨廷宝全集》建筑卷中了，就此填补了杨老设计作品中这个项目的空白，如果能找到运动场的老图纸就更全了，哪怕不清楚，有个参照物，我能重绘出来。杨老的一百余项工程我费了几年的工夫全部都是把各项目总平面图和平、立、剖面图手绘出来的，这样，杨老的每一项目资料就全了。"

当然，也在著者意料之中，要想找到先农坛体育场的图纸几乎不可能。根据著者这么多年寻"宝"的经历，只在清华、东大、南大、川大有限几所高校的档案馆能见到杨廷宝先生当年设计的施工图图纸外，杨廷宝先生在社会上设计的建筑项目无一寻觅到原图。果真，马国馨院士最终也没有探明先农坛体育场图纸的下落。

不得已，著者根据马国馨院士、陈晓民建筑师发来的这么多照片，以及对照田径赛场的设计规范，并参考文献资料，加上对诸多材料的综合分析、识图理解和手绘基本功，居然也可以把消失的先农坛体育场大差不差地画出全套方案图来，如同考古专家能够复员出文物原貌一般，自感也是一件欣慰的事。

至此，在马国馨院士和学生陈晓民的热情帮助下，又一件杨廷宝八十多年前消失的"宝"物收入囊中。

（9）寻觅收官之"宝"

2018年4月23日，著者应邀赴北京参加由中国文学艺术界联合会、中国艺术研究院、中央广播电视总台、中央新闻纪录电影制片厂（集团）等单位联合摄制的大型系列人物传记纪录片《百年巨匠·建筑篇》开机仪式。开机仪式在故宫武英殿前广场举行。《百年巨匠·建筑篇》将聚焦詹天佑、茅以升、梁思成、杨廷宝四位近代建筑工程领域的开创者和奠基人，以影像传记多角度展现他们不凡的人生历程和卓越的学术造诣，展现近现代中国建筑事业的发展和建筑文化的演进，从近现代中国建筑史的独特视角展现中华优秀文化的中国特色、中国风格、中国气派，展现中华文化的永久魅力和时代风采。

在开机仪式前，著者结识了坐在左侧的住建部原总工、瑞典皇家工程科学院许溶烈外籍院士（图22）。闲聊中知道他与杨廷宝先生关系很好，曾于1973年6月与杨廷

图22 记者车梅摄（2018年4月23日，在故宫武英殿前《百年巨匠·建筑篇》开机仪式上著者与许溶烈相识）

宝先生率领的中国建筑工程技术代表团访问日本一个月，他自己说："我与杨廷宝先生这次访日成了忘年交"，并讲了不少他们访日期间的趣事。

"许老，那你们这次访日，时间又这么长，一定拍了不少照片吧。"著者趁机询问道。

"有的，日方还送了不少他们拍的照片呢。"

"那您能不能扫描一些你们访日的照片，特别是有杨老在场的照片给我，因为我这几年一直在编纂《杨廷宝全集》，很希望收进这套书中去。好吗？"

"行，我要抽时间找一找。"

"好的，谢谢许老。"

由于开机仪式即将开始，我俩暂时中断了聊天。

一个多小时的开机仪式结束后，行将中午，各自要离开。

"许老，请您留个电话给我，行吗？我们以后再联系。"著者说。许老很爽快报出电话号码，著者随即录入手机通信录。

从北京返回一周，适逢五一劳动节，著者发了第一个短信给许溶烈院士："许老，节日好，上周在《百年巨匠·建筑篇》开机仪式上有幸见到您，并坐在一起，聊得很开心，久闻您大名，您又和杨老共事过，很想得到您与杨老出国访日活动的一些照片，烦请许老在空闲方便的时候找一找，若有的话，请您告诉我，谢谢。"

第二天，许溶烈院士就回复道："黎老师，你好！近日我在浙江杭州、绍兴，我会记得这件大事的。"

一听许溶烈院士在外地出差，年龄又高寿了，不能催得太紧，便立即回复："许老，谢谢您，此事不着急，您多保重身体。"

此后，著者一直忙于全集各卷后期的内业工作，手绘杨廷宝工程项目图纸，陪同中央电视台《百年巨匠·建筑篇》剧组在沈阳、南京拍片，还到江苏泰兴调研、考证刚得知的杨廷宝又一不被人知而遗漏的工程项目——杨根思烈士陵园……就此把拜托许溶烈院士的事搁置下来。

这一搁置竟快两年。直到 2020 年 3 月 3 日，许溶烈院士突然发来一条短信：

"黎老师：你好！近日趁疫情宅在家里，无事可做，我在整理资料中，发现 1973 年我随杨廷宝先生为团长的赴日代表团，有一些与杨廷宝先生考察活动的照片，如有可取，我可转发给你，未知如何？疫情期间谅必你和阖府平安安康无恙！许溶烈。"

看来，许溶烈院士也挺忙，还经常外出。今年的新冠疫情使许老也只能宅在家里，也就有了时间翻找著者想要的杨廷宝先生访日照片，还真给找到了。但是，怎样拿到呢？于是，著者发短信与许溶烈商量。

"许老，您好，刚看到您的短信，太高兴啦。北京一别快两年了，没想到许老在百忙之中仍惦记着这件事，实在感谢至之。这两年我一直在忙《杨廷宝全集》这套多卷书，即使当前疫情期间正好宅在家里埋头做这件事。只因杨老一生做人低调，干事不张扬，所以寻他的'宝'如同大海捞针。现在在您那儿又寻到一些'宝'物，确实让我喜从天降。许老，因现在不能外出，不然我要亲自到府上拜访感谢。您看，若您有助手可帮忙，扫描后发我邮箱，还是您有更好的办法？此事您也不用急，您在这非常时期千万要保重啊。"

发完这条短信后，又隔了两个月，著者不见动静，心想，也许许老年纪大了，疫情期间办照片扫描的事确实也不方便，自己又不能去北京，怎么办？能不能有个简便的办法呢？忽然想到，找建工出版社李鸽跑一趟，她是建工出版社的副编审，又是这套书的责任编辑，且与著者是多年熟悉的朋友，著者不少书是经她手出版的，这事找李鸽帮忙最靠谱。

"小鸽，您好"5 月 24 日上午，著者一个电话打过去，"有件事麻烦您帮个忙。早两年在北京参加中央电视台举办的《百年巨匠·建筑篇》开机仪式上，我认识了建设部总工程师许溶烈许老，并与他闲聊中了解到他与杨老一起到日本访问过，后来成为忘年交的朋友。他说，他有那次访日的杨老照片，但我没法来北京。麻烦您与许老联系一下，拿上他给的照片在出版社扫描后发给我，好吗？我把许老的电话发您微信上。

去时带个录音笔，您同许老聊聊，让他讲讲他与杨老之间的故事。"

"好的，黎老师，我这就联系他。"

著者立刻抢在李鸽之前给许溶烈院士打电话告诉他，中国建筑工业出版社有位叫李鸽的女编辑会与他联系拜访的事，以便让许老有个思想准备。

十来分钟后，许溶烈就发来短信："黎老师：已经与李鸽老师联系上，我们另约见面时间，谢谢，许溶烈。"

著者知道李鸽与许溶烈接上头后放心了，"许老，谢谢，她来拜见您时，有空的话您对她多讲讲您与杨老之间忘年交的故事，她会转述我的，我要写进另一本《杨廷宝故事》书里。谢谢您，午安。"

三天后，即5月27日，李鸽发来微信："黎老师好，我昨天已经见了许老，带回照片51张，今天送到出版社有关部门去扫描了。"

著者看到这条微信当然很高兴："小鸽，您又立了一大功，又搞到这么多照片，太好了，谢谢。我正在把以前陆续收集的补遗照片文件打开——纳入影志卷各章节中，并重审一遍该卷文字，估计本周末可完成。再等您将许老的这些照片发我后，编入卷中就可先把影志卷稿发给您做起来。最近把新发现的杨老指导设计的又一个项目（南京清凉山崇正书院）手绘图画完，连同上周刚拍的该项目照片一并发给您。再把《杨廷宝故事》的最后两个故事写完就算了结了。对了，许老给您讲过他与杨老忘年交的故事吗？"

"讲了一些，我们在室外小广场见面的，许老有口音（绍兴人），我听的不怎么清楚，征得许老同意，我录音了。文件我也发给您。"

当晚，著者想到一个细节，又给李鸽发了一条微信："小鸽：刚听完一遍录音，让您辛苦了，谢谢。您扫描完照片发给我时，将51张照片文件编上号，以便我看了从中挑选几张照片，并写个采访提纲给您，想了解多一点。等您此后返还照片给许老时，请许老再讲讲这几张照片背后的故事。"

一周后，李鸽把扫描的照片发到了著者邮箱（图23、图24）。

"小鸽：51张照片收到，太好了，比杨老的访日照片清楚多了，而且有好几张杨老现身的照片可以补充到影志卷中去，晚上我把所选有杨老的照片编好序号返还给您，您再去许老处还照片时，把这几张照片的背景请许老讲述一下，并录音。好吗？"

因许溶烈院士绍兴家乡来客，又隔一周后李鸽才去许老家中返还照片，并针对著者提供其中挑选有用的照片，与许溶烈院士采访了一上午，且录了音。当晚李鸽就把

图 23　许溶烈献的宝（杨廷宝访日期间参观工地）　　　图 24　许溶烈献的宝（杨廷宝访日期间参观高层建筑群风洞试验模型）

录音发至著者邮箱。

著者第二天早晨起床后，就开始听录音，边听边记每张照片上在日本什么地方、考察什么项目、有代表团哪些人、叫什么名字，等等。但李鸽与许溶烈的对话，聊到照片上的人物时，因只听他俩语音对话，却无照片对照，著者仍然不知他们指的谁是谁了。只好发微信让李鸽在编号照片上注明各人名字。但许老是绍兴人，李鸽一时听不准发音。没办法，著者又打电话麻烦许老了。

没想到许老太热心了，他立即查访回音：

"黎老师：你好！今天你来电话后，我突然想到访日代表团副团长、国家建委设计局局长叫'李云洁'，其余一两位，我在找老北京市建筑设计院的老友询问中，有情况当及时相告！"

当晚，已经快十点了，许溶烈院士又发来一条短信："黎老师：经查访编号004相片，我右边一位是北京市建筑设计院搞总图的佟景钧工程师。"看来许溶烈也是一位极其认真干事的人。

经过两年多断断续续与许溶烈院士从相识到从他那儿获得杨廷宝先生47年前的访日照片过程，终于在《杨廷宝全集》影像卷脱稿前夕获得最后一批"宝"。

2. 两度赴沪寻墨宝

著者在 2012 年 8 月受命主编《杨廷宝全集》之前，因曾指导过博士生刘怡研究杨廷宝先生学术成就的博士论文，后又接着撰写、出版了"中国建筑名师丛书"《杨廷宝》传记体裁口袋书，虽不敢说对杨廷宝先生的一生了如指掌，但对他的人生经历、事业成就、高尚人品等总要比别人知道多一点；并且对杨廷宝史料的积累也颇为丰厚。只是编纂《杨廷宝全集》与撰写《杨廷宝》不同的是，前者全部书中内容应是杨廷宝的原作、原创、原真。编纂者的任务实际上是在挖掘、征集、整理、编辑杨廷宝先生的"宝"物，说白了就是为杨廷宝先生出书。因此，寻觅、收集杨廷宝先生的"宝"物便成为编纂工作起步阶段重要的环节。

但是寻觅、收集杨廷宝先生的"宝"物又是一件不易的事，加上杨廷宝先生一生为人行事向来都是谦虚、低调，从不张扬，甚至封口一生，这就更增加了寻"宝"的难度。但是，著者只要是捕捉到一丁点杨廷宝先生的"宝"物线索，那就锲而不舍地一追到底，直到如愿以偿。下面就说说著者为寻觅杨廷宝墨宝两度赴沪终获此"宝"的故事吧。

著者 2011 年撰写《杨廷宝》传记体裁一书时，从拜读《新华日报》刘向东和吴友松两位记者著的《广厦魂》一书中"上海之行"故事里就知道，杨廷宝先生于 1982 年 7 月赴上海视察两年前他自己带领南京工学院建筑研究所老师们修复古漪园竣工，并参观秋霞圃时曾应邀手书"静观自得"一幅题字，并制成大匾挂在一处园林建筑中。现在正在编纂《杨廷宝全集》中的手迹卷，是不能缺了这幅墨宝的。于是，著者从此走上了寻此"宝"的漫漫路。

起先，著者想得很简单，认为那次杨廷宝先生视察古漪园修复竣工是上海园林局邀请的，打个电话过去询问一下不就知道下落了吗？

"喂，您好，上海园林局吗？我是南京东南大学建筑学院。我们正在编纂杨廷宝先生的书，他 1982 年受你们邀请来上海视察古漪园竣工时，曾到秋霞圃参观游览，并题写了一幅'静观自得'书法。请问这件原作还在你们单位保存吗？"著者开门见山向接电话的一位中年女士询问道。

"没听说过有这件事啊。"对方一头雾水地回答。

也难怪，事隔二三十年，上海园林局人事变动早已换了好几拨人。接电话的中年女士当然不知所闻，问老人又能问到谁呢？看来，坐在家里等现成的没那么好事，干脆到上海跑一趟去大海捞针吧。当时著者想到的是先找到挂有那块黑底金字大匾的园林建筑，把"静观自得"四个字拍摄下来再说。

2014年1月，一个寒风飒飒的冬日，著者趁在上海讲课结束之后，请在沪工作的学生周铁钢派了一辆车送至嘉定县。只是当时因《广厦魂》书中所写"杨廷宝的题字就被制成黑底金字的大匾，悬挂在秋霞圃大厅的上方"，就误把秋霞圃当成古漪园的一个景观建筑了。于是一脚踏进古漪园，开始对园中每座亭、堂、楼、阁一一寻查，转来转去，甚至曲径通幽走了不少重复路也没见到有哪一幢园林建筑挂有此匾？看看转了一上午，时间也不早了，下午还要赶火车回南京，只好作罢。

回到南京，再翻开《广厦魂》一书，重读"上海之行"这一章。噢！原来秋霞圃本身就是上海一处江南名园之一，与古漪园没有任何关系，是著者跑错地方了，难怪空手而归，原是读书不仔细而受到惩罚。没关系，那就再跑一趟上海。

2015年2月5日，著者又趁在上海讲课结束之机，还是请在沪工作的那位学生周铁钢再派车又一次直奔嘉定秋霞圃。这次学乖了，进秋霞圃园门先向服务员打听办公室怎么走，负责人贵姓？经服务员指点，著者才从入口小院向右拐，径直走向一处不起眼的一溜小平房办公区。

"噔、噔、噔。"轻声敲了三下门。

"请进。"屋内传来中年人浑厚的邀请声。

"您好！我是东南大学建筑学院的老师，我们正在收集、整理杨廷宝先生生前的史料，为他出书。听说他1982年在上海园林局负责人的陪同下，来过秋霞圃参观，并题写了'静观自得'四个大字，还制成大匾，不知这个大匾挂在何处？我想到实地参观一下。"著者进入办公室向负责人说明了来意。

"您来，"负责人起身将著者引出办公室门外，手指西北方向说："您从入口小院向左前方，沿半封闭游廊走到左边有一门洞口出去就会见到一处叫'碧梧轩'的建筑，您说的那个大匾就挂在那儿。"负责人热情地介绍说。

"谢谢。"道谢后正举步要离开。

"等等。"负责人转身进屋拿出一本《秋霞圃志》送给著者，并说："书里面有碧梧轩的简介您拿去看看吧，里面还有一幅秋霞圃的地图，您看看很好找的。"

著者再次道谢后，打开书中秋霞圃地图那页一目了然。当著者按图索骥走到游廊门洞口时，向左远望立刻被地图上所指碧梧轩吸引了，景色实在太静谧了。一座粉墙

图25　上海秋霞圃碧梧轩（黎志涛摄）

黛瓦、飞檐起翘、栗壳色门窗柱、典型的江南景观建筑朴实小巧。加上轩前月台，临潭石驳，以及古树名花，游人点缀，在水平如镜中相映成趣。著者走近忍不住"咔咔"拍摄个不停（图25）。

当著者跨过碧梧轩前后桃花潭与清镜塘水体相连的水溪石板小桥后，来到碧梧轩跟前，只见几位老人坐在轩前檐下休闲聊天。著者径直跨过门槛进入大厅，抬头正望见挂在中楹南向楷书额"静观自得"，杨廷宝书；其下行书额"山光潭影"，胡厥文①书，著者又一阵狂拍（图26）。

著者在拍完照向园出口走去的路上，忽然又想到，刚才看到、拍到的"静观自得"匾额，毕竟不是杨廷宝先生的真迹。既然来到秋霞圃，再去办公室打听一下，杨廷宝先生的墨宝是不是在他们那儿放着。再问问杨廷宝先生题"静观自得"的来由。

---

① 胡厥文（1895—1989），上海嘉定人。著名爱国民主人士、政治活动家、杰出实业家。1945年发起成立民主建国会。新中国成立后历任上海市副市长，全国工商联第一至四届执委、第五届常委。第二、三届全国人大常委、第四至六届全国人大常委会副委员长。第一至四届全国政协委员、第五届全国政协常务委员。

图 26　上海秋霞圃碧梧轩中楹南向楷书匾额"静观自得",杨廷宝书(黎志涛摄)

著者又一次返回办公室见到刚才的负责人还坐在原处。

"同志,刚才我找到碧梧轩,看到了杨廷宝先生的题字,谢谢您指点。"著者向负责人再次感谢他的帮忙后,接着提出一个问题:"杨廷宝先生当时题'静观自得'四个字是出于什么考虑的?"

"不,碧梧轩历史上曾有,但始建年代无考,清雍正四年,也就是 1726 年,曾设邑庙由外班公所于此,毁于清咸丰庚申兵灾。1922 年重建,1939 年修缮。当时有三额,其中'静观自得'额,为邑人葛玉峰手书,'山光潭影'额,为邑人周赞尧书写,后来均毁于'文化大革命'。到 1981 年整修,1982 年修缮完工后,请了杨廷宝先生重题'静观自得'楷书,请了胡厥文先生重题行书'山光潭影',按原样悬挂在中楹南向横额上的。"负责人向著者简述了碧梧轩的历史沿革,以此回答了刚提的问题。

"那么,杨廷宝先生的手书真迹在何处呢?"

"在嘉定区档案馆存档了。"

"噢,请问档案馆怎么走?"

"在博乐南路111号,不远。"

"谢谢您今天的热情帮助,再见。"

"不客气,再见。"

著者走出秋霞圃心情十分轻松,看来寻觅杨廷宝先生的这件"宝"有眉目了,但愿到档案馆能见到"静观自得"的真迹。

上了车,向路人问清了去档案馆的路线,便直驰博南路而去。

早晨从上海市区过来还车水马龙、行人摩肩接踵。现在行驶在嘉定县城却是另一番景象,这儿很幽静,建筑尺度很亲切,环境清新宜人,路人也没那么行色匆匆。也许是看到了获"宝"的希望,看到眼前一切,什么都顺眼了。

不一会儿工夫,真的就看到了嘉定区档案局(馆)的单位招牌了。著者下车上了档案馆二楼大厅。环顾四周,一长溜柜台横在眼前。著者走上前向柜台里的工作人员递上学校介绍信。

"你有什么事?"工作人员问道。

"刚才我去秋霞圃,看到碧梧轩大堂中悬挂一幅杨廷宝先生题写的'静观自得'横匾,杨廷宝先生是我老师的老师,我们正在收集他生前的宝物,为他出书。听秋霞圃工作人员说,杨廷宝先生这件墨宝珍藏在贵馆,我特地从南京来,能看一看吗?"

"请您稍等。"工作人员说完便打开电脑,很快搜索到我要看的杨廷宝墨宝。那一刻,真是喜形于色,心想,找了你一年,今天终于看见真迹了。

"请您把文件放大一点。"

等工作人员在屏幕上把杨廷宝的墨宝放大后,才知晓,杨廷宝不止写了一幅题字,而是写了三幅。一幅是4张大方块宣纸上各写"静""观""自""得"四个楷书大字(图27)。另一横幅自右向左连贯写了"静观自得"4个楷书。好像杨廷宝对这横幅写的不满意,似乎"观"字还写错了,又重写了第三幅仍是横幅"静观自得"4个楷书,其中"观"字是繁体字。与第二幅横幅不同的是加了"壬戌夏 杨廷宝 时年八十二"落款。也许杨廷宝先生对落款写的仍有遗憾,就工工整整重写了"杨廷宝时年八十二"条幅,以备邀请方选用。此外,在另外一张宣纸上杨廷宝盖上"伏牛山人"大红印章,其中方形和竖长方形大红印章各三枚(图28)。这印章4个字无疑倾诉了杨廷宝先生对故乡南阳的深切思念,并以"山人"自称,表白他一生自视为人民的普通一员而自居。

图27 杨廷宝为秋霞圃碧梧轩书"静观自得"（上海嘉定档案馆提供）

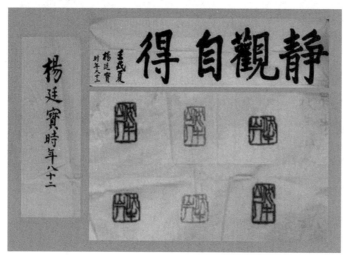

图28 杨廷宝又书"静观自得"及落款和金石数枚（上海嘉定档案馆提供）

这件墨宝可以说也是杨廷宝对自己一生的评价。

  著者欣赏完杨廷宝的墨宝后问工作人员："能给我一份杨廷宝题字的电子文件吗？"

  "请您等一等，我请示一下领导。"工作人员回答道。

  不一会，嘉定区档案局顾副局长来到著者面前，在他了解情况后答应著者的要求，并要著者留下邮箱，4天后终于收到嘉定区档案馆发来的邮件，杨廷宝的这件墨宝终于收进了《杨廷宝全集》中的手迹卷里。著者也获得了一年来寻觅杨廷宝"静观自得"手迹的又一"宝"。

3. 南阳郑州满获宝

2014年9月4日，著者经洛阳在朋友周立凯开车陪同下，专程赴杨廷宝先生故里南阳，打算寻点杨老在老家留下的"宝"。下车，在一位当地建筑师的引导下，先走到"杨家大院"的一条大街上。那时，杨姓是南阳四大家族（高、杨、米、谢）之一。这条街就是杨家家族聚居的地方，但已不是百多年前的模样了。本想察看一下杨廷宝先生儿时的老屋，可是没人能说清哪一组院落是杨廷宝先生一家的宅第。有人指认现在作为幼儿园使用的三进院，却不敢肯定只能据说是杨廷宝先生家的老宅。此时，著者想起曾阅读过的《广厦魂》①书中对杨家老屋的描述，看来看去不太像，也许几经翻修、改造已变了模样。不管怎样，留个影也算是光临过杨廷宝先生老家了。

随后，又走进另外几处毗邻的杨家大院转了转，著者竭力辨认，也看不出名堂。却在一处大院发现从屋型、似乎从未修缮过的老屋裸露的木梁柱判断，这大院有年头了。当抬头仰望昏暗幽深的梁架时，在正脊底面竟然隐约看出有一行模糊的字迹，按传统民居建造规矩，上最后一根脊梁时要举行仪式，并在正脊梁底面书写屋架上顶日期等。但此时，因脊梁又高又暗一个字也看不清，也无从考证这是哪一门杨家宅第。现在是作为餐馆使用，看看已是中午时分，便与朋友就此用餐，权当作在杨家吃了一顿杨家面。

下午便登门走访卧龙区档案馆，心想这里定会多少有一点"宝"，毕竟杨廷宝先生一家在当地小有名气。果然，馆长听说杨廷宝学生的学生正在为杨廷宝先生出书，专程从南京前来征集资料后，十分热情且慷慨地将杨老八十一岁重返故里的所有影像资料全盘托出。著者见了大喜过望，馆长请下属扫描后，将全部电子文件U盘交与著者手中。且告诉著者一个非常重要的信息，说杨廷宝先生的小弟杨廷寊老爷子仍健在，可以去拜访他，并把联系方式留给了著者。

著者从南阳获"宝"满满回南京后，即与杨廷寊老先生电话联系上，杨老先生一听是他大哥杨廷宝学生的学生要来拜访他，十分高兴。由于他正在驻马店女儿杨莘家居住着，过了国庆才能回自己郑州的家，届时希望著者去郑州见面。

---

① 该长篇传记文学是新华日报两名记者在1982年底，杨廷宝先生刚逝世不久，得令要采写长篇人物通信的任务，经三四个月沿杨廷宝生活、学习、工作的足迹，遍访了南阳等十多个城市有关人员一百多人次，特别是查访到已银发苍髯的儿时家塾、小学的同学。故许多史料有极大参考价值。

10月25日，著者乘火车中午抵达郑州，因初次去杨老先生家人生地不熟，他让著者打的按地址到约定地点下车后，他女儿杨莘会来接。但著者没见过杨老先生女儿，他女儿也不认识我呀，于是我把身材高个子、衣着颜色特点都一一在电话中告诉了杨莘。其实，出租车一停在路口，就看见一位女士伫立在人行道望着火车站来车方向，一看就是在等人，这便是杨莘女士必定无疑了。而著者刚钻出车门，杨莘女士就来到著者身边，她也自信认为这必是南京来拜访的人了。就这样，两人彼此心照不宣，像熟人一样拉起了家常。

在走向杨老先生家的路上，从杨莘女士口中得知杨老先生已90高龄，平日总有午睡习惯。可今天见著者要来，兴奋地不午睡就坐等着，这让著者感到很过意不去。在与杨莘女士边走边谈中不觉到了杨老先生的家。

一进门，见老爷子气色不错，著者赶紧迎上去握住他的双手，跟随走向客厅就座，这就开始聊上了（图29）。虽初次见面，却一见如故，聊得甚欢。老爷子聊起他和大哥的来往，聊起南阳老家的往事。他也说老家全变样了，也辨认不清祖宅在何处，所以再也没有回去过。杨老爷子聊得更多的是他自1951年受命参加治淮三十个春秋难以忘怀的奋斗历程。老爷子是舞笔杆子的，在治淮工程指挥所政工科负责办工地报纸搞宣传的。时任水利部部长傅作义①下工地还为他办的报纸题了"板桥工报"报头四个字。

图29　2014年10月25日，著者专程赴郑州拜访杨廷宝小弟杨廷寘老先生（杨莘摄）

---

① 傅作义（1895—1974），字宜生，山西荣河（今临猗县）人，1911年参加辛亥革命，1927年参加北伐战争。1931年任绥远省政府主席。抗日战争时期，历任第七集团军总司令。解放战争时期，任华北"剿总"司令。1949年1月促成北平和平解放。1949年后，历任中央人民政府委员、水利部、水利电力部部长长达22年之久，四届全国政协委员，国防委员会副主席。

聊到后来，老爷子从书桌抽屉里拿出事先准备好的几封他大哥给他的信和一纸袋老照片。著者打开一看，哇！有许多都是著者从未见过的杨廷宝先生在天津和逃难回南阳老家的家庭照片。著者一边看，一边询问老爷子照片上的人物和拍照背景。就这样，聊到不觉已夕阳西下，著者准备告辞，暂别去找宾馆住下，第二天再登门拜访。哪知老爷子不让走，说就在他家住下。著者推辞不成，反而由老爷子父女俩盛情带到附近餐馆吃了一顿地方特色小吃。晚饭后回来又聊了一阵，著者担心聊了一下午、一晚上的话，既伤身又伤神，怕老爷子累着了就早早打住。

第二天上午说了些轻松的话题，随后征得杨老爷子同意，著者想看看满屋书架上的书。在浏览各书脊上的书名过程中，因多为水利专业的书籍都一扫而过。后来看到 2 本《河南文史资料》小册子，抽出打开目录一看，有杨老爷子的一篇《记南阳杨氏家族》文章，另一小册子《人物春秋》简直就是介绍杨廷宝先生及其父亲和弟弟杨廷宾三人的专辑。著者眼睛一亮，这可是第一手资料啊，太难得了。老爷子见著者手捧这两本小册子喜形于色地久久翻阅而爱不释手，便说："你编书有用的话，就带回去慢慢看吧。"著者厚着脸面说声"谢谢"，如获至宝地放入提包。

再浏览书架时，随手抽出一本《环球》杂志，翻开目录页，突然一则标题《杨廷宝先生谢师之礼》映入眼帘。急忙翻到第 78 页文章，简直好像是老天爷知道著者要什么就来什么。这是新华社高级记者，《瞭望》新闻周刊副总编辑王军撰写的专栏文章，说他访问宾大时看到杨廷宝学成归国前赠送给导师保尔·克瑞教授一部 1925 年出版的陶本《李明仲营造法式》①经典著作，而且在函套内侧还写道："赠保尔·克瑞博士，怀着感谢之心与美好祝福"。这意外的发现，让著者欣喜若狂。急忙在杨莘女士的引领下，上街找打印社复印了该篇文章，著者决心要把杨廷宝先生从来没对包括家人在内的任何人提及此事的来龙去脉搞个水落石出。现在既然意外获知这个重要信息，那就千方百计一定要寻到这件"宝"，不达目的，誓不罢休！

现在回头想想，杨廷寊老爷子收藏这期《瞭望》杂志本与他专业无关，就是因为上面有他大哥的信息，才出于有心专门收藏的。这无疑也给无心的著者碰巧撞上了大运。假如著者错过这个巧合呢？那就没有这篇故事，更让这件"宝"石沉大海，难以重见天日了。

著者因要赶回南京的火车，只好依依不舍准备与杨老爷子告别。临走时，从那袋

---

① 此书诞生于 1103 年，北宋李诫著，此书是古代最著名的建筑学专著，是宋代建筑技术向标准和定型发展的标志性文献。后世有多种抄本、版本、重刊本，此为 1925 年由著名藏书家陶湘重刻刊行。为一函八册，三十四卷。

照片中挑选出需要的若干张带回，允诺扫描后快递奉还。杨老爷子很爽快，把他精心收藏的老照片交与著者手中，并赠送一本他撰写的《八十忆往》自传及记载杨氏家族的书。著者此次拜访杨老爷子，可谓不虚此行，满载而归了。

从此，著者开始了寻找杨廷宝先生当年赠送导师之"宝"的漫长之路。之所以说漫长，只怪著者当时兴奋过度，没有仔细阅读那篇专栏文章。其实文章开头就点明此"宝"在宾大美术图书馆珍藏。结果由于疏漏这一句话而走了很大一段弯路，竟费时三年才见此厚礼真容。此是后话，且慢慢叙来。

在返回南京的火车上，一个疑问总在脑中翻腾：杨廷宝当时怎么会拥有这套书的？据著者从文献中所知，那是1919年，曾任北洋政府交通总长、代总理、内务总长兼京都市政督办的朱启钤在南京江南图书馆（今南京图书馆）发现清末藏书家丁丙原藏《营造法式》抄本。朱启钤认为该抄本并不完善，于是托藏书家陶湘根据《四库全书》文渊阁、文津阁、文溯阁抄本、密韵楼蒋氏抄本、丁丙八千楼本相互校勘，仿照绍定本《营造法式》的排版和字体，于1925年重刻刊行，世称为仿宋陶湘《营造法式》计八册。

陶本《营造法式》出版后，朱启钤赠书于梁启超，而梁启超即寄给了同在宾大学习建筑的儿子梁思成和准儿媳林徽因。但杨廷宝他当时怎么也会有这套书？现在无从可考，杨廷宝先生也从未向任何人提及此事。只能推测为梁启超寄了两套分别寄给了梁、林各一套。而林徽因先生把她的一套送给了她和梁思成的学兄、挚友杨廷宝。因为再无别人对这套书感兴趣，也无人想到学建筑的杨廷宝也许需要这套新出版的书，更不可能有人给他寄此书了。反正现在对杨廷宝先生的谢师之礼来路疑问已是无解的悬案，那就留给后人去深究吧。著者现在想知道的是这件杨廷宝先生谢师之礼的下落，特别是想搞到函套内侧杨廷宝先生赠言的手迹。

著者回南京后，在忙于《杨廷宝全集》各卷材料收集的同时，也在思考寻找杨廷宝先生谢师之礼的路线。因这件"宝"在大洋另一头，不像在国内的"宝"可以随时去探寻，著者不可能飞去宾大。此时突然想到，杨廷宝的小孙女杨本玉不是正在宾大建筑系读研吗？何不请她帮忙？再说此前著者在2010年开始撰写《杨廷宝》传记体裁口袋书时，曾与杨廷宝先生幺子杨士萱学长多次邮件来往、请教问题，并结识了他女儿，也就是杨廷宝先生的小孙女杨本玉，并得到她多次热情帮助。她不但在2013年8月接待了《杨廷宝全集》编纂团队成员的张倩老师带学生赴美联合教学，特地参观宾大；还在2014年4月通过邮件发来杨廷宝先生在宾大的成绩单、宾大校园照片等资料。而且在2015年4月提供宾大收藏有杨廷宝先生5幅水彩画信息，且在5月份南京探望她

图 30　2017 年 10 月 6 日，著者与童明会面才得知杨廷宝谢师之礼的下落

大姑杨士英时，著者还与杨本玉在成贤小筑见了面。这段经历使著者相信，找杨本玉帮忙是寻这件"宝"的最佳选择。

于是著者又发了邮件给杨本玉，希望她在本系档案馆搜索一下有没有这件"宝"，顺便提出额外要求，看能不能找到她爷爷杨廷宝的硕士毕业论文。等了一段时间，邮件是回复了，但她说美术学院（建筑系含在美术学院内）档案馆没有这两件"宝"。奇怪了，王军在《环球》杂志上的专栏文章明明写清他看见过这件"宝"啊，怎么档案馆没有呢？著者就没有回头仔细再看看那篇专栏文章，结果怎么冥思苦想也不得其解。

时间到了 2017 年 10 月，东南大学建筑学院正筹备院庆 90 周年庆祝活动，其中一项是在省美术馆要举办一场介绍留学宾大的中国第一代建筑大师"基石"展。当时就职上海同济大学童明教授（童寯之孙）主持了展览筹备工作。10 月 5 日这一天，童明打来电话给著者，想预约第二天见面商谈展览资料征集工作事宜。

第二天著者与童明如约在东大附近的食味先餐馆碰面，边吃边聊（图 30）。

"黎老师，我和东大的葛明、单踊、汪晓茜等老师正在筹划东大建筑学院九十周年庆祝活动，我们几位老师负责筹备'基石'展。知道您正在做《杨廷宝全集》编纂工作，手头肯定有不少杨老的珍贵资料，您能不能提供一点？"童明开门见山说明了来意。

"你们需要杨老哪方面的资料？"著者一听，这是大力宣传杨廷宝的大好机会，一定得支持。

"主要需要杨老的画和建筑作品。"童明简明提出征集杨老资料范围说。

"好的，没问题。回去我选好后发你邮箱。"著者爽快应承下来说，并又解释道："我在收集杨老资料过程中，有些知道了信息，但还没到手。我尽量满足您的要求吧。"

"您还有什么需要的杨老资料没到手?"著者知道童明也是专门研究宾大中国留学生史料的学者,是不是他也很关注著者在做编纂《杨廷宝全集》的工作,能提供点力所能及的帮助便如此问了一句。

"我一直在寻找杨老学成归国前,送给克瑞导师珍贵的礼物陶本《营造法式》在何处。已经3年了还没个影子。我想它一定在宾大校园里,托了杨老孙女本玉也没打听到。"著者随便说了这个例子。

"什么?本玉没找到?我见过呀。"童明有点不相信地问。

"什么?你见过!在哪儿见的?"这次该著者既惊喜又疑心童明的回答当真与否。

"当然见过!在宾大美术图书馆见过。"童明肯定地回答。并进一步解释道:"宾大有好几座图书馆,您说的那套陶本《营造法式》是在宾大美术图书馆的馆藏。"

"原来如此,难怪本玉找不着,是我的信息给错了。"著者恍然大悟,原来图书馆与档案馆不但是两个不同的部门,而且宾大图书馆还分好几个不同藏书的图书馆。不知内情还真不能想当然,此时才明白过来。

"这样吧,我有个朋友正在宾大建筑系学习,我与他联系一下,请他帮忙到美术图书馆去查找一下,您放心。"童明热情地主动揽下这件寻"宝"的事。

其实,在这次与童明会面聊天之前两天,著者已与学院副院长鲍莉打听过,问最近学院有没有老师在宾大学习。她说学院景观系顾凯老师正在宾大做访问学者,问著者有什么事要办?著者把寻"宝"的事一说,她满口答应请顾凯老师在宾大帮忙。

著者后来想,现在有童明和鲍莉同时托人办事,有了双保险看来这次获"宝"希望应该不成问题了。

几天后,童明来电话告之,他的朋友正在英国参加一次学术会议,下周返回宾大后一定去办。

有了这颗定心丸,著者只等惊喜的那一天了。

果然,数天后,童明和鲍莉同时发来著者日思夜想的"宝"贝邮件。巧的是童明和鲍莉背靠背委托的是同一个顾凯,而顾凯并不知道童明和鲍莉是双管齐下为著者一人在忙活。所以顾凯同时给童明和鲍莉分别发了邮件。

在收到杨廷宝谢师之礼电子文件的同时,童明转告顾凯的话说,当时顾凯第一次到美术图书馆要找陶本《营造法式》这套书看,馆工作人员说要提前预约,因这套书被存放在珍藏库中。顾凯只好预约后隔天又跑一趟,等馆员取出这一套书摊在库内一张宽大桌子上时，告知只能拍照，不能扫描。顾凯一下子里里外外拍了好几张。就此，总算完成一件大事（图31）。

著者将电子文件下载放大在屏幕上一看，简直是百看不厌，陶醉其中。这套书被黑色函套包裹着，打开函套摊开在桌面上，八册崭新的线装书呈现在眼前。说明，几乎没有读者翻阅过，也许珍藏库的书不外借，或者美国学生不感兴趣，甚至根本看不懂，就连研究此书半辈子的梁思成先生都认为它是天书。杨廷宝先生将此书赠给精通西方古典建筑的导师保尔·克瑞时，他在面带微笑接受得意门生的谢师之礼表示感谢之后，或许在翻看中也会一脸茫然。因全书有一半（四册）都是彩色图样，近百幅版画插图，所以克瑞把此书当成美术书籍转赠给学校美术图书馆永久珍藏。而美术图书馆因为这是孤本，就放入珍藏库中了。

再看杨廷宝在函套内侧的英文赠词，简直是走笔行云流水，笔触奔放不羁。犹如就是中国书法草书的英文书法版，美极了！

经过三年的执着寻"宝"，如今终于如愿以偿。也为《杨廷宝全集》增添了一件珍贵的史料。著者至此终于梦想成真了。

2018年顾凯学成回国后，8月21日著者约顾凯在学院中文图书室见面，听他讲述了索"宝"的过程，真是：数年耗时无觅处，一朝获宝梦成真（图32）。

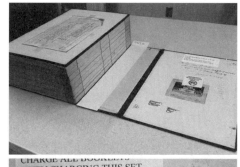

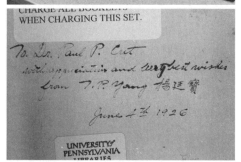

图31　1925年，杨廷宝学成回国前的谢师之礼（来源：宾大美术图书馆藏，顾凯翻拍并提供）

图32　2018年8月21日著者听顾凯讲述索宝经历（李国强摄）

4. 基泰图纸复原创

　　天津基泰大楼是杨廷宝先生在天津主持设计的第一个作品，这个市级文物保护单位的"宝"已经录入南京工学院建筑研究所编《杨廷宝设计作品集》中，并于1983年出版。但这个"宝"的真容并未能全部展露出来，甚至在描绘原创中尚存在若干失实。比如，实例只绘出基泰大楼独自使用的四层平面图，而既无其他各层平面图，也没有总平面、立面、剖面图。让读者不能真正了解这件"宝"的价值，实为憾事。

　　为了弥补所缺图纸，并亲临现场感受一下基泰大楼的建筑氛围，著者于2015年12月15日赴天津，在学生凌海（现为天津市建筑设计研究院建筑师）的陪同下，著者下火车先就近在火车站附近参观调研了几处洋人建筑师设计的洋建筑后，来到滨江道与大沽北路交叉路口，一眼就望见高大舒展的基泰大楼板式建筑屹立在路边。走近再一看，虽然首层立面被各出租商铺杂乱无章的广告牌搞得眼花缭乱，但以上各层立面的外墙墙饰图样依旧如初，只是在1973年又增建了一层。

　　当著者在凌海的引领下从大楼中部高敞拱形门洞下主入口一侧的室外楼梯进入夹层已被改造的小门厅时，只能向正对左前方唯一的幽暗室内楼梯间上至各层，而楼梯间因无直接对外采光，又找不到电灯开关在何处，只能借用手机电筒照亮行进中的梯段和各层中廊。可以说，摸索在昏暗的室内公共空间中，仿佛走入迷魂阵一般。而且公共空间被割据得七零八落，根本看不出初始设计的影子，只好退出重新回到楼外街道上。

　　接下来，著者又跑到大楼两端，对山墙拍了照，以便回去补绘侧立面图时有个参考。

　　至此，这次去天津调查基泰大楼，因事前对此十分陌生，也就不能带着问题有目的地仔细看个究竟，因此，收获只能是对大楼留下一个感性的印象而已。难怪回来想动手绘大楼全套图纸时，一大堆疑问让著者难以下手。虽然那本《杨廷宝建筑设计作品集》所画的基泰大楼平面图可作为参考，但这个平面图中的唯一楼梯间与著者现场体验的楼梯间无论平面位置，还是形式都不相符啊，这是怎么回事？再看原版透视图，楼梯间也不可能在主入口高敞门洞的上方呀。何况楼梯间休息平台处的小阳台及其两侧小窄窗，由于其标高与楼层不在同一高度上，故在透视图上应与四层窗带呈错层关系才对，而透视图的表现却是处在同层标高上，这说明，楼梯间在平面图上的位置表示有误。按著者回忆现场的印象，楼梯间位置应该在其中廊对面的电梯左侧。对！著者就是从夹层小门厅向左前方的幽暗梯上至各层的。但楼梯间的形式究竟如何，著者印象中应是两梯段并在一起的常规两跑楼梯间，而不是两梯段之间分开呈楼梯井的形式。

还有，从著者所拍摄东山墙的照片与西山墙的照片比较起来看，怎么不一样呢？后者山墙宽度与大楼进深一致，而前者山墙在东南角却收进来约1.5米左右。但书上却画成与西山墙一致。这又是一个什么原因？

看来，诸如上述疑惑还得到现场再次调研考证一下。但是著者一时难以再次抽身赴天津跑一趟，只好先委托凌海到天津市档案馆查询一下，但未果。幸好他发来从《天津市第六批拟确认历史风貌建筑》一书中扫描下来的2张图片和一张总平面图，以及从另一本书上扫描下来的二层平面图和正立面图，这些真实资料在一定程度上弥补了《杨廷宝建筑设计作品集》对表达基泰大楼全套图纸的某些不足。尤其总平面图还纠正了书中文字一处错误，即基泰大楼不是"坐南朝北"，而是坐东南朝西北。

但是，发来的二层平面图中[①]，除大楼中部主楼梯位置及其形式与著者现场体验的感觉基本吻合外，又出现三处不解。一是，此时应该说是大楼东北山墙怎么还画成与西南山墙一样，而没有收进来约1.5米？二是，按该页上部文字介绍："商业店铺的内部装饰考究。中二楼围以圆弧形金黄色木栏杆，有中国风格的云子边雕刻栏柱和绘有金色花饰的椭圆形小孔。"但图中表现的却是完整的楼面层，并未见圆弧形阳台，这就出现了大楼两翼变成5层高，又与项目文字简介说两翼为4层相矛盾。显然，在室内各商铺中间纵墙上的各开门处，漏画了一个"圆弧形金黄色木栏杆"的小阳台，而前部大空间从立面图分析，则应是一层商铺营业厅的上空。三是，大楼中部主入口上方的平面图表示方式，实际上应是二层平面的图形，而不是中二层（即夹层）的图形。尽管如此，凌海这次提供的基泰大楼资料还是有一定参考价值，只是这些资料来自2013年公布的天津市第六批拟确认历史风貌建筑时对这批建筑调查的结果。这说明这个结果是基泰大楼后来改造过，即将中二层的夹层楼板全覆盖成的一完整楼层，因此这个图仍不是1928年设计建筑的原创。

为了彻底搞清上述疑问，又鉴于著者因故不能再赴天津，便委托另一位校外学生、今已在天津工作的建筑师张含旭帮忙到现场调研。他非常热心前后跑了4趟，不但搞清了著者提出的几个疑问，还考证了著者没注意到的细节。

[①] 图名有误，应改称为中二层，即夹层——著者注

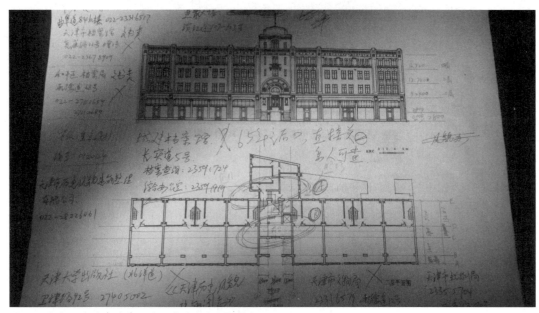

图 33　张含旭咨询有关单位的记录（张含旭提供）

图 34　张含旭对基泰大楼东北角立面（左）与航拍总图（右）的考证（张含旭提供）

首先，张含旭通过电话与市城建档案馆、和平区档案局、市规划局、市文物局、市历史风貌建筑整理有限公司等多家单位联系，咨询基泰大楼文档资料均未果（图33）。其原因有说是在平津战役中天津经激战，城市建筑、设施遭受严重破坏，这些资料下落不明。也有单位说，该单位新中国成立后才建档，不会有此前的档案等。

张含旭只好走第二种调研路径，即走访基泰大楼附近住户的老人，这次总算有所收获。一是搞清了大楼后面原3层公寓（相当于前面基泰大楼2层高）为什么现在与大楼一般高。原来，新中国成立初由苏联人援华时在20世纪50年代改造后加建的。而大楼东北角原来确实是收进来1.5米左右，缺一个角。只是后来在这个缺角处又向外扩建了一个两层建筑，成为现在著者所拍摄的照片外观。特别是张含旭还搞到一张卫星航拍图，进一步证实了他的调查结果（图34）。

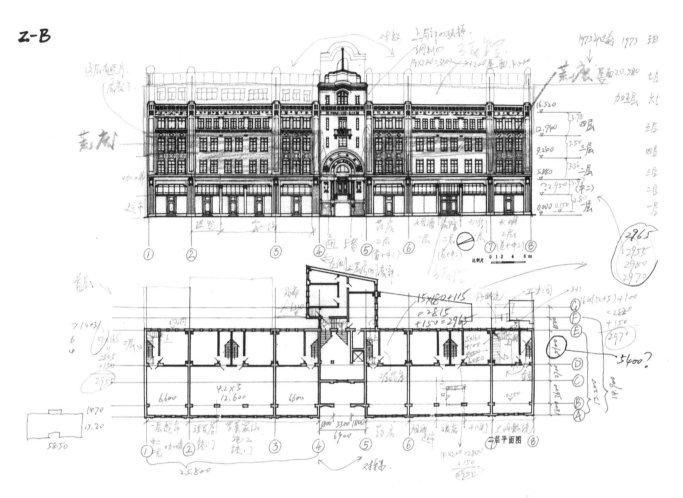

图 35 张含旭调研平面尺寸与各层标高的记录（张含旭提供）

而著者向张含旭提出的两个重要问题：一是大楼的主要楼梯到底是如何布局的。二是，设法搞清各层楼面标高。否则，平、立、剖面图还是没法画。

对于上述两个关键问题，张含旭可谓认真调查到极致，他反复跑了 4 次现场，终于画出了大楼主楼梯在各层的位置与形式，甚至标出了各梯段的踏步数的草图，并拍摄了楼梯各拐点休息平台的照片。同时又画出从主楼梯去后面新改造加层的原公寓楼各层走道和踏步的位置与形式。著者看了后对于基泰大楼主楼梯的空间概念便一下子清晰起来，正式重绘图时也就心中有底了（图 35）。

对于搞清各层标高问题，张含旭只能采取用卷尺量出踏步的高度，再根据各梯段踏步数计算出各休息平台和楼层的标高。尽管这种测绘标高方法并不精确，会与原创图纸有一点极小的误差，但对于重绘小比尺平、剖面图完全可以忽略（图 36）。

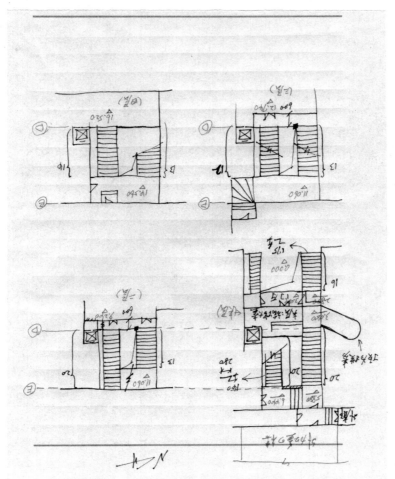

图36 张含旭对主楼梯各梯段及其标高的调研记录（张含旭提供）

著者终于在张含旭充分调研绘就的草图基础上，剔除改造后的现状测绘部分，保留必不可少的原创设计内容，手绘出了基泰大楼原创全套图纸。当然，由于二、三层各内部房间已改造面目全非，何况当时是对外出租使用，已无法考证内部房间是如何分隔的。所以，在凌海和张含旭学生的热心帮助下，对基泰大楼原创的验"宝"复原工作，虽然尽力了，但无法做到完美无缺。

5. 专赴津门访大师

当著者在 2015 年 12 月 9 日赴北京，到几个相关单位寻觅杨廷宝先生史料期间，于 15 日专程去天津跑了一天，调查基泰大楼情况。趁此之机，在学生凌海的陪同下，拜访了原基泰工程司成员，现天津市建筑设计研究院张家臣建筑大师（图 37）。

那天，著者在凌海工作的天津市建筑设计研究院用过午餐后，下午与张家臣如约相见。说明来意后，便开始聊了起来。张家臣曾在关颂坚主持的天津基泰工程司工作过两年，与张镈共过事，较为熟悉。因那时杨廷宝先生已在基泰工程司南京总所主持图房工作，所以张家臣虽与杨廷宝先生见过面，但并未共过事。这样，张家臣聊的内容多半是基泰工程司在天津后来的事，尽管与杨廷宝关系不大，但听起来也挺有趣，其中一件事引起了著者特别关注。

这件事著者从来没听说过。张家臣说："天津基泰大楼后来被关颂坚私自高价卖给了'大五幅'布商，并更名'长泰大楼'，由此引起关氏兄弟一阵争吵。大家一看，

图 37　2015 年 12 月 15 日，著者专程拜访张家臣建筑大师（凌海摄）

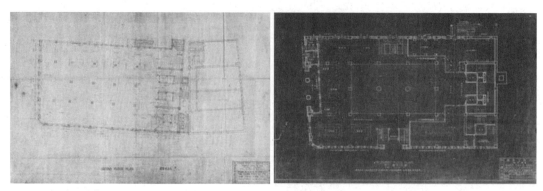

图38　中原公司朱彬设计施工图（左）与杨廷宝修改设计施工图（右）（张家臣提供）

基泰大楼已易主，便各自把墙上作为房间装饰挂的杨廷宝水彩画纷纷取下作为私有，我也抢了4张。"

著者听后精神一振："那您抢的4张水彩画，现在还在吗"？

"可惜后来搬了几次家，不知丢到哪儿去了"。张家成惋惜地说。

著者的心一下子又凉了半截，不能这一趟拜访什么也没收获呀。好在这一次见面一个月前，凌海转发来张家臣大师提供的两套天津中原公司施工图电子文件。一套是1926年10月朱彬设计的中原公司施工图，无论设计深度，还是手绘功底，简直是美得一个了得，令人真是难以逾越。另一套是杨廷宝先生主持修改的蓝图，由于天津中原公司始创的建筑形象因后来遭多次灾难已不复存在，在人们心中早已被遗忘。因此，这两套施工图对于探讨天津中原公司的建造历史沿革有着珍贵的研究价值（图38）。

看看时间不早，著者还要赶返京的火车，只好起身告别。

"谢谢张大师在百忙之中聊了不少基泰的往事。"

"不用谢，预祝您的大作早日问世。"

6. 顺藤摸瓜获新宝

2015年10月20日，知道这几年著者在编纂《杨廷宝全集》的校党委宣传部转来省委办公厅电话，向著者索要杨廷宝先生设计的省委一号楼图纸，说是内部重新要改造装修用。著者一听懵了，从来没听人说过杨廷宝先生设计过这幢大楼呀？但转念又一想，上面问这事不会有假，何不顺水推舟就此信息探个水落石出呢？于是回话：

"我这儿没有这份图纸，但我可以帮您到档案馆查一下。"著者心想，趁此机遇到现场看一看难得一见的这幢大楼，便接着在电话中说："我想到你们这儿来一趟，先看看大楼外观是什么样？以便有个形象概念好查档案，行吗？"

"可以，来时请事先通知一下。"

"好的。"

于是，著者向校党委宣传部咨询如何办手续进省委大院，并开具了一份校宣传部的介绍信。22日，著者骑上自行车来到省委大门旁的接待室，递上介绍信，填写会客单，办完手续并在大门口向警卫员出示证件后，径直沿坡路向高处走去。还未走到尽头，只见不远处一幢虽不像现在到处可见政府大楼高大上的巍峨气势，但在20世纪50年代也算是雄伟的一号楼。只见，无论从建筑的整体形象到立面三段式不同材料的运用、琉璃檐口和窗下墙饰的细部都彰显出那个年代流行的折中式建筑风格，且是著者早已熟悉的杨廷宝先生的设计手法。著者对眼前省委一号楼说是杨廷宝先生设计虽一时还不能完全肯定，但八九已不离十了。

著者还未走近一号楼入口，只见一位已站在入口门廊下的官员走来，就在楼前广场谈起正事。

"您确认这幢楼是杨廷宝教授设计的吗？"著者问道。

"是的，大家都这么说。"官员肯定地说。

"好吧，我一定尽快查到档案告诉您，我可以拍几张这幢大楼的照片吗？这样查起档案来有个对照。"

"可以。"

著者就地准备拍第一张大楼正面照片时，一看门廊下有两位挺立的军人值勤，生怕被发现外人在拍照，就避开其视线按下快门。接着围绕大楼四周，拍了一圈照片。

图 39　江苏省省委一号楼外景（黎志涛摄）

心想，如果证实此楼是杨廷宝主持设计的，画图时这些照片肯定会用得着（图 39）。只是，大楼内部还没拍照片呢。看来官员在室外接待客人并谈正事，其用意也明白三分，这次还是不提这个要求为好。

从省委回来后，著者就思考调查路线，先从哪儿着手呢？想到中华人民共和国成立后，杨廷宝先生工作的重点已转移到教学上，但仍不想放弃做项目的意愿，只是他再也不能像过去在基泰那样事必躬亲地全身心投入到做工程项目上，只能主持方案设计，而施工图设计只好交给协作的省、市建筑设计单位了。对！先找江苏省建筑设计院的人问问。具体人问谁呢？一想，与著者最熟悉的导师钟训正院士的夫人江三陵建筑师不就是江苏省建筑设计院的吗？

于是，23 日著者来到钟训正院士的家里小坐。

寒暄一阵后，著者向江三陵问道："江苏省委一号楼是不是杨老设计，你们院做的施工图？"

"是的，这个事你还可以问一问当事人姚宇澄。"江三陵肯定地回答后，建议著者去找姚总求证,并当即打电话说著者要去他家拜访。

著者从钟训正院士家离去,下楼到斜对面一幢住宅楼就到了姚总的家。他的夫人沈佩瑜老师与著者原来是一个教研组的,所以很熟。聊到正题上时,姚总很是投入,他不但说当时设计江苏省委一号楼是杨廷宝先生做的方案,省院做的施工图,他是项目负责人,吴希良画的施工图,而且还亲手在一张纸上一边回忆,一边画出平面布置图。这样说来,江苏省委一号楼的建筑方案毫无疑问是杨廷宝先生设计的。人证在此,那么物证呢?看来查证还需继续。

就在著者寻此"宝"初步获得成果后准备离开时,姚宇澄对著者又说:

"慢走,还有一件事告诉你,我现在住的这幢住宅楼,包括附近一共8幢当时称为南京工学院兰园教授住宅,也是杨先生做的方案,我们院做的施工图。这种单元式户型现在司空见惯了,但在新中国成立初的50年代,设计理念非常超前,只是因为每户内有一小间保姆室,杨先生在'文革'时还挨过批判呢?说这是资产阶级生活方式。"这是著者寻找杨廷宝先生设计省委一号楼之"宝"的意外收获。当然,这是后话。

接着,物证该如何去查找呢?当然只能去档案馆碰运气了。

著者想当然认为建筑档案应该到城建档案去查。结果,26日去南京城建档案馆扑了个空,说没有此档案。对了,省一级单位建筑的档案会不会在省档案馆呢?27日,著者立马赶到江苏省档案馆查询,查了许久,同样说没有图纸档案。

事到如此,不能就此断了线索啊!著者要求调出相关文档目录,耐心地一页一页仔细翻阅着,仍不见一号楼施工图档案目录。突然,在一号楼工程若干竣工验收材料文档目录中有一行"水电验收图"条目引起著者注意。这种水电竣工验收图画的虽是各种管线,但它们是画在建筑平面图上的啊,调出来看看再说。于是,著者填写了调档相关手续,但被告知查阅此档需要领导批示,让第二天来听候消息。没办法,按规矩办事,只好隔天再跑一趟。

第二天,著者再次到省档案馆终于拿到几页A3大小的复印件,只见上面全是各种上、下水管或各种电线布置的粗线符号的管线图,而建筑平面只用单线而不是墙厚双线表示,好在平面有尺寸标注,而且管线竖向布置图中还注明了各层标高,著者浏览这几张复印件后心中大喜,有了这些尺寸、标高的简图,加上第一次拍摄的一号楼一圈外观照片,建筑方案的全套平、立、剖面图就能轻而易举画出来了。

果然,著者花费一周左右时间就画出了全部图纸,并喜滋滋地给省委办公厅官员打电话,说一号楼图纸有了,准备送过来。

11月3日，著者照例在省委大门外接待室办完入省委大院手续，并电话告知省委办公厅那位官员在何处碰面，得到回答是可以到一号楼内他的办公室。著者心里一乐，真是一回生，二回熟，这次可以顺便进到大楼内看看了。

当著者走到一号楼入口，向警卫员出示手续证件后，进入气派十足的偌大门厅，尤其正对入口的大楼梯尽显庄严华丽气势，真想趁机拍个照，只见有人不停来往，也不敢像在景点那样随意拍照，只好转身进入走廊先去办正事。

官员的办公室是开着门的，这表示主人知道著者要来送图纸，免得再敲门应允而入了。官员拿着著者递上的手绘图纸看了一眼，说他不是要著者画的图，而是要杨廷宝先生亲手画的图。著者解释了这几天跑了多处实在找不到原图，能找到水电竣工验收简图就万幸了的过程，他也就只好作罢。

临走前，著者想，这次既然进了大楼再不好好到处看看，以后再不会有机会来了。便开口向官员提出想在楼内参观看看以便在现场体验一下图纸上平面的空间感觉。还好，官员看著者这几天辛苦，说话也客气了点，便同意了。

在官员的陪同下，先来到门厅，著者目不转睛地看着各处细节。

"我能拍一下这个大楼梯吗？"著者实在迷上了眼前大楼梯，它设计得太精美了，忍不住问道。

"不可以。"想不到被拒绝了，心想，北京人民大会堂的大楼梯著者都拍过，相比之下，这个楼梯……不让拍就不拍吧，只是因杨廷宝先生的这个设计案例在建筑卷中少了几张室内照片而感到有点遗憾。

接着准备从西头楼梯间上到顶层，再绕到东头楼梯间参观一圈下来。当著者从西头楼梯间上至二层半休息平台处时，再上半层只能到一号楼西翼的三层楼的顶层为止，而大楼中部的大楼梯也只上到三层为止，因为中间四层是一个大型会议室，那么人是如何上到大楼中部四层的呢？著者在画图时，就没搞明白这个问题。现在在现场亲身体验才恍然大悟，原来在西头楼梯间二层半休息平台的东侧横墙上开了一个洞口，人们通过这个门洞便进入毗邻的中部两端在二层半之上出现的楼梯间，可上至四层大会议的两端的出入口了，这种设计之巧妙实在是太高超了。说明杨廷宝先生设计的空间概念超强，才能使立面效果与平面功能达到完美的结合。

当著者走进大会议室内时，又被室内的景象之美发出内心的赞叹，尤其南向的通长凹廊不但使立面、造型富于变化，而且使人凭栏居高临下眺望全景真可谓心旷神怡。真想在此多拍点室内照片，可是有了在门厅的被拒绝拍照，此时也只好知趣断了这个念头。

　　不过,著者因有幸获得送上门来的杨廷宝先生曾设计过省委一号楼的信息,经过半个多月的奔波,总算又寻到一件新"宝",从而增补了杨廷宝先生建筑设计作品目录又一案例。

7. 祈年殿顶藏手迹

在杨廷宝先生一生执业中，有一段时期虽然短暂，却是对他一生从事建筑创作，娴熟运用中国传统建筑优秀手法、探索具有"民族精神"，适应"民族复兴"时代要求，创作出大量传世杰作而奠定丰富知识、熟练经验、扎实功底的基础起着重要作用的时期。这就是自1935年初至1936年底一年半有余，杨廷宝先生主持了修缮北平八处计10项古建筑的工程业务。

杨廷宝先生对每一处、每一座古建筑的修缮都是严格按制定的修缮计划行事，一丝不苟，认真从事。就说现场拍照来说吧，杨廷宝和他的得力助手董伯川[①]为了记录整个修缮过程，从一开始对残存古建筑现状，到修缮全过程，直至竣工验收都拍摄了大量照片。一方面作为史料档案保存，另一方面为若干年后再次修缮提供依据。

著者在编纂《杨廷宝全集》建筑卷的过程中，已经从杨士英教授家藏照片中，收集到若干张杨廷宝先生修缮北平古建筑的珍贵照片，并在网上搜索到少量同类图片的踪迹，但像素太低不可用。

作为建筑卷重要的编纂内容，著者感到已收集到的照片分量不足，必须尽量充实史料才能使杨廷宝先生这一重要时期的业绩流芳百世。

从哪儿着手呢？只有追溯杨廷宝先生和董伯川所摄照片存档的源头在何处。但历史已流逝80多年，且当时聘请杨廷宝先生到北平修缮古建筑的旧都文物整理实施事务所，在新中国成立后肯定是不存在了。加上此后几经社会变革和原单位几经变迁，这些珍贵资料现在传到谁的手中呢？著者对此一无所知。

后来，著者突然想起，1987—1991年东南大学建筑学院与国家文物局曾合作创办过4期古建筑保护干部专修班，培养了专业人才50余名，后来多为全国各地古建筑遗产保护领域的业务骨干和专家。没准儿从这里寻找信息的苗头也许会看到照片源头的希望。

当时建筑学院创办古建筑保护干部专修班，具体操作是由著者读研时的同窗朱光亚教授担纲的，于是，2015年12月5日，著者在建筑学院门厅碰到朱光亚求教道：

[①] 董伯川（1898—1984），高中毕业后曾在京绥铁路机务段及工务段任职，并曾在天津大陆工程公司任总工程师，1928年在美国一所函授大学读完铁路工程和建筑科两门专业。1929年10月在基泰工程司任建筑师。中华人民共和国成立后，曾任山东省基本建设委员会和计划委员会总工程师。

"光亚，你知道当年杨老主持北平古建筑修缮时，那个叫作旧都文物整理实施事务所，后来改叫什么名字吗？"

"现在叫中国文物研究所，单位在北京。"

"你有学生在这个单位吗？"

"有啊，你有什么事？"

"我正在编纂《杨廷宝全集》，想收集杨老所有能收集到的原始资料，其中包括杨老修缮北平几处古建筑留下来的照片。你的学生叫什么名字？我想与他联系，请他帮忙。"

"她叫查群，她是女同学，你可找她。但是，你要准备好钱，向她们单位索取资料是要收费的。"朱光亚知道内情，最后提醒著者要有思想准备。

著者与朱光亚几句对话后，十分开心，终于从乱麻中理出寻此"宝"的线头，并没有注意他后一句话的提醒。

第二天，著者便与查群电话联系上。

"喂，您好，我是东南大学建筑学院黎志涛老师，您是查群吗？"

"是啊，黎老师，我在朱光亚老师那儿进修古建筑保护时，在学院听说过您，有什么事吗？"

"朱光亚老师推荐我找您联系，我在做《杨廷宝全集》这套书的编纂工作，知道你们单位存有当年杨老修缮北平古建筑的历史照片，想来看看，好吗？"

"没问题，您来前通知我，我带您到档案室查一查。"

"谢谢。"

与查群联系上心里更踏实了，看来在向寻此"宝"的路上又向前迈进了一步。

在拟定好此次赴京津综合调查杨廷宝若干史料的计划后，12月9日著者起程开始了又一次寻"宝"之路。

10日，著者先去了清华园图书馆全天查阅、摘录《清华周刊》各期上刊载杨廷宝先生在读时的一些学习、校园活动信息，并在11日上午去建筑学会资料室因资料员生病查档案未果后，改去建工出版社（中国建筑工业出版社简称）商谈有关事宜。下午，便满怀希望去找中国文物研究所查群去了。

著者从建工出版社出来，事先电话告之查群，45分钟左右即可到达。

出租车抵达中国文物研究所大门口时，查群已在她的办公楼下门厅外迎候。著者在学院因未给古建专修班上过课，所以在校不曾注意，甚至没见过查群，但她知道著者。

这就是老师虽桃李满天下，却对每一位学生并不熟悉的缘故。著者见办公楼前只有一位女士，想必这位就是查群了。她却像见了熟人一样主动迎了上来，不用自我介绍，也不用寒暄，直接在查群的引领下进入对面的大楼，并上至楼上的档案室。

档案室负责人小王已事先准备好三大本相册摆放在大桌上。为了不耽误查群工作，著者一人留下开始依次翻阅相册。从各相册的封面看，都是杨廷宝先生修缮天坛时留下的照片，包括圜丘坛、皇穹宇、祈年殿三大部分。

当著者打开第一本圜丘坛相册时，只见都是135的黑白小照片，这是著者上大学时就玩过的，很熟悉，而现在的年轻人对此也许会好奇。这些小照片虽然不如现在用手机拍的图片清晰，但很有历史感，就显得更珍贵了。有些照片在杨士英教授提供的众多照片中见过，也有不少是从未见过的。这时著者就显得十分兴奋，又发现"宝"贝了，便把凡是需要的照片编号记在纸上。这些小照片多为修缮前后或修缮中途的记录，也偶尔有几张工人施工场面的照片和杨廷宝先生及工程验收的照片。特别是有两张修缮圜丘坛的照片引起著者关注。一张是杨廷宝先生站在圜丘坛外墙南棂星门抱鼓石与门柱缝内树根前勘察古建受损的照片；另一张圜丘坛开工当日，杨廷宝先生亲临现场指导十来名工人抬着厚厚的艾叶青坛面石就位的照片（图40、图41）。由此可看出杨廷宝先生做项目，固然在图房内趴图板画图是常态，但他干事一向事必躬亲，做项目要一竿子插到底。也就是说杨廷宝先生把下工地现场视察、监造也是家常便饭成为分内的事，这是保证设计方案实施不走样的关键环节。对比之下，我们不少懒得下工地的后辈建筑师对此有点汗颜了。这种职业操守与敬业精神着实应该好好向先辈建筑师们学习。

当著者翻开厚厚的第三本祈年殿相册时，像看见满眼"宝"贝似地目不暇接。不少在网上看到的照片，真货都在这里！著者一页一页地慢慢翻阅，一张照片、一张照片赏心悦目地在欣赏，真是爱不释手。当看到一张照片上祈年殿巨大的宝顶被拔杆悬吊着，与下面须弥座有一较宽缝隙，在缝隙中的祈年殿宝顶内雷公柱上隐约有几竖行粉笔字引起著者疑惑和好奇。因135照片太小，肉眼看不清写什么，于是问坐在一旁的档案室负责人小王有没有放大镜用一下，很快，她拿来一个较大的放大镜，著者把放大镜对准雷公柱。不看不知道，一看惊喜"哇"的一声脱口而出。自1935年藏在祈年殿宝顶内至今80多年无人知晓的一个秘密被著者无意中却有心地发现了。什么秘密呢？原来著者在雷公柱上看到各竖行起始的几个从右向左写的粉笔繁体字。而各竖行下面的字全被须弥座遮挡住，加上雷公柱表面木质粗糙，个别字又被耀眼的阳光照射着，所以难以辨认全部字迹，但基本意思明白了。这就是上面写着：民国廿四年×月17日，

图 40 杨廷宝在天坛外壝南面棂星门抱鼓缝内树根前勘察现状（中国文化遗产研究院提供）

图 41 1935 年 5 月 9 日杨廷宝（正面者）在圜丘坛开工现场（中国文化遗产研究院提供）

图 42 杨廷宝在祈年殿宝顶复原前，在雷公柱上留下修缮笔迹（中国文化遗产研究院提供）

以及辨认出的杨廷宝、陶××、张开×、王庆×4 个人的名字，而雷公柱背后是否有写字，就不知道了。这是以前修缮古建筑的规矩，修缮人要留下完工日期、工程单位、修缮人等信息，便于后人考证（图 42）。

这些粉笔字应该是杨廷宝先生的真迹。何以见得呢？因为著者在看到这张照片之前，先看到另一张照片，在祈年殿屋顶上杨廷宝先生坐在屋面一根横杆上招手，其左右站着三位工人师傅（图 43）。他们几人就是参与祈年殿屋顶最后一道修缮工序的亲历者，说明杨廷宝先生亲自上过祈年殿屋顶。据文献记载，杨廷宝先生还和两位师傅钻进宝顶内部查看修缮前宝顶为什么会歪向一边。原来是雷公柱倾斜了，连带将套在

图 44 杨廷宝在祈年殿金顶复位后留影（中国文化遗产研究院提供）

图 43 杨廷宝（左 2）与工匠在祈年殿屋顶修缮时留影（中国文化遗产研究院提供）

雷公柱上的宝顶自然也顶歪了。等扶正雷公柱并牢牢固定在梁架上后，在落下宝顶还原就位之前，只有杨廷宝先生是大知识分子，又是修缮工程主持人，自然由他在雷公柱上留下笔迹的。等封顶之后，这个秘密除去当时现场几个人外谁都不知晓了。杨廷宝先生也从来没有对任何人提起这事，也许他认为这是小事一桩。

在这张照片的后一张，是著者曾在网上搜索看到过的，只见杨廷宝先生戴着那种像越南人戴的头盔般的遮阳帽，躲在巨大而光溜溜的球状物背后，只露出一个头的照片。因为图片像素太低，根本辨不清杨廷宝前面这个大家伙是什么东西？不想，此刻竟然看到原版照片就在眼前！这才看明白，原来祈年殿宝顶落下就位密封后，杨廷宝先生站在宝顶背后的脚手架上请人拍了这张值得庆贺祈年殿屋顶修缮完工的照片（图44）。仔细欣赏完这三张照片后，著者毫不犹豫记下它们各自的编号，意为相中了。

整个下午就看了这三本相册，看看就要下班了，只好到此为止。统计记下编号的照片一共 17 张。

"小王，我想要这 17 张照片，你看怎么处理？"

"您把选中 17 张照片的编号留下，等我们扫描后发电子文件给您，不过，按院里规定,凡是外来人员因发表论文、出书需要我们这儿提供解放前的照片资料都是要收费的。"

此时,著者想起来京前与朱光亚一席谈话让准备交钱的提醒,原来,这是真的!但还是感到有点意外。心想,也不是著者自己要出书,是学院与建工出版社策划要尽快弥补中国建坛四杰唯独缺杨廷宝先生没有全集这一空白,而把为杨廷宝先生出书这个任务交给了著者。何况这些老照片有的还是杨廷宝先生自己拍摄的,要说照片版权应是杨廷宝先生的呀。再说,连天坛几处古建筑都是杨廷宝先生自己亲自主持修缮的,他做出这么大贡献,为他出书还要收费?著者把这个想法婉转地征求档案室小王看怎么处理?她说要请示领导。得到的回音是那就打八折吧。

"好吧。"著者心想,收费事小,只要这些"宝"贝能到手,一切按规定办吧。

16日回南京后,因一直忙于重新手绘杨廷宝先生各设计项目的图纸,没顾上中国文物研究所告知著者可以去办理交费手续取件的事。直到2016年4月21日,著者趁回清华参加校庆暨毕业五十周年活动之际。提前一天赴北京准备先去中国文物研究所把事办了。不巧,因会计不在班,空跑了一趟,无果而回。只好向档案室小王要了会计室的电话,待回南京后向会计要了转账银行和账号办了交费手续,才收到那选中17张照片的电子文件,终于又收购了一批珍贵的"宝",了却一半心事。

为什么仅了却一半心事呢?因为那天下午只看了杨廷宝先生修缮北平八处10项古建筑其中的天坛一处3项工程资料,还有剩下七处7项修缮的古建筑还没来得及查阅呢?也许还有不少"宝"值得探一探。

正巧在此期间建筑学院的单踊教授从学院图书室翻出2001年学院举办"杨廷宝先生诞辰一百周年纪念展"时,当时仍健在的杨师母陈法青提供二百余张照片的存档电子版,并于是年10月13日全部提供给著者。经分类就有杨廷宝先生修缮北平古建筑的照片,其中竟然有著者不久前刚从中国文物研究所购买的几张同样图片,早知如此,就不必破费了。不管怎样,还是有必要再赴京城一趟,再看看其他几本相册,不要有漏网之"宝"。

这年底的12月16日,著者提早动身去了北京,下了火车拖着拉杆箱直奔中国文物研究所。与事先约好的小王在档案室碰面,又开始了选"宝"。看来看去这些修缮工程规模比天坛小得多,且有些照片与陈法青生前提供的照片相同,故最后只精选了8张照片,并留下选中照片编号。

2017年3月20日著者转账购照片款一周后,收到8张照片的电子版,至此,三次赴京寻杨廷宝先生80多年前修缮北平古建筑的"宝"终于充实了《杨廷宝全集》建筑卷中"修缮北平古建筑"这一章的内容,著者心满意足了。

8. 跟随央视探真宝

2018年3月20日，著者意外收到中国建设劳动学会一份邀请，协助由中国文学艺术界联合会、中国艺术研究院、中央电视台、中央新影集团、百年艺尊（北京）文化传播有限公司联合摄制的百集大型系列人物传记纪录片《百年巨匠·建筑篇》中，由中国建设劳动学会、中国建筑学会、中国土木工程学会协助拍摄中国近代建筑领域的四位杰出代表[①]之一——杨廷宝专题片的筹备工作。

该《百年巨匠》是中宣部、国务院新闻办公室组织实施的"纪录中国"传播工程项目，并获中央电视台重大主题主线宣传暨重点选题，2018年国家新闻出版广电总局重点纪录片项目。

著者认为能够参与《百年巨匠·建筑篇》杨廷宝专题片拍摄筹备工作是一次难得的机遇，也许随中央电视总台拍片过程中能够从中获得一些有关杨廷宝的宝贵资料。

正巧，3月22日著者要去北京与中国建筑工业出版社商谈《杨廷宝全集》编纂的一些事情，便向中国建设劳动学会鞠会长告知，希望在出差北京期间抽空与导演们会面详谈。于是，鞠会长立即通知中央电视台负责拍摄杨廷宝专题片剧组的导演们停止当晚的工作，与著者见面初次商讨拍片相关事宜。

著者当日下午到京直奔建工出版社办完事后，傍晚，等候在建工出版社大门外的鞠会长随即带著者乘车来到与剧组七八位导演和学会人员碰面的地方小聚（图45）。席间，导演们畅谈了他们拍摄杨廷宝专题片的设想、进度，并提出他们想了解的杨廷宝先生概况。著者便打开话匣子，侃侃而谈杨廷宝先生一生中的若干小故事，导演们虽然事先做过功课，查阅了一些有关杨廷宝先生的史料，但还是听得津津有味。著者同时也向导演们提供了一些拍摄内容和线索，并希望毛片出来后给著者过目察看一下，以免出现不当之处。因为，著者曾在2017年8月20日看了友人录制香港凤凰卫视台播放的杨廷宝专题片，虽然画面精美，主持人解说语言流畅生动、肢体动作利落优美，但内容平淡，甚至出现误将清华物理学家、中国近代物理学奠基人之一的叶企孙先生照片张冠李戴为杨廷宝先生播出。

[①] 即詹天佑、梁思成、杨廷宝、茅以升。

图 45　2018 年 3 月 22 日，著者与中央电视总台《百年巨匠·建筑篇》剧组和中国劳动协会鞠会长第一次碰面研讨拍片事宜后合影

　　事隔一个月后，4 月 23 日《百年巨匠·建筑篇》在北京故宫武英殿前广场举行了开机仪式，正式拉开了杨廷宝专题片拍摄序幕。著者作为梁思成先生的学生和杨廷宝先生的学生的研究生也应邀光临开机仪式，并作了简短发言（图 46）。与此同时，外拍剧组已在美国宾大等地开始拍摄杨廷宝先生在美学习、工作的外景了。

　　6 月，著者听说剧组要去沈阳拍摄杨廷宝先生早期在沈阳设计的几个工程项目，并请专题研究杨廷宝先生在沈阳设计项目的沈阳建筑大学陈伯超教授和吕海平教授出镜现场介绍。此时，著者正在家中手绘杨廷宝先生主持设计的沈阳这几个项目全套图纸。但由于资料不全，且有些图上的问题一时又搞不清楚，早先想跑一趟去现场调研，但原东北大学旧址现已为辽宁省政府和省军区所在地，去了也不可能进去。虽然三年前已托在沈阳规划部门工作的毕业研究生王从司帮助拍了不少照片，但因图书馆正值在全面修缮施工期间，所拍摄照片因施工场景十分混乱而无法采用。此时若能随背景强大的央视总台剧组前往验"宝"，并现场聆听沈建大两位教授的高见岂不是天赐良机？于是，与剧组打一声招呼，11 日便直飞沈阳而去，当晚著者在宾馆客房与央视总台寒冰导演、沈建大吕海平教授和毕业研究生王从司见面畅聊许久（图 47）。

图46　2018年4月23日，《百年巨匠·建筑篇》在北京故宫武英殿前广场举行开机仪式（记者张凤春摄）

图47　2018年6月11日，著者与央视剧组寒冰导演、沈建大吕海平教授和毕业研究生王从司在沈阳畅聊杨老（王从司摄）

　　第二天上午，第一站就是去原东北大学校园，走进一看，校园风貌已荡然无存。因被辽宁省政府和省军区分隔使用，且省军区连央视剧组都不能进入，只能在省政府范围内转转。但省政府辖区内又因陆续添建了不少房屋，已显得建筑物较为密集。我们所能考察、拍摄的杨廷宝先生设计作品仅有原图书馆一座建筑物了。尽管如此，总算能目睹图书馆的芳容（图48）。

图 48　著者现场拍摄真实场景，与渲染图吻合（黎志涛摄）

　　著者在现场首先要验证的是，在家手绘图纸时就发现，《杨廷宝建筑设计作品集》书中画的东北大学图书馆平面图形两翼各为三开间，而杨廷宝先生在基泰画的设计渲染图两翼却各为四开间，这是怎么回事？难道施工中设计变更为两翼各三开间？还是编书时把平面图两翼各少画一开间？结果，著者在现场眼见为实，确认两翼各为四开间。由此验证原书中所画图书馆的平面图有误（图49），且图名"一层平面图"与"二层平面图"标注也有误，经现场核对，分别应为"二层平面图"与"三层平面图"。这些都是回去为还原初创的设计方案而须修改之处。

　　问题是要想画出全套各层平面图，著者除在校档案馆已查到后人画的一层平面图纸外，尚缺四层平面图纸。虽然四层平面的面积只有二层门厅那么大，但是房间是怎么划分的？特别是在家画图一直搞不明白，二层门厅两侧主楼梯的平面位置因不在四层平面投影之下，它们是如何转换空间通向四层的？于是著者从门厅东侧楼梯上至三层，再接着向上走时，发现此楼梯形式从一至三层的两跑梯段改为梯段收窄的三跑梯段，以此可增加踏步数，并在跨越四层中廊东段衔接处对接一直跑梯便上至四层平面。著者经这一亲身体验，才恍然大悟，原来杨廷宝先生的空间概念如此之强，才有这一

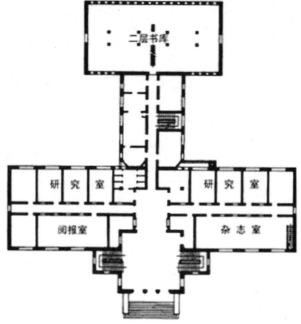

图 49　东北大学杨廷宝绘图书馆立面渲染图（上）与书中平面图

设计妙招啊！不但通过空间巧妙变化解决了垂直交通功能的需要，而且满足了造型设计的审美要求。看来，前述江苏省委一号楼，东、西两翼三层楼梯间向中间四层楼梯间转换的设计手法与此有同工异曲之妙！

来沈阳前对原东北大学图书馆设计这两大费解被释疑后，便是仔细品赏当时初出茅庐的杨廷宝先生对立面和室内设计之妙笔生花。这些细部设计的精美和深度，正体现出杨廷宝先生的敬业精神和娴熟功力。不说别的，这一套施工图纸该有多厚啊！想想我们现在许多项目的设计图纸，无论设计深度、图纸质量哪能与之相比？其实，大师就是从认真对待每一项目的精心设计而炼成的。

下午，随剧组来到沈阳少帅府，只见两栋东、西厢楼，4 栋正楼，由南向北依次布局。而每一栋楼的平面、立面、造型虽各具特色，但风格却又和谐统一。再看各楼的红砖外墙、白色砌石、挺括门窗、陡坡屋顶、精美山花、明快色彩，简直就是一处洋味十足的建筑群。想当年杨廷宝先生在这个项目的建筑方案设计国际投标中力压众洋人建筑师一举夺魁

图 50　鸟瞰少帅府群楼（中央电视台孟德静提供）

时，正与业主张学良同龄。一位儒雅彬彬，一位英姿飒爽，两人对中标方案皆大欢喜。只是杨廷宝一天一夜赶出来的少帅府全套中标方案图纸，这套珍"宝"今已下落不明，实为遗憾之事。幸有陈伯超教授鼎力相助，将他带领学生测绘少帅府的全部图纸贡献给著者。只是各楼立面的表达不够细致，丰富多变的屋顶交代不够准确，而各楼剖面图对结构、外墙节点，特别是对屋顶构造的交代也欠清晰，著者在手绘图时仍然感到下笔犹豫不决，如果就此画出岂不是让这件"宝"暗淡失色？

于是著者在现场对每幢楼立面的线脚变化、门窗形式、墙饰纹样、石块划分等都一一拍照，作为内业精准绘图的参考依据。此外，著者还请央视剧组利用无人机航拍了少帅府群楼所有各楼的屋顶，这一下就把各楼大小、横竖坡顶的穿插、烟囱的造型、女儿墙的线脚等看得一清二楚，再手绘图时就心中有底了。只有这样才能原汁原味地将杨廷宝先生设计的这件"宝"真实地亮相出来（图 50）。

2018年元旦，少帅府与大帅府分离85年之后，终于珠联璧合，将成为沈阳民国历史文化专题展区。吕海平教授参与了此项筹建工作，并将重新测绘少帅府各楼的现状图发至著者邮箱，进一步充实了著者手绘图的内容。至此，沈阳之行对少帅府红楼的验"宝"告一段落。

13日上午，随剧组来到杨廷宝先生主持设计的第一件作品，即原沈阳京奉铁路辽宁总站拍片。去前，著者并不抱什么希望。因为，前一年已拜托毕业研究生王从司几次到沈阳铁路局查询并索取沈阳老北站的图纸均未果，他只是凭朋友关系进去拍了一些照片，看后却大失所望。为什么？原来，杨廷宝先生设计的火车站候车大厅已被添加楼板分隔成三层用房，往日高敞新颖的候车大厅空间已荡然无存。没办法，这一次既来之则看看火车站两翼各层的房间布局吧。

不想，当著者从主入口大门走进去一看，眼前豁然开朗，随即心中意外惊喜。原来，为了恢复这座全国重点文物保护单位的原貌，沈阳铁路局又重新修缮，并刚拆除了候车大厅的两层楼板。此时，著者站在大厅拱顶之下，心旷神怡地东瞧瞧西看看，简直美不胜收，并忙活狂拍一阵（图51）。随后，又到各层走了一圈，边看边勾画平面草图，

图51　重新恢复原状的沈阳京奉铁路辽宁总站候车大厅（黎志涛摄）

并对照从书中复印随身带来的平面图在现场核对,并标注细节不同之处,这是验"宝"之后回去手绘图的重要依据呢。

现场调研后,在一层接待室著者向陈伯超教授请教了若干关于该火车站前世今生的往事和几次修缮的活动,获益良多。

两天来,著者马不停蹄地考察杨廷宝先生在沈阳的几项早期设计作品中,确实搞清了许多原创的真相,收获满满地飞回了南京。

9. 罕见家书觅史料

2020年7月31晚,中国建筑工业出版社副编审、《杨廷宝全集》责任编辑李鸽从微信中给著者转发来赖德霖[①]刚发现的1924年5月22日刊登在北京《益世报》第3版上一则《英兵侵藏之质问》的影像短文。文中赫然出现正在宾大留学的杨廷宝一段话(图52)。这太令人惊奇了!著者脑中一闪念,这史料太珍贵了。既然杨廷宝的话上了报纸,至少说明这是历史事实。那么,杨廷宝在近百年前的这段话可以收进《杨廷宝全集》文言卷中了。于是,通知李鸽把杨廷宝的这句话纳入文言卷第三部分"其他文言"章节中,而且按文言出现时间编排,应列为首篇。

为了搞清这个发现的背景和细节,李鸽提议与赖德霖和著者三个人建立一个微信群,便于共同研究和探讨。于是,三人便在微信群中热议了起来。

由于《益世报》这篇短文影像件模糊不清,著者辨认了一个晚上,想正规写出来研究,但还是有些字无法吃准。于是,先与李鸽讨论起来。李鸽发了几条微信说:

"这个不是杨老本人写的文章,是别人引用了杨老的章句,但原文看不到,是个问题"。

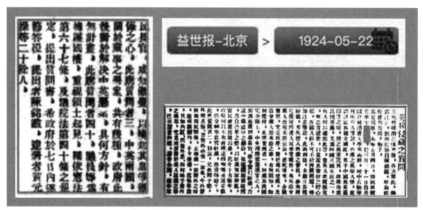

图52 1924年5月22日刊登在北京益世报"英兵侵藏之质问"一文中摘录的杨廷宝家书一段话(赖德霖提供)

[①] 赖德霖(1962—),福建龙岩人。1985年毕业于清华大学建筑学院,1988年及1992年先后获清华大学建筑历史与理论专业硕士学位和博士学位。1997年秋入美国芝加哥大学美术史系学习,2007年获中国美术史专业博士学位。现为美国路易维尔大学美术系教授。

"看那个报纸影像，好像是演说的内容。"

"文件有点模糊，看不清。"

"是个外网文件，看不到，估计要去图书馆查。"

幸亏第二天凌晨，赖德霖及时发来他辨识的 Word 文件。此短文内容如下：

"英兵侵藏之质问"（北京）《益世报》，1924 年 5 月 22 日，第 3 版

英兵侵藏消息传来后，各方对此极为注意，闻参院议员陈铭鉴，昨向政府提出质问，如下：为质问事，本年五月四日，接河南留美学生杨廷宝于三月三十一日自美国费城潘省大学①来函称，校中古物陈列所有人演说西藏之风俗人情，直谓该区为独立国家，介乎中国与英属印度之间。闻之异常诧异。西藏向为我国藩属，又为组织民国五族之一，外人何以遽出此言？岂英人虎视狼食，宁造言惑世，以冀达其兼并之野心耶？吾国人似不可于西藏问题，特加注意等语。此函到后，未数日各报纷载，英兵入侵西藏之警耗。参众两院复接川边人民来电报告，英兵迫令藏人改用英语云云。恶耗②传来全国震骇，究竟政府，对于英兵侵藏，及迫令藏人用英语之事，有无闻知，如何应付。此应质问者之一。西藏为我国完全领土，中央理应慎选适宜之人，派为西藏办事长官，俾令实行驻藏，力谋中藏感情之融洽，祛隔阂而固疆圉，乃自改革之际，以驻藏军队变乱，官民被遣出境以后，迄今十有余年，政府何以不与西藏达赖喇嘛速谋妥协，仍令办事长官入藏，藉资联络乎？此应质问者二。诗云，兄弟阋于墙，外御其侮，言对外必须一致也。今外蒙西藏噩耗频传，正举国一致对外之时，而环顾国内，干戈扰攘，迄无宁岁，只知内讧，罔恤外患，仰何昧于对外之义耶？究竟政府对于英人谋藏之举，已否调查得确，通告全国，俾各军民长官，感知激觉，以唤起其息争御侮之心，此应质问者三。中英两国，关于藏事之悬案，共有几种，政府此后对于解决中英悬案，具何方针，有无计划，此应质问者四十③。议员等为拥护民权，重视领土起见，隐依宪法第六十七条，及议院法第四十条之规定，提出质问，希政府于七日内逐条答复。提出者陈铭鉴，连署者黄元操等二十余人。

---

① 即宾夕法尼亚大学
② 原文如此，应为噩耗——著者
③ 原文如此，似应为"四"——著者

看来，群里三人都在同一时间试图把这篇短文说什么先搞清楚，现在终于有了眉目。

起初辨认报纸影像时，著者认为这篇短文是杨廷宝当时所写，便在群里对李鸽说："赖老师这个发现太有价值了，说明青年杨廷宝在异国他乡有着强烈的爱国心，是当代留美学生的榜样。""既然是正式发表在报纸上，哪怕文章短，是不是应该放在文言卷第一部分发表文章中更合适？按时间顺序，它也应该放在第一篇。"

但是，著者对短文中还有几处疑惑在解读中并未解开。

一是"英兵侵藏消息传来后"，这是怎么回事？难道1924年时英兵侵略了西藏？著者上网查明，英兵在1884年和1903年发动过两次侵藏战争，攫取了种种在藏特权，电影《红河谷》就是描写英兵侵藏和藏人英勇抗击英兵的故事。而英兵第一次侵藏，杨老还没出世，英兵第二次侵藏杨老才2岁。杨老在宾大毕业（1924年2月16日）一个半月之后的1924年3月31日距英兵侵藏21年后才给参院议员陈铭鉴去那封信函，好像前后不相干？莫不是又有刚发生英兵侵藏之事？

"可能是民国以后第一次遇到这种情况。"赖德霖也不解地猜测说。

后来，著者又回头研究了杨廷宝给陈铭鉴提醒注意西藏问题的函，才明白杨廷宝先生当时并不是针对1903年英兵侵藏之事，而是在宾大古物陈列所中，有人演说西藏的风俗人情时称西藏是独立国家，使杨廷宝先生当时异常诧异。敏感地察觉到这是严重的政治问题，故而提醒国人予以关注，并写信告知陈铭鉴。著者读懂了短文"英兵侵藏之质问"中是引用杨廷宝先生当时的话，立即在群里与赖德霖、李鸽交流上述著者的分析，并说："杨廷宝此信说明他虽身居他乡，但心系祖国。好文！"

引得赖德霖在群里也说："那封信说明杨老在年轻时也是一名热血青年，这一点以前不太为后人所知。"

李鸽也同感说："杨先生年纪轻轻就有家国情怀，好厉害。"

二是，陈铭鉴何许人也，杨廷宝那时远隔重洋怎么会给他写信？

"我查到陈铭鉴是参议院河南省议员。"赖德霖首先提供了线索。

"赖老师真是查文献的高手、快手。"著者佩服地回复说。

按照赖德霖提供的线索，著者立即上网查了陈铭鉴简历。简历说：陈铭鉴（1877—1945）河南西平县权寨镇人。1903年26岁时中举，1913年公举为参议院议员，为民国宪法起草委员会委员。1941年8月受聘为总统府政事党政治咨议。不久，袁世凯帝制后，退出政界，专攻《西平县志》编纂。1941年后从事律师工作。

陈铭鉴这一简历还指明他并不只是赖德霖所查是参议院河南议员，而是北洋政府的参议院议员。著者立即把这一搜索信息发在群里，很快引来赖德霖新的怀疑。

"会是杨师母陈法青女士的亲戚吗？"赖德霖问。

赖德霖这一问，著者如梦初醒。对呀！陈铭鉴与陈法青是同一姓，而且著者早在2011年撰写"中国建筑名师丛书"：《杨廷宝》传记体裁口袋书时，就知道陈法青是河南西平县权寨镇人，看来，他俩是老乡了。赖德霖问他俩是否是亲戚，著者就没从直系上去想。是亲戚的话，两人差几代呢。于是赶紧查陈法青出生年月，一查得知陈法青1901年生，而陈铭鉴是1877年生，两人相差24岁，整一代。那么，陈铭鉴与陈法青只相差一代，可能就是叔侄女关系了？

著者后来又在网上查了《西平县权寨镇陈氏家乘》（陈铭鉴著，1916年出版）概述中提到"后人多为专家、学者，颇有建树。其女法青适南阳杨廷宝，即我国现代建筑学重要创造人之一……"这不是陈铭鉴亲口称法青为女儿吗？这么说来，陈铭鉴是杨廷宝的准岳父啰！天下之大真有这么巧合的事？太神奇了！其实，著者后来想起在《杨廷宝》传记体裁口袋书撰写"姻缘与家庭"一章时，曾写道杨廷宝清华毕业留洋前到陈铭鉴家中第一次与陈法青正式见面，并与陈法青订下百年好合之事。于是再翻开书才肯定，陈铭鉴竟然是陈法青的父亲。当时写故事时只关注杨廷宝和陈法青了，没留意陈铭鉴。对了，著者猛然又想到，就在本书"书画牵线结姻缘"的杨廷宝一故事中，不是也提到过这件事吗？看来，著者对陈铭鉴印象太单薄了，以至于在群里三人刚开始讨论杨廷宝先生的那封信时，著者压根就没想到陈铭鉴是什么人，结果绕了一大圈，此时才算把他们的关系搞清楚了，一切就此释然。

三是，杨廷宝为什么不把这件事写信告诉他的父亲杨鹤汀呢？因为他父亲不仅是南阳首任知府，还是南阳参议院参议长。看来，陈铭鉴因是北洋政府的参议院议员，官大两级也许更能通天，质问起政府来影响面会更大一点。所以杨廷宝先生的信涉及政治敏感问题要想提醒国人和政府注意，还是走上层路线为好。这就是杨廷宝先生当时把这封家书寄给准岳丈大人的原因。

因此，当著者把这件事的来由查个水落石出后，在群里与赖德霖、李鸽分享时，他俩也异常兴奋。

"这是令人兴奋的发现。""发现本身就是一个有趣的故事。"赖德霖说。

"杨老是在家书中写的这部分内容。"李鸽也明白地说。

至此，在《杨廷宝全集》终稿之际，新发现这一杨廷宝先生重要的史料也许就成为八年多来著者寻"宝"之获的收官之"宝"。

10. 杨门三代献珍宝

编纂《杨廷宝全集》少不了要收集杨廷宝先生的家庭生活、学习工作、社会活动等方面的历史照片、珍贵遗物。而这些素材的主要来源，只能有求于杨廷宝先生的亲人提供。好在这项繁杂而细致的工作，并不是从零起步。早在10年前的2010年，著者在撰写《杨廷宝》传记体裁口袋书的过程中，已多次从杨廷宝先生的大女儿杨士英教授处收集到不少珍贵史料，特别是大量的历史照片。但是，仅有这些素材对于多卷大型图书《杨廷宝全集》而言，其分量依然显得单薄而不足。尤其是其中以影像形式展现杨廷宝一生成长、成就、成功的影志卷，更需继续寻觅、挖掘出更多的此类素材，看来仍有一段任重道远的路要走。而且这种寻"宝"，并不是信手拈来那样轻而易举，而是要按照编纂大纲的意图，随着寻"宝"工作的展开、深入，只能细水长流地积少成多了。

经过《杨廷宝全集》的项目策划、启动签约、撰写大纲、计划安排、实施细则等一系列酝酿准备工作之后，恰逢2012年12月23日杨廷宝先生逝世30周年之际，在成贤小筑举行了杨廷宝故居纪念馆开馆仪式和中国建筑工业出版社举办的《杨廷宝》首发式之后，编纂《杨廷宝全集》的各卷工作随即陆续开展。

2013年4月25日，一个春暖花开的周六上午，著者与影志卷的编者权亚玲、张倩老师与杨士英教授在杨廷宝故居第一次会面。

"铃……"著者按响了成贤小筑大门的门铃。不一会儿，早已等候在大门内侧小平房中的84岁高龄的杨士英教授走出，打开院墙大铁门中的一扇小门，笑容可掬地迎接著者一行的到来。

"这位是权亚玲老师，这位是张倩老师。"因为著者是成贤小筑的常客，与杨士英教授早已熟识，便主动向杨士英教授介绍了两位前来采访的建筑学院老师。

"杨教授，您好。"权、张二位老师礼貌且甜甜地向杨士英教授异口同声问好。

"来吧，我们进屋去。"随着杨士英教授的邀请，著者一行进入屋内，各自就座。

小屋不大，1946年底成贤小筑刚建成时，这座小屋临街是车库。新中国成立前夕，基泰散伙，车库也就用不着了，就变为临时用房，现在稍加布置作为接待客人的地方。

室内周边一圈沙发，墙上挂着杨廷宝先生生前几幅肖像和设计作品的照片，显得

图 53 著者与权亚玲、张倩在成贤小筑采访杨士英教授（赖自力摄）

简朴而雅致。待大家坐定，杨士英教授从透明文件袋中拿出事先准备好的杨廷宝先生生前一叠黑白照片、一摞备课手稿，特别是有一张杨廷宝先生出席1961年在英国伦敦召开的国际建协第6次代表会议再次连任国际建协副主席时，被授予英国皇家建筑师协会名誉会员证书的原件。

望着茶几上摊开的杨士英教授献上的"宝"贝（图53），仿佛杨廷宝先生来到了我们面前。我们先拿起几份杨廷宝先生的备课提纲，哇！每个字都写得那样工工整整。不用说，从字里行间我们看到了杨廷宝先生无论做设计、搞教学，那个一丝不苟的认真劲儿，简直让人佩服得五体投地。

再看备课内容，都是杨廷宝先生自编的。因为，在过去那个年代，建筑设计课程是没有教材的，更不要说全国统编教材了。全靠各校建筑系师资队伍的实力。因而从自编教材的水平就可看出，各校建筑系的办学层次与水平。正因为前中央大学建筑工程系、南京工学院建筑系是全国建筑系的始祖，又拥有像杨廷宝、刘敦桢、童寯、李剑晨等一大批德高望重前辈的献身建筑教育，才培养出一代又一代优秀人才。

当著者与权、张二位老师阅读手中杨廷宝先生一份《建筑概论》备课提纲时，看出提纲中既有理论阐述要点，也有工程项目举例。这不，杨廷宝先生还把他亲自设计建造的和平宾馆列入案例。我们当即想象到他那绘声绘色讲课的场景，一定引得台下众学生听得津津有味。我们仿佛也身临其境，感受到杨廷宝先生讲课的魅力。

再看另一份建筑概论温课提纲，杨廷宝先生不仅为自己要把建筑概论课讲好，而煞费苦心编写讲课提纲，而且还为学生真正学好这门专业基础课，冥思苦想编写了复习提纲，提出数十个让学生应思考的问题。从这份备课提纲中不难看出，什么是认真教学，杨廷宝先生的备课提纲就是一面镜子！

还有一份建筑初则与建筑画备课提纲，把设计教师如何教好学生，掌握建筑渲染技法的各个环节，应有尽有地依次罗列得一清二楚，这既是杨廷宝先生从业几十年的经验之法，也是通过该门课程的严谨动手实践，以此达到培养学生老实做人、踏实做事的教学目的。这不正是杨廷宝先生教书育人在课堂上的体现吗？

接着三人又拿起一沓照片欣赏起来，照片有大有小，内容也比较宽泛，有家庭照，宾大学生照，有设计作业照，也有工程项目照。不过有一张照片引起我们特别的好奇和艳羡。

"小权、小张，你们看这张杨廷宝和陈法青的结婚照，好有时代感。"著者把照片拿给两位老师看（图54）。

"哇！杨老是标准中式马褂着装，杨师母是典型西式婚纱披身，没见过。"张倩好奇说道。

"这是中西合璧，好有意思。"权亚玲赞道。

著者把这张照片也拿给杨士英教授看，并问："这张照片太珍贵了，杨老和杨师母当时结婚为什么这样打扮？"

"这是解放前，男女结婚时拍结婚照的标配。"杨士英教授含笑解释道。

就这样，三人对每张照片仔细欣赏，不时还讨教杨士英教授。"这张照片杨老在什么地方拍的？""这张照片杨老在干什么？""这张家庭照都是谁？"我们像在听故事一样，洗耳恭听杨士英教授的解答。当然，还有几张杨廷宝先生的工程照片，我们一看，不用问，对此早已熟知了。

不觉大半个上午过去，为了不再耽误杨士英教授的时间，便结束了上午的采访。

"杨老师，您今天提供的这些宝贵资料，先让我们带回去扫描后，送还您行吗？"

"你们拿去用吧，没关系。"

在清点件数，开具借条后，著者又一次征询杨士英教授："杨老师，今天上午很

图 54　杨廷宝与陈法青的结婚照（杨士英提供）

高兴与您见面，收获也不小，权老师、张老师初次与您相见也很高兴，我们能一起在故居前留个影吗？"

"好吧，今天天气也不错，我们到院子里去。"杨士英教授和我们开心聊了一上午，心情自然像春日的阳光，爽快答应了。

随行采访的学院摄影师赖自力给我们拍完照后（图55），杨士英教授一直送我们到大门口，依然含笑挥手告别。

自编纂《影志卷》，为收集素材启动寻"宝"工作之后，虽然有了第一次与杨士英教授会面好的开头，但为了更丰富、充实该卷的内容，免不了还要向她不断探"宝"。只是因为杨士英教授并不住在成贤小筑，而是住在南京大学她自己的家里，所以往后要想有事相见需提前预约，每逢周六上午才行。好在成贤小筑就在学校对面，杨士英教授每周六上午必来故居一趟，指点护院人员打扫卫生，或整理庭院树木花草。因此，著者想到需要什么资料、图片就提前几天向杨士英教授打个招呼，只要是能找到的，杨士英教授就提前一天打电话相约。

图55　采访后合影（赖自力摄）

"黎老师，我找到几本小册子，不知你需要不需要。"一天杨士英教授来电话说。

"要！"著者赶紧回话。

"那，明天上午还是9点在成贤街见。"

"一定来！"

第二天周六，著者如约而至。这次杨士英教授领著者进了小楼。进门厅左手是客厅，右手是杨廷宝先生的书房。我们径直穿过一扇门来到餐厅，只见八仙餐桌上已摆着几本小册子，大概就是今天要看的新"宝"贝了。

"这是从书架上找出来的几本小册子，你看里面有没有你要的东西。"等我们落座后，杨士英教授说。

著者看到最上面一本封面已破烂不堪，且正中间几乎要拦腰断开，再看书名《TSING HVA 1911—1921》，原来是清华十年纪念册。流光岁月已九十多年，这本小册子有年头了。翻开内页，有清华初建时的校园老建筑图片，都是著者曾经在这里读书六年的地方，太熟悉了。还有一些学生校园活动内容的老照片，居然还发现有一张，学生武术队在操场上舞剑的场景图片。因为杨廷宝先生当年是校拳术队队长，著者竭力辨认图片中每一个人的面孔，想找到杨廷宝年轻时的身影。无奈图片太小，又模糊不清，始终不能确认哪一位是他。此外，还发现一张在郊外一座偌大的亭子前，一群或站或坐的美术社社员集体照，虽然照片依旧模糊，但人群中唯一一位女性，无疑是美术老师斯达女士，而杨廷宝在哪呢？著者的目光在全是一袭长袍的学生中扫来扫去，竭力从身姿、脸型看，似乎站在斯达女士左手旁的较高个儿更像是杨廷宝，不觉相中这张照片了。当翻到最后几页时，只见杨廷宝先生在清华毕业前夕，为毕业纪念册征稿录用的八幅清华景点建筑写生画，张张精彩优美，显示出杨廷宝青年时绘画的天赋和功底。心里也在想，这几幅画也选中了。

第二本小册子是宾大艺术学院建筑系学生设计作品集，在40份包括设计、渲染、素描、制图的学生作品中，杨廷宝先生一人就入选3幅作品，其中两幅作品曾获全美建筑系学生设计竞赛大奖。欣赏着杨廷宝1923年获市政艺术协会一等奖的纽约超级市场设计作品和1924年获艾默生奖教堂圣坛围栏设计作品，著者不仅为杨廷宝先生那时学习设计主课，有如此的设计功力和精湛的建筑画表现技艺所折服，更为他超人的设计修养和严谨的学习品格所赞叹。这本小册子也必然是著者想要留下的。

第3本小册子是薄薄的beaux-arts设计奖公告，书中登载了1924年度包括杨廷宝先生在内的十多位学生获奖设计作品，当然也少不了杨廷宝先生当年的设计作品在列。

最后一本小册子是费城各届清华校友信息录，杨廷宝先生列入 1921 级留美学生。信息包括籍贯、省份、在美所学专业、毕业学校、获学士、硕士年份、获奖情况、在美住址等。大概是费城中国同学会为相互联系方便和开展社交活动所需吧。1925 年杨廷宝还当过一届该同学会主席呢。

就这样，著者一面翻阅杨廷宝先生生前珍藏数十年的这几本小册子，一面边仔细观赏，边与杨士英教授交流，不觉一个上午大半天又过去了。著者整理好这几本小册子，对杨士英教授说："我先把这几本书带回去扫描一下，下周六见面时再还给您，好吗？""行，没问题。"杨士英教授很爽快地回应。

应该说，往后很多次周六上午，都是杨士英教授主动提前打电话："黎老师，我又找到一些东西，你明天上午来拿吧。"而杨士英教授每次的献宝，有时是杨廷宝先生写的纸条，比如，大概是为了填某种表格需要而写的个人简历草稿，或者出国访问，参加建协会议日程，以及为建筑研究所欲出版《杨廷宝建筑设计作品集》开列的设计项目清单等；有时是几页为做报告写的草稿等，这些"宝"原件都是手迹卷所需的珍贵史料。而更多的是杨士英教授总能找到一些老照片，少则四五张，多则十来张。其内容就多了。有杨廷宝出席人代会的，有外出考察的，有出国访问的，有 1949 年后的工程照片，有参加建筑学会会议的，有家庭照片等，随着时光一天天过去，著者手头上杨廷宝先生的史料也就越集越多。到全集终稿时，包括其他人提供的杨老照片，八年多来，竟然收集到九百余张！

更可喜的是，著者几年来进出成贤小筑虽不计其数，但直到有一天才想起，自己为杨廷宝纪念馆利用客厅和餐厅两个流通的开放空间作布展设计时，在陈列柜中就放着几件宝物，何不也收入《杨廷宝全集》中呢？于是在一次周六上午与杨士英教授碰面离开之前，征得她的同意，将陈列柜中梁思成、刘敦桢、吴良镛等几位先生几十年前分别给杨廷宝先生写的信和仅存的三本杨廷宝日记，以及杨廷宝先生出席 1964 年北京科学讨论会时，李四光邀请代表们光临招待会，陈毅设宴招待代表的请柬一并取出，带回学院全部扫描存底，这些可是文物级的珍贵史料啊。

当然，著者在整理手头已积累的"宝"物时，如若发现缺少某方面的内容，就会主动询问杨士英教授。

一天，著者在成贤小筑问杨士英教授："杨老师，有件事想打听一下，杨老在宾大时，曾多次获得过全美建筑系学生设计大奖，那些奖牌还在家吗？"

"我爸从来没有对我们子女讲过，他做学生时得过奖，我们更没见过那些奖牌，后来只在照片上见过。"杨士英教授摇头笑笑说。

"还有，现在陈列柜中只有三本日记本，听说，以前杨老留下几十本小日记本，上面都有许多他随手画的插画，这些小日记本还在吗？"

"早就没有了，因为南京比较潮湿，特别是每年黄梅天，爸爸在一楼的书房柜子里的书，包括他的日记本，许多都被虫蛀了。后来'文革'时又被抄过几次家全没了。这三本是幸存下来的。"

经过几年下来，这样三番五次由杨士英教授主动献"宝"或著者向杨士英教授淘"宝"，已是洋洋大观。由于成贤小筑现在已无人居住，许多东西都已装箱打包放在二楼一间卧室存放，且杨士英教授已是高龄，不忍再打扰她翻箱倒柜寻找杨廷宝遗物，估计在成贤小筑淘"宝"，可到此为止了。

也就在这时，杨家献"宝"的另一人——杨师母陈法青——生前向建筑学院提供的二百余张有关杨廷宝的历史照片，意外地轻松让著者得到，真有这样的幸运吗？

幸运是这样的，2016年10月8日，建筑学院单踊教授一个电话打过来。

"黎老师，我在院图书室发现，2001年学院为筹办杨廷宝先生诞辰一百周年展览时，当年健在的杨师母提供了二百余张杨老照片[①]，后来扫描存档在图书室，我拷贝了一份你要不要？"单踊也是研究中国建筑教育和建筑学院发展史的学者，当然少不了对杨廷宝的关注。他很关心著者在为杨廷宝编纂《杨廷宝全集》这套多卷大型图书，也相互交换过不少相关信息和资料，这次是送上大礼了。

"当然要！你先把图片发到我邮箱，让我先睹为快。"

13日，果然二百余张杨廷宝先生的照片悉数被下载下来，简直是一次大丰收。而且多半照片是没见过的，尤其是杨廷宝先生在宾大时期的照片最多，看着年轻时代的杨廷宝一身西装打扮，身材又那么标致，相貌还那么帅气，简直气质非凡。还有不少杨廷宝先生与梁思成、林徽因、陈植、赵深等号称"中国小分队"的密友在一起郊游，以及杨廷宝先生与美国朋友亲如一家的照片。其他的照片还有杨廷宝先生画的工程项目渲染图、家庭照片，等等，名目繁多，内容实在太丰富了。

但是，这只是从照片面上看得过瘾，照片背后有什么故事？发生了什么？是哪年哪月的事？全然不知。看来要搞清每张照片的背景，又是一件旷日持久且不一定能搞清的事。反正能搞清多少就搞清多少吧，那就先从搞清家庭照的背景开始。

---

① 这些照片，杨师母后来全部捐献给了江苏省档案馆。

图56 著者与单踊在杨廷宝故居听杨士英讲照片上的故事（赖自力摄）

图57 抗战时期，杨廷宝全家逃难至南阳老家，在武侯祠与家人合影。自右至左：父杨鹤汀、幺儿杨士萱、大妹杨廷宜、长女杨士英、后母、二儿杨士芹、妻陈法青、长子杨士莪、小弟杨廷寊、三妹杨廷寓、二女儿杨士华（杨廷宝摄，杨廷寊提供）

　　等到15日周六的上午，著者同单踊按与杨士英教授事先的约定，又在杨廷宝故居碰面了。待大家在餐厅八仙桌前坐定，打开电脑后，就开始请杨士英讲解屏幕上放映的，杨家先后居住在天津、北京、南阳、重庆、南京几个地方照片中出现的家人情况。引得杨士英教授的思绪回到过往的年代，讲解得如数家珍（图56）。著者像听杨廷宝先生家史一样痴迷入神。特别是有一张照片，是杨廷宝一家抗战逃难回南阳老家时，杨廷宝自己拍摄的全家老老少少，包括杨廷宝一家人，以及他的父亲、后母、弟妹十来口人在武侯祠的集体照（图57）。在战火年代，能团聚在一起，人人面带笑容好温馨啊。杨士英教授看着屏幕上这一群家人向著者和单踊一一点名作了介绍。

　　还有，当看到杨廷宝先生一家生活在天津时的家庭照片时，看着杨廷宝夫妇带着

图58 1930年，杨廷宝左搂大女儿右抱二女儿在天津家中（陈法青生前提供）

图59 1980年在成贤小筑的全家福照片（杨士英提供）
二排左起：大儿媳谢爱梅、长女杨士英、杨廷宝、小孙女杨本玉、陈法青、小儿媳姜惠芳、二女儿杨士华、二儿媳张永惠。三排左起：长子杨士莪、次子杨津（士芹）、大女婿林英藩、幺子杨士萱。

5个可爱的小不点子女，情不自禁地会心露出笑意。尤其看到一张杨廷宝坐在小凳上，右手抱着坐在腿上的二女儿杨士华，左手搂着站在地上的大女儿杨士英，连看着屏幕的杨士英教授自己也喜形于色。看来杨廷宝也是一位舐犊情深的父亲哦（图58）。

另一张全家福的照片也是令人羡慕的，那是杨廷宝过虚80岁生日的1980年12月，在成贤小筑家中拍摄的。尽管杨廷宝一生不愿过生日，但年纪毕竟大了，儿女们在这个难得的日子，虽然不摆宴席大搞，总得吃一次长寿面意思一下吧，便各自纷纷带着第三代，从外地赶回家。便有了自南阳那张集体照34年之后，又一次拍下这珍贵的全家福（图59）。杨士英教授一脸幸福感地向著者和单踊老师一一指认照片中的"杨家将"。著者之所以称他们为"杨家将"，着实是因为杨廷宝夫妇教子有方，儿女们个个优秀，人人成才，大儿子还是院士呐。难怪乡亲们都说杨家"一家两院士，满门教科才"。

总之，著者前前后后从杨士英教授处淘到不少"宝"，也从中知晓了杨家的许多往事。除此之外，著者还向杨家其他家人也淘过"宝"呢。

向杨廷宝先生的小弟弟杨廷寊先生淘"宝"就不用说了，在本书附录：寻"宝"的故事"3、南阳郑州满获宝"中，已顺便提到著者专程赴郑州，得杨廷寊老先生献"宝"的过程，在此不再赘述。

另一位要提及的是向杨廷宝先生的幺子杨士萱先生讨教的二三事。应该说他还是著者的学长呢。1966年著者刚入学清华大学建筑系时，正好与张锦秋是同班同学的杨士萱也刚从建筑系毕业，彼此相差6年，擦肩而过，因此不曾有过接触。直到2011年著者完成《杨廷宝》一书的终稿，请远在美国贝聿铭建筑师事务所工作的杨士萱审阅，并在随后开始编纂《杨廷宝全集》的几年过程中，才与其在邮箱中隔空有过邮件来往，但从未谋面。

2016年年底的一天，幸得杨士英教授电话告知，她的弟弟杨士萱已在北京。正巧两天后著者要出差北京，于是向杨士英教授要了杨士萱的电话。

12月13日，著者拨通了杨士萱的电话："喂，士萱学长吗？我是黎志涛，听您大姐说您正在北京，我后天正好要来北京有事，趁此机会想见见您，并向您讨教我这几年编纂《杨廷宝全集》中的一些问题，有空吗？"

"你好，我是士萱，我来北京有些日子了，不巧大后天我就要飞回美国。"

"那我后天到北京，下了火车直接去您那儿，行吗？"

"这几天的日程我已安排满了，后天晚上已与在北京的清华老同学们约好相聚，真不巧。这样吧，我明年要回南京见我大姐，到时我们再见面详谈吧。"

"好吧，明年在南京等您。"

果真，转年国庆后，杨士萱学长来南京看他大姐了。10月16日，杨士英教授来电话："黎老师，杨士萱已在我这儿，明天去成贤街，咱们一起见个面吧。"

"太好了，明天见。"著者兴奋地说。

第二天，当著者如约来到杨廷宝故居，杨士英姐弟俩已坐等了。于是，三人围坐在餐厅八仙桌前（因客厅已被展板、展柜占满），开始聊起来（图60）。杨士萱谈及当年他父亲在书房画国家图书馆方案、参与北京站方案设计、验收人民大会堂、设计和平宾馆时建议把那桐一处王府四合院收购进来，并加以修缮改造可作为贵宾客房，租金可比大楼贵等情况。并提到他父亲设计成贤小筑时，对一些生活细节的周全考虑。

图 60　著者与杨士英、杨士萱姐弟俩在杨廷宝故居会面，听杨士萱讲杨廷宝故事（赖自力摄）

虽然杨士萱没有提供诸如照片之类的实物，但他作为建筑师，以专业眼光提供的杨廷宝设计信息，对于著者撰写《杨廷宝故事》却大有裨益。

在听杨士萱的侃侃而谈时，著者也插话，简略介绍了《杨廷宝全集》编纂的情况。杨士萱提醒著者，书中一定要实事求是，事实要准确。不要发生《杨廷宝》传记口袋书出现个别的错误情况。这让著者想起那本口袋书第190页上，引用林洙著《中国营造学社史略》第119页，一张张冠李戴的照片。那张1935年的照片上有两个人，一人站在爬梯上面，另一人在下面扶住爬梯，他俩在视察北京真觉寺金刚宝座塔的破损情况。原注释说站在上面的人是梁思成，下面扶爬梯的是刘敦桢。等杨士萱学长审阅《杨廷宝》终稿时发现，"站在上面的人不是我父亲吗？怎么会是梁思成？"不知怎么书出版时也没订正过来。

另一张《杨廷宝》传记体裁口袋书在39页上的照片，也是引用《杨廷宝先生诞辰一百周年纪念文集》中的一张照片，可是原注释却写道："杨廷宝先生与保尔·克芮全家合影（1924）"。杨士萱学长审阅《杨廷宝》一书终稿时指出："这不是杨廷宝的导师克瑞一家人，而是杨廷宝与费城斯瓦斯摩学院的好友一家人。"幸好，这一张照片的注释错误，在出版时及时被订正过来了。

杨士萱学长提起往事的上述失误，确实引起著者对编纂《杨廷宝全集》要倍加严谨。

三人聊了一个上午，却谈兴未尽，因至中午，只好收场。

还有杨家一位为《杨廷宝全集》献宝的家人值得点赞，这就是杨廷宝先生的小孙女，也就是杨士萱学长的女儿杨本玉。正当著者开始为编纂《杨廷宝全集》启动四处寻"宝"时，得知杨本玉正在宾大建筑系读研，于是，2013年7月12日向杨本玉发去了第一封邮件。

"小玉：我是南京东南大学建筑学院（前南京工学院建筑系）老师。去年撰写了《杨廷宝》一书。接着又受建工出版社委托，组织了几位青年教师，准备编纂《杨廷宝全集》。在此过程中，多次受到您父亲杨士萱学长和您大姑妈杨士英教授的关心和鼎力相助，并提供了杨老许多珍贵的资料。但是，仍缺杨老年轻时在宾大读书的史料。前不久，我与您父亲杨先生联系过，想请杨先生转告您，拜托您在宾大档案馆收集一些杨老的资料。正巧，我们一位张倩老师和另一位老师8月初要带学生来美国，与科罗拉多州大学丹佛分校进行联合教学活动，行程中要来费城、纽约等地。张倩老师很想来拜访您，也想去宾大看看杨老读书的地方。她动身前会发邮件与您联系的，希望您给予帮助，并托她给您带一本我写的《杨廷宝》书。谢谢您的帮助。黎志涛老师。"

隔天杨本玉就回复道："黎志涛教授，您好！我在我父亲处曾拜读过您撰写的《杨廷宝》一书，不管是作为他的家人，还是建筑后辈，都从您的书中再一次体会到一代建筑大师不平凡的经历和成就，受益匪浅。最近也得知您编纂《杨廷宝全集》需要一些我祖父当年在宾大时的资料，我计划去宾大档案馆搜一下，由于时间久远，不知是否能如愿，但我都会尽力而为，为此书略尽绵薄之力。关于张倩老师来美访问，请转告她到时可与我联系。杨本玉，2013.7.14."

随后，杨本玉立即在宾大开始四处收集资料，"找到当年的建筑系馆和有关我祖父在宾大的留学生活情况。""并与宾大档案馆多次联系，有所收获。"9月27日，张倩带领学生来到费城，杨本玉很高兴与师生见了面，交流了她初步收集到杨廷宝在读期间所获资料的一些情况，并表示将继续收集，等整理后可发送邮件过来（图61）。

到了这年底，圣诞节和新年来临之际，杨本玉传来好消息，她又在宾大档案馆收集到杨廷宝先生的成绩单、建筑系及校园教学楼的照片等。因她当时在搬家，来不及整理这些资料，要等些时候，才能把所收集的资料一并发来。

当著者得此消息，着实高兴许久。能得到大洋彼岸远在天边的杨廷宝先生资料，幸有杨本玉的热心相助，否则，在《杨廷宝全集》中这一段的历史空白真难以填补。

图 61　杨本玉（左 2）在宾大接待张倩（左 1）一行（陈晓东摄）

很快，2014 年 4 月 29 日，杨本玉从大洋彼岸连续发来了 3 个邮件。第 1 个邮件包括成绩单、各年宾大年鉴中中国同学会照片、杨廷宝登记资料、全班同学毕业照，还有费城晚报对杨廷宝报道的剪报。杨本玉还特地把成绩单翻译成了中文。特别是那张杨廷宝的全班同学在建筑系馆入口台阶上席地而坐的毕业照，引得著者欣赏了很久。因为杨廷宝与后来成为世界建筑大师的路易斯·康恰好坐在同一排，只是中间隔了另一位同学。而且国内建筑系的学生也都对路易斯·康太熟悉了，若知他与杨廷宝是同班同学，定会惊讶不已。第二个邮件为 12 张宾大校舍图片，是当年杨廷宝学习和生活的场所。第三个邮件是 6 张宾大校园地图和鸟瞰图。这些照片中的校园建筑名称、建造历史和建筑概况，杨本玉都译成了中文，便于著者全部收入影志卷中，大大丰富并展示了杨廷宝先生在宾大经历的内容。

此后，又一个令人意外和惊喜的是，一年后的 2015 年 4 月 9 日，杨本玉发来一封邮件：

"黎老师，您好。我在与宾大档案馆联系的过程中，得知他们收藏了五幅我祖父的水彩画，分别画于1924年，1925年，1925年，1935年，还有一幅日期不详……我不知这几幅画的具体内容，也不清楚是否以前出版过。但据我所知，以前出版过的水彩画都收藏在国内，这几幅原作有可能是不为人知的遗作。如果需要宾大提供画作的复印件，他们的收费是前三张，每张75美元，其余的每张50美元。不知道您是否想收集这些复印件？如果需要，希望何时收到，如何付款？因为档案馆的工作人员说他们现在严重缺乏人手，会拖延较长时间。"

得知此消息，著者像发现流失海外的文物一样，想尽快让杨廷宝先生的珍贵画作回家，当即回复邮件：

"小玉：您好，得知宾大藏有杨老珍贵的水彩画非常高兴，很想要。为了方便快速、安全传递，是否可以购买扫描电子文件？请您帮忙打听一下，要付多少美元？我可以从中国银行汇款……等待您的消息，再次感谢。"

15日，杨本玉回复说，档案馆可以提供电子扫描文件，价格相同，但还不清楚是否接受国际汇款。

著者想，如果不能接受国际汇款，这就麻烦了，杨廷宝的画作怎么能回来呢？忽然灵机一动，杨本玉不是说过她要回南京看望她大姑吗？何不先让她先垫付美元，等她来南京时著者再如数奉还，岂不更方便？于是，著者把这个想法告诉了杨本玉，并立即准备好了美元现金，只等"宝"物回家。

21日，杨本玉又来一封邮件：

"黎老师，您好，我收到了宾大档案馆发来的水彩画样张（请看附件），其中几张我记得曾经在《杨廷宝水彩画选》或《杨廷宝美术作品选》中出版过，比如北京北海、宾大宿舍入口、宾大博物馆。其他的两幅画我记不清楚了，请您确认一下。您是否还需要扫描文件？需要哪几幅？至于版权，应该不会有问题，因为是档案馆的人说可以提供用于书籍出版的扫描文件。"

等著者下载附件打开一看，这5张水彩画样张也似乎曾见过，经杨本玉提醒，赶紧从书架上取出《杨廷宝水彩画选》8开活页画册，并翻开画册与电脑屏幕上的样张一一对照，果然发现这几张水彩画在画册中全有。看来这5张水彩画是在《杨廷宝水彩画选》出版之后，杨廷宝先生送给了某家人，带到美国后又捐赠给了宾大收藏的。由此确认后，著者也就不需认购了。

时隔不到一个月，杨本玉来南京探望她大姑期间，5月4日，终于与著者在成贤小筑杨廷宝故居见面了。在一个多小时的相互交流中，著者向杨本玉介绍了编纂《杨廷宝全集》的进展情况,也对她多年来为收集杨廷宝在宾大的资料竭尽全力,并收获满满表示了感谢(图62)。

"也谢谢黎老师为我们杨家做了一件非凡的事,你一直走访各地,查寻资料,为《杨廷宝全集》不辞辛苦,我很高兴听到您最近的收获。"

"哪里,杨老是我们这个建筑专业、行业的祖师爷,我作为杨老学生的学生,做这件事是义不容辞的,再说,编纂这套书的过程,也是向以杨老为代表的第一代建筑师们如何做人做事的一次学习机会,从中受益也匪浅呢。"

"期待您的书早日出版。"

这次与杨本玉愉快的会面结束,待她回到美国后,仍在不断探听,寻找杨廷宝在宾大的信息,与著者始终保持着联系。

可以说,几年来著者通过编纂《杨廷宝全集》多卷图书,已与杨家三代人多有接触,包括与杨廷宝长孙杨本坚在南京见过面,且从他那儿要来他父亲杨士莪院士的电话,

图62 著者与杨本玉在杨廷宝故居会面(赖自力摄)

并于第二天就在电话中聊了一阵子。而杨士英教授的女儿林慈每年都要从美国回来陪她母亲一阵子，著者就常听她讲起成贤小筑的故事，且在一次参加由中国建筑工业出版社在杨廷宝故居举办的《杨廷宝》首发式上与林慈的女儿有过一面之交。由此可见，要说《杨廷宝全集》是著者带领建筑学院团队在编纂，不如说是包括杨家三代人在内的许多人都在为这套大型图书的问世做着不同的贡献，才有众人8年多共同的努力即将收获最终的硕果，也算是2021年为杨廷宝先生诞辰120周年献上的一份生日厚礼。

附录2：鉴宝的故事

1. 汴修女楼考证记

2015年9月18日，著者委托洛阳朋友陈秋红和周立凯驱车赴河南新乡调查杨廷宝先生于1934年设计的河朔图书馆并索取图纸时，得知他俩从图书馆方获悉开封还有一幢楼，当时称"本笃修女"楼，实为修女宿舍楼，今为开封宾馆二号楼，据说也是杨廷宝先生设计的。这一信息使著者大为疑惑，怎么从来没有任何人说起过呢？更没人在任何书刊上提起过这幢楼的来历。不管怎样，也许这信息不会空穴来风，还是到现场考证一下为好。

于是，事隔近一个月的10月12日，著者又请陈、周二位朋友再次驱车赴开封。当他俩找到开封宾馆后，就将二号楼四周和内院拍摄了近50张外景照片。其中一张是立在楼前主入口一侧的市文保碑，其碑后铭文写道："开封宾馆二号楼所处原为开封县救济院院址，后转入美国本笃修女会名下。1937年原救济院全部拆除，并进行新建。1938年新建筑竣工，二号楼即为其中之一，为修女居住之用。1941年，太平洋战争爆发后，该处成为日本驻开封领事馆的馆址。1945年9月，由美国本笃修女会收回。1948年开封解放后，此处房产交天主教开封教区接收管理。1954年由开封宾馆使用至今。该建筑据说系我国著名建筑师杨廷宝教授赴美留学回国后所设计。开封宾馆二号楼建筑设计精美，外观精致，施工考究，是中西合璧式建筑的典范，颇具建筑艺术价值，为第三批开封市文物保护单位。"（图1）

读此碑文，著者既喜又疑，喜的是将该楼设计者"杨廷宝"三个字居然刻在石碑上，以示人为证。疑的是为什么在"杨廷宝"三字之前还要加个"据说"模棱两可的二字？先不管它吧，欣赏一下这些图片再说。

看着看着，著者似乎越来越看出这很像是杨廷宝先生的设计手法，只见2号楼的造型设计如此端庄精美、秀丽婉约，细部雕饰如此妖娆华贵、优雅妩媚。甚至连烟囱的砖砌竟像工艺品一样美到极致。由此想到，杨廷宝设计的许多中国传统式样的建筑如同他做人一样一丝不苟，以至于每一项工程的设计深度都令人赞叹。然而，相比之下，二号楼的设计深度更是达到了登峰造极的地步。也许，推测当时杨廷宝先生设计时，按他"为人而设计"的理念，为修女们设计住所应该表现出女性的特点和所好吧，才有这个与他过去设计的项目不同而透出大家闺秀气质和风范的芳华建筑外貌。难怪

图 1　市文保碑正面（左）与背面（右）（周立凯摄）

图 2　开封宾馆二号楼全景（周立凯摄）

1936年6月初，梁思成、林徽因二位先生到开封参观铁塔、繁塔等古建筑之后到了河南大学看到早在20世纪20年代就流传为"公主楼"的七号楼女生宿舍，如此造型典雅、布局严整、雍容华贵、富丽堂皇，不禁叹道："这七号楼才是真正的公主楼啊！"

与河南大学七号楼建筑风格相仿的开封本笃修女楼也曾被开封人称为"公主楼"应当之无愧吧（图2、图3）。可见，开封曾并存的两座姊妹"公主楼"，令无数人魂牵梦萦啊！

图 3　设计精致的细部（周立凯摄）

问题是二号楼究竟是不是杨廷宝先生所设计？这还是一个未有定论的谜。

著者就此这样推测：

二号楼 1937 年开建，应该是 1938 年上半年竣工的。因为是年 6 月间，开封沦陷为日本侵略军占据，二号楼便成为日本驻开封领事馆。而二号开建前，甲方要购地产、拆旧房；乙方要接项目、谈任务、跑现场、做方案、画施工图等一系列工作，因此，这项工程至少从 1936 年下半年就开始着手了。而在此之前的 1935 年 5 月至 1936 年底这一年半时间内，杨廷宝先生正在北平修缮古建，由此奠定了他娴熟掌握设计中国传统建筑的功底，也为设计二号楼做好了知识与技能的准备。

更巧的是，在 1936 年 9 月杨廷宝先生在《中国营造学社汇刊》第六卷第三期上发表了题为《汴郑古建筑游览记录》一文。开篇第一句就写道："前者因事过郑赴汴，乘暇拍得古建筑多幅。返平后，友人嘱为游记……"杨廷宝此次"过郑赴汴"是因为那时交通十分落后，途中转车是家常便饭。那杨廷宝先生因何事专程赴开封呢？绝不是他有雅兴去拍古建筑照片，更不是如同梁思成、刘敦桢两位研究中国古建筑学者有任在身去考古。何况杨廷宝先生是"乘暇"，更因为北平修缮古建一大摊子事他忙都忙不过来，且还得忙中抽空指导张镈设计其他工程项目呢。那杨廷宝先生去开封一趟究竟干什么，现已无法考证。著者只能推测，杨廷宝先生在大老板接到设计本笃修女楼项目后，要亲临现场勘察地形，了解环境条件和业主的设计要求。这是设计前必须进行的准备工作。既然为正事来开封一趟何不"乘暇"游览这座历史名城的佑国寺塔、繁塔、相国寺、龙亭等名胜呢，既然路过郑州转车何不停留一二天看看开元寺塔、文庙及城隍庙？当然，杨廷宝先生此次赴开封，早不去晚不去，恰在本笃修女楼项目启动之时现身，这仅是时间的巧合，还是真为此而行？现在无法得知，只能说，此时段杨廷宝先生有参与设计本笃女楼的时机。

再说，1937年北平发生"七七事变"后的9月，杨廷宝先生全家逃回南阳老家避难。四个月后，为了躲避日机对南阳的轰炸，全家又搬到内乡秦家寨山沟后，杨廷宝即刻应母校河南大学（原河南留学欧美预备学校）聘请担任外文教师。而此时，正是本笃修女楼施工期间，杨廷宝先生是不是在教学之余很方便地就地监管工地上的事，这也是顺理成章说得通的事。

是年6月开封沦陷日寇之手前夕，本笃修女楼正好竣工后被日本领事馆强行占用。而杨廷宝先生不久接大老板急电只身去了重庆参与刘湘陵墓设计工作去了。应该说本笃修女楼新建全程的大部分时间杨廷宝都在开封！

以上仅仅是著者根据编纂"杨廷宝年谱简编"主观推测而言，当然不能作为本笃修女楼就是杨廷宝先生设计的确凿依据，关键是要查询到原始图纸或文献记载。前者是指望不上了。因为八年来著者寻"宝"除了找到几所高校存有杨廷宝画的原始施工图纸外，凡社会上的项目没有寻到一份原图。有的多是为改建而进行测绘，后人重画的二手图，那已经不是原汁原味了。只好查询文献这条路试试运气吧。可从哪儿下手呢？

首先想到的是请国家图书馆的朋友胡建平帮忙，那可是国家级的超大图书馆。当然，著者深知在浩瀚的书海里捞针也非易事，但试一试总还有一线希望。结果，小胡这位图书管理专家也无能为力。不得已，著者又转向网上搜寻信息。一天，查到开封一位研究史学的老先生，也提到说"开封宾馆二楼楼据说是与梁思成齐名的著名建筑大师杨廷宝设计的"。怎么又是"据说"？于是，著者根据此人邮箱发去邮件，请教"据说"是据谁说，据什么来源而说？结果石沉大海，杳无回音。

就在著者写本篇寻"宝"故事之际，又上百度查询一下，居然看到有一则"开封交际处的历史"长文配图片和2个短视频。打开视频一听，几位六十来岁的老人在聊开封交际处历史的话题，其中聊到开封宾馆二号楼时，当场有人提到这个楼是杨廷宝先生设计的，还说杨是南阳人，是南阳四大家族之一，有人还提到杨廷宝还是他外曾祖父的学生，杨廷宝出国留学时，他们家还资助过钱给杨廷宝云云。看来这些人聊的都是事实，"二号楼是杨廷宝先生设计的"一说也并非不是空穴来风，只是没有真凭实据。著者仍不敢贸然将二号楼收入建筑卷中，甚至也打消组织学生到开封宾馆现场测绘二号楼的念头。真是为求证此"宝"是否真是杨廷宝设计，著者已历尽五年无觅处，不得已只能留给后来研究者接续去解开这个谜吧。

2. 险遭骗局识假宝

2018年2月23日，著者接到王建国院士打来的一个电话。

"黎老师，孟建民打电话告诉我一件事，说他的一位郑州朋友发现有人手上有一批杨老的文物，包括杨老的画、笔记，还有信件。河南省博物馆准备收购。但孟建民说，杨老的文物不能流失在外，要设法让杨老这些文物回家。并说，孟建民已告知他的朋友，让这批文物持有者先不要出手，他设法动员同班同学和他认识的有经济实力的系友共同出资购买下来，转赠给建筑学院永久收藏。"王建国院士接着话锋一转又说："但孟建民一时吃不准这批杨老的文物是真是假，他又没有亲眼见到，只要来6张文物扫描件发给我，我已转发到你邮箱，你鉴定一下真伪，以便孟建民拿主意。"

听到王建国院士这意外的消息，著者先是有喜从天降之感，这简直是送上门的"宝"，何况还是"一批"那么多，难道天上掉下馅饼了？赶紧打开电脑，"黎老师好，请查收！我个人感觉费孝通的信有点不对头，上面有错别字。江苏省革委会文化局似乎也不怎么对，既然是革委会，下面哪有局之类的单位。王"。看到王建国院士的邮件，又顿生疑惑，这是怎么回事，难道有假？便急忙下载文件打开一看，6张图片闪现在著者眼前。

第一张显示杨廷宝先生赋诗4首，但写诗并不是杨廷宝先生的兴趣和长项呀，且这4首诗的书法著者不敢恭维。因为杨廷宝先生的墨宝著者见过几幅，字体工工整整，笔法刚劲有力，哪像这些字体草率、笔法无力。而落款"杨廷宝"三个字根本就不是著者看惯了的那个熟悉的杨廷宝先生落款签名字样。特别是杨廷宝先生签名的姓极少写繁体"楊"而是简化字"杨"。且"杨"字起笔不但重，而且其笔画较长，可眼前这落款真不像啊。再说那枚金石印章，倒是繁体字，貌似挺像，但对比真品，不说别的，就"楊"字本身而言，无论从构图还是字体都与真品大相径庭，毫无疑问，这是一副蹩脚的假货。

最后一张一眼就看穿，这不是杨廷宝先生的画风。这类速写画杨廷宝先生都是运用白描勾线方法记录所见景物，还真少见过杨廷宝先生用钢笔排线表现建筑形体关系和光影关系，再说这些线条哪有杨廷宝先生徒手画了几十年线条的一丁点手头功夫？尤其是前景的树木表现，不要说树木根本不成形，就连线条也是随意乱涂形似杂草一堆。不仅如此，竟然还在画幅下方盖上如同第一张一样款式的"杨廷宝"大红印章。这更与杨廷宝先生的画风无论水彩画还是素描画，无论新中国成立前画的，还是新中国成立后画的，从来不盖印章的惯例相悖；且杨廷宝先生落款也一律写"T·P·Yang"，而写中文名字极为罕见，可以说这幅称不上艺术作品的烂画，竟也想鱼目混珠？

其他几张正如王建国院士所言，疑点也多多。在此不再赘言剖析。

这一下把著者的心着实凉透了，本想指望这次"不劳而获"一些"宝"，却碰上了这一出戏，算是空欢喜一场。

但事情还没完。

三天后，建筑学院韩冬青院长打来电话。

"黎老师，孟建民来电话，他约好了郑州文物卖家明天带杨老文物来南京，孟建民出差途径南京特意停留一晚上。因时间仓促不能来学校，希望我去机场宾馆与他和郑州来人共同商讨收购杨老文物一事。你对杨老文物比较熟悉，明天一早陪我去一趟机场，好吗？"

"可以。"著者心想，郑州来人是不是以为有了买家，真可以大赚一笔了？也好，著者就此见识见识郑州来人到底能带来什么货色。

不过，这次可要提防点，不能像几年前的上一次那样。那次是河南濮阳一个电话，打到学院办公室，要求委托设计一个规划项目，学院指派著者带上一名博士研究生出面去现场接项目。哪知，委托设计只是一个诱饵，等我们乘火车到开封站下车却没人来接，电话联系却借口要我们自己打车前往濮阳指定地点会合。这时我们心里感到苗头有点不对劲，哪有邀请对方帮忙而不来车站接人的？何况还要客人自己打的远路跋涉？此时，没办法也只能前往了。结果乘出租车又走了两个多小时中午才到濮阳城乡接合部。双方一见面先带我们到一个饭店用餐，只见包厢里已坐满两桌主人。席前，对方说先要和我们谈回扣给多少问题，我们毫无防备只说："领导让我们来接项目的，回扣问题请你们跟我们领导去谈。"他们见状，跟两个书生谈不出什么名堂也就作罢。便开席大吃一顿，餐后却要我们客人买单，然后让我们先到钟点房午休，约好下午三点看现场。明知这是一场骗局，两个书生又人生地不熟，只得听之任之。果不出所料，直等到下午4点多还杳无音信，再无人来过问。此时，我们才知被放了鸽子，只好傍晚时分打的准备返回。因天已擦黑，又要奔长途，司机借口回家带上弟弟坐在副驾座位上，就这样半夜一路向商丘赶去。途中双方相互提防着，不敢大意。好不容易熬过7小时，半夜12点到了商丘火车站，紧张的心弦才松弛下来。想想也可笑，大老远把我们骗来折腾一整天，就为了白吃那顿酒足饭饱？幸好那时社会上还没达到敲诈勒索、谋财害命的严重乱象程度，已算是走运的了。著者想到这件被骗的往事，明天可真要长点心眼了。

27日一早，著者和韩冬青院长赶到机场宾馆与孟建民院士在客房闲谈片刻，河南来人也连夜开车奔驶而至。此时，只听敲门声处进来两位并不像文化人，一位手抱一大卷图纸，一位拎着不大不小的手提箱，看这架势哪像从事文物研究的学者。见面寒暄几句后，两位卖家便在大床上展开他们带来的"文物"。著者一看他俩张罗"文物"过程的架势，心里就咯噔一下。真正文物哪能这样粗野摆弄，得戴上白手套，轻拿轻放呀！瞧眼前他俩像摆地摊似的动作，真有点心疼这些杨廷宝先生的"文物"了。

当著者一一翻看那卷图纸时，这图画的分明是学生设计作业水平嘛，怎么可能是杨廷宝先生画的渲染图呢？不要说建筑的造型设计，就连画的图面效果也好不到哪儿去。再看图面配景上的人物和树木，也就是低班学生画的水平。这一卷图大差不差皆如此，实在提不起兴趣欣赏。

当卖家把手提箱打开，里面的东西倒是挺多。放在上面的是一些方案草图，多半是透视图。薄薄的半透明纸裱在白纸上，还盖了"杨廷宝"的印章，以此想说明这些草图出自杨廷宝先生之手。可是做假人没想到的是，被行家看出破绽。一是在方案草图上盖印章这是天下奇闻，杨廷宝先生从来不这么做；二是印章盖的也不是地方，没盖在原图上，而是盖在衬纸上，显然是后盖的印章。

再看手提箱中间放的是一些文字记录、备课笔记之类，著者眼前一亮，仔细辨认个别几张还真有点像杨廷宝先生的手迹，但一时还吃不准，再看其内容收藏价值也就一般，因此也不太感兴趣。手提箱底下放的是一些学校教学文件，或者系里的若干通知。

就这样，著者与孟建民院士、韩冬青院长边看边议论，对这些所谓杨廷宝先生的"文物"均不看好，何况被著者上述点评后，孟、韩二位也就放弃了收购的意思（图4）。

但有一疑问三人一时不解，尽管这批货色绝大部分真不是杨廷宝先生的手迹，但毕竟是建筑系以往的东西，怎么会流失到社会上去的呢？著者忽然想起曾听老教师说起过，"文革"前，系资料室因藏品太多，库存地方又小，准备清理一部分参考价值不大的教学资料，便请几位老教师进库挑选一部分清理出来当废纸卖掉了。结果被有人看中商机，并做了手脚，以假乱真，企图从中谋利。不想，这次碰到行家被识破，但也没当面捅破窗纸，只对卖家说这些东西价值不大，请带回吧。从而避免了一次受骗上当，卖家只好收拾残局快快打道回府了。

这是著者八年多来寻"宝"过程中，唯一一次险遭骗局。

图 4 2018 年 2 月 27 日，著者与孟建民、韩冬青鉴别来自河南某卖家的杨廷宝"文物"

3. 求教院士解疑惑

著者自动手到处寻"宝"8年多以来，就征集杨廷宝先生生前各种生活、工作照片而言，已近九百张。但这只是编纂《杨廷宝全集》的准备工作，更重要的是著者想尽可能多地了解这些照片的历史场景和背后的故事。由于杨廷宝先生一生低调做人，埋头做事，以至于默默无闻，不为众人所熟悉。因此，著者一边征集杨廷宝的照片，一边就设法向照片提供者、当事人、知情人，或者查询文献，从而尽可能地了解每张照片背后发生了什么。这不但使著者渐渐地走进了杨廷宝先生的人生，而且将这些故事写进《杨廷宝故事》一书与读者分享，以便帮助读者更深层次地延伸阅览《杨廷宝全集》。尽管，著者对杨廷宝的了解虽不能说了如指掌，但相比任何人，包括杨廷宝先生的亲人、同仁、友人等总要了解多一点。

然而，著者在了解这些照片背后杨廷宝先生的故事，以及一些不为人知的趣闻轶事这个过程本身，也可谓是一个有趣的故事。下面就挑选几张照片说说著者当时是如何面对这些照片的疑问求人解惑，从而揭开照片的真实面纱，探知这些珍贵照片"宝"物背后的故事吧。

2017年8月的一天，当著者在整理、分类收集到的一批杨廷宝的照片时，发现有一张杨廷宝先生与一群人合影的照片，从光线入射角度看应该是在毛主席纪念堂南向出口广场前拍摄的。再仔细辨认照片上40多张脸，除了杨廷宝先生站在二排居中位置，其左右分别是齐康、林乐义和陈植，而第一排蹲下拍照的人只认识清华的梁鸿文和张锦秋学长（图5）。疑问来了，这是哪年哪月拍摄的？这么多人在一起是干什么的？当时一无所知。于是著者就想了解这张照片背后的真相。

著者首先想到的就是在这张照片中反复出现的、于1994年就成为院士的张锦秋学长。因为著者1960年入学清华建筑系，她刚好清华毕业成为梁思成先生和莫宗江先生的研究生。这样说来，张锦秋学长应既是著者的系友又是师姐吧。后来工作后又有过多次交往，所以比较熟悉。但一时却没有她的联系电话，怎么办？想到学院王建国院士与张锦秋院士之间应该有联系，果真要来了张锦秋院士的电话，立即在2017年8月13日发了一则短信：

"张院士：您好，我是东南大学建筑学院黎志涛老师，清华66届毕业生。早几年

图5 1977年8月杨廷宝（二排右7）与众人在刚竣工不久的毛主席纪念堂前合影（一排右5张锦秋，右6梁鸿文；二排右6陈植，右8林乐义，右9齐康）

有一次在西安开全国建筑教学工作会议时见过您，会后您召集参会的清华校友带我们参观了您设计的几件大作，还有几次曾与您一起评过标。"为了引起张锦秋对著者的记忆，在自我介绍几句后又说："我这几年一直在做《杨廷宝全集》这套书，其中收集到一张杨老与您和梁鸿文年轻时的照片，准备收入《杨廷宝全集》中。我把照片发给您看看，我想了解这是何时何地何事背景的史料，请您给予帮助好吗？"

很快，当天张锦秋院士就回复了："黎老师，谢谢你的联络。你可把照片发来，我一定配合回忆照片的场景。张锦秋。"随后，张锦秋院士又补充了一句："另外，据我所知，国家图书馆还有一些杨老和同学们早年在国外的照片以及国家图书馆设计过程他与会的照片。你完全可以通过正式渠道与他们联系。"

对于张锦秋院士的即时回复,著者十分感激。她不但热情相助,而且额外又提供了向国家图书馆寻"宝"的线索。尽管在这之前,著者已与国家图书馆小胡通过不同渠道有过多次来往,并获"宝"多多,还是为张锦秋院士对著者编纂《杨廷宝全集》的热心深表敬意。

第二天(8月14日)上午,著者也即刻回复:"张院士,您好,谢谢您昨日的回复。我刚发了两张有杨老和您的照片,好像是同一天但在不同地点发生的事,因为两张照片上各人的脸形、服装都一样,请您再确认一下第二张照片你们三人在何时何地因何事拍的,好吗?太感谢您了。我已与国图联系过,他们也给了我您说的当时一些照片和杨老方案手稿,太珍贵了……再次谢谢您。黎志涛"

没几分钟,张锦秋院士回复解释了那两张照片的背景情况:"在毛主席纪念堂从全国抽调设计力量进行方案设计以后,有关部门曾经计划在天安门广场的东南侧要另建一座无产阶级革命家纪念馆国家级重要公共建筑。而从全国抽调的方案设计人员较做毛主席纪念堂时有所扩大。这两张都是这时的活动照片。

第一张是这个国家级重要公共建筑设计团队前往即将正式开放的毛主席纪念堂进行瞻仰和参观时在纪念堂前的合影。

第二张是这个国家级重要公共建筑设计团队到承德避暑山庄和外八庙进行考察学习时杨老与梁鸿文、张锦秋合影。"(图6)

图6 1977年5月29日,杨廷宝(中)与张锦秋(右)、梁鸿文在承德避暑山庄考察时合影(陈法青生前提供)

但著者还是有一点不解，中午又请张锦秋院士解惑："张院士，背景情况已知，谢谢。第一张集体照片是1977年还是1978年拍的？原标题写1979年显然不对。"

张锦秋又耐心即时回复："毛主席纪念堂是1977年9月落成的，您说的第一张照片是即将开放瞻仰时照的，那应该是1977年9月毛主席逝世一周年啦。"接着，张锦秋又嘱咐道："去年我与国图小胡联系过，他给了我几张当时参与北图新馆设计讨论人员的集体照和杨老等五人方案小组合影以及杨老画的方案手稿电子文件。但没有杨老在场的讨论方案、开会、参观等场景照片，您若能与国图联系，有杨老这些细节活动的照片最好能搜集到。另外，您手头上还有杨老其他场合的照片吗？《杨廷宝全集》其中一卷全是用杨老从小到老的数百张照片讲述他一生的经历和成就，所以要做得更周全些。"

为了证明张锦秋院士说的第一张照片在毛主席纪念堂前的集体照是1977年拍摄的，著者15日又发了一张设计团队在承德外八庙普乐寺前的集体照给张锦秋院士（图7），并说："找到这张照片就对上号了，日期是1977年5月29日。"但著者还有一点不明白，又开口问道："拟建这个国家级重要公共建筑为什么要去承德避暑山庄考察？后来进行过方案设计工作吗？何时中止工作的？"

可能张锦秋院士工作较忙，隔天（16日）晚上才回复说："当时设计组搜集到纪念性建筑大多是西方的。如何吸取中国传统的精华是个重要问题。由于承德避暑山庄和外八庙是丰富的建筑遗产宝库，故领导决定设计组前往考察。当时也经过内部几轮方案讨论。每个人都拿出了一套方案，然后就撤离了，说以后再听通知，但此后再也没有下文。"

至此，这几张照片背后的故事著者总算搞清楚了，原来当时还有这么一段不被后人所知的历史插曲。若没有张锦秋院士几次耐心回复、解惑，不要说读者，就连著者也很可能对这几张照片一眼带过去，不知其所以然了。

最后，著者向张锦秋院士发了最后一条短信："张院士：几次向您请教，总算把照片背景搞清楚了，对于您的热情帮助再次表示感谢。"

时隔3年半的2021年1月，当著者校审建工出版社的影志卷排版稿时，在第238页上的两张照片中，下面一张照片又出现了杨廷宝先生与张锦秋院士等人的集体照（图8）。但标题却写道："1970年，杨廷宝（前排左2）与丁大钧、齐康参观大观园"。著者再仔细一看，左1那位女士不就是年轻时的张锦秋吗？再看上面一张照片是杨廷宝在同一地点正在画速写的单人照，标题写道："1970年，杨廷宝在认真评审宁波大观园的规划与设计"（图9）。

图7 1977年5月29日,杨廷宝(二排右8)率拟建无产阶级革命家纪念馆国家又一重要工程设计团队赴承德避暑山庄和外八庙考察中国传统建筑(一排右4张锦秋、右6梁鸿文)(杨士英提供)

图8 1977年,5月29日,杨廷宝(前排左2)与张锦秋(前左1)等在承德外八庙调研(江苏省档案馆提供)

图9　1977年5月29日，杨廷宝在承德外八庙考察（杨士英提供）

此时，两个问题浮现在著者脑海中：一是当时的张锦秋学长为何事又与杨廷宝先生走到一起考察？二是两张照片的背景是同一个古建筑，著者一时想不起来叫什么名字，但凭直觉没有飞檐起翘，不像南方的古建筑啊，倒是很像北方的古建筑。再在百度上查询宁波大观园想查证有否此建筑，结果一无所获。

后来，著者将这两张照片与3年半前咨询张院士的那几张承德的照片一对照，发现前后照片中的人物面孔、着装怎么那么像呢？难道第238页上的这两张照片标题错了？若年代真的写错了不就导致排版也跟着乱套了吗？毫无疑问，此页照片排版定要更正过来，但要有依据呀！

不得已，1月6日，著者再次给张锦秋院士发短信和疑问照片求教。

"张院士：您好，又要请教您了。这张照片左1是您吧，也是那次在承德照的吗？背后是什么建筑？我是从杨老夫人捐赠给江苏省档案馆一批照片等资料中找到的。但他们把标题写成：'宁波大观园'，我怀疑有误，想请您求证一下。谢谢，黎志涛。"

第二天，张院士立即回复证实道："这张照片是20世纪70年代国家有一个重点设计项目，采用从全国抽调力量一起进行方案设计。其间曾由杨廷宝先生带队到承德进行古建考察。这张照片就是那时拍的，此照片上还只是这次考察的部分人员。以上是我所能提供的一些情况。张锦秋"

得到张锦秋这个肯定的答复，著者才放心地说："张院士：晚上好。收到您在百忙中的回复，谢谢。现在通过向您咨询知道了原注释为'宁波大观园'是错误的，应是在承德时您和其他人与杨老的合影，我就放心更正过来了，谢谢您。"但是，著者还想打破砂锅问到底："但我还想请教您一下，背景的承德古建筑叫什么名称？谢谢"

"是在承德外八庙的须弥福寿庙前的合影。"

至此，著者对排版第238页上的这张照片疑问得到释然，由此更正了原图片的解说，并调整了该照片的排版次序。

4. 打破砂锅问到底

2021年1月6日，中国建筑工业出版社发来影志卷排版稿提供给著者校审。看来这种事也并不轻松，要想保证书稿中不存在任何一点瑕疵，更得认真仔细过目。文字校审挑出错别字、改正不当标点符号、纠正书写不规范、理顺语句表达等相对较为好办，就是校审该卷各页照片的图释有时却难以把握。因为，著者并不都了解诸多照片背后的真相。

这不，1月18日，在校审影志卷排版稿第249页时，版面上有3张照片。这几张照片是著者编纂《杨廷宝全集》起步时，与编者权亚玲、张倩两位老师一同到江苏省档案馆淘来二百多张杨廷宝照片扫描件中的3张。实际上，这么多照片都是杨师母陈法青在杨廷宝仙逝后，连同杨廷宝生前的录音、录像等遗物统统捐给了江苏省档案馆。但是，这些捐赠的照片目录和说明不知是何人所写？著者在编纂影志卷时，这3张照片顺手就直接引用了照片目录上的说明。该页上图写着："1977年，杨廷宝（中）、齐康（右）在无锡锡惠公园"；中图写着："1977年，杨廷宝（右）等在无锡开会时合影"；下图写着："1977年，杨廷宝在无锡开会期间休息"。

但是，著者看着这3张照片却产生了疑问：一是，3张照片的背景是在同一个锡惠公园吗？二是，1977年杨廷宝到无锡参加什么会议？三是，年代能不能进一步考证是当年几月份拍摄的？

对于第一个疑问因前两张照片背景完全不一样，著者又都不认识，怎么办呢？忽然想到，著者的得意门生朱蓉博士毕业已在无锡江南大学设计学院任教，她又是土生土长的无锡人，何不请她帮忙考证一下？于是，上午著者即刻就给朱蓉发了微信和两张照片：（图10、图11）

"朱蓉，您好！下面杨老的两张照片是在无锡锡惠公园拍摄的吗？图释对不对？"

不到半小时，朱蓉就回复："第二张是在蠡园，不是锡惠公园。"接着又跟发一条微信："第一张照片左边应该是李正。"

看来，原排版中间的图片图释写错了，不是无锡锡惠公园，而应改为无锡蠡园才对！至于朱蓉提到上图照片左边的人叫李正，因著者不认识这个人，照片上原本就没有注明，当时编排版面时也就没有关注他了。

图10　1982年3月，杨廷宝（中）、齐康（右）在无锡锡惠公园里的杜鹃园参观（来源：江苏省档案馆）

图11　1977年杨廷宝（右4）等在无锡蠡园参观（江苏省档案馆提供）

现在，朱蓉既然说起李正，那就在照片图释中补上吧。何况著者在字面上对李正这个人有点印象，在撰写《杨廷宝故事》"26.老骥伏枥走上海"一文中提到过他，李正与杨廷宝先生有过交集，还拜过杨廷宝先生为师。认为，此时杨廷宝先生来无锡视察几个园林风景建设，作为无锡园林管理局的头面人物之一，出来陪同杨廷宝先生那是理所当然的事。

但是，当朱蓉为了确定指认李正无误，第二天把照片通过锡惠公园金主任的朋友圈转发给在美国的李正儿子李群看后，他回复说："照片中左边第一位是谁？看来不像我父亲。1977年的时候，我爸爸还在被监督劳动。"

没想到现在问题又来了。看来照片图释为"1977年"不但值得怀疑了，而且照片左边的人被李群否认了是他父亲李正，那这个人是谁呢？正好，朱蓉把金主任给她的回复转发给了著者。金主任写道：

"朱老师，我觉得左边的人像李老总，是在锡惠公园拍摄的，可能就是在杜鹃园。照片原标注是1977年，估计是错的。因为他（指杨廷宝——著者注）来应该是看杜鹃园，而杜鹃园1979年始建，1982年才建成。而李老总1977年还未解放，所以这张照片标注的年份和内容有不相符之处。李群先生（李正大儿子）他没认出左边是他父亲，是因为照片清晰度不够。我看左边人左胸部有反光和右边齐康教授胸前反光一样，认为是校徽，推论左边应该和齐老师是同事。这也是建立在李群不认为左边是李正这个推论上的。"同时，朱蓉紧跟发微信："李正胸前不可能有校徽的。因为，李正是在无锡园林管理局任职。"

到了19日下午，朱蓉发来一段录音，肯定地说："这两张照片不是在同一个地方拍摄的，主要是根据两张照片的背景建筑不同判断的。前一张是在锡惠公园里面的杜鹃园拍摄的，杜鹃园是李正设计的。后一张是在蠡园拍摄的。"

隔天即21日下午，朱蓉又接连发来数条微信：

"黎老师好，我今天拜访了无锡老的园林局总工沙无垢先生，他说第一张照片里最左边的脸很熟，但不是李正。"

"我拍了《无锡园林志》中提及杨先生来锡的大事记。"

"第二次是1982年。"

"沙老师说是否可能是无锡轻工学校里的老师？"

"南工当时有回锡工作的校友吗？"

"是不是吴科征？"

"两张照片可能都是1982年的。"

"再早背景里蠡园的春秋阁还没造。"

著者把朱蓉上述多个孤立开来的信息串起来立刻认定了几个问题。一是两张照片肯定是在1982年拍摄的，说明杨廷宝先生去无锡不是照片图释写的1977年，而应是

1982年。二是第一张照片左边那个人不是杨廷宝先生的徒弟李正。至于胸前有校徽那人说是齐康的同事，可著者1978年正在南工建筑系的刘光华、齐康、钟训正三位导师门下读研，没见过这位老师啊。那他到底是谁呢？

朱蓉在微信中说，沙老师怀疑是当时的无锡轻工学校老师，而朱蓉提醒著者问有没有回无锡工作的南工校友？是不是吴科征？现在看来朱蓉能一口说出吴科征的名字，大概是因为吴科征也在朱蓉现在任教的江南大学设计学院的前身无锡轻工学校设计系任教，所以，那人胸前才戴着校徽。

此时，著者从这些线索中忽然感到揭开此谜有门了！于是，顺藤摸瓜先查了著者编写的《杨廷宝年谱简编》。果然，在1982年（81岁）栏目中写道："3月27—29日，应无锡园林局邀请，赴无锡评议寄畅园、惠山、鼋头渚、锡山、三山岛、蠡园等园林建筑工程。"下面接着又跟上另一条："4月初，参加无锡太湖风景区规划讨论会，并作'对无锡园林风景建设的意见'的讲话。"而翻回到1977年（76岁）栏目中，却没有发现杨廷宝先生去过无锡的任何描述。由此，旁证了朱蓉他们判断杨廷宝先生是1982年3月去的无锡。

至于照片左边的人是谁？著者翻开《杨廷宝故事》之"潜心教学树师德"其中一段故事中才明白，此人确为吴科征。便立即发微信给朱蓉：

"您说照片中左1是不是吴科征？这提醒了我，我查了一下我写的《杨廷宝故事》中可以肯定是他。1957年，吴科征是建筑系青年教师，被错划为'右派'发配到苏州接受劳动改造。后来，杨廷宝先生认为这样会荒废吴的才华，便设法把吴调到无锡轻工学校设计系。照片上他戴的应是该校校徽。现在，这个问题终于搞清楚了，谢谢。"

那边，朱蓉也为了进一步证明杨廷宝先生是1982年3月到无锡视察的，又设法找到《无锡园林志》一书。在卷八的纪年要录中记载着："3月27—29日，城建局邀请杨廷宝教授等视察无锡园林风景建设，杨教授并在专业会议上讲话，就杜鹃园、锡山大门、鼋头渚灯塔、三山码头、蠡园东部扩建等发表意见，主张园林的发展尽可能保存一些地方特点。一是因地制宜；二是就地取材，要适应新生活的需要。"

关于杨廷宝是1977年，还是1982年去的无锡，尽管前面分析来分析去，但都不能算数。现在，有文字可考，算是有案可查了，年代问题查证可说尘埃落定。但照片左边人物说是南工的吴科征，也只是这几天的分析，没有证据呀！倒是朱蓉又一次提醒了著者："有没有照片对照的？"

朱蓉这一点拨，让著者来了灵感。对！找建筑学院的老教师，他们中一定会有人指认。于是，著者在 1 月 30 日把照片发到建筑学院退协群里，希望有哪位老先生能辨认出照片左边的人是不是吴科征？6 分钟后，喜从天降，比著者年长 8 岁的张敏娟先生说："我认为是吴科征，请黄伟康老师再确认一下。"

顷刻，曾任建筑系副系主任的黄伟康老先生回复了一条非常有价值的信息："是吴科征！1953 年毕业时我们两人留系任教。1957 年在省设计院实习时说了一句话，被打成'右派'，开除教籍去苏州农村劳动。'摘帽'后在无锡轻工学校工作，后因病去世。"

现在，真相大白了。有吴科征的同班同学，又是建筑系的同事和建筑系副系主任黄伟康作人证，算是了却了著者一个心结。并立即发微信给朱蓉与之分享。同时，在校审影志卷排版稿中立刻将那 3 张照片的图释更正过来，并根据年月先后，将这 3 张照片的排版向后挪到相应版面。

回头看看，为了求证这两照片的历史背景原貌，竟然花费著者 10 多天的时间和心力，在朱蓉、黄伟康先生等众人的帮助下，终于水落石出，好不乐哉！

更令著者喜出望外的是，在此过程中朱蓉还把《无锡园林志》有关杨廷宝先生的要录发来几张图片，给著者提供了额外的重要信息。这就是其中一张图片记载："1959 年 6 月 10 日上午，城建局长季恺陪刘、杨两部长及建筑师梁思成、杨廷宝等诸专家游览锡惠公园后，梁思成发表意见说：我认为中国庭院很像中国画手卷，不可能一眼把它看完，必须一段一段仔细看，它是一个连续的风景构图，人们在园林中游玩是流动的，有着时间与空间的变换关系。"这是杨廷宝先生生前活动行迹的重要信息，也是从没听任何人提到的事。于是，著者赶忙在《杨廷宝全集》影志卷附录"杨廷宝年谱简编"1959 年（58 岁）栏目中补录进这一条，算是唾手可得而不费工夫也。只是，想通过朱蓉向无锡园林管理局要点儿当年杨廷宝、梁思成两位先师与建工部领导在无锡游览的照片，因年代久远未能如愿以偿有点遗憾。

不过，最后著者还想说个插曲。这就是在考证那 3 张照片中，意外得知杨廷宝先生与梁思成先生在 1959 年 6 月 10 日共同与刘、杨部长出现在无锡游览各园林中，这引起著者的好奇和不解。因为杨廷宝先生和梁思成先生两人都是大忙人，除了在中国建筑学会两人因皆为副理事长，在召开大会、常务理事会时必有见面外，在国内、国际学术活动中，两人碰在一起同时参与的机会也就那么几次。而 1959 年 6 月 10 日，那次两人是什么缘由在无锡碰在一起的？著者出于想解开这个谜，于是脑洞大开一下子想起到《杨廷宝年谱简编》手稿中去找答案。

果然，在 1959 年（58 岁）栏目中有一条写道："5 月 18—6 月 4 日，参加由建工部和中国建筑学会在上海共同召开的'住宅标准及建筑艺术座谈会'并就'对资本主义国家建筑的一些意见'和'对于建筑艺术问题的一些意见'发表两次谈话。"原来，杨廷宝先生与梁思成先生在共同游览无锡园林之前几天，刚共同参加了上海的那次学术讨论会，而且大概是新中国成立后两人在一起参会时间最长的一次，竟有17天之久。而两人受邀去无锡仅相隔5天。而且翻开影志卷排版稿第226页第一张照片正是杨廷宝、梁思成二位先生等专家与建工部领导在上海会议期间的合影。再对照《无锡园林志》卷八的纪年要录提到"6月10日上午，城建局长季恺陪刘、杨部长……"中刘、杨二部长，正是照片上与杨廷宝、梁思成等专家合影的刘秀峰、杨春茂二部长。看来，杨廷宝、梁思成两位先生到无锡是在上海参加学术会议结束之后又待了几天，才与刘、杨部长一起从上海直接去了无锡的。

这个问题搞明白了是顺便而为，费时不多，也挺有趣。

5. 追根究底查来源

著者历经8年多编纂《杨廷宝全集》和撰写《杨廷宝故事》，已于前年底封笔，去年正当反复校审各卷出版社排版稿之际，6月25日建筑学院单踊教授从微信中突然给著者发来《大公报》于1942年4月4日第三版刊登"关于跳伞"专栏的一组文章。其中一篇是杨廷宝先生所撰《我怎样设计陪都跳伞塔》一文（图12），并问著者"这组短文你以前见过没？"著者当时既喜又疑。喜的是白纸黑字，杨文来源真实可靠，由此又获一"宝"；疑的是早在4年前著者在手绘重庆跳伞塔图纸时，查过网上有关跳伞塔的信息，已下载杨廷宝先生的一篇《中国第一座跳伞塔》文章和一页丁剑设计的跳伞塔机械零件插图，只是图片不是很清晰。并且已录入《杨廷宝全集》文言卷中，此时又冒出在《大公报》上的同样内容文章，这两者纸媒先后刊载同文，到底内情如何？一时不得而知。

为了搞清这个疑惑，著者给单踊发了微信：

"我已录入'文言卷'，但来源是在网上搜索到的1941年《中国滑翔》杂志，第34页，且标题是'中国第一座跳伞塔'，另有一张丁剑设计的陪都跳伞塔零件图，但没有杂志期号。你发来的此文刊登在《大公报》上的日期是1942年4月4日。两者内容一样，标题不同，发表时间不一，即杂志在先，报纸在后，做何解释？"并随即将著者收集到的杨文和插图发给单踊求证。

"粗看一下，杨老的文字是一样的。"单踊回复，但并未立即解释著者的疑问。

"两者刊登时间相隔甚远，是不是《大公报》转载跳伞塔一组文章中杨老的这一篇，且没有插图。《中国滑翔》应是专业杂志，该杨文应是原创，还另有插图。而《大公报》是面向市民读者，就不必附零件插图了，且标题应是报社另换的。何况杨老不会一稿两投。"著者见单踊一时没有正面回答，就自圆其说地分析一通。

6分钟后，单踊连续发了3张1942年6月30日出版的《中国滑翔》第二期杂志的封面和两页目录的图片，并指明"是《中国滑翔》第三期，我是在中国近代报刊资源数据库里找到的。"

著者将3张图片下载到电脑桌面上放大一看，第一感觉是，该杂志出版质量太差，装帧好坏不谈，纸张质量差到竟然可以隐约看见背面的字迹。也难怪，抗战期间从国

图 12 《大公报》1942 年 4 月 4 日发表杨廷宝文章（李百浩提供）　　图 13 《中国滑翔》1942 年第二期转载杨廷宝文章（李百浩提供）

民政府财政困难到平民生活捉襟见肘，处处都可以显露出来。不过，最主要的是这几张图片证实了，著者原先从网上获取杨文的信息有误，即杨廷宝先生发表在《中国滑翔》杂志上的日期不应是 1941 年，应是 1942 年才对，且期号为第二期。更为确切的发表时间是该期杂志出版发行的 6 月 30 日。也就是说，原先判断杨廷宝先生的文章在《中国滑翔》杂志上发表在先，而在《大公报》上发表的杨文在后。现在看来要把这种判断推翻而颠倒过来了！事实应该是跳伞塔于 1942 年 3 月份在两路口落成①，而 4 月 4 日是中国滑翔总会成立一周年的纪念日，这一天将举行跳伞塔落成开幕典礼，故《大公报》为配合宣传的时效性，便组织了一组"关于跳伞"的文章，才有向杨廷宝先生约稿撰写了《我怎样设计陪都跳伞塔》一文。这样分析应该是合情合理的。而季刊《中国滑翔》第二期刊登杨廷宝先生此文已是六月份的事了，应属转载，只是换了一个标题而已（图 13）。

至此，杨廷宝撰写该文的事实与来源算是搞清楚了。

但是，著者仍不清楚单踊发来的这 3 张图片是从何而来？

---

① 一般人误以为跳伞塔是 2 月 15 日落成。其实，这一天是我国第一个滑翔机场在重庆北碚落成。

"单踊,你从哪儿搞到这3张图片的?"

"是李百浩老师让我转发给你的。"

原来是这样!为了表示对李百浩提供这件"宝"的谢意,而著者一时暂无李百浩的联系方式,便委托单踊转发著者的一条信息:

"李老师:您好!刚才单老师转发来您收集的杨老撰写《我怎样设计陪都跳伞塔》发表在《大公报》上的当天报纸和《中国滑翔》1942年第二期封面及两页目录图片,消除了我因缺杨老此文确切来源信息的多年遗憾,十分感谢。"

但是,还有一个心结未了。就是著者与李百浩从未谈及编纂《杨廷宝全集》之事,他怎么会想起来要通过单踊给著者转发他收集的杨廷宝先生设计跳伞塔的图文资料呢?为了进一步搞清发现杨廷宝先生此文这件"宝"的缘由,还须与李百浩深入交谈一次才好。于是,著者向单踊要来李百浩的电话:

"李老师,您好!我是黎志涛,收到您通过单踊转发来的杨老登载在《大公报》上的那篇文章和《中国滑翔》杂志3张图片,再次谢谢您。"

"不客气。"

"李老师,我想再请问您一下,您是怎么想起来要给我发这个材料的?"

"是这样的,我和单踊在一起聊起他昨天与重庆渝中区政协主席和其他几位同事慕名来学院商谈他们要编纂《重庆母城建筑口述第二册》事宜,谈起杨老在重庆设计的8个建筑项目,其中有跳伞塔。从中也知道您在搞《杨廷宝全集》这套书,我正好有跳伞塔的资料,所以发给您做参考。"

原来如此!其实那天学院几位老师与重庆渝中区政协几位来客交流时著者也在场,会上也从他们手中获得一些杨廷宝先生在重庆珍贵手迹的"宝",遗憾的是因手迹卷经数次校审已排版定稿,无法再补录进去了。杨廷宝在《大公报》上发表的文章虽然早已录入"文言卷"中,但来源应将《中国滑翔》更改为原文发表处《大公报》才符合事实。

想到这儿,著者迫不及待地给出版社责编李鸽和毋婷娴发了一个微信:

小鸽、小娴:晚上好,

不知文言卷开印了没有?有一小处需要改正,不知能否挽救?

这几天与单踊、李百浩老师考证杨老在文言卷"一、发表文章"中,第二篇《中国第一座跳伞塔》一文,是发表在1942年6月《中国滑翔》第二期34页上。实际上它是转载杨老早于此前,即1942年4月4日《大公报》第三版上,标题是《我怎样设计陪都跳伞塔》。两者文章内容完全一样，只是后者发表在先，是原文；而前者是转载的，且换了标题。故 P018 的文章标题应改为"我是怎样设计陪都跳伞塔"。该页下端 * 原载应改为"1942 年 4 月 4 日，《大公报》第三版"。

另：P109 上部的插图应全部删除，这是 1942 年 8 月《中国滑翔》第三期第 39、40 页上转载《大公报》丁剑撰写"中国第一座跳伞塔"的插图，不是杨老画的。

你们看是否能处理？

黎老师 2021.6.25 晚

但是，李鸽的回复却是"内文已经印完了，今天封面要下印。"

没办法，著者只好退一步回复说："我可以把发现杨老这篇文章的过程写进《杨廷宝故事》附：寻'宝'的故事中，如同上次赖（德霖）老师发现杨廷宝在宾大写给准岳丈的家书，刊登在 1924 年 5 月 22 日北京《益世报》'英兵侵藏之质问'[①]，从中窥见杨廷宝的爱国心一样，也可就此更正文言卷该文来源之误的缘由。"后来李鸽在当页又加了两条注释，重印了一版算是弥补。

至此，写这篇关于寻得 79 年前杨廷宝先生发表平生第二篇文章的故事，算是弥补文言卷"一、发表文章"板块中，该文标题及原载之误吧。

---

① 见附录 1：寻"宝"的故事，9. 罕见家书觅史料

6. 还原历史纠讹传

2021年7月20日，著者刚把脱稿的《杨廷宝故事》发往中国建筑工业出版社，没想到学生刘屹立（现为江苏凤凰科学技术出版社编审）于23日上午转发来一位读者刚发给他的一则微信：

"老师您好，我看了您的《南京民国建筑地图》，关于国立中央研究院的内容里，说总办事处大楼建于1947年。我这两天从旧书网买到一份1942年汪伪文物保管委员会的影印资料，上面有中央研究院总办事处的照片，好像当时总办事处大楼就已经建成了。我因为还没有在南京实地考察过，网上资料有限，所以冒昧请教一下。"

著者看到这条转发来的信息吃惊不小。因为从各种版本的专业书和其他媒体的宣传中，对中央研究院总办事处大楼的简介早已众口一词，都说是1947年建成的，怎么现在突然冒出一个1942年该大楼已经在使用了？！再看同时转发来的几张图片（图14～图16）有出处，有照片，有总办事处大楼在汪伪时期作为博物馆使用的布展平面图。看来，此信息说明总办事处大楼至少不会是在1947年建成的，而应在1942年前就建成了。

那么问题来了，总办事处大楼到底是哪一年建成的呢？

10分钟后，刘屹立紧接着又发来从《老明信片·南京旧影》一书中关于中央研究院总办事处的简介和一张其外观明信片。明信片右上角用中、英文印着"博物馆 [南京名所]"字样，而文中居然另写着："总办事处大楼坐北朝南，是一座仿明清宫殿式的建筑。由杨廷宝设计，新金记康号营造厂承建，1935年12月落成。"并另发一图片"汪伪统治区的文物事业"文献，文中写道："汪伪行政院文物保管委员会博物专门委员会接收原国立中央研究院后，经过修缮改造和陈列布展，于1942年初对汪伪高层开放，7月1日正式对外开放，接待参观。（引自汪伪《行政院文物保管委员会年刊》1942年第2期）"。这一史料进一步证明总办事处大楼确实建于1942年之前。

中午，刘屹立又发来一张《图说老南京》一书中一幅1938年拍摄的总办事处大楼彩色照片（图17）。到此，可以完全肯定总办事处大楼不是1947年建成这个结论了。

问题是，"为什么至今所有各种版本的专业书籍和其他各媒体都众口一词说总办事处大楼是1947年建成的呢？"著者问刘屹立。

图 14　博物馆陈列品说明书（刘屹立提供）

图 15　一号馆全景（来源：《博物馆陈列品说明书》内页）

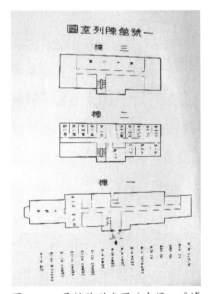
图 16　一号馆陈列室图（来源：《博物馆陈列品说明书》内页）

图 17　1938 年拍摄的总办事处（来源：沈旻，沈岚．图说老南京[M]．南京：东南大学出版社，2020：126．）

"我估计是研究界的第一人笔误，将'1937'写成'1947'，从此就以讹传讹至今。"刘屹立回复说。

那么，谁是笔误第一人呢？著者立即在自己书房的满墙书架上浏览各书脊寻找有关书名。首先明眼看到一本很厚的《南京民国建筑》，在第 106 页《国立中央研究院》一文中写着："大楼建于 1947 年，由基泰工程司杨廷宝建筑师设计，新金记康号营造厂建造。"再看版权页是 2001 年 8 月出版，显然这本书不是笔误源头。

接着又翻出另一本也很厚的《江苏近代建筑》，在第160页文中也写着："总办事处大楼坐北朝南，仿清宫殿式。建于1947年，由基泰工程司杨廷宝建筑师设计，新金记康号营造厂承建。"版本是2008年5月第一版。这更不是笔误源头，显然也是引用他人的描述。

有没有再早一点的版本？在上一层书架又找到一本很薄的《中国近代建筑总览·南京篇》，在第63页上，一张总办事处大楼照片的左侧写着："原有名称：中央研究院社会科学研究所，设计年月日：1947年，竣工年月日：1947年"[①]，并在出处栏，注明来源引自《杨廷宝建筑设计作品集》。再看版权页是1992年2月第一版。

著者按该书来源提示，立即从书桌上顺手抽出已经翻烂了的《杨廷宝建筑设计作品集》，打开第166页《南京中央研究院社会科学研究所》一文中，也是写着"社会科学研究所建于1947年"。再看版权页是1983年8月出版，此时杨廷宝刚去世不久。应该说，编撰这本书时，杨廷宝还健在，著者在编纂《杨廷宝全集》时还见过杨士英教授提供的杨廷宝为出版此书开列他所设计项目的仅有两小页清单原件（见《手迹卷》P282），虽然没看到有总办事处项目名称，但一定会在残缺的另页上。并电话咨询了东南大学建筑研究所原副所长杨德安教授。他说，在编此书时，杨老还带他们去北京收集资料，拍摄他设计的项目和修缮的古建工程照片。编撰过程中，还亲自审查老师们画的图。杨德安还说："在编撰此书的最后，杨老实在太忙，身体又不好，并未亲审终稿。"直至他作为中国建筑学会理事长正在北京主持"香港建筑图片展览"的揭幕仪式上，得知书稿已发至建工出版社了。遗憾的是新书出版时，杨廷宝已仙逝半年有余，竟然未能见到这本书。

那么，现在还能再向前追溯吗？于是著者又在书架上搜索各书脊上的书名。找到一本《中国建筑史》（第五版）教材，翻开第379页，看到作者在列举中国近代出现各种形态的中西交汇建筑形式的一系列项目名单中，最后一个是"南京中央研究院社会科学研究所（1947年，基泰工程司设计）。"虽然这本教材是2000年版本，但在第4页"第一版说明"上注明第一版是1979年出版。也就是说《中国建筑史》教材第一版是在"文革"结束、高校刚恢复教学正常秩序时出版的。而"文革"前《中国建筑史》旧教材是否也写着"1947年建成"，不得而知。

现在看来，上述追溯各版本专业书都是有名望的学者，甚至日本研究者参与所著，

[①] 据《国立中央研究院民国二十六年度至二十八年度总报告》称："至民国二十六年本院房屋建筑计划大致完成。"其中，"该所与总办事处另合建新楼于南京。"故总办事处大楼亦称社会科学研究所。

但就总办事处大楼的简介都是千篇一律的表述和建成年代的同样结论来说，大概都是由于相互引用而致，故"以讹传讹至今"。

现在可以回到前面分析刘屹立发来《老明信片·南京旧影》一书中说总办事处大楼是"1935年12月落成"的第二种说法。著者认为此说并不算真凭实据的史料，而是一家之言。于是，著者又与刘屹立商讨：

"如果1935年12月落成是对的，问题是这么大且是传统大屋顶建筑，考虑到施工需要一定时间，那么设计至少要在落成一年以前，即1934年设计才行，最迟也要在1935年年头。这样的话问题又来了。因为，总办事处大楼是杨老设计中央研究院三栋建筑中最后一个，而设计的第二个建筑，即历史语言研究所却是1936年设计的。这个问题，您若有可能最好向中国第二历史档案馆查询，或直接询问总办事处现在的单位'中国科学院南京分院'或'江苏省科学技术厅'。"

"好的，我已经向有关方面去咨询了，等对方专家的回复。"刘屹立编审因是搞出版工作的，与各路专家多有接触，且较为熟悉，因此一口应承下来。

第二天24日中午，刘屹立发来1939年《国立中央研究院民国二十六年度至二十八年度总报告》的3张节选图片。在报告"三.抗战前之建设"一节中写道："至民国二十六年本院房屋建筑计划大致完成。"并在列举上海建有项目之后，紧接着列举出："在南京钦天山（今北极阁—著者注）东南麓，建有地质研究所一座，小屋二座，历史语言研究所大楼一座，心理研究所大楼一座，社会科学研究所及总办事处大楼一座。"在这份历史文献中，清楚写明，杨廷宝所设计的中央研究院三座大楼在1937年"大致完成"。著者阅览此文献后心中一喜，否定总办事处大楼是1947年建成这个流传几十年之说有了证据，便再次回复刘屹立：

"这条信息（1937年）应是准确的。而昨天发的《老照片·南京旧影》一书，虽然有总办事处大楼照片可以证明不是1947年建成，但作者文中写'1935年12月落成'也是错误的。所以，可以确定总办事处大楼至迟1937年建成。更准确的建成时间为全面抗战之前，即7月7日之前。那么设计时间就应为1936年。您认为如何？"

直到24日晚上，刘屹立终于从中科院南京分院一位友人处获得一本中科院图书情报工作杂志社于1998年11月出版的内部资料《国立中央研究院史》，翻拍其中3张图片转发给著者。第1张图片是资料封面，第二张图片才是非常有说服力的佐证史料，即"南京钦天山院址新建房屋统计表（1928.2—1948.12）"。表中清晰地标明杨廷宝设计的三幢建筑，"地质所大楼，兴工年月1932.3，竣工年月1933.6；史语所大楼，

图 18 东南角外景（来源：刘先觉，张复合，村松伸，寺原让治. 中国近代建筑总览（南京篇）[M]. 北京：中国建筑工业出版社，1992：54.）

兴工年月 1933.7，竣工年月 1934.10；总办事处、社会所，兴工年月 1936.4，竣工年月 1936.12"。第 3 张图片在总办事处大楼图片右侧竖写着"中央研究院总办事处办公楼（1936 年底建）"，进一步标注总办事处与社会科学研究所大楼合建成的时间。

至此，借助刘屹立编审的工作之便，经过两天高效的考证工作，终于使中央研究院总办事处大楼确切的建成时间得以澄清。就此，可以中止此谬误再以讹传讹下去了。

著者正要庆幸这两天证实了总办事处大楼建成日期之前，24 日下午刘屹立又发来与总办事处大楼无关的另两条微信：

"祁家桥 1 号林蔚公馆、祁家桥 8 号祁家桥俱乐部，均是杨廷宝作品。这两处您有照片吗？"，随即跟发了 3 张彩色图片。前两张他指认"这是祁家桥 1 号林蔚公馆"的外景和室内楼梯，第三张他指认"这是祁家桥 8 号祁家桥俱乐部。"

著者一听，怎么又发现了杨老的作品？便立即回复询问：

"祁家桥俱乐部我有一张黑白老照片，不太清楚。这个建筑还在？我曾去找过没找到。至于林蔚公馆从没听说过是杨老设计的，真的吗？有史料、图纸作证吗？"随即又发了一张著者称之为祁家桥俱乐部的黑白照片（图 18）给刘屹立。

"黎老师，您赶紧暂停一下，这次您可能出错了！""这张黑白照片就是祁家桥 1 号林蔚公馆。"

咦！祁家桥 1 号明明是杨廷宝设计的祁家桥俱乐部，怎么变成是林蔚公馆呢？没等著者缓过神来，刘屹立紧接又发来一条林蔚简介的微信：

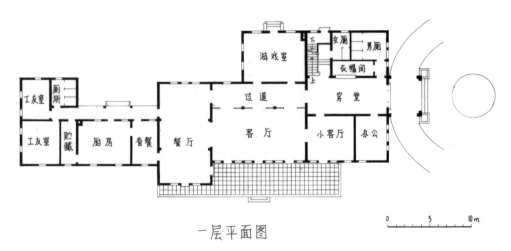

图 19 一层平面图（黎志涛手绘）

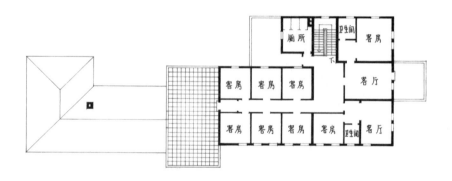

图 20 二层平面图（黎志涛手绘）

图 21 南立面图（黎志涛手绘）

"祁家桥1号林蔚公馆。林蔚，陆军上将，曾任国民政府军事委员会委员长、侍从室第一处主任、军政部次长、国防部次长。该建筑由杨廷宝设计，外称'小红楼'，由大门口可望见。"

著者看到这条信息更懵了。便给刘屹立发去与那张黑白照片完全相吻合的手绘俱乐部图纸（图19~图21）。

哪知，刘屹立回复却说"您给的平面图，与'祁家桥1号林蔚公馆'是吻合的。"

现在看来，既然著者与刘屹立都认为第一张照片与平面图完全吻合，问题就出在祁家桥1号究竟是俱乐部还是林蔚公馆？

不过，这个问题很快得到解决。因为刘屹立随即又发来3张图片，一张是《南京民国建筑图典》一书封面，另两张分别是该书第229页"祁家桥1号林蔚公馆"外观照片与文字简介和第385页"祁家桥8号祁家桥俱乐部"外观照片与文字简介。这下明白了，原来这本书的作者把这两个门牌号码的建筑名称张冠李戴了。

为了进一步确认著者判断是对的，第三天25日上午刘屹立开车来接著者一同去祁家桥1号现场眼见为实考证一下。只是天公不作美下着雨，又碰上南京疫情反弹进不了祁家桥1号小区大门，只能在路边停车，坐在车内向左侧拍摄了大院深处一幢两层红楼。接着开车向前约100米，向右侧眼见祁家桥8号院内一幢类似别墅的小白楼又拍摄了一张照片。回来放大照片一看，证实了第一张照片东山墙上镶嵌着"祁家桥1号民国建筑"文保铭牌，而这座建筑就是已编入《杨廷宝全集》建筑卷（上）中，杨廷宝设计的祁家桥俱乐部。此时，刘屹立也看出端倪，发来《中国近代建筑总览·南京篇》第54页图片，显示祁家桥俱乐部的地址是鼓楼区祁家桥1号，此时他才明白："对这两栋建筑的表述，有些文献是错乱的。"

第四天（26日）下午，著者又发微信："小刘：我在电脑资料文件夹中找到早先从校档案馆拷贝下来的一张杨老设计的祁家桥俱乐部总平面图纸（图22）。总平面图左下角是礼堂（未建），说明这个平面就是俱乐部，而且图签项目名称上也明写着'祁家桥俱乐部'，而不是林蔚公馆。这个建筑设计规模较大，功能内容类似杨老设计的南京小营空军新生社俱乐部，规模体量上也合适。"并附发了一张总平面图给刘屹立。

"要是这样的话，您的分析有道理，祁家桥1号就是祁家桥俱乐部。而祁家桥8号，倒有可能是林蔚公馆。文物部门的登记可能有误。"

突然，著者在总平面图的图签上不经意中看到绘图日期一栏清楚地写着："37.4.28"。这下又出问题了！著者记得在编纂《杨廷宝全集》建筑卷（上），介绍祁家桥俱乐部项目的设计时间时，引用《杨廷宝建筑设计作品集》，写的是"1947年7月"。这一对照，竟然又多写了10年！犯了与前述中央研究院总办事处大楼误写建成时间一样的笔误。

发现祁家桥建成时间错误还没完，当晚刘屹立又发了一幅祁家桥1号民国建筑西南视角的图片（图23）。他对照著者前两天发给他的一、二层平面图和总平面图问著者：

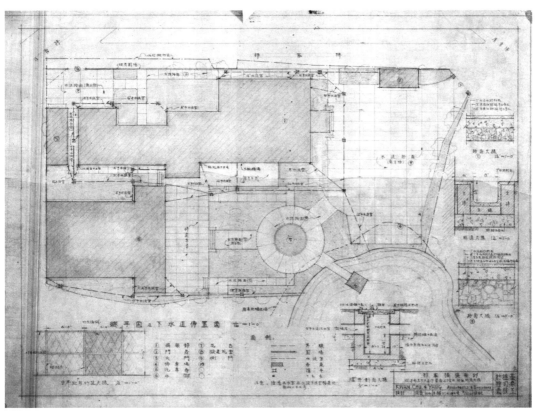

图 22　祁家桥俱乐部总平面图（来源：东南大学档案馆）

图 23　西南景观（刘屹立摄）

"左边本来应该还接平房的吧,现在好像是拆掉了,盖了新楼了。"但是刘屹立看着照片上祁家桥西端的外观又怀疑地问:"西面现在是这样的,好像并无一层部分啊?"

著者经刘屹立这么一问,顿时也怀疑起来,怎么看照片都看不出西端有一层被拆的痕迹,倒是照片上西端外墙交圈的砖砌4条腰线好像应是一次施工完成的。若是改造的,4条砖砌腰线在砖色和做工上与东部二层的4条砖砌腰线很难做到天衣无缝。于是赶紧在电脑上找出祁家桥俱乐部施工图纸。一看,平、立、剖、总图完全没有矛盾,但是无论对照老照片,还是新照片,都与图纸有出入。主要是祁家桥俱乐部照片上,不但根本就没有图纸上西端的一层部分,而且中间向南突出的体量不是图纸上画的一层,却是两层。

而刘屹立也看出了这个问题:"对,我完全赞同您的分析。之前我推测是一层后来拆掉了,但看了西南视角的照片,感觉更应该是没有建。而中间的突出部分,其二层也不像是后加的,应该是当时就建成两层了。"并提醒著者:"看得懂图纸的读者,一定能看得出平面图与照片的差异,因此,需要在您编的书中说明一下产生差异的缘故。"

著者深有同感地回复说:"那张黑白照片应该是一次建成的样子,也就是说施工中做了修改。这样的案例也有,如中央医院,图纸上主楼两侧原设计为三层,施工中又加了一层变为四层。至于祁家桥俱乐部为什么照片与图纸不一样,现在只能在项目简介中加以文字说明了。"

然而,这个结论最后又被著者自己推翻了。起因在于著者写完该故事手稿,于8月4日选插图片时,又看了一遍刘屹立发来的西南视角照片,等把照片放大一看,发现了新的问题,立刻发微信告知刘屹立:

"小刘:早上好!写故事当中,我又看了一遍您发来的俱乐部西南视角照片,放大后发现西山墙是抹灰做法,而不像东入口立面和南立面是清水墙。且两种外墙皮不同做法在阳角处这么突兀交接,一次建成的建筑没有这么做的。另外,西山墙一层小窗与二层2个大窗形式完全不同,杨老不会设计这么丑的西立面。而且此小窗与其相邻南面明显是改造后的小窗完全一致。通过以上分析,我觉得是后来俱乐部西边要盖新楼而拆掉了一层部分,并趁此将俱乐部中间向南突出的一层加盖了二层。您觉得呢?"

"是哎,其实我也观察到了,也有此疑虑。"

不过,刘屹立也是做事认真的人,上述问题刚了结,刘屹立又指出:"另外,其东面的门廊,图纸与现存的照片也有差异,现存建筑无立柱支承的门廊。是后来拆掉了,还是当时就没有建门廊?也是不好说的。"(图24)

经刘屹立这么一说,著者也疑惑起来,赶紧找出图纸一看,东面入口设计中确实

图 24 东南景观（刘屹立摄）

有一个门廊，但照片上为什么没有呢？待把照片放大仔细一瞧，真相大白，赶紧给刘屹立回复过去：

"我把这张照片放大，从东立面入口墙上后做的水泥粉刷看，门廊贴墙的两个壁柱还在，说明原先是有门廊的，后来拆除了。门廊之上二层右边原是上门廊顶的一扇门，门廊拆除后就堵成窗户了。再说一层东墙只剩一个窗户，其左右各一个窄窗也都封死了（对照一层平面图）。"

"是的，我完全赞同您的判断。"

就此，著者与刘屹立通过连续的分析、研究，终于搞清了祁家桥俱乐部图纸与照片差异的真相，也意外地发现了其设计时间不是 1947 年，而应是 1937 年。

问题是，连同已考证中央研究院总办事处大楼的设计、建成时间与祁家桥俱乐部设计、建成时间及其图纸与照片不符的问题都须赶紧在书稿中改正。但《杨廷宝全集》建筑卷（上）书稿早已发往建工出版社，也许开印在即。不得已，著者即刻与责编联系。

"小鸽、小娴：现把建筑卷（上）因个别项目的设计和建成时间经考证有误，须订正并按订正后项目设计时间修改的新序号重新编排版面。包括图片索引以及目录都须重新调整。其调整版面操作我都一清二楚地写在3页纸上，宁愿费些事重排版，也不能把明知的错误留在书上！"

后来忽然想起，不仅《杨廷宝全集》建筑卷（上）为此要费大事重新调整版面，而且也波及其他几卷，于是又补发信息：

"今天纠正两个项目的错误设计时间，由此涉及多卷亦要改动。刚想起《杨廷宝全集》建筑卷（下）附录三，'杨廷宝建筑设计作品总览'以及影志卷附录'杨廷宝年谱简编'相关处都须调整。现把修改处出发给您们订正。"

应该说，关于祈家桥俱乐部的设计年份与图和照片局部不符的问题算是考证清楚了。但是，刘屹立对祈家桥俱乐部的建成时间还心怀疑惑地问：

"关于祈家桥俱乐部的设计时间为1937年4月，有原图纸佐证，可确定无疑，但竣工时间，极有可能未必就在当年。因4月底设计没几个月就爆发全面抗战了，至12月南京就沦陷了。所以1937年及之后的八年抗战期间可能根本就没有建。一直延期到抗战胜利后才开工建的。这样一来，《杨廷宝建筑设计作品集》和《中国近代建筑总览 南京篇》称'竣工时间1948年'有可能是对的。"

此时，著者就此也提出看法说："您分析有道理。杨老与设计俱乐部同期设计的首都电厂办公楼（1937年初），也是由于日军空袭南京，首都电厂成为空袭目标之一，年底南京沦陷，办公楼被迫建到二层未能完工。而俱乐部工程是1937年4月末设计，开工也得五、六月份，可能开工不久，在日军轰炸南京期间，不可能再继续施工了。看来，俱乐部的建成时间正如您说的是抗战胜利之后的事。而杨老是1946年春从重庆回南京的，忙着设计5处公教新村和自宅。至于您提到有书中说俱乐部是1948年建成，此时，杨老回南京已2年了，这个小工程似乎建成时间也没这么晚吧？好在《杨廷宝全集》建筑卷（上）只涉及杨老的工程项目设计时间，不提竣工时间。但在建筑卷（下）附录三'杨廷宝建筑设计作品总览'中就涉及设计和建成时间。然而，以上都是我们的分析。如果俱乐部建成时间没有史料佐证，我想，在'建成'一栏就写个'不祥'，您觉得如何？"

"我觉得您分析推断得有道理。请您定夺。"

紧接着著者又跟了一句："因为出版杨老的书应非常严谨，尤其史料一定要确凿。确定不了的事不可凭分析定论，就留给后人去做吧。"

至此，这几天紧张的考证工作终于得到圆满的结果，也庆幸在刘屹立编审的帮助下，避免了两个隐藏的错误留在书中而感到欣慰。

7. 画作标识还原真

当《杨廷宝全集》各卷还在做外业寻"宝"工作时，因杨廷宝的水彩画作都是现成的，无需到处寻其画作珍"宝"，便于 2016 年 5 月首先启动了对水彩卷的内业编排工作。

杨廷宝的二百余幅水彩画作通常都不写画名，仅在右下角或左下角签上英文名"T.P.YANG"，只是在 1950 年代，才偶尔签上中文名"杨廷宝"。而作画时间过去按西方人写法，即月（英文）、日、年，新中国成立后则一律按中国人的写法，即年、月、日。但杨廷宝的不少水彩画作却什么也不标识，这就给编纂《杨廷宝全集》水彩卷画作的标识和按作画时间先后排序带来不少麻烦。

为了按出版社要求，需对水彩卷中的每幅画作标识画名、作画时间、画幅尺寸，并尽量避免其差错，以保证画作的原真性，著者只能首选以中国建筑工业出版社于 1980 年出版的八开散页《杨廷宝水彩画选》为依据，先将与画选相同的 48 幅水彩画作的画名、作画时间引用过来。因为，这套大型画册的每幅水彩画作都是经当时仍健在的杨廷宝本人过目确认的。

但是，剩下还有准备收录水彩卷中 166 幅画作的画名以及未标明的作画日期该如何补遗呢？

看来，只能再参照 2001 年东南大学建筑系编纂的《杨廷宝先生诞辰一百周年》丛书之一《杨廷宝美术作品选》中 83 幅水彩画作的标识了。因其中有 32 幅水彩画作与《杨廷宝水彩画选》相同，而余下 51 幅水彩画作的画名应是出自编者之手。那么，在杨廷宝逝世之后无法经本人过目认可的画作标识是否准确则需审核一番为宜。经著者逐一审核后，还真发现几幅水彩画作的画名或作画时间的标识值得商榷，甚至出现了差错。此外，还有 115 幅首次待公开面世的水彩画作，又如何拟定其画名或补遗杨廷宝未标识的作画时间呢？下面就择其一二来看看这些水彩画作珍宝的标识差错是如何被著者发现，又是如何勘误还原其原真的，以及那些无任何标识的画作又是如何补遗的。

（1）无题画作补标识

水彩卷中214幅画作都是由杨廷宝长女杨士英从家中珍藏杨廷宝现存330幅水彩、素描画中挑选出来提供的。只是两个画种的画作扫描件是相混在一起编号为S-1至S-330。因此，先要将水彩画与素描画分类为2个文件包，才能各自展开编排准备工作，以便按水彩卷和素描卷两卷分开出版。

2016年5月开始启动水彩卷的内业编排工作。当著者对水彩画作进行逐一落实画名、作画时间时，发现编号S-125的水彩画作，杨廷宝既未题画名，又未标识作画日期（图25）。只见画面好一派幽静的风光：前有一泓清池，草木扶疏；中有青瓦卷棚平房坐落在汉白玉石栏月台上，月台正中一石栏台阶伸向小码头；远有一什锦窗的连廊连接着另一座相似的清砖平屋。看这组建筑似北方一处古典园林的局部。再翻开《杨廷宝水彩画选》和《杨廷宝美术作品选》两本画册，均未见编入此水彩画作。

面对这样一幅画作该如何标识合适的画名呢？著者一时犹豫未定，更不要说确定作画的时间了。只好暂时搁置下来，先着手其他水彩画作标识的审核或补遗工作。

两年后5月的一天，清华大学建筑学院退休教授邓雪娴学友发来一张著者请她补拍的清华"水木清华"图片，这是建筑卷在搜集杨廷宝设计清华大学第二个校园规划项目时需要的图片内容。当著者打开文件一看，这景色太熟悉了！思绪一下子回到50年前，在清华读书时常在这儿遛弯儿。此时，忽然联想起那幅尚未命名的水彩画与此图片很像。于是，赶紧在电脑中将水彩画素材文件打开。果然，那张水彩画与照片景色一模一样（图26），只是前者的场景不如后者的场景那么开阔。难怪当时没太注意，也没有立即认出杨廷宝画的就是"水木清华"，现在画名可以确定无疑了。就此，顺理成章地将此水彩画作标识为"水木清华"。

至于作画时间，由此推理也不再成为难事。因为，杨廷宝从1915年14岁考入清华学校就直接从中等科三年级起步，到1917年升入高等科前这两年才有美术课，而且也只是绘画入门，画些室内静物素描而已，即使画水彩画入门也只是练练图案习作。而到了4年学制的高等科因没有了美术课，但在美术老师斯达女士的鼓励下，杨廷宝与闻一多等爱好画画的同学组织了课外兴趣小组"美术社"。按学生学习水彩画的规律，总是先在室内做画水彩的基本功练习，然后才有基础和胆量到室外写生。因此，"水木清华"写生水彩画应是杨廷宝在高等科读书后期所画。因1921年6月即将毕业，有很多事要忙。这样推理下来，这幅水彩画的作画时间应为1920年了。至此，杨廷宝的"水木清华"水彩画作的标识就这样尘埃落定。

图 25　编号 S-125 水彩画（杨士英提供）

图 26　杨廷宝设计清华第二个校园规划中的荷花池（邓雪娴摄）

（2）作画日期纠差错

当著者审核编号为 S-04 水彩画作时，它是一幅蓝色花瓶静物写生，显然画技比前一幅"水木清华"水彩画作娴熟多了。但杨廷宝只在画幅左下角规规矩矩写上"T.P.YANG"，却未标识作画日期。查看两本出版画册，只在《杨廷宝美术作品选》第 62 页上收录了这幅水彩画，题名"蓝色花瓶"，也还算切题，日期标为"1946"年（图 27）。著者对此因毫无怀疑，便照抄无误。

但是，在启动水彩卷内业编排工作近半年后的 10 月 13 日，建筑学院单踊老师向著者提供了他在学院图书室发现存有"纪念杨廷宝先生诞辰一百周年"办展览时的展品档案资料，其中有二百多张杨廷宝的照片扫描件。著者大喜，急忙下载在电脑屏幕上，逐一浏览一番。只见绝大多数 135 照片都是杨廷宝在宾大的个人靓照，可谓帅气十足，风度翩翩。然而有一张照片不见杨廷宝身影，却见宿舍一片墙面上张贴的都是画作。因为，墙上画作太多，又小，也没在意每幅画作画的是什么，只顾一张一张照片翻看有个印象。看完一遍不过瘾，又从头仔细欣赏。当著者目光又停留在那张满墙展示画作的照片时，才稍为仔细看看满墙的画作到底画的是什么东西。忽然，一幅曾似见过

图 27　编号 S-04 水彩画（杨士英提供）

图 28　杨廷宝在宾大宿舍墙壁上贴满自己的画作（杨士英提供）

的静物水彩写生画映入眼帘。再睁大眼睛一瞧，照片左上角那幅画不就是"蓝色花瓶"水彩画作吗？虽然这是一张黑白照片，但画面形象与那幅"蓝色花瓶"水彩画作一模一样（图 28）。而杨廷宝在宾大留学时，是 1921 至 1925 年期间，前期都是上美术课在画室画静物写生为多，中后期没有美术课才利用节假日在校内或到野外写生。由此推断，这幅"蓝色花瓶"应是在入宾大前期的 1922 年所画。显然，《杨廷宝美术作品选》中"蓝色花瓶"画作的作画时间标识"1946 年"搞错了，竟然延后 24 年！著者立即告知水彩卷的编者沈颖老师将此画作的日期标识更正过来，改为 1922 年。

（3）卧床女子何许人

编号 S-307 上一幅水彩画速写，画的是一位女子睡在床上（图 29）。这幅水彩画杨廷宝只在右下角签上"T.P.YANG"和"APRIL.24.1927"，却未标识画名，这又留下一个谜。翻开两本出版的画册，却无一收录此画。怎么标识画名呢？

图 29　编号 S-307 水彩画（杨士英提供）

最初著者望画生义，起名"卧女"，但又觉得此名俗气，可一时搜索枯肠也没个好词儿，就暂时搁置一边。直到 2020 年 12 月 24 日，水彩卷责编徐晓飞将排版稿寄给著者校审时，翻到第 136 页，再看此画作的画名仍标识"卧女"时，才想起这是一个悬而未定的问题。再看画面一位女子正侧躺在床上，心想凭杨廷宝的内向性格不可能跑到别人家去画一位躺在床上的女子啊！何况杨廷宝在宾大时，才学超群、风华正茂，不少中外女学生都想亲近他。但已订婚的杨廷宝来宾大前与未婚妻陈法青曾一诺千金，便对这些热情女学生再无二心了。那么，杨廷宝画的女子又是谁呢？三思不得其解。

后来终于踏破铁鞋无觅处，得来全不费功夫。这个柳暗花明破题的过程在著者于是年 12 月 31 日除夕之晨发给水彩卷编者沈颖老师的微信中可知一二：

"小沈，凌晨 4 点醒来没像往常那样再睡一觉，总想到昨晚校审排版稿第 136 页'卧女'画名总觉不妥,一是'卧女'所指范围太宽泛,二是杨老一生腼腆内向,不会去画一位躺在床上的陌生女子。想来想去,杨老画这幅画一定有个缘由。今晨起来又惦记起这件事。忽然看到这幅画是1927年4月24日画的,而杨老与陈法青是同年4月12日结的婚。据陈法青在杨老逝世后写的《忆廷宝》一文中说:'婚后,他在家住了12天即去天津'[①],两者日期正好吻合。由此断定,杨老当时蜜月没度完,因不舍离开爱妻,当晚就画了这幅陈法青的水彩画速写,第二天杨老就离开北平去天津基泰上任了。由此分析,此画名更改为'侧卧的新婚爱妻(速写)',您觉得如何?"

"好的好的,136页的画名就改为'侧卧的新婚爱妻(速写)',我一会儿发给责编徐晓飞老师,让他把此画名改过来。"

(4) 城楼之误换佳名

在审看编号S-115水彩画时,一座重檐歇山顶,黄琉璃瓦的古建筑呈现在著者眼前,看上去极像天安门城楼,但又不是人们看惯了的正面形象,而是西北方向景观。另见城楼前一堵红墙横贯左右,将前后毗邻两地隔开。再看标识,只有"T.P.YANG"和作画日期"1936",亦没有画名。翻开两本画册,只见《杨廷宝美术作品选》第60页上录入了此画作,而画名为"解放门"(图30)。

怎么是"解放门"这个新名词会安在这个古建筑身上?在百度上查来查去只在南京有一座1954年在鸡鸣寺背后一段名为"台城"的废弃城墙与围合南京城区明城墙交汇处新开的单卷城门,才叫解放门(图31)。它就坐落在著者居住的小区近旁,显然,这与水彩画中"解放门"的形象相差十万八千里呀!于是一个电话打到北京的中国建筑工业出版社副总编王伯扬好友家中。

"王总,你们出版社2001年出版我们学院编的《杨廷宝美术作品选》书中,所有杨老水彩画的画名是你们写的吗?"

"不是我们写的画名,书稿发来时,画名都是你们学院确定好了交给我们的。"

原来如此。著者接着又给此水彩画册主编赵思毅老师打去电话:

---

① 陈法青.忆廷宝[M]// 刘向东,吴友松.广厦魂.南京:江苏科学技术出版社,1991:236.

图 30　编号 S-115 水彩画

图 31　南京解放门（黎志涛摄）

"思毅，你2001年主编的《杨廷宝美术作品选》中，杨老水彩画的画名是你标注的吗？"

"不是，我们从杨师母家中借出杨老的那些水彩画翻拍幻灯片后，画名是由他们家人定的。"

家人是谁定的呢？只能是当时的杨廷宝夫人陈法青啰。可是，她已于2003年去世了。看来，无法再溯源问到底了。

现在，著者从画中建筑是黄色琉璃瓦，判定应是皇家建筑，而且应是杨廷宝从一墙之隔的中山公园内画的天安门城楼西北角景色。但因无史料作为自己判断的依据，便回避以这座古建筑形象定画名的套路，另辟蹊径从画面氛围看能不能起一个带有诗意的画名。

首先，从杨廷宝标识这幅水彩画是1936年画的，说明那时他正在北平，对！杨廷宝于1935年春至1936年底正在北平主持修缮十处古建。这样说来，画中这座古建一定是在北平。再看杨廷宝画的阔叶树木多为嫩绿亮色，只有几株针叶树和绿篱是深绿色，特别是左下角有两位老头老太冬装还未脱去。明眼一看这就是乍暖还寒的三月。灵感突然来了，那就更名"北平的初春"吧。著者立即发微信给沈颖老师，叙述了更名"解放门"的缘由。

"哦哦，原来是这样，那就叫《北京的初春》。"水彩卷编者沈颖老师听完著者的解释，兴奋地赞同道。

（5）紫藤花架在杨宅

眼前的一幅水彩画作呈现出一处幽静的小院，只见小院一角青砖柱顶支撑着一混凝土格栅棚架，上面盘绕着两株细枝紫藤正开着紫色的花骨朵儿。棚架下一行半人高的小叶冬青绿篱在路边排列。而两株高大的古树分别屹立在路边和院中，树枝上刚吐出嫩叶，这预示着春天来了。再看画作左下角，作画日期是"1973.4.15"，果然是杨廷宝在春天来临所画（图32）。但画中依然未题写画名。这是著者观赏编号S-195水彩画作的所见。问题是画名该是什么呢？

翻开《杨廷宝美术作品选》第94页，正是这幅画作，再看标识的画名"庭院紫藤架"。

图 32　编号 S-195 水彩画　　　　　　　　　图 33　成贤小筑入口内景（黎志涛摄）

画名虽切题，不过，这幅水彩画与前述"初春的北平"还不同。不同在于后者画中的古建筑难以断定其名称，而前者就不同了。因为前者的画面对于著者来说再熟悉不过了。这里就是杨廷宝的故居嘛！此处是著者的常客。自 2010 年著者开始撰写"中国建筑名师丛书"——《杨廷宝》传记体裁口袋书起，直到 2012 年启动编纂《杨廷宝全集》，前后十多年进出这个小院已不计其数，目的是多次拜访杨士英教授，访谈、收集杨廷宝生前珍贵史料，拍照等，已经熟门熟路了。画面的景色就是进画中左下角那个院墙铁门，然后穿过这个紫藤架，经庭院而入屋。只不过画面中的紫藤架至今已近 50 年了，紫藤枝粗叶茂，走在底下浓荫遮天蔽日如同一小段隧道般。开花时满枝头紫色一片，连同院内花木扶疏、竹影摇曳，菜畦绿油，水井石栏，真可谓闹中取静，犹有"小院深深深几许"之感（图 33）。

好了，此画有著者熟悉的庭院景色，又知晓庭院主人是谁，干脆画名改为"成贤小筑院内紫藤架"不是更为贴切吗？

图 34 编号 S-213 水彩画

（6）压卷画作闻桂香

"黎老师好，238 页是最后一幅作品'武夷山一景'，这个'一景'好像有点不到位。如果排版在其他位置就算了，最后一幅作品我还是想有个完美的结局。"这是 2021 年 5 月 25 日，水彩卷责编徐晓飞在修订最后排版稿时，对该卷最后一幅杨廷宝水彩画作的画名向著者提出的商榷。

这幅水彩画是杨廷宝于 1980 年 12 月 1 日再上福建武夷山考察时所画。画面一株遍身褶皱似多股粗干绞缠成麻花状，上部枝杈向四周伸展，树叶挂满枝头。看样子这是上百年的老树了。它占据着画面中心，顶天立地，与背景青瓦平屋在画面构图上形成一竖一横，一实一虚的强烈对比，且水彩技法可谓炉火纯青，不愧为水彩卷画册的压卷画作（图 34）。

"武夷山一景"这个画名,是从《杨廷宝美术作品选》也是最后一幅水彩画引用过来的。仔细一想,责编徐晓飞说的也对,此画名太泛指了,但著者又不敢贸然拍脑袋随意另起它名。于是,第二天著者立即给曾随同杨廷宝两上武夷山,原是建筑研究所老师,现住在深圳的赖聚奎发去一则微信和那幅画作。

"赖老师,下面这幅杨老的水彩画是画武夷上什么地方的一棵什么树?有印象吗?出版社说画名最好有确切名称,不要笼统写'一景'。"

隔天,赖老师回复:"武夷山,武夷宫宋桂,朱熹种植。"并随后又打来一个电话详细说明。

著者立刻告知徐晓飞:"小徐,刚才赖聚奎老师又打来电话,说当地人都叫这株古树为宋桂,是宋代朱熹亲手补种的千年桂树,让我把画名改为'武夷宫宋桂',您觉得如何?"

"武夷宫宋桂,有点重点是树的感觉,怎么能把重点转移到建筑呢?比如,宋桂繁茂的武夷宫正门。"徐晓飞有点不理解地问。

"据赖聚奎老师讲,这幅画杨老重点是画宋桂古树,而武夷宫建筑是陪衬,因此只画了院内建筑局部(不是正门)。"著者向徐晓飞解释了一遍。

"好的,就这样改。"

就此,这幅压卷画作的画名,可让读者对其历史渊源产生无限遐想,似乎还能闻到一点桂香吧。

8. 一篇追记引勘误

2021年11月20日，东南大学建筑学院举办了杨廷宝先生诞辰120周年系列纪念活动。翌日，清华校史馆刘惠莉发给著者清华大学校友总会推出的公众号：《纪念杨廷宝先生诞辰120周年/他弹奏的建筑音符，成就了这座园子的经典乐章》介绍杨廷宝生平系列文章中，末尾一篇《一笔捐款》的文章引起了著者极大的关注。并由此发现建筑卷（上）第308页"南京寄梅堂"项目的设计时间又因引用以讹传讹的资料而搞错了。原文误标为1937年设计，而事实上应是1947年设计。且该项目未能实施的原因不是因战争，而是1955年7月23日，杨廷宝、童寯、曹天受三人联名在《清华校友通讯》复4期上，发表一篇文章所追忆的往事。这不仅更正了杨廷宝设计南京寄梅堂的准确年代，也还原了寄梅堂未建的历史原因。那么，这段往事究竟是什么呢？

抗战胜利后，复员南京的清华同学会想继续开展联谊活动，但苦于没有活动场地。幸当时一位老同学捐出一块地皮作为兴建南京清华同学会会所之用，并由杨廷宝亲自设计。而杨廷宝当时刚随国民政府资源委员会工业建设考察团赴美、加、英三国进行考察21个月回来一年，并因国民政府还都南京正忙于设计大量公教新村，以解决突发的房荒问题。此时，会所的设计也急需着手，于是，杨廷宝日夜加班，见缝插针地完成了会所的设计（图35）。

现在，地皮有了，方案也设计出来了。但是，建造资金从何而来呢？同学会决定向校友募捐，并给会所小楼拟名"寄梅堂"，以怀念老校长周贻春（字寄梅）先生。但募捐款远未达到足够的费用，加上当时货币贬值，物价飞涨，致使筹建会所的计划成泡影。幸好，捐款保管人钱昌淦老学长及时把捐款换成美钞，既保管安全，又可保值。1948年底，钱昌淦离开南京前将所存黄金30.97两、美钞293元移交曹天受保管。曹天受便将原款即刻存入上海银行南京分行代为保管。

新中国成立后，南京清华同学会停止了活动，曹天受也因工作调动离开了南京。1953年曹天受专程来南京与杨廷宝和童寯商量捐款处理办法。当时老校长周贻春闲居北京，三人曾想将捐款直接献给周贻春为寿，但被谦辞而作罢。而南京清华同学会早已不在，只好通过信函同学商量决定，将所存金钞换成人民币捐赠母校，并通过张奚若向蒋南翔校长转达此意。蒋校长同意后，童寯即将金钞在南京人民银行兑换成人民

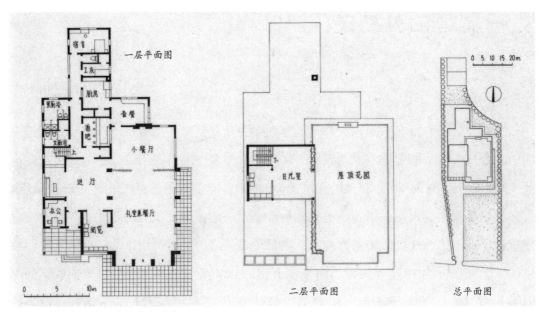

图 35　寄梅堂设计方案（黎志涛手绘）

币 3473.90 元汇至母校。至此，前南京清华同学会为筹建会所的捐款，因未建寄梅堂所用，最终得到妥善处理。

上述杨廷宝、童寯、曹天受三人联名写给清华校友总会的《一笔捐款》文章珍贵史料，不但追记了南京拟建寄梅堂筹款的始末，而且也勘正了建筑卷（上）"62. 南京寄梅堂（1937年）"项目中，有关设计时间和未建原因的错误。

附录3：《杨廷宝全集》补遗

一. 建筑卷（上）补遗[①]

46. 国民党中央党史史料陈列馆（1934年）
47. 国民党中央监察委员会办公楼（1935年）

1. 楼梯间北入口（黎志涛摄）

2. 楼梯间内景（黎志涛摄）

[①] 标号均以其所在《杨廷宝全集》的卷及项目编号为依据。

83. 南京下关火车站扩建工程（1947年）

1. 扩建进站大厅（来源：中国台湾文化资料库）

2. 扩建进站大厅至候车厅之间的旅客通道（来源：中国台湾文化资料库）

3. 扩建大厅与候车厅之间南端通道的邮电、银行、小件寄存等服务设施（来源：中国台湾文化资料库）

4. 西跨候车大厅（来源：中国台湾文化资料库）

二．建筑卷（下）补遗

121. 南京雨花台烈士陵园总体规划（1952—1979）

南京市雨花台烈士陵园位于南京市中华门外，占地 129.49 公顷。是中华人民共和国成立后，建立最早、规模最大的国家级烈士陵园。

1950 年 1 月 24 日，南京市成立了兴建人民革命烈士陵园筹备委员会，杨廷宝任副主任委员，兼下属机构设计委员会主任委员，并着手主持设计了雨花台烈士陵园总体规划初步方案。因各种原因，规划方案多次修改、调整，乃至停顿，直至历经 30 余年才基本实现规划目标。

1952 年，杨廷宝开始主持烈士陵园中轴线规划设计，并于 1979 年亲自设计了纪念馆方案，后由齐康主持完成施工图设计。最终形成全长 1500 米，自南至北为忠魂亭、纪念馆、长生池、烈士纪念碑、烈士就义群雕的中轴线纪念区。建筑风格庄严肃穆、气势恢宏。

1. 国文保碑（黎志涛摄）

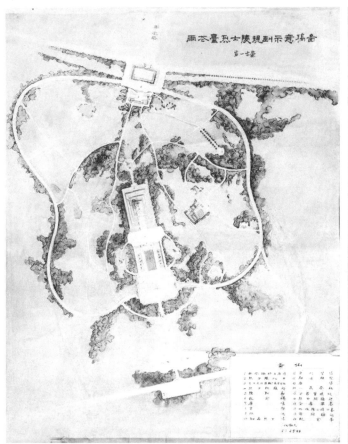

方案一

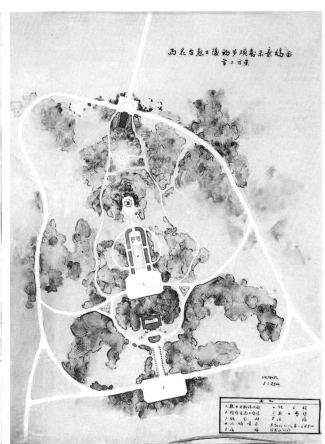

方案二

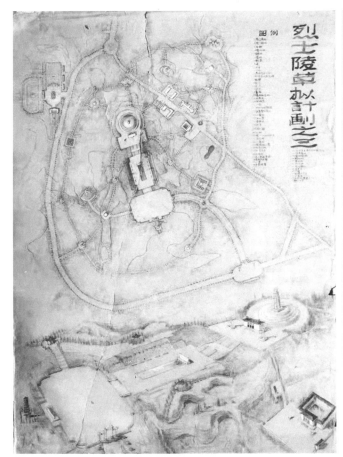

方案三

文化休息区规划设计方案

2. 南京雨花台烈士陵园规划设计方案（1950年代）（来源：南京雨花台烈士陵园档案馆）

3. 南京雨花台烈士陵园中轴线鸟瞰（来源：齐康. 草图建筑 [M]. 南京：东南大学出版社，2011：扉页）

三. 水彩卷补遗

1. 杨廷宝故居一角（林慈提供）

2. 国画习作（林慈提供）

五. 文言卷补遗

一、发表文章

一笔捐款*

——追记前南京清华同学会筹建会所经过

杨廷宝（1921） 童寯（1925） 曹天受（1930）

一九五五年七月二十三日清华大学校长办公室收到老同学童寯代表前南京清华同学会汇母校一笔捐款计人民币三千余元，由蒋校长复函致谢。由于事隔多年，校方会计单据现已不全，童寯所收信函收据也已散失，人民币确数难于查明。这笔捐款的由来以及汇赠母校的始末，我们比较了解原委，有必要向前南京清华同学会留宁校友和散处国内外的老同学，特别是捐过款的同学作一汇报。同时我们深切怀念远在国外的钱昌淦老学长。他是原捐款保管人，一定关心捐款如何处理。如果钱先生能得知当年这笔捐款已汇赠母校，想来也会同意并引以为慰的。

抗战胜利后，南京清华同学尚无自有会所。当时有一位老同学捐献一块地皮作为建筑会址之用，但建筑费没有着落。嗣经集会决议向校友募捐，准备建一小楼拟命名为寄梅楼，向老校长周贻春先生致敬。自一九四七年起募集到一些捐款，开始建筑设计，不过还远没达到足够的建筑费用，货币贬值，物价飞涨，筹建会所的计划终于落空。幸好钱先生随时把捐款换成黄金美钞，既便于保管，又保存了币值。一九四八年底钱先生因工作关系离宁。临行前他把所存黄金 30.97 两、美钞 293 元移交曹天受保管，曹天受将原款随即存入上海银行南京分行的保管库内。时局动荡，人心涣散，募捐工作也告中止。新中国成立后，南京清华同学会停止活动。曹天受不久即因工作调动离宁。这笔金钞也就搁置数年未处理。一九五三年曹天受专程赴南京和杨廷宝、童寯商量捐款处理办法。当时周老校长闲居北京，我们曾经拟将捐款直接献赠周先生为寿，因周先生谦辞而作罢。前南京清华同学会会务已停顿数年，已不可能召开会员大会。我们通过信函研究决定将所存金钞换成人民币捐赠母校。新中国成立以后母校建设突飞猛

＊原载：1981 年 10 月《清华校友通讯》复 4 期 109-110。

进，所需经费由国家拨款，愿否接受校友捐款，尚待先期联系。我们请张奚若先生向蒋南翔校长提出我们拟将捐款移赠母校的意见，得到蒋校长的同意。童寯随即将金钞持向南京人民银行兑换成人民币3473.90元汇交母校接受。前南京清华同学会筹建会所捐款，也就得到了妥善的处理。

一九八〇年清华校友通讯复刊，母校设立校友联络处，为沟通校友与母校联系，做了不少工作。各地校友活动也开展起来。前南京清华同学会留宁和离宁的校友，可能还记得当年筹建会所这回事。上面追述的捐款处理经过，大多数校友还不知道。为此把这一段往事扼要追记，送请校友通讯发表。如果前南京清华同学会会员（不管现在何处）对三十年前旧事得以了解始末，这是我们的希望，也是我们的责任。

三、其他文言*

对《南京都市计划大纲》的几点建议

（一）本人战前曾拟制政治区设计计划，因当时政府机构与现在行宪不同，依林故主席主张，沿中山东路以北划为属于党的机关，以南属于政府机关，且仅计入五院附属机关概未列入，今后自须改变。但沿城墙一带土地较高，任何建筑物，无论自西向东或自高向下看去，皆不易壮观。故于离城墙过近地带不宜建筑，只可作为园林，今昔仍当一致；

（二）依现在看法，政治区设计应先将道路系统确定，以为全部设计之章法，不能凭空划出某机关地点。路线决定后，并应先安路牙。俾不知设计者亦有实际上之大体观念，庶易于每一地段中想像其建筑物应有之形势，然后再以各机关性质分配地段，配合建筑；

（三）如五院位于中山路南，则行政院及其所属各部会，应位于轴心线以西，因西部地面较广，有伸缩余地，且接近市区，与市内机关容易接近。又该地大部为飞机场所占，而行政院及外交、交通等部亦已有房屋，不必积极建筑，正属相宜又行政组织及其所属机构单位常有变更，故各部会所占用地段大小不宜为硬性规定；

（四）国大会堂如在光华门内，正当低洼之地，应尽量向北移。

---

*1948年4月27日在审议《南京都市计划大纲》座谈会上的发言。来源：南京首都政治区设计原则座谈会纪要

四．手迹卷补遗

二、信札集锦

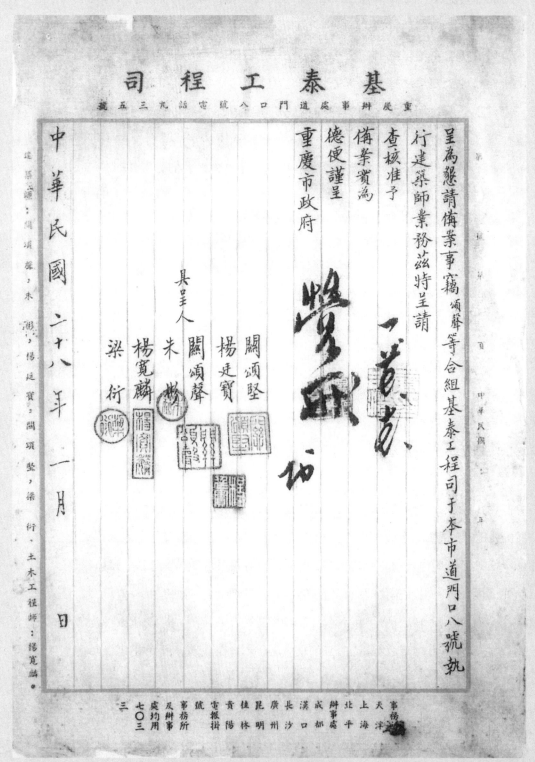

1. 1939年1月致重庆市政府信（重庆市渝中区政协主席戴伶提供）

1939年1月致重庆市政府信

呈为恳请备案事，窃颂声等合组基泰工程司，于本市道门口八号执行建筑师业务。兹特呈请查核准予备案实为德便谨呈

重庆市政府

              关颂坚

              杨廷宝

      具呈人 关颂声

              朱 彬

              杨宽麟

              梁 衍

         中华民国二十八年一月日

基泰工程司

子英先生大鑒久違

芝宇彌切馳系比維

公私迪吉

店祉綏祥為頌無量茲懇者弟有友人數輩現正籌備進行組織中原墾殖社以資積極提倡政進農業增加生產俾充實力於今日而舒國用擬將來用意玉善帳現缺實驗農場一區素

仰

先生熱心國是緬懷公益用敢拜肅奉懇能否設法在碚領得地段或在此何條件之下以廉償租地即祈

費神代為一查藉資早日實現則碚區民眾亦可有所觀摩也誠一事而數善俱為敬祈

玉成並布

公綏

　　　　　　　　　弟 楊廷寶 謹啟

1940年11月22日，楊廷寶致北碚管理局局長盧子英信（重慶市渝中區政協主席戴伶提供）

1940年11月22日致重庆市北碚管理局局长卢子英信

子英先生大鉴久违
芝宇弥故驰系比维
公私迪吉

居祉绥祥,为颂无量兹恳者,弟有友人数辈,现正筹备进行组织中原垦殖社,以资积极提倡改进农业,增加生产,俾充实力于今日,而舒国用于将来。用意至善,惟现缺实验农场一区,素仰先生热心国是,缅怀公益用,敢拜函奉恳能否设法在碚领得地段或在如何条件之下以廉价租地,即祈费神代为一查,籍资早日实现,则碚区民众亦可有所观摩也,诚一事而数善,备马敬祈,玉成并希,示后为祷专启祉矣。

公绥

弟 杨廷宝谨启

附眉批:函复重庆基泰杨廷宝先生导卢子英在碚组织垦殖社竭诚欢迎,请派员来碚当引导待地点确定后设法办理购地手续可也。

基泰工程司

总事务分所及各办事处电报挂号统用七〇三三

第玖一四号　第　全　页　　中华民国三十九月十九日

准

贵局本年九月十八日辛内字第四二三八号函隆原文存卷兹不

赘叙外查敝所对函开各点均无谈各项情形谨将

每日办公时间开陈如下

星期一至六每日上午九至十二时下午二至六时

星期日休息

相应函达即请

查照为荷此上

重庆市工务局

技师 阎颂声 [印]
　　　杨廷宝 [印]

建筑师：阎颂声、朱彬、杨廷宝、关颂坚、梁衍、土木工程师：杨宽麟、

事务所　天津　南京　上海　北平　联事处　重庆　昆明　成都　桂林　贵阳

1941年9月19日致重庆市工务局信（重庆市渝中区政协主席戴伶提供）

1941年9月19日致重庆市工务局信

准

贵局本年九月十八日辛内字第四二三八号函,除原文在卷兹不赘叙外,查蔽所对函开各点均无该各项情形,兹谨特每日办公开陈如下:

星期一至六每日上午九至十二时,下午二至六时,

星期日休息。

相应函达即请

查照为荷此上

重庆市工务局

技师　关颂声
杨廷宝

中华民国三十年九月十九日

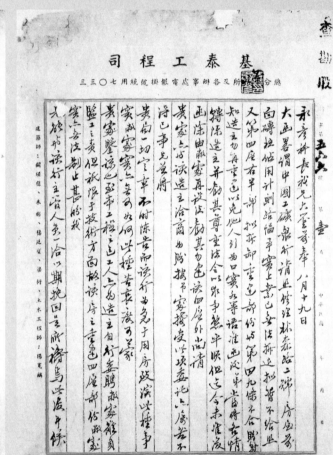

致重庆市工务局永彦科长信（重庆市渝中区政协主席戴伶提供）

194×年9月5日致重庆市工务局永彦科长信

永彦科长我兄大鉴，前奉八月十九日大函，略谓中国工矿银行请照修理林森路二号房屋前面砖柱占用计划路幅，事实上业已无法拆退拟暂不给照，又第四层右半部拟拆卸重建部分与第四九条不合，盼转知造主勿再重建，以免他人引为口实，若等语准函后，弟当将各情转陈造主，并劝其尊重法令以求时态平顺。但迄今未准，复函除由敝处再设法劝其勿建该四层外，尚请贵处亦与该造主洽商为盼，按弟处接受此项委托亦属苦不得已，事先曾将贵局一切定章不时陈告，而该行为急于用房致演此种事实，敝处实亦无可如何，此种苦衷庆可蒙贵处鉴谅也。至本工程主建工人亦为造主自行委聘，敝处虽负监工之责。但只限于技术方面，故该房主重建四层部分，敝处实亦无法制止，甚盼我兄能与该行主管人员一洽，以期挽回是所祷焉，此复并候勋安。

弟 杨廷宝 顿首 九.五.

T-14,908

October 16, 1945

Mr. Frank Lloyd Wright, Architect
Taliesin
Spring Green, Wisconsin

Dear Mr. Wright:

    I am sending you under separate cover a copy of "Laotzu's Tao and Wu Wei", a translation by Bhikshu Wai-Tao and Dwight Goddard which I secured from Dr. Chu-phay Yap who knows Goddard personally. I wonder how you will like this translation.

    Dr. Yap, one of our leading metallurgists in China, and also a great admirer of Laotzu's teachings, has expressed the desire to visit you one of these days.

    I am planning to leave for England at the end of the month where I shall stay for a few weeks before going back to China. I will keep it in mind to find Dr. Ku's book on Laotze for you.

    In closing I want to thank you for your kindness and hospitality in making my short visit to Taliesin so delightful and inspiring. Please bring my best regards to the friends I met at Taliesin. With best wishes to you and Mrs. Wright.

                              Sincerely yours

                              Ting-Pao Yang

TPY:aa

1945年10月16日致赖特信(中国台湾"国史馆"藏,吴杨杰提供)

1945年10月16日致赖特信

1945.10.16

建筑师弗兰克·劳埃德·赖特先生，

塔里埃森，

斯普林格林，威斯康星州

亲爱的赖特先生：

  我寄给您一份关于"老子的道和无为"译文，它是由比丘外道（Bhikehu Wai-Tao）和德怀特·戈达德（Dwight Goddard）所作的译文。这份译文是由与戈达德有私交的叶渚沛那里获得的。您是否喜欢这份译文呢？

  叶渚沛博士，是中国杰出的冶金学者，也是一位孔子学说的忠实拥趸，非常渴望在近期拜访您。

  我计划月末前往英格兰，我会在返回中国以前在那里待上数周。我将会留心为您寻找辜博士关于老子的书。

  总之，我想要感谢您的善意与好客，让我在塔里埃森度过愉快而有启发的短暂时光。请代我问候我在塔里埃森遇见的朋友们。最后，祝福您和太太。

您的好友

杨廷宝

杨廷宝，AA

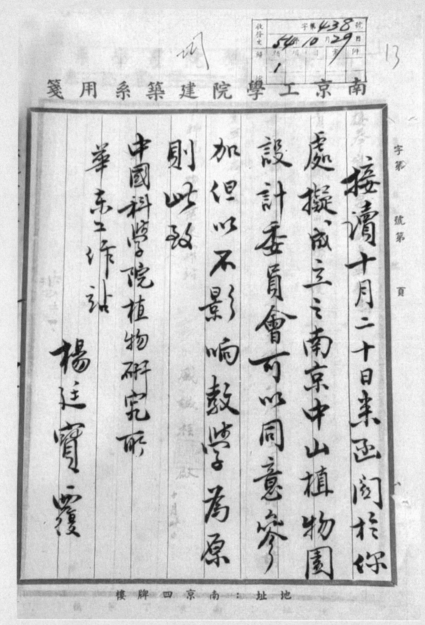

1954年10月29日致中国科学院植物研究所信（来源：南京中山植物园藏）

1954年10月29日致中国科学院植物研究所信

　　接读十月二十日来函，关于你处拟成立之南京中山植物园设计委员会，可以同意参加。但以不影响教学为原则

　　此致，中国科学院植物研究所华东工作站。

杨廷宝　复

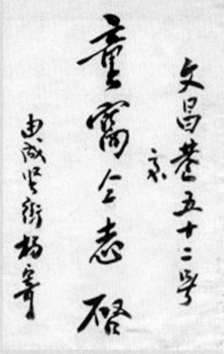

1970年代末2月7日杨廷宝致童寯便笺（童明提供）

1970年代末2月7日致童寓便笺

老童：

明天星期日中午请驾临我们家吃饭，余面谈。
此颂，刻佳！

弟 宝上
二月七日

四、图纸拾掇

1. 施工图

36. 南京中山陵园音乐台

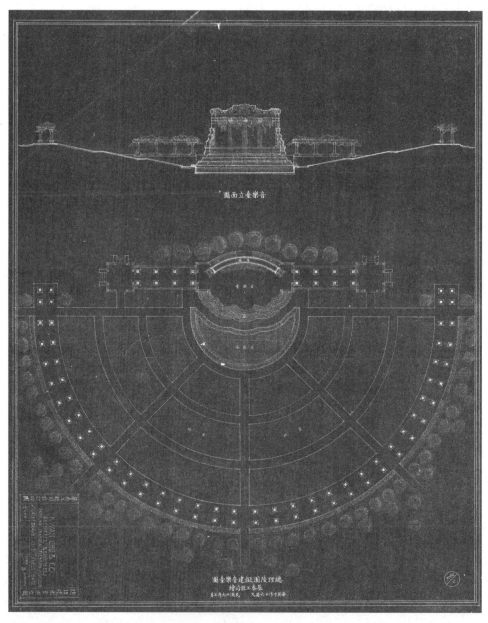

音乐台平面、立面图（来源：南京城市建设档案馆）

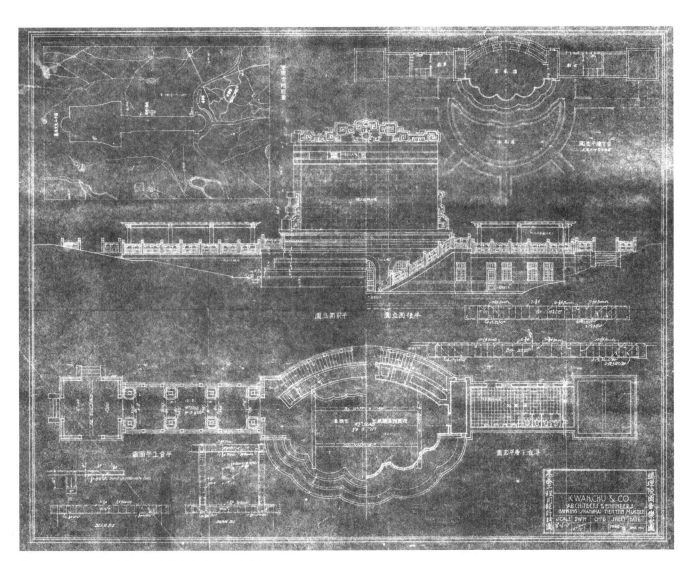

舞台平面、立面图（来源：南京城市建设档案馆）

45. 南京大华大戏院

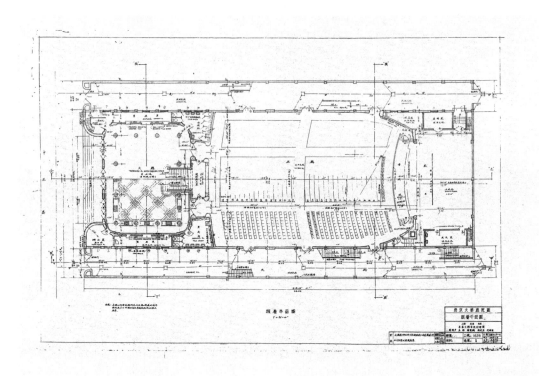

一层平面图（来源：南京城市建设档案馆）

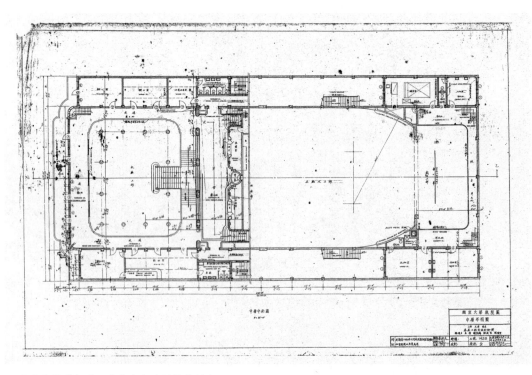

二层平面图（来源：南京城市建设档案馆）

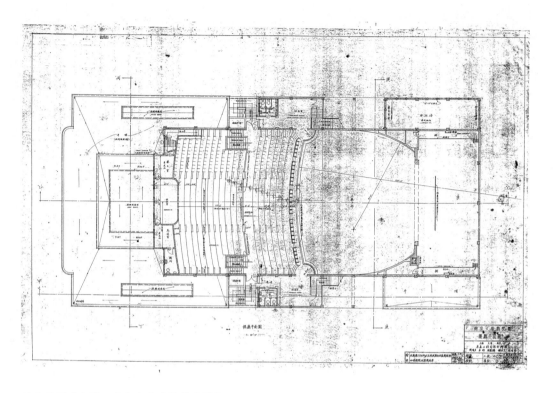

三层平面图（来源：南京城市建设档案馆）

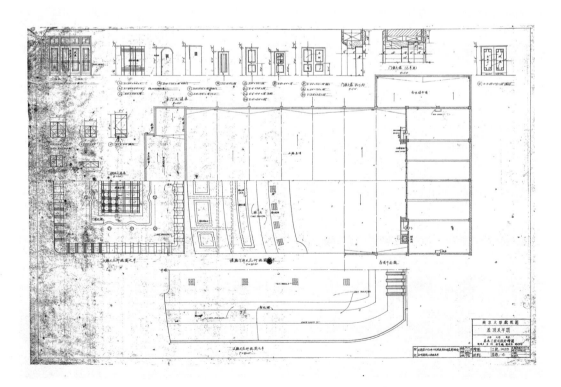

剖面图（来源：南京城市建设档案馆）

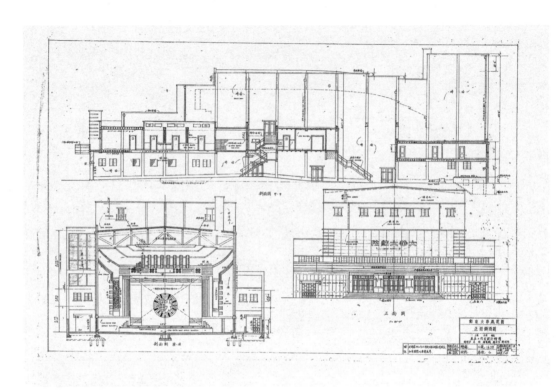

五层平面图（来源：南京城市建设档案馆）

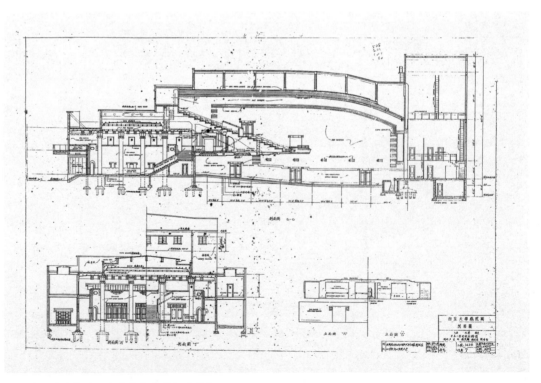

六层平面图（来源：南京城市建设档案馆）

46. 国民党中央党史史料陈列馆

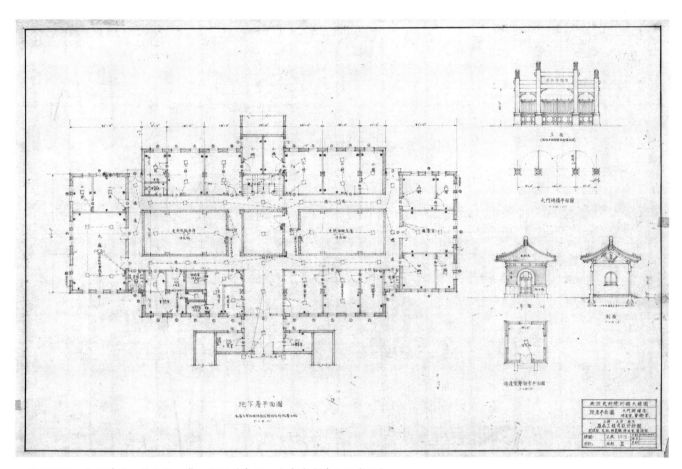

一层平面图、大门牌楼、传达室、警卫室图（来源：南京城市建设档案馆）

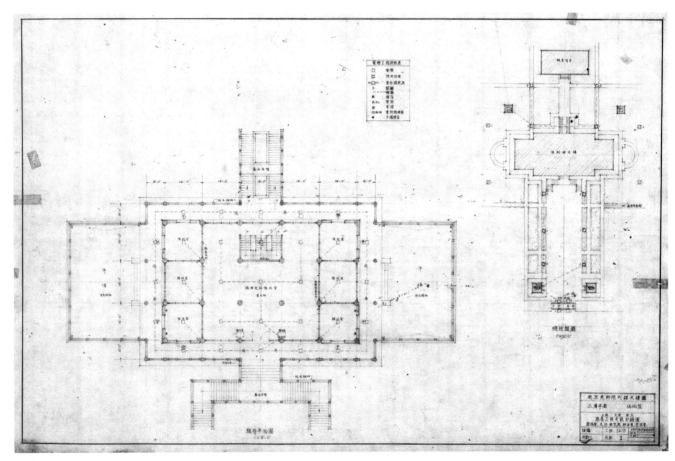

二层平面图、总地盘图（来源：南京城市建设档案馆）

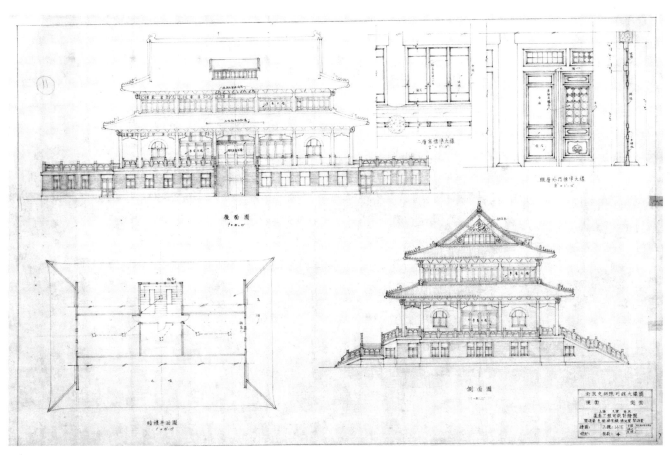

侧主视图、暗楼平面图、头二层门窗大样图（来源：南京城市建设档案馆）

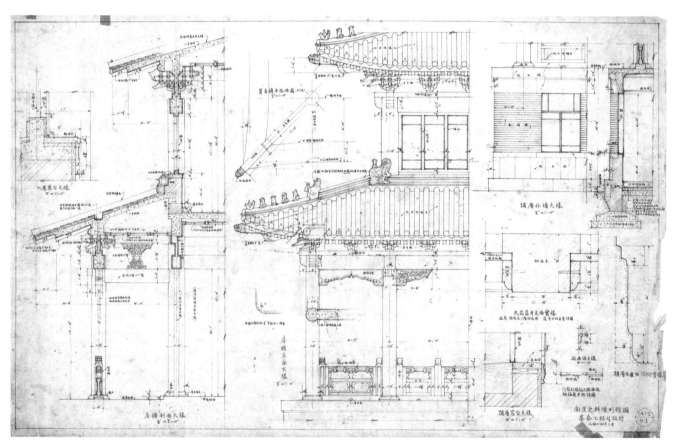

外檐大样图(来源：南京城市建设档案馆)

83. 南京下关火车站扩建工程

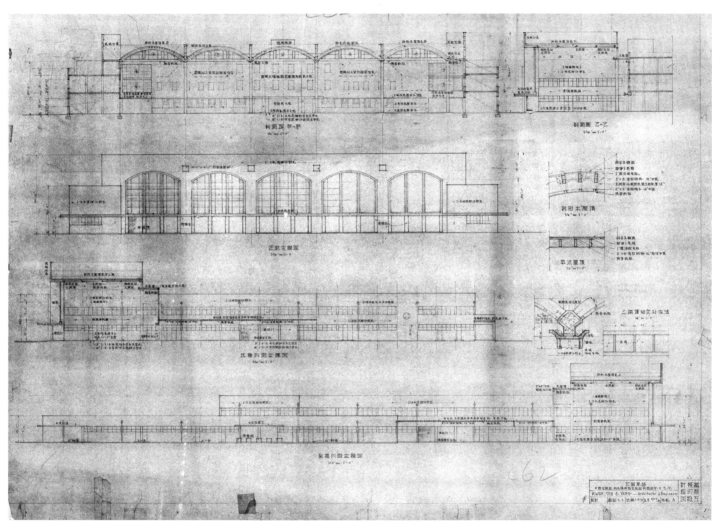

立面图、剖面图（来源：南京城市建设档案馆）

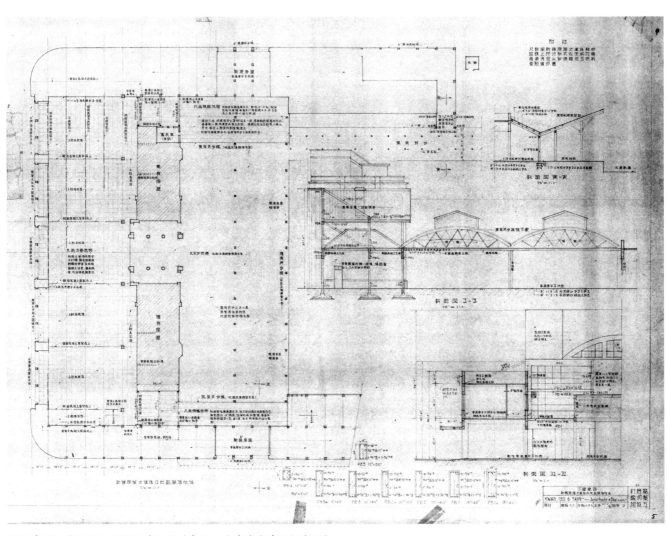

新旧房屋之连接及地面屋顶作法图（来源：南京城市建设档案馆）

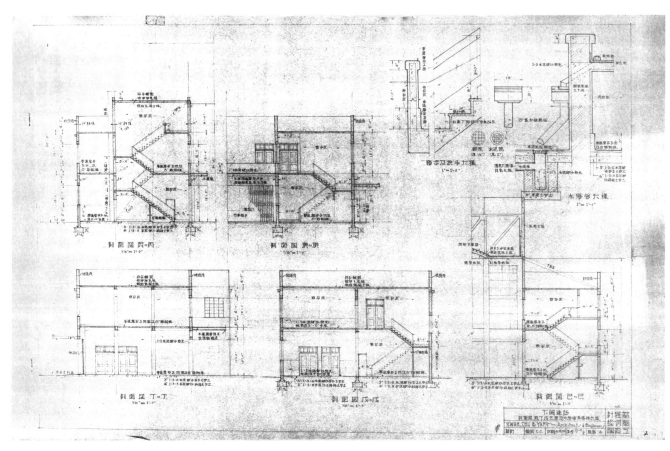

剖面图、楼梯及水管大样图（来源：南京城市建设档案馆）

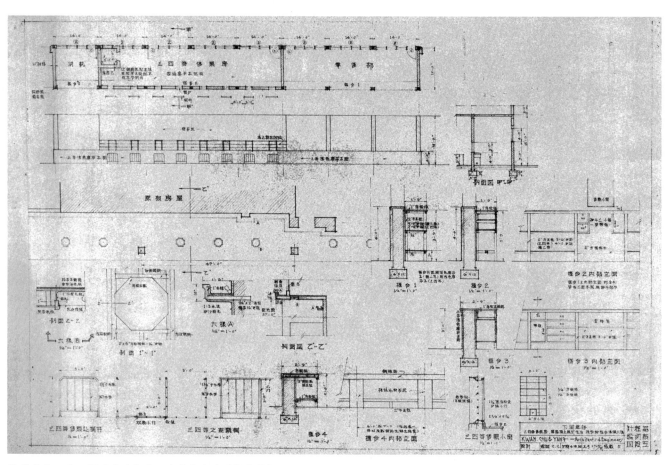

售票房平、立、剖面图（来源：南京城市建设档案馆）

95. 南京华东航空学院教学楼

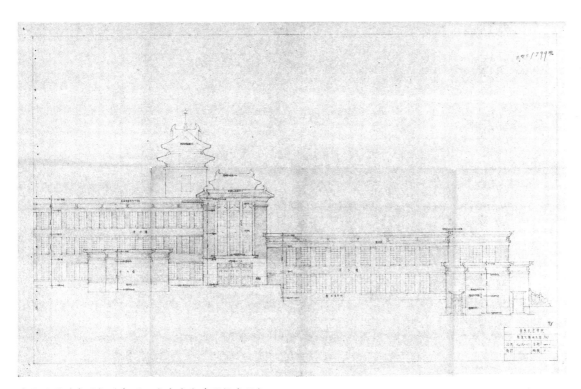

南立面图（东段）（来源：南京城市建设档案馆）

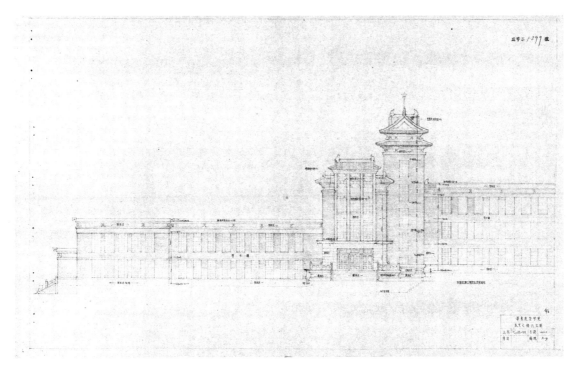

北立面图（东段）（来源：南京城市建设档案馆）

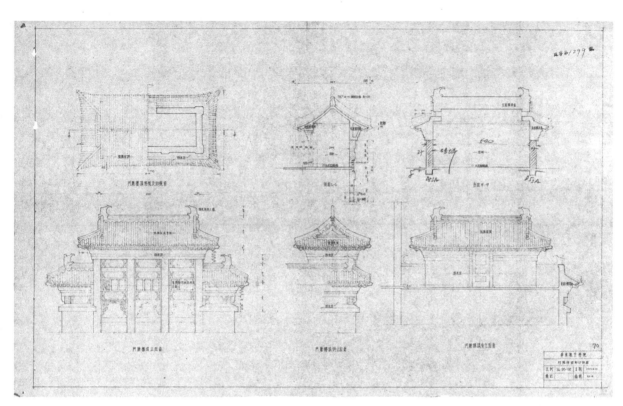

门厅楼顶部分详图（来源：南京城市建设档案馆）

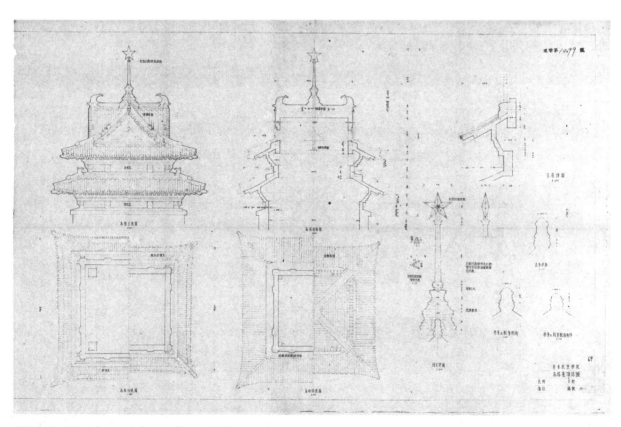

高塔部分详图（来源：南京城市建设档案馆）

七、笔迹拾零

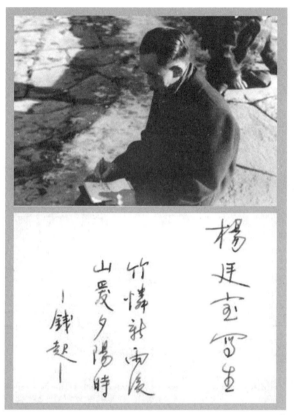

1. 1940年代，杨廷宝写生照背面摘录唐代大诗人钱起诗[①]
（杨士英提供）

---

① 原文为：
　　谷口书斋寄杨补阙
　泉壑带茅茨，云霞生薜帷。
　竹怜新雨后，山爱夕阳时。
　闲鹭栖常早，秋花落更迟。
　家僮扫萝径，昨与故人期。

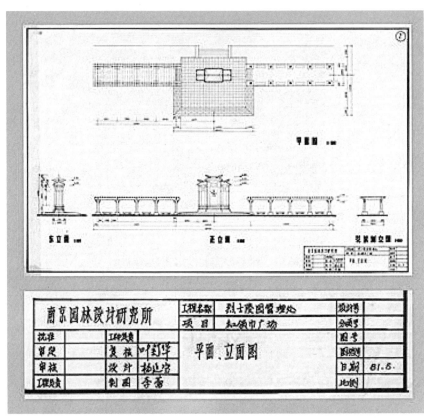

2. 1981年5月，杨廷宝在南京雨花台红领巾广场施工图上签名（叶菊华提供）

七. 影志卷补遗

1. 1935年，杨廷宝（左1）修缮北平古建筑时与"旧都文物整理委员会"成员、时任北平市工务局局长谭炳训（左4）和技正林是镇（左3）等合影（陈法青生前提供）

2. 1944年11月12日，杨廷宝（前排右2）随国资委工业建设考察团访问加拿大在渥太华大使馆内合影（来源：中国台湾"国史馆"藏，吴杨杰提供）

3. 1944年11月12日，杨廷宝（右6）随国资委工业建设考察团访问加拿大在渥太华大使馆前合影（来源：中国台湾"国史馆"藏，吴杨杰提供）

4. 杨廷宝（左6）与国际建协执行局成员合影（单踊提供）

5. 1958年9月，杨廷宝及来自全国各大设计院总师、高校教授与参加国庆十大建筑方案设计集体献策的同济师生在天安门广场留影。二排左起：葛如亮、毛梓尧、黄作燊、周工、杨廷宝、赵深、徐中、贾瑞云、殷先生、路秉杰。前排左起：石惠英、张敬人、朱谋隆、龙永龄、张耀曾（奚江琳提供）

6. 1959年5月，杨廷宝（中）在出席上海"住宅建筑标准及建筑艺术座谈会"期间，应邀与同济大学建筑系学生会面并交谈。（奚江琳提供）

7. 1980年代初，杨廷宝（会议桌前排正面左1）在南京工学院学术委员会会议上（来源：东南大学档案馆）

七、杨廷宝年谱简编补遗

1939年（38岁）

· 1月，基泰工程司西迁重庆落户道门口，向重庆市政府提交文本正式备案。（重庆市渝中区政协主席戴伶提供）

1940年（39岁）

· 11月22日，发函重庆市北碚管理局局长卢子英，希望给其好友就中原垦殖社一事，提供土地或廉价租地之便利。（重庆市渝中区政协主席戴伶提供）

1941年（40岁）

· 9月19日，发函重庆市工务局，声明基泰工程司办公时间。（重庆市渝中区政协主席戴伶提供原件）

194?年

· 9月5日，致重庆市工务局永彦科长信。（重庆市渝中区政协主席戴伶提供）

1945年（44岁）

· 10月16日，致赖特信，感谢访问塔里埃森期间的善意和好客，并告知将离美前往英国考察。（中国台湾"国史馆"，吴杨杰提供）

1948 年（47 岁）

· 4 月 27 日，出席南京首都政治区设计原则座谈会。（南京首都政治区设计原则座谈会记录）

1955 年（54 岁）

· 7 月 23 日，与前南京清华同学会会员童寯、曹天受商议，1947 年南京清华同学会拟建会所寄梅堂筹集捐款，因项目未实施，将捐款额三千余元捐赠母校清华大学。（杨廷宝，童寯，曹天受. 一笔捐款——追记前南京清华同学会筹建会所始末经过 [J].《清华校友通讯》复 4 期，1981 年 10 月）

1959 年（58 岁）

· 7 月 20 日，任南京工学院副院长。（江苏省人民委员会 1959 年 7 月 20 日第五次会议通过，随发任命书）

1973 年（72 岁）

· 8 月 20 日，在刘叙杰的陪同下，到山西省建筑设计院对太原工艺展览馆设计方案进行了点评和深化指导。（刘叙杰. 脚印 履痕 足音 [M]. 天津：天津大学出版社，2009：62.）

1981 年（80 岁）

· 10 月，与童寯、曹天受撰文《一笔捐款——追记前南京清华同学会筹建会所始末经过》，刊登在《清华校友通讯》复 4 期上。（清华大学校史馆提供）

附录4：《杨廷宝全集》勘误

建筑卷（上）

序言 P2. 第二段第 4 行："正觉寺金刚宝座塔"改为"真觉寺金刚宝座塔"。

P039. 正文第 4 行："3189 平方米"改为"7331 平方米"。

P064. 三层平面图，3 个楼梯间的 3 个"下"置字错位，整体左移至楼梯间口处。

P106. 第 5 行，"可容书"改为"可藏书"。

P119. 三层平面图，正中左右两楼之间补"上"字。

P242. 第 3~5 行，"一层为办公用房，居东、西两端，以回廊相通。回廊中间为档案库房，两库各约 100 平方米，内呈'回'字阶梯形。"改为"一层以环形中廊连接其外侧各办公用房，中廊内侧为 2 个史料保险库，各约 100 平方米。"

P246—P248 及 P251—P253：各手绘图修改见 P707、P708。

P273. 正文第二段第 1 行："公馆"改为"住宅"。

P293. 正文第二段第 2 行："时年 9 月"改为"是年 9 月"。

P308. 正文第 1 行："1937 年"改为"1947 年"。

正文最后 1 行："后因战争"改为"后因捐款不足，加之货币贬值，物价飞涨"。

P332. 总平面图，顶端圆形墓室补遗漏标注"18"。

P353. 正文第 1 行："新街口石鼓路口"改为"中山南路与石鼓路交叉口"。

P372. 三层平面图，楼梯起步处补遗漏"下"字。

P437. 7. 东北大学汉卿体育场，图片名称及来源栏，2. 鸟瞰渲染图之后括号内改为：（来源：北洋画报 1929 年 3 月 16 日，赖德霖提供）。

P438. 15. 沈阳少帅府，绘图来源栏，"王海平"改为"吕海平"。

P439. 15. 沈阳少帅府，绘图来源栏，"王海平"改为"吕海平"。

建筑卷（下）

P004. 正文第一段第 2 行："1953 年"改为"1952 年初"。

正文第三段第 1 行："局部 8 层"改为"局部 8 层，地下一层"。

P042. 中图："立面图"改为"北立面图"。

P061. 正文第二段第 4 行："之北为实习工场区，之东北为实习林场区"改为"之北为实习林场区，之东北为实习工厂区"。

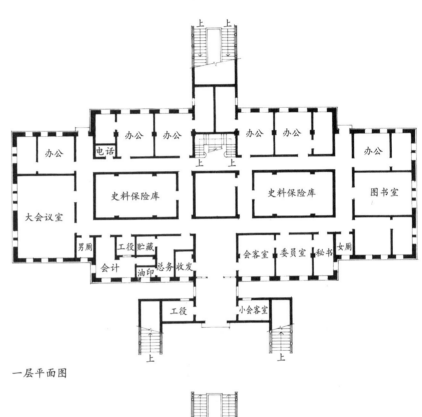

一层平面图

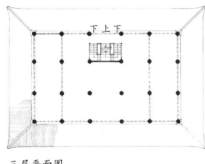

三层平面图

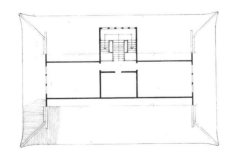

阁楼层平面图

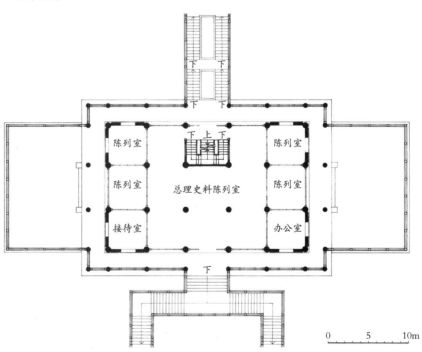

二层平面图

附录4：《杨廷宝全集》勘误

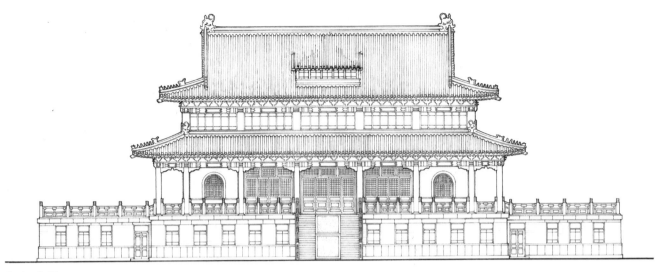

北立面图

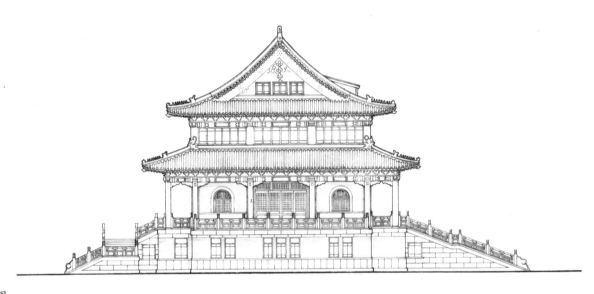

东立面图

杨廷宝故事

剖面图

P080. 标题"（1957年）"改为"（1963年）"。

正文第2行"1957年……"改为"1963年……"。

P104. 第1~2行"队登鳌"改为"陈登鳌"。

P186. 正文倒数第3行："一堆"改为"一座"。

P188. 第7行："十处古建筑"改为"八处十座古建筑"。

P212. 7. 东北大学汉卿体育场：栏目"建筑面积"48亩改为"3189m^2"。

P212. 8. 东北大学校园规划：栏目"建筑面积"改为"占地面积"。

P213. 17. 国立清华大学学生宿舍（明斋）："4417m^2"改为"4908m^2"。

P214—215. 项目24~29"设计／建成"栏目之后的具体年代均为"1930／1931"。

P216. 36. 南京中山陵园音乐台：栏目"建筑面积"改为"占地面积"。

P219. 62. 南京寄梅堂：栏目设计／"1937／"改为"1947／"。

栏目备注"因南京沦陷未实施"改为"因捐款不足未建"。

P223. 90. 北京人民英雄纪念碑：栏目"建筑面积"改为"占地面积"。

P225. 项目104 设计／建成栏目"1957/1957"改为"1963/1965"。

水彩卷

P058. "特拉华州大桥"改为"特拉华河大桥"。

文言卷

P304. 备注第1行，"叠"与"山"之间补遗漏置字"綵"。

影志卷

前言P1. 最后1行："建言献策"改为"进言献策"。

P104. 图片3.2：删除"、右1为梁思成"。

图片3.3：删除"，右2为梁思成"。

P118. 图片3.37："正觉寺"改为"真觉寺"。

图片3.38："正觉寺"改为"真觉寺"。

P119. 图片 3.39："正觉寺"改为"真觉寺"。

图片 3.40："正觉寺"改为"真觉寺"。

P146. 6.10."1957 年……"改为"1963 年……"。

P151. 图片 6.20：在戴念慈人名之前补"常学诗（中）"。

P165. 图片 1.14："辜传海"改为"辜传诲"。

P176. 图片 2.20："1956 年 9 月"改为"1974 年 2 月"。

P205—P212. 图片 3.32—图 3.54（来源："南阳卧龙岗档案馆）"改为"（南阳卧龙区档案馆"。

P215. 正文第二段第 3 行："建筑艺术座谈会"改为"住宅建筑标准及建筑艺术座谈会"。

P234. 图片 3.7："建筑艺术座谈会"改为"住宅建筑标准及建筑艺术座谈会"。

图片 3.8："建筑艺术座谈会"改为"住宅建筑标准及建筑艺术座谈会"。

P238. 图片 3.16："1971 年，杨廷宝（左 3）与童寯（左 1）在扬州鉴真纪念堂工地上"改为"1973 年，杨廷宝（左 3）与童寯（左 1）在扬州瘦西湖花房"。

图片 3.17："1971 年杨廷宝（左 2）与童寯（左 3）在梁思成设计的扬州鉴真纪念堂工地上"改为"1973 年，杨廷宝（左 2）与童寯（左 3）在扬州瘦西湖"。

P239. 图片 3.18："1971 年"改为"1973 年"。

图片 3.19："1971 年"改为"1973 年"。

P244. 图片 3.27："1975 年"改为"1980 年 5 月"。

P278. 图片 1.12："（来源：江苏省档案馆）"改为"刘亦师提供"。

P331. 图片 23："1971 年杨廷宝（中）与童寯（右）在扬州瘦西湖"改为"1973 年杨廷宝（中）与童寯（右）、张镛森在扬州瘦西湖"。

P375. 倒数第 2 行："主持南京下关火车站扩建工程"改为"主持设计南京下关火车站扩建工程"。

P396. 倒数第 5 行：此条目属实，但鉴真纪念堂是 1973 年 3 月开工，11 月落成，故年代有误，且来源失实。应移至 P399 "1973 年（72 岁）"此条目改为："·5 月，赴扬州鉴真纪念堂工地指导施工。（孙吉祯. 杨廷宝教授与扬州鉴真纪念堂. 致著者 2017 年 7 月 25 日文）"

注：孙吉祯，参与该项目施工图设计的原南京工学院建筑系 11611 班毕业生、原扬州市建筑设计院院长。